不打不骂，养出男孩大志气的100个细节

秦映蓉 编

中国华侨出版社

图书在版编目（CIP）数据

不打不骂，养出男孩大志气的100个细节 / 秦映蓉编. — 北京：中国华侨出版社，2015.4
ISBN 978-7-5113-5408-2

Ⅰ.①不… Ⅱ.①秦… Ⅲ.①男性—家庭教育 Ⅳ.①G78

中国版本图书馆CIP数据核字（2015）第088002号

不打不骂，养出男孩大志气的100个细节

编　　者：	秦映蓉
出 版 人：	方　鸣
责任编辑：	文　苑
封面设计：	中英智业
文字编辑：	王　宁
美术编辑：	宇　枫
经　　销：	新华书店
开　　本：	720毫米×1040毫米　1/16　印张：26　字数：658千字
印　　刷：	三河市万龙印装有限公司
版　　次：	2015年6月第1版　2015年6月第1次印刷
书　　号：	ISBN 978-7-5113-5408-2
定　　价：	59.00 元

中国华侨出版社　北京市朝阳区静安里26号通成达大厦三层　邮编：100028
法律顾问：陈鹰律师事务所
发 行 部：（010）88866079　传　真：（010）88877396
网　　址：www.oveaschin.com
E-mail：oveaschin@sina.com

如发现印装质量问题，影响阅读，请与印刷厂联系调换。

前言

古希腊伟大的哲学家柏拉图早在2300多年前就这样写道:"在所有的动物之中,男孩是最难驾驭的。"的确,男孩喜欢冒险,登高、爬树等是他的强项,他常常会为自己的冒险举动而伤,与养育女孩相比,养育男孩带给父母的挑战要大得多。这个天生带有"Y"染色体的小家伙,自出生以后就会给父母带来无穷的教育困惑:男孩天生是个倔脾气,父母说东他偏往西,父母越说不可以他越是想尝试,父母越是严格控制他越叛逆;男孩虽然事事粗心,却也有着一颗敏感的心灵,父母的不尊重、不理解,往往是他心中永远的痛;男孩很难自我控制,对诱惑的免疫力低,外界的一点点"风吹草动",都会让他的学习成绩每况愈下……因此,多次领教过的父母都有这样一个疑问:上天让小男孩出生,难道就是为了给父母制造麻烦的吗?

其实不然。喜欢"制造麻烦",往往是男孩体内过多的荷尔蒙睾丸素在起作用。睾丸素在赋予男孩男子汉特性的同时,也会带给男孩不安定的个性——坐不住、好斗、喜欢冒险、与同伴竞争、给老师捣乱……而这些不安定的个性,也恰恰是男孩更富探索欲、创造欲、领导欲的最直接体现。

也就是说,只要父母引导得当、教育得当,善于将男孩的莽撞粗心、精力过剩转变为一种成功的优势,每个男孩都会成长为一个有大志气的人、一个卓尔不凡的男子汉!心理学家威廉·詹姆士所说:"播下一个行动,收获一种习惯;播下一种习惯,收获一种性格;播下一种性格,收获一种命运。"男孩在四五岁的时候,就已经有了性别意识,他已经知道了自己是个小男子汉。这个时候,父母就要有意识地培养其男子汉的作风——男孩跌倒了,告诉他:自己爬起来;男孩胆怯了,告诉他:你可以做得更好;男孩犯错误了,告诉他:好汉做事好汉当;男孩不听话了,告诉他:不给父母添麻烦,是一种男子汉的荣耀!值得注意的是,让男孩从小就具有男子汉意识,父亲的榜样作用是巨大的。无数事实证明:妈妈过多的保护和担心,会削减男孩的男子汉气概;而父亲更显严格的规则、更显宽松的约束,则会赋予男孩无与伦比的坚强与勇气,进而促使男孩更快地成长为一名有志气、有担当的男子汉。

男孩父母一定要牢记这样一个教子箴言:如果你现在不和你的男孩成为朋友,那么青春期之后,他就会把你当做"敌人"!和男孩做朋友,其实很简单—— 给男孩更多自我选择的权利；和男孩一同分享他的喜怒哀乐；尊重你的男孩，放弃"不打不成材"的教子观念；别让你的男孩太"富有"，我们所说的"富有"包含两个概念，一个是父母太多的溺爱和包办，一个是钱财的充裕。时刻让男孩感受到你不温不火的关爱，巧妙约束但不强硬控制。

很多父母特别宠爱男孩，所以一切事情都依着男孩；很多父母很有钱，所以他们给男孩过多零用钱；很多父母很有能力，所以男孩的大小事情他们都会包办；然而，父母的这种让男孩过于"富有"的做法，又会给男孩带来什么呢？父母的过度宠爱让男孩变得自私而没有责任感；太多的金钱让他只想用"奢侈消费"的方式去消耗体内过多的睾丸素，从而忘记了自己还要学习；父母的事事包办则让他丧失了劳动的能力，应对困难的能力，抵抗挫折的能力……正因如此，明智的父母从不会让自己的男孩太过"富有"，他们会把"爱"藏起来一半，他们会寻找和创造机会让男孩去体验贫穷和适当吃苦！

如果你期望一个一直都轻言放弃的男孩，长到18岁后，忽然一下变得坚强起来。这现实吗？如果你希望一个一直都畏畏缩缩的小男孩，在20岁之后，忽然像个出色外交家一样去交际。这可能吗？如果你盼望你一直花钱大手大脚的儿子在25岁之后，能像理财专家那样去理财。这只能是一个美好的梦想。

任何一个男孩，都不能只活在父母的梦想里。所以，教育男孩需要父母在他很小的时候，便脚踏实地、循序渐进地引导他去积累成功的能力和品质。"细节决定成败"，这个道理用在教育男孩方面，也十分适用。如果父母能够在日常生活的细节中，给予男孩正确的引导，男孩体内过多的睾丸素就会促使这些小"捣蛋鬼"成为顶天立地、有凌云之志的男子汉！那么，做父母的应该注意哪些日常细节呢？

本书从分析男孩的性别和心理特征出发，针对男孩生活、学习、理财、个性培养、能力培养以及危险禁区等多个方面，为家有男孩的父母总结了100个教育细节。每个细节中，都分析了男孩某些行为产生的原因，并给为人父母者提出了切实可行的建议。如怎样穷养出有上进心的男孩，如何锻造男子汉特性，如何激发男孩的潜能，如何引导男孩爱上学习等，指导父母教出有素质、有能力、有眼光、有魄力的卓越男孩。书中综合介绍了国际著名教育家老卡尔·威特、蒙台梭利、多湖辉等的教育理念，最有助于发展男孩天性的教育方法，以及透视男孩成长所应掌握的心理学，如攻击性心理、杜根定律、投射心理等，有效解决了最令男孩父母头疼的难题，如如何说男孩才会听、如何避免男孩成为"娘娘腔"、男孩如何安全度过青春期、怎样令男孩学会应对挫折等。静心阅读，用心思索，掌握了这些养育男孩的细节，你就会发现，想要培养出一个有大志气的男孩并不是多么困难的事情！

在此，希望每位阅读此书的父母，在未来的日子里，都能以自己的儿子为傲。以自己有大志气的男孩为荣！

目录

绪 论

穷养的真正内涵……………………………………………………………1
男孩应该粗放式养育………………………………………………………2
不要让男孩坐享其成………………………………………………………3
千万别给男孩过多的保护…………………………………………………5

第一章 男孩为什么要穷养
——男孩的成长充满"危险"因素

细节1 自控力差——男孩往往对自己降低标准,放松要求 ……………7
　　建议一:父母教男孩学会管理自己的时间 ……………………………8
　　建议二:告诉男孩可以玩,但作业必须完成 …………………………9
细节2 逆反心理强——男孩喜欢跟父母对着干 ………………………10
　　建议一:父母应多了解男孩,满足他的真正需求 ……………………12
　　建议二:不妨"冷"对男孩的牛脾气 …………………………………13
细节3 有攻击性——睾丸素作用下的必然结果 ………………………14
　　建议一:让男孩知道暴躁的代价 ………………………………………15
　　建议二:告诉男孩暴力解决不了问题 …………………………………17
细节4 固执、莽撞——告诉男孩莽撞不等于勇敢 ……………………18
　　建议一:吃软不吃硬是男孩的通性 ……………………………………19
　　建议二:改掉男孩"不听话"的臭脾气 ………………………………21
细节5 挥霍、浪费——什么都有就不知道爱惜 ………………………23
　　建议一:不要在孩子面前露富 …………………………………………24
　　建议二:让男孩知道父母的钱来之不易 ………………………………25
细节6 不专注、多动——男孩往往精力过剩 …………………………27
　　建议一:帮助"好动"的男孩集中精力 ………………………………28
　　建议二:外面的世界更适合男孩 ………………………………………29

第二章　爸爸是男孩的榜样
——爸爸的性格决定男孩的性格

细节 7　爸爸是男孩眼中的超人 ·· 31
  建议一：做个有远见卓识的好爸爸 ·· 32
  建议二：男孩和爸爸学说话学得最快 ······································ 33

细节 8　有爸爸的陪伴，男孩更易成长为男子汉 ·························· 35
  建议一：父爱的影响力伴随男孩一生 ······································ 36
  建议二：爸爸再忙也要抽时间陪孩子 ······································ 37

细节 9　了解男孩才能教育男孩 ·· 39
  建议一：我是职业父亲——好爸爸给自己一个定位 ·················· 40
  建议二：做一个活力十足的好爸爸 ·· 41

细节 10　好爸爸不该对男孩这样 ·· 42
  建议一：好爸爸从来不会独裁 ·· 43
  建议二：好爸爸从来不让男孩看到"虚伪"的一面 ···················· 44

细节 11　好爸爸不一定"冷冰冰" ·· 45
  建议一：好爸爸不会"冷暴力" ·· 47
  建议二：好爸爸从来都不是咄咄逼人的"强势爸爸" ················ 48

细节 12　怎样增进父子感情 ·· 50
  建议一：不强迫男孩做自己不喜欢的事 ·································· 51
  建议二：悦纳男孩的缺点 ·· 53

细节 13　好爸爸懂得正确引导男孩 ·· 54
  建议一：好爸爸不必知道所有的答案 ······································ 54
  建议二：好爸爸懂得怎样批评男孩 ·· 56

第三章　严是爱，溺是害
——妈妈对待男孩要"狠"一点

细节 14　好妈妈应进行"岗前培训" ·· 58
  建议一：爱是维系母子关系的纽带 ·· 59
  建议二：妈妈是男孩的第一任老师 ·· 61

细节 15　克制自己的包办心理——好妈妈应学会去除多余的爱 ··· 62
  建议一：让男孩在逆境中保持乐观 ·· 64
  建议二：消除孩子心中理所当然被爱的感受 ·························· 65

细节 16　三分爱，七分管——妈妈教育男孩的智慧 ···················· 66
  建议一：好妈妈能拿捏好表达爱的分寸 ·································· 67
  建议二：让男孩感受到自己"得宠" ······································ 69

目录

细节 17　教育好男孩的秘诀 ·· 70
　　建议一：妈妈应多培养拥抱男孩的习惯 ······················· 71
　　建议二：请放下那副"教育孩子"的架子 ······················ 71

细节 18　好妈妈言出必行 ·· 72
　　建议一：孩子是妈妈的镜子 ·· 74
　　建议二：做身体力行的好妈妈 ······································ 74

细节 19　单亲妈妈怎样带男孩 ·· 76
　　建议一：别在男孩面前老拿单亲说事 ···························· 77
　　建议二：单亲妈妈怎样和男孩一起渡过失业难关 ·········· 77

细节 20　妈妈常犯的错 ·· 78
　　建议一：保全了玩具，破坏了好奇心 ···························· 78
　　建议二：孩子的事全由保姆管 ······································ 80

第四章　零吼叫养出 100% 好男孩
——父母这样和男孩沟通最有效

细节 21　不要在气头上和男孩说话 ···································· 82
　　建议一：别让孩子看到你就害怕 ·································· 83
　　建议二：不要随意打断孩子的讲话 ······························ 84

细节 22　训练男孩"不唯家长是听" ·································· 86
　　建议一：父母要教会男孩有主见、会思考 ···················· 87
　　建议二：努力站在男孩的角度看问题 ···························· 88

细节 23　父母怎样说男孩才会听 ·· 90
　　建议一：与男孩交流需要遵循"二八定律" ···················· 91
　　建议二：千万别当唠唠叨叨的家长 ······························ 92
　　建议三：不要直接说教，可以将道理藏在故事里 ·········· 94

细节 24　父母不能对男孩说的话 ·· 94
　　建议一："你只管好好学习就行了" ································ 96
　　建议二："少和那些成绩差的孩子一起玩" ······················ 97

细节 25　言传力量永远小于身教 ·· 98
　　建议一：以身做则，教男孩学会尊重 ···························· 99
　　建议二：父母应该约束自己的言行 ······························ 100

第五章　任性的"小皇帝"不可纵容
——自控能力决定男孩的成就

细节 26　告诉男孩"要征服世界，先征服自己" ·············· 101
　　建议一：告诉男孩成大事者善自制 ······························ 102

3

建议二：让男孩带着自制上路 …………………………………… 104
细节 27　教男孩用冷静代替冲动 ………………………………… 105
　　建议一：自制离不开冷静与沉着 ………………………………… 106
　　建议二：教男孩抵制诱惑 ………………………………………… 107
细节 28　让男孩对自己严格要求 ………………………………… 109
　　建议一：增强男孩的羞耻心 ……………………………………… 110
　　建议二：不要让男孩做"电视土豆"和"网瘾君子" …………… 112
细节 29　给男孩充分的信任，哪怕他没有尽力 ………………… 114
　　建议一：帮助男孩认清生活的假象 ……………………………… 116
　　建议二：教会男孩管理好自己 …………………………………… 117
细节 30　让男孩学会包容 ………………………………………… 118
　　建议一：包容——男孩人际交往中无坚不摧的利器 …………… 120
　　建议二：不要让男孩戴着有色眼镜看人 ………………………… 121

第六章　"穷"养不穷志
——饱经挫折和苦难的男孩最有出息

细节 31　庭院里训不出千里马 …………………………………… 123
　　建议一：外面的世界更适合男孩 ………………………………… 124
　　建议二：妈妈应支持男孩多参加社会实践 ……………………… 125
细节 32　男孩受"穷"而知奋进 ………………………………… 128
　　建议一：娇气的男孩没有竞争力 ………………………………… 130
　　建议二：战胜困难的乐趣永远大于困难本身 …………………… 131
细节 33　对待男孩需要"狠"一点 ……………………………… 133
　　建议一：怎样使胆怯的小男孩重放光芒 ………………………… 134
　　建议二：有出息的男孩宠辱不惊 ………………………………… 136
细节 34　挫折将男孩变得更强大 ………………………………… 137
　　建议一：告诉男孩坦然面对竞争 ………………………………… 138
　　建议二：传统挫折教育中的错误 ………………………………… 140
细节 35　让男孩学会自我修复，更好地适应社会 ……………… 141
　　建议一：让男孩学会妥协 ………………………………………… 143
　　建议二：告诉男孩承认错误也是一种勇气 ……………………… 144
细节 36　男孩是未来世界的开拓者 ……………………………… 147
　　建议一：逆境是男孩成长的试金石 ……………………………… 148
　　建议二：教男孩承受生活的磨炼 ………………………………… 149
细节 37　告诉男孩不敢穿过黑暗的人无法到达黎明 …………… 152
　　建议一：竭尽所能突破眼前的困境 ……………………………… 153
　　建议二：妈妈别担心男孩在外面吃亏 …………………………… 154

细节 38　绝大部分成功者都有"穷养"的经历 ……………………… 156
　　建议一：告诉男孩乔布斯的故事 ……………………………………… 157
　　建议二：机遇只青睐有勇气的人 ……………………………………… 159

第七章　培养刚毅男孩
——重塑男孩的阳刚之气

细节 39　如果你的男孩有"娘娘腔"倾向 …………………………… 161
　　建议一：给你的男孩一张"明性片" …………………………………… 162
　　建议二：抓住男性气质培养的关键期进行性别强化 ………………… 164
细节 40　鼓励男孩多参加锻炼胆魄的运动 ………………………… 166
　　建议一：让男孩野营——感受自然界的野性美 ……………………… 167
　　建议二：鼓励男孩独自旅行——在思考中上路 ……………………… 168
　　建议三：教男孩攀岩——最优美的男性极限运动 …………………… 169
细节 41　怎样塑造男孩的阳刚之气 ………………………………… 171
　　建议一：是否"像"男子汉并不重要 …………………………………… 172
　　建议二：锻炼男子汉的强健体魄 ……………………………………… 174
　　建议三：过犹不及——别让男孩成为施暴者 ………………………… 176
细节 42　男孩的成长不可能"零风险" ……………………………… 177
　　建议一：冒险是一种深层的立体思维 ………………………………… 178
　　建议二：只要去做，没有不可能——这句话要经常对男孩提醒 …… 180
　　建议三：鼓励男孩，让他的"野心"逐步实现 ………………………… 181
细节 43　培养冲劲儿十足的小伙子 ………………………………… 182
　　建议一：敢想——别给男孩制定太多规矩 …………………………… 184
　　建议二：敢说——男孩子有话就大声说 ……………………………… 185
　　建议三：敢做——男子汉的位置在"前排" …………………………… 187
细节 44　引导男孩向"胆小鬼"身份宣战 …………………………… 188
　　建议一：不要让男孩习惯于为自己的胆小找借口 …………………… 190
　　建议二：告诉男孩求助不是懦弱的表现 ……………………………… 191

第八章　该放手时就放手
——聪明的父母懂得给男孩自立的机会

细节 45　不要做"全能"父母，要学会适当"懒"一下 ……………… 193
　　建议一：这些事情，让男孩自己做 …………………………………… 195
　　建议二：让男孩学会自己支配自己的生活 …………………………… 197
细节 46　孩子的潜力是无穷的 ……………………………………… 199
　　建议一：相信孩子，肯定男孩的能力 ………………………………… 200

建议二：妈妈帮助男孩打破对成功的畏惧 …………………………… 201

细节 47　妈妈放手，儿子才能长大 ……………………………………… 203
　　建议一：妈妈要引导男孩独立思考 ………………………………… 204
　　建议二：不要快速回答男孩的问题 ………………………………… 206

细节 48　穷人的孩子早当家 ……………………………………………… 207
　　建议一：对男孩一定要严而有格，严而有度 ……………………… 208
　　建议二：穷是锻炼人格的资本 ……………………………………… 209

细节 49　自立的男孩方可驾驭人生 ……………………………………… 210
　　建议一：不要让男孩心存依赖 ……………………………………… 211
　　建议二：男孩，即使摔得头破血流，也要站起来继续走 ………… 212

细节 50　不要苛求男孩"十全十美" …………………………………… 213
　　建议一：妈妈们不要拿男孩和其他的孩子比 ……………………… 213
　　建议二：告诉男孩他非常棒 ………………………………………… 215

细节 51　告诉男孩永远做独立的自己 …………………………………… 216
　　建议一：不管对与错，让男孩对事情做出自己的判断 …………… 217
　　建议二：告诉男孩找到自己的专属天空 …………………………… 218

第九章　教男孩做一个顶天立地的男子汉
——培养男孩子的家庭责任感

细节 52　责任是命运对男孩的馈赠 ……………………………………… 220
　　建议一：告诉男孩什么是责任 ……………………………………… 221
　　建议二：男孩对自己要有责任承诺 ………………………………… 223

细节 53　培养男孩将责任感根植于内心 ………………………………… 224
　　建议一：比跑道更远的是肩上的责任 ……………………………… 225
　　建议二：守住自己的岗位 …………………………………………… 227

细节 54　培养男孩"勇于担当" ………………………………………… 228
　　建议一：告诉男孩责任不是强加 …………………………………… 229
　　建议二：告诉男孩他是别人所依靠的大树 ………………………… 230

细节 55　让男孩为自己的过失埋单 ……………………………………… 232
　　建议一：告诉男孩对社会负责就是对自己负责 …………………… 233
　　建议二：告诉男孩细心负责是成功的关键 ………………………… 234

细节 56　告诉男孩人人都会犯错 ………………………………………… 236
　　建议一：找回责任感，孩子不再撒谎 ……………………………… 236
　　建议二：妈妈不要批评认错的男孩 ………………………………… 238

细节 57　父母的信任和尊重能唤起男孩的自尊与自爱 ………………… 239
　　建议一：父母绝不能嫌弃男孩 ……………………………………… 240
　　建议二：鼓励男孩做一名合格的家庭成员 ………………………… 241

第十章 受"穷"是富
——财富时代父母必知的"穷"养智慧

细节 58　不要让"富贵"毁了男孩 ········· 243
　　建议一：每个妈妈都不希望养育出生存能力差的孩子 ········· 244
　　建议二：警惕物质富足、精神空虚 ········· 246

细节 59　男孩的"穷养"智慧 ········· 248
　　建议一：再富也要穷孩子 ········· 249
　　建议二：告诉男孩得到需要付出 ········· 250

细节 60　告诉男孩天下没有白来的钱 ········· 251
　　建议一：不妨从小教男孩理财 ········· 252
　　建议二：让男孩明白理财就是让金钱为自己服务 ········· 253
　　建议三：让男孩为自己花钱制订计划 ········· 255

细节 61　父母从日常生活细节中教会男孩理财 ········· 256
　　建议一：爸爸妈妈不要随便奖励男孩金钱 ········· 258
　　建议二：可以适当帮助男孩学会花钱 ········· 259

细节 62　告诉男孩：财富 ≠ 幸福 ········· 260
　　建议一：不要娇惯男孩 ········· 261
　　建议二：给男孩树立正确的金钱观 ········· 263

细节 63　帮男孩树立正确的财富观 ········· 264
　　建议一：分享让财富增值 ········· 266
　　建议二：不做斤斤计较的守财奴 ········· 267

第十一章　心智和身体共同成长
——男孩应打理好自己的情绪

细节 64　教男孩做受欢迎的情商高手 ········· 269
　　建议一：男孩的"智本"比智商和资本更受欢迎 ········· 270
　　建议二：优秀男孩必备的情绪智力：专注 ········· 272

细节 65　妈妈如何对付坏情绪男孩 ········· 273
　　建议一：帮助男孩克服厌学心态 ········· 275
　　建议二：教男孩不抱怨 ········· 276

细节 66　教男孩不要盲目扩大自己的愤怒 ········· 278
　　建议一：聪明的妈妈懂得为男孩隐藏的压力"排雷" ········· 279
　　建议二：告诉男孩"你可以调动情绪，你就可以调动一切" ········· 280

细节 67　帮助男孩化解负面情绪 ········· 281
　　建议一：无边的绝望来自哪里 ········· 282

建议二：不要让男孩的妒忌成为一种病 …… 283
建议三：告诉男孩今日的恐惧是昨日的映照 …… 284

细节 68 怎样培养男孩的"阳光心态" …… 285
建议一：帮助男孩去掉"忧郁病" …… 287
建议二：妈妈的鼓励就是投向男孩心灵的阳光 …… 289

细节 69 男孩忧虑善变怎么办 …… 290
建议一：男孩的焦虑源自父母反复无常的情绪 …… 291
建议二：过多的质疑、指责会使男孩变得胆怯、犹豫 …… 292

细节 70 你的男孩属于哪种血型 …… 293
建议一：血型影响男孩性格 …… 294
建议二：妈妈应根据不同的血型与男孩沟通 …… 296

细节 71 你的男孩属于哪种人格 …… 297
建议一：怎样判断男孩的人格类型 …… 298
建议二：爸爸妈妈应该尊重男孩的人格类型 …… 300

第十二章 把潜力扩大到 N 次方
——激发男孩的创造潜能

细节 72 每个男孩都是天才 …… 301
建议一：警惕男孩子的潜能正在被浪费 …… 303
建议二：真正操纵孩子命运的是父母 …… 304

细节 73 好妈妈不为男孩的潜能设限 …… 305
建议一：培养男孩的想象力很重要 …… 306
建议二：和男孩一起玩创造性游戏 …… 308

细节 74 好妈妈会放大男孩身上的闪光点 …… 310
建议一：经常给男孩积极的暗示能够激发他身上的潜能 …… 311
建议二：不要过多地夸赞男孩 …… 312

细节 75 妈妈多关注男孩个性的正反面 …… 314
建议一："创造大王"在破坏中成长 …… 315
建议二：男孩不合群，那就培养他的独立能力 …… 317

细节 76 父母应学会换个角度看问题 …… 318
建议一：男孩问题多表示"我要学" …… 319
建议二：妈妈应学会诱导男孩的好奇心 …… 320

细节 77 发掘男孩的天赋 …… 321
建议一：尊重孩子，营造平等的交流环境 …… 323
建议二：肯定孩子，进行有效表扬 …… 324

第十三章 乐群、合群
——男孩最应具备的成功能力

细节 78　教男孩如何与人沟通 …………………………………… 326
　　建议一：培养男孩站在对方的角度看问题 ………………… 327
　　建议二：告诉男孩，一定要耐心倾听别人的忠告 ………… 328

细节 79　培养男孩敢于面对公众 …………………………………… 329
　　建议一：鼓励男孩多参加集体活动 ………………………… 330
　　建议二：教男孩说话注意场合与分寸 ……………………… 331

细节 80　不怯生，不鲁莽——让男孩成为社交达人 …………… 333
　　建议一：幽默的男孩更受人欢迎 …………………………… 334
　　建议二：告诉男孩与人相处应把握好度 …………………… 335

细节 81　男孩一生不能缺少朋友 …………………………………… 336
　　建议一：告诉男孩不要忽视朋友的影响力 ………………… 337
　　建议二：对于男孩来讲，敌手与朋友同样重要 …………… 338

细节 82　对男孩开展"社会化教育" ……………………………… 339
　　建议一：培养男孩的正当竞争意识 ………………………… 340
　　建议二：爸爸妈妈就是男孩的"外交顾问" ……………… 341

细节 83　教男孩处理好学校的人际关系 ………………………… 342
　　建议一：告诉男孩老师并非故意找你茬 …………………… 344
　　建议二：学会接受同学的帮助也很重要 …………………… 345

细节 84　帮助男孩融入校园环境 …………………………………… 346
　　建议一：告诉男孩不要屈服于暴力 ………………………… 346
　　建议二：相信男孩凭自己就可以处理学校里的矛盾 ……… 347

第十四章 习惯收获性格，性格收获命运
——优秀男孩必须养成的个性习惯

细节 85　习惯制胜 …………………………………………………… 349
　　建议一：告诉男孩知道并要做到，才能成就美好人生 …… 350
　　建议二：纠正男孩骂人的不良习惯 ………………………… 351

细节 86　男孩的好习惯是训练出来的 ……………………………… 352
　　建议一：在快乐的心情中养成好习惯 ……………………… 353
　　建议二：男孩需要妈妈更多的耐心和信任 ………………… 354

细节 87　懒惰的男孩要不得 ………………………………………… 356
　　建议一：男孩别当拖拖拉拉的"小蜗牛" ………………… 357
　　建议二：帮男孩改掉丢三落四的毛病 ……………………… 358

细节 88	制订"删除坏习惯"计划	359
建议一：	及早发现男孩身上的"坏苗头"	360
建议二：	有步骤、有计划地删除坏习惯	361

第十五章　告诉男孩这样学最有效
——引导男孩快乐学习

细节 89	苦学不如爱学	363
建议一：	让男孩体验学习的成就感很重要	364
建议二：	不妨在家中营造浓郁的学习氛围	366
细节 90	转变男孩学习观念——从"厌学"到"乐学"	367
建议一：	逼男孩学习就是摁着牛头吃草	368
建议二：	细心父母会发现男孩"逃学"的真相	369
细节 91	培养男孩读书要具备的好心态	370
建议一：	人人都是读书的好材料	371
建议二：	读书随时保持"不满"的心态	372
细节 92	怎样帮助男孩提高学习效率	373
建议一：	充分利用课堂时间的男孩最轻松	375
建议二：	死记硬背——男孩学习的大忌	375
细节 93	告诉男孩一些学习技巧	377
建议一：	补足学习的短板——男孩不要偏科	378
建议二：	他山之石，可以攻玉——男孩应多借鉴别人的学习经验	378
细节 94	对男孩的分数不要太敏感	380
建议一：	考场不是战场，不必过分要求男孩	380
建议二：	家长不要以成绩来论英雄	381

第十六章　爱读书的男孩不会变坏
——怎样让男孩爱上读书

细节 95	激发男孩的阅读兴趣	383
建议一：	好父母会培养男孩对书的"饥饿感"	384
建议二：	给男孩一间书房	385
细节 96	帮助男孩又快又好地读书	386
建议一：	告诉男孩读书应有计划、有步骤	387
建议二：	介绍几种速读法给男孩	387
细节 97	男孩总是爱读"闲书"怎么办	389
建议一：	家长别老让男孩闷在课本中	390
建议二：	文理科的书都应该读一读	390

细节 98　怎样帮助男孩扩大阅读面 ……………………………………… 392
　　建议一：父母多带男孩去图书馆 …………………………………… 393
　　建议二：鼓励男孩阅读报纸杂志，让男孩放眼世界 ……………… 394
细节 99　好读书不如会读书 …………………………………………… 395
　　建议一：告诉男孩会读书的人有所读，有所不读 ………………… 396
　　建议二：告诉男孩会读书的人专而有恒 …………………………… 397
细节 100　推荐给男孩的必读书 ………………………………………… 398
　　建议一：《小王子》：陪伴男孩一生的童话经典 …………………… 399
　　建议二：《爱的教育》：唤醒男孩的爱心 …………………………… 400

绪 论

穷养的真正内涵

1919年小西奥多竞选纽约州议会席位。有人称他靠父亲的声望竞选,他答道:"是我在竞选……并不是我父亲。"这是他鲜明的"独立宣言"。

小西奥多竞选失败后,父亲罗斯福写信鼓励他,信的大概内容是:

在你做决定的时候,最好的情况是你选择了正确的决定,其次是做出了错误的决定,最差的就是你什么决定都没做。我们每个人都是独立的个体,所以做人要独立,要敢于做出决定。即使失败了,也没关系,因为你已经能做自己的主人了。记住:只要学会独立,总有一天你会取得成功的!

与西奥多·罗斯福的做法相反,现实生活中,许多孩子的父母,不重视孩子生存能力的培养,千方百计地给孩子创造安逸舒适的生活条件,一点困难和磨难也舍不得让孩子受,致使有的孩子到了中学,甚至到了大学,离开了父母就不会独立生活,处处表现出懦弱、畏缩、无能,这样的孩子将来恐怕难有出息。缺乏独立生存和自理自立能力,缺乏生存困境的磨砺,就很难成为生活的强者。家长的责任应该是培养孩子生存和自我保护的本领,使他们有勇气去面对生活中可能出现的危险与困难。伟大的科学家爱因斯坦回顾自身的教育经历,在一篇《论教育》的讲话中曾深刻指出:"发展独立思考和独立判断的一般能力,应当始终放在首位,而不应当把获得专业知识放在首位。如果一个人掌握了他的学科基础理论,并且学会了独立地思考和工作,他定会找到他自己的道路。"

自立是生存的开始。如果要让孩子在生活中自立,就要养成他自理的好习惯,自己能做好的事一定要靠自己的力量做好。因为孩子们迟早要独自面对这个社会。如果说长辈的呵护是一篓鲜嫩的鱼,那么自理就是一根鱼竿。鱼总有吃完的时候,孩子们只有得到钓鱼的鱼竿,才能保证在未来的生活中衣食无忧。

然而,在现在的青少年朋友中,具有自理能力的人实在太少了。根据中国青少年研究中心"中国城市独生子女人格发展状况调查"显示,20%的青少年明确表示"缺少生活自理能力";18%的青少年"做事依赖别人";28%的青少年"很少帮助家长干活"。

国内有一位著名的青少年教育专家曾忧心忡忡地说,青少年在父母如此"周到"的服务、如此"严密"的保护中,自理行为大大减少,对成年人依赖性越来越强。很多青少年都将父母的呵护当做"拐杖",可是却没有想过,一旦离开了"拐杖",自己就寸步难行。

我们要让孩子知道我们不可能帮他做所有的事，因此必须培养他们的独立能力。那么，具体我们该怎么做呢？

1. 要养成独立生活的意识

有研究表明，如果能够从父母身上得到充分的支持和爱，男孩会比女孩更早地走向独立。通过对6个月的男女婴的对比实验，可以发现，面对困难的时候，男婴已经开始试图通过自己的探索尝试解决问题的途径，而不是借助哭泣等手段。因此，孩子不够独立我们应该在自己的身上找原因。我们总是娇惯孩子，不愿意让孩子"受苦"，怕他不小心磕着或碰着。另一方面是父母怕麻烦，有些父母说："有教孩子做事情的那些时间，自己也就替他做好了。"很多的事情包括力所能及的事都不用孩子做，从而剥夺了他们生活自理的机会。这是当今独生子女普遍缺乏自理能力的主要原因。

事实上，这种完全忽略自理能力培养的心态，既害了孩子，也害了父母。因此，强化培养自理能力的意识是很有必要的。

2. 让他养成动手的习惯

在训练自理能力的时候，除了训练孩子管理自己的日常生活以外，还要特别强调训练他学做家务。如让他自己做早点，洗袜子，拿牛奶，买东西等。同时，可以对孩子提出切合实际的要求并做具体的技术性指导，即使是洗手帕、洗碗碟或收拾房屋也要注意这一点。

3. 要正确地对待孩子的错误

有时候，孩子由于年龄小，认识水平不高，考虑问题不周全，力气小，在做事的过程中，难免会出现一些失误。不要指责他，更不能惩罚他。对于有失误的地方，要帮助他分析原因，找到问题所在，以提高操作的技能和水平。这样，既能保护孩子自理生活的自觉性、积极性，培养良好的心理品质，又能逐步走向成熟，不断提高自己的认识水平和自理生活能力。

如果孩子总是做得不好，也切不可性急。要以鼓励为主，肯定孩子做得好的方面，在此基础上找出不足之处，从而为下一次避免失误找到方法。这样不仅可以锻炼孩子的自理能力，而且极大地增强了自信心，对促进孩子的身心发展将产生积极作用。

男孩应该粗放式养育

一位父亲去美国考察，一天正遇风雪天气，看到一群小学生，穿着短短的羽绒衣，单薄的裤子，敞着领子，背着沉重的书包，在大街上困难地行进，并没有汽车接送，也没有家长陪同。孩子们小脸冻得红红的，欢笑着，跳跃着，没有一个愁眉苦脸的。这位父亲回国后，对正上小学三年级的儿子讲了美国看到的情况，对他说："从明天开始，你自己上学去，不再由大人接送了。"话音未落，孩子"哇"的一声大哭起来。问他为什么让他自己上学就哭，"是不认得路吗？"摇头，"怕过马路车多吗？"还是摇头。到底为什么呢？他抽泣着说："人家都有人接，我没人接，多没面子呀！"原来如此。

家长们"众星捧月"般的娇纵，无异于为孩子们建起了一座座坚不可摧的壁垒，最终将孩子囚禁成"鹦鹉人""金丝鸟"，无法具备独立的人格，这样的孩子必将在未来的社会中尝遍苦头。"育子何妨粗放些"，有专家曾如此呼告——因为，我们的孩子需要粗放式的教育方式。

作家毛志成在他的文章里，也有着这样的感慨：

一件小小的往事，在我的记忆中时时闪烁，30年不褪色。

那一年冬天，好冷好冷。积雪久久不化，继续酿造着令人恐惧的低温。有一天，我夜宿某个山村，房东将一对八九岁的双胞胎男孩打发到我屋里同住。两个小东西脱得赤条条的，同钻一个被窝，好一通打打闹闹之后才睡着。第二天一早，两个小东西刚睁开眼，又是一通"被窝战"。后来，一个跳下炕，向室外跑去，另一个也跳下炕，穷追不舍。室外是零下23度的严寒。

我穿衣下炕之后，走到户外，不禁惊愕了，两个小东西正在雪地上滚作一团，做"相扑"状。其母出来抱柴，只是漫不经心地骂了一句"总是抽风"，随即便取柴回院，未显示出任何惊愕。其父出来担水，只是瞟了一眼，什么话也未说，看来他已司空见惯。那时我20岁，尚未觅偶，不过心中却暗暗祈祷："生子当如此儿！"

我很崇敬这对父母，认为他们简直是培养男孩的行家。

对待男孩，不必有太多的呵护，松开你捧着、掖着的双手，让他们从摸爬滚打中成长，当有一天他们从生活的泥淖中站起来的时候，他们将拥有一副折不弯、压不软的硬骨头。

温室的花朵是经不起风雨的，过多地呵护和娇纵养出的孩子经不起生活的考验，这样的男孩必将在未来的社会中尝尽苦头。

不要让男孩坐享其成

都说智商、情商和财商是综合能力的三驾马车，智商已经被众多的教育家们说"烂"了，情商在教育界正当红。论资排辈，财商还要算是新事物，有远见的家长们正在慢慢接受它。

金钱不是万能的，没有金钱是万万不能的。谁都不希望自己的男孩将来是一文不名的穷光蛋，更不想孩子的一辈子都由家长来买单——那样的男孩永远不知道成功的滋味。男孩有所成就，比家长自己有成就更令人高兴，"青出于蓝而胜于蓝"。培养男孩的理财意识是大势所趋，会理财的人，能在有限的条件下生活得很好，而不会理财的人，不管挣了多少钱都不能提高生活质量。

金钱是社会的通行证之一，人们拿它来衡量不同的创造。也就是说，必须要有创造，才能有财富。没有创造，就只能受穷了。所以，财富教育的第一课，仍然是勤劳。

马克·吐温说过：自己只有通过努力和辛勤的汗水换来的收获才是最真实的，也只有勤奋才是通向成功的必由之路。

美国的家庭教育就是以培养孩子富有开拓精神、成为一个自食其力的人为出发点。

父母会让男孩从小就树立自立精神，即便是富豪子女，也要外出体验打工。美国前总统里根的儿子，就不靠父亲的权力来为自己安排舒适的工作，而是靠自己的能力去奋斗。

而中国的父母则很缺乏这样的意识，他们习惯为男孩创造最好的物质条件，尽量不让男孩受苦。但是，每个人的一生都不是一帆风顺的，一个人如果习惯了坐享其成、养尊处优的生活，将来一旦面对困难该怎么办呢？男孩总有一天是要长大的，他们总有一天需要自己去工作、去独立生活，父母不可能永远跟着他。

据不久前的一项抽样调查显示：上海高中生对家务劳动的疏远程度，达到了令人吃惊的地步。调查表明，高中生近六成起床不叠被子；五成从不倒垃圾，也不扫地；七成不洗碗，不洗衣服；九成从不洗菜做饭。还有部分高中生什么家务也不做，个别人连整理书包都还要家长代劳。

是现在的男孩真那么懒，不肯做家务劳动吗？其实不然，调查结果出人意料，有82%的高中生表示愿意做家务，36%的学生认为做家务很开心，是一种乐趣，有40%的学生说家长不让做家务，也从不教他们怎么做。

家长理由是：他还只是个孩子，他现在的任务就是学习，这些事等他长大了再学也不迟。这些家长的一片"苦心"，使男孩们不仅不会做家务，养成了衣来伸手、饭来张口的习惯，以为别人为自己做什么都是应该的，却不知道自己也有关心与帮助别人的一份责任。

苏霍姆林斯基认为：体力劳动对于小男孩来说，不仅可以获得一定的技能和技巧，也不仅是进行道德教育，而且还是一个广阔无垠的、惊人的、丰富的思想世界。这个世界激发着儿童道德的、智力的、审美的情感，如果没有这些情感，那么认识世界（包括学习）就是不可能的。

为了男孩将来能更好适应社会，让男孩了解父母的辛苦与不易，家长可以在男孩上小学高年级或初中时，周期性地让男孩当一天（或两三天）家，是一个行之有效的办法。

具体的操作方法：找一个周末，让男孩为第二天的生活与活动安排做一个预算与计划，然后从明天早上起床开始，就由男孩上岗指挥与组织一天的家务与游玩。父母则在男孩指挥下加以配合，需要多少钱，买什么菜，到哪里玩，坐什么车，走哪条路线，均由男孩来筹划。父母要放手、信任，不要干预，即使男孩安排得不是最合适，也不要当即否定，而是等第二天再与他一起总结，先让他自己提出改进意见，然后再补充。相信男孩对这样的活动定会兴致很高，也会十分用心和负责任，快乐与收获定会出乎你的意料。

其实每个男孩身上都隐藏着勤劳的种子，小时候他们往往看到妈妈擦桌子，就迈着小步伐跑过来想帮妈妈擦；长大点看到妈妈做饭，就跑去厨房给妈妈打下手，但是碰到这种情况时，我们的父母常常会说："你干不好，让妈妈来。"或者说："一边看书去，别来打扰我做饭。"男孩心中勤劳的小火苗，就是这样慢慢被父母熄灭了的。等父母发现孩子变得越来越懒的时候，想重新点燃它，就会变得异常困难了。

作为父母，如果想教育男孩从小养成勤劳的好习惯，首先应该教导男孩有一个积极的劳动态度。

俗话说态度决定一切，要男孩养成良好的动手习惯，就先从改变他们对劳动的态度开始吧，你可以选择对男孩进行言传身教，多给他讲一些勤劳的故事，比如在勤奋中长大的商人李嘉诚、用勤奋换来的天才童第周，给男孩制造一个勤劳的家庭氛围，让他从意识上觉得劳动最光荣。只要养成男孩热爱劳动的习惯，燃起他们认真劳动的渴望，就能使男孩形成勤劳的性格。

让男孩尽早参与家务劳动，要讲究方法，你可以列出一张家务清单，让他每天依次照做。这样，不但可以培养男孩的独立性，也可以使男孩更有责任感。比如可以让男孩帮忙擦桌子、洗碗筷等。当男孩完成了你交给的任务后，要跟他说声"谢谢"，并给予适时鼓励。

千万别给男孩过多的保护

被喂养惯了的动物接受放养时，通常自己不会捕食。大自然的生存法则告诉我们：动物如果学不会自己捕食的话，就会被饿死。同样的道理，在父母的庇护下长大的孩子通常没有在社会上独自生存的能力。一旦父母因为一些原因无法顾及到他们，他们就只能被社会淘汰。

由于现在独生子女居多，几代人的关心与爱护都集中在一个孩子身上，家长会为孩子们铺路——替他穿衣，替他系鞋带，替他安排工作，替他迎接挑战，一次，两次，一百次……这些孩子长大后依赖心理严重，凡事不想自己动脑筋，遇到事情首先就想到找人帮忙，而且这样的孩子惯于推卸责任，将来势必不为社会接受。

对儿童心理和脑力开发研究造诣颇深的日本杰出教育家多湖辉认为，增强孩子能力的最好办法，就是使父母成为"教育的实践者"。父母不仅要了解孩子独特的心理动态，而且应该针对不同孩子的个性特征，不断地在生活和学习实践中摸索了解教育孩子的方法。而要求孩子帮忙多做家务，对于孩子来说，会起到比课堂更有效的学习效果。因为这不但可以提高他们动手实践的能力，而且孩子在实际动手过程中必须学会安排计划，这就促使孩子将家务活与学习时间调剂好，在做不同家务的同时，也培养了孩子的耐性和身体素质。

我国著名教育学家陈鹤琴先生曾说："凡儿童自己能够做到的，应该让他自己做；凡儿童自己能够想的，应该让他自己去想。"这是一句符合儿童成长规律的至理名言。其实，要让孩子脱离对别人的依赖，独立地发展和锻炼自己，走出成长的误区，并不是一件非常困难的事情。

有人说，中国孩子很累，中国父母更累。就像有的母亲所说："我一颗心都扑在孩子身上，可以说现在所做的一切都是为了孩子；只要孩子将来有出息，再苦再累我都愿意。"因为他们只有一个孩子，不想让孩子"输在起跑线上"……于是，家长们从孩子一出生就为他们设计好了人生。不幸的是，作为传承性很强的家庭教育，今天的父母并没有太多可以借鉴的经验。在这种情况下，父母为孩子设计好的人生计划，很有可能是自以为是的规划。孩子在成长的过程中，只能沿着这条道路前进，不能有"非分"之想。

著名的教育工作者孙云晓说："中国的父母正在辛辛苦苦地酝酿着孩子的悲剧命运，

争分夺秒地制造着孩子的成长苦难。实际上，我们的父母在和自己作战，用自己的奋斗来击毁自己的目标。"作为家长，诚然我们不希望看到这样的结果，那么怎样做才是正确的呢？

1. 做力所能及的事情，培养孩子动手的习惯

家长不可能照顾孩子们一辈子，因此从小就应该让他学做一些力所能及的事情，比如洗衣服、收拾文具、帮父母拖地、洗碗等。只有从小事做起，才能逐渐培养起他们独立自主的精神。

2. 给孩子犯错误的机会，锻炼孩子的自立能力

要避免对孩子过度保护，我们首先应该充分尊重孩子的想法和意愿，放手让孩子自己拿主意，如果我们对孩子过度保护，因为怕孩子犯错，就一味地为他铺垫一切，事事拉着孩子的手，那么他在心理上永远都不可能长大。

第一章

男孩为什么要穷养

——男孩的成长充满"危险"因素

细节1

自控力差——男孩往往对自己降低标准，放松要求

你心目中的小小男子汉是怎样的？一个做什么都唯唯诺诺、没有原则的男孩是你想要的吗？俗话说：没有规矩，不成方圆。对于男孩子的养育，尤其需要运用规则教育来强化他的性格角色定位。而现实中，因为爱子心切的缘故，父母常常在无意识的状态下，用自己漫无边际的爱淡化男孩子理应遵守的规则，还总认为诸如没有时间观念、不守规则的事情都只是小事一桩，没有较真的必要，殊不知这样才是真正害了孩子。爱孩子，就该教会他遵守规则。

"规矩"即是我们要遵从的社会规则，我们每个人都不是一个独立存在的个体，必然要和社会的各个阶层发生千丝万缕的联系，这就衍生出一种大众要信守的社会准则，这就使得我们每个人都不能游离于社会规则之外。

给孩子制定一定的规矩对培养孩子的自觉性是非常有效的方法。例如，教育他吃饭的时候不可以把饭粒撒到桌子上；在公共场合不可以大声吵闹，和其他小朋友游戏追逐；家人睡午觉的时候不要在屋子里吵闹；每个星期天都得把自己的房间整理干净等。

当孩子把规矩当成一种习惯的时候，他就会在潜意识里形成一种积极的状态，即所谓的"严于律己"。

我们都知道，"严于律己"之后还有一句话是"宽以待人"。男孩知道严于律己是好事，但是，他如果把这种纪律性推己及人，是无法在社会上立足的。严于律己乃为自省，当我们与他人相处的时候，要以宽为上，一个人若能对别人宽容，肯定是受人尊敬和欢迎的。

正如一句话所说："原谅别人，才能释放自己。"借着宽恕，我们释放了心牢里的犯人，而那个犯人，可能就是我们自己。一旦我们能舍得过去的一切，是福也好，是祸也好，让它们如烟消云散般飞去，原谅一切，这将会为我们打开新局面。

美国第三任总统杰弗逊与第二任总统亚当斯从反目为仇、恶言以对到宽容友好相处就是一个生动的例子。

杰弗逊在就任前夕，到白宫去想告诉亚当斯说，他希望针锋相对的竞选活动并没有破坏他们之间的友谊。但据说杰弗逊还未来得及开口，亚当斯便咆哮起来："是你把我赶走的！是你把我赶走的！"从此两人成为陌路人，直到后来杰弗逊的几个邻居去探访亚当斯，这个坚强的老人仍在诉说那件难堪的事，但接着毫无遮掩地说出："我一直都喜欢杰弗逊，现在仍然喜欢他。"邻居把这话传给了杰弗逊，杰弗逊便请了一个彼此皆熟悉的朋友传话，让亚当斯也知道他的深重友情。后来，亚当斯回了一封信给他，两人从此开始了美国历史上最伟大的书信往来。这个例子告诉我们，宽容是一种可贵的精神，体现了高尚的人格。

宽容意味着理解和通融，是融合人际关系的催化剂，是友谊之桥的紧固剂。宽容还能将敌意化解为友谊。

父母应告诉男孩，口袋里装满了宽容，就会与人方便，与人方便就是与己方便，成功路上的坎坷也就会少一点。而事实上，很多人往往因为一点小小的利益与别人发生矛盾，甚至大打出手，不仅良好的人际关系破坏了，也影响后来的事业。所以，无论是在日常生活中，还是在未来的工作岗位上，宽以待人，不懈地履行这个信条，对男孩的未来一定会有所帮助的。

建议一：父母教男孩学会管理自己的时间

随着年级的升高，功课越来越多，有越来越多的男孩觉得时间不够用。有的男孩抱怨"功课太多了，玩的时间都没有"；有的男孩则不然，他们能把生活中的大事小事处理得井井有条，还能空余出一些娱乐的时间。

孩子们的智商水平都相仿，之所以会出现如此大的差距，主要是他们所具备的时间管理能力不同。

在学校里，我们时常看到一些男孩东走走西逛逛，左看看右翻翻，说他忙，他什么都没干；说他不忙，书桌上却堆着一堆功课没完成。这实际上是一种没有明确的目标、随遇而安的态度，很大程度上是由于没有为自己制定一个详细的计划造成的。

计划性强的男孩，什么时间做什么事是非常有规律的，他们做完一件事后就会立刻去做另一件事，从来不会有无所事事、毫无目标的情况出现。他们对时间也抓得十分紧，轻易不会把大好时光白白浪费掉。

详细的计划使男孩的各项活动目标明确，但是，男孩在刚开始学着制订计划的时候会遇到一些困难。由于生活千变万化，常会出现一些意想不到的情况而影响计划的进行，如临时增加集体活动、作业增多、考试临近等，这些往往都会打乱他们的计划。遇到这些情况，告诉男孩千万不能急躁，或者仍然死板地按计划进行，而是要及时调整自己的学习计划，增强计划的可行性，以适应变化了的情况。有时在计划实施的过程中会遇到困难，这时就需要男孩用坚强的意志努力克服困难，排除诱惑，来实施学习计划。在实施计划时，每克服一个困难，完成一项任务，男孩就会在享受胜利喜悦的同时增强克服生活中困难的信心和勇气。

如果男孩长期按计划生活，到时间就起床，到时间就睡觉，该学习时就集中精力学习，该锻炼身体时就锻炼身体。这样就会使生活很有规律，孩子也能逐渐养成良好的学习习惯。

下面是制订计划时应注意的一些问题，家长可与男孩共同分享：

第一，计划要全面。计划里除了有学习的时间外，还应当有进行社会工作、为集体服务的时间；有保证睡眠的时间；有娱乐活动的时间。计划里不能只有三件事：吃饭、睡觉和学习。

第二，长计划和短安排。在一个比较长的时间内，究竟干些什么，应当有个大致计划。例如，一个学期、一个学年应该有个长计划。有长计划，还要有短安排，否则长计划要实现的目标不容易达到。

第三，不要脱离生活的实际。有些男孩订计划时满腔热情，想得很好，可行动起来，寸步难行，这是目标定得过高，计划订得过死，脱离实际的缘故。

第四，不要太满、太死、太紧。要留出机动时间，使计划有一定的机动性，这样完成计划的可能性就增加了。

第五，脑体结合，文理交替。在安排计划时，不要长时间地从事单一活动，学习和体育活动要交替安排。比如：学习了一下午，就应当去锻炼一会儿，再回来学习。锻炼时运动中枢兴奋，而其他区域的脑细胞就得到了休息。安排科目时，文科、理科要交替安排，相近的学习内容不要集中在一起学习。

第六，提高学习时间的利用率。早晨或晚上，或一天学习的开头和结尾的时间，可以安排着重记忆的科目，如外语。心情比较愉快，注意力比较集中，时间较完整时，可以安排比较枯燥，或自己不太喜欢的科目；零星的、注意力不易集中的时间，可以安排做习题和自己最感兴趣的学科。这样就可以提高时间利用率。

建议二：告诉男孩可以玩，但作业必须完成

暑假已经过了一半，唐信的作业还没有开始动手完成，每天早晨起来就开始看电视，直到中午才关掉电视。中午吃完饭，刚想学习，又想起来有本好看的漫画书还没看，要不就是想天气那么好，还是去游泳吧。虽然他也觉得这样做不好，但就是忍不住。等到看日历牌的时候才发现，暑假已经过了一半了。

谁不喜欢玩呢？玩，是生活的一部分，尤其对男孩而言，他们能在玩乐中学到很多东西。但是玩要适可而止，不能因为玩耗去了大好时光。

……洗手的时候，日子从水盆里过去；吃饭的时候，日子从饭碗里过去；默默时，

便从凝然的双眼前过去。我觉察他去的匆匆了,伸出手遮挽时,他又从遮挽着的手边过去。天黑时,我躺在床上,他便伶伶俐俐地从我身上跨过,从我脚边飞去了。等我睁开眼和太阳再见,这算又溜走了一日。我掩着面叹息。但是新来的日子的影儿又开始在叹息里闪过了。

时光的流逝在朱自清先生的笔下显得残酷而又真实。莎士比亚说过:"在时间的大钟上,只有两个字——现在。"昨天唤不回来,明天还不确定,一个人能拥有、把握的就是今天的时间。如果为了玩而虚度今天,就是毁了昔日成果,丢了来日前程。

古今中外,凡事业有成者,都是十分珍惜和善于驾驭时间的人。他们不但不会让时光虚度,还会想方设法节省时间。

杰克·伦敦从来都不愿让时间白白地从他眼皮底下溜过去,睡觉前,他默念着贴在床头的小纸条;第二天早晨一觉醒来,他一边穿衣,一边读着墙上的小纸条;刮脸时,镜子上的小纸条为他提供了方便;在踱步、休息时,他可以到处找到启发创作灵感的语汇和资料。不仅在家里是这样,外出的时候,杰克·伦敦也不轻易放过闲暇的一分一秒。出门前,他早已把小纸条装在衣袋里,以便随时都可以掏出来看一看、想一想。

鲁迅先生说过:"我把别人喝咖啡的时间都用到读书和学习上。"他几十年如一日,从不浪费一分一秒,为后人留下了700多万字的著作。就在重病缠身的日子里,他还抓紧时间工作和学习,在逝世的前一天,还写了他最后的一篇作品《因太炎先生而想起的二三事》,真是惜时到了生命的最后一息。

为男孩讲一讲这些故事,男孩一定深有感触。告诉孩子,看电视、玩游戏这些事虽然充满了趣味,毕竟不是生命中重要的事情。游戏能给生活带来暂时的快乐,但要让生活充实、总有幸福的感觉,还应夯实知识,奠定高品质生命的基础。

不过,即使男孩懂得了这些道理,真正实施起来还是很难的。男孩活泼好动,自制力有限,这时候就需要家长帮助孩子了。可以在玩之前与男孩做个约定,比如"看电视只看一个小时,要自觉看时间。如果到点了还舍不得关电视,妈妈叫你好吗?"在家长的协助下,加上孩子自我管理的意识,收住孩子的"玩心"并不难。

细节2

逆反心理强——男孩喜欢跟父母对着干

从小就聪明伶俐的苏平,很听爸妈的话,是一个人见人爱的好孩子。可近来苏平变了,凡事总爱与父母顶嘴,自作主张,有时还偏要同父母"反其道而行之"。

例如，初中毕业后，爸妈为他选择了就近的一所重点高中作为报考志愿，而他偏挑选了一所离家较远的中学，他不是喜欢路远，而是有意同爸妈抬杠；苏平有鼻炎，父母为他买了滴鼻药水，他却有意把它扔了；父母问他考试成绩，他明明及格了，却偏说不及格；有一天气候突然变冷，苏平的母亲特意给他送去衣服，他竟当着同学们的面把衣服扔在寝室的地上；他爸爸平时工作忙，一有机会就想跟他聊聊，他却把他拒之于千里之外。这令苏平的父母十分焦急。

苏平的这些表现与逆反心理有关。

逆反心理是指，人们彼此之间为了维护自尊，而对对方的要求采取相反的态度和言行的一种心理状态。青少年常会"不受教""不听话"，常与教育者"顶牛""对着干"。这种以反常的心理状态来显示自己的"高明""非凡"的行为，往往来自于"逆反心理"。逆反心理在青少年成长过程的不同阶段都可能发生，且有多种表现。如在一些青少年当中，打架斗殴被看做是有胆量；与老师、领导公开对抗被视为有本事；哥们义气等不良的行为倾向却赢得了很多人的认同，而乐于助人、爱护集体、爱护公物、遵守校规校纪的青少年则被肆意讽刺、挖苦；对正面宣传作不认同、不信任的反向思考；对先进人物、榜样无端怀疑，甚至根本否定；对不良倾向持认同情感，大喝其彩；对思想教育消极抵制、蔑视对抗等等。

一般说来，人们对于越是得不到的东西，越想得到，越是不能接触的东西，越想接触，这就是所谓"禁果逆反"。无论是老师还是家长，都会禁止孩子做某事，却又不说明为什么不能做的理由，结果适得其反，使"不要吸烟""不要早恋"之类禁令达不到应有的预期效果，使被禁止、批判的电影、文学作品、理论文章更引起男孩极大兴趣……"被禁的果子是甜的"，好奇心驱使男孩有时甘冒受惩罚的风险去尝也许并不甜的"禁果"。

由于青少年正处在身心发育成长的不稳定时期，大脑发育成熟并趋于健全，脑机能越来越发达，思维的判断、分析作用越来越明显，思维范围越来越广泛和丰富，特别是思维方式、思维视角已超出童年期简单和单一化的正向思维，向着逆向思维、多向思维和发散思维等方面发展。尤其是在接触社会文化和教育过程中，青少年渐渐学会并掌握了逆向思维等方法。正是青少年思维的发展和逆向思维的形成、掌握，为逆反心理的产生提供了心理基础和可能，因此，逆反心理在成年前呈上升状态。

另外，青少年正处在接受家庭、学校教育阶段，由于阅历和经验的不足，在认知事物和看问题时常出现认识上的片面和较大偏差，因而易与家长、教师、教育者的意向不同。当人们的意向不一致时，彼此之间为了维护自尊，就会对对方的要求采取相反的态度和言行。

逆反的后果是严重的，它会导致青少年出现对人对事多疑、偏执、冷漠、不合群的病态性格，使之信念动摇、理想泯灭、意志衰退、工作消极、学习被动、生活委靡等。逆反心理的进一步发展还可能向犯罪心理或病态心理转化。

面对心中生成的逆反心理，你可以尝试着用下面的方法去化解：

作为学生、子女，要学着从积极的意义上去理解大人，父母的啰唆、老师的批评都是善意的。老师、父母也是人，也有正常人的喜怒哀乐，也会犯错误，也会误解人，你只要抱着宽容的态度去理解他们，也就不会逆反了。

要经常提醒自己虚心接受老师父母的教育，遇事要尽力克制自己，要知道，退一步海阔天空。另外，还要主动与他们接触，这样，多了一分沟通，也就多了一分理解。

你要提高心理上的适应能力，如多参加课外活动，在活动中发展兴趣，展现自我价值。

你应正确认识自己，努力升华自我。把自己作为教育对象，主动思考自己、设计自己，并自觉能动地以实际作动完善或造就自己。

合理地提出自己对事情的不同看法是孩子的一项权利，但是，由于青少年时期的孩子与父母相比，在社会和生活经验方面确实欠缺很多，这就需要孩子虚心听取家长一些有道理的见解，尝试着用理解的眼光来看身边的事情，这样有助于问题的解决，也有利于父母与子女之间的沟通，有助于和谐的家庭气氛的维持。因此，多一分理解，多一分倾听，叛逆也可以得到合理化解。

建议一：父母应多了解男孩，满足他的真正需求

这些天陆涛跟妈妈一直闹矛盾，两个人谁也不让步，陆涛觉得很委屈，就去找自己最喜欢的老师诉苦。

原来，陆涛十分喜欢轮滑，自己攒钱偷偷买了一双漂亮的轮滑鞋。陆涛暗里计划着，每天放学后去练一小时轮滑，争取下半年能参加轮滑赛。因为练轮滑，陆涛每次回家都很累，有时满头汗，有时累得都不吃晚饭就睡了。陆涛妈妈很纳闷，就在打扫房间时仔细找了找，结果就把那双陆涛舍不得穿的轮滑鞋翻到了。陆涛妈妈不但没收了鞋，还不准陆涛再去练习轮滑。陆涛为此跟妈妈闹矛盾了。陆涛觉得自己的事情自己可以安排好，自己喜欢做什么怎么做这是自己的自由，妈妈不应该干涉，何况自己做的又不是坏事情。陆涛讲完后，老师想了想说，"陆涛，回家先跟妈妈道歉，不管怎么样跟妈妈闹矛盾是不对的，你这样做也不是解决问题的办法。跟妈妈好好说，争取妈妈的理解，这才是好的办法。"

陆涛回家跟妈妈坐下来好好谈了谈，最终妈妈答应了陆涛，不过每天不能练习太久，怕耽误学习。陆涛又开始了他的轮滑计划，而且还有了妈妈的支持。

也许，有些男孩子没有注意到，不知从什么时候起，自己不再是爸爸妈妈眼里的乖宝宝，开始有自己的想法，并强烈地要求付诸实施。其实，这些是男孩进入青春期后，渐渐出现的叛逆心理。为什么说是男孩子的叛逆心理呢，难道说爸妈就不存在对男孩管制过严的问题吗？当然不是。

让我们先来分析一下青春期的叛逆心理，男孩子们就会发觉自己存在的问题。进入青春期后，男孩子在生理上发生了很大变化，身体渐渐发育成熟，然而近年来，随着物质生活水平的提高，青春期提前来到，然而生理上的成熟并不意味着心理上的成熟，其实很多男孩子的心理并不成熟，于是在青春期期间就出现了叛逆心理。

专家说，青春期的叛逆意识突出表现在他们的独立意识。对于男孩子而言，这种情况更严重。一些男孩子就会希望得到独立、得到认可，在没有完全认识到自己的实力的

情况下，总想着一鸣惊人，总想着挣脱父母的束缚，寻找更宽更高的天空。所以，这些男孩子会自发地采取一些接近自己梦想的措施，但是，在父母眼里，男孩子很多做法是好高骛远不切实际的。此时，处于对他们的关心，父母就会出面阻止。这就出现了男孩子们认为的被剥脱自由的现象。

客观地说，父母有父母的想法，男孩子也有男孩子的想法，没有谁对谁错的问题，最主要的是缺乏沟通。如果男孩子把自己的想法告诉爸妈，爸妈也再听听他们的想法。在互相尊重的前提下，真诚的沟通就会少很多抱怨。

"自由"是一个高贵的字眼，但是通往自由的道路不止一条，男孩子们能让爸妈放心自己，自己也舒心地实现自己，才是最好的选择。

建议二：不妨"冷"对男孩的牛脾气

生活中，很多男孩都会出现无理取闹、乱发脾气的情况，往往让许多父母感到又尴尬又头痛。

凯伦夫妇最近被儿子的坏脾气折磨得头疼死了。儿子吉姆仅6岁，却脾气暴躁得厉害，在商场里面逛的时候，儿子稍不如意就大发雷霆，大喊大叫。即使是跟他讲道理，他也听不进去，如果父母不按照他说的去做，他就一直吵闹、哭喊、在地上打滚，手里有什么东西都会顺手扔出去。

为此，凯伦夫妇想尽了办法，他们打他，苦口婆心地教诲，罚他站墙角，赶他早点上床，责骂他，呵斥他，给他讲道理……这些都不管用，一有事情吉姆还是会大发雷霆，暴躁脾气依然如故。

每个人都不希望自己的男孩是一个随意发脾气的孩子，可事实上发脾气是男孩成长过程中的必经之路，如果家长引导得不好，孩子就像吉姆一样，养成乱发脾气的习惯，特别是在物质满足上，孩子会没完没了地发脾气，直到得到自己想要的东西为止。

一天晚上，一家人正在看电视，小恒突然要吃冰淇淋。已经很晚了，商店都关了门，爸爸妈妈试图跟他解释，劝说他明天再吃。然而，小恒的脾气却上来了，他倒在地上大声叫喊，用头撞地，用手到处乱抓，用脚踹所有够得着的东西……

爸爸妈妈被气得不知道该说什么，他们努力克制自己的火气，暂时没有任何语言和动作。

小恒已经叫喊半天了，他奇怪地发现，居然没有人理他。于是，他又重新按他刚才的"表演"闹了一番。这次爸爸妈妈坐了下来，静静看着儿子，没有任何语言和动作。

小恒不服气地又开始了第三次"表演"，然而爸爸妈妈还是没有任何表示。最后，小恒大概也觉得自己趴在地上哭叫实在太傻了，他自己爬了起来，回房间睡觉去了。

从此，小恒再也没朝别人乱发脾气，小恒的乱发脾气因为没有得到强化而自然消失了。

男孩情绪不稳定，自制力差，并且难以接受父母的意见与劝说。在这种时候，疼爱儿子的你能做到冷静处理吗？你是不是对孩子过度关注，比如，孩子一伤心你立刻安抚，一哭叫马上就哄？

"现在的孩子越来越难管了！"一些年轻的妈妈抱怨说，"稍不如意，牛脾气就上来了。打也不听、骂也不灵，哄他吧，他还更来劲！"生活中，确实有不少这样的男孩。那么对于男孩的"牛脾气"家长应该怎样处理呢？

心理学家认为，孩子爱发脾气是由于家庭教育不当引起的。特别是独生子女，如果从小就事事以他为中心，吃不得一点苦，要什么给什么，那么孩子就会养成遇事爱发脾气的习惯。

要让男孩心平气和地生活，改掉喜怒无常的坏情绪，最有效的办法是采取置之不理的方法，进行"冷处理"，让其自动消失。譬如孩子在商场里面满地打滚的时候，你就在旁边看着，直到他偃旗息鼓。

孩子发脾气就向他屈服是最不可取的教育态度和教子方法。当孩子乱发脾气时，父母要保持冷静，对孩子的不合理要求绝不迁就，始终要让孩子明白，无论他怎么发脾气，父母都不会"俯首称臣"，他始终都达不到自己的目的。当孩子已经"雷霆万钧"时，不妨运用冷淡计，父母及其亲人都不去理会他。事后，再当着孩子的面，分析一下他发脾气的原因，细心地引导、教育孩子，相信孩子会从一次错误的行为中吸取教训。

专家认为，父母在阻止孩子坏脾气发作的时候，既不要采取过于强硬的态度，也不能采取过于软弱的态度。最好是能够迅速而果断地将孩子的注意力转移到其他方面，以缓和紧张的局势。也就是说，当孩子正处于发脾气的时刻，父母不要一心只想到训斥孩子，因为孩子这时是听不进去的；也不要强迫孩子或者用武力威胁孩子马上停止发脾气。最简便的方法就是冷处理，把他撇下不管，或把他送出门外，让他一个人去发泄，去自我克服、自我平息。这样坚持一段时间后，孩子就会渐渐改正乱发脾气的习惯，因为他知道这样做是什么也得不到的。

细节3

有攻击性——睾丸素作用下的必然结果

男孩大多喜欢集体生活，更喜欢主宰、控制环境，并善于根据自己的实力来估计自己在所处集体中的地位。相对于女孩来讲，男孩更喜欢竞争，竞争的环境可以使他变得更加兴奋，男孩也更愿意接受挑战，喜欢不为任何理由的冒险。

心理学家将男孩称为"有攻击性的小机器"，在运动能力、爆发力等方面，男孩要远远胜过女孩，同时，男孩的动作速度和猛烈程度也会远远超过女孩。男孩天生在这些方面具有优势，这取决于他们体内的睾丸素。

男孩喜欢玩冲锋枪，喜欢捉弄小猫小狗，拎起它们的小耳朵。

男孩喜欢玩火、喜欢扔石块，并且不会像女孩一样友好相处，他们会在游戏中粗鲁地推倒小伙伴。

男孩有时还会有意激怒自己的弟弟或妹妹，从中得到快乐。

男孩在做事的时候注意力很集中，但是耐久性很差，表现得很毛躁。他们经常没有听清指令就盲目行动。

男孩更加富有个性，他们喜欢张扬的做事风格，并且会对自己的所作所为产生自豪感。他们的行事风格看上去果断、大气，富于斗志和进取心。

男孩天生好动，喜欢实践，总是把家里的东西搞坏，他会出于好奇把家里的闹钟拆掉，为了听清脆的响声而把杯子摔在地上。

睾丸素对男孩的影响远远超过生长激素对他的影响，男孩因而变得精力旺盛，脾气暴躁。科学家曾做过很多实验证明这一点，比如，给雌老鼠注射睾丸激素，这些老鼠竟试图和同性进行交配，彼此还会进行厮杀。这个实验足以证明：男孩好斗的根源在于睾丸素的作用。

正是由于睾丸素的存在，使男孩表现出不同于女孩的特征。了解睾丸素是父母帮助孩子更好地发展的一个途径。父母懂得相关的养育知识和技巧，才能给予孩子正确的情感影响，使他们的潜力得到最大限度的发挥。

建议一：让男孩知道暴躁的代价

戴维是一个脾气暴躁、容易出现情绪波动的男孩，经常因为小事和别人吵架，他的人际关系因此愈来愈紧张，在公司经常与人发生矛盾，结果女友也难以忍受他的坏脾气，和他分手了。终于有一天，他觉得自己已经处于崩溃边缘。

他打电话向他的一个朋友詹森求救。詹森向他保证："戴维，我知道现在对你来说是有点糟，可是只要经过适当的指引，一切就会好转。你现在要做的第一件事是让自己安静下来，好好地享受一下宁静的生活。"

听了詹森的话，戴维开始试着放弃先前忙碌的生活，好好地放松一下自己，给自己休了一个长假。当他稳定了一段时间之后，詹森又建议道："在你发脾气之前，不妨想想，究竟是哪一点触动了你？"

"你可以拥有两种思考，一种是让每件事情都在脑海里剧烈地翻搅，另一种则是顺其自然，让思想自己去决定。"说着，詹森拿出了两个透明的刻度瓶，然后分别装了一半刻度的清水，随后又拿出了两个塑料袋。戴维打开来，发现里面分别是白色和蓝色的玻璃球。詹森说："当你生气的时候，就把一颗蓝色的玻璃球放到左边的刻度瓶里；当你克制住自己的时候，就把一颗白色的玻璃球放到右边的刻度瓶里。最关键的是，现在，你该学会控制自己的情绪，如果你不试着控制自己的情绪，你会继续把你的生活搞得一团糟。"

此后的一段时间内，戴维一直照着詹森的建议去做。后来，在詹森的一次造访中，两个人把两个瓶中的玻璃球都捞了出来。他们同时发现，那个放蓝色玻璃球的水变成了蓝色。

原来，这些蓝色玻璃球是詹森把水性蓝色涂料染到白色玻璃球上做成的，这些玻璃球放到水中后，蓝色染料溶解到水中，水就成了蓝色。詹森借机对戴维说："你看，原来的清水投入'坏脾气'后，也被污染了。你的言语举止，是会感染别人的，就像玻璃球一样。当心情不好的时候，要控制自己。否则，坏脾气一旦投射到别人身上的时候，就会对别人造成伤害，再也不能恢复到以前。所以一定要控制好自己的情绪，不能乱发暴脾气。"

戴维后来发现，当按照詹森的建议去做时，他真的不再那么混沌了，事情也容易理出头绪。在此之前，他的心里早已容不下任何不满、愤怒的情绪，一定要全部发泄出来，许多麻烦就是这样造成的。

此后，戴维开始有意地控制情绪。当詹森再次造访的时候，两个人又惊喜地发现，那个放白色玻璃球的刻度瓶竟然溢出水来！

看来戴维对自己的克制成效不小。慢慢地，戴维已学会把自己当成一个有思想的旁观者，来看清自己的意念。一旦有了不好的想法就很快发现，情绪失控的时候就及时制止。这样持续了一年，他逐渐能够控制自己的暴脾气，生活也步入正轨，并重新得到了一位优秀女士的爱，美好在他的生活中渐渐展现。

戴维的暴躁，让他不能自控，随意地把自己的愤怒和不满流露，经常因为一些小事儿而与别人发生矛盾，人际关系也变得紧张，让自己的生活变得一团糟。相信父母都不想让自己的孩子在人生中有这样的遭遇。特别是男孩，脾气暴躁就很容易在生活中失去绅士风度，如果在众人面前发脾气，也是一种很失礼的表现，所以父母应该让孩子知道：在成长的过程中要学会控制自己的脾气，乱发脾气是要付出代价的，有时候会让你失去亲情和友情，甚至是爱情。

面对男孩的暴躁性格，父母应该怎样对其进行养育呢？专家给父母的建议如下：

第一，让男孩必须决定他们自己想要改变的行为。这要求他们收集所有关于这个问题的信息，比如"自己的愤怒通常发生在什么情景下""大概多久发生一次""它能改变到一个什么程度？"等，诚实、彻底地列举问题的细节会对他们制订、改变计划有所帮助。

第二，让他们清晰辨认出这些愤怒出现时，在他们的自动思维中出现了哪些不合理的逻辑，回顾这些逻辑，看看它们引发的情绪和他们行动之间的关系，明白它们是如何影响他们的。比如，当他们得不到自己想要的东西时，心理就会很难受，由于失落而发脾气。一是为了引起他人的注意，二是为了发泄不满的情绪。这种自动思维决定了他们发脾气的行为，所以要根据具体的情况，严加控制。

第三，在生活中自己检测自己，观察和记录任何不利于自己情绪的思想和行为，尤其是那些自动出现的念头。这也要求男孩子，在生活中需要自我反省，这样才能知道什么事情该生气，什么事情不该生气，让自己能平和处理生活和学习中的一切问题。

第四，每天总结那些不合理的思维逻辑，用积极正确的陈述抵抗不合理的消极解释，让头脑中合理的自动思维逐渐占据主导。如果他们成功控制了原本可以激起愤怒的情绪时，让他们不妨给自己一些奖励以强化自己继续保持积极的状态。

除此之外，当发现身边有人正试图激怒自己时，如果他的语言是批评或抱怨式的，那么就不要听他的评价，让孩子集中注意力在其他事情上，教会自己面对他人的消极态度时要放松，如果你发现自己无法与对方冷静相处，换一个环境避免争吵，将是最明智的选择。

建议二：告诉男孩暴力解决不了问题

彭阳是一名初中二年级的男生。一天彭阳和朋友放学回家，路上说说笑笑，不小心用自行车蹭破了正好路过的小原的衣服。

大家都在背地里叫小原"刺头"，因为这个孩子实在是睚眦必报，只要有同学哪句话不让他高兴，哪件事做得不合他的心意，他一定会"以牙还牙"。看到衣服刮坏了，小原哪肯罢休，张嘴就骂。彭阳也不肯示弱，一来二去，两人打了起来。

彭阳的朋友"出手"帮忙，小原吃了亏。

翌日下午第二节课结束后，彭阳正下楼准备去操场上体育课，一个同年级的学生把他叫到操场上，然后其他四个同年级的学生围上来，一起把他带到一个厕所内，一顿猛揍。

男孩崇尚力量，崇拜英雄，渴望自己能仗剑走江湖，暴力，在男孩的生命中往往以浪漫主义的色调呈现。这种想法显而易见是幼稚的，并且暗含危险。事实上，虽有胸中一口侠气在，绝大部分男孩却没有大侠、英雄的本事，真正动起手来，吃亏的还是男孩自己。

家长要告诉孩子，不要总想着用暴力解决问题。很多时候，暴力不但解决不了问题，还会使事情朝着更坏的方面发展。

第一，男孩应正确认识自己所受的伤害。在人际交往中，不可能没有利害冲突。当你遭受到挫折或者是不愉快的时候，不妨进行一下心理换位，将自己置身于对方的境遇之中，想想自己会怎么办。通过这样的换位心理，你也许能够理解对方的许多苦衷，正确看待他人给自己带来的挫折或者是不愉快，从而消除动手的欲望。

第二，正确分析别人对自己的伤害。即使是伤害，也要加以分析，弄清楚别人是有意伤害还是轻微伤害，是偶然伤害还是蓄意伤害等等。对于一个男孩来说，即使是受到伤害，是否立即实施报复也要三思而后行，有时为了顾全大局或是需要时间弄清原因，就只能暂时忍一忍，否则是得不到舆论支持的。总之，面对伤害，要头脑冷静，具体分析，具体对待。

第三，多考虑打架的危害性。在动手打架之前，不妨仔细想想，实施暴力，除了或许能从中体会到暴力本身所带来的所谓"快感"并给对方造成危害，还能得到什么呢？这一切不能不引起双方思考。古话说"饶人不是痴汉，痴汉不会饶人"，"忍得一时之气，免得百日之忧"，这些古训很值得认真吸取。

第四，学会忍耐和克制。人在受到伤害的时候，只能有两种状态，一是反击报复，二是自我克制。在正常的人际交往中，一般极少出现大的伤害，多半是一些有悖于文明礼貌的出言不逊所引起的心理伤害。从有益于交际者身心健康和人际交往的正常行为出发，每一个参与交际的人都应当首先做到严于律己，坚持文明标准，把握好自己的一言一行，尽量不对别人造成伤害，万一有差错，就应该及时检讨自己，表示歉意。受到一点小小的伤害也应该尽量忍让、克制。

不过，当男孩真的遭受校园暴力的时候，可不能默默承受。告诉孩子，在暴力危害来临的开始，比如滋事者刚围住他，要带他离开人多热闹的地方时，最好不屈从他们的胁迫，或凛然正气，或大声呼喊，或用力挣扎，因为此时刚处于危险的边缘，摆脱危险的机会最大，一旦屈从胁迫去到僻静且无人注意的地方，危险性就极大。

如果对方胁迫太强，不能呼喊挣扎，可尽量机智地使用眼神、留下记号等示意周边的人，请求援助。被威胁过程中，可随机应变，在确保人身安全的情况下，如男孩的"软弱"仍换不得对方的宽容，可坚决反抗，勇敢地争斗，树起自己的尊严来。

以下一些自护常识，家长可让男孩记牢：

1. 威胁来临时，应当立即向同学、老师、家长和其他人求助，必要时可以报警。
2. 切忌不能忍让软弱，否则会助长施暴者的气焰，使自己如"软柿子"一样被反复捏。
3. 勇敢坚强，镇静理智地处理威胁过程中的情况。
4. 懂得正当防卫的含义。所谓正当防卫，是指为了本人或者他人的本身、财产和其他权利以及社会公共利益免受正在进行的不法侵害，而采取的制止不法侵害的行为。
5. 正当防卫有四个条件：一是必须是针对不法侵害行为。二是必须针对正在进行的不法侵害行为；三是必须是针对实施不法侵害行为的人；四是防卫不能超过必要的限度。

细节4

固执、莽撞——告诉男孩莽撞不等于勇敢

男孩与生俱来的英雄情结时常让他们陷入危险的境地而不自知。

他们好像是天生就喜欢冒险，不带有任何理由。一个刚刚学会走路的男孩，他喜欢从上面的地方往下跳。他喜欢把自己藏起来，让全家人找不到他。他会尝试所有没吃过的东西，不管是否是食物，甚至是药片，他都会往嘴里塞。他喜欢玩火，喜欢玩小刀。他会故意惹怒老师，看到老师很生气的样子，他会感觉得很开心。

当男孩长大，有了自己的玩伴之后，他还会喜欢上一切富于冒险性的事物，他们喜欢玩滑板，喜欢去郊外的山谷蹦极，喜欢在海上扬帆滑翔。有一位儿童心理学家说的好："任何一个男孩，在他小的时候一定或多或少受过外伤，如果一个男孩在小的时候没有受过伤，那简直是个奇迹。"也许正因为如此，古希腊的哲学家柏拉图这么写道："在所有的动物之中，男孩是最难控制对付的。"

男孩的冒险，是一种天分，需要家长用几分欣赏的眼光来看待。大多数的男孩为了冒险，甘心被摔跤，被挨打，这样的一种勇敢精神也是值得肯定的；他们喜欢搞破坏，会把电动汽车拆得乱七八糟，这种创造能力也很值得肯定；他们也许是为了自己的朋友，通过打架的方式来替朋友讨回公道，最后总是伤痕累累，这样的正义感也很值得肯定。既然对男孩的行为感到无可奈何，那就来欣赏他吧。因为男孩除了冒险之外，还有一股英雄情节，这一点让喜好冒险的男孩显得尤为可爱。

男孩的英雄情节，不仅有利于他们男性气质的培养，更有利于他们尽快长成一个真正的男子汉。

在现实的社会中没有一个人会像奥特曼一样具有拯救人类、拯救世界的本领，男孩们心中崇拜的英雄是虚幻的，他们小小的心中并不了解真正的英雄应该具有什么样的气魄。如果家长在此不给予正确的引导，可能孩子还会把暴力倾向误以为是英雄的象征，那就违背了男孩崇拜英雄的初衷。

建议一：吃软不吃硬是男孩的通性

对于未成年的孩子来说，他们由于不成熟、自我约束力差、自我纠错能力差，所以在成长过程中不但错误百出，而且经常犯同样的错误。作为成年人的家长最感到头疼的是："孩子怎么没记性？""为什么屡教不改？"于是频繁批评，意图把男孩"骂"醒。但是不管你是苦口婆心地骂、言词激烈地骂，还是语重心长地骂，这种带有批评成分的教育效果都不十分理想。尤其是针对处于青春期阶段的男孩，他们的逆反心理作祟，容易与父母形成对立局面，那么这时候的批评不但无效反而会适得其反。如果再碰上一个破罐子破摔的男孩，被批评烦了后果更是不堪设想。

老教育家孙敬修先生有一次看见几个孩子在摇一棵小树，孙老并没有上前大声训斥。沉思片刻后，他走过去把耳朵贴在小树上，孩子们看见觉得很奇怪，好奇地问孙老在做什么？孙老态度严肃，用十分痛惜的语气对孩子们说："你们听，小树在哭呢！因为你们快把它的命根摇断了！"孩子们听了，羞得满脸通红，一个个惭愧地低下了头。而后，孙老和孩子们一起给小树培土、浇水。从那以后，这些孩子不但不再摇树，还成了护树"小卫士"。

孙老在这里是采用"良性刺激"的方法，把准儿童心理，用极富童趣的话语使孩子从心底里感知犯错、认识错误并改正错误。在批评孩子时，最忌讳不假思索脱口而出的伤人心的话。所以，不管孩子犯了多么不该犯的错误，在批评孩子之前，父母都要平息一下自己的情绪。

一般来说，当男孩犯了错误后，往往心里已经产生了愧疚。所以，父母在批评时，没必要一遍一遍诉说自己多么痛心，这种做法无异于在孩子心灵的伤口上撒盐。对于已经具备是非判断能力的中学生而言，批评只要点到为止，就会使孩子记忆深刻。如果过度批评，不但不会加深孩子的印象，相反还会使孩子更加反感。

没有人喜欢被人批评，父母在批评男孩时一定要注意方式方法，尽可能采用积极的批评方式，给批评穿一件表扬的外衣。

已经上高二的小斌仍然"玩"性不改，每周六都要玩一会儿电子游戏。说是"一会儿"，实际上却是好几个小时。因为他每次都要打一局，而一局至少得打过好几关，有时甚至能从头打到尾，这样几个小时就过去了。有时母亲看不过，便吼他："别玩了！

快去写作业。"他往往会以"只差一点就过关了"为理由，再拖半个小时。

　　为了帮助儿子改掉贪玩的坏毛病，母亲想了个好办法。又一个周末，母亲约了自己的几个朋友聊天，并让小斌服务。就在小斌为阿姨削苹果的时候，母亲提起了如何对待孩子贪玩的话题。几位朋友都有十七八岁的孩子，所以都有话说。其中一位说："我儿子已经上高三了，还整天惦记着玩，家里看得紧，他就到游戏厅、网吧玩，我都快愁死了。"小斌在旁边很紧张，生怕母亲揭自己的底。

　　小斌的妈妈接过话茬说："你越管得紧，他越不听话。我就从来不管小斌，每周他都可以玩一个小时的游戏，而且很守时，说一个小时，就一个小时。"说着，看了看表，然后对小斌说："儿子，到了玩游戏的时间了吧？去吧，玩一个小时就停。"

　　那天，小斌很自觉地在游戏机旁放了一个闹钟提醒自己，一个小时后，干干脆脆地退出了游戏。以后，不管母亲在不在旁边，小斌都只玩一小时，到了时间就立刻停止，再也不用母亲费心了。

　　小斌妈妈很讲究批评的艺术，她的做法很值得父母们学习。然而，很多父母在批评孩子时，难以做到心平气和。于是，这样的话不绝于耳："都这么大了还不懂事！""就知道玩，这么大了还让我操心！""好的没学会，就学会打架了，你是不是想把我气死？"可想而知，这些话会带给孩子什么样的心灵感受。当孩子犯有过错时，家长往往一味责备孩子，甚至打孩子，一点不讲批评技巧，结果往往事与愿违。那么，家长批评孩子时，应注意掌握哪些技巧呢？

　　第一，把声音放低。压低声音讲话，容易使孩子注意倾听你说的话，这种低声的"冷处理"，往往比大声训斥的效果要好。

　　第二，保持沉默。孩子一旦做错了事，总担心父母会责备他，如果正如他所想的，孩子反而会有一种"如释重负"的感觉，对批评和自己所犯过错也就不以为然了；相反，如果父母保持沉默，孩子的心理反而会紧张，会感到"不自在"，进而反省自己的错误。

　　第三，使用暗示。孩子犯有过失，如果家长能心平气和地启发孩子，不直接批评他的过失，孩子会很快明白家长的用意，愿意接受家长的批评和教育，而且这样做也保护了孩子的自尊心。

　　第四，批评孩子要言简意赅。有的家长批评孩子时唠唠叨叨说个不停，却说不到要点上，净说一些废话和孩子反感的话，引起孩子的逆反心理，孩子索性左耳进右耳出。所以批评的话不在多，要言简意赅，恰到好处。

　　第五，批评孩子一定要就事论事。批评孩子的时候不要把过去的事情扯出来，家长常犯的毛病就是喜欢秋后算总账。孩子本来有几件事情做错了，当时父母心情好，就不管不说，等到后来孩子的举动越来越不像话，这才开始发火，而且把已经过去了的事情重新提起，这样做只会增加孩子的抵触情绪。

　　第六，批评孩子千万不能损伤孩子的自尊心。特别是那些有辱人格的语言绝不能使用，批评孩子的场合也要有所选择，尽量不要当着外人或孩子朋友的面批评孩子。场合不对，本来孩子可以接受的意见也会引起孩子的反感。如果伤害了孩子的自尊心，他们甚至会做出某些难以预料的举动，让父母十分尴尬，下不了台。

总之，父母要充分考虑男孩的心理感受。根据孩子的具体情况，采取朋友般的做法，通过谈心、启发、聊天等方式，用委婉的口气指出孩子的不足，用商谈的口气消除孩子的对抗心理，与孩子一起共同分析错误，允许孩子申辩，及时澄清问题真相。这样不仅可以使男孩真正感觉到自己在人格上和父母一样平等，而且可以拉近父母与孩子之间的距离，消除彼此间的隔膜，收到积极良好的教育效果。

建议二：改掉男孩"不听话"的臭脾气

任性就是把自己的偏见当成至理名言，从而误入狂妄的陷阱，让自己进退维谷，痛苦不堪。任性的男孩，他们总是认为人生中有很多事情不需要"半途而废"，需要"固执坚守"，世上没有什么是可以改变的，他们不懂得变通，钻牛角尖，一条路走到黑，一只眼打井，不能全面地看待问题。

任性男孩的主要表现如下：

（1）极度的感觉过敏，对侮辱和伤害耿耿于怀。

（2）思想行为固执死板，敏感多疑，心胸狭隘。

（3）爱嫉妒，对别人获得成就或荣誉感到紧张不安，妒火中烧，不是寻衅争吵，就是在背后说风凉话，或公开抱怨和指责别人。

（4）自以为是，对自己的能力估计过高，惯于把失败和责任归咎于他人，在学习上往往言过其实。

（5）总是过多、过高地要求别人，但从来不信任别人的动机和愿望；不能正确、客观地分析形势，有问题易从个人感情出发，主观片面性大。

（6）喜欢走极端，听不进别人的意见，只想让别人接受自己的观点。

任性是件古怪的东西。任性的男孩绝对相信自己是正确的，而克制自己，保持正确思想，正是最能助长这种自以为正确和正直的看法。

有一位对上帝非常虔诚的神父，很受邻人尊敬，是圣人中的典范。一次，突然天降暴雨，倾盆大雨连续不停地下了20天，水位高涨，迫使神父爬上了教堂的屋顶。正当他在那里浑身颤抖时，有个人划着船过来，对他说道："神父，快上来，我把你带到高地。"

神父看了看他，回答道："我一直按照上帝的旨意做事，我真诚地相信上帝，因为我是上帝的仆人，因此你可以驾船离开，我将停留在这里，上帝会救我的。"

那人划着船离去了。两天之后，水位涨得更高了，神父紧紧地抱着教堂的塔顶，水在他的周围打着旋。这时，一架直升机来了，飞行员对他喊道："神父，快点，我放下吊架，你把吊带在身上安好，我们将把你带到安全地带。"对此神父回答道："不，不。"他又一次讲述了他一生的工作和他对上帝的信仰。这样，直升机也离去了，几个小时之后，老神父被水冲走，淹死了。

因为是一个好人，神父直接升入天堂。他对自己最后的遭遇颇为生气，来到天堂时，情绪很不好。他气冲冲地在天堂中走着，突然碰到了上帝，上帝说道："麦克唐纳神父，欢迎你！"

老神父凝视着上帝，说："40年来，我遵照你的旨意做事，有过之而无不及，而当我最需要你的时候，你却让我淹死了。"

上帝微笑着说："哦！神父，请原谅，我确信我给你派去了一条船和一架直升机，是你的偏执害了你。"

的确，任性的人坚持己见，缺乏变通的智慧，因而常常正邪不分，忠奸不辨。没有见识，就不能观其人，听其言，察其行，因此就不能知彼知己，不能客观、公正地判断人或事，这样势必后患无穷。

父母在给孩子灌输"滴水穿石"、"绳锯木断"道理的同时，也应该让他们懂得改变，不能一味地坚持到底，当发现事情有所改变的时候，就应该变通。任性的男孩，只会一条路走到黑，在通向成功的道路上遇到的阻碍会更多。

要想改变男孩任性的坏脾气，就要让他们抛弃自己那种我总是对的想法。当然，思想上的调整与认识以一种良好的心境为前提，才能有效果。因此，父母可以用各种方法让孩子心灵宁静下来。

1. 从书籍中获得抚慰

实验表明，经常阅读伟大人物的传记，更能使那些任性的孩子得到心灵上的慰藉。丰富的知识使他们聪慧，使他们思想开阔，使他们不至于拘泥于教条的陈规陋习。但是应该注意的是，越有知识越要谦虚，这是做人的美德。为人处世要尊敬和信任他人，多培养宽容的态度。不要过于欣赏自己的成绩，议论别人的不足。不要去计较那些微不足道的事情。要和勤奋好学、谦虚谨慎、品德优良的人多交往，养成虚心向别人求教的习惯。

2. 克服虚荣

人无完人，谁都会有缺点和错误，这用不着掩饰。我们要以真诚的态度来对待生活，要树立远大的目标，追求美好、崇高的东西。不要整天把心思放在修饰打扮和赶时髦上。更不要夸夸其谈，不懂装懂。

3. 加强自我调控

引导孩子要善于克制自己的抵触情绪以及无礼的言语和行为。对自己的错误，要主动承认，善于应用幽默，自我解嘲地找个台阶下，不要顽固地坚持自己的观点。

如果发现孩子平日里的行为有些任性，那么，提醒他们不要陷于"敌对心理"的旋涡中。事先自我提醒和警告，处世待人时注意纠正，这样会明显减轻敌对心理和强烈的情绪反应。要懂得只有尊重别人，才能得到别人尊重的基本道理。要孩子学会对那些帮助过他们的人说感谢的话，而不要不疼不痒地说一声"谢谢"，更不能不理不睬。要学会向他们认识的所有人微笑。可能开始时你很不习惯，做得不自然，但必须这样做，而且要努力去做好。要在生活中学会忍让和耐心。

4. 主动接受新事物

任性常和思维狭隘、不喜欢接受新东西、对未曾经历过的东西感到担心相联系。为此父母要孩子养成渴求新知识，乐于接触新人新事，并学习其新颖和精华之处的习惯。

细节 5

挥霍、浪费——什么都有就不知道爱惜

节俭是相对于奢侈而言的，当一个人食不果腹、衣不遮体的时候，就谈不上生活节俭了。现今的绝大部分人，都有能力来过一种节俭的生活。然而，节俭却因为市井小利变成了吝啬。节俭看似简单，实则是一种高尚的生活态度，非纯真富有的心灵不能到达。节俭与吝啬的截然不同在于，节俭是为了避免浪费，而吝啬则单纯是为了积攒更多的财富，吝啬的人心灵太贫穷。

现在有很多男孩，生活在衣食无忧的环境里，即使家庭困难，父母也承担了一切压力，粉饰出"太平盛世"。孩子从来不知道生活的艰辛，花钱大手大脚，吃饭挑肥拣瘦，再完好的衣服也不肯多穿。养成了浪费的习惯之后，父母的反应往往却是，抱怨过后，迁就继续。还有一种观点，认为孩子不能比别的同学差，应该显出富家少爷的派头，所以一味地满足男孩的要求，让男孩的任性和虚荣心越来越深。

"成由勤俭、败由奢"，男孩一掷千金，将来不仅事业难成，日常生活都难以打点。男孩手中的钱来源于父母，从根本上来看，男孩的浪费是父母约束不力造成的。

在商场中发生过这样的一幕：一个男孩拉着父母走进一家服装专卖店，二话没说就上前挑选运动衣。当母亲说他穿的运动衣还很新的时候，他却说再穿就会落伍。旁边的父亲一边掏银行卡一边说："现不少父母以孩子身穿名牌为荣，认为孩子穿得体面父母脸上也有光，做父母的苦一点不算什么，再苦不能苦孩子。"

有一位母亲曾说："我这一辈子就这样了，不能让孩子也像我这样，看着孩子穿得体面、吃得舒服，我心里高兴。"

看来，要帮助男孩培养节俭意识，首先应该纠正部分家长的教育观念。很多家长对男孩有求必应，是担心有求不应会让男孩受委屈；出于对自己清贫童年的补偿心理，也有很多家长想让孩子能生活得无忧无虑。其实，节俭并不是宗教式的修行，要在压抑欲望和肉体痛苦中超脱，节俭也不是耻辱，让男孩感到委屈和受伤。相反，节俭是对生活的理智态度，也是对自己行为的一种高要求，让男孩明白只有高尚的人才能够做到节俭，男孩不仅不会感到羞愧，而会感到光荣。勤俭节约既是对创造财富的劳动者的尊重，也是对父母的尊敬。

贝多芬曾说，"把美德、善行传给你的孩子们，而不是留下财富，只有这样才能给他们带来幸福"，节俭既是美德也是善行，为了培养男孩勤俭节约的习惯，父母们可以参考以下的建议。

第一，把培养男孩勤俭节约的意识作为塑造良好品德的开端。美学大师朱光潜曾经

说过"有钱难买幼时贫",这并不是让男孩去过"苦行僧"的生活,而是为男孩创造俭朴的家庭环境,让男孩继承中华民族的俭朴美德。

第二,让男孩在小事上养成节约的习惯。生活中处处有培养节约意识的细节,比如爱惜粮食、随手关灯、利用水资源、节约时间等;学习用品是男孩经常打交道的消耗品,也可以从节约文具上入手,不要因为写错一两个字就撕掉一大张纸,不要总是碰断铅笔芯等。

第三,让男孩学会衡量支出。孩子虽然很小,没有太多理财头脑,但是家长也可以将家里的收支情况讲给男孩听,和他一起商量节省又适用的生活小妙方。如果他提出一些建议,一定要支持鼓励,男孩自己也会以身作则。父母要经常给男孩讲勤俭持家的道理,使男孩懂得一粒米、一滴水、一度电都是辛勤劳动得来的,父母供他的衣食住行的所需费用都是费力气挣来的。动之以情,晓之以理,男孩的教育才更加有声色。

建议一:不要在孩子面前露富

如今,在男孩中出现攀比心理早已经屡见不鲜。孩子们没有固定的收入,他们用来攀比的钱,都是家长提供的。即便是男孩通过自己的劳动挣了一些钱,将挣来的钱都用在了吃喝穿戴上来显示自己的阔气,也很明显是受到了家长价值观念的影响。所以,出现了这样的问题,家长要负全责。

攀比隐藏着的是一种竞争、好胜的心理成分。男孩在年龄小的时候,缺乏判断是非的标准和自制能力,只知道别人有的他也一定要得到。作为家长,如果一味地满足孩子的攀比欲望,那只会助长男孩的虚荣心。因此家长一旦发现自己的孩子出现攀比的苗头,就要有意识地引导孩子。

现在的中学生里流传着这样的一个穿衣标准:脚上穿的是阿迪达斯、衣服一定是耐克、腰带选择鳄鱼。而一双货真价实的新款阿迪达斯运动鞋,价格通常是在800~1000元之间。为了杜绝学生之间的攀比现象,学校也都主张学生平时穿校服。但是,学生之间那种"吃要美味、穿要名牌、玩要高档"的奢侈之风依然弥漫在校园。

有位同学就这样说:"学校平时要求我们穿校服,所以只有穿一双比较高档的鞋子才能显示出我的个性。班上的同学对鞋子都很讲究,谁穿上名牌,谁穿上新款,马上就会成为班上谈论的话题。我们班上40多个同学,大家几乎都有耐克、阿迪等名牌鞋子,有的甚至都有四五双。如果有谁不穿名牌,就会觉得很没有面子。"

诚然,现在的家庭生活条件提高了,在家庭条件允许的范围内,家长给孩子在物质上以最好的供应,这本身无可厚非。但是,如果一味地攀比就没有必要了。有的父母本身就喜欢把金钱、名车、豪宅看做是成功与否的标准,而男孩的心理尚未成熟,他的辨别能力很差,他的价值观也是取决于父母。父母是孩子的一面镜子,是孩子人生的第一位老师,日常的言行举止和价值取向都对男孩有着很大的影响。作为家长应该首先要给男孩树立一个好的榜样,正确引导男孩的消费观和价值观。如果家庭条件允许,孩子完全可以穿名牌。如果家庭的条件不允许，绝对要对孩子的攀比行为加以干涉，以免产生不良后果。

现在流行"男孩穷着养，女孩富着养"的说法，这种说法不能片面地理解成"穷"与"富"的概念。穷与富的内涵，是一种对于不同性别的孩子进行的不同的教育方法，在教育内容上有所侧重，因此富与穷包含着不同于金钱的意义。穷养男孩，是对我们自身期望的一种投资，是对男孩的人生决策、职业发展有关的投资。"穷"养出应对人生的能力和本事，"穷"养出他的积极、主见、雄心、理智、自我依靠。

美国前总统西奥多·罗斯福的大儿子20岁时去欧洲旅行，一个多月的时间他把自己所带的路费差不多花光了，临行前他遇到了一匹非常好的马，正好它的主人要卖掉它。他太爱这匹马了，就把自己最后的一点路费拿出来买下了这匹马。然后他打电报让父亲寄点路费让他回家。罗斯福给他回了一封电报说："你和你的马游泳回来吧！"儿子只好又卖掉了马。罗斯福反对男孩依靠父母生活。他希望自己的儿子能凭自己的本事自食其力。

罗斯福总统训练男孩独立的方法则可以称为"穷养"。罗斯福贵为总统却不肯给儿子路费，中国现今的大中城市却出现了一批批的"啃老族"。他们并非找不到工作，而是主动放弃了就业的机会，赋闲在家，不仅衣食住行全靠父母，而且花销往往不菲。这种教育方式和罗斯福的教子方式大相径庭。"啃老族"的出现让我们不禁想到中国的那句老话"富不过三代"。

富不过三代的背后到底隐藏着怎样的意义呢？中国台湾"塑胶大王"王永庆给出了答案。

王永庆常常用"富不过三代"自勉，也用其教育子女。

他认为"富不过三代"是因为后代不能继续吃苦，缺乏危机感，而且过分追求享乐，把前人的家业都挥霍掉了。王永庆分析了三代人的特征，他认为：

第一代人，不怕困难，不怕吃苦，踏踏实实，克服一切困难，最后取得了成功。

第二代人，虽然没有经历创业的艰辛，但深受父辈的影响，还能够勤于自勉，努力工作，但是跟第一代人比起来，用功和吃苦的程度已经大大降低了。

第三代人，创业的艰辛对于他们来说已经是很久远的事了，他们没吃过苦，也不知道什么是吃苦，认为今天得到的一切是理所当然的。因而随意挥霍，不知珍惜，长久下去，自然家境衰败。

"富不过三代"的谚语告诉人们，再富也要穷孩子，在竞争激烈的现代社会里，要让男孩知道，富裕的生活是要靠自己的双手成就的，不能让孩子以为父母已经提供了一个衣食无忧的环境，不需要自己奋斗。在富裕的家庭里，不在男孩面前露富很重要。

建议二：让男孩知道父母的钱来之不易

刘明13岁了，刚刚上初中。不久前，他滋生了一种和别的同学比阔气、比花钱大方的思想。比如，学校组织校外参观，他听说有的同学带了20元零花钱，就要妈妈给他30元；以前，踢足球穿一般的足球鞋就行，现在则嚷着要买名牌球鞋，还说："不少同学穿的是进口名牌，买国产名牌已经是低标准了。"为了他上学方便，家里专门给他买了辆轻便自行车，结果没骑多长时间，他就又缠着要买变速车。

很显然，这是男孩的一种攀比心理。由于缺乏生活经验，很多男孩往往不知道父母的钱是从哪里挣来的，并对父母给予的钱抱有一种无所谓的态度。无形中使男孩变得花钱大手大脚，一点也不知道节约。孩子不知道钱怎么来的，觉得来得很容易，久而久之，乱花钱的行为就会根深蒂固，如果这种行为愈演愈烈，也许真的会有那么一天，你的孩子的生存会因此受到威胁。

出现这种情况，主要是由于孩子不了解家庭收入的来源和支出，很多孩子不知道钱是从哪里来的，以为父母挣钱很容易。有专家曾对小学生做过一个调查，研究发现，只有20%的孩子知道钱是父母辛辛苦苦挣来的，有很多孩子以为钱就是直接从爸爸妈妈的钱袋里拿出来的。这就导致很多孩子花钱大手大脚，没有节制。

有的家长可能觉得，家人之间算账很伤感情，而且会让孩子变得唯利是图，眼里只有钱。这样的情况是会发生，也很需要父母的正确影响，将重点放在劳动的价值和正确的赞扬上。

父母可以给男孩讲一讲自己工作的辛苦，让男孩感受到挣钱不容易，也能让孩子加深对父母的了解，知道父母每天都在忙些什么。

家长要让男孩明白，财富得来的唯一途径是劳动。靠双手劳动的人，不仅能够依靠自己的力量生活，还能给别人带来快乐，更能从劳动中明白事理，获得更多的成就。

很多男孩对金钱的诱惑缺乏抵抗力，所以树立正确的金钱观对他们来说尤为重要。那么，在家庭教育中如何培养男孩的金钱观念呢？

第一，让男孩懂得钱的价值。让孩子了解父母的收入来源、开支、储蓄等经济情况，并通过上街购物等机会，做一些物品价格的比较。比如买东西时可以连续逛几家商店，买回物美价廉的商品，然后把省下来的钱给孩子买他向往已久的物品。

第二，让男孩了解家庭的收入和支出。让他明白要想生活得更好，必须付出辛勤的劳动，将来要靠自己自食其力。父母可以给孩子一些机会，让他们去买菜、交电话费等，使孩子知道家里的钱是怎么花出去的，父母每个月都需要支付哪些开支。这样，孩子有了了解家中"财政"的机会，就会更加懂得钱的重要性。

第三，带男孩去商场、菜市场，让他知道生活成本。去菜市场买菜时，不妨带着孩子，告诉他各类蔬菜的价格，给他算算一家人一顿饭的成本等。比如，当你和孩子上街时，孩子要买3块钱一个的冰淇淋，这时你不妨告诉他3块钱可以买1斤黄瓜、1斤西红柿、半斤豌豆、3斤小白菜，这些菜一家3口两顿也吃不完。从这样的比较中，他也许会恍然大悟："原来3块钱可以买这么多的菜呀！"当他了解了3块钱在生活中意味着什么，也许会主动对父母说："那我还是别买冰淇淋了吧！买根便宜的冰棍吧！"

通过这些方式，男孩会知道钱是从哪里来的，他会了解钱的来之不易，了解钱在生活中扮演的重要角色。男孩会开始反思自己的消费行为和消费习惯，不会再为满足自己的虚荣心而一味攀比，也就不会再给父母增添沉重的负担了。

细节6

不专注、多动——男孩往往精力过剩

在学校里教课的老师总会发现有这样的情况：男孩的表现不像女孩那样稳定，要么是班里品学兼优的班干部，要么就是"出类拔萃"的坏小子。出现这种现象的原因就在于男孩体内的睾丸激素。这些男孩通常是体格健壮，精力旺盛，注意力集中，喜欢竞争和挑战，而且具有很强的领导能力。

由于男孩的这种精力过剩，使得他们如果不把精力投入到学习或是有意义的事中去，就会投入到恶作剧中去。父母和老师给予正确的引导就变得非常重要了。

有位老师来到了新的班级担任班主任，来到之后才知道这是一个"问题班级"。尤其班上几个捣蛋的男生，素有"四大天王"之称，这个小团伙的头领，是个看上去酷酷的男生，从来不会把老师的话放在心上。如何把这些孩子搞定呢？

这位老师开始观察这个男孩，发现他总是面无表情的样子，就找了个机会把他叫过来问道："这位同学你过来，老师有没有得罪你？"

男孩答："没有。"

"那你怎么总是一副很不高兴的样子，这样很容易使别人误解，以为做了对不起你的事情。下次改过来，好不好？"

"好。"这个男孩仍然面无表情地说。

"老师看你在同学当中很有威信，现在我给你一个任务，你每天当'警察'，负责管理班级的秩序。"

这个男孩简直不敢相信自己的耳朵，一直以来，所有的老师都把他当做有问题的孩子，没想到这位老师会对他委以重任，他点点头。

当上"警察"之后的这个男孩非常认真地完成老师交给他的任务。"站住，怎么迟到了，名字记下来。"他的几个"同党"也协助他一起完成班级的管理。这个被赋予职权的小男生一下子充满了正义感，从此之后不捣蛋了，并注意以身作则，慢慢地开始成长进步。

老师看到这样做很有效果，有一次他又把这个男孩叫过来："你的工作做得不错，我看你可以当班长，试一试，怎么样？"

这个小男孩简直受宠若惊："老师，不行的，我当不了。"

"要不就先当一个星期试一试。"

男孩很勉强地答应了，结果这个班长"挂帅"之后就一直干到学期末，而且男孩深知作为班长是品学兼优的代表，文化课的成绩也提高了不少，班级的风气也越变越好。

原本是个"问题男孩",怎么会发生如此大的反差呢?这位老师以他的亲身经历告诉我们:作为父母或老师要能和这样的男孩交朋友,引导他们把精力都放在一些有意义的事情上,这些男孩往往就会变得非常出色。反之,如果父母或老师忽视了这一点,没有对男孩耐心引导,对他们的行为听之任之,这些男孩肯定会到处惹是生非,寻求发泄精力的途径。

建议一:帮助"好动"的男孩集中精力

有一次,一个青年苦恼地对昆虫学家法布尔说:"我不知疲倦地把自己的全部精力都花在我爱好的事业上,结果却收效甚微。"法布尔赞许说:"看来你是一位献身科学的有志青年。"这位青年说:"是啊!我爱科学,可我也爱文学,对音乐和美术我也感兴趣。我把时间全都用上了。"法布尔从口袋里掏出一块放大镜说:"把你的精力集中到一个焦点上试试,就像这块凸透镜一样!"

做过凸透镜聚焦实验的人一定知道,强烈的阳光不足以使火柴自燃;而用凸透镜聚光于一点,即使是冬日的阳光,也能使火柴和纸张燃烧。随着科学的发展,人们又进一步把柔和似水的光汇集一束,这就成了无坚不摧的激光武器。这一散一聚,使光的作用和力量发生了多么大的变化!

一个人的精力和时间本来是很有限的,在这种情况下,如果选不准目标,到处乱闯,几年的时间会一晃而过。如果想取得突破性的进展,就要像学打靶一样,迅速瞄准目标;像激光一样,把精力聚于一束。

学习也是如此,尤其是男孩子喜欢多动,喜欢玩耍。在学习的过程中总是不能专心致志。边看电视边写作业,边吃东西边看课外书,等等。注意力不集中的男孩,学习本身就会变成一个很困难的事情,更别说取得好成绩了。所以,父母要督促孩子专心去学习。

学习生涯和人生是一样的,都不会一帆风顺。都会遇到困难和挫折,学习也是一样,当我们遇到困难的时候,一定要相信只要有耐心,集中精力去解决困难,我们就一定能够获得成功。

一次,叙拉古的希罗王为了准备一次重要典礼,特地请工匠打了一个纯金的王冠。王冠打好后,大臣们和希罗王都觉得王冠的成色有点不对劲,可是又拿不出有力的证据来证明王冠掺了假,因为王冠的重量与给工匠的金子一样。为了证明王冠是否掺了假,希罗王接受了一位大臣的建议,立即派人去把阿基米德找了过来。阿基米德接到这个棘手的问题后,一时也没有主意。但他对国王说:"陛下,请给我7天的时间,7天后我保证给您答案。"

阿基米德辞别国王,回到家中,关上房门,不接见任何客人。他想啊想,5天过去了,仍然一无所获。到了第6天,他妻子建议他出去走走,于是他决定先去洗个澡。这几天太紧张了,他想放松放松,缓和一下紧张的神经,然后再去思考。

浴池里热气腾腾,浴池里的水非常满。阿基米德脱了衣服跳进浴池,他发现,当他的脚伸入浴池时,热水就溢出不少,当他的整个身体都进入时,热水溢了一地。

忽然,灵感来了,解开王冠之谜的方法终于有了。他高兴得连衣服都忘了穿,光着身子跑出了澡堂,一边跑,一边不停地喊道:"我找到了,我找到了!"街上的人都以异样的眼光看着他,他全然不顾。

回到家中,他以清晰的思路想了想,并做了实验验证,然后立即来到王宫求见国王。阿基米德让侍从拿来一个小盆,里面灌满了水,再准备一块与王冠同样重量的金子和一个大空盆。他先把金子放进盛满水的盆,让溢出的水全部流进大空盆,然后用一个小杯子装起来。他又用同样的方法将王冠放入盛满水的小盆,如此演示了一遍。他将两个杯子里的水进行比较,发现浸泡王冠溢出来的水要比浸泡纯金块溢出来的水多一些。据此,阿基米德判断王冠不是用纯金制成的。

国王看了实验的全过程,听了阿基米德的分析之后,立刻派人把工匠找来。工匠在事实面前,只得把掺假的勾当说出来。

实际上阿基米德能成功提出检验王冠掺假的方案,不仅仅是因为他的聪明,还因为他的专注,他有耐心去钻研难题的精神。这是父母要引导男孩向阿基米德学习的地方。

在平时的学习和考试的过程中,假如男孩遇到了难题,千万不要让他因此而心烦意乱,要耐心专注,这样问题就会变得容易解决。所以培养男孩养成耐心专注解决苦难的习惯是必需的,这才有助于学习成绩的提高。如何养成呢?

第一,不管是在日常的学习中,还是考试时,当男孩遇到临时想不起来的问题时告诉他们要镇定。只有镇定,才会让他们的记忆慢慢恢复,才能有机会找到问题的突破点。

第二,让孩子不要有畏难情绪。他们所谓的难题其实就是那些综合性比较强的题。对于这样的题来说,他们只要耐心分析就会发现,都是由基本的知识点组成的。难题不会处处为难,再难也不会超出大纲的要求。这个时候耐心专注,集中精力就会攻破难关。

建议二:外面的世界更适合男孩

男孩的特性就是喜动不喜静,他们有使不完的精力,其实,我们并不能完全责备这些精力充沛的男孩,他们总是做一些危险的游戏是有原因的。男孩体内的男性荷尔蒙——睾丸素决定了男孩们天性中的"冒险情结"。

牛津大学的教授克拉克从小有一个梦想,就是希望自己能像他心目中的英雄那样能改变世界,服务于全人类。不过,要实现他的目标,他需要受最好的教育,他知道只有在美国才能接受他需要的教育。

无奈的是,他身无分文,没办法支付路费,而到美国足有1万公里的距离。但克拉克还是出发了。他必须踏上征途。他徒步从家乡尼亚萨兰村庄向北穿过东非荒原到达开罗,在那儿他可以乘船到美国,开始他的大学教育。他一心只想着一定要踏上那片可以帮助他把握自己命运的土地,其他的一切都可以置之度外。

在崎岖的非洲大地上,艰难跋涉了整整5天以后,克拉克仅仅前进了25英里。食物吃光了，水也快喝完了，而且他身无分文。要想继续完成后面的几千英里的路程似乎是不可能的，但克拉克清楚地知道回头就是放弃，就是重新回到贫穷和无知。

他对自己发誓：不到美国誓不罢休，除非自己死了。他继续前行。

有时他与陌生人同行，但更多的时候则是孤独地步行。大多数夜晚都是过着大地为床，星空为被的生活。他依靠野果和其他可吃的植物维持生命。艰苦的旅途生活使他变得又瘦又弱。由于疲惫不堪和心灰意冷，克拉克几欲放弃。他曾想说："回家也许会比继续这似乎愚蠢的旅途和冒险更好一些。"他并未回家，而是翻开了他的两本书，读着那熟悉的语句，他又恢复了对自己和目标的信心，继续前行。要到美国去，克拉克必须具有护照和签证，但要得到护照他必须向美国政府提供确切的出生日期证明，更糟糕的是要拿到签证，他还需要证明他拥有支付他往返美国的费用。

克拉克只好再次拿起纸笔给他童年时起就曾教过他的传教士们写了封求助信。结果传教士们通过政府渠道帮助他很快拿到了护照。然而，克拉克还是缺少领取签证所必须拥有的那笔航空费用。克拉克并不灰心，而是继续向开罗前进，他相信自己一定能通过某种途径得到自己需要的这笔钱。几个月过去了，他勇敢的旅途事迹也渐渐地广为人知。关于他的事迹已经在非洲大陆和华盛顿佛农山区广为流传。斯卡吉特峡谷学院的学生们在当地市民的帮助下，寄给克拉克640美元，用以支付他来美国的费用。当他得知这些人的慷慨帮助后，克拉克疲惫地跪在地上，满怀喜悦和感激。

1960年12月，经过2年多的行程，克拉克终于来到了斯卡吉特峡谷学院。手持自己宝贵的两本书，他骄傲地跨进了学院高耸的大门。

对于男孩来说，敢于以执著和冒险的精神走向外面的世界，正是一种证明自我的机会。一个优秀的男孩应该是具备远见卓识的，而具备这一条件的前提就是要亲身去感受更多的事情，以此来丰富自己的阅历。对于男孩的父母来说，应鼓励男孩走出自己的小圈子，接触更多的人，体验更多的事。

冒险，是男孩成长的"催化剂"。正是它一步步地把男孩从脆弱引向坚强。人生的过程，其实就是一连串的冒险的过程。男孩正是在一连串的冒险中学会了勇敢，锻炼了体魄，增长了智慧，开发了潜能，形成了创造力。

让男孩走出去，还得要鼓励男孩的冒险精神，不要总是担心孩子会出危险。举例来说，爬树是诸多冒险行为中最受男孩尊崇的一种。这在父母看来是一种危险，而对男孩来说却是有价值的危险。首先，男孩可以看到树的整体，判断自己是否能爬上去。如果认为能爬，就会想到下一步的方法，确定从何处往上爬，哪个树枝能否支撑自己的体重，需要确认的项目很多。这样，当男孩根据自己的印象判断能够爬到树顶时，便决定进行实际爬树，当然有时也会从树上掉下来受伤。但这是因为自己的判断不准确而产生的失败，这将成为下一次成功爬树的反面经验。

家长要培养男孩的冒险精神，就要从孩子小的时候做起。做父母的，应该鼓励男孩做各种有益的游戏，支持孩子参与各种有益的活动。不要害怕孩子会摔跤，能自己爬起来的孩子的脚步会更稳健；也不要担心孩子会受伤，因为只有经过摔打的体魄才更强健。

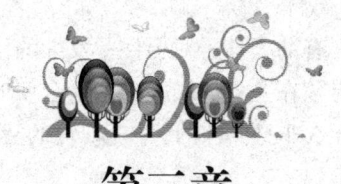

第二章
爸爸是男孩的榜样
——爸爸的性格决定男孩的性格

细节7

爸爸是男孩眼中的超人

学前教育专家说：对孩子而言，爸爸意味着安全和自信。幼儿园有一种户外活动器材，在爸爸妈妈接孩子回家时，经常会有孩子爬到上面下不来，害怕地叫爸爸或妈妈。妈妈听到叫声后总是急急忙忙把孩子抱下来，宝宝长宝宝短地哄着。而爸爸听到叫声后往往对孩子说，你自己下来！能上去就能下来。生活中的妈妈一般较爸爸胆小、感情丰富，容易被电视剧或者身边人的故事打动，而爸爸在这方面更容易影响孩子形成勇敢的品质，这一点对男孩儿来说很重要。

这位教育专家还说："如果我办幼儿园，我会隔一段时间就请一位男老师（或爸爸）来给孩子们上课。"幼儿园女教师居多，不利于男孩的成长，也不利于女孩完整个性的形成。男性能显示给孩子的勇敢、自信、安全、坚毅、强悍的性格特征，孩子的性格形成，与父母个性影响有很大关系，而爸爸的影响力比妈妈更大。

爸爸同子女的关系愈健全，子女应付社会压力的能力也愈大。曾有一对夫妻在阳台上看见儿子与别人打架，这位爸爸在阳台上大声喊道："打得过就打，打不过就跑。"一句话提醒了儿子，儿子本无心恋战，一溜烟跑回家。妈妈就容易指责自己的孩子或指责别人的孩子，把本该结束的事件延续。这就是一个很典型的性别影响性格的案例。

在培养孩子的性格上，父亲不仅需要具备探求新知的好奇心，也需要思考辨别生活中的常规，勇于尝试、勇于挑战，为孩子的成长创造更加适合的条件和土壤。

父爱对孩子来说另外一个重要的影响就是让孩子形成正确的性别意识。每个爸爸都有自己的教养哲学，但永远都在儿子与女儿两种世界里变化。男孩和女孩对同一信息会有各自的理解，这种差异的原理在于生理上本身的不同，男孩注重逻辑，女孩比较发散，因而父亲对男孩和女孩的影响也是不同的,在男孩子的世界里,父亲是超级英雄,是力量和权威的象征;在女儿的世界里,父亲则是依靠和信赖的对象,是女儿的第一个异性朋友。

父亲积极地和孩子交往,有助于孩子对男性、女性的作用与态度有一个积极、适当而灵活的理解。研究表明,男孩在4岁前失去父亲,会使他们缺乏攻击性,在性别角色中倾向于女性化的表现——喜欢非身体性的、非竞赛性的活动,如看书、看电视、听故事、猜谜语等。

男性向往权利,即使在父亲与儿子之间也是如此。男孩子向往与父亲之间是相互尊重、相互配合的关系,当他发现自己被当成一个男子汉来对待的时候,他会感到自己的存在价值。

男孩子的心里有强烈的自我独立感,他们不希望被指挥,当他们向父亲诉说种种不愉快的事情的时候,也许并不是在寻求答案,而是想抒发一下感情,怎样做他们已经知道。因此父亲不要急于给儿子一些建议,这是男孩子成长的时间,他们在运用自己的能力摆平问题,父亲只需要鼓励他、相信他。这样有助于提醒他:你是一个男子汉,我相信你自己能解决问题。

如果一个男孩子在遇到困难的时候,还哭哭啼啼地找爸爸来帮忙,这时爸爸就应该好好反思一下自己对待男子汉的方式了,是不是不太信任他?是不是总觉得他还只是一个孩子?如果你想培养一个勇敢的男子汉,那就抛弃过多的爱,放开孩子的手脚让他成长。

建议一:做个有远见卓识的好爸爸

心有多大,舞台就有多大。心中的梦想决定着人生的成就。志存高远,执著追求,是一切成功者的共同特征。如果想培养出一个优秀的男孩,就要让他们从小树立远大梦想。

放眼古今中外,无数杰出人士都具有远大的梦想。汉代司马迁一生著《史记》,"欲究天人之际,成一家之言";鲁迅"横眉冷对千夫指,俯首甘为孺子牛",用一支笔为同胞呐喊终生。

梦想有多大,人生的成就就有多大。家长在教育男孩的时候,要鼓励他们树立梦想,不要轻易打碎他们的梦想。

一位成功人士回忆他的经历时颇有感慨地说:"小学六年级的时候,我考试得了全班第一名,出于奖励,老师送我一本世界地图,我真的特别高兴和兴奋,跑回家就开始认真地看这本世界地图。很不幸,那天轮到我为家人烧洗澡水。于是,我就一边烧水,一边在灶边看地图,看到一张埃及地图,想到埃及一定是一个令人向往的神秘世界。埃及有金字塔,有埃及艳后,有尼罗河,有法老王,还有很多令人着迷的东西,心想长大以后有机会我一定要去埃及,去体味一下那里的神奇和美妙。

"正当我看得入神的时候,爸爸突然进来怒气冲冲地跟我说:'你在干什么?'我猛地抬头一看，原来是爸爸，我理直气壮地说：'我在看地图！'爸爸很生气，说：'火都熄了，看什么地图！'我继续有恃无恐地大声说：'我在看埃及的地图。'我父亲跑过来'啪、啪'给了我两个耳光，然后愤怒说：'赶快生火！看什么埃及地图。'打完后，还踢我屁股一脚，把我踢到火炉旁边去，用很严肃的表情跟我讲：'我向你保证！你这辈子都不可能到那么遥远的地方去！赶快生火吧！整天想入非非，你以为想怎么样就能怎么样呀？'

"我当时看着我爸爸，呆住了，心想：'他怎么给我这么奇怪的保证？真的吗？我这一生真的不可能去埃及吗？'他的保证一直萦绕在我的耳边，伴随着我成长。但是，我从来没有放弃过去埃及的梦想。20年后，我第一次出国就去了埃及，我的朋友都问我：'到埃及干什么？'那时候还没开放观光，出国是很难的。我说：'因为我的生命不要被保证。'于是，我自己跑到埃及旅行。

"有一天，我坐在金字塔前面的台阶上，寄了张明信片给我爸爸。我这样写道：'亲爱的爸爸，我现在在埃及的金字塔前面给你写信，记得小时候，你打我两个耳光，还踢我一脚，保证我不能到这么远的地方来，现在我就坐在这里——埃及金字塔前面给你写信。'写的时候感触颇深。我爸爸收到明信片时跟我妈妈说：'哦！这是哪一次打的，怎么那么有效？一脚踢到埃及去了。'"

作为男孩有自己的梦想是很难得的，我们做家长的在家庭教育中千万不要像上文中的父亲那样，扼杀孩子的梦。我们要做一个呵护孩子梦想的父母，在日常生活中要时时鼓励孩子树立远大的梦想，还要让他们知道要实现自己的理想，就应当注重行动，在行动中去实现自己的梦想。

建议二：男孩和爸爸学说话学得最快

如果将处于学习语言期的儿童分成两组，一组和爸爸接触，一组和爸爸不接触，你会发现与爸爸接触较多的孩子在语言表达上更有优势。也就是说，爸爸会让孩子学会说一些完整的句子。

说话，看起来是迟早都会学会的事情，很多爸爸觉得不用太在意。但在说话的背后，其实是孩子的逻辑思考能力的成长。如果他善于言谈，思维敏捷，不仅是在说话上有优势，在做其他事情的时候也能有条不紊，具有较强的思辨能力。

但在孩子的生活中，往往是和妈妈对话较多，和爸爸的交流少一些。有的爸爸因为自身的性格原因，也不怎么和孩子说话，这对幼儿期的孩子来说，等于是一种资源浪费，也是一个损失。

一般来说，男性的理性思维比较浓，在一些重大问题上比较理智，看得长远，表现在说话方面就是语言逻辑缜密，有很强的递进关系。爸爸简简单单的几句话，对于孩子来说就是一个很好的学习范本，他们会跟着说同样逻辑的句子，慢慢提高自己的逻辑能力。

正因为如此，爸爸在孩子处于语言学习期的时候需要注意几个问题：

第一，让孩子保持一颗快乐好奇的心。我们常常取笑"鹦鹉学舌"的人，因为他们没有思考，人云亦云。但是我们在教孩子的时候，也常在急迫的心境下让孩子去鹦鹉学舌。其实孩子根本不懂语言的含义，如果让他反复重复一些并不理解的声调，只会使孩子感到紧张和痛苦，失去对学语言的兴趣。所以爸爸和妈妈要配合，发现孩子对什么最感兴趣，多在孩子感兴趣的东西上对话。爸爸也要保持一个轻松愉快的表情和心境，不能把自己当成教官。

第二，对孩子分心表现出宽容态度。年幼儿童在学习时分心是很常见的，关键是如何引导孩子，切忌硬逼或训斥。当孩子在学习中不合作的时候，爸爸最好的办法是什么也不说，自己继续游戏，假装没有注意到孩子分心了。如果孩子完全不配合、发脾气，等等，爸爸可以离开房间几分钟后再继续。而在孩子调皮捣蛋的时候，爸爸收拾好全部玩具结束游戏则是下下策。

第三，对孩子说完整的句子。"来，让我们坐车车。"这是很多妈妈、奶奶经常说的话，本来很少有父亲主动这样和孩子说话，但有时候随着妈妈他们，也说这些不完整的句子。这样其实对孩子的语言发展并没有好处。可能大人觉得叠词减低了孩子理解的难度，事实上孩子理解任何新词需要的能力是差不多的，"车车"和"汽车"对他来说是一样的。如果爸爸能表达准确，孩子也会跟着模仿这种正规的说话方式。

当然，爸爸说话是为了孩子学习语言，并不是做演讲。所以不要自顾自地说，也不要提太多问题。

第四，持之以恒。爸爸要坚持长期和孩子对话，不能兴趣来了就说，没有兴趣了就不说了不管了。最好是在孩子精力最充沛、注意力较集中的时候，这样学习的效果就会好一些。

第五，记录孩子的进步。长期看不到孩子的进步，会影响父母教孩子的积极性。为了避免这一点，建议爸爸也做一个有心人，记录他们用词汇的性质，是名词还是动词，是一个字还是两个字的词语，是短语还是句子。这样爸爸才能对孩子的进步和掌握的情况有一个整体的把握。

一般来说，具备较高语言智能的孩子，有一些特别的表现，比如喜欢听故事、儿歌；善于模仿他人的声音和语言；喜欢讲话，擅长口头表达，词汇很丰富；喜欢阅读，即使不认识字，也能独立翻阅图画书；擅长记忆名字、地点、日期和琐事，能很容易地完整复述故事；总是问有关词、声音或事物名称的问题，如"这是什么意思"；喜欢玩文字游戏，善于理解谜语、笑话；喜欢涂涂写写，等等。如果孩子在这些方面有很好的表现，爸爸应该多多鼓励孩子在语言方面继续发展，多和他对话，给他讲故事，或者帮他挑选一些适宜的图书。

细节8

有爸爸的陪伴，男孩更易成长为男子汉

"男人来自火星，女人来自金星。"这是美国著名的畅销书作家约翰·格雷的经典命题，爸爸妈妈自身的性别特质本身就是教育孩子的一种"优势"，爸爸身上的阳刚之气、果敢、坚毅的性格等都是妈妈难以展现出来的，聪明的爸爸会懂得利用自己的性别优势来打造男孩的男子汉气概。

学习更符合自己性别特质的教养智慧，对父母和孩子来说都是一件意义重大的事情。在我们传统的中国人眼中，父亲就是整个家庭的主心骨，他是家庭经济上的主要来源，也是全家重要事情的决策者。父亲在男孩的眼中，常常就是一个无所不能的"超人"角色。

"父亲"这个岗位对男孩来说究竟意味着什么？经过大量的调查研究，育儿专家给"父亲"这个岗位提出如下几个方面的要求和定义：

1. 父亲是男孩游戏的重要伙伴，孩子需要在游戏中成长

家庭组织一次野餐，父亲常常会带着男孩上山采果、下河摸鱼。在男孩看来，唯有父亲能陪他完成这次冒险，并且在危难的时候帮助他。即使在家里，父亲也常常会用触觉、肢体运动的游戏把男孩举到肩上，来回旋转，或抛向天空。这些动作常有一定的危险性，但父亲的大手和力量可以让男孩感受到刺激与安全，男孩快乐地"咯咯"大笑。

在刚开始的20个月时，父亲成为男孩的基本游戏伙伴，20个月的婴儿对父亲的游戏明显地感兴趣，反应积极；30个月以后，则成为主要的游戏伙伴。这时的婴儿能兴奋、激动、投入、亲近、合作而有兴致地和父亲一起游戏，他们会把父亲作为第一游戏伙伴来选择。

2. 父亲帮助男孩形成积极个性品质，培养男孩的正面情绪

在现代社会，男性的独立、自主、坚强、果断、自信、与人合作、有进取心等更是富有创业精神的一代人积极学习的精神。父亲正是促进男孩形成积极个性的关键因素。理想的父亲通常具有独立、自信、自主、坚毅、勇敢、果断、坚强、敢于冒险、勇于克服困难、富有进取心、富有合作精神、热情、外向、开朗、大方、宽厚等个性特征。

男孩在与父亲的互动中，一方面，接受影响并且不知不觉地学习、模仿；另一方面，父亲也自觉、不自觉地要求男孩具有以上特征。如果男孩在5岁前失去父亲，对他的个性发展会非常不利。男孩年龄越小，影响越大。没有父亲的男孩缺少克服困难的勇气，具有较多的依赖性，缺乏自信、进取心，同时在控制冲动和道德品质发展上也有不利的影响。

3. 父亲能提高男孩社交技能，让男孩今后成为乐于协作的人

父亲是保持家庭与外部社会联系的"外交官"，对男孩社交需要的满足、社交技能的提高具有极其重要的作用。随着男孩长大，他与外界交往的需要日益增多，父亲成为男孩重要的游戏伙伴，扩大了男孩的社交范围，丰富了男孩的社交内容，满足了男孩的社交需要。

同时，父亲和男孩的交往使男孩掌握更多、更丰富的社交经验，掌握更多、更成熟的社交技能。当男孩在和父亲的游戏中反应积极、活跃时，在和同伴的交往中也较受欢迎。因为父亲影响了他的交往态度，使他喜欢交往，在交往中更加积极、主动、自信、活跃。

4.父亲能促进男孩认知发展，提高男孩的智商和情商

由于父亲性格、能力等的独特特点，特别是父亲与男孩在交往上的独特性，使男孩从母亲和父亲那里得到的认知上的收获是不完全相同的。从母亲那儿，男孩可以更多学到语言、日常生活知识、物体用途、玩具的一般使用方法。从父亲那儿，则可以学到更丰富、广阔的知识，比如认识自然、社会的知识，并通过操作、探索、花样繁多的活动、玩法，逐步培养起动手操作能力、探索精神。男孩的想象力受到刺激、变得丰富，并愿意动脑、有创造意识，他的求知欲和好奇心也同步发展。

可以看到，男孩将来在社会生活中需要的知识、沟通技巧都受到父亲的影响，而且这种影响力是持久的、牢固的。没有父亲的人，常常感到不安、自卑，也不愿意与他人交流，生活在压力之中。正是父亲，为男孩的成长支起了一片天空，在他还没有能力经受风雨的时候，给他时间成长筋骨、养精蓄锐。父亲是世界上最重要的岗位，认识到这一点，对每一个父亲来说，既是重要的责任，也是迈向成功教育的第一步。

性格决定命运已经不是新鲜的话题，但谁更能影响男孩的性格呢？答案就是父亲。所以父亲一定要注意培养男孩的好性格。

男性能显示给孩子勇敢、自信、安全、坚毅、强悍的性格特征，孩子的性格形成，与父母个性影响有很大关系，而爸爸的影响力又比妈妈的大。

有一本很著名的励志书中讲到，如果一个人拥有了好的性格，他再有勤奋、智慧等等优点中的任何一条，就能走向成功了。从爸爸们的生活经验来判断，好性格对人的影响力也是不言自明的。我们都知道，好性格不仅是具有脾气好、能为别人着想、看得开这些特征，更是积极进取、愈挫愈勇、追求卓越的一种习惯。这也是男孩从父亲那里得到的最好的财富。

建议一：父爱的影响力伴随男孩一生

看到一条河流，男人注意到的是它的速度和水量，目测它的深度，并猜想自己是否可以穿过它到达彼岸；而女人会注意那些愉快的浪花、晶莹的水泽，有的还会脱下鞋子跳进河里，顾不得水流里是否暗藏危险。这就是男人与女人的区别，因而我们常听说，"男人来自火星，女人来自金星"。

"男人来自火星，女人来自金星"这个美国著名的畅销书作家约翰·格雷的经典命题，让人们开始注意到男女本身的不同。

小琛一家到郊区野餐，在爸爸的鼓励下，小琛开始寻找各种各样的小动物，并且捕捉他们，要带它们回家做标本。在看到一只野兔时，爸爸兴奋地大叫："快看，有一只野兔，可惜我们离它太远了，不然我们一定将它抓住，做一顿美味的野兔大餐。"听到爸爸的话，小琛也开始紧紧盯着那只兔子，目光中充满征服的欲望。

当午餐的时候，小琛把他们看见野兔的经历讲给妈妈听，语气中满是遗憾，没想到妈妈却说："为什么要吃掉那只兔子呢，也许他们也是一家人出来晒太阳，享受今天的好天气呢。你想想，要是有人把你带走，爸爸妈妈该多么难过，同样的道理，我们怎么能从野兔的家庭里夺走一个成员，更别说要残忍地吃掉它了。"

男人的攻击性和女人的多愁善感，让爸爸妈妈对孩子有截然不同的要求，而这也让孩子掉进一个矛盾的思维世界，由于没有思维判断的能力，孩子可能会依据自己平时的亲疏感来决定听谁的说法，如果一直崇拜爸爸，那么妈妈的主张就可能被抛在脑后了。这样的情况时有发生，一方面，可能会激发孩子自己去思考辨别；另一方面，也可能让孩子莫衷一是。

怎样的教育才不会前后矛盾，让孩子有一个学习的标准呢？这里，也同样需要依据爸爸妈妈自身的性别特质来教养孩子。

爸爸可以发挥自己身上本来的健壮、理性、创新的特质，让孩子在生活中体会到主见、责任和原则。这些抽象的概念本身是很难对孩子有所启发的，但是通过父亲示范，孩子会将这些优秀的品质和人生必备的智慧，自然地纳入到自己的思维世界中，形成一个大体的框架。

小雨的爸爸常常自己钻研新东西，并且邀请小雨作为自己的搭档。面对一些看不懂的术语或是单词，两个人就商量着它可能的含义。有英语基础的小雨教爸爸如何使用在线翻译，他自己的英语学习积极性也大大提高。邻居遇到一些常见的问题，小雨爸爸也是毫不犹豫地出手相助，正是这些点点滴滴，影响了他的男儿本色的养成。

妈妈也同样可以将自己最温柔、秀美的一面展示给孩子，妈妈是孩子最信赖的朋友，也是他日常生活中接触最为亲密的人，再没有谁比妈妈更适合教会孩子如何与人接触，因为他会将妈妈对待他的方式，运用到对待他人的过程之中。

小雨的妈妈，在生活中勤劳、节俭。对于有困难的人，她从不简单地施舍，而是照顾别人的感受，想方设法给别人恰当的帮助。和小雨说话时，妈妈从来不会一副心不在焉的样子。她还向小雨学习上网、聊天，并且学会了使用五笔打字，母子之间的感情变得更加融洽了。

建议二：爸爸再忙也要抽时间陪孩子

"朝九晚六"是现在上班族的标准时刻表，这对于一个养家的父亲来说，意味着早上在孩子起床之前出门，晚上在他已经玩了一天、感到疲惫的时候回家。现代生活的节奏，已经让父亲错过了很多与孩子相处的时光，更不必说加班、堵车等支付的时间了。剩下的周末情况如何呢？

孩子终于盼来了周末，他希望这一次能够和爸爸妈妈一起度过，是去动物园还是去植物园，都听爸爸的安排。孩子的爸爸是一家公司的销售经理，在公司基层工作了几年，终于赢得了领导的肯定。现在是公司大胆用人的时候，如果业绩突出，他很有可能被继续器重。

这个周末，爸爸也打算陪一陪孩子，平时加班工作，一天中都难得见上一面。但是恰好周五有客户打电话约他一起去郊区钓鱼，这样绝好的交流机会，让爸爸左右为难。

后来爸爸想到，自己能为孩子做得最多的，就是给他一个好的生活环境，衣食无忧，最好还能有一笔可观的教育积蓄，保障他将来能上最好的学校、出国留学接受最好的教育。而陪孩子出去玩的事情，妈妈奶奶她们也可以带着一起去，父亲最后决定去见客户。

爸爸心理的这番斗争，不仅说服了自己，相信也说服了很多读者。的确，在现在社会里，努力工作存钱是最保守的法则。但是这样的选择是最优的吗，用经济学的话来说，这种选择的效益是最大的吗？

按照效益最大化的原则，我们首先要来认识爸爸做出取舍的主要动机。根据孩子爸爸的推理过程，我们知道他最终都是为了孩子好，让他生活有保障，感到幸福。那孩子最需要的是什么呢？

孩子如果需要的仅仅是去了解植物、动物的机会，那谁带他去都可以，甚至找一个生物学家去是最合适的。但是对于孩子来说，他内心最需要的，其实是一种爱的感觉——和爸爸妈妈在一起，相互交流，在亲密的接触中感受到爱和温暖。这种被爱的感觉，是孩子日后乐观、自信、积极的动力，也能让孩子体会到安全感和归宿感。成年人中，也常常会有人希望听到一遍又一遍"我爱你"的表白来确定一种稳定的关系，孩子的心里更是渴望他们刚刚意识到的爱的关系被行动证明。而爸爸的陪伴，就是最好的证明方式。这种证明的行为，非爸爸不能完成，非此时不能完成。

孩子对父母的情感需求是有一个规律的，从寸步不离到不胜其烦，有自己的变化。一旦父亲错过这个规律，希望将来再弥补，就没有现在这样自然而然而且效果最佳了。反倒是给孩子的物质生活条件，可以慢慢地积累，不像孩子的成长那样无法挽回。

都说忙是为了家人，等到了爸爸们也老去需要陪伴的时候，才会明白被人冷落的滋味。

孩子给爸爸打电话：爸爸，你什么时候回来陪我看电视？

爸爸说：好孩子，我现在在外面工作，没有时间。和你妈妈一起看电视吧。

30年后，爸爸给儿子打电话说：孩子，你什么时候回来陪我们吃顿饭吧。

儿子说：爸爸，我现在在外面工作，没有时间，您就和妈两人吃吧。

其实家人能够在一起的时间并不多，孩子上学读书之后，在家里待的时间只会越来越少。你现在不去陪陪他，他将来也没有时间来陪你。彼此的失望是相似的，家人之间的责任缺失也是相仿的。好孩子要慢慢养，不管怎样，都要从彼此相互关注和陪伴开始。

细节9

了解男孩才能教育男孩

家长应采取易于为孩子接受的平等对话方式去理解孩子，相信孩子，做孩子的知心朋友，否则会拉远自己与孩子的距离甚至使孩子产生隔阂及逆反心理，不利于家庭教育的实施。家长的所作所为是无声的语言教养，良好的亲子沟通培养优秀的内在品质。

我国翻译学家傅雷先生堪称教育孩子的楷模，他特别注重与孩子的思想交流，教孩子仪表、修养、礼节及做人的道理，与孩子交朋友，孩子一直受到他的教诲和指导。他的优秀育儿方法是值得广大家长朋友学习的。

傅聪曾回忆说："我父亲留学法国，深受法国的人文主义影响，因此对我们子女也是民主式教育，在家里他不仅仅是父亲，还是我们的知心朋友。在艺术上表现得尤为突出。除了文学音乐，我父亲也很喜欢美术，记得家里有很多美术作品。长期受这种文化熏陶，我也很自然地喜欢美术音乐。我们经常交流对音乐绘画的看法，从父亲那里学到了很多，让我受益匪浅。我是12岁才开始学钢琴，学了两年又放了，直到17岁又开始学。这期间都是我的意愿，父亲没有非让我学钢琴或绘画。父亲总能像朋友一样，尊重我的兴趣和爱好。"

父母是孩子最好的老师，但是也可以做孩子最好的朋友。但是由于父母受传统观念的尊卑影响，很难跟自己的孩子交上朋友。事实上，只要父母放下自己的架子，与孩子多沟通，了解孩子的想法，真正走入孩子的世界，做孩子的知心朋友还是可以实现的。

要像傅雷那样做孩子的知心朋友，教育家给大家的建议是：

第一，不要总是盯着孩子的缺点。从心理学上分析，孩子是心理和行为的不成熟个体，家长必须对他们加以正确的指导和培养，在这个过程中如果家长像朋友一样与孩子一起成长，效果会很好。但是，家庭教育中常见的问题是，父母对孩子寄予厚望，为了达到自己设定的目标，在孩子耳边不停地叮嘱、提醒。这种做法往往收效甚微，甚至适得其反，使孩子产生厌烦情绪，还容易挫伤他们的自信心和自尊心。有些家长眼睛总是盯着孩子的缺点，只讲缺点，不提进步。其实，绝大多数孩子已能分辨是非善恶，只是缺少改正缺点的自觉和毅力。如果父母总是喋喋不休地数落孩子的缺点，反反复复地教训孩子，他们会将此视为不信任，甚至产生逆反心理。这样一来，别说做知心朋友了，连正常的亲子关系也会被破坏。

第二，注意和孩子的情感交流。注重与孩子的情感交流是与孩子成为知心朋友的前提，与孩子交流的时间最好选在吃饭时和睡觉前，因为这是孩子情绪最为平稳的时候。一个母亲，她从孩子很小时，就注意和孩子的情感交流。每天在孩子上床时都要问问他："今天过得开心吗？"孩子长大后，就形成了在睡前和父母沟通的习惯，有什么不顺心的事就像朋友一样告诉父母。有了这样的感情基础，孩子就容易接受父母的建议和忠告，很容易跟父母建立起朋友的关系。

建议一：我是职业父亲——好爸爸给自己一个定位

生活中有很多种明星，娱乐明星、政治明星、体育明星、厨艺明星，当然也有爸爸行业的明星，蔡笑晚就是其中之一。

蔡笑晚是6个孩子的父亲，他培养出了5个博士1个硕士，他用一本书来总结自己的人生感悟——《我的事业是父亲》。人们称蔡笑晚为"博士之父"，这个头衔带给蔡笑晚的成就感不亚于"微软之父""电车之父"。不过，蔡笑晚年轻的时候从未料到自己能得到这样一个头衔。

年轻时的蔡笑晚想当一名科学家，但被迫从大学回到农村，这段经历对蔡笑晚来说异常沉重、无奈。当了爸爸之后，蔡笑晚特地改了个名，也就是我们今天看到的"笑晚"：既然不能在青春年少时开怀畅笑，就要让自己笑在最晚，对子女的期待在当时就是他唯一的安慰。

虽然生在最底层的家庭，但蔡笑晚很重视早期教育，在他的教育下，孩子们4岁就会四位数的算术，个个都喜欢学习，而且继承了父亲的志愿，想要成为科学家。

"做一个好父亲，我想光有志气和热血是不够的，身教重于言传，所以我这个父亲还是孩子的榜样。他们学习，我也在学习，学相对论、高等数学、中西医，后来我成了瑞安当地挺有名的医生……另外，我从来不打骂孩子，家里气氛很开心。只有32平方米的家里还装了一个舞厅用的旋转灯，办家庭舞会。我还和妻子自己设计旅游路线，带着孩子们走遍了关内关外、大江南北。"

自从做了父亲之后，蔡笑晚的人生都在围绕着孩子们转，他坦言如果当初实现了自己的理想，可能就没时间和精力来培养孩子了，这叫"塞翁失马，焉知非福"。如今，蔡笑晚当年的大学同学有的当了官，有的是大老板，但同学们聚会的时候都说最羡慕蔡笑晚。越是上了年纪，越是能明白父母的最大安慰是儿女。

一个人事业上再成功，如果没有一个完满的家庭，总会觉得有遗憾。子不教，父之过。一个没有被教育好的孩子，不仅是爸爸的痛楚，也会成为社会的"短板"。培养一个对社会有用的人才，也是父亲身上的责任。这份责任从小处来说，意味着家族的延续和体面；往大处说，它决定了中华民族的未来。

在日本，常常会听到"亲子"这个词汇。"亲子"是日语，翻译成中文就是父母与孩子。无论是在幼儿园还是社区，以"亲子"为中心的各种活动很常见。特别是运动会，一般的学校或幼儿园，都会设置一些让父母和孩子一起参加的项目。而父母也会积极地配合参加，他们普遍认为，这样既可以提高孩子参加体育运动的兴趣，也可以增进父母与孩子之间的感情交流。父亲在日本家庭中是一个权威者的形象，但日本父亲依然要参与到孩子的成长中，中国也有严父慈母的传统家庭观念，父亲的严格教育帮助孩子把握人生的大方向，避免走上歧路。但如今忙碌的生活和工作从孩子成长的世界里夺走了爸爸们，"留守儿童"与托儿所成为社会的热点词语，还有多少爸爸能像蔡笑晚一样，明白自己有一个终身职业是"父亲"呢？

出生于80年代前后的人，现在正是组建家庭的时期，这代人或多或少，还能从父母的身上找到一些60年代的影子：不善交流、没有耐心去聆听、忽视内心的感受、控制严厉等，而父亲的刻板形象，也根深蒂固地融入到下一代父亲的教育中。今天，当爸爸再来养育孩子的时候，父母那一代人留给自己的影响固然不可能彻底避免，但我们可以有意识地纠正自己的教育方式，避免过往的时代伤痕再来伤害孩子，也避免父亲真正的教育功能一再缺失。

从教育的角度来说，无论父亲是否"恪尽职守"，孩子都对父爱有定性的需求，父爱的影响力体现在孩子成长的方方面面，从心理成长到身体成长，父亲是孩子生命中的一部分。虽然现代生活的快节奏一再地和孩子们抢夺父亲的空间，但当你选择成为父亲的时候，也要明白你其实选择了一个职业——父亲。

建议二：做一个活力十足的好爸爸

伯尔的父亲是德国一个公司的小职员。他算不上成功的男士，事业平平，但却一直深刻地影响着两个儿子。

父亲非常喜欢历史，他总是在家里大声地谈论历史上一些有趣的事，给伯尔狭小的生活空间带来了色彩。父亲经常在孩子面前发表他的意见，甚至和兄弟俩探讨世界大战的问题。镇上如果有演讲，他总是带孩子们去听，而且大多是坐在最前面。由于母亲总是担心孩子出问题，做任何事情都谨小慎微，所以，父亲就和孩子们悄悄地商量他们的野营计划，避免母亲的担忧。第二天，当妈妈的唠叨被甩在了耳后时，伯尔和哥哥都高兴极了，觉得是在进行一件很保密、很刺激的事情，因此都非常配合父亲的行动。

父亲总是带着孩子们去很远的地方，他要求孩子们不带午餐，路上饿了自己想办法，而且还必须"孝敬"父亲一份食物。有时，他们在山上野炊，由伯尔和哥哥安排饮食。如果伯尔他们只找到一份食物，就给父亲吃了，父亲从来不和他们客气，他会吃得一点不剩。尽管如此，两个男孩仍然很快乐。

伯尔的父亲是一个精力充沛的男人，他兴趣广泛，这一点也传染给了孩子们。后来伯尔的哥哥成了一名探险队员，主要是探索自然界。而伯尔则来到了父亲曾经提到过的中国，研究中国的历史和文化。可以说，他们的选择都和父亲的教育密切相关。

读完伯尔的故事，父亲们可以反思一下自己与孩子的交流，现在停留在哪一层面：是天文地理无所不包，还是局限在批评和接受批评上？

当然，由于工作的原因，能够和孩子长期相处的父亲非常少，如果不能保证家庭的经济稳定，我们都认为这是父亲的失职。因此，父亲也常常以公务繁忙为由，推脱教育孩子的责任。这种逃避究竟是精力不济，还是缺少教育孩子的责任心？

身为父亲，在孩子面前做好榜样是分内之事，这其中就包括引导孩子热爱生活，对人生充满好奇和活力。充满活力并不是要求父亲天天与孩子们汗撒球场，而是要葆有一颗热爱生活、积极进取的心。就像伯尔的父亲这样，有广泛的爱好，有一颗年轻的心。这不仅能改变自己的生活，也能为孩子寻找兴趣点，建立父子之间的友谊。

但很不幸的是，我们常看到的都是"待在书房"的父亲，或者看书做学问让孩子觉得很神秘，或者埋头计算设计，忙得不可开交。或许是因为不知道怎样与孩子们交流，父亲总是尽量避免与孩子单独相处，父亲的这种羞怯有时显得可爱，但是长期不愿意主动与孩子接触交流的父亲，会耽误孩子的发展。如果孩子感受不到父亲身上的活力，他就不会主动邀请父亲参与到他的活动中，因为他会害怕被拒绝，这对亲子间的感情交流很不利，也让孩子在今后的生活中往往不懂得如何与人交往，如何表达自己的意愿，缺乏自信，在生活中处于不利的位置。

怎样让忙于上班的父亲们做到充满活力呢？

首先，父亲要有一颗好奇心，好奇心让人充满活力，也让生活变得丰富多彩。父亲不一定是百科全书式的，但是当遇到什么问题时，如果父亲不知道，大可以拿出来和孩子们讨论，让孩子感受到自己是被需要的。可是平凡的生活已经让很多人失去了心灵的敏感性，对很多事情司空见惯，习以为常。好在这种观念是可以改变的，只要用心发现，就可以找到很多孩子们感兴趣的事情来研究。

其次，有活力的父亲是随时接受新知、虚心学习的人。有的人认为，父亲回答"不知道"是有失颜面的事情，因此常常编造一些理由来回答孩子的问题，这样只会让孩子在某一天对父亲失望。本来世界上就不存在全知的人，父亲也没有必要变成万能博士。

最后，很重要一点就是要热爱运动。适当的运动不仅有助于孩子的骨骼发育，也非常有益于孩子的心灵发育。运动让人体验紧张激烈、痛苦和超越，是人生情感的演习所。运动不一定是打球，与孩子去野炊也是很好的选择，就像伯尔的父亲，带着孩子们去野外生存，培养孩子们的探险精神，将来才会成为一个不畏惧苦难的人。

细节10

好爸爸不该对男孩这样

在我小时候，我最怕爸爸喝酒，因为只要一喝酒，回到家之后他肯定会"教育"我。不是嫌我做的家务不够多，就是嫌我学习成绩不够好……总之，我觉得我的童年几乎都是在战战兢兢中度过的。因此，我变得不爱说话，不喜欢与人接触……我知道，同学们在背地里都叫我"胆小鬼"。

后来，我上了初中，认识了一群哥们，他们从来不嘲笑我，而且还总是帮我对付那些嘲笑我的同学……从这以后，我变得"胆大"了，敢与老师顶嘴，敢不把老师放在眼里……但尽管如此，我还是总觉得自己处于危险之中，总是渴望别人的保护。

看，这就是爸爸的行为给男孩造成的影响。对于男孩来讲，如果家庭规则的制定者是这样一个不讲道理的人，他们会产生极大的不安全感，因为他们不知道爸爸何时会拿出"规则"把他们"教育"一番……就像上面那位男孩所讲的那样，只要爸爸在家，他就会感觉到自己生活在战战兢兢之中。

俗话说："有理走遍天下，无理寸步难行"，对男孩的教育更要以理服人，既不屈从于男孩子的撒娇、要挟，也不滥用自己的职权，搞成"一言堂"。

比如看电视、玩电脑，男孩总是难以控制自己，而且像被磁石吸引一样忘了时间长短，作为爸爸既不是不闻不问，也不是一声呵斥，而要晓之以理、动之以情，告诉男孩怎样看电视、玩电脑才是有益的，看电视要看些什么、看多长时间，以及玩电脑要玩什么、怎么玩等，还可以举一些反面例子告诉男孩不正确使用的危害，让男孩通过电视了解世界、学到知识，通过电脑学会信息收集和处理、辅助学习，做到适可而止。

建议一：好爸爸从来不会独裁

"独裁爸爸"并不是一个新鲜词汇，虽然我们看到了像漫画家朱德庸、作家周德东那样的"民主爸爸"，但他们毕竟是少数，绝大多数父亲还是在想着怎样把控好自己的家庭，怎样维护自己的尊严和权威，似乎一个男人在家里不能发号施令便是一种耻辱一样。在这种独裁作风下，是否真的建立了父亲的权威呢？一个在"独裁爸爸"膝下长大的优秀男孩的回答是：不能。

小时候，我成绩优异，一直担任班干部；初中时我征文屡屡得奖，然后我考上了最好的高中，接着考上了不错的大学，年年拿奖学金，做了团支书，入了党……我妈说我让爸爸很有面子，但爸爸似乎从来不真正关心我。

我从小被要求要出类拔萃、做这做那，一直到现在。我不想让父母失望，也从没让他们失望过。但我感觉自己就像一棵果树，被浇了养料，然后被期望着结出累累硕果，果实被摘下后换成了金钱。他投资，我产出。过程中是他不断要求，而不是一个爸爸对儿子的爱。

我现在交的女友，不是那种有钱有势人家的女儿，也没有特别好的容貌，但我们真心喜欢对方。可我爸爸却说，如果我们在一起就断绝父子关系……

从我记事以来，爸爸从来没有去学校接过我，记得有一天下很大的雨，很多人都是父母接回来的，我给爸爸打个电话，本来是想说我等雨小点了再回来的，但我还没有开口，他就说自己是不会来接我的。那一次我自己淋雨回到了家里，哭了很久。

读完这个男孩的故事，也许你会觉得这并不能说明爸爸不爱他，只是不懂得表达爱，但我们都能感受到男孩子内心的凄凉和怨恨。可能很多父亲一直在要求孩子要做这做那，一心想着为孩子好，但从来没有想过孩子的感受。

"他投资，我产出"，父亲和儿子之间竟然就是这么简单的投资关系，父亲的权威、尊严、魅力等，也就无从说起了。

其实大多数"高压独裁"的家庭里，培养出来的孩子都有心理障碍。让孩子走父亲决定的路，还需要看一看孩子是否能承受这份压力。如果父亲给孩子的压力过大，可能会引发孩子的心理问题。

建议二：好爸爸从来不让男孩看到"虚伪"的一面

生活中常常会遇到这样的情景：周末在家赋闲，突然传来电话声。爸爸交代儿子："你去听电话，要是叔叔找爸爸，就说我不在。"于是儿子对着电话说："爸爸说他不在家。"弄得大人哭笑不得。

相信很多爸爸都有类似的经历，孩子童言无忌，让你不得不出面"遮丑"。这些小事情过去了就忘了，有时候拿出来当成笑话大家说一说，但这样的事情对孩子的影响其实是非常不好的。爸爸们可能没有注意到这样的行为背后会带给孩子有怎样的暗示：爸爸明明在家，为什么要让我说他不在家？我说了他不在家，为什么他又出来接电话解释自己刚才没有听到？这些疑惑会让孩子的是非观混乱，而且，也给孩子留下了爸爸说谎的印象。很多孩子现在宁愿和网友交流也不愿意和爸爸多说一句，其实就有可能因为之前被爸爸欺骗过，就像下面的这个小孩一样：

我的父母离异很久了，我从来没有怪过他们。爸爸很少来看我，偶尔来一次我都会觉得很幸福。我跟爸爸会说心里话，有一些秘密也会跟他说。因为觉得即使这个世界上没有朋友，没有可以信任的任何人，但父母都是唯一的，绝对不会背叛自己的人。

但是今天知道，他把我的很多事情都说给别人听了，然后那人打电话来问我妈妈。我不懂他为什么要跟一个外人说，而且那个外人还是会到处宣扬的那种人。我跟他说的时候，他还答应我不会告诉别人，是父子的秘密。

每个人都有无法诉说的秘密吧，这样的事也许别人无法体会，但对自己而言是重要的。选择跟自己亲人诉说，是为了给自己一分安心的信任感。结果，却是这样。如果有一天，有更多人拿我重要的秘密来嘲笑我，我该怎么办。为什么这个世界没有可以信任的人。我只是，想要纯粹的相信着自己血脉相连的亲人，这样错了吗？如果亲情都不能相信，还有什么是真实？

父亲的失信让孩子非常痛苦，甚至不愿意再去相信任何人，生活都蒙上了一层灰色。于是，孩子们都认为与其给爸爸讲心里话，不如讲给网友听，因为网友是最安全的。这也可以解释，为什么孩子天天泡在网吧不回家，因为家里没有网吧温暖和值得信赖。

至亲的父亲甚至比不上陌生的网友，孩子宁愿在外面玩游戏，也不愿意回家和父亲待在一起，这已经不是新闻了，很多人责怪学校和社会的风气不好，有几位父亲意识到自己也有责任呢？言而有信并不是我们要求别人的一个标准，也应该用来衡量我们自己。

战国时，秦孝公起用商鞅变法图强。为了让人们相信他变法是真的，商鞅想了一个办法：他在都城南门竖起一根三丈高的木头，要是谁能把它扛到北门去，就赏金十两。

但是没有人相信这是真的,自然也就没有人去扛。商鞅把赏金一直追加到五十两,终于有一天,一个壮汉把木头扛到了北门,商鞅当场赏了他五十两黄金。老百姓纷纷议论:商鞅言而有信,他的命令一定要执行。于是,商鞅变法成功,奠定了秦国富强的基础。

很多时候,我们随口做出不能兑现的承诺,暴露孩子的秘密,或者拿孩子的成绩去炫耀,从根本上说是因为我们无法克服人性的一种弱点——虚伪。因为虚伪我们习惯说一些场面话,而忽略了孩子可能把这些话当真;因为虚荣,我们习惯在朋友和同事面前强调自己对孩子的教育、和孩子的关系等等;因为虚荣,我们希望孩子十全十美,弥补我们此生的不足;因为虚荣,我们不愿意向年轻人和小孩道歉……虚荣有时候会让一个理性的人失去判断,让父亲忘记从孩子的角度去思考问题。

商鞅徙木而治民,教育也需要克服虚浮之心,诚诚恳恳地用言行来影响。家庭是孩子最初的世界,值得信赖的家人使孩子愿意听取爸爸的建议,也相信他人,热爱生活。爸爸就是让孩子明白赢得信任和珍惜信任的第一任老师。

信任是相互的,只有父亲充分相信男孩,男孩才会相信父亲,真正相互平等有效地沟通也才会开始。如果父亲对孩子不信任,总是不让孩子按照自己的意愿来生活,不仅不利于孩子的健康成长,更会加剧两代人之间的不理解,消解爱的力量。

为了避免失信于男孩,父亲在生活中一定要言行一致,尤其是与男孩有关的事情,不要轻易允诺,也不要敷衍表态;另外,父亲尽量不在孩子面前说谎,就像这种"就说我不在"的谎话,当着孩子的面欺骗朋友,孩子也会怀疑父母是否会同样欺骗自己。

细节11

好爸爸不一定"冷冰冰"

西方有一套表情识别系统,可以根据人的动作、表情来判断这个人撒了谎没有。这个系统用到东方可能未必有效,因为我们东方人比较含蓄,并且认为喜怒形于色是不礼貌、不明智的做法。哪怕父亲对孩子,也是一种非常克制和隐藏的爱。

在我们的观念中,一提到父亲,首先想到的是威严。"严父慈母"是传统家庭中的"黄金搭档",多少代人都是在这样的教育下长大的,并且也延续着这种教育方式,一唱一和地教育孩子。很少有人思考过,这种教育方式真的对吗?

其实,如果父亲总是隐藏自己的感情,回避表达爱,渐渐就会失去表达爱的能力了,甚至变得对孩子苛刻起来。

孩子考试回来,双手奉上成绩单:"爸爸,这次我可要申请一点奖学金啊。"爸爸接过成绩单一看,全班第一、全年级第四,于是很不高兴地说:"我以为是全年级第一呢,原来才是全班第一,离我的标准还差远了。不能太容易满足啊,你们班在全年级一直就不算很拔尖，你不能老是和班上的同学比。"原本是一件欢欢喜喜的邀功之事，却变成了孩子的"思想课"，孩子的好心情一点儿也没有了，怏怏地回到了自己的房间中。

这样的父亲看起来是在借机会教育孩子，其实是在浪费教育的机会。孩子渴望得到父亲的肯定，这种肯定是母亲、爷爷奶奶不能代替的，但父亲却板着脸，完全看不出为孩子骄傲的痕迹来，久而久之，孩子就觉得爸爸并不爱他，或者并不关心他的感受。

有的爸爸明明就有天生的幽默才华，别人都会因为和他相处而快乐，却要在孩子面前"道貌岸然"、正襟危坐，孩子和他相处时感到压抑、痛苦、难受。抗拒父亲的权威，成了青春期孩子的明显症状。

刻意扮演一个冷酷严厉的形象，不仅让父母与子女之间缺少了很多快乐，也让我们的孩子失去了独特的成长空间。父母之间心照不宣的配合，在孩子的眼中却是他们相互不配合，父亲和母亲的立场不一致，让他们总以为妈妈更爱自己一些，爸爸是一个没有情感的人。

有位母亲讲了儿子和爸爸之间的一段小故事：

儿子过生日的时候，跟我忙活着做菜，看上去就像一个快乐的小王子，一整天都很兴奋。爸爸工作忙，但是承诺过晚上一起吃生日蛋糕的。可是，我们等到快要九点的时候，他才从公司回来。

"爸爸，你看我亲手做的菜！"

"嗯。"爸爸从鼻子里哼了一声，坐在桌上不多久就开始专心于手机了。

"吃蛋糕咯！"当我把蛋糕拿上桌子的时候，他一点祝福儿子的表示也没有，就坐着等吃了。这顿饭吃得比较冷场，我和儿子说了几句，看到爸爸没搭话也就算了。也许是儿子已经习惯了吧，他也没有任何抱怨，吃完和往常一样，看了会儿电视就睡了。其实，今天是他12岁的生日，多希望爸爸能够和他谈一谈。

这样的情形在我们的生活中并不少见。爸爸在家中，仿佛一只游动的"大鳄鱼"，没有表情，一路冷酷到底。这样的后果，就是父亲不能再有自己的很私人化的感情。有多少父亲狠下心来，觉得自己应该多多地克制自己的"孩子气"，成为一个更加成熟理性的人，但其实父爱的威严和温情并不矛盾。

画家吴冠中在自己的文章《父爱之舟》中说：

冬天太冷，同学们手上脚上长了冻疮，有的家里较富裕的女生便带着脚炉来上课。大部分同学没有脚炉，一下课便踢毽子取暖。毽子越做越讲究，黑鸡毛、白鸡毛、红鸡毛、芦花鸡毛等各种颜色的毽子满院子飞。后来父亲居然在和桥镇上给我买回来一个皮球，我快活极了，同学们也非常羡慕。夜晚睡觉，我将皮球放在自己的枕头边……我从来不缺课，不逃学。读初小的时候，遇上大雨大雪天，路滑难走，父亲便背着我上学，我背着书包伏在他背上，双手撑起一把结结实实的大黄油布雨伞。他扎紧裤脚，穿一双深筒钉鞋，将棉袍的下半截撩起扎在腰里，腰里那条极长的粉绿色丝绸汗巾可以围腰两三圈，这还是母亲出嫁时的陪嫁呢。

投考无锡师范……为了节省路费，父亲又向姑爹借了他家的小小渔船，同姑爹两人摇船送我到无锡。时值暑天，为避免炎热，夜晚便开船，父亲和姑爹轮换摇橹，让我在小舱里睡觉……送我去入学的时候，依旧是那只小船，依旧是姑爹和父亲轮换摇船，不过父亲不摇橹的时候，便抓紧时间为我缝补棉被，因我那长期卧床的母亲未能给我备齐行装。我从舱里往外看，父亲那弯腰低头缝补的背影挡住了我的视线。后来我读到朱自清先生的《背影》时，这个船舱里的背影便也就分外明显，永难磨灭了。不仅是背影时时在我眼前显现，鲁迅笔底的乌篷船对我也永远是那么亲切，虽然姑爹小船上盖的只是破旧的篷，远比不上绍兴的乌篷船精致，但姑爹的小小渔船仍然是那么亲切，那么难忘……我什么时候能够用自己手中的笔，把那只载着父爱的小船画出来就好了。

正是父亲这种默默支持的爱，让吴冠中拿起画笔，走上了一条艺术之路。父爱如此深沉，但又如此温暖，让我们在朴实的讲述中感受到久违的感动，这才是父亲能给孩子的温暖一生的爱。

建议一：好爸爸不会"冷暴力"

爱孩子是父母的本能，但爱不能只藏在心里，或者只存在于父母亲的主观认知中。相反，对孩子来说爱是实际的，既要能感觉得到，还要能摸得到。

所以，父母对孩子的每一次拥抱、每一次抚摸、每一次亲吻，都能拉近彼此间的距离。对孩子来说，父母的爱就如同孕育地球上所有生命的太阳和水那样重要，所以，让孩子时时感受到父母的爱非常重要。

在这个世界上，作为父母，能够给予孩子最有价值的礼物就是"爱"——慷慨和无条件的爱。我们应尽可能多地让孩子感受到我们爱他。无论孩子犯了怎样严重的错误，父母都要对孩子有一颗宽容的心。

当孩子犯错误的时候，家长很可能会用很冷漠的眼光来暗示孩子，或者对孩子不理不睬，这样的一种"冷暴力"很容易使亲子间的感情联系割断，并极有可能使我们失去教育孩子的大好机会，导致孩子对于父母的爱麻木。

有很多父母特别宠爱孩子，他们一辈子甘愿为儿女付出，从孩子上幼儿园、上小学、上中学、上大学，到找工作、结婚、生孩子，父母无时不在操心，"为孩子把心都操碎了"，是许多家长都有的感受。然而许多孩子却体会不到这些，他们喜爱和崇拜的人是歌星、影星或政界商界的巨头，唯独没有父母。在一些调查中，孩子们对于为他们"操碎了心"的父母，不但不领情，还有颇多抱怨，惹得很多家长感叹"好心没好报"。我们总是以为当我们为孩子付出了很多之后就可以换来什么，但是孩子最需要的恰恰是父母的一句关爱和一份微笑。即便他们的表现再不好，他们也极不愿意看到父母那种很失望的表情，更不愿意从中读到父母"恨铁不成钢"的信息。冷冰冰的态度是最让孩子感到害怕的。

这些现象似乎在提醒家长，在家庭教育中存在着一些误区。比如在爱孩子的问题上，许多家长多是出于本能的爱，却不重视爱的表达方式，不会爱，因而使孩子体会不到父母的爱。

一位很伤心的妈妈向教育专家哭诉：得知孩子两门功课只得了188分时，这位妈妈难过得直流泪。一边的女儿看着妈妈流泪却感到十分困惑，她不能理解妈妈为什么如此痛苦。此时，这位妈妈就是忽略了孩子的感受。妈妈的价值标准是要得双百，孩子没有满足她的需求，她就感到伤心。如果换个位置看看孩子，孩子努力了，她虽然得了188分，她感到高兴。而妈妈却只关注自己的感受，而忽略了孩子的感受。家长的行为与孩子的体验相反，孩子幼小的心灵就会产生疑问：这就是妈妈对我的爱吗？一而再再而三，孩子就会形成一种理念，认为这就是爱。现在社会上很多人反映大学生冷漠，不懂得爱，很大程度上是因为他们缺乏爱的体验。只有学会施爱，让孩子体会到爱，并学会去爱别人的父母，才能成为一个合格的父母。

总有一些父母，宁可自己省吃俭用，也要让孩子在物质上应有尽有，但在精神上却经常忽略孩子的需求，对孩子的情感和人格缺乏应有的尊重，这样也很难让孩子体会到父母无私的爱。我们的父母应该尽可能多地和孩子在一起。每个孩子都需要从父母那里得到足够的重视。在每天工作之余，父母要腾出一些时间参加孩子的游戏，和孩子一起读书，为孩子提供接触到各种东西的机会。学会倾听孩子的心声。有经验的父母指出，通过听孩子说话来了解他们的感受，是非常有价值的一种方式。与孩子谈话，也为父母提供了一次了解和教导孩子的机会。

建议二：好爸爸从来都不是咄咄逼人的"强势爸爸"

到了当家长的阶段，最头疼的莫过于对男孩的教育不知道该怎么办。有些教育专家会在研究的过程中发现这样的问题：一些从事教师、军人、法官、警察等职业的父母，他们的男孩更容易在交流上发生障碍，这是为什么呢？

这一类的家长被称为"强势家长"，他们的社会地位相对较高，对社会的责任感也比较强烈，在工作中更是一丝不苟，所以在教育男孩的过程中也流露出了明显的职业色彩，明显的表现为"眼睛里容不下一粒沙子"，一旦发现了男孩的小失误和小问题，就比较容易把问题严重化、扩大化。

还有一类家长是属于"吹毛求疵"的类型，他们习惯于严厉地要求男孩，不容男孩犯一点错误。这样的家长所教育出来的男孩有两种典型的表现：一种就是绝对服从型，男孩会表现的胆小怕事，丧失了独立生活的能力，没有一丝主见，甚至连穿什么衣服、买什么样的早点吃都没有主意。另一种就是直面对抗型，这样的男孩会表现出强烈的逆反行为，会产生明显的对立行为，甚至会离家出走，或是流连于网吧。有一位警察的儿子曾经很坦诚地跟老师讲："我爸对我严厉的时候，总是用那种盯着犯罪分子的眼神，我能不痛苦吗？"

由于家长在教育男孩的时候带出了明显的强势，那种很强烈的表达方式往往流露出了对男孩的不尊敬，与男孩的敏感心理产生了冲突。作为家长，长期以来习惯把职业心态带回家，以不平等的姿态与孩子交谈，更没有体会到男孩的内心感受，而是让孩子毫无反抗地服从命令指挥。这种做法会为家庭的教育布下重重障碍。

作为父亲，强势的方式、强势的力度、强势的状态都会给男孩造成很大的影响。父亲和男孩之间犹如一对齿轮，一方强则一方弱，通常会造成以下三种结果：

第一种是男孩比父亲更强的"超越式"。这一种情况出现的原因是男孩希望像父母一样出色，于是就很争强好胜，有时会比父亲更加优秀，即"老子英雄儿好汉"。在国外著名的例子有老布什和小布什，在国内著名的例子有姚明，他的父母都是很优秀的篮球运动员，姚明之所以能成为世界级明星，一方面也来自于对于超越父母的挑战心理。

第二种就是过于倚靠父亲保护的"依赖式"。家长太强了，或者是过于保护以至制约了男孩的个性发展，这样的家长带出来的孩子要么性格比较懦弱，要么依赖性很强，属于对父亲的绝对服从型。很多强势的父亲，他们的男孩都很弱势，表现出腼腆、胆小、不自信等。古语所说的"富不及三代""寒门出孝子，白屋出公卿"都有这样的因素在里面。

第三种就是男孩通过自己而走出成就的"奋发式"。家长不是很强势，甚至是弱势，但是他们的男孩却很有责任感。比如媒体报道的道德人物：背着母亲上学的当代孝子张尚昀、带着妹妹上大学的洪战辉、航天英雄费俊龙、奥运冠军刘翔等人，都是典型的例子。他们都是出生在普通的人家，从小没有受过娇生惯养，却活出了自己的精彩。

作为家长，在教育男孩的过程中最好不要过于强势，这样才会给男孩留有足够的发展空间。家长应该以一种宽容的心态来审视男孩在成长过程中暴露出来的各种问题，自己主动放下架子，和男孩交朋友，这样家庭的民主氛围就会增强，男孩也不会抵触和父母进行交流，许多问题都可以迎刃而解。

一位各方面很不错的高一男孩，在他16岁的时候认真地与同班一位女孩相恋了，男孩的父亲与他进行了一次属于两个男人间的谈话。

父：儿子，你是不是觉得她是最好的女孩？
子：我觉得我认识的女孩里她最可爱。
父：爸爸相信你的眼光。但是，你才上高一，你认识的女孩有多少？
子：我心里只有她。
父：你说你要上大学，将来还要出国深造，想成为一名律师或金融家。你知道你将来会遇上多少好女孩吗？爸爸并不反对你现在谈女朋友，但是，爸爸最反感的是见异思迁。这个女孩是你到目前为止认识的最好的女孩，可是，你将来会有更多的机会，到那时你该怎么办？你会不会后悔？
子：可是，现在让我离开她，我很痛苦。
父：你初三时买的"随身听"呢？
子：前两天，您给我买了个高级的，我觉得音质比原来那个好，就把它送人了。
父：这就叫一山更比一山高。如果你能把握好每一个属于你的机会，你以后的成就只能比今天大，你面对的世界只会比今天更广阔，到时候你的选择只会比今天更好，更适合你。如果你现在与这个女孩真有那份情缘，到时候再让它开花结果多好。儿子，一个人一生不可能不做些让自己后悔的事，但是，人生大事只有几件，后悔了，就会遗憾终生。
子：爸爸，我懂了……

从此以后，男孩把对女孩的特殊感情深埋心底，生命的乐章却弹奏得更欢快了。他明白，即使爱的种子发芽了，也还没有长成参天大树，更不可能结出甜美的果实。而在这之前，自己只能做一个默默耕耘的农夫，等待庄稼的成熟。

例子中的父亲面对男孩的早恋，不是用命令的口气让男孩放弃，而是选择理解男孩的需求，帮助他们树立正确的爱情观和认识爱的真谛，并以平等的态度与他们交流自己对人生、爱情、学业的感情。

你想让男孩做什么，不想让男孩做什么，可以把自己和男孩放在平等的地位上，像朋友一样，一起商量，分析利弊，最后让男孩自己拿主意，这样男孩不仅不会反抗，也感觉不到被命令的屈从，反而会在商量的气氛中感觉自己在长大，有了自己的主见。这时大部分男孩会愉快地采纳父亲的建议。

在教育男孩的过程中不能一味使用命令的语气而忽视与男孩的沟通，很多人会问，如何跟男孩进行成功的沟通呢？教育专家给我们的建议如下：

第一，成功的家庭沟通，应该注意以下因素：理解、关怀、接纳、依赖和尊重。理解要求父母与男孩双方能够设身处地地为他人着想；关怀不但存在于内心，更要切实付诸行动；接纳要求考虑到每个人的个性，懂得欣赏他们身上的优点；依赖是要做到既信任别人也信任自己；而尊重是指尊重他人特别是男孩的权利，尊重他们的意见和选择。

第二，要建立一种积极健康的家庭沟通交流关系，应该改变父母是决策人、男孩是接受者这样僵化的家庭角色的分配。父亲在家庭教育中应该懂得进行角色交换，每一个家庭成员都可以对他表述的愿望予以积极的辩解。当男孩能够参与讨论家里的通常是成年人的问题时，他们方能更好地理解父母，而父亲一方面可以调动男孩的主动性，使自己清楚地认识男孩的才干，另一方面可以得到有关自己教育的反馈信息。

综上所述，父亲与男孩通过沟通，最后让男孩明白的是"理解、信任、承诺、准时"等观念的重要。通过沟通，最容易让男孩站在他人的立场上思考，也最容易让男孩养成理解他人的习惯。只有这样，男孩才有可能成为一个全面发展的优秀人才。

细节12

怎样增进父子感情

在教育子女的过程中，父亲不仅仅是一个"经济赞助商"，父亲对孩子性格的影响和生活习惯的养成都有很重要的作用。然而，父亲在家庭教育中的淡出对男孩和女孩的影响强度大小是不同的。一般来说，父亲角色缺失的情况下，男孩的损失要大于女孩。

许多研究证实，父亲对男孩子智力发展的影响要比女孩大。由于孩子的天性中，大多具有喜欢模仿的特点，儿童早期男性观念与行为的获得，很关键的就是观察、模仿父亲的语言与行为，并接受家庭特别是父亲对其男性化角色的规范影响。

如果在男孩子的成长过程中，父亲角色总是缺席，男孩在一个相对柔弱孤寂的女性世界中浸润得太久，身上与生俱来的雄风会随着模仿天性的驱使，一点一点地被侵蚀，不知不觉之间便会朝着女性化的倾向发展。

另外，研究表明，男孩和母亲生活在一起的时间越长其性别角色越容易混乱。有位心理学家调查了某市部分小学五、六年级的学生，发现有13.9%的学生希望自己是异性。其中大部分是男孩，他们很多人在三岁时开始有自己是异性的想法，到了青少年期开始显现并表现得尤为突出，对自己生理上的性别不满意，讨厌自己的身体，强烈要求改变性别，在日常生活中还会穿着异性装束，言谈举止如同异性一样。而绝大部分这样的孩子，都很少与父亲接触。由此可见，父亲在男孩成长中不可忽视的重要性。

然而，在竞争日趋激烈的现代社会环境中，许多父亲将越来越多的精力都用在工作上，力争在社会上出人头地，而对家庭里的事，特别是有关孩子的教育方面的事投入精力和时间太少，孩子成长在母亲、奶奶、姥姥的怀抱中，幼儿园、小学也都以女性老师为多，这种从女性怀抱中走出来的孩子，大都不自觉地以女性形象规范自己，性格做派也在潜移默化中向女性靠拢……男孩的成长环境颇似温柔陷阱，软化了孩子成长应有的个性和棱角。在这种背景下，近几年，"阴盛阳衰""男孩女性化"的现象日益严重。

人们对男性角色的期望，决定了一个男子汉必须鲜明地区别于女性的特征，并能够充分展现一个男人的阳刚和雄性特性。一个哲人曾说，没有皱纹的祖母是可怕的。而我们要说，一个失去男性雄风的时代将更黑暗和可怕。

美国教育家杜布森博士认为，父亲应该承担起塑造下一代男人的主要任务。不能把孩子完全交给母亲、幼儿园女教师，要多拿出时间陪陪孩子。父亲为此有可能会牺牲部分事业与社交，但却能得到更伟大的成就——造就一个出色的孩子。

事实上，在人生的不同阶段，男孩总是希望自己的身边有一位优秀的男性作为榜样供他效仿，而父亲恰恰是其最好的人选。

建议一：不强迫男孩做自己不喜欢的事

让家庭生活保持快乐的氛围是很多父母的愿望，每个人都希望在快乐中表达爱，但是现实烦琐细小的种种事务，为怒气和误解创造了很多机会，几乎每个家庭都有争吵和不安的经历。于是，父母对男孩的爱，常常夹杂着一些因为纷争和挫败而产生的无奈，还有害怕失去孩子的恐惧。

父母纯粹的爱是什么？其实非常简单，如果你真的想要孩子成长和学习，就给他们空间，让他们朝着健康、能干和情绪稳定的成年人发展，这才是爱的真正意味。但是父母现在的情况是，以管教和约束方式来养育子女，这与爱的本意背道而驰。

壮壮今年高考，成绩还不错，可以挑一所重点大学，本来是皆大欢喜的事情，但是他整个暑假都过得不开心。原来，一家人在填报专业上发生了很大的分歧：壮壮想学自己感兴趣的教育学，但是父母总觉得新闻专业更适合他，他们希望他成为一名记者，于是就坚决主张报新闻专业。

不打不骂，养出男孩大志气的100个细节

"这是你的人生大事，爸爸妈妈有经验，你就听我们的，我们绝对不会害你。"妈妈开导壮壮。

"正是因为这是我的人生大事，我才一定要坚持学自己喜欢的专业。你们总是说我没有经验，但是你们给我锻炼的机会了吗？从小到大，哪一次不是你们决定的，这一次我绝对不让步！"

最终壮壮还是没能拗过家长，双方各做让步之后，壮壮报了一所离家最远的大学的新闻专业。

壮壮的反问值得家长深思，很多时候，家长都是因为"为了孩子好"这个想法，剥夺了他们应有的成长空间，让他们在父母设计的世界里成长。给孩子一个成长的自由空间，是现代教育家们共同呼吁的一个理念，其中就有著名教育家蒙台梭利，她将"自由教育"列入自己的基本理念，称她的教育方法是"以自由为基础的教育法"。

在蒙台梭利学校的活动室内，允许儿童自由地活动、交谈、交换位置，甚至也可以按自己的意愿移动桌椅。这种自由不仅是学习的需要，也是生活的需要。在教室里的儿童有目的地、自愿地活动，每个人忙于做自己的工作，安静地走来走去，有秩序地取放物品，并不会造成混乱，因为他们懂得安静和有秩序是必要的，并且知道有些活动是被禁止的。

在蒙台梭利看来，自由是儿童可以不受任何人约束，不接受任何自上而下的命令或强制与压抑，可以随心所欲地做自己喜爱的活动。生命力的自发性受到压抑的孩子绝不会展现他们的原来本性，就像被大头针钉住了翅膀的蝴蝶标本，已失去生命的本质。这样，教师就无法观察到孩子的实际情形。因此，我们必须以科学的方法来研究孩子，先要给孩子自由，促进他们自发性地表现自己，然后加以观察、研究。这里所谓的给孩子自由，不同于放纵或无限制的自由。

让孩子学会辨别是非，知道什么是不应当的行为。如任性、无理、暴力、不守秩序及妨碍团体的活动不仅会妨碍到他人，也会让自己因此受到损失，耐心地引导他们，让他们自己远离这些不好的行为，这是维持纪律的基本原则。由此也可以预见，放纵孩子只会让他丧失更多的发展机会和空间，并不是真正的自由。

纪律与自由并不矛盾。一个人如像哑巴那样安静，像瘫痪的人那样一动不动，不能算是有纪律的，这种人是在被"消灭"。积极的纪律包括一种高尚的教育原则，它和由强制而产生的不动是完全不同的。

一般学校给每个儿童都指定一个位置，把他们限制在自己的板凳上，不能活动，对他们进行专门的纪律教育，要求儿童排队，保持安静等等。这样的纪律教育是建立在忽视孩子的天性的基础上的。儿童的活动应当是自愿的，是一种自然的潜在趋势，不能强加给他们。重要的是使儿童在活动中理解纪律，由理解而接受和遵守集体的规则，区别对和错。因此，真正的自由也包括思考和理解能力。一个有纪律的人应当是主动的，在需要遵守规则时能自己控制自己，而不是靠屈服于别人。

正如蒙台梭利所主张的，让孩子拥有自由，首先是让他们领悟到纪律和秩序的重要性。怎样让孩子区别好坏，唯有说教显然是不可能的。在一些小事情上就让他们自己去做决定,并让他们承担因为自己的决定而带来的各种结果,久而久之,即使孩子在面对大学专业这样的问题时,你也可以放心地说:"这是你自己的事,你自己决定就好了。"

建议二:悦纳男孩的缺点

有些父母总是觉得孩子长相没有继承自己的优点,成绩不是全年级第一,在家不懂事……诸如此类的挑剔会毁了孩子的幸福。

其实,哪怕全天下的人都看不起你的孩子,觉得你的孩子不完美,做爸爸的也要热爱自己的孩子、包容自己的孩子。只要爸爸这样做,天下没有不能成才的孩子。

自我接纳是孩子心理健康成长的前提,它是人对自身以及自身的一些特征所持的一种积极的态度,即能欣然接受现实中的自己,无论自己是完美无瑕还是有一定缺陷,都去接纳自己,喜欢自己。小孩子最初的评价源自于父母、老师以及其他长辈。如果这些人对他的评价是肯定的,如:"真漂亮!""是个好孩子!""好聪明!"那么孩子的自我接纳就是正面的,他会肯定自己,不断自我完善,并最终具备自信;相反的,一些人常常在无意中指责孩子,说:"你很笨!""不可爱!"对孩子人格进行贬低,孩子就会接受这些负面信息,认为自己真的不如别人,他对自己的认识逐渐会发生一些偏差。

孩子容易产生的"期望效应",人人都会有。所谓期望效应是指积极正确的期望暗示,它会给个人的工作、学习带来更大的进步和更好的效果。换句话说,别人传递的期望信息,它会使你的状态随之发生变化,积极的期望会使你向好的方向发展,反之,消极的期望会使你向不好的方向发展。用形象的话来形容,期望效应便是:"说你行,你就行;说你不行,你就不行。"要想使一个人向更好的方向发展,就应该不断向他传递积极的期望。

期望成真的奇迹是如何发生的?心理学家经过研究认为,这是通过对对方的暗示作用实现的。暗示的结果会使一个人发生改变,甚至是很巨大的改变。

心理学家在对少年犯罪的研究中发现,许多孩子成为少年犯的原因之一,很大程度上是因为不良期望的影响。这些少年因为在小时候偶尔犯过错误而被贴上了"不良少年"的标签,这种消极的期望心理一直在影响和引导着孩子们,他们也越来越相信自己就是"不良少年",最终走向了犯罪的深渊。

在教育中,爸爸的积极期望对有效教育有重要的影响。那么,在教育中爸爸如何利用期望效应呢?

第一,相信孩子会学得更好。"相信孩子会学得更好"的信念,应是爸爸必须具备的教育观。例如:孩子第一次考试得50分,第二次考试得55分,爸爸要看到他有"5分的进步",挖掘他的潜能,而不是看到他的"不及格"。不要说"你为什么又没有及格,你真是个笨蛋",这样会伤了孩子的自尊与自信。可以说"这次有了进步,一定要继续加油"之类激励的话。积极的外部信息能使孩子看到自己的进步,肯定自己,激发出蕴藏于自身的巨大学习力量。

第二,确定合理的期望值。期望效应的实质是激发孩子内在的学习动机。如果孩子认为通过努力能够达到目标,就会产生强大的力量。如果孩子认为高期望的目标高不可攀,自然会望而却步;期待的目标太低,又会缺乏激励性,难以发挥潜力,合理的期望对孩子来说很重要。

心理学家认为，孩子的发展有两种水平，即现有的发展水平和潜在的发展水平，这两种水平之间的区域称为"最近发展区"。爸爸的期望目标也应建立在每个孩子的"最近发展区"的基础上，即建立的期望目标应该让孩子明确认识到经过自己的努力可以达到的目标，激励他"跳一跳才可以摘到果子"。

在教育中，期望效应能最大限度地为孩子搭建充分发展的平台，给孩子更多的欣赏与喝彩，使他得到充分的发展，这正是需要爸爸来做的事情。

细节13

好爸爸懂得正确引导男孩

在人们的印象中，大象是一种非常温顺的动物，虽然体形庞大，却极少主动攻击其他动物。但是在南非西北部的国家公园里，管理人员却发现了一个反常的现象：年幼的雄象变得越来越富有攻击性，即使在没有受到任何挑衅的情况下，它们也会凶狠地攻击附近的白犀牛，把白犀牛击倒在地，残忍地用脚踩踏致其死亡。

这种行为让公园的管理人员百思不得其解，因为大象的这种行为极其少见，违反大象温顺的秉性。

最终，公园管理人员找到了答案。原来，为了维护公园的生态平衡，政府采取了猎杀成年雄象的措施，这就导致了一个结果：相当多的幼象都沦为"孤儿"。而成年雄象的存在对幼象的成长非常重要，因为成年雄象会管教这些幼象，并为它们与其他动物和平共处树立榜样。在失去这种榜样和管教以后，年幼雄象本能的攻击性就毫无节制地释放出来，并在象群中逐渐蔓延滋长。

这个现象给予我们一个重要启示：早期的正确引导和纪律管束的缺乏往往会导致不良后果的出现，无论对成长中的幼象还是对成长中的男孩来说都是如此。

随着男孩年龄的增长，爸爸所要迎来的挑战会接二连三地袭来，面对出乎意外的男孩，可能会让爸爸们感到措手不及。我们不禁感慨：爸爸们还要掌握多少常识才能教育好男孩？

在解决这个问题之前，爸爸们先要明白的是：家庭生活并不是一成不变的，每一天都会出现新的变化。而作为男孩的爸爸，要怎样做才能够"万变不离其宗"呢？这需要爸爸们耐心学习，不断完善自己的教育方式，以适应男孩成长过程中新情况的出现。

建议一：好爸爸不必知道所有的答案

人与人之间的交往不仅仅是沟通与交流，有的时候则是意志力与意志力的对抗，不

第二章　爸爸是男孩的榜样

是去影响别人，就是被别人影响。在"成功学祖师"拿破仑·希尔看来："在别人的影响下生活着，就等于被别人的意志给俘虏了，这样的人即使再优秀，也不能成为领袖。"

有人说，影响力本质上就是一种控制力。的确，一个有影响的人不仅可以让朋友们都认可他、支持他，甚至让对手都对他心悦诚服。但是更准确地说，影响力是一种让人乐于接受的控制力。它与权力不同，影响力不是强制性的，它以一种潜意识的方式来改变他人的行为、态度和信念。没有人能够抗拒它，因为它来得悄无声息，等你察觉时，早已经被它俘获了。因而我们说，影响力是一种最高境界的领袖力。

想要得到周围人的尊重，形成一个凝聚人心、催人奋进、具有强大吸引力的领导核心，仅仅依靠体制和职务赋予的权力是远远不够的。它还应该建立在由宽广的胸怀、完美的领袖艺术、高尚的人格魅力和巧妙的交际方式等方面构成的个人权威之上。这种胜于无形的能力，需要从小培养，而教育学家告诉我们，孩子的社交影响力多半来自父亲。

前面提到的影响力的种种本质，都是帮助孩子在将来的人生中少走弯路的重要资质，这样的资质主要由父亲来培养。马克思·韦伯曾经说，父亲爱的是最能实现他期望和要求的儿女，这与母爱有很大的不同，无论怎样的婴孩，母亲都会毫无差别地爱他们，母爱更多地强调自己的情感；而父爱而更多地侧重于价值观念，能够继承父亲的志向的孩子，往往会得到最多的宠爱。父爱的这种条件性，决定了在孩子的成长过程中，父亲会更加主动地传授走进社会的最简单最基本的原则。

如果说母亲代表着自然界，那么父亲就是人类存在的另一极，即思想的世界，法律和秩序的世界，阅历和冒险的世界。

李嘉诚是香港家喻户晓的人物，他在经济王国中权高位重，在家里却是一个坚持原则的低调父亲。

李嘉诚有两个儿子，很多人认为这两个将来一定要子承父业，因而必定是呼风唤雨的"太子爷"，但李嘉诚一直要求他们生活节俭、注重名誉。当两个儿子以优异的成绩从斯坦福大学毕业以后，他们想到父亲的公司里面去小试牛刀。不料父亲的回答却是"我们公司不需要你们"。李嘉诚说："就是我有20个儿子也不会给一个安排工作，你们要自己去打江山，要用事实证明你们自己有实力。"

恍然大悟的儿子离开香港去加拿大，一个投资银行，一个开设了地产公司。他们从来没有开口向父亲寻求资助，后来都成为加拿大商界的精英人物。

李嘉诚的选择和我们生活中常见的诸多父亲刚好相反：有的人想破脑袋去为子女打通人脉、安排工作，而李嘉诚却不愿意在自己众多的公司中给两个儿子"一席之地"。他这样做的目的只有一个，那就是让孩子清楚任何事情都需要靠自己，只有生活得独立，才算得上有本事的人，也才能自如地应对今后的生活。

生活节俭、注重名誉是李嘉诚对儿子日常生活的要求，这对寻常人家来说不足为奇，但是对一个商业巨子的家庭来说，就显得与众不同，也更难能可贵，他们并不是没有条件过奢侈的生活，只是更加珍视勤俭的价值观。"用事实证明自己的实力"，是在告诉孩子要独立、坚强，学会自己去解决问题，这是变幻莫测的商界必备的意识。李嘉诚白手起家，创立了自己的商业奇迹，但他并不急于让孩子们分享自己的成功果实，而是让孩子们分享自己的成功经验，这才是人生最宝贵的财富。

李嘉诚在培养孩子的价值观时做到了两点：有意识地培养孩子的价值观，自己也用行动去影响孩子，而后者甚至比理论教育更为重要。

对普通的家庭来说，要做李嘉诚这样的富翁爸爸很难，但是做李嘉诚这样的明智爸爸，却是可以学到的。我们知道，孩子的新知都是从模仿开始的，父亲是孩子认识外面世界的最重要的窗口，父亲怎样对待失败和困难，孩子都会受到潜移默化的影响。如果父亲本身是一个言而有信、正直勇敢的人，孩子很容易就会接纳一套正面的价值观。看到父亲为了家人而努力工作，能够轻松地应对工作，对家人呵护备至，孩子的心中会燃起对美好生活的感激之情，这也会帮助父亲在孩子的青春叛逆期渡过难关，日积月累的信赖不会让孩子走上反抗家庭的极端；但是如果父亲从来就出尔反尔、只说不做，就难以保住自己与孩子的感情平衡了，当孩子长大以后，很可能会忤逆家长，伤害父子感情。因此，父亲时时刻刻都要留意自己会给孩子带来怎样的影响，用正面的行动来解释所有美好的品质，让孩子在耳濡目染中成长为一个正直可信的人。

建议二：好爸爸懂得怎样批评男孩

英国17世纪著名的政治家、哲学家和教育家约翰·洛克提出过"绅士教育"，曾得到大部分人的认可。他主张一定要用温存的语言，耐心热情的态度，和颜悦色的劝导，有计划、有步骤地培养儿童的习惯，切记不可声色俱厉、简单粗暴地责备和训斥他们，以免伤害儿童脆弱幼嫩的心灵和正在成长中的自尊心。他提出的这种奖惩方法就是使孩子知道羞耻和光荣。孩子一旦懂得了受尊重与羞辱的区别，尊重和羞辱对他们的心理就成为一种最强有力的刺激。家长一旦能让儿童爱惜名誉，惧怕羞辱，就等于使他具备了一种真正的做人原则。这个原则会永久性地发挥作用，使他们走上正轨。

但如何才能做到这一点呢？

首先就是要培养孩子的羞耻心。儿童对于赞扬是极其敏感的。他们在比我们想象得更早的幼年时期就具有这一敏感性。他们觉得，自己能被别人看得起，尤其是被父母或者自己所依赖的人看得起，是一种莫大的快乐。所以，假如做父母的看见孩子的行为得体或表现良好，就应该适时地给他们几句赞扬；看到孩子表现不好或者做了错事，除了父母，孩子身边其他的人，也都用冷淡的态度对待他们，这样，用不了多久，孩子就能感觉到这两种不同的态度。这种办法如果能坚持下去，收到的效果要比贸然地吓唬或者打骂他们要好得多。威吓或者打骂用多了，孩子就会对它失去恐惧。如果孩子的羞耻感没有被培养起来，使用暴力是没有什么用处的。所以，家长应该禁止用暴力的方式教训孩子。

其次，让孩子懂得优秀的人可以得到可爱的东西，使孩子更加深刻地体会到，受到尊敬是值得喜悦的，而遭到羞辱是应当感到耻辱的，洛克认为，这两种截然不同的感觉会在心灵上约束孩子的行为。当孩子不同的行为和表现值得受人尊重或者应该遭到羞辱的时候，各种使孩子感到可爱的或者讨厌的事物，应该紧紧跟随其后到来。

在对待孩子的奖惩上，日本教育家多湖辉有自己的看法。他认为，孩子会在被批评的过程中，学会辨别是非，学会区分哪些事情是好的、哪些事情是坏的。因此，家长要学会既改正孩子缺点，又不伤害孩子的自尊心的批评。

批评孩子，应该保持冷静的态度，向他讲道理，以理服人，而且自己的立场也要始终如一。另外，批评孩子要有分寸、方法得当。

多湖辉曾因不满学校的严格管理，做出了伙同他人一起破坏学校部分校舍的荒唐之举。学校的规章制度非常严格，所以他已做好了退学的思想准备。而校长却把他们召到校长室，流着眼泪说了下面的一段话："太令人遗憾了。我现在什么也不说，想必你们也在反省自己吧？希望你们能再一次反思一下自己所做的事情。"校长宽宏大量的批评，深深地刺激了学生们，使他们进行深刻的自我反省。因此，采用什么样的批评方式非常重要，它既能使孩子的才能得到提高，反过来也能使之下降。

多湖辉一直主张："批评时要正襟危坐。"进行重要的谈话时，任何人都要端正姿势，创造一种严肃的气氛。而且，不是单方面地命令别人如何去做，而要采取一种理解对方的立场、倾听对方意见的具有包容性的态度。不论做了多么荒唐的事情，都应该有其原因。问清这些原因并予以理解是能让孩子接受批评的先决条件。

第三章
严是爱，溺是害
——妈妈对待男孩要"狠"一点

细节14

好妈妈应进行"岗前培训"

有这样一个说法：上帝之所以先造出男人，并不是因为男人比女人优越，而是因为男人比女人容易造。上帝先试着造出男人，成功以后才去造女人。当上帝把女人造出来以后，上帝创造人的任务也就完成了：它把这个任务交给了女人。这样看来，母亲的工作正是上帝的工作。

孩子是从母亲体内孕育的新生命，因而母亲的身体素质决定了孩子的健康基础。最新的科学统计表明，母亲的智商对孩子的智力有更为明显的遗传优势。母亲创造人类，这是对上帝的工作的延续，也是人类得以不断进步、充满希望的基础。

上帝选择女人来完成他的工作，不仅是因为女人能够繁衍子孙，更因为女性的特质，即善良、勤劳、温柔的亲和力，填充了孩子在父亲影响下形成的思维世界，让他的精神在正义、勇敢等的筋骨下，充满情感的血肉。就像上帝不仅仅创造出人类，还给人类以信仰和力量一样，母亲也不仅仅是生养了孩子，还是孩子精神的避风港，她可以在孩子遇到挫折、失去信心的时候，给孩子鼓励和安慰，让他重新鼓起生活的勇气，勇往直前。

母亲的素质对孩子的方方面面起着影响：

1. 有修养的母亲养育有修养的孩子

所谓"修养"，处处体现在日常生活当中，与人相处或是独自一人时，所思所言都是修养的体现。母亲与孩子朝夕相处，因而孩子身上大多数的修养，还是从母亲那里点点滴滴培养而成的。母亲尊老爱幼，孩子自然就会学会孝敬；母亲节俭有度，孩子自然就会拒绝奢华；母亲彬彬有礼，孩子自然就会谦虚不傲……

著名华人指挥家汤沐海的母亲蓝为洁女士，就特别重视孩子的修养，她自己是一个电影剪辑师，在她的剪刀下，产生了一部部优秀的电影作品，对艺术的理解，也让她常常直言不讳地与儿子交流。在她的养育之下汤沐海成为世界级的指挥家，小儿子也是有名的画家。汤沐海的高雅修养和高尚品质，很大程度上来源于母亲的影响。

2. 善良温柔的母亲让孩子懂得为他人着想

精神的冷漠是可怕的，很多感情木讷的人，在童年时代往往缺少母亲善良温柔的感染，这样的人往往性格粗暴、对人没有耐心。"悲天悯人"的情怀虽然可以由后天的修养与教育形成，但是它仍然是来源于孩子母亲的善良根基。

比尔·盖茨曾经说，自己在母亲那里得到的是"虔诚和善良"，在全球拥有超过44万雇员的比尔·盖茨退休以后，专门投身慈善事业，它不仅是连续13年蝉联世界首富的商业巨人，也是长期大力支持慈善活动的社会活动家。从他对全世界贫困地区的大量捐款上，我们可以看到他善良母亲的印记。

3. 耐心细致的母亲教会孩子做事

再粗心大意的女孩儿，一旦变成母亲，就会变得坚强和细致，这也许就是常言说到的母性。每一个孩子都有自己的成长节奏，只有耐心等待和观察，才能很好地捕捉到孩子的步调，让他在适当的时间里做适当的事情，事半功倍。

不仅教育如此，在平时的生活中，如果一个母亲连听完孩子的话的耐心都没有，就不用指望孩子会有耐心倾听别人的意见，向别人虚心求教了。希望孩子养成良好的生活习惯，没有耐心是不可能成功的，作为孩子的启蒙老师，母亲的耐心是他成长中的最重要的礼物。

4. 沉着镇定的母亲使孩子学会坚韧不拔

当"郁闷"成为社会的流行语，抱怨也就开始成为整个社会的风气。长期承担家务的母亲们，常常在孩子面前喋喋不休地抱怨自己的辛苦，"唠叨"成为现代母亲一个不光彩的标签。遇事沉着冷静，讲求效率和意义不仅是商业人士的必学知识，也是母亲在教育过程受益无穷的原则。

母亲对孩子的影响相比较父亲而言，更加具体和细小，孩子如同初生的果实，上面还有一层薄霜一样细小的柔毛，母亲的手，正是要感知到这些细微的绒毛，呵护孩子的成长。所有母亲的特质，都是她作为女性特质的延伸，当上帝决定你成为一个女人，就是他在授予你创造人、养育人的工作。如果用一个词来概括，那就是展现母亲的"亲和力"。

建议一：爱是维系母子关系的纽带

吴章鸿是一位平凡的母亲，但她在2005年被全国妇联评选成为"感动中国的十位母亲"荣誉称号。她以她的家教经历告诉世人，"穷"妈妈的爱可以雕琢出最为珍奇的音乐人才。她的儿子吴纯已经是第16项国际钢琴比赛大奖的获得者，这位妈妈用最朴素的爱来陪伴孩子一点一滴的成长，她在孩子还小的时候曾经有这么一段时间，每天早上五点半起床把孩子绑在身上，挤公交车去上学。她懂得教育孩子，但是从来都不会用暴躁的方式来压制孩子，而是耐心地劝导，用一片爱心来给孩子讲道理。在吴纯11岁的时候，其父亲与吴章鸿离婚并带走了家里所有的财产，而吴章鸿咬紧牙关，和孩子一起共渡难关，依然给孩子创造最好的教育条件，同时还告诫孩子记住周围人对自己的帮助，培养他的感恩心。在妈妈的感染下，吴纯从小就明白作为一个人应该秉承的处世之道，正如他的老师——世界著名钢琴大师克莱涅夫教授对他的评价："他是一个礼貌并真诚的人，这一点可以让他赢得更多的尊敬与敬佩。"

在旁人的眼中，吴章鸿与儿子一直是非常和谐的组合，还在吴纯小的时候，吴章鸿对他说："你需要爱，妈妈同样需要爱，妈妈在爱你的同时，妈妈更希望得到你的理解、尊重和支持。"确实，这样的一种爱才是最完美的亲子关系。

日本教育家井深大认为："孩子和母亲之间有一条纽带在维系着。"

这条纽带不是语言，而是母爱。尤其是在培养人品的时候，这种不用语言也能进行意思传递的"纽带"更是必不可少的条件之一。

小时候缺乏爱的孩子，长大后多数也不懂得如何去爱，这并不能说他们自私，而应该说，这些孩子是因为在某一时期之前没有被爱过，所以不能接受爱。也就是说，在这些孩子的身上没有养成知足的心理和被爱的心理。

井深大在自己的著作中举了伊扎贝尔的故事：

伊扎贝尔的母亲是一个口不能说、耳不能听的聋哑人。伊扎贝尔出生后，家人为了让她们母女躲避世人的目光，在一间形同牢房的漆黑房间里，整整对他们进行了六年半的监禁。伊扎贝尔出生时，是一个没有任何异常的正常婴儿，但是在经过六年半的监禁之后，被人发现时，她却变成狼少女的模样：嘴巴不能说话，对陌生人充满敌意，一副穷凶极恶的样子。

据说，她的行为只相当于出生六个月的婴儿水平。但是经过梅逊和戴维斯两位大夫的共同教育，这位不幸少女的词汇量逐渐增加，数年之后，她达到了能够进行日常生活的水平。出生后到六岁半的时间里，没有人跟她说过话，陪伴她的只有黑暗和寂静。可是，伊扎贝尔最终却融进人的生活，这是为什么？

这是因为伊扎贝尔和母亲的肌肤之亲十分丰富，既不能听也不能说的母亲不可能听得见伊扎贝尔的哭声，也不可能对伊扎贝尔说出温柔的话语，但是，她可以通过搂抱婴儿，和婴儿进行心灵的交流。正是这种心灵的交流刺激了伊扎贝尔的大脑和心灵，并培养她作为一个人的心灵。

说到心灵教育，似乎让人觉得很难很难，其实，它并不难。对新生婴儿的初次爱抚，喝奶时婴儿和母亲之间的视线交流，母亲对婴儿的逗笑以及母亲对婴儿出声时的应答……这种母婴之间的交流是母亲和孩子之间联系的纽带，它是这个时期最重要的东西。

井深大把母亲和婴儿之间的相互感觉以及母亲和孩子之间的联系纽带表达为"不用语言的交流"和"语言之前的交流"，婴儿所感受到的首先是"语言之前的交流"，然后婴儿的心灵和能力才会成长。

建议二：妈妈是男孩的第一任老师

人民教育家老舍先生在怀念母亲时说过如下一段话："从私塾到小学，到中学，我经历过起码有百位教师吧，其中有给我影响很大的，也有毫无影响的。但是我的真正的老师，把性格传给我的，是我的母亲。母亲并不识字，她给我的是生命的教育。"

母亲教育研究所所长王东华教授在他的《发现母亲》中说："对母亲的依恋是人的精神赖以存在而不致崩溃的基础，也是人不断扩大自己生存疆域的依据，人所有的信仰，都是对母亲的信仰的一种替代形式。"这话一点也不夸张，母亲能够带给孩子的动力，是难以估计的。

观察一下你身边，就可以发现，那些阳光自信、充满乐观心态的孩子们，几乎无一例外地都拥有一位极其疼爱他们并乐于赞美的母亲。父亲的爱或许更多的是含蓄与深沉，他在潜移默化中教会孩子形成正确的价值观与良好的品性，而母亲的爱与热情，正好将这种力量激发出来，使之发挥出最大价值。女人天生具备表达情感和想法的特质，让母亲更易于夸奖孩子、关注孩子情绪的变化、在意孩子心情是否愉快等。父亲让孩子感受到勇敢和进取，但是让孩子在生活中深刻体会到这种品质的，还是与孩子形影不离的守护神——母亲。

战国时期齐国的王孙贾，15岁入朝侍奉齐湣王。一年，淖齿谋反刺杀了齐湣王，齐国人却不敢讨伐逆臣淖齿。王孙贾的母亲看到这一切，极为痛心。她对儿子说："你每天早上出去，晚上回来，我总在家门口等你，如果你晚上回来得晚，我还要到外面张望。你是湣王的臣子，怎么能够在王失踪生死未卜的情况下，安然回家呢？"母亲的话让王孙贾非常惭愧，他走上街头，号召人民起来讨伐淖齿，当时就有四百余人响应，最后终于平息了叛乱。

很多人担心，不知道怎样去教育孩子珍惜人生、积极进取。其实，只要你自己本身是一个积极进取的母亲，孩子自然就能养成阳光的心态和性格。孩子对人生的所有理解，都是从母亲的身上慢慢感悟到的。正因为如此，妈妈们才更有必要去改变自己、提高自己。

中国台湾著名的漫画家几米有一本漫画，叫做《我的错都是大人的错》，其中有很多"金玉良言"，一针见血地说出了现代家教的矛盾：

有些父母喜欢教训孩子：吃得苦中苦，方为人上人。
但她们自己吃尽了苦头，怎么没有变成人上人……
大人喜欢吹牛，
却要求小孩诚实。
所有的孩子都爱吹牛，
说他们的爸爸从来不吹牛。
大人喜欢对小孩说：
永远永远不要放弃梦想。

但为什么放弃梦想的都是大人?

这些既简单又直白的语言,把大人问得哑口无言了。为什么家长总是在做自相矛盾的事情,一边说着这样的话,一边又做着那样的事。每个父母都希望自己能有一个称心如意的孩子,但是很抱歉几米又说出了一个真相:我知道我不是一个完美的小孩,但你们从来也不是完美的父母,所以我们必须互相容忍,辛苦坚强地活下去。

很多孩子的不完美,都是从大人的身上映射过来的。比如我们常说孩子没有什么自尊心,不知道害羞,脸皮太厚。是不是因为他的自尊心被父母伤害得太严重了,产生了"抗体"?或者是他们没有从父母的身上找到自尊的感觉,从来不知道自尊是一种怎样的东西。现在孩子身上反映出来的种种问题,都是大人教育思想或者教育行为的后果。

妈妈与孩子相处的时间最多,对孩子产生的影响也最多。有的妈妈说孩子不爱学习,但是她自己也从来没有在家中翻阅过一本正经的读物。

有一位老师曾说,他请了专门的家长培训老师去学校培训,结果有几个家长却趁机带着孩子去澡堂。"那些人的脑子才需要洗一洗呢!"

家长会上,如果是家长自由选择座位,常常可以见到大家都往后面坐,哪怕讲台前面的位置空了很多。有很多家长迟到,或者听到一半的时候就离开了教室,或者在听课的过程中从来没想过要记笔记,或者是突然接听电话,大声说话打断主讲人……我们能责怪孩子听课不积极、不记笔记、不用心、不守时么?

家庭是孩子的第一所学校,而母亲,是孩子的第一位老师。好的或者坏的教育,都将在孩子的心中留下烙印,代代相传。孩子身上的那些错误,很可能就是这个家庭的错误,或者,就是母亲的错误。

细节 15

克制自己的包办心理——好妈妈应学会去除多余的爱

吃水果时,孩子拿起了水果刀准备削皮。妈妈见状,立刻夺了下来:"你不能削,会削到手。"

儿子拿起水杯,向热水瓶走去,妈妈马上说:"会烫着手,我来,你过去等着。"

公园里,器械旁,妈妈的眼神牢牢地跟着孩子,不时大声叫:"那边危险!不要过去!""那么高的地方不能爬,会摔下来。"孩子下了秋千和滑梯,家长赶忙跑过去扶住孩子。

妈妈如此担心孩子,生怕孩子受到一丝伤害,于是把孩子严密地保护起来。孩子们的确没有磕着碰着摔着,家长以为安全了,尽到做母亲的责任了。可是,在这样的保护下成长的孩子是什么样的呢?

第三章 严是爱，溺是害

孩子们好奇的眼神在一次次"不能"的喝令当中逐渐变得漠然。忍不住伸出的手吓得缩回去，不再伸出。心里那只探索世界的小手也缩了回去。种种未知的危险始终回响在耳边，只是想象，就已经限制了孩子的行为。

等孩子渐渐地长大时，他们便什么也不敢做，什么也不会做了。母亲的代劳让孩子甚至没有了自己想要去做的意识。孩子们变得唯唯诺诺、自私、懒惰、怯懦、自卑和不合群，有的甚至出现了严重的心理问题，更别提冒险和探索了。

用一句话来说，这就是母亲过于保护的结果。想想看在这种环境中长大的男孩子，什么事情都不敢做，还期望他们能有什么创造性吗？

母亲的庇护不会出现在任何时刻，事故终归是难以避免的。男孩们要学的是怎样去解决在生活中的疼痛甚至是困难。尝试了，体验了，即便是痛，也是他们人生的最初几步中宝贵的财富。感受了才能更深刻地意识到以后应该小心去避免。而妈妈们，无形中剥夺了男孩们享受的权利，导致了他们的无能。妈妈不是孩子永远的"保护伞"，经常沐浴在母爱保护之下的男孩离开了父母亲以后很难立足于社会。下面的这位妈妈就是很明智的，她给了孩子另外的一种保护。

为期两天的野营马上就要到了，孩子积极准备着去山里要携带的物品。他做了很多准备。妈妈检查了他的行李，发现他没有准备足够的衣服，因为山里要比平原冷得多，而且也没有准备手电筒，这可是野营时需要带的东西。

但是妈妈什么也没说。

两天后，妈妈问回来的儿子："怎么样？玩得开心吗？"

儿子说："我带的衣服太少了！还有，我没带手电筒，这件事情很麻烦。"

妈妈问："那为什么不预备好呢？"

"我还以为那儿的天气和这边一样，没想到山里会那么冷！下次再去的时候，我就知道该怎么做了。"

上个事例中的妈妈是想让"经历"去告诉孩子结果，而不是由自己直接告诉他，甚至无微不至地为他准备好。看上去，这位妈妈似乎是个不称职的妈妈，但她其实却是一位非常明智的妈妈。因为她阻止了自己的过度保护，而给了儿子直接的体验和经验积累，从而避免了让孩子走向无能。

男孩有预约错误经验的权利，所以不要找出"不想让他走弯路"的借口，应放手让他尝试错误。体验了失败，才能更有利地回避失败，这才是最直接的给予！如果母亲只知道帮助他踢开前进路上的小石子，会让他觉得一切都是容易的、安全的和可靠的。只有无数次错误经验的累积，才能让孩子直观地感受到错误的真正含义，这些远远胜于妈妈的"千叮咛万嘱咐"。

所以，妈妈要大胆地给他尝试错误的机会，这是男子汉成长过程中必须要经历的一步。

建议一：让男孩在逆境中保持乐观

在现代的家庭教育中，妈妈要让孩子们知道，他们面临的是一个处处充满竞争的社会，"物竞天择，适者生存""优胜劣汰"将是普遍现象，未经锻炼的翅膀难以搏击人生的风雨，难以在未来的竞争中取胜。妈妈们要认识到，要想让孩子在竞争中立于不败之地，必须对孩子进行挫折教育，让他们自小接受艰难困苦的磨炼，教会他们敢于面对挫折，不怕失败，以培养他们坚韧不拔的意志和毅力。经过在逆境中千锤百炼成长起来的孩子才能更具生存竞争力，这也是妈妈应为孩子尽到的义务和责任。

人的生活并非都是一帆风顺的，在我们的生命中总是充满着这样或那样的困难和问题。但是我们应该让孩子明白，在逆境中开放的花是更美的，就像冰山上的雪莲那样地纯洁、美丽！所以我们要让孩子相信：挫折和困难正是上天给予他们的试金石，它淘汰懦弱和无能者，坚强者更懂得人生，懂得如何去完善自己，也会获得更多的经验和教训。

逆境更能让孩子获得更好的成长机会。从一个人成长的一般规律看，顺境可以出人才，但是逆境、挫折的情境更容易磨砺意志，逆境也可出人才。在逆境中经过挫折千锤百炼成长起来的人更具有生存力和更强的竞争力。因为，逆境中奋斗的人既有失败的教训又有成功的经验，更趋成熟；他们能把挫折看成一种财富，深谙只有失败才可能成功，成功是建立在失败的基础上的，因此更具有笑对挫折、迎难而上的风范。

"宝剑锋从磨砺出，梅花香自苦寒来！"孩子在逆境中成长是一笔财富！但是我们要引导孩子面对逆境挫折时要有一种积极乐观的心态。

乐观像一股永不枯竭的清泉，乐观像一首没有歌词的永无止境的欢歌。它使人的灵魂得以宁静，使人的精力得以恢复，使美德更加芬芳。孩子在用乐观的心态生活时，他们的精神、灵魂、美德都会从这种愉悦的心情中得到滋润，尽管烦恼和不安时时吞噬着这种美好的心情，各种挫折和磨难会一点一滴地消耗它，但这如清泉甘露般的美丽心情永远不会枯竭，而是历久不衰以至永远。

所以让孩子保持乐观的心态，微笑着面对生活是很有必要的。那么，妈妈在生活中应该如何引导孩子乐观地生活，乐观地面对生活的各种挫折呢？

1. 要朝好的方向想

有时，孩子变得焦躁不安是由于碰到自己所无法控制的局面。此时，你应该让他们承认现实，然后设法创造条件，使之向着有利的方向转化。此外，还可以引导孩子把思路转到别的事上，诸如回忆一段令人愉快的往事。

2. 不要过于挑剔

大凡乐观的人往往是"憨厚"的人，而愁容满面的人，又总是那些不够宽容的人。他们看不惯社会上的一切，希望人世间的一切都符合自己的理想模式，这才感到顺心。因此尽量让孩子避免挑剔的恶习。挑剔的人常给自己戴上是非分明的桂冠，其实是在消极地干涉他人的人格。怨恨、挑剔、干涉是心理软弱的表现。

3. 偶尔也要屈服

当孩子遇到重创时，往往会变得浮躁、悲观。但是，浮躁、悲观是无济于事的。我们要告诉孩子不如冷静地承认发生的一切，放弃生活中已成为他们负担的东西，终止不能取得的活动，并重新设计新的生活。大丈夫能屈能伸，只要不是原则问题，不必过分固执。

建议二：消除孩子心中理所当然被爱的感受

相信大多数的家长都可以为孩子做出任何牺牲，且从不要求回报。但是如果家长表达爱的方式不对，就会让孩子们误认为父母为他所做的一切都是他理所应当该得到的。长此以往，孩子很容易变得以自我为中心，目中无人。

曾几何时，我们误信报刊舆论中的道听途说，总是觉得美国人对亲情很淡漠，就像电影《狐狸的故事》中演的一样，孩子在刚刚成年的时候就要像老狐狸驱逐小狐狸一样被父母逐出家门。我们似乎觉得美国的父母不懂得为孩子付出，不懂得疼爱孩子。但是美国人对此却不以为然，他们在孩子很小的时候就给孩子灌输这样的一个概念：一切都要靠自己的努力才能得到想要的东西。

有位爸爸来自财富之家，从小接受过最好的教育，是美国较为有名的整形医生。他有三个孩子，现在都在各自的领域里独当一面。这位爸爸在美国看到了太多富家子弟因钱而彻底毁掉的例子，为了避免这种事情的发生，他在孩子们还很小时就给他们立下了规矩：可以帮家人剪草坪或者取报纸等等换来一点零用钱，而作为家长，只为孩子提供接受最好教育的经费，仅此而已。如果孩子要旅游、要买车、要租房，都要通过自己的打工来实现。偶尔遇到特殊的情况，家长会借钱给孩子，同时要和孩子签合同，等到孩子有了能力之后要在第一时间偿还。

其实，他有足够的钱可以给孩子，但是一个有责任感的父母要教会孩子应该如何以正确的态度在社会上生存。

这样做的好处是让孩子真正体会到钱的来之不易，而且让孩子体会到自力更生的充实感。反之，一个从小在温室里长大的孩子不会懂得生活的来之不易，也不会懂得理解父母的辛劳，更不会理解父母的一片爱心，他们只是觉得这一切是理所当然的，有什么必要感恩呢？如果一个孩子是抱持着这样的想法，可以断定他也不懂得上进。到头来，父母的一片爱心换来的却是痛苦和悲伤。

当你让孩子明白父母到底都为他做了些什么，你就会感慨，了解事实后的孩子变得懂事了很多。

细节16

三分爱，七分管——妈妈教育男孩的智慧

十月怀胎的辛苦和分娩的"切肤之痛"让妈妈们最能体会骨肉亲情，日常起居上的悉心照料更加深了母亲与孩子之间的感情，母亲对子女的爱，已经不是慈母手中线缝出的衣裳能够代替的。也正因为如此，母亲更容易溺爱子女，在独生子女的家庭尤其如此。

明明的妈妈是一个全职太太，体会到丈夫在外面工作的不易，她也要求自己把家里的事情打理得事事顺心。在对明明的教育上，妈妈积极地给孩子报辅导班，按时接送孩子，一日三餐都按照营养书上推荐的搭配，保证孩子的身体健康。

平时孩子的任何事情，收拾书包、放水洗澡这些都由妈妈一手操办，在家庭内务上，妈妈尽心尽力，毫无怨言。

而明明却没有感觉到妈妈的辛苦，在他看来，妈妈所做的一切都是理所当然的，如果哪一次他发现妈妈没有帮他把书包收好，或是给他做的饭菜他不爱吃，或是没有及时叫醒他去上学，他都会大哭大闹。爸爸长期不在家，妈妈就成了明明最亲密的伙伴，但凡遇到困难，妈妈总是第一时间帮他解决，但是明明还是常常和妈妈怄气。

不论是出于补偿心理，还是出于对孩子的爱，明明的妈妈都绝对到了溺爱的地步。这样的妈妈可以理解，但是很遗憾是不明智的。

妈妈们溺爱孩子，都是为了让他生活得幸福，但是孩子能在父母的照顾下成长多久呢，总有一天他需要与别人一起应聘、一起工作、一起生活，到那时他的困难谁来解决？有的人正是知道自己不能保护孩子一生，越发有求必应百般顺从了。这样的母亲可以说是不负责任的，因为她没有为孩子的将来做任何打算，并且让孩子错失了很多学习成长的机会，她将一个低能儿抛给了社会，这样的行为不可饶恕！

孩子是需要挫折才能健康成长的，这一点将在以后的章节中详细论述。溺爱则会让孩子养成不好的生活习惯和性格。

被溺爱的孩子很难遵守规矩，也不懂得自我约束，在他们看来，规矩就是为别人准备的。由于凡事都有家长包办，孩子往往有太多优越感，做事情眼高手低，也不善于与人相处。当别人帮助了自己的时候，在溺爱中长大的"小皇帝"们也不懂得感恩，反而觉得是理所当然；当他们看到别人比自己优秀的时候，不仅不会向别人学习、替别人高兴，还会产生沮丧、嫉妒的消极情绪。

在一家家庭咨询处的会客厅里，一位母亲面对专家显得忧心忡忡。

专家问，孩子第一次系鞋带的时候打了个死结，你是不是不再给他买有鞋带的鞋子？

孩子第一次洗碗的时候，弄湿了衣服，你是不是不再让他走近洗碗池？孩子第一次整理自己的床铺，整整用了1个小时，你嫌他笨手笨脚，对吗？孩子大学毕业去找工作，你又动用了自己的关系和权力？

所有这些答案都是"是的"，这位母亲惊愕了，从椅上站起来，凑近专家说："你怎么知道的？"

专家说，"从那根鞋带知道的。"这位母亲问，"以后该怎么办？"专家说，"当他生病的时候，你最好带他去医院；他要结婚的时候，你最好给他准备好房子；他没有钱时，你最好给他送钱去。这是你今后最好的选择，别的，我也无能为力。"

这则故事中的母亲，就是用自己的爱，为孩子埋下了一个温柔的陷阱，由于被剥夺了犯错误和改正错误的机会，孩子也失去了长大成人的权利。当他们在日后的生活中遇到一些不如意的事情，除了向妈妈求救，就只能"独自垂泪到天明"了。

所有母亲不妨仔细体会美国女小说家菲席尔·D·C的话："母亲不是赖以依靠的人，而是使依靠成为不必要的人。"

建议一：好妈妈能拿捏好表达爱的分寸

天下没有不爱孩子的父母，但是，父母们往往拿捏不好爱的分寸，容易对孩子造成溺爱。溺爱的危害不言而喻。在探讨如何防止溺爱男孩之前，我们先做个小测试，看看你是否是溺爱孩子的父母、这种溺爱到了何种程度。

题目：请根据孩子的真实状况选择偏高、一般、偏低三个选项。（注：该问卷针对6~12岁孩子的父母）

1. 孩子会自己整理书包，准备上学用具。
2. 受到挫折的时候，不会向父母发泄。
3. 看到某些想要的东西，如果父母不给买，孩子就会放弃。
4. 孩子在找人借东西之前，都会向物主说一声。
5. 遇到什么困难都不会抱怨别人，并且希望下次做得更好。
6. 会关心其他的家庭成员。
7. 愿意与客人分享自己的食品和玩具。
8. 无论是看电视的时间，还是上床睡觉的时间，都有规律可循。
9. 需要做决定时，知道自己要什么，不会不知所措。
10. 做家务劳动的时候尽职尽责。
11. 能够清楚地表达自己的想法。
12. 遇到问题首先想到自己解决，不会马上让父母协助。
13. 见到别人会很自然地打招呼。
14. 善于反省自己的问题。
15. 不会乱发脾气，生气有原因。
16. 能够欣赏别人的优点，而不是嫉妒。

17. 对父母的付出懂得表达感谢。
18. 家里家外一个样。
19. 能适当支配自己的零用钱。
20. 总是喜欢自己、欣赏自己，对自己很有信心。
21. 容易亲近，善于与人合作。
22. 喜欢动手帮忙做家事，不懒散。
23. 在环境及外部条件恶劣的情况下，依然做好自己该做的事。
24. 不会和人比较物质条件。

评分标准：

偏高得 2 分，一般得 1 分，偏低得 0 分。答完 24 题之后，累计总得分。

测试结果：

37 分以上：你不是特别宠爱孩子，你的孩子已具备很好的社交能力，能应付这个繁杂的社会。

25~36 分：你有一点宠爱孩子，现在你要帮助他建立他较欠缺的与人交往的能力。

12~24 分：你很宠爱孩子，有时过度保护，有时又太放任，这样会阻碍他发展相关能力的意愿与标准。

11 分以下：你已经过度宠爱孩子，阻碍他很多能力的建立，不可以再宠他了。

父母对孩子溺爱，受伤最大的是孩子。溺爱的危害首先在于这样的男孩比较缺乏同理心。因为男孩可能从来没有被父母呵斥过，也就无法准确体会别人的情绪和需要。被溺爱的男孩也容易没有自信，因为父母为他做好了一切，他还会做什么呢？被溺爱的男孩其表达能力或多或少都会有所欠缺，因为在他表达出来之前，父母都已经为他做好了。

那么，父母应怎样正确地向孩子表达爱意呢？美国宾夕法尼亚大学莫尔学院的哈利亚特博士认为：家长应该给自己准备一份自我检查表，经常对照检查，检查的内容有：

1. 告诉孩子"我爱你"。
2. 通过温和的触觉传达对孩子的爱意。
3. 关心孩子的行踪。
4. 让孩子明确什么是对，什么是错。
5. 对孩子每一个小小的进步表示认可。
6. 向孩子询问对父母是否有意见。
7. 耐心地回答孩子提出的各种问题。
8. 交给孩子一些工作，让他懂得承担责任。
9. 让孩子对自己有足够的信心。
10. 尊重孩子的个性。

哈利亚特博士在进行研究的过程中，为家长总结出向孩子表达爱的三条途径：

第一，每天有固定的时间与男孩进行交流。可以是坐在地板上与男孩一起做游戏，可以是帮助男孩完成学习计划，可以是与男孩一起欣赏电影。

第二，用和蔼的语言让男孩感觉到被认同。当男孩向父母表达一种感受的时候，父母应该是以同样的心情回应他。

第三，帮助男孩正确表达自己的情绪。家长可以限制男孩的行为，但是要让男孩充分地表达自己的情绪。交给他正确表达情绪的方法，并不是单纯靠哭闹就可以解决问题。

按照这三条建议做，相信家长对孩子的溺爱行为能得到较好的纠正。

建议二：让男孩感受到自己"得宠"

一个孩子在生活中受到周围人的关注越多，在各方面就会表现得越好。当他感到自己"得宠"时，就有动力追求完美和优异。当一个孩子明显地感受到被关注，就越是希望表现自己，所有的才能都会被调动起来。

《鬼妈妈》是一部以美国畅销小说为题材改编的动画片。卡罗琳是一个只有十几岁大的小女孩，对身边的一切充满了好奇，但是由于爸爸妈妈在平常的生活中要处理很多关于工作的事情因而无暇照顾她，闲得发狂的卡罗琳只好在家里到处转来转去，并发现了一个惊天的秘密，她通过一扇奇怪的门走入了另一个"家"，那里有和现实生活中一样的居住环境和待人周到的"妈妈"——只不过那个妈妈的眼睛被纽扣缝上了。正是由于那个"妈妈"熟谙儿童的心理，热情地陪伴她玩耍，卡罗琳觉得自己找到了真正想要的快乐。只是，后来她发现那个"妈妈"是个女巫并进行了一场斗争……

从这部影片中，父母可以从中学到一些道理：孩子虽然小，但是他们确实希望得到爸爸妈妈更多的爱和关注。当孩子发现父母好像并没有将太多的注意力放在他身上时，其心里的黯然失落是非常正常的。

对于孩子来说，他们内心中最需要的是一种爱的感觉，他们希望有更多的时间和爸爸妈妈在一起，感受到更多的来自父母的关注和爱护，这种良好的感觉，是孩子在日后乐观、积极、自信的主要动力源。

或许，父母只是每天简单地问一句"今天在学校怎么样"，却传达出了对孩子的一个明确信号，那就是父母很在乎他在学校里的表现。有些家庭和家长可以从各方面关注子女的教育，而另一些只有时间去关注子女一两个方面的问题。但不论何种层次的介入，相信都会对子女的一生起到重要的作用。每天，我们可以在家中听孩子讲述他在学校中看到的有趣故事，和小孩子一起聊聊天，并不是什么难做到的事情，所能起到的作用却是最大的。

曾经有一位教育研究者给家长提出一道多项选择题：以下 4 个选择你认为哪项最能够帮助小孩在学校里提高学习成绩？

A. 为学校做义工

B. 监督小孩功课

C. 与小孩讨论学校所发生的事

D. 与小孩的老师保持联系

当然，以上的任何一项都对小孩的学习进步很有帮助，但是研究人员的统计结果表明：回答 C 的家长，他们的小孩在学校中的成绩是最好的。这并不意味着其他的选择不重要，而是更加深刻地说明了父母和子女共同参加一项活动是多么的重要。

弗兰克是家里的一名小主人，不但参与家庭中的各种活动，还参与家庭大事的决策。比如爸爸妈妈要购买什么样的汽车或者是家电，要怎样把房间布置一下，都要征求一下弗兰克是否有更好的点子。

父母对男孩如果不进行沟通引导，其结果常常会适得其反。美国有一个七岁小男孩在作文课上写给家长的信中写道："当你用权力来阻止我去做我想做的事时，我想说的是，我恨你！"家长要培养一个好孩子，应该与他们尽可能多地交流，交流得很好会促进你与孩子之间的融洽关系，也方便我们开诚布公地教导他们。

细节 17

教育好男孩的秘诀

疼爱孩子是母亲的天性，但是如果疼爱过了头，那就变成溺爱了，溺爱只会害了孩子。作为母亲，千万不要让溺爱害了孩子。

教育男孩，最忌讳的就是溺爱。一个在溺爱环境中长大的男孩，别指望他将来会有出息。对男孩的爱，只能放在心里，表现出来的，该狠还是要"狠"一点。要舍得让男孩吃一点苦头，不要对男孩的要求全部给予满足。以男孩为中心，一味地溺爱，是不利于男孩身心健康的，对他们的成长极为不利。

一位母亲中年得子，对儿子是百般疼爱，从来什么都是依着他，他要什么就给什么。儿子是个比较内向的男孩，平时不爱和人交往，学习成绩也是普普通通。高中毕业之后，儿子没有考上大学，母亲就将他送入了一所私立大学读书。就在儿子读书期间，妈妈每两个星期都要到儿子的学校去看望他，生怕他有什么不适应。

大学毕业之后，母亲并不鼓励儿子主动去找工作，她对儿子说："你是大学毕业生，可以找一份好点的工作。"意思是不让儿子出去受苦受累。于是儿子很心安理得地在家里过了两年，但是什么工作都没有找到。后来父亲不得已帮儿子找了一份很普通的工作，儿子上班不到一个月就回来了，说不适应，而这一回来，就在家里待了 4 年，这 4 年中不出家门一步。

看到儿子这样，做母亲的十分担心，但还是一味地由着他，但是老两口年纪一把，这么下去，儿子以后怎么办呢？父亲为此渐渐变得不爱说话了，心中的压抑堆积了起来，最后得了忧郁症。父亲住院了，儿子也不去看望，而母亲不得不在照顾了丈夫之后又回家给儿子做饭。

这是一个真实的故事，可以说，儿子能走到今天，都是过度溺爱的结果。这样的男孩，如此自闭、冷漠、寡情、无能，几乎等于一个废人，更谈不上什么男子汉了。这是孩子的悲剧，更是母亲的悲哀。

建议一：妈妈应多培养拥抱男孩的习惯

人们普遍认为"常抱会养成习惯"，意思是说：常常以抱止哭，容易惯坏孩子。果真如此吗？如果说这是意味着"别溺爱""别太宠"的一种警告性提示，那是可以认同的。但如果是矫枉过正，尽量避免拥抱婴儿，就值得商榷了。

正在哭的婴儿，如果有人将他抱起来，就会停止哭闹而绽开笑容——这是父母们都体验过的事。

井深大指出，对于尚不能用语言、动作来表达想法的婴儿来说，哭是唯一的自我表现的方法。须知，婴儿只要在哭，便是或多或少要诉说心中的感觉，对于他所代表意志的召唤不予回答，就等于片面地拒绝了婴儿的要求。

特别是出生不久的婴儿和母亲的肌肤接触，即所谓的皮肤关系，在孩子的心灵发展上最为重要，已是一般的常识。

关于这方面的经验，十多年前曾有美国的专家以猴子做实验而提出了有趣的报告。

威斯康星大学灵长类研究所所长哈里·哈洛博士，将刚生下来的小猴子从母猴怀中移开，换用人工制造的妈妈，来观察小猴对母亲的需求情形。

哈洛博士准备了铁丝做的和布块做的代用妈妈，并分别在木偶身上通电流使之产生体温，有的带奶瓶，有的会轻轻摇动。

结果发现，小猴最喜欢有体温的、触感柔软的、有奶及可以被摇晃的假妈妈。因此，哈洛博士强调，人类的婴儿也和小猴一样，需要的是奶与暖和、柔软的触感，以及轻轻摇动的感觉，而母亲温和地怀抱婴儿，对婴儿的心理发展无疑是最重要的。

井深大说，他之所以主张"应多培养拥抱孩子的习惯"，无非也是希望借此充分地做好母子间的思想沟通。肌肤关系，是培育丰富情感的基石。

成长中的男孩需要家长更多的细微关心和更多的拥抱。妈妈对于男孩要多关心，要经常问问男孩最近的学习还有活动状况，询问一下男孩掌握的知识有多少，最近阅读了什么样的好书，应该尽量多表扬男孩，让他感觉到自己每天都有进步，哪怕他今天只是改正了一个缺点。妈妈的拥抱与鼓励是不可少的，最起码会让男孩具有一定的自信心，让他懂得今后去更加主动地学习。

建议二：请放下那副"教育孩子"的架子

李丽从国外回来，那里的许多人和事仍历历在目，如一些家长蹲着，和孩子在一个水平高度上面对面地谈话，给她留下了很深刻的印象。

第一次见到这种情景是在她住的朋友家。一个周末，他们请了一对青年夫妇和孩子来吃晚饭。当这个两岁多的孩子吃饱了，要下地去玩时，孩子的母亲也立即离开餐桌，蹲下来面对着孩子说："你是不是坐到离餐桌远一点的地毯上去画画？"孩子高兴地坐到那边独自玩去了。当时，她对这位家长蹲下来对小孩子说话的举动虽然感到讶异，但又以为这只是这位妈妈特有的教育方式而未再多问。

又一个周末，学校的一位秘书尼蒂请她到她家做客，她又一次见到这动人的情景。尼蒂有一双可爱的儿女，当他们准备乘车一同去超级市场时，4岁的儿子罗艾姆因为姐姐先坐进汽车而不高兴，尼蒂在车门口蹲下来，两只手握住儿子的双手，脸对脸，目光正视着孩子，诚恳地说："罗艾姆，谁先坐进汽车并不重要的，对吗？"罗艾姆看着妈妈，会意地点点头，钻进了汽车并挨着姐姐坐了下来。第二天上午，李丽和尼蒂一家去公园玩。当罗艾姆同姐姐跑跑跳跳，要到湖边去看戏水的鸭群时，不小心绊了一跤，眼泪在他的大眼睛里滚动着，马上要流出来了。这时，尼蒂又很自然地蹲下来，亲切地对儿子说："你已经不是小宝宝了，是不是？你已经是个大男孩了，绊一下是没关系的，对吗？"李丽也学着在一旁蹲下来，面对着罗艾姆说："是的，你是个大男孩了，对吗？"孩子一下子就收住了眼泪，很自豪地玩去了。

这时，李丽禁不住同尼蒂谈起了这样的教育方式。尼蒂说："与孩子说话当然要蹲下来呀！他们年龄小，还没有长高，只能大人蹲下来，才能和他们平视着说话。在我小的时候，我的父母就是这样同我说话的。我认为，孩子也是独立的人，因为他们比成人矮一些，成人就应该蹲下来同他们说话。"

实际上，这里的"蹲下"并不只是动作和行为上的"蹲下"，它更多的是传达与孩子站在相同立场上的观点。

或许妈妈早已习惯了站在成人的立场，以成人的思维方式为孩子分析问题，告诉他们应该如何去做，这会使他们怯于亲身去体验。如果我们坚持认为自己知识渊博，总是滔滔不绝地向孩子灌输，不厌其烦地纠正孩子的错误，我们就限制了孩子自己去积累知识的机会。而且，这种认为孩子这也不行、那也不行的态度，会极大地打击他们的积极性，使他们丧失自信。要学会站在孩子的角度思考问题，我们所要表达的爱，是要对方能接受的，千万不可因"爱"而生"碍"。

妈妈只有放下架子，和孩子平等交流，才能真正走进孩子的内心，给孩子以鼓励和帮助。

细节18

好妈妈言出必行

优秀的母亲必须让孩子知道，要言出必行，说话算话。要教育孩子对别人讲信用、负责任，首先就要从自身做起，给孩子树立榜样，答应的事情就要做到。只有说话算话的母亲才能在孩子心目中树立起威信来。

苏梅有一次到一个英国朋友家去玩,这位英国朋友有个3岁的孩子,非要跟苏梅一块儿洗澡,苏梅就敷衍她:你先洗我一会儿就去。等这孩子洗完澡后,苏梅仍没有去,孩子哭了,说苏梅骗她。孩子的妈妈也跟苏梅急了:你怎么能骗孩子呢?你既然答应和孩子一块儿洗澡,就要跟她洗……

看了这个例子,你有何感想?想一想如果你是文中孩子的妈妈,你会怎么做?许多时候,你是不是为了达到目的,随口哄哄孩子做出承诺,而后来也没有兑现?苏梅的行为是中国众多妈妈的一个典型缩影。

有太多的家长在孩子面前言而无信。比如,孩子哭闹时,妈妈常用许诺来哄孩子:"别哭了,回头妈妈给你买辆小汽车。"但妈妈并不兑现这轻易的许诺。孩子却信以为真,满怀希望地等待着,然而一次次的许诺都不过是"空头支票",孩子的一次次希望都成泡影。这样下去,孩子不仅逐渐失去对妈妈的信任,也慢慢地学会了说谎。妈妈只有在孩子面前信守诺言,才能真正树立威信,同时也会给孩子良好的教育,影响孩子以后的言行。

遵守承诺为君子,诚信待人才显人品。一个信守自己承诺的人,是一个有人格魅力的人;而一个视承诺为儿戏的人,自然不会得到别人的信赖。在家教当中,我们要有意识地加强孩子信守承诺的认识,借以培养孩子的诚信品质。

然而,在现实生活当中,值得我们反思的是,许多家长并没有信守"承诺"的习惯。他们往往向孩子许下这样那样的承诺,但一转身就让其随风而逝,很少有兑现的时候。久而久之,孩子对父母的做法习以为常,也就不会去遵守自己许下的承诺。要知道,承诺是必须兑现的誓言,是不容随便变更的。在哄骗中长大的孩子,已不会对自己的承诺负责,也就常常做出违反诚信原则的事情。

有一个美国孩子,他父亲早逝。父亲去世时留下一堆债务。若按常规,欠债人已去,把他的商品拍卖分掉,债务差不多也就算了。但是这孩子一一拜访债主,希望他们宽限自己,并保证父亲留下的债务分文不少地还掉。后来这孩子果然历二十年之功,把父亲留下的债务,连本带息、分文不落地全还了。周围的人都非常感动,知道他是一个可靠之人,也就都非常愿意和他做生意。结果这孩子不但赢得了别人的合作,也赢得了他人的尊敬。

家长应教育孩子在答应别人之前,要慎重考虑自己有没有能力和把握做到,对不能做到的,就不要轻易答应;对比较有把握做到的,也应留有余地,不要大包大揽。

孔子说:"言而无信,不知其可也。"言而有信,是做人最基本的道德要求,在培养男子汉的过程中,我们一再强调信守承诺的重要,值得每位妈妈去身体力行。

母亲对孩子必须言而有信、以诚相待,这样,孩子才会对母亲产生充分的信任感,也才愿意把自己的心里话告诉父母。母亲是孩子的镜子,也是孩子模仿的对象,也只有说话算话的母亲才能在子女心目中树立起威信来,才能避免孩子养成说谎的习惯。

建议一：孩子是妈妈的镜子

我们遇到过那种人见人爱的小孩,也见过惹人生气的小孩。有的孩子在你开口之前,就已经领会了你的用意,这样的孩子被认为是冰雪聪明的；有的孩子比较被动,有问才有答,但是有问必答,虽然有点羞怯,也不乏令人怜爱的气质；但是有的孩子,就完全不能或者不愿意配合他人,就像是封闭在自己的世界中的小动物,处处提防,充满攻击性。很多人将这样的区别归结为天性,就像双胞胎中有静如处子的,也有动如脱兔的。但事实上,这些不同的反应都在一个框架里,反映的是孩子的同一种能力,即人际交往智能。

人际交往是每个人必须要面对的现实。哈佛大学发展心理学家霍华德·加德纳指出,在社会活动中,人际交往智能的核心是留意他人差别的能力,特别是观察他人的情绪、性格、动机、意向的能力。人际交往智能使人能够了解他人,更好地与他人一起工作。这些属于非智力因素,取决于后天的培养与开发。儿童从一出生,就开始了与他人交往,随着年龄的发展,他们与人交往的意识不断增强,交往策略也不断丰富和恰当。

父母在儿童早期成长的过程中所进行的精心培养,将促进孩子在人际交往方面有良好的发展,为儿童将来走向社会、进行工作和学习打下坚实的基础。母亲在培养孩子与人相处的能力方面,发挥的影响尤为重大。

孩子从一出生,母亲就与他有亲密的接触,孩子在最初的触摸记忆和声音记忆都来自母亲,母亲是与孩子的身体和心灵靠得最近的人。等孩子长大以后,其他的孩子是否接纳他,关键在于他怎样去接纳别人,适应社会。而这种接纳他人的能力就是从模仿母亲开始的。一般来说,一个热情的孩子往往有一位温柔慈爱的母亲；一个性格古怪的孩子往往母亲的性格也比较古怪。没有母亲的孩子,则更是容易走上冷漠的极端。

当孩子做错了事情的时候,往往是母亲来给他安慰和鼓励；学校里发生的不愉快的事情,母亲也会耐心地倾听并关注孩子的情感。所有这些对母子来说,似乎都是理所当然的事情,但是如果发生在朋友之间,一方受到委屈,另一方会真诚地安慰他、设身处地地为他着想,就难能可贵了。如果一位母亲可以做到善意地倾听,让孩子体会到被尊重被珍视的快乐,孩子也就会模仿母亲的口气和神态,去分享他人的喜悲,这样的人是大家都会看中的朋友。

另外,孩子在与人相处的时候是否心态自如,也与他和母亲相处时候的心态有很大关系。能够与母亲随时进行有效的沟通,交流感情的人,从小会在表达和感情上比较明确、稳定,这也是决定他是否能与他人自如交流的关键。

建议二：做身体力行的好妈妈

妈妈带着儿子去动物园,路上看见地上有一份报纸。儿子看着妈妈,不知道该不该去把它捡起来,扔进旁边的垃圾箱,但是妈妈仿佛没有看见一样地走过去了。就在儿子准备转身去捡的时候，妈妈说："现在的人怎么这么没素质，到处扔垃圾，不知道有多脏。"

到了公交站台，妈妈抱着儿子就往车上挤，排队等候的乘客们的目光都落在这对母子身上，妈妈浑然不觉似的说："别挤到孩子，谁给让个座来。"

这趟周末之旅给孩子留下的最深刻的印象，不是动物园里的小熊猫，而是第一次感受到那么多陌生人投来的法官一样的目光。家长和孩子一起外出游玩，本来是一件开心的事情，既可以促进感情，也能够让孩子接触到社会。但上面的家长不顾及最普通的社会公德，不讲究最起码的社会秩序，这对孩子的负面影响不可小觑。

一方面，家长的做法直接否定了孩子在学校学习的文明礼让、爱护卫生的观念，让孩子感到家长与老师之间的矛盾；另一方面，家长的言行让孩子感到羞愧，伤害了孩子的自尊心，也伤害了家长在孩子心目中的形象。

其实完全有一种"多赢"的方式来处理他们遇到的问题，那就是家长的以身作则。

看到地上有纸屑，还没脏到不能用手去捡的程度，妈妈说："有人不小心把报纸丢了，我们把它捡起来吧，要是太脏了就留给环卫师傅们打扫，像这种纸屑我们也可以动手。"说完，就牵着儿子的手，一起将报纸放在可回收的垃圾桶内。

看到很多人在排队，妈妈说："看来大家等很久了，很长的队。等会儿我们排队上车，如果没有座位了，我们就互相扶着站稳吧。"

用善意的方式来理解一些不文明的行为，可以让孩子感受到文明礼貌是社会最基本的秩序，从小养成好的习惯，也让孩子与家长一起参与到文明行动中来，感受到光荣和自豪。要知道，所有的美好品德，都以自尊心和羞耻感为基础，哪怕是很小的荣誉，也会让孩子更加向往得到更大的认可。

然而素质的培养，绝不止于社会公德的基本教育，它还包括孩子的世界观、价值观、人生观的培养，树立远大的理想、懂得谦虚和尊重他人、能够从小事做起……这些更加崇高和抽象的概念，要变成孩子生活中的一部分，除了让孩子去亲身体会，别无其他途径。这时候，就更需要父母的示范了。

孩子的精力其实是非常旺盛的，而且需要父母来调动积极性。如果父母和孩子站在一起，共同完成一件事情，孩子都是乐于接受的。如果仅仅停留在告诫和说教上，效果就不怎么明显了。

很多人都相信父母的素质决定了孩子的素质。的确，家长的水平高低对孩子有非常重要的作用，但是这个关系并不是建立在遗传上的，而是生活中的耳濡目染使然。

遗传对很多家长还是一个模糊不清的概念，当孩子身上有一些好的或者是坏的表现时，父母双方常常会拿"遗传"说事，甚至为争论是谁遗传给孩子坏习惯而伤害感情。

"遗传"是指父母的基因特征传给子女。遗传最直接、最显著的影响是对孩子生理上的影响，例如相貌、身体素质和家族遗传病等。对孩子的心理来说，遗传的影响力是非常有限的，心理遗传学在整个遗传学当中至今还没有形成系统，也就是说，还没有人能够十分肯定地说父母的素质、性格会遗传给孩子。但是几乎所有的遗传学者和教育学家都很明确地表示：家庭的氛围对孩子性格的形成有至关重要的作用，父母的言谈举止，直接影响着孩子的性格、习惯。

0~6岁是孩子整体素质形成的关键时期，既然遗传对男孩的心灵的影响是微乎其微的，父母不妨打起精神，用行动去培养未来的绅士。

细节19

单亲妈妈怎样带男孩

现在，随着社会风气越来越开放，造就了新一代"敢爱敢恨敢离"的新新人类。很多人草率地结婚，同时也免不了草率地离婚。这样对感情的不负责，本是年轻爸爸妈妈们的错，但对于孩子来说，却是后患无穷。

那么，怎样做才能将对孩子的损失降低到最小？这是单亲妈妈们首先要考虑到的问题。

面对这样的事实，单亲妈妈首先要面对的是要不要和孩子说清楚离婚这件事情。是什么原因造成的家庭不完整？有没有必要向孩子讲述自己的不幸？有一点是肯定的，那就是孩子早晚有一天会长大，到了他长大的那天，他一定会想办法问清是什么原因导致的爸爸妈妈不能在一起。

明智的妈妈应该向孩子作出一个合理的解释，这样也有助于帮助孩子在日后来面对别人的询问，其实是有利于他的心理健康的。有一些孩子，因为自己是生活在单亲家庭中而受到同伴的嘲笑，始终都生活在阴影中，这种阴影会伴随他一生。

还有一点就是，单亲妈妈们一定要生活得美丽自信。千万不要抱怨自己的生活痛苦不堪，因为我们要晓得孩子比你还要更苦一些。我们生活得越是平静，越是自信，孩子的反应就会越少一些病态。

离婚之后，若是由母亲来抚养孩子，这就会涉及另一个问题。很多母亲生怕自己的孩子与父亲见面之后会对自己冷淡，就千方百计地不想让自己的孩子与父亲见面。但是这样做弊端很大，扼杀亲情本来就是逆势而为，况且当孩子稍稍长大，懂得了自己是父母竞争的对象时，他很有可能会反过来利用这一点。

有些单亲妈妈认为，自己能够尽量挣更多的钱，最大限度地满足孩子的愿望，就是对孩子最大的补偿，其实这样的观念也有失偏颇。这样做的后果会使孩子变得自私、粗暴，也不会善加体会母亲的良苦用心。

妄想用孩子来充填自己空洞的生活，这是误区。因为早晚有一天，孩子会离你而去，你会独守空巢。总想把孩子拴在自己身边，实际上会破坏孩子的生活。

建议一：别在男孩面前老拿单亲说事

当女人经历了失败的婚姻之后，孩子往往就是妈妈们唯一的精神寄托了。作为母亲，可以自强自立，为孩子的健康成长提供良好的环境，我们可以尽自己的所能为孩子提供最温柔的关爱。尽管如此，现实的家庭是不完整的，孩子终有一天会提出这样的疑问，这只是一个时间问题。父爱的缺失会使孩子情感的天平发生倾斜，会使孩子的心灵产生阴影，这些后患在所难免。

为了孩子的健康成长和未来，单亲妈妈们大可不必将家庭不完整这件事情放在心上，而更应该乐观向上地对待每一天，妈妈的生活态度变得积极了，孩子才会受到感染。至于如何面对爸爸，妈妈们可以很坦诚地和孩子沟通："我们这样生活，你觉得不好吗？妈妈会更加爱你的。"用这样的语言来安孩子的心，无疑是最好的方法。在平时，我们还可以多鼓励孩子："妈妈想你一定是最棒的孩子，至少在妈妈眼里，你是最可爱的了。"

如果已经成为了单亲妈妈，那就尽心尽力来抚养好下一代吧，让孩子放心，自己永远都不会放弃他。至于如何来面对爸爸，我们完全可以大大方方地告诉孩子，现在这样的生活是最好的，不需要爸爸不也很好吗？

除此之外，单亲妈妈们还要做到以下两点：

第一，不要让孩子感受到你对他有愧疚感。处在这样的环境当中，孩子从小就生活得比常人更加辛苦，这是情理之中的事。所以作为单亲妈妈，难免会在心理上有愧疚感，觉得孩子生活得如此不幸，完全是因为自己的原因。有的妈妈会因此对孩子很溺爱，不管孩子提出什么样的要求，总是无条件答应，以弥补自己内心的愧疚。这样的做法对孩子将来的成长是非常不利的。

第二，千万不要培养孩子对父亲的敌对情绪。有的单亲妈妈将孩子作为自己发泄怨恨的工具，在孩子的面前数落父亲的种种罪状，这样的做法实在是太不明智了。明智的妈妈还是会在孩子面前维护住父亲的伟大形象，或者是对父亲不好的地方绝口不言。因为孩子有一天是要长大的，当他有一天了解到了母亲的心胸，他会发自内心地尊敬自己的母亲。况且，如果我们总是在孩子面前提到爸爸的种种不好，很容易让孩子在内心产生自卑情绪，同时这样的做法也将自己偏执、冷酷、自私、狭隘的性格缺陷暴露无遗了。

建议二：单亲妈妈怎样和男孩一起渡过失业难关

单亲妈妈最为担心的事情，莫过于失业了。她们在内心很害怕自己有一天会没有收入，和孩子一起衣食无着。家庭的日常开销看似简单，但是要真是细算一笔也是不小的数字。如果孩子身体不好需要经常去医院看病，或者没有一个固定的住所，那压力无疑是相当大的。更不要说给孩子创造一个更好的生活和学习条件，也更谈不上带着他去学习什么课外特长班之类的。

随着生活的成本日益增高，人们对于物质文化的需求水平也是水涨船高，单亲妈妈们难免会感到有些不堪重负。一个月的家庭开销，最基本的，也少不了伙食费用、日常用品费用、学习费用、通讯费用、交通费用、煤水电油气等各种能源使用费，另外有的家庭还需要租房子住。试想一下，单亲妈妈们要一个人挑起生活的重担，多么不容易啊。

作为妈妈，我们就要在心中打定主意，要和孩子一起勇敢地面对现状，战胜苦难。我们常说车到山前必有路，此路不通走彼路，上天怎么会有绝人之路呢？如果生活小富即安，那固然是好，但是如果现实的环境不允许，物质方面有些艰苦，那也无妨，一切的困难都是暂时的，在人生中总会有坎坷，但是没有迈不过去的坎。最可贵的是内心饱满，不管是否能赚到很多钱，却能够本本分分，不贪图不义之财，也不妄想走捷径不劳而获。能够生活得自信踏实，能够堂堂正正地做人，这一点就是给孩子最大的力量，相信在这样的环境中成长起来的孩子，即便是小的时候生活艰苦一点，但是他懂得自尊与努力，以后也会有出息的。

最后，还要提醒妈妈们的是，每天辛苦地上班拼搏，目的是为了养育好孩子，为了能够将一个破碎的家支撑起来。很多妈妈起早贪黑，容易忽略自己的身体健康，这就不可取了。真正懂得爱护孩子的妈妈，一定要先懂得爱护自己。

细节20

妈妈常犯的错

英国的教育思想家洛克很早就提到过，家庭教育一定要慎重又慎重，不可以掉以轻心，他说："教育上的错误和配错了药一样，第一次弄错了，决不能指望用第二次和第三次去补救，它们的影响是终生清洗不掉的。"

生活中，有的男孩很懂礼貌，见到小区里的叔叔、阿姨总会热情地打招呼，而有的男孩总是不懂事，一会儿破坏公共设施，一会儿欺负比他小的小朋友，大人们见到他总会摇着头说："太调皮了！"有的男孩很积极，按时起床、按时完成作业、积极地预习，而有的男孩做事总是很拖拉，迟到、完不成作业……

同是几岁到十几岁的男孩，在这么小的年龄就出现了如此明显的差距，除了性格因素之外，还有哪些因素呢？

儿童心理学家指出，除去特殊情况，每个男孩的智力都是相当的，男孩之间因智力引起的差距并不是很大，相反，后天的教育因素，包括家庭的教育，在很大程度上决定了男孩子们的差距。

所以，妈妈们在教育男孩之前，确实有必要知道一些常识性的东西，至少应该知道，自己的教育方式是否正确，教育男孩时一定不要犯哪些错误。

建议一：保全了玩具，破坏了好奇心

妈妈们经常会遇到这样一些令人头疼的问题：男孩似乎特别具有破坏欲望，什么东

西到了男孩手里，没一会儿就能把它大卸八块，弄得你哭笑不得。一些妈妈为了保护玩具，不许男孩任意摆弄玩具，更不许男孩拆卸。殊不知，这种做法是本末倒置的，只保护了玩具，却破坏了男孩的好奇心和探索精神。

创造精神一个明显的特征就是男孩们总拥有极强的好奇心，刚对世界有了一个最初认知的男孩，对一切都充满了好奇。

一个男孩的母亲，因男孩把她刚买回家的一块金表当新鲜玩具给拆坏了，就狠狠地揍了男孩一顿，并把这件事告诉了男孩的老师。不料，这位老师幽默地说："恐怕一个中国的'爱迪生'被你枪毙了。"这个母亲不解其意，老师就分析说："男孩的这种行为是创造力的一种表现，你不该打男孩，要解放男孩的双手，让他从小就有动手的机会。"这个老师就是著名的教育家叶圣陶。

男孩的生活里到处都充满着好奇，男孩在这些千奇百怪的想象里成长着、破坏着。作为父母，应该注意保护好男孩的好奇心，不可扼杀男孩的好奇心。

温帆是武汉科技大学电信系的大学生。在学校期间，他有四项发明获得了国家专利，"带打气筒的自行车""可以转换多种锤头的锤子"等都是他多维思考的产物。而他的父母亲从小就很注重培养他的多维思考能力。

在温帆很小的时候，有一次，父母花了两个月的工资买了台收音机。一天，妈妈下班回到家，忽然发现儿子把收音机拆了，于是便问："你怎么把收音机拆了？"

温帆说："阿姨在里面唱歌，我想看看阿姨在里面怎么唱歌的。"

妈妈一听，不仅没有生气，反而很高兴地对儿子说："你的想法真不错！阿姨在很远很远的地方唱歌，不管是天上、地下、海里，你都能听得见。这是为什么呢？你长大了就可以去探索这个！"

温帆的想象力和好奇心一直得到母亲的鼓励，他对无线电、电子、电波越来越感兴趣，上大学的时候就报考了电子信息专业，从某种意义上说这都是对他童年时期好奇心的回应。

还有一次，父亲在修自行车时让他当助手，对他说："跟我修这一次以后，下次就完全交给你自己修了。"

温帆很有体会地说："父母让我多动手做实验，多观察别人的做法。看得多了，在做同样事情的时候，我就能从多方面切入，想能不能做得更好，把它提高一个档次？于是，在搞发明创造时我便不断有新想法冒出来。"

能拆开玩具，说明男孩有好奇心，有求知的欲望，能自己去看待问题、研究问题。所有的母亲都希望自己的男孩能够成才，为了给男孩努力的方向，她们不惜花钱让男孩上各种各样的培训班，向男孩讲述成功人士的成长经历，希望借此找到男孩的成才之路。但他们或许不知道，可能仅仅是对男孩拆东西的批评，就可能改变其一生的命运。所以当妈妈的不能一味地批评，更不要扼杀男孩的好奇心，否则的话，就扼杀了将来的人才，因为生存的技巧就在于他们敢不敢去探索知识，去探索未来。

不打不骂，养出男孩大志气的 100 个细节

一位学者指出："人们只有在好奇心的引导下，才会去探索被表现所遮盖的事物的本来面貌。"好奇是铸就成功和杰出的最重要的因素。因为只有好奇心才能产生兴趣，只有感兴趣才能产生探索的欲望和动力。

所以，母亲要鼓励男孩永葆好奇心，有了好奇心才能不断去寻找想知道的答案，才能学到更多的知识，从而不断进步。

建议二：孩子的事全由保姆管

母亲并不是一个简单的称谓，也不再是传统意义上的喂孩子、洗衣服、打扫卫生……而是一种伟大而神圣的职业。母亲的教育很重要，母亲的工作不能由别人代替，孩子的教育必须由母亲承担。把自己的孩子委托给他人，只有人类这样做，其他的动物绝不会这样。

美国教育专家斯特娜夫人曾经说过，中国曾一度落后于其他国家是与中国人没有认识到妇女教育的必要有关的。过去，中国人认为妇女不应受教育，因此，多数妇女是文盲，也不进行家庭教育。

与这种说法不谋而合的是另一种说法，罗马之所以灭亡，就是由于罗马的母亲们把教育孩子的工作委托给了别人。这种说法虽然夸张了些，可是就像福禄培尔曾经说过的：国民的命运，与其说是操纵在掌权者手中，倒不如说是握在母亲的手中。

看看我们周围，孩子基本上没有时间和自己的母亲待在一起，因为许多年轻父母正在为生活的富裕而努力奔波赚钱。由于工作忙，把孩子的教育全部委托给孩子或是由爷爷、奶奶、姥姥、姥爷们看护，或是根本就没有自己的亲人照顾，只是由花钱雇来的保姆看护。在斯特娜看来，这样的妇女是不能称为母亲的。

大多数家庭都不可能让母亲全职在家里教育孩子，但只要采取正确的方式，对孩子的照料虽然不一定样样都亲自动手，但对孩子的教育和平时的管教，母亲一定要承担起责任。正是出于这样的考虑，斯特娜夫人奉劝天下父母在孩子出生以后要慎用保姆。大多数保姆会对孩子说，不许做这个，不许做那个，因为她这样最省事。但这样一来，非但不能提高孩子的能力，反而会使之更加萎缩。并且，孩子在这样的保姆的抚养下成长，会形成各种不良习惯。

那么，我们怎样才能做一个好母亲呢？美国一家杂志曾经对读者做了一次问卷调查，问他们的母亲是如何教育他们的，问怎样才能做个好妈妈。下面是一些来信的摘录。

第一，读书是关键。

在我童年时，我记得母亲每天都读书给我听，并常常带我去图书馆。我清晰地记得我第一次读书给母亲听时，她的眼里带着泪花。在我有了儿子托尼后我也一直读书给他听——从他出生的那一天起，因为婴儿也爱听读书时那有节奏的声音。我的儿子托尼是一个好动的孩子，一会儿也坐不下来。但是在他两岁半时，他每天夜里都要带上 20 本书放在自己的床边。当他能够复述我给他讲的《棕熊》时，我的眼里也涌出了泪水。

第二，使用神奇的接触。

第三章　严是爱，溺是害

当妈妈同我聊天或是当我问她问题时，妈妈总是抚摸我的胳膊、手、肩和头，她时而将我额前的刘海梳梳，时而将我的头发拢在我的耳后。这些动作让我们这些孩子感到被珍视。现在我养育了两个孩子，当他们在我身边走过时，我都要去抚摸一下他们。

第三，不要抱怨。

我知道我父母比任何人都努力地工作，以养育我们和送我们上大学，但我从来没有听他们说过疲倦或是要我们给他们回报。

妈妈现在身体不太健康，但她从不把她的健康问题归咎于其他人。

第四，停止指手画脚的评论。

我母亲经常说："不要急于评论其他母亲是如何养育孩子的，免得在最后你发现也许你还没有她们做得好。"对一个家庭正确的东西对另一个家庭也许是行不通的。因为孩子们有不同的需要和不同的个性，家长也有不同的要求与习惯。只要不存在虐待与冷淡孩子，我们就不要去絮絮叨叨地评价别人家的教养方式。

第五，不要老是坐在电视机旁。

我母亲限制我看电视的时间和电视节目的种类。她常常说童年时光很珍贵，很美好，不要只坐在那"方盒子"前。因此我的童年不仅有电视卡通，还有野外早餐、攀登翠绿的山冈、玩耍和交谈。

现在我也是一个母亲了，我继承了这种很少看电视与录像的教养方式，结果是我和我的孩子们有更多的时间去阅读、唱歌、烹饪、交谈与去图书馆。我们家也更安静，没有电视吵吵闹闹的声音。我的孩子们被"强迫"通过看书读报去发展他们的想象力。

第六，充分享受两人品茶的欢乐。

和孩子一起饮茶的作用是相当大的。以前当我神情忧伤地从学校回到家，我妈妈总是沏上一壶茶，然后我们边喝边聊。我们在一起的时间没有电视的打扰。在这安静的时刻，我乐于说出心里的任何想法、看法，甚至小秘密。无论是她给我劝告还是只让我去诉说，这都能使我慢慢平静下来。我们现在还保持着这种方式：无论何时，当我看到妈妈有些神伤时，我都会沏上一壶热茶。现在每当我的两个女儿与我谈论她们的问题时，也都将有一壶好茶陪伴着我们。

第七，庆幸孩子们的差异。

我的母亲并不对我们强求一致，现在我试着对我的孩子做得更好一些。我母亲认为，每一个孩子都有独特的能力与兴趣，绝不能统一要求孩子们，应该让他们成为他们自己，帮助他们去发展他们的潜能——无论他们选择了什么道路。最重要的是，要记住平等并不意味着给你的孩子们绝对相同的东西，而是给每一个孩子他所需要的东西。

第四章

零吼叫养出 100% 好男孩

——父母这样和男孩沟通最有效

细节 21

不要在气头上和男孩说话

薛飞妈妈和客人正在客厅聊天，薛飞拿着试卷走上前来。"又考那么低！看看这分数！还好意思拿到我面前，真丢人！"妈妈抖着哗哗作响的试卷，像在寻求客人的同情。客人略显尴尬。

"看书去！怎么还不去！你真是笨得够呛！"

看着薛飞没有动静，妈妈更加生气："我说错了吗？他一直都这样，我看是改不了了！"

"我也不报什么希望了！"妈妈气愤失望的表情让薛飞无地自容。

有位客人说道："孩子小，一两次考得不好是正常的情况，别这么说孩子。"

面对客人的担忧，妈妈说："小孩子不说他就不懂，非得我来骂他两句！孩子就得经常说，要不就忘，你看上次我跟他老师提了一次他尿床的事，以后不是再也不尿了吗？6岁的孩子，说出来我都觉得丢人。"

母亲尚且觉得丢人，更何况是作为当事人的薛飞，不仅要忍受母亲的唠叨还要承受自己被当众揭短的难堪。

"你看看你，笨手笨脚还老忘东忘西的，上次打碎水杯，这次又丢了鞋。有哪件是好事啊？"面对一屋子的客人，妈妈的嗓门一点都不小。

对于孩子，家长们总是忘记一个事实：孩子和我们一样，也是个独立的个体，是一个和我们一样有着自尊的人。

先来设置一个场景，假如在公司的年终舞会上，有一个同事突然大庭广众之下笑说："你的舞怎么跳得这么差啊，就像是大象在扭动""你唱歌可真是难听"时，你是怎样的反应？实际上，你当众愤怒地揭孩子的短时，他和你此刻的感受是没有区别的。

其实任何人都会犯错，家长的不宽容让男孩日后也变得苛刻，对别人的要求也会多。当众揭短，男孩容易自卑，走不出家长对自己的描述和定位。

而且，因为家长一次又一次在气头上说的话，孩子认识世界的渠道发生了倾斜。在成长初期，孩子往往通过家长这个窗口来认识世界，来完成和巩固对自己的判断。家长的当众评价无形中对孩子认识世界造成了一定的错误指向，孩子会认为这个世界苛求完美，不会保护个体的尊严，在以后的生活中，孩子也极容易将此要求延续到和他人的交往中，甚至以后自己组建家庭后，他的家教模式也会受到严重的影响。

最后，孩子的小心灵也会惧怕赤裸地暴露在众人之前。爱孩子就真正为他着想，停下嘴中的不满，尤其在众人面前。当问题出现时，家长不妨寻求解决的办法，这样远比批评有效。明确地告诉他，他没有做好，他要为自己的过错负责，这样便在建立了孩子的责任意识的同时又转移了自己的愤怒。

伟大的教育家洛克说："父母越不宣扬子女的过错，则子女对自己的名誉就越看重，因而会更小心地维护别人对自己的好评。如果父母当众宣布他们的过失，使他们无地自容，他们越觉得自己的名誉已受到打击，维护自己名誉的心思也就越淡薄。"

在家庭教育中，教育者的心态和教育的出发点直接影响着教育结果，所以不要因为他是你的孩子，就在众人面前让他的缺点一览无余。或者因为无法掩饰你愤怒的情绪，就伤害孩子。孩子的自尊心有时是透明的玻璃物，碎了就很难复原，伤害也许是永远的。

其实，有的家长也明白孩子的自尊心非常敏感，不能伤害。但是有时候看到孩子还是老样子，就忍不住怒火攻心，恶语相向了。怎样避免这种情况？很简单，当你觉得自己在气头上的时候，忍住怒气，离开孩子。当你有意识地躲避孩子，就会少说很多令他伤心的话。这也是一个无可奈何的解决方法。

气头上的话，总会放大过去的小抱怨，爸爸妈妈们千万要管好自己的嘴巴。

建议一：别让孩子看到你就害怕

这天，在教育咨询中心工作的赵老师收到一封信，是一位妈妈写来的。赵老师打开信，上面写着：

"赵老师：

你好！

我和我爱人都是大学教师，可是儿子却让我头疼不已。他现在上初中了，可是总是说谎。这次期中考试结束后，我问他考得怎么样，他跟我说还行吧。后来成绩出来了，他告诉我考了全班第十名，听到这个消息我和他爸爸都很开心，因为他之前都一直都在20名左右徘徊。可是，后来我见到他的班主任才知道，原来他只考了全班第40名，比以往任何一次都考得差。

以前孩子说谎还有些不自在，现在经常编谎话骗我们，居然说得像真的，没事人似的。我没法理解，我那么用心地教育孩子，孩子怎么学会了撒谎呢。他考得不好我能原谅，可是我没法原谅他说谎骗人。"

类似这样的案例赵老师接到过很多。看完这位妈妈的信,赵老师心情也很沉重。他能理解这位妈妈的气愤,但是同时也很同情那个男孩。因为这位妈妈只看到了孩子说谎骗人,却没有去细心体会孩子在那些日子内心所受的煎熬。

生活中,相信有很多妈妈都有类似的困惑,孩子说谎,他们不知道是哪里出了问题。很多妈妈以为是孩子品行不好,事实上,简单地将孩子说谎归咎于品行不好是错误的。因为,很多孩子说谎并不是因为品行不好,而是迫于父母的压力。

像上例中提到的那个男孩,他考试没考好,其实内心已经很痛苦了,有很大的压力,不知道如何向父母交代,而恰恰此时,母亲询问他的考试情况,为了不让母亲伤心,他只好编谎话来骗人。尽管他也知道,过不了多久,妈妈就会从老师那里知道自己的真实成绩,但是他却宁可撒谎也不愿意告诉妈妈自己的真实成绩。

这是为什么?因为孩子没有将妈妈当成不幸的分担者,孩子这样做,肯定是出于经验。相信在以往的生活中,一定是孩子一做错了事,总会遭到严厉的批评。于是,孩子为了逃避一时的批评而撒谎了。

生活中,很多妈妈习惯把儿童的品行问题归咎于孩子自身,所以习惯指责孩子;可是很少有人去反思自己的教育方式。事实上,孩子的品行习惯依赖于妈妈的教育方式。所以每一位妈妈在思考改变孩子的问题时,切入点永远应该是如何改变自己的教育方式。哪怕你认为孩子的毛病就是来自孩子自己,你也有责任通过改变你自己唤起孩子的改变。不这样思考,你就永远找不到改变孩子的路径。

当发现孩子说谎的时候,千万不要立即去教训孩子,此时,不妨冷静地坐下来想一想,孩子为什么会说谎,是因为自己给了孩子很大的压力?还是因为在以往的生活中,每次孩子犯错误都会遭到严厉的批评?抑或是不尊重孩子的想法,凡事要求孩子按照自己的意愿生活?……找到原因后再对症下药,这样才是解决问题的根本之道。

只有从根本上消除孩子的后顾之忧,才能让孩子远离谎言,生活在真实的世界里。

建议二:不要随意打断孩子的讲话

每个孩子都有自己的心声,家长一定要耐心去倾听,才能够真正了解孩子的想法、感受,亲子之间才能良好沟通,建立和谐的关系。

东东是小学三年级的学生,最近,老师发现东东变了,以前活泼开朗、上课积极发言的他,现在变得沉默寡言,总是一个人发呆,学习成绩也下降了。老师经过细心的了解,才知道了东东不爱说话的原因。

东东以前是个很活泼的孩子,每天放学回家后,都会把学校发生的趣事说给父母听,可东东的父亲是个对孩子要求非常严格的人,他把全部希望都寄托在东东身上,希望东东将来能考上大学,出人头地,因此,对东东的学习抓得越来越紧。他觉得东东说这些话都没用,简直是浪费时间,因此每当东东兴高采烈地说话时,父亲总是会打断他:"整天只会说这些废话,一点用也没有,你把这心思放在学习上多好,快去做作业!"一次东东说班里发生的一件事，正说得兴高采烈时，父亲说："说了你多少次了，让你别说这些废话，你还说，再记不住，看我不打你！"吓得东东一个字也不敢说，回到自己房间里去了。

慢慢地，东东在家里话越来越少了，每天放学都闷在自己的房间里，因为父亲也不让他出去玩，渐渐地他的性格也就变了。

亲子之间的沟通交流是影响亲子关系、孩子性格发展的重要方面。许多家长都忽视了与男孩的交流，不注重倾听男孩的倾诉，时间久了，不良的影响就会表现出来。

男孩的想法得不到父母的重视，他们只能把自己的秘密埋藏在心里，做父母的就很难知道孩子的所思所想，这样对孩子的教育就会无所适从。男孩的说话权得不到父母的尊重，久而久之，孩子就会与父母产生对抗情绪，以至双方相互不信任，沟通困难。一份调查显示：70%~80%的儿童心理问题和家庭有关，特别是与父母对孩子的教育和交流沟通方式不当有关。另外，父母不让孩子把话说完，一方面不利于孩子语言表达能力的提高，另一方面也易使孩子产生自卑情绪。孩子对着父母诉说内心的感受，是提高表达能力、增强社会交往能力的极好机会。

孩子说话时，无论你有多忙，一定要用眼睛看着孩子，不要随意插嘴，尽量表现出你听得很有兴趣。让孩子发表他们的观点，完整地听他所讲的话，如果你在某一重要原则上表示不同意他的看法，应告诉他你不赞同他的什么观点，并说出理由。在提出反对意见时不要过于武断，不应否定一切。即使孩子是在胡说八道，也要控制你的火气，不妄下定论，直到完全理解清楚。

一位母亲问她5岁的儿子："假如妈妈和你一起出去玩时渴了，一时又找不到水，而你的小书包里恰巧有两个苹果，你会怎么做呢？"

儿子小嘴一张，奶声奶气地说："我会把每个苹果都咬一口。"

虽然儿子年纪尚小，不谙世事，但母亲对这样的回答，心里多少有点失落。她本想像别的父母一样，对孩子训斥一番，然后再教孩子该怎样做，可就在话即将出口的那一刻，她突然改变了主意。

母亲握住孩子的手，满脸笑容地问："宝贝，能告诉妈妈你为什么要这样做吗？"

儿子眨眨眼睛，满脸童真地说："因为……因为我想把最甜的一个留给妈妈！"

那一刻，母亲的眼里隐隐闪烁着泪花，她在为儿子的懂事而自豪，也在为自己给了儿子把话说完的机会而庆幸。

试想，如果母亲没有听完孩子的话就对孩子进行指责，将对一颗纯净的童心造成怎样的伤害？倾听是了解孩子最有效的途径，家长只有耐心地倾听孩子说话，才能看清孩子的内心世界。

此外，家长应该试着用不同方法使得孩子愿意与你交流。作为父母，在倾听孩子说话时，理应更加细心，更加富有同情心。父母应该努力地尊重孩子，从而营造出更加友好的交流氛围。

细节22

训练男孩"不唯家长是听"

如果一个孩子从来不与人争辩，看上去总是一副与世无争的样子，那么这个孩子的勇气、进取心和正义感就很值得怀疑了。父母在教育孩子的时候，更要注重孩子是否以自己的观点来和父母进行争辩讨论，这样有利于判断孩子的独立思考、辩论的能力。

随着男孩年龄的增长，到了3~4岁时，其独立欲望明显增强。他们开始意识到自己的存在，不愿处处被人压制，不满足于模仿成人，而是要求独立思考，独立行动。如果父母对男孩照顾过多，干涉过多，就会使他们特别反感。其突出表现是不听指挥，自行其是，经常跟父母顶嘴，令父母头疼。随着年龄的增长，大概到了7~8岁，男孩和爸爸妈妈顶嘴的事就多了起来，到了11~12岁时，男孩几乎会天天和妈妈顶嘴。所以，如果不能够从一开始就很好地解决孩子顶嘴的问题，以后做父母的就会更加头疼了。

现在的男孩接受教育较早，看书看报多，接受知识多，他们的知识面比父母当年要宽得多。这直接的结果是判断是非的能力强了，要求独立的心理强了。还应该看到，顶嘴也是他们表达自己的判断的一种特定方式。男孩追求独立性，要加强自己判断是非的能力，这与男孩的"不良品行"是不能相提并论的。男孩表达自己的判断，不可能像大人那样圆滑和委婉。所以对男孩的顶嘴，家长不要一概斥之为不礼貌，不尊敬长辈，要区别对待。

心理学家认为："能够同父母进行争辩的孩子，在以后会比较自信，有创造力，也会更合群。"事实表明：争辩有利于思想的沟通。因此，孩子与父母争辩，父母不应怕面子，不要担心孩子不听话，不尊重你，与你为难。孩子也是讲道理的，你与孩子争辩，孩子觉得你讲道理，会打心眼里更加爱你、尊重你、信赖你。你要孩子做的事，他通过争辩弄明白了，更会心悦诚服地去做。

然而，中国的家庭教育更多的却是"听话"教育，"听话"是中国的父母对子女教育的口头禅。听话的孩子就是好孩子，这是中国传统教育下人们的一种共识，"听话"成了中国家长对孩子使用频率最高的两个字。

男孩小的时候，自理能力差，让孩子按大人的意愿去活动，避免出现危险，总用"听话"教育孩子无疑是对的。但是，男孩逐渐长大，自我意识逐渐加强，就不能总用"听话"两个字去进行教育了。

总是用"听话"两个字去教育男孩，势必在孩子的幼小心灵里灌输一种观念：大人的话、父母的话、老师的话都是对的，这在相当程度上限制了儿童质疑精神的发展，会使孩子形成唯唯诺诺的性格。

试想，如果一个男孩处处、事事都按父母的话去做，按照老师的话去做，而没有自己提问题的心理空间，这样培养出来的孩子能有创新意识吗？能有创新能力吗？父母应该允许争辩，不要介意孩子顶嘴，这看起来是管教态度，实际上是教育思想和理念的一种反映。

但是，如果孩子顶嘴习惯成自然，也不利于他的学习和成长，甚至会影响他长大成人后的人际关系。对于孩子的顶嘴，专家开出如下"药方"，"药方"的主旨是，要从父母自身做起：

第一，建立和谐的家庭氛围。如果家庭成员彼此间缺乏尊重，动辄脏话满嘴，或者互相说些"抬杠"的话，男孩一旦具备了一定理智水平，就会从心底不尊敬父母，顶嘴便成了家常便饭。家庭成员之间要相亲相爱，互相关怀，即使存在分歧，也尽量不要在孩子面前争吵，而是通过协商解决。

第二，尊重男孩要求独立的愿望。放手让男孩自己去干、去做、去想，父母尽可能为孩子提供活动机会，创造活动环境。不要一味地要求孩子按照成人的模式行动，当孩子有了一个与众不同的设想，做了一件从来未做过的事，父母应积极支持，及时赞许。

第三，引导男孩说理，为自己申辩。固执地要求孩子按照自己的要求去做而不顾及孩子的感受，这样孩子会感到很委屈。发扬家庭民主，给孩子更多的发言权，首先要允许孩子申辩，鼓励孩子申辩。既然你批评孩子，就应允许孩子有这种权力。这样的好处是让孩子感到无论做什么，有理才能站稳脚跟，对发展孩子个性很有利。

第四，培养男孩良好的性格品质。父母要教育孩子尊重长辈，启发男孩对别人的意见要多动脑筋，认真考虑后再讲话，以培养稳重、忠实，善于克制自己的良好的性格品质。

第五，注重与孩子的精神交流。每个孩子都渴望得到成人的理解，父母应学会经常听听孩子的意见，努力理解他们的感受，并用"我想……"来表达自己的意见和评价，使孩子感到父母的温存、抚爱，从而乐于接受父母的意见。

第六，父母的教育方式不能简单粗暴。父母教育男孩时，不要用命令的方式。如果只是发号施令和严厉训斥，孩子会暂时做出听话的样子，但他再稍大一些，则不会买父母的账，引发孩子的逆反心理和对抗情绪。

第七，批评教育男孩切忌唠叨。父母对男孩的不当言行，有责任作必要的提醒、忠告，乃至严肃的批评，但必须言简意赅，切忌一味重复，有的父母缺乏这方面的知识，说话抓不住重点，反反复复，唠唠叨叨，让孩子十分厌烦，这也是引起孩子顶嘴的原因之一。

建议一：父母要教会男孩有主见、会思考

刚上学的男孩还没有什么是非观念，看到有孩子打架，觉得很好玩，也跟着打了起来，回家的时候，身上脏兮兮的，脸上也破了一块皮，但是他觉得自己很勇敢。"你怎么啦？和别人打架了？"爸爸看到孩子进门，就问他。

"嗯，爸爸，我们有五个人一起打架，有两个人哭了，我没有哭。"孩子很天真地等待表扬，但是爸爸把脸一沉。

"那你多行呀！早上干干净净地出门，现在回来的确是像个收破烂的，你这样的孩子谁会喜欢？大家都喜欢干净文明的小孩。"

"不说脏话的孩子才招人喜欢。"

"听话的孩子人见人爱。"

你是否用"怎样怎样的孩子人见人爱"的理由来教育过孩子呢？孩子也许真的从此以后听话了，不骂人了，但是这样的改变真的值得骄傲么？

其实仔细想想，就会发现这样的教育是有漏洞的。用怎样才能讨人喜欢这种方式来教育男孩，最容易培养出一个迎合他人、没有自我的"小奴才"。男孩在很小的时候，没有什么主见，他的人生观等等容易被大人的话影响，如果家长总是在强调"讨人喜欢"，男孩就会为了得到别人的夸奖而卖弄、吹嘘等等。

也许，家长有时候并没有直接说"人见人爱"这样的话，但是他们的行为无疑鼓励了孩子讨好别人。在这种环境下成长，男孩很容易变得不再天真，不再无忧无虑，而是充满了成人式的世俗和玩世不恭。

"你们老师有什么了不起的，他也就买得起个自行车！"这样的言语无意间向孩子传达一个信息：再读书再学习也是没用的，钱才是硬道理！

"孩子，你要是也能……那我们全家就出名了！""儿子，好好学习！将来当大官！"这样的话在我们的生活中是常见的，敢问，这些语言中有真正鼓励孩子的心灵的东西么？为了让家长高兴，让自己成名成家，这样的理由能带给生命多少滋润呢？

"你要是学习不好，就去当环卫工人去，一辈子也没什么出息。""你看你那同学又黑又瘦，长得不好，穿得多寒碜，家里估计也不怎么样！那个同学一看就知道穿的是名牌，啧啧，就是不一样！"慢慢地，孩子学会了挑剔，学会了攀比。

一颗果子要想甜美可口，就要自然成熟，我们有责任保护孩子不让他们被催熟，怎么做？很简单，意识到它的重要性，然后尽可能地避免给孩子灌输。对于这些世俗的社会现象，以健康的心态来引导孩子，比如给老师送礼，告诉孩子，这是为了向老师表达谢意，是对老师的尊重，而不是为了得到特别的照顾。比如，对孩子的同学给予客观积极的评价，在金钱名利、工作岗位等方面也给予正确的引导……爸爸的责任就体现在这些方面！

为什么现在有很多家长感慨，孩子渐渐成了小人精、小大人，他们懂得的东西与他们的年龄不相称，其实，这些都是家长在引导上的失职。爸爸是家庭的意见领袖，当孩子不讲卫生的时候，不要再说什么"别人不喜欢"这样的理由，你可以说"妈妈洗衣服很辛苦，她的劳动成果做父母的要珍惜；讲卫生才能健健康康，脏的容易携带病菌"，这些才是孩子做人需要学会的东西。

建议二：努力站在男孩的角度看问题

作为家长，我们应该懂得用孩子的眼睛来看世界，努力让自己通过孩子的视角让他们掌握基本的做人原则，并鼓励他们用这样的原则来理解大人。

深冬的早晨，在一个社区中心健身房外的走廊里，有个两岁的男孩突然大发脾气：他一下子趴到地上，又哭又叫，两脚乱踢，两手乱抓。而他的母亲就在他身旁却一句话都不说，她放下手里的包袱，先蹲下，再坐下，后来索性全身趴在地上，使她的头和儿子的头成了一个水平线，两个人的鼻子也碰在一起。走廊里来来往往的人很多，大家都小心地绕开他们，尽量不去注意他们；母子两个旁若无人地趴在那里好半天。最后，孩子脸上的愤怒慢慢消失，显露出平静，哭叫声变成了耳语，终于把哭红的小脸靠在地板上，他的妈妈也同样把脸靠在地板上。孩子看母亲，母亲就看孩子。最后孩子站起来，母亲也站起来。母亲拿起丢下的包袱，向孩子伸出手来。孩子抓住了母亲的手。两人一起走过了长长的走廊，到了停车场。母亲打开车门，把孩子放在儿童座上扣好，亲了一下他的额头。孩子的情绪已经变得非常安稳甜蜜。而在这整个过程中，当母亲的居然没有说一句话。在一旁一直跟踪观察他们的作者，简直要情不自禁地为这位母亲鼓掌！

　　这是旅美学者薛涌转述的育儿作家 Barbara F. Meltz 作品中的故事，讲述的是发生在美国街头的一幕场景。母亲专心致志地趴在地上，仿佛要尽自己最大的努力从孩子的角度来理解他发脾气的原因。正是由于这近乎虔诚的努力，两个人建立了默契的沟通，孩子平静下来，而这位母亲自始至终没有说一句安慰孩子的话。也许你会感到很奇怪：既然母亲一句话都没有讲，是什么力量安抚了孩子原本不平静的脾气呢？

　　很多父母为自己的男孩感到头痛：孩子心里有秘密不会告诉你；孩子遇到了难过的事情不会找你诉说，甚至是孩子遇到了困难都不愿意找你来帮助。难道我们不爱自己的孩子吗？他们为什么对我们充满了敌意呢？你的至理名言，被孩子当成了耳旁风；你苦口婆心的唠叨，让孩子感到心烦意乱。作为家长，如果不懂得从孩子的角度来和他交流，那一定会使沟通出现重重的障碍。

　　与男孩交流，首先最重要的就是要懂得用孩子的眼睛来看世界。在日常的生活中，可能很多人都有这样的经验：当我们被人理解之后，内心就会感到温暖，处在这种情况下的人通常容易打开心扉畅所欲言。而当一个人感到自己不被人理解的时候，内心就会感到委屈孤独，什么都不愿意说，甚至是刻意疏远别人。成人都如此，更何况是孩子？我们在爱护男孩、在教育男孩的时候，也应该设身处地地把自己放在男孩的角度考虑他是否可以接受。

　　有一位妈妈，对自己的孩子很是头痛，因为她的孩子深深迷恋于游戏不能自拔。爱子心切的母亲每当看到孩子总会劈头盖脸地训斥一番，可是她不曾想过，孩子怎么会甘之如饴地接受她的责骂呢？虽然我们是出于对孩子的爱护，但是却不可能收到良好的效果，反而会加重孩子的逆反心理。

　　但是另一位妈妈就很懂得教育的艺术，她在教育男孩之前用心体会了男孩的心态，虽然对孩子沉迷于游戏的状况感到担忧，但是却用了让儿子可以亲近的方式，比如用孩子气的语言问儿子："你今天的手气怎么样？有没有破纪录？"通过这样的问法，我们可以轻松得知孩子现阶段对游戏的痴迷程度，而且不会让孩子有所警觉。结果，这个孩子兴致很高，说："我今天打到了 10000 分。"这位妈妈的问话传递出的信息并不是对游戏的厌恶，而是好奇，所以让孩子觉得家长对游戏也很感兴趣，因为你们对同样的事物感兴趣而愿意和你交流，只要愿意和你沟通，以后的说服就会变得容易很多。

　　因此，父母应尽量少用训斥或者是命令的口气来和男孩交流，而是应该在和男孩交流的时候俯身倾听。当父母试图努力让自己用孩子的角度来看问题的时候,孩子才会逐渐意识到应该学着用爸爸妈妈的眼光来理解世界,我们的价值观念,才得以传递给孩子。

细节23

父母怎样说男孩才会听

家长希望男孩"怎么做",或"不要怎么做"时,都不宜采取强制方式。因为强制的结果,要么造成男孩被动心理和懦弱性格,遇事没有主见;要么使男孩产生逆反心理,脾气更犟,说什么都不听。

例如,当孩子看电视或小说正起劲而忘了已经到学习的时间时,或知道该学习了,但不想停下来时,一般不宜立即强制孩子停下来,马上去学习;更不能采取夺下小说,关掉电视等"强硬"的行为。因为这样做,孩子要么不愿意,和父母顶撞争吵,要么即使勉勉强强坐在了书桌旁,也不会专心。结果,既破坏了孩子的兴致,也没有使孩子安下心来学习,使孩子整个晚上烦躁气恼,一无所获,甚至到第二天情绪尚难平静。而没有好的情绪,不可能有好的效率,这样下去只能是一事无成。

其实在这种情况下你只需要轻轻提醒一句"该停了"或"到学习时间了",无需多说,随后就走开去办你自己的事,给孩子留下"自觉"的机会。往后,你越是相信他,他也就越是会遵守自己的承诺,会按时停下其他活动,及时地坐下来专心学习。

在此之后,明智的父母若想彻底改变男孩的不良习性及给予适当建议时,可以找个适当的时间和机会(例如在散步时),在轻松愉快的气氛下,给他讲明道理。说明一味凭兴趣,总任着性子干,成不了大事,建议孩子以后一定要以理智和意志支配自己的行动。这样孩子一般能愉快地做出"以后到时间,就去学习"的承诺。

家长们希望孩子能力强,首先应该在培养其自信心方面下工夫。在独生子女人格调查中,我们发现,家庭的教养方式对孩子的自信心影响很大。家庭教养方式主要有六种类型,即溺爱型、否定型、民主型、过分保护型、放任型、干涉型。其中,民主型家庭教养方式和否定型家庭教养方式对子女的自信心影响最大。一般来说,在民主型家庭中,家长们是孩子的朋友,他们经常和孩子商量事情,尊重孩子的想法和意见,经常给孩子表扬和鼓励。所以,孩子的自我接纳程度较高,相应地自信心、自尊感和成就欲较强。而生活在否定型家庭中的孩子,家长经常打骂、批评孩子,对孩子的责罚多于赞扬,因此,孩子们的自信心相对较差,他们往往不相信自己的能力,总是甘居下游,对未来担忧,对前途充满恐惧。

因此,激发孩子天赋和潜力的重要做法是做民主的父母,对孩子采用民主型的教养方式。家长应尊重孩子,做事经常考虑孩子的想法和意愿,不把孩子当成"附属品",而当成"独立人"看待。遇事和孩子商量、沟通,多对孩子说"这件事爸爸妈妈想听听你的意思"，"孩子，这是个严重的问题，咱们商量一下看怎么解决好"这一类商量的话。受到这样的"邀请"，孩子会非常开心。他在家中的地位得到了体现，他会从父母的重视中感受到一份尊重，也不再觉得父母高高在上，反而会有种亲近感。

商量的魅力在于，能使家庭关系变得和谐。商量，能使孩子得到大人的尊重，从而使孩子懂得尊重别人，并学会用商量的办法去对待父母和他人，避免冲突和对抗；商量，能使孩子学会从别人的角度来观察事情，思考问题，学会民主和平等、尊重和友谊。

家长在涉及孩子的问题上，尤其要和孩子商量，听一听孩子自己的意见，比如给孩子选什么才艺班、怎样花好零花钱、什么时间看电视、暑假时间怎么安排、怎么玩、去哪玩等，这些都关系到孩子生活能力、兴趣和爱好等的培养。如果不和孩子商量，独断专行，男孩容易产生逆反心理，或对学习丧失兴趣。

建议一：与男孩交流需要遵循"二八定律"

作为家长的你是否经历过这样的情况：当你拖着疲惫的身体，努力地打起精神，准备和儿子好好沟通沟通时，却不是被儿子三言两语打发了，就是被噎得半天回不过神来，不但不能达到了解孩子的目的，还惹了一肚子气，逐渐丧失了和孩子谈话的兴趣，以至于越来越不了解孩子，越来越不知道该怎样教育孩子。因此，家长一定要学会与孩子交谈的技巧。

1897年，意大利经济学家帕累托偶然注意到英国人的财富和收益模式，他发现，社会上的大部分财富被少数人占有了，而且这一部分人口占总人口的比例与这些人所拥有的财富数量具有极不平衡的关系。于是，帕累托从大量具体的事实中归纳出一个简单而让人不可思议的结论，如果社会上20%的人占有社会80%的财富，那么可以推测，10%的人占有了65%的财富，而5%的人则占有了社会50%的财富。这样，我们可以得到一个让很多人不愿意看到的结论：

一般情况下，我们付出的80%的努力，也就是绝大部分的努力，都没有创造收益和效果，或者是没有直接创造收益和效果。而我们80%的收获却仅仅来源于20%的努力，其他80%的付出只带来20%的成果。这就是"二八"法则。

显然，"二八"法则向我们揭示了这样一个道理，即投入与产出、努力与收获、原因与结果之间，普遍存在着不平衡关系。小部分的努力，可以获得大的收获。起关键作用的小部分，通常就能主宰整个组织的产出、盈亏和成败。

所以，我们做事情应该把自己的精力花在重要的少数问题上，因为解决这些重要的少数问题，你只需花20%的时间，即可取得80%的成效。而和孩子谈话，亦是如此。

家长和男孩能够顺利地交流思想，对于相互之间保持良好关系非常重要，家长都希望男孩能跟自己讲讲他们内心的感受，这样家长就可以理解和帮助他们。如果我们问家长："你经常与孩子交流吗？"

得到的回答常常是："当然啦，我们经常说可他一点也不听。"

其实，家长所谓的交谈，其中很大一部分是唠叨、批评、说教、哄骗、威胁、质问、评论、探察、奚落……这些做法不管出发点是多么好，都只会使相互间的关系更加紧张和充满敌意。试想，如果孩子是你的朋友，你总是板起面孔不管不问地说一大堆，你们的友谊还能维持多久？

家长们常常犯一个重要的错误，就是他们说得太多。他们过早地对孩子进行长篇大论式的谈话，并且还常用一些孩子听不懂的词。那些在孩子很小的时候就开始对他们讲大道理的妈妈发现，随着孩子年龄的增长，他们变得越来越不好管教。当他长到十几岁时，他的爸爸妈妈又试图用严厉的惩罚来对待他，但是已经听惯了大道理的孩子甚至比一般的孩子更不接受这种惩罚。

所以要根据孩子的年龄和成熟程度把握好谈话的"度"。美国著名的成功学大师在教导人们怎样对话的时候，建议我们把80%的时间留给对方来发言，把剩下的20%的时间拿来提一些能够启发对方说下去的问题。可以说，对话的过程重在倾听，父母们更是要懂得这个法则。

一般而言，最好对年龄小的孩子侧重管教，而对大孩子则多交谈。例如，告诉2岁的孩子电源是危险的所以不能碰，就不如把他的手一把拉开并严厉地说"不能碰"，这样更能使他立即理解你的意思。

可是，如果你不对一个13岁的偷偷抽烟的孩子详细解释尼古丁的害处，而是简单地责罚他，便不能收到好的效果。在这些男孩的世界中，他们需要大量空间去表达自己、需要耐心的听众，爸爸妈妈们应多多倾听，让他们说出自己的想法，并且及时解答他们的疑惑。这就像大禹治水，重在疏导，而不是想办法用东西堵塞。

建议二：千万别当唠唠叨叨的家长

小乐早晨喝完牛奶，就在手上抛着空盒子玩，结果一不小心把空奶盒从窗户扔了出去，正巧打到了楼下的一位阿姨。

"谁这么没素质啊，乱扔东西，哟，里面还有牛奶呢！脏了吧唧的……"

小乐一下子意识到自己闯祸了，蹲在窗户边上不敢出声。在一旁的爸爸觉得这是一个很好的教育机会，马上斥责孩子："你知道这种行为的严重后果吗？"

"爸爸，我错了，我以后再也不往楼下扔东西了！"小乐眼里的泪水已在打转。

"幸亏你扔的是纸盒，如果是铁盒、砖块呢？还不把人家脑袋砸破？万一砸出人命来怎么办？人人都往楼下扔东西，这个小区还能住人么？"

"爸爸，我不是故意的，我正在……"

"大人说话的时候，你哪来这么多借口？越来越没有规矩了。"

"你自己犯了错误，不知道主动道歉，却躲在这里，我平时是怎么教育你的？"

"……"

爸爸连连质问、斥责，由纸盒到铁盒到砖块到人命开始，说了一大堆，越说越严重，越说越玄乎，似乎还不满足，仍想继续"发挥"，但这时，孩子变得充耳不闻，表情淡漠了。

经常有家长抱怨，说孩子不听话，一件事讲好几遍也听不进去，讲多了，孩子又嫌自己烦。其实家长应从自身找原因，唠叨的家长往往是缺乏自信、性格软弱的人，对自己讲过的话、做过的事不放心，才会一遍遍地重复。男孩生长在这样唠叨的环境中，很难形成良好的个性。

有位老师，问过孩子们这样一个问题："你们最喜欢什么样的爸爸妈妈？"结果比较集中的回答是：

"平时不多唠叨，而当我心里有事时，他们——"

"说得上话！"

"救得了急！"

"解得了闷！"

……

家长在教育孩子的过程中，的确需要讲究"语言艺术"，唠唠叨叨只会给孩子带来厌烦的情绪。

孩子犯错误后，你还念念不忘地时常唠唠叨叨？

当孩子想要与你交流时，你是否依旧自顾自地说，而不在意孩子的沟通意念？

唠叨并不只是一再地重复要求，即使你加了"请"这个字，还是充满了命令的意味。一个不停地嗡嗡作响的警报器是每个人都想关闭的。

男孩不会主动穿衣服、洗澡、做功课、做家务、使用电话、吃饭、打扫、练习诸如此类的事情，家长要有耐心去教导他们，但是有的家长常会唠唠叨叨的。假如你认为有必要重复地说，那就要改变唠叨的语气，换成提醒的口吻。唠叨让人很厌烦，易招致怒气，提醒的语气听起来则有帮助的意味，表示你和孩子站在同一边。

避免唠叨还要切实地提供男孩自由选择的空间。"记住在晚餐前将你的房间清理干净。"这样的说法能给予你的孩子喘息的空间，尽可能不要经常要求男孩立即做某件事，没有人会对俯冲的轰炸机有正面回应的。

没有人喜欢被控制，也没有人喜欢人家告诉他应该怎么做，特别是如果这个"吩咐"并不有趣。家长越逼迫，孩子就越抗拒，不管他年纪多大，但这并不仅是因为他不想做。持续不断的叨念只会升高家长和孩子之间的温度，制造挑战。谁要让步？谁会赢？

还有一点相当重要，家长必须要注意，那就是男孩想要亲近你又不要太依赖你的持续内心交战。"唠叨"刚好就给了他推开你的机会，但这是不好的开场。而尽可能在降低冲突的气氛下帮助你的孩子学会独立，给孩子一些喘息的空间，让他感觉自己有选择权会相当有帮助的。

总之，在这个问题上应注意以下几点：

1. 别只盯着孩子的缺点。

2. 批评的话不宜多。

3. 注意和孩子的情感交流。

另外，父母对孩子讲话也要经过大脑过滤，要讲在点子上，不要信口开河。说出去的话、下达的命令要算数，不能出尔反尔。

建议三：不要直接说教，可以将道理藏在故事里

现在的市面上出现了很多亲子阅读的书籍，虽然质量上参差不齐，但都说明了一个问题：人们越来越在意和孩子之间的互动了。因为给孩子讲点什么，它的意义已经远远超过了教育，而是一种爱的表达。与孩子一起读书，是在帮他整理出发前的行囊，也是在给他储存生活所需要的爱和安抚。

无论是在客厅、公车上还是在孩子的书桌前，打开一本书，父母就变成了最好的老师和朋友，而孩子是唯一的听众，父母和孩子一起，开始了一段充满爱和乐趣的学习旅程。这时候，如果能讲点对他今后有帮助的东西，就更是锦上添花了。所以，很多父母都选择给男孩讲点"有意义"的东西，什么四书五经、人文常识，这些东西如果能被孩子吸收，当然是很好的事情，但是如果父母不懂得讲故事的技巧，以读书的语速和情绪去和孩子一起阅读，未必能达到应有的效果。

最好的选择是，能够和孩子讲点你过去的故事，或者你们的亲人过去的故事。

家长对自己童年的回忆，能拉近自己和孩子的距离，很多爸爸小时候都有"英勇事迹"，其实大可以拿出来和孩子分享，既是在增添一份欢乐，又是在让孩子了解一家人相亲相爱的感觉。当家庭聚会的时候，常常听到爷爷们以这句话开头："我们祖上有一个状元，他……"一家人会一再地讲起当年的故事，这些东西，就像一个家庭的"精神遗产"，是别的东西无法替代的。

同样的，孩子人生中要明白的很多道理，也可以用故事的方式讲给孩子听。比如说讲到放下嫉妒心的时候，可以用寓言故事里《孔雀与夜莺》的故事；讲到人的本性应该善良的时候，可以引用王尔德的《星孩》的故事……哪怕是爸爸们即兴编造的一个故事，只要情节精彩，对孩子照样有启发性和吸引力。

这里可以推荐爸爸们去读一读著名的寓言、童话和经典名著，这当然是为了孩子，也是为了提高自己。其实，好的儿童读物，成年人也可以读出一番自己的道理来。

没有孩子会拒绝一个好故事，有时候一个精彩的故事，其营养胜过一本枯燥的励志书。只有当孩子们带着快乐的心情去聆听的时候，他才能真正地融入到故事中，吸收其中有益的养分。

细节24

父母不能对男孩说的话

现实生活中，大多数父母都喜欢在男孩面前唠叨一些话，如"你只管好好学习就行了"、"家务事不用你操心"、"别和那些成绩差的孩子玩"、"你比谁都聪明，就是不认真刻苦"……仔细分析一下，父母家长的这些话对吗？就拿"你比谁都聪明，就是

不认真刻苦"这句话来说,显然不对。

真正的学习是轻松的,轻松地学习才会有快乐,同时,轻松地学习,也会使我们的学习效率更高,学习效果更好。也只有在轻松的状态下学习才能不被学习所奴役,才能发现学习的兴趣。

家长在督促孩子学习的时候,要让孩子学会一种轻松学习的态度,而不要硬逼着孩子去多么努力刻苦地学习,更不要给孩子讲什么"凿壁借光"之类过时的故事。养成轻松学习的习惯,才能使孩子的学习状态发挥到最好。

首先,轻松学习需要劳逸结合,合理安排时间。

心理学专家认为,每天要有充足的睡眠时间:初中生为9小时,高中生为8小时。为了更好地学习,每天至少要保证8小时的睡眠时间才能有充足的精力高效率地学习。

一个人的精力如同一根弹簧,你如果在它的弹性限度内拉开它,手一松,就会弹回去,恢复原来的状态。但假如你无限度地拉,超出了弹簧的弹性限度,当你再松手的时候,它就不会再恢复原状了。

如果你的孩子睡眠不足,每天超负荷学习,就好似超过"弹性限度",时间长了,必定影响身体健康。同时,由于大脑连续工作时间过长,会疲劳不堪,从而感到学习很累,轻松更无从谈起,学习效率也会大大降低。我们的大脑每天都处在兴奋和抑制的交替进行状态,即学习时大脑皮层兴奋,随着学习的进行,兴奋逐渐减弱,并出现抑制,这就需要使大脑得到休息。

如果你的孩子在学习时感觉到很累,最好让他小睡片刻,这样精神就会很好,因为这时睡觉会马上进入梦乡,所以睡眠质量很高,可以马上补足精神,精神补足后,学习效率就会提高,学习也变得相对轻松起来。

要让孩子养成学习中途休息不超过10分钟的习惯,因为超过10分钟,会较难收心。中午时分,如果能小睡一下,下午和晚上都会更有精神。体育锻炼是休息的最佳方式,这是一种积极的休息方法,对提高学习效率非常有帮助。事实上,只有做到劳逸结合,学习才会变得轻松起来。

其次,轻松学习也要适合自己的个性。在学习中,每个人的个性各有其优势,不必羡慕别人,别人的方法也未必适合你。

再次,轻松学习需要培养自己的记忆力。许多家长认为,人的记忆力是天生的,无法培养。事实上,这种说法是错误的。没有一个人在生下来的时候就认识他的妈妈。他之所以能够认识自己的妈妈,是因为妈妈经常和他在一起。因此,人记忆力的好坏不仅与遗传因素有关,更重要的是和记忆的条件、记忆的方法有关。许多父母以为孩子记忆力不佳是资质比较愚钝,其实不然,大多数孩子记忆力差,是因为没有掌握记忆的规律,缺乏正确的记忆方法。只要我们有意识、有目的地加以培养,任何健康的孩子都是能够提高记忆力的,高效的记忆会提高学生的成绩。

最后,轻松的学习需要从压力中走出来。当自己的孩子感觉到学习压力大时,让他们自己彻底放松一下,从学习的压力中走出来。这时,可以听听音乐、做做运动,也可以出去散散步。

建议一："你只管好好学习就行了"

勤奋的人未必成功，在学习上尤为如此。很多家长主张孩子学习时间越长越好，认为学习时间越长，熬夜熬得越晚说明孩子越勤奋，学的知识就很多。事实上这是错误的，学习好的学生不一定就是学习时间长的或者经常熬夜的学生，学习成绩的好坏跟学习时间有一定的关系，但是这种关系不是绝对的，因为有个效率的因素在里面。

教育学家们更注重的是如何提高孩子的学习效率，而不是强调孩子长时间地学习或者"开夜车"学习。

因此，学习效率是决定学习成绩的重要因素。学习效率的提高，在很大程度上取决于学习之外的其他因素，如人的体质、心境、状态等诸多因素，这些都是与学习效率密切相关的。并不是说让孩子每天除了学习其他的事情一概不做就能够使他的学业进步，效率才是提高学习成绩的关键。

那么，我们如何引导孩子提高自己的学习效率呢？

首先，一定要孩子自信。很多的科学研究都证明，人的潜力是很大的，但大多数人并没有有效地开发这种潜力，这其中，人的自信力是很重要的一个方面。无论何时何地，孩子做任何事情，有了这种自信力，就有了一种必胜的信念，而且能使他们很快就摆脱失败的阴影。相反，一个人如果失掉了自信，那他就会一事无成，而且很容易陷入永远的自卑之中。

其次，教育孩子学习的时候注意力要集中。学习的过程，应当是用脑思考的过程，无论是用眼睛看，用口读，或者用手抄写，都是作为辅助用脑的手段，关键还在于用脑子去想。举一个很浅显的例子，比如说记单词，如果你的孩子只是随意地浏览或漫无目的地抄写，也许要很多遍才能记住，而且不容易记牢，而如果他们能充分发挥自己的想象力，运用联想的方法去记忆，往往可以记得很快，而且不容易遗忘。现在很多书上介绍的英语单词快速记忆的方法，也都是强调用脑筋联想的作用。可见，如果能做到集中精力，发挥脑的潜力，一定可以大大提高学习的效果。

再次，要孩子保持良好的情绪。孩子在精神饱满而且情绪高涨的情况下学习就会感到很轻松，学得也很快，其实这正是他们学习效率高的时候。因此，保持自我情绪的良好是十分重要的。

此外，要提高学习效率，我们还应尽量要求孩子做到以下几点：

1. 每天保证8小时睡眠

晚上不要熬夜，定时就寝。中午坚持午睡。充足的睡眠、饱满的精神是提高效率的基本要求。

2. 坚持体育锻炼

身体是"学习"的本钱。没有一个好的身体，再大的能耐也无法发挥。因而，学习再繁忙，也不可忽视放松锻炼。有的同学为了学习而忽视锻炼，身体越来越弱，学习越来越感到力不从心，这样怎么能提高学习效率呢？

3. 主动学习

只有积极主动地学习，才能感受到其中的乐趣，才能对学习越发有兴趣。有了兴趣，效率就会在不知不觉中得到提高。有的学生基础不好，学习过程中老是有不懂的问题，又羞于向人请教，结果是郁郁寡欢，心不在焉，提高学习效率更是无从谈起。这时，唯一的方法是，向人请教，不懂的地方一定要弄懂，一点一滴地积累，才能进步。如此，才能逐步地提高效率。

4. 注意整理

学习过程中，把各科课本、作业和资料有规律地放在一起。待用时，一看便知在哪里。而有的学生查阅某本书时，东找西翻，不见踪影。时间就在忙碌而焦急的寻找中溜走。没有条理的学生不会学得很好。

建议二："少和那些成绩差的孩子一起玩"

中国有句老话说"近朱者赤，近墨者黑"，言简意赅地点明了环境对于一个孩子成长的重要性。很多家长将这句话照搬过来，并且奉为信条，对孩子的朋友限制得很严格。

一位家长中午回家，打开家门，发现上小学五年级的儿子正和两个同学"大吃大喝"，碗筷摆了一桌。儿子见妈妈回来了，忙站起来，叫了声："妈！"她没应声，两个同学站了起来，叫了声："阿姨，您回来啦！"这位家长非常不满意，对这些孩子训斥道："你们几个人的成绩在班上的排名都不算靠前，聚在一起不知道多讨论学习，反而在这里浪费时间，大吃大喝，一点出息都没有。"到了晚上，孩子回到家，情绪显得十分低落。尽管父母轮番相劝，孩子还是滴水未进，而且一连几天食欲大减，情绪低落，打不起精神，没有笑容。

父母尊重孩子的小伙伴就是尊重孩子自己，他会在我们的尊重中得到欣慰和心理的满足，同时也会得到同伴的认可和接纳。如果我们因为孩子的同伴学习成绩不好而加以嫌弃，那么他幼小的心灵中会留下阴影和创伤，在朋友中会遭到嘲笑和冷落，很有可能我们这些不利的言行会影响到孩子的朋友圈。

孩子的小伙伴到家里来，这是再正常不过的事情了。从做父母的观点来说，到家中来玩的同学中必然有较受欢迎的和不受欢迎的。若是能和自己的孩子安安静静做功课的同学，就是受欢迎的小客人；如果在进入别人家的时候，只知任意嬉戏的同学，则被列入不受欢迎的名单中。

但是，当父母发现自己的孩子与那些学习成绩不好的孩子玩得很好的时候，千万不要对孩子加以指责，而是要合理地引导孩子，希望孩子能够取其长处，避其短处，既能够帮助自己的小伙伴，同时又能让自己保持上进。

帮助别人就是帮助自己，在孩子的学习问题上，这句话具有深刻的含义。

首先，当孩子主动地帮助其他同学的时候，他的大脑处于学习的最佳境界，因为，他一定会努力像老师那样积极地思考问题，我们通常说"要教给别人一杯，自己得先有一桶"，为了能帮助同学，孩子在心理上就会为自己提出更高的要求，这样一来，对于知识的掌握和理解就很容易超出自己原来的水平。

其次，当孩子无私地帮其他同学的时候，心中是自豪的、宽容的，当他全身心投入的时候，无形之中锻炼了自己的自信心，对于下一步的学习，就会更加充满热情和活力，因为他学习的价值在帮助别人的时候得到了充分的展现。

可见，只要是家长用恰当的方式对孩子进行积极的引导，孩子是不会变坏的。家长观察孩子的朋友，不要总是一味地以学习成绩来衡量，而应该综合多方面来考虑，如果孩子的朋友是一位成绩一般，但是见识广博、有想法，或者品德很高尚，那或许也会成为孩子难得的挚友，孔子说过："益者三友：友直、友谅、友多闻。"并不是说所有成绩好的孩子都值得成为朋友。

细节25

言传力量永远小于身教

妈妈带着孩子去逛街，等车的时候，一位老人过来乞讨，老人衣衫褴褛，蓬头垢面，妈妈赶紧拉着孩子走开了，边走边说："这老乞丐，真讨厌！"

到了百货商场，妈妈看中了一双运动鞋，对一个售货员说："喂，把那双鞋拿给我看看。"

孩子渴了，妈妈给他买了一瓶水，孩子很快就喝完了，刚好商场的保洁员在一旁清理垃圾箱，"喂，扫垃圾的，这个瓶子给你。"

吃饭的时候，刚好碰到妈妈的顶头上司也来同一家餐厅，妈妈热情地跟他打招呼："哟，王经理，您也来这吃饭呀，要不过来一起吃吧。"

……

妈妈的所作所为，孩子看在眼里，记在心里。这天，妈妈乡下的姑妈来城里办事，顺便过来看看他们，给他们带来了一编织袋的土特产，孩子看着姑奶奶土气的打扮，不屑地说："乡下的东西，谁稀罕！"

听了孩子的话，全家愕然。爸爸一怒之下，拉过孩子，狠狠地在他的屁股上打了一巴掌："你这孩子，怎么没大没小的呢！"

挨了爸爸一巴掌，孩子号啕大哭，他不知道自己哪儿错了。

爸爸不知道，在妈妈的耳濡目染下，孩子已经学会了将人分成三六九等。

妈妈是孩子的第一任老师，也是孩子最亲近的人，妈妈的所作所为容易被孩子认为是天然合理的；并且，由于孩子知识经验贫乏，辨别是非能力差，对妈妈的言行会不加选择地模仿。因此，妈妈要求孩子做到的，自己必须要以身作则。例如，要求孩子孝敬长辈，自己首先要敬老；要求孩子尊重别人，自己首先要尊重别人，对每一个人一视同仁。

建议一：以身做则，教男孩学会尊重

一天，一位40多岁的中年女人领着一个小男孩，走进美国著名企业"巨象集团"总部大厦楼下的花园，并在一张长椅上坐下来。她不停地在跟男孩说着什么，似乎很生气的样子，不远处有一位头发花白的老人正在修剪灌木。

忽然，中年女人从随身挎包里揪出一团白花花的卫生纸，一甩手将它抛到老人刚剪过的灌木上。老人诧异地转过头朝中年女人看了一眼。中年女人也满不在乎地看着他。老人什么话也没有说，走过去拿起那团纸扔进一旁装垃圾的筐子里。

过了一会儿，中年女人又揪出一团卫生纸扔了过来。

"妈妈，你要干什么？"男孩奇怪地问妇人，女人摆手示意让他不要出声。

老人再次走过去把那团纸拾起来扔到筐子里，然后回原处继续工作。可是，老人刚拿起剪刀，第三团卫生纸又落在了他眼前的灌木上……就这样，老人一连捡了那中年女人扔的六七个纸团，但他始终没有因此露出不满和厌烦的神色。

"你看见了吧！"中年女人指了指修剪灌木的老人对男孩说，"我希望你明白，如果你现在不好好上学，将来就跟他一样没出息，只能做这些卑微低贱的工作！"

原来男孩学习成绩不好，妈妈在生气地教训他，面前剪枝的老人成了他的"活教材"。

这时，老人放下剪刀走过来，对中年女人说："夫人，这里是集团的私家花园，按规定只有集团员工才能进来。"

"那当然，我是'巨象集团'所属一家公司的部门经理，就在这座大厦里工作！"中年女人高傲地说着，同时掏出一张证件朝老人晃了晃。

"我能借你的手机用一下吗？"老人沉思了一下说。

中年女人极不情愿地把手机递给老人，同时又不失时机地开导儿子："你看这些穷人，这么大年纪了连手机也买不起。你今后一定要努力啊！"

老人打完电话后把手机还给了妇人。很快一名男子匆匆走过来，恭恭敬敬地站在老人面前。

老人对那个男子说："我现在提议免去这位女士在'巨象集团'的职务！"

"是，我立刻按你的指示去办！"那个男子连声应道。

老人吩咐完后径直朝小男孩走去，他用手抚了抚男孩的头，意味深长地说："我希望你明白，在这世界上最重要的是，要学会尊重每一个人……"说完，老人撇下其他人缓缓而去。

中年女人被眼前骤然发生的事情惊呆了，她认识那个男子，他是巨象集团主管任免各级员工的一个高级职员。"你……你怎么会对这个老园工那么尊敬呢？"她大惑不解地问。

"你说什么？老园工？他是集团总裁詹姆斯先生！"

"啊，他是总裁？"

中年女人一下子瘫坐在长椅上。

无疑，上例中那位妈妈是失败的，很难想象，在她的耳濡目染下长大的那个男孩子，会在生活中学会尊重他人。

作为孩子的启蒙老师，妈妈不仅仅要教会孩子基本的生存技能，更要以身作则，教育孩子尊重父母、尊重身边的亲人。一个不懂得尊重别人的孩子，他对自己的言行举止肯定也不会有最基本的尊重，极端的甚至连自己最宝贵的生命也失去尊重。进入社会，孩子就成了大社会的一分子。作为社会成员，尊重他人，才会赢得别人的尊重。握一个手、道一声好，别人遭遇不幸时持一种同情、怜悯之心，而不是漠然、讥笑；自己收获成功也不傲然自大，而是谦逊、随和，这才是一个社会中的人，才是一个真正大写的人。

建议二：父母应该约束自己的言行

家庭教育，绝不仅仅是父母只用语言来教导男孩如何去做，父母的身教更重于言教。因为，男孩更多是通过模仿来学习，年龄越小的男孩，父母的行为对他影响越大。

一位父亲迷上了在网上玩QQ农场的游戏，甚至有点走火入魔。

每天晚上回到家，他首先会打开电脑，登陆QQ，再打开游戏页面。就是在吃饭的时候，他也总是把菜拨拉到饭碗里，然后端着饭碗坐到电脑旁，点几下鼠标，扒拉几口饭，眼睛始终不离开电脑屏幕，争分夺秒地种菜、偷菜。

父亲这种投入的"精神"影响了儿子，儿子也时常"摩拳擦掌"地想要去玩上一把。但碍于爸爸的威严，儿子很少跟他抢电脑。

有天晚上，一家人在吃饭，父亲照常端着饭碗坐到了电脑旁。

8岁的儿子先于父亲吃完了饭，就对他说："爸，你先吃饭，我帮你去偷菜。"

父亲不置可否，低头吃饭，儿子就蹦跳着来到了电脑前。

父亲吃完饭，放下饭碗，用手抹了一下嘴巴，大声说着："儿子，别玩了，你去看书。"

"让我玩一会儿嘛。"儿子扭动了一下身子，抬起头侧脸望着父亲。

"不行，你得去读书！"父亲不容儿子商量。

儿子不敢坚持，沮丧地离开了电脑桌，来到沙发边打开电视，一边看电视还一边转向父亲的背影，低声嘟囔着："你怎么不看书？"

上例中这位父亲的行为对儿子已经产生了影响。男孩的模仿能力很强，通常，他更易于模仿父母的行为表现，而不是记住父母的语言教导。

可见，无意中，父母会成为男孩直接的学习对象，不论是父母良好的行为，还是不良的行为，男孩都会模仿。

很多父母会认为，所谓的沟通和教育，就是耳提面命地用语言告诫孩子，应该这么做，不应该那么做。至于父母自己，那就是想做什么就做什么，想怎么做就怎么做了。殊不知，这种只注重言传、忽视身教的沟通方式，很多时候是低效甚至无效的。

孔子曾经说：其身正，不令而行；其身不正，虽令不从。所以，聪明的父母们，你希望男孩成为什么样的人，你首先就要是什么样的人。

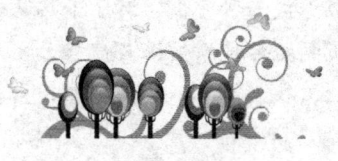

第五章
任性的"小皇帝"不可纵容
——自控能力决定男孩的成就

细节26

告诉男孩"要征服世界，先征服自己"

18世纪美国著名的政治家、科学家富兰克林，曾在宾夕法尼亚的一家杂货铺里亲眼目睹了这样一件事情：

许多女士在这家杂货铺受理顾客投诉的柜台前，排着长长的队伍，争着要向柜台后的那位年轻的服务员诉说她们的种种遭遇。在这些投诉的妇女之中，有的表现得十分愤怒且蛮不讲理，还有的甚至讲出极为难听的话。但是面对这些声音，柜台后的年轻的服务员脸上却一直带着不变的微笑，并且很有礼貌地一一接待了这些愤怒而不满的妇女，她的态度优雅而镇静，丝毫没有表现出任何憎恶。

站在她背后的是另一位年轻的女服务员，她不停地在一些纸条上写下一些字，然后把纸条交给站在前面的那位女孩。在这些字条上很简要地记下妇女们抱怨的内容，但都省略了那些尖酸而愤怒的话语。

原来，站在柜台后面、面带微笑聆听顾客抱怨的这位年轻女孩是个聋子，她的助手通过纸条把所有客户不满的地方用文字的形式转告给她。

富兰克林对这种安排非常感兴趣。于是他站在那儿观看那群排成长队的妇女很长时间，他发现，柜台后面那位年轻的女孩脸上亲切的微笑对这些愤怒的妇女产生了极为良好的影响。她们来到面带微笑的女孩面前时，个个像咆哮怒吼的野狼，但当她们离开时，却都变成了一个个温柔的绵羊。甚至在她们之中的某些人离开时，脸上还露出了非常羞怯的神情。

这恰恰因为这位年轻女孩的"自制"已经使得她们对自己的作为感到非常的惭愧。富兰克林自从亲眼看到这一幕之后，每当面对自己所不喜欢听到的评论而感到不耐烦时，就会立刻想起柜台后面那位女服务员的自制而镇静的神态。

富兰克林常常都会这么想：每个人都应该有一副"心理耳罩"，很多时候可以用来遮住自己的双耳。他个人都应养成一种习惯，对于不愿意听到的那些无聊谈话，就会把两个耳朵"闭上"，以免在听到之后徒增憎恨与愤怒。生命是短暂的，有太多建设性的工作在等待着我们去做，因此，我们大可不必对那些说出我们不喜欢听到的话语的每个人进行反击。

没有自制力，就永远不可能成功。从历史上看，取得成功的人都能够接受精神和肉体的历练，所谓的磨难在他们眼中都是浮云。他们的自制力使其能够承受困苦并全身心投入其中。他们时刻让大脑保持活跃，并且考虑思索问题的症结，认真对待所有面对的事情来提高自身的自制力，而自制力决定了人们在关键时刻的正确决策。所以说，自制力对我们走向成功具有举足轻重的地位，美好的人生建立在自我控制的基础上。

自己做了决定，却迟迟不去执行，或者执行了一段时间就放弃了。之所以屡屡出现这种情况，根源是没有使命感。强大的使命感是促使我们自制力增强的发动机。

譬如，很多人都下定决心减肥，却经常半途而废，一个很重要的原因是，他们不知道为何而减肥，减肥的动力是什么。为了健康的体魄，为了自己生活得更美好，还是就为了看上去更美？

如果减肥的动力只是"让自己看起来更美丽"，那么这种减肥方式很容易失败，因为他人的评价总是看起来不那么积极，减肥者容易受到周围人的打击而自暴自弃导致中途放弃。

事实上，任何人都不可能做一个决定，然后就能100%地实施。自制力在其中有很大的影响作用。而我们的自制力需要听从内心的声音，了解自己真正想要什么，什么才是你的动力源泉。当你真正想做一件事情时，动力会从内心自动产生，你自然会获得自制力。不要选择外界的东西去迫使你改变习惯，因为它们很容易被你放弃。

建议一：告诉男孩成大事者善自制

当刘备投奔曹操之后，便在自己的住所后面开辟了一块菜地，每天以种菜度日，完全放下了身段，甚至可以说是夹着尾巴在做人，让外人觉得自己只不过是凡夫俗子，也好阻止曹操算计自己的目的。但是关羽、张飞二人完全不知刘备的心思，每每劝说刘备应该放弃手中琐事，要以天下大事为己任的时候，刘备都会不以为然，继续每日种菜。

有一天，恰逢关羽和张飞都不在的时候，曹操派人请刘备过去，刘备实在没有理由推辞，只好随同来人入府拜见曹操。见面后曹操绵里藏针地问道："种菜这门学问可真是不容易呀。"刘备回复道："只不过是没事消遣消遣罢了。"刘备应邀来到小亭，只见曹操早已把一切诸物齐备，盘置青梅，一樽煮酒，于是二人对坐，开怀畅饮。

两人喝酒喝到半醉之时，只见天空突然乌云密布，眼看骤雨降至，这时随从发现天边挂着长龙，指曹操、刘备二人，于是曹操便借题发挥问刘备道："您可知龙能变化？"刘备应："不是十分清楚。"曹操接着说道："龙能大能小，大则兴云吐雾，小则隐身藏形；能升能隐，升则飞腾于宇宙之间，隐则潜伏于波涛之内。现正是深春时节，龙能够顺应时节而变化，就如同人得志纵横四海一样。龙作为动物，可用世上的英雄来做比方。您长期游历四方，必定知道当世英雄。就请您试着说说吧。"刘备说："我乃肉眼凡胎，哪里能认得什么英雄呢？"曹操说："您不必太谦虚。"刘备仍然装糊涂："我得到您的庇护，才有幸做了朝廷官员。天下英雄，真的不知道啊。"曹操说："那么，如果您不知道他们的长相，至少也应该听过他们的名字吧。"

刘备意识到再装糊涂是不行的，于是举出淮南袁术，河北袁绍、刘表，江东孙策，益州刘璋、张绣、张鲁、韩遂等人，但这些都一一被曹操否定。刘备实在想不起任何人了，便说自己实在不知还有哪些。

曹操解释道："所谓英雄指的是那些胸怀大志、腹有良谋，有包藏宇宙之机、吞吐天地之志的人啊！"

刘备说："那么，究竟谁能称得上是这样的英雄呢？"

曹操用手指了指刘备，又指指自己，说："天下英雄，如今只有您与我！"曹操这句看似不经意的话，其实不仅是一种试探，更包藏着杀机，且不说刘备正在曹操的府上，即使在外边，如果曹操的推测被得到证实，刘备也是难逃一死的。

刘备听后大吃一惊，自己"放下身段"的招法是不是没能够瞒过奸雄曹操，他是不是识破了自己的真面目了？这个时候无论是默认或辩解，都将无济于事，慌乱之中，刘备手中的汤匙和筷子掉到了地上。

恰在此时，大雨将至，雷声隆隆，刘备随即从容冷静、不动声色地俯下身子，捡起了汤匙和筷子，不紧不慢地说："没想到雷声一震竟有如此大的威力，我的匙筷都掉了。"曹操笑着说："堂堂男子汉大丈夫难道也害怕雷不成？"刘备说："圣人见到迅雷风烈还变色呢，更何况是我呢？"这一句话就把自己因听到曹操的话而吃惊落匙的原因合乎情理地掩饰了过去。曹操果然相信了刘备的话，认为他连听到雷声都会害怕，可见不是真正的英雄了，便不再怀疑刘备。

刘备克制自己的言行，放下身段，免除了曹操的猜忌，保住了身家性命。不久，刘备便逃走了，最后建立了一番大功业。

成大事者善自制。历史往往是最具有说服力的。能克制自己言行、放下身段的人才是聪明人，这样的人能够通过忍耐和等待来获得机会，这自然也是他们能够成就一番事业的重要素质之一。同样，男孩们要记得，无论是做大事还是做小事，如果当下的情况对自己不利，不要急于表露自己，应该学会克制，积蓄成功的力量，并努力寻找一切有利于自己成功的机会。

自制力的养成是一个习惯培养问题，当指定了合适的目标，慢慢地强制自己去做，才能逐渐培养自制力。下面我们就来提供几个培养自制力的方法，希望能够对你有所帮助：

第一，制定具体的计划，越具体越好。比如，"下星期我要把这本书看完"就不如"明天我要把这本书的第一章看完"实际。越具体的目标也越容易督促和调整。如果只是泛泛地说要看完一本书，到时候乱七八糟的事情一来，就很容易把正事往后拖。尤其是对于拖延症患者，计划一定要具体得不能再具体。

第二，适当记录和分析自己完成计划的进度，自我激励。这种心理暗示到最后会形成反馈帮助我们培养自制力。

第三，用工具强迫自己达到目标。比如定闹钟来督促自己早起，每天称体重来督促自己减肥。当然工具只是一个过渡，用来加速自制力的培养而不是形成依赖，没有必要对工具心存恐惧。

第四，制定奖惩措施。轻微的惩罚比如"我今天如果不好好听数学课的话，中午就不吃饭了"，通过这样的方式来督促自己下定决心把事情做好。

建议二：让男孩带着自制上路

居鲁士成为公元前559年米底亚和波斯国的国王，这位国王因为打败了利比亚的统治者克里苏斯，征服了爱奥尼亚群岛及其他较小的王国，歼灭了巴比伦，所以被大家称为是欧洲之王——居鲁士大帝。

在打过这许多胜战之后，国王又准备向由女王汤米莉丝领导的马萨格它族发起进攻。骄傲自负的他认为自己是打不败的超人，所以根本就不把马萨格它族放在眼里，如果能够打败马萨格它族的话，他的帝国就会更加辽阔。

不久，居鲁士就开始发起对马格萨它族的进攻。国王带领战士一渡过阿瑞克斯河，就在河边安营扎寨，还放上肉和烈酒，并且留下最弱的兵士守营，将其他军队撤回西岸，马萨格它的军队很快就攻占了营地。被胜利冲昏头脑的他们被现场留下来的这个不可思议的宴席所吸引，马萨格它士兵完全忘记了危险，开始大吃大喝起来，没多久就一个个酩酊大醉。当晚波斯军队返回营地，俘虏了沉睡的士兵，这其中包括女王汤米莉丝的儿子——年轻的史帕戈皮西斯。

女王汤米莉丝得知消息以后，送信给居鲁士，斥责他用诡计打败自己的军队。她说："如果你们现在马上释放我的儿子，并且离开我的国家，我将把三分之一的土地让给你们。否则，我一定会让你得到应有的回报的。"然而，居鲁士对她的话置之不理。

不久，女王的儿子因为无法忍受屈辱，自杀了。儿子的死讯令女王汤米莉丝悲痛欲绝。报仇的怒火激励着他们奋起反抗，她立即召集到王国内可以征调的所有军队，和居鲁士部队展开猛烈又血腥的战斗，终于杀死了居鲁士。

渴望成功、胜利的心人人都有，但是在面对接连不断的胜利时，男孩们往往难以做到心有所止。而明智的人则懂得在这个时候，继续保持自制，用自己理性的头脑去控制自己在取得胜利时的自满情绪。因此，男孩们请记住，当你们获得成功时，要更加小心谨慎，绝不可以狂妄自大，断送了自己的后路。

自满的反义词是谦虚，这是一种积极的人生态度和处世方法。而为了避免我们自满和狂妄自大，就是朝前看、朝上看，高瞻远瞩并且广泛对比，从中关注分析他人的长处、强者的水平、未来的需要，我们总能找到自己的不足，在小成就面前戒骄戒躁，保持一颗永不满足的进取心。

第五章 任性的"小皇帝"不可纵容

我们不能以自己的长处比较别人的短处，这样的人气量狭窄，妒贤嫉能。大凡虚心之人，喜欢以短比长、见贤思齐、求贤若渴。要知道，我们拿自己的长处去比较别人的短处，只会越比越短；而假如以短比长，那么就会越比越长。

当我们自满心爆棚，就去看看那些成绩斐然、为人类社会进步做出卓越伟绩的科学家们，看看那些功力深厚、享誉全球的艺术大师们。在这些人当中，绝少有因自己具有足够资本而狂妄自大、沾沾自喜的，他们反倒是自知而又谦虚。所以，我们应避免骄躁和狂妄。

细节27

教男孩用冷静代替冲动

古代有个叫尤翁的人，他开了个典当铺。有一年年底，他忽然听到门外有一片喧闹声。他出门一看，原来门外有位穷邻居。站柜台的伙计对尤翁说："他将衣服压了钱，空手来取，不给他，他就破口大骂，有这样不讲理的人吗？"

门外那个穷邻居仍然是气势汹汹，不仅不肯离开，反而坐在当铺门口。尤翁见此情景，从容地对那个穷邻居说："我明白你的意图，不过是为了过这个年关。这种小事，值得一争吗？"于是，他命店员找出邻居的典当之物，共有衣服蚊帐四五件。

尤翁指着棉袄说："这件衣服抗寒不能少。"又指着长袍说："这件给你拜年用。其他的东西不急用，就留在这里吧。"那位穷邻居拿到两件衣服，不好意思闹下去，于是只好离开了。当天夜里，这个穷汉竟然死在别人的家里。

原来，此人同别人打了一年多的官司，因为负债过多，不想活了，于是就先服了毒药。他知道尤翁家富有，想敲诈一笔，结果尤翁没上当，他于是就转移到了另外一家。

事后有人问尤翁，为什么能够事先知情而容忍他。尤翁回答说："凡无理挑衅的人，一定有所倚仗。如果在小事上不忍耐，那么灾祸立刻就会到来。"

人们听了这话都很佩服尤翁。

对于青少年来说，控制自己的冲动是件非常不容易的事，因为我们每个人的心中都存在着理智与感情的斗争。冲动会使人丧失理智，所以情绪冲动时，不要有所行动，否则你会将事情搞得一团糟。当谨慎之人察觉到情绪冲动时，会立刻控制并使其消退，用冷静代替冲动，避免因热血沸腾而鲁莽行事。

处在纷繁复杂的社会中，你的一举一动都可能受到他人的关注。他人凭主观判断，免不了评头论足、说三道四。古人说"众口铄金，积毁销骨"，为了让自己的生活安宁自在，就需要谨慎行事，凡事三思而后行，这样才能在这个社会站稳脚跟，干好事业。

忍耐是一种没有个性的个性，只有沉浸其中，才能体味到它的价值。沉默是无声的语言，有一种埋藏在深处的震撼力。真正有力量的人，多是以沉默的方式表现出来的。

平静的心灵是智慧美丽的珍宝，源自于长期耐心的自我控制。平静之人明白，生命本身就是宁静的，即使处于急流波涛之中，也不受风景的侵扰，仍能保持永恒的安宁。一个人的命运是由他的性格所决定的，因此，有一颗隐忍的心，学会控制自己的情绪势必对我们能力的发挥，对我们的事业、爱情及人际关系都会起到积极的正面影响，而良好的性格本身也可以说是人生一笔巨大的财富。

建议一：自制离不开冷静与沉着

这是个在印度一直被广为流传的故事，一次，一对英国殖民地官员夫妇在家中举办丰盛的宴会。宴会地点设在他们宽敞的餐厅里，那儿的房顶有不加任何修饰的橡子，地上铺着明亮的大理石地板，门口处是一扇通向走廊的玻璃门。客人中有当地的陆军军官、政府官员以及他们的夫人，另外还有一位来自美国的自然学家。

一位年轻女士同一位上校在午餐时，进行了一场激烈的辩论。这位女士的观点是如今的妇女已经有所进步，她们不再像以前那样，一见到老鼠就失控似的从椅子上跳起来。可上校却认为妇女们并没有什么改变，他说："碰到任何危险，妇女们总是惊慌失措地一阵尖叫。而男士们碰到相同情形时，虽也有类似的感觉，但他们却多了一点勇气，他们能够适时地控制自己，冷静对待。由此可见，男士的这点勇气是很重要的。"

那位来自美国的自然学家并没有加入这次辩论，他默默地坐在一旁，仔细观察着在座的每一位。这时，他发现女主人露出奇怪的表情，两眼直视前方，露出十分紧张的神情。很快，她招手叫来身后的一位男仆，对他耳语一番。仆人的双眼很快露出惊恐之色，随即仆人离开了房间。

没有客人发现这一细节，除了这位美国的自然学家，当然除了他也就没有其他人看到那位仆人把一碗牛奶放在门外的走廊上。

美国的自然学家突然一惊。他想起在印度，地上放一碗牛奶只代表一个意思，那就是引诱一条蛇。也就是说，这间房子里肯定有一条毒蛇。自然学家首先抬头看屋顶，那里是毒蛇经常出没的地方，可现在那儿光秃秃的，什么也没有；接下来他又朝着餐厅的四个角看过去，前三个角落都空空如也，第四个角落则站满了仆人，正忙着上菜；现在只剩下最后一个地方有可能，那就是客人的餐桌下面。

这位自然学家的第一反应便是要向后跳出去，同时警告其他人。但转念一想，这样的举动肯定会惊动桌下的毒蛇，而受惊的毒蛇是很容易咬人的。于是他一动也不动，迅速地用十分严肃的口吻向大家说了一段话，以至于大家都安静了下来。"我想试一试在座诸位的控制力究竟有多大，接下来我将从1数到300，这会花去5分钟，这段时间里，谁都不能动一下，否则就罚50个卢比。预备，开始！"

自然学家不急不缓地数着，餐桌上的20个人，全都像雕像一样一动也不动。当他数到288时，他终于看见一条眼镜蛇向门外的牛奶爬去。这个时候他飞快地跑过去，把通向走廊的门一下子关上。蛇被关在了外面，室内随即发出一片尖叫。"上校，事实证实了你刚才的观点。"男主人这时感叹道，"正是一个男人，刚才给我们做出了从容镇定的榜样。""且慢！"美国学者说，然后转身朝向女主人："温兹女士，你是如何发现屋里有条蛇的呢？"女主人脸上露出一抹浅浅的微笑："因为它刚刚是从我的脚背上爬过去的。"

自制离不开沉着与冷静，这个故事中的女主人的自制力真的令人钦佩，也值得每一个男孩学习。我们平时无论工作还是生活，都要尽力保持理性，用理智代替情感，做到客观地分析情况，这样才有助于找到问题的答案与真相，否则在冲动的情绪下，只会丧失敏锐的判断力，最终做出令自己抱憾的决定。

自制需要强大的意志力。苏联教育家马卡连柯说过："坚强的意志——这不但是想什么就获得什么的本事，也是迫使自己在必要的时候放弃什么的本事……没有制动器就不可能有汽车，而没有克制也就不可能有任何意志。"因此，反过来也可以说，没有坚强的意志就没有自制能力，坚强的意志是自制能力的支柱。意志薄弱的人，就好像失灵的闸门，对自己的言行不可能起调节和控制作用。

我们要强化日常的实践锻炼，用以增强自制力。一方面要学习吸收积累知识，令我们视野广阔，并且通过知识来武装自己的大脑，提高自己分析问题和解决问题的水平，不仅限于书本上的知识，我们学习别人已有的经验教训，也是为了提升自己决断事情的能力；另一方面，要积极投身到日常生活实践中去，在生活中不断积累经验，提高自己的遇事应变能力。综合以上两个方面，我们才能沉着与冷静地处理事情，具有良好的自制能力。要知道，自制力离不开自身的沉着与冷静。

坚韧不拔的意志力是我们必备的素质，培养自己性格中意志独立性的良好品质，并且对自己所要达成的目标有高度的自觉性。只要下定决心做某事，就应义无反顾地实践下去，想方设法达到预期目标。不必苛求自己的一点失败，不必过多在意他人的流言飞语。

建议二：教男孩抵制诱惑

每个人都会面对诱惑。成功的人之所以成功，就是因为他们能够约束和克制自己的冲动。家长培养男孩抵制诱惑的能力就格外的重要。

一个人的成功，最大的障碍往往不是在外界，而是在于自己的内心。一个能够获得成功的人通常都具备顽强的精神和胜于常人的自控心理。增强男孩的自控能力，可以帮助他们抵御外界的种种诱惑，保持心灵上的坚定和纯洁，更加有利于他们朝着心中的目标努力。

1960年，美国的心理学家米卡尔曾做过一个"果汁软糖"的试验：他将一群4岁的孩子留在房间里，每人都发了一块糖果，然后告诉他们："我有事要出去一会儿，你们可以马上吃掉软糖，但如果谁能够坚持到我回来之后再吃糖果，我会再奖励他两块。"说完之后，米卡尔就走了出去。实际上，他在暗中观察这些孩子的表现。

有的孩子会很急躁，看到米卡尔走了之后就迫不及待地吃掉糖果。而有的孩子就等到了最后。尽管对这些孩子来说等待的时间非常漫长，但是他们会想尽各种办法让自己撑下去。有的孩子闭上眼睛，避免看到那块诱人的糖果；有的孩子努力想让自己睡过去。

20分钟之后，米卡尔回来了，他奖励了这些能够坚持到最后的孩子。这次实验并没有结束，米卡尔又对这些孩子进行了长达14年的追踪调查。

最后，米卡尔把自己的调研结果公之于众，发现：自制力不同的孩子在情绪和社交方面的差异表现非常明显。在那次实验中抵制了诱惑的孩子将来长大之后对社会的适应能力较强，较为自信，人际关系也更好，能够更加从容地面对挫折。而那些不太能抵制诱惑、较为冲动的孩子则缺乏这些好的特质，并且表现出了一些负面特征，他们不太愿意与人接触，性格优柔寡断，容易因为挫折而丧失斗志，容易对人产生不满甚至是与人争斗。

面对如今眼前这样一个信息多变、文化多元、物质极大丰富的现代社会，男孩们早已经是眼花缭乱了。他们对周围的一切充满了好奇，任何的诱惑都可能使他们沉迷其中。再就是由于男孩面临着沉重的学业负担，厌学情绪强烈，使得电脑、电视等成为了男孩的避难所。如何让男孩拒绝诱惑、抵制诱惑，是每个家长都关心的问题。

要想让男孩学会抵制诱惑，首先家长要学会反思。当男孩出现了问题，家长可以先反思自己。很多父母将大部分的时间都用于工作、家务和娱乐，很少花时间和儿子耐心地沟通。当男孩的精神需求得不到满足，他自然就会寻求替代品，于是电视、电脑成了男孩的精神麻醉剂。有的家长自己不和儿子交流，也不鼓励男孩多交朋友。男孩的充沛精力得不到发泄，就会被各种诱惑吸引，一不留神就会掉进诱惑的陷阱。所以，家长也要反思一下自己在平时是否考虑到了男孩的感受，给予他们足够的精神满足。

高尔基说："哪怕是对自己的一点小小的克制，也会使人变得强而有力。"德国诗人歌德说："谁若游戏人生，他就一事无成，不能主宰自己，永远是一个奴隶。"一个人要想成为能够主宰自己命运的强者，成就一番事业，就必须对自己有所约束、有所克制。因此，对男孩的自控教育是家庭教育必不可少的内容之一。

但是人的自制能力和自我管理能力并不是天生的，它和人的其他能力一样，都是后天开发出来的，每个人的自我管理能力都是可以不断提高的。尤其是孩子，他们的自控能力在日常生活中会逐渐提高。作为父母要有意识地提高男孩的自控力，专家给出了以下几点建议：

第一，告诉男孩要对自己多分析，找出自己在哪些活动中、何种环境中自制力差，然后拟出培养自制力的目标步骤，有针对性地培养自己的自制力；对自己的欲望进行剖析，扬善去恶，抑制自己的某些不正当的欲望。

第二，从日常生活小事做起。人的自制力是在学习、生活、工作中的千百万小事中培养锻炼起来的。许多事情虽然微不足道，但却影响到一个人自制力的形成。如早上按时起床、严格遵守各种制度、按时完成学习计划等，都可积小成大，锻炼自己的自制力。

第三，进行暗示和激励。自制力在很大程度上就表现在自我暗示和激励等意念控制上。意念控制的方法有：在孩子开始紧张的活动之前，反复默念一些建立信心、给人以力量的话，或随身携带座右铭，时时提醒、激励自己；在面临困境或诱惑时，利用口头命令，如"要沉着、冷静"，以调整自身的心理活动，获得精神力量。

第四，要男孩经常进行自省。如当他们学习时忍不住想看电视时，马上警告自己管住自己；当遇到困难想退缩时，马上警告自己别懦弱。这样往往会唤起自尊，战胜怯懦，成功地控制自己。

细节28

让男孩对自己严格要求

茅盾5岁那年，父母就商量应该给儿子进行早期的启蒙教育。当时茅盾进的私塾学习气氛不好，父母担心他得不到严格训练，会养成不良习惯，便决定自己来教儿子。他们自己找了教材，还根据历史古书编成儿童易懂的歌曲教给孩子，或者是把晦涩的历史文献讲成一个个小故事，由母亲来讲给孩子听。这些早期的家庭教育，对茅盾形象思维的形成起到了重要的作用。

茅盾10岁那年父亲病逝，教导孩子的重任就落在了母亲一个人身上。母亲怕茅盾落下功课，便让茅盾拿课本来自己教他。茅盾在学习上遇到了问题，母亲总是严加管教，毫无情面可言。

茅盾小学毕业，征求母亲的意见，是上师范院校呢，还是读自己喜欢的工科。虽然母亲独自一人艰辛地抚养着两个孩子，但她还是让茅盾上了工科。

虽然离开了家，但是母亲也没有放松对儿子的管教和关心，茅盾也经常把自己发表的作品或是和弟弟通的信寄回去给母亲看。

后来，在茅盾弟弟的教育问题上，母亲也体现出了极大的严而有格，严而有度。茅盾的弟弟在工科学业即将结束的时候受新思想影响，响应革命的需求要东渡日本专心研究政治，但此时离他毕业只有短短的半年时间了。茅盾很反对弟弟的选择，但母亲看小儿子的去意已决，便同意了儿子的要求。

茅盾母亲在教育孩子的问题上，宽严相济，既不一味地强求孩子服从自己的管教，也不纵容孩子不好的习惯，这点值得很多父母好好学习。

教育男孩就要赏罚分明，孩子做得好要给予奖励，但孩子做错事时也一定不能姑息，哪怕只是小错也要进行适度的处罚，这样孩子才能正视自己的错误，及时改正。

6岁的小航总喜欢玩火，只要是与火有关的东西，例如火柴、打火机，甚至于家里的炉灶他都要去摆弄摆弄。小航的爸爸自己也喜欢各式各样的打火机，从气体、电子式到机械式打火机，甚至于还有古老的"火镰"……对于小航玩火的行为，父母从来没有给过任何处罚，他们觉得玩火也不是什么大错，看着儿子熟练地使用各种打火机，小航的爸爸甚至还得意地说："瞧，我的儿子就是像我！"

一天,小航在家里玩一个爸爸刚买来的打火机时,一不小心把自己的帽子烧了个洞,脸上还蹭上了不少黑灰!小航的妈妈看到儿子的狼狈样,非但没有狠狠地教训他,反而笑得喘不过气……过些日子,父母带小航去农村的姥姥家,一不留神,小航居然和几个表兄弟一起玩起火来。不知什么时候开始,姥姥家的草垛已经燃起了熊熊大火!小航的爸爸跑来,怒发冲冠,拉过小航来就是一顿痛打!

一般人认为,孩子犯了小错可以不问,犯了大错就必须加以批评,其实不然,小错更应该引起家长的重视。

日本教育家多湖辉上中学时曾有过这样的经历。有一次发下考试答卷,他发现自己的数学成绩比预想的差很多,心里大吃一惊。记得考试时,除一道题没答上之外,其他都答得很完整。看完试卷之后才明白,自己因计算错误丢掉了好多分。父亲看完卷子后说了这么一段话:"看了你的答卷,发现你太马虎了。有的前半部分都对了,最后却写错了答案,还有的把加减弄反了,像这种本不该错的错误太多了。现在,请你马上把错改过来,否则将会一错再错,养成粗心大意的习惯,后果将不堪设想。"无意中犯的错,是最容易被人忽视的,它的负面影响也是很大的。

孩子的判断能力远不及大人成熟,他们时常会犯错误。但是,即使是孩子,也具有区分好坏的基本判断能力,如果犯了严重的错误,内心深处一定会有所察觉。虽然不知原因,他也会自问是否做错了。

相反,当孩子犯了小错误,就应"随时确认",及时给予批评警告。有时,孩子未必能意识到自己的错误,如果不加以纠正,小错很可能演变成大错。因此,不断纠正小错误,才能做到防患于未然。

有一种父母,对孩子的小过总是姑息纵容。如果碰上心情好的话,甚至还要表扬两句。等到孩子把小错变大过时,他们就又变得异常愤怒,严厉地责罚孩子,殊不知这些教育孩子的观点、行为都是相当错误的!这些错误的观点和错误的行为,当然只能收到适得其反的教育效果。

对于那些家有"玩火孩子"的父母,我们的忠告是:面对孩子的小错误,父母要立即纠正,正所谓"堵蚁穴而保千里之堤"。如果孩子犯下小错误,当父母的不能立即纠正,一旦孩子犯下大错误便后悔莫及了。父母们应该知道:尽管小孩的判断能力比不上大人,但是他们区别好与坏的能力还是有的。如果孩子犯了错误,在他的意识里,他会感觉到自己做了错事。此时,父母应当抓住孩子"我犯错误了"的心理,立即进行有效的教育和行为上的纠正。这样一来,孩子就不会再犯这类的错误。

建议一:增强男孩的羞耻心

家长常常抱怨自己的男孩对于新买的玩具不懂得爱惜,到处乱抛,新鲜劲一过,又吵着买新玩具;不懂得尊敬长辈,没大没小,好东西抢着自己先享受等等。

我们是否想过男孩的这些行为习惯是怎么形成的？作为男孩第一任老师的父母有没有责任？成人在生活中有没有奢侈浪费的行为？父母对老人是否尊敬，是否尽了孝道？我们敢当着男孩的面说我们的言行是问心无愧的吗？如果一个男孩有很好的辨别是非的能力，知道什么是应该做的，什么是不应该做的，相信以上的行为他绝对不会出现。

有一个小男孩从小听妈妈给他讲古代的德育故事。他4岁的时候，有一次妈妈把他抱了出去，在路上看到有两个小朋友在吵架，这个4岁的小男孩很自然地拉拉妈妈的胳膊，对妈妈说："这个小朋友，不可以乱骂人、乱打人。"一个4岁的孩子，没有任何为人处世的经验，他怎么这样果断地做出自己的结论呢？说到根本处：妈妈平时教给他的是什么，他自然就会懂得。这样的男孩相信长大之后也不会在人生的路上走偏，因为他在幼年时代就已经树立了明确的是非观和荣辱观。

父母与子女朝夕相处，父母的一言一行、一举一动都会在男孩的心灵深处埋下种子，对男孩的未来产生重大而深远的影响。男孩的思想观念、政治信仰、行为习惯、兴趣爱好都会或多或少带上家庭的烙印。"男孩是父母的影子"这句话不无道理。历来出生书香门第的男孩自幼就养成勤奋好学的习惯；武术高手的子女自幼就能学一身高超的武艺，就是两个例证。相反，一个家长自己就有酗酒、赌博、小偷小摸、不讲社会公德等恶习，也很难培养出子女的良好习惯和高尚情操来。

还有的家长，自身缺少公德，经常出入灯红酒绿、纸醉金迷场所，吃喝嫖赌无所不能，偷鸡摸狗，无所不为。特别是在家庭中，如果一天到晚经常吃喝玩乐，打牌、搓麻将、赌博，甚至吸毒等，对男孩的纯洁心灵会造成极大的创伤。

通过榜样的树立，使男孩有赖以学习和模仿的对象。在确立榜样时应该注意以下几点：

1. 树立生动具体的形象

因为生动具体的形象在整个男孩性格培养工作上的作用是十分重要的。列宁是伟大的无产阶级革命家。一位学生参观过列宁的故居后谈到，只有当我在高尔克看到列宁的故居时，我才知道真正的朴素是个什么样子：在他房里只有一张普通的饭桌，桌上摆着一个盖着普通灰色漆布的、稍显陈旧的、已坏了的茶杯，挂衣架上挂着一件普通的制服。无疑，这对这位学生今后形成朴素的性格特征有重要的意义。

2. 让男孩以身边的、同龄的人为榜样

这样可以减少男孩与榜样之间的距离感，便于学习。比如现在有一些小学生缺乏勤俭节约的品质，他们根本不理会父母挣钱的艰辛，花起钱来大手大脚，请客，下馆子，追求穿名牌，骑好车……针对这种问题可以让他们了解全国十佳少先队员杜瑶瑶的事迹，学习她是如何勤俭节约的：

杜瑶瑶的父亲去世后，母亲也病倒了。她每个月只有100元左右的生活费维持母女两个人的生活，一分钱也要掂量着花。由于经常到菜市场去买菜，她对菜价很清楚，并了解到菜价在傍晚最便宜。所以，她傍晚去买菜，多走几家市场，哪家便宜就买哪家的，绝不多花一分钱。

母亲吃剩下的菜她从不扔掉，而是用热水烫一烫后自己吃。母亲食欲不好，剩下的馒头渣一块一块的，别人都劝她扔掉，瑶瑶却舍不得，哪怕一点点。她说："生活让我懂得了什么叫来之不易，今后日子不管多富，我也永远把省吃俭用的好习惯保持下去。"

男孩年龄小，是非判断标准还很模糊，他们主要是按自己喜爱和厌恶的情绪来判断人物和事物的是与非。家长在生活中要耐心地正面诱导、纠正，使男孩通过成人对其行为、言语的评价，逐步认识到自己行为的是非，从而提高分辨是非的能力。如男孩听见某些人说了脏话，于是就跟着学，这时父母需要解释清楚，这句话是骂人的话，不好听，不文明，不要学说等。这样屡经教导，男孩便不致因从众心理而仿学不良行为，进而形成良好的个性品质。

建议二：不要让男孩做"电视土豆"和"网瘾君子"

孩子整天围着电视电脑，是让家长最不能忍受的一件事情。"你就不能下楼打打球？""再看都成傻子啦！""眼睛近视了看你怎么办！"……无论是从健康的角度，还是从孩子的学习角度，相信很多家长都能说出一大串不要多看电视的理由，但孩子就是不听。这时候怎么办？

有一个妈妈的做法就很巧妙：

平时妈妈总是叮嘱儿子说9点半必须上床睡觉，不然就把电闸关了。可是儿子不听，有时候家长出门去买东西，他就在家看电视。听到妈妈上楼的声音，他就把电视机关了回房睡觉，妈妈一摸电视机就明白，还是热乎的。这简直就像地下工作者与敌人的斗智斗勇。找出证据又怎样，还是不能让孩子从根本上对电视失去兴趣。

儿子看书的时候，妈妈说："孩子你今天多看会儿书吧，到10点睡，记得关上灯。"可是她关上屋门，孩子根本就没有看书，而是在里面看漫画或者睡觉呢。

看到打压行不通，妈妈就改变了策略。有一天晚上，孩子又在看电视。妈妈就对孩子说："儿子，今天你随意看电视吧，好看就多看会儿，记得一会儿帮我关了电视机。"结果她在自己屋里听，孩子还没看到一个小时就关了电视机，进屋自己玩儿了。然后，妈妈就走进孩子的卧室问："怎么不看电视啊？""唉，今天的节目没意思。"孩子说。

"那你今天看书吧，不许看到很晚，9点半一定要关灯睡觉，注意身体，别太辛苦了。"结果，这孩子学到10点才睡。

孩子都有一个逆反的心理，你越是说他，他越是不愿意去做；但是如果你跟他说不要太努力了，他又会努力起来。

在看电视问题上，如果你一直是一个以正面打压为主的家长，那么要换一换方法了，从反面去刺激，鼓励他自己看电视，自己控制时间，往往更加有效果。

另外，家长多带着孩子出去旅游、逛公园、游泳等等，让孩子的兴趣爱好广泛一些，他们在电视中沉迷的几率就会小一些。

当我们痴迷于一个电视剧的时候，突然停电了，感觉肯定不好受。妈妈有时候却在做停电杀手的角色，孩子看得正高兴，妈妈气冲冲地把电视关掉了。孩子心里的感受该多难过、多失望啊！妈妈千万不要用这样的方法来阻止孩子看电视，这样的行为不是文明者的行为，起码缺少了彼此的尊重。

有关专家通过调查发现：男孩不上学的时候最常做的事就是看电视或电脑。

美国的教育学家通过研究发现：男孩平均一天最少在电脑或电视前待上2小时，到了周末的时候看电视的时间会更长。大多数的美国男孩平时放学之后到晚上10点钟，家庭开机的时间平均是3小时20分钟，男孩每天看2小时电视，周末的时候更是高达5小时。

看电脑或电视的时间过长会给男孩的健康带来严重的伤害，比如容易造成过胖、变傻变笨、懒散被动、注意力降低等后果。在强烈的声光画面下，男孩的脑部只维持在原始区域运作，无法刺激他们思考区域的发展。

过度地看电视或电脑也会增加男孩的霸道行为。因为他们通过屏幕接收了太多的语言暴力和攻击性行为。因此，美国小儿科的医学会建议，别让2岁以下的男孩看电视，鼓励家长为男孩挑选优质的电视节目，而且最好一天不要超过2小时的时间。

下面的七招，可以有效制止男孩成天黏在电脑前：

1. 先跟男孩订好规矩，包括看电视电脑的时间和次数

美国斯坦福大学的教育学家宾森曾经建议家长"先说好规则，可以减少争执和赖皮的机会"，比如，家长可以在周末的时候就和男孩讨论下周要看哪些节目。至于其他的基本规则都要和男孩提前商定好，比如吃饭的时候不可以看电视、功课没有做完不可以看电视，这些都要事先和孩子说好，也培养他们信守承诺的习惯。

2. 家长可以陪男孩一起看，并和男孩一起讨论关于电视的内容

在男孩在看电脑或电视的过程中，家长可以介入并且阐发自己的观点，这样做可以扭转男孩一些不正确的见解，如果在这个过程中和男孩有充分的讨论，也会减弱电脑或电视的影响力。

值得注意的是：家长在陪同男孩看电视的过程中，千万不要忽略广告的负面作用。通过研究发现，男孩一年会看到大约4万条广告，其中包藏着许多高卡路里与油腻垃圾食物的宣传，不断引诱男孩消费。所以家长不要以为在广告时间就可以放松对男孩的引导，还是要留意一下男孩看的是什么广告。

3. 以优质的DVD取代不好的电视节目

已经有越来越多的家长发现电视节目已经不能提供给男孩更多有益的内容了，为什么不考虑花钱买一些优质的DVD来给男孩观看呢？

有一位妈妈是个虔诚的基督徒，她总是为孩子准备优质的教会儿童节目，帮助孩子认识耶稣和圣母。当孩子习惯于看这些节目之后，也就不吵着要看电视了。

4. 将电脑或者电视放在不显眼的角落里，同时把遥控器也收起来

很多家庭习惯把电视机放在客厅最显眼的角落，而教育专家却提醒家长们，可以尝试将电视放在不显眼的角落里，以减少它给男孩带来的诱惑。如果不习惯家里没有电视

机的声音，不妨打开收音机，有趣的音乐和广播同样会使家庭气氛活跃不少。

5. 电脑和电视都不要放在男孩的房间里

如果在男孩的房间里放置电视或电脑，只会让男孩和家中的其他成员更加疏远，同时也会影响他们做功课和睡觉的时间，更糟的是父母无从知晓他们的孩子是否接触到了不良的节目。

6. 不要把电视机或电脑看做是男孩的保姆

有的家长习惯于把男孩交给电视或电脑，觉得这样做孩子会更加安分。殊不知，这样做的结果只会让男孩对电视电脑倍感亲切。家长可以让男孩来分担一些家务，这样就不用担心他看太多的电脑或电视，同时还增强了男孩的做事能力。

7. 建议家长以身作则，尽量少看电视

很多家长不希望自己的孩子看电视，可是他自己却戒不掉，而且振振有词地说："我白天工作那么辛苦，就靠晚上看电视来放松休息，不看电视，那我干什么呢？"如果家长是这样的想法，完全没有办法、也没有资格来要求男孩不看电视、不玩电脑。

家长不妨尝试着关掉电视机，利用剩余的时间开展一些其他的活动，让孩子感受到父母的生活是那样的充实有意义，他们自然也就不敢浪费时间。

细节29

给男孩充分的信任，哪怕他没有尽力

我们常常强调"换位思考"，为对方着想可以减少误会，分享想法，是解决问题的最佳方式。但是这条规则至今还没有完全应用到成人与孩子的世界当中，虽然家长都是全心全意地爱孩子，却从来没有从孩子的角度去建设一个适合孩子生活学习的社会。

希望自己的教育能够起到真正的效果，这不是靠补习班和学习机就能实现。任何广告上宣称的简便方法，都是在利用家长的求急心理。我们明白做任何事情都不能投机取巧，教育孩子尤其如是。孩子的成长是一个日日积累的过程，因而了解孩子对父母的期待，也是父母的必修课。充分地信任孩子，给他最广阔的舞台施展自己，才是家长最需要做的。

"你看人家小玲，家长什么都不用管，她一回家就自己学习，年年拿奖状。你倒好，给你买这买那，你什么时候拿一张奖状给我们看看？怎么我们就不能摊上一个好孩子呢！"说这些话的家长，思考过已经在学习上感到挫败的孩子此时对家长的期待吗？

"多大一点孩子，还跟我们谈隐私，你小时候吃喝拉撒睡都是我一手照料的，现在看一看你的日记，了解一下你的思想状况，犯得着这样大吵大闹吗？你有没有一点尊重父母的意识？"说这种话的父母，思考过开始懂得羞怯、开始总结自己的生活的孩子此时对家长的期待吗？

第五章 任性的"小皇帝"不可纵容

……

孩子对父母有深厚的感情，他不一定通过言语表达，但是他一定会对父母，有不同于常人的期待：别人可以忽视他的进步，但是父母的赞扬一定不能少；别人可以对他的愿望充耳不闻，但是父母一定要理解他的心意。孩子对父母的期待，就像父母对孩子的期待那样真切、热烈，甚至让人觉得不能承受，但是父母似乎没有觉察。

朋友之间，需要互相欣赏。如果总有人在你面前赞美别人，你也会觉得难过，父母与孩子之间更是如此。孩子不希望自己被父母拿去和别人比较，因为简单的比较得出的结论往往是片面的，却会深深伤害孩子的心。孩子希望父母能够看到自己的进步，看到自己的努力。即使没有努力的孩子，听到父母的赞扬也会朝着好的方向转变，而骂声只会让孩子越来越没有自信。

孩子对父母也许有更高的期待，希望父母是超人，可以拯救地球；希望父母是亿万富翁，可以租下整个夏威夷；希望父母是道德楷模，受到万人敬仰……这与父母期待孩子成为科学家、富翁和君子是一样的。高的期待是建立在最基础的认可之上，孩子不能成为科学家，健康成长也值得欣慰；同样，父母不能做超人，相互尊重和信赖，还是应该做到。如果父母连最基本的期待都无法满足，彼此的心灵又怎能交流？

有些家长总是喜欢禁止男孩做这做那，比如不让读不健康的书，不让早恋，不允许玩游戏、网络聊天，等等。但是一味地严厉禁止，却不讲明利害，就容易产生"禁果效应"，增加男孩的好奇心，使他们在好奇心的驱使下甘冒风险去尝试那些也许并不甜的"禁果"，这反而使教育走向了反面。

在父母管教过严的家庭环境下长大的男孩，往往性格懦弱、没有主见、遇事慌张。家长过度限制男孩的自由，处处指责，也会影响他们自身各方面能力的提高，限制男孩的发展。

某15岁的初三男孩对自己的父母非常反感。他说，父母就像看劳改犯一样管着他，有时比看管劳改犯还要紧。他所做的每一件事都是父母为他安排的。他感觉到自己像一个玩具，毫无自由可言。连每天吃什么、穿什么、看多长时间书、做多长时间功课、练多长时间古筝、看多长时间电视、几点上床、几点起床，甚至连他日记中写的什么内容，父母都要干预……尤其让他感到不舒服的是：学校就在家对门，父母还要坚持每天接送他，这让他在同学面前很没有面子，感觉自己是一个实实在在的囚徒……

随着社会发展速度的加快和社会竞争的加剧，父母们"望子成龙"、"望女成凤"的愿望比任何时候都更为迫切，与之相对应的是父母对男孩将来的规划越来越多，甚至日常生活都要严加管理，时时刻刻地看管、监视和提防。

"囚禁"男孩的同时，父母也失去了自由。

殊不知这样教育出来的男孩可能一生循规蹈矩，本本分分，他们失去了自己的创造和想象能力，也没有自己的意见和看法，只知道被动地去生活。笼子里的鸟儿——男孩感叹：好没自由！父母这只鸟笼也慨叹：活着真累啊！

有位教育家说，当男孩显露出某方面的天赋时，我们的教育不但不加以引导和启发，反而用纪律的条条框框去归整它，使它符合我们大人的习惯，这是多么悲哀的事情啊。其实我们在用条条框框去束缚男孩行为的同时，也束缚住了男孩的思维，让他们的习惯固定化，使男孩变成一个只会听话而不懂思考的机器，这是万万不能的。

所以，纪律不是一味的限制，这也不许做，那也不许做，让男孩没有主动的权利。有时候纪律的另一个侧面，就是给予男孩适当的鼓励，打破常规，自己去发现。

建议一：帮助男孩认清生活的假象

男孩犯有过失，如果家长能心平气和地启发男孩，不直接批评他的过失，男孩会很快明白家长的用意，愿意接受家长的批评和教育，而且这样做也保护了男孩的自尊心。

通常我们批评男孩时总是声色俱厉，如临大敌，在这种情况下男孩容易受到伤害。所以我们不如换一副表情，比如我们可以用凝重、严肃的表情来显示我们对待男孩的错误态度，语调也大可不必高八度，相反可以比平常的声音更低沉一些。"低而有力"的声音，会引起男孩的注意，也容易使男孩注意倾听你说的话，这种低声的"冷处理"，往往比大声训斥的效果要好。

贝利从小就显现出非凡的足球天赋。他常常踢着父亲为他特制的"足球"——用一个大号袜子塞满破布和旧报纸，然后尽量捏成球形，外面再用绳子捆紧。贝利经常在家门前那条坑坑洼洼的小街，赤着脚练球。尽管他经常摔得皮开肉绽，但他始终不停地向着想象中的球门冲刺。

渐渐地，贝利有了些名气，许多认识不认识的人常常跟他打招呼，还向他递烟。像所有未成年人一样，贝利喜欢吸烟时的那种"长大了"的感觉。

有一次，当贝利在街上向别人要烟的时候，父亲刚好从他身边经过，父亲的脸色很难看，贝利低下头，不敢看父亲的眼睛。因为，他看到父亲的眼睛里有一种忧伤，有一种绝望，还有一种恨铁不成钢的怒火。

父亲说："我看见你抽烟了。"

贝利不敢回答父亲，一言不发。

父亲又说："是我看错了吗？"

贝利盯着父亲的脚尖，小声说："不，你没有。"

父亲又问："你抽烟多久了？"

贝利小声为自己辩解："我只吸过几次，几天前才……"

父亲打断了他的话，说："告诉我味道好吗？我没抽过烟，不知道烟是什么味道。"

贝利说："我也不知道，其实并不太好。"说话的时候突然绷紧了浑身的肌肉，手不由自主地往脸上捂。因为，他看到站在他跟前的父亲猛地抬起了手。但是，那并不是贝利预料中的耳光，父亲把他搂在了怀中。

父亲说："你踢球有点天分，也许会成为一名优秀的运动员，但如果你抽烟、喝酒，那就到此为止了。因为你将不能在90分钟内保持一个较高的水准。这事由你自己决定吧。"

父亲说着，打开他瘪瘪的钱包，里面只有几张皱巴巴的纸币。父亲说："你如果真想抽烟，还是自己买比较好，总跟人家要，太丢人了，你买烟需要多少钱？"

贝利感到又羞又愧，眼睛里涩涩的。可他抬起头来，看到父亲的脸上已是泪水纵横……后来，贝利再也没有抽过烟。他凭着超人的自控能力和自己的勤学苦练，终于成了一代球王。

男孩的判断能力远不及大人成熟，他们时常会犯错误。但是，即使是男孩，也具有区分好坏的基本判断能力。如果犯了严重的错误，内心深处一定会有所察觉。虽然不知原因，他也会自问是否做错了。但另一方面，虽然意识到自己错了，如果父母在一旁呵斥，刚刚萌发的反省心也会一下子化为乌有，进而产生反感，甚至可能将错就错下去，如此就会带来相反的效果。

试想一下自己的生活：不论你用什么方法指责别人——你可以用一个眼神、一种说话的声调、一个手势，就像话语那样明显地告诉别人——他错了。你以为他会同意你吗？绝对不会！因为这样直接伤害了他的自尊心。这只会激起他的反击，绝不会使他改变主意。即使你搬出所有柏拉图或康德式的逻辑，也改变不了他的意见，因为你伤害了他的感情。

从心理学上分析，男孩是心理和行为的不成熟个体，家长必须对他们加以正确地指导和培养，在这个过程中如果家长能像朋友一样与男孩一起成长，效果会很好。但是，家庭教育中常见的问题是：父母对男孩寄予厚望，为了达到自己设定的目标，在男孩耳边不停地叮嘱、提醒。但这种做法往往收效甚微，甚至适得其反，使男孩产生厌烦情绪，还容易挫伤他们的自信心和自尊心。有些家长眼睛总是盯着男孩的缺点，翻来覆去地只讲缺点，不提进步。

其实，绝大多数男孩已能分辨是非善恶，只是缺少改正缺点的自觉和毅力。如果父母总是喋喋不休地数落男孩的缺点，反反复复地教训男孩，"我讲话你就是不听"，"怎么说你才能改呢"，他们会将此视为不信任，甚至产生逆反心理。这样，别说做知心朋友了，连正常的亲子关系也会被破坏。

建议二：教会男孩管理好自己

尼格尔·柏加是一位具有30多年警龄的英国人，在日内瓦举行的国际退役警员协会周年大会上，荣获"世界最诚实警察"的美誉。

尼格尔·柏加现年54岁，未婚。有一次，他到英格兰风景如画的湖泊区度假，发现自己在限速30公里区域内以时速33公里驾驶之后，给自己开了一张违例驾驶传票。他回忆道："由于当时见不到其他警员在场，无人抄牌，而最简单的办法莫过于把车停在路旁，走下车来，写一张传票给自己。"

驶抵市区后，他立刻把这件事报告了交通当局。主管违例驾车案件的法官起初大感意外，继而大受感动，他说："我当了多年法官，从未遇到过这样的案件。"结果，他判罚尼格尔25英镑。

尼格尔的正直与自律是一以贯之的。无论是在工作上，还是生活上，他都是一个严于律己的人。有一次，他的母亲在公园散步时擅自摘取花朵作为帽饰，当他发现后毫不留情地把母亲拘控了。不过，罚款定了以后，他立刻替母亲交付那笔罚款。他解释说："她是我母亲，我爱她，但她犯了法，我有责任像拘控任何犯法的人一样拘控她……"

一个要想有所成就的青少年如果缺乏自制力，就像一辆失去了方向盘和制动的汽车。而一个有自制力的青少年，不易被人打倒，通常能够做好分内的工作，不管是多么大的挑战皆能克服，为心灵交上一份满意的答卷。

一个人想要获得幸福，关键在于，如何将自身涣散的力量导向汇集的方向。这好比将四处流窜的污水引至一条挖掘好的渠道，化贫瘠为沼泽地、为金黄玉米田或丰收的果园。一个人下棋入了迷，打牌、看电视入了迷，都可能影响工作和学习。自制力，可以帮助你控制自己，果断地决定取舍。因此，若想管理好自己，必须用自制力克制对玩乐的沉迷。

人的自制能力在一定程度上取决于他的思想道德修养。而凡是具有远大崇高理想的人绝不会被感情冲动所控制，进而做出不良行为举动。因此，提高自制力的首要方法是树立良好的思想道德品质以及正确的价值观，保持积极乐观的情绪。

个人内心的文化素养程度同其承受能力和自控能力成正比。文化素质高的人往往能够全面正确地看待事物，认识自我和这个世界，自我控制、自我完善能力在较高的水平。所以提高自身文化素养，学习先进的文化知识是必不可少的。

管理好自己，提高自制力最重要的是自知。也即必须依靠内在动力，没有内在动力，一切仍然是空谈。内在动力，仍然是精神支柱或有理想追求在发挥作用。

细节30

让男孩学会包容

宽恕胜于报复，因为宽恕是温柔的象征，而报复是残暴的标志，所以父母要让男孩懂得"以德报怨"。

小男孩哈根有一条非常可爱的狗，不幸的是，有一天下午他的狗被邻居家的狗咬死了。小男孩简直气疯了，发誓要打死凶手，为他的宝贝狗报仇。

哈根的父亲很理解儿子的情绪，他知道凭语言无法说服儿子，于是他把哈根领到了邻居家的院子后面。

"那条狗在这儿，"父亲对哈根说道，"如果你还想干掉它，这是最容易的办法。"父亲递给哈根一把短筒猎枪。哈根疑虑地瞥了父亲一眼，他点了点头。

第五章 任性的"小皇帝"不可纵容

哈根拿起猎枪，举上肩，黑色枪筒向下瞄准。邻居家的大黑狗用一双棕色眼睛看着他，高兴地喘着粗气，张开长着獠牙的嘴，吐出粉红的舌头。就在哈根要扣动扳机的一刹那，千头万绪闪过脑海。涌上心头的是平时父亲对他的教诲——我们对无助的生命的责任，做人要光明磊落，是非分明。他想起他打碎妈妈最心爱的花瓶后，她还是一如既往地爱他；他还听到别的声音——教区的牧师领着他们做祷告时，祈求上帝宽恕他们如同他们宽恕别人那样。

于是，猎枪变得沉甸甸的，眼前的目标变得模糊起来。哈根放下手中的枪，抬头无助地看着爸爸。爸爸脸上绽出一丝笑容，然后抓住他的肩膀，缓缓地说道："我理解你，儿子。"这时他才明白，父亲从未想过他会扣扳机。他要用一种明智、深刻的方式让他自己作出决定。

哈根放下枪，感到无比轻松。他跟爸爸蹲在地上，解开大黑狗，大黑狗欣喜地蹭着他俩，短尾巴使劲地晃动，仿佛在庆幸自己免遭枪杀。

宽容是消除报复的良方。对于宽容的男孩来说，没有什么不可以饶恕的。在他宽恕别人的同时，也会将自己内心的仇恨一并消除，从而获得更多的快乐。

现在的很多男孩，大都具有"自我保护"意识，缺少宽容精神。有专家指出，孩子们之所以不会宽容，是因为别人没有给他们宽容的机会，在生活中，也很少有人向他们提出这种要求，在家庭教育的过程中，要培养孩子的宽容品性，父母们应该做到以下几点：

第一，父母要起表率作用，在家庭成员间要做到友爱、宽容。如果你希望自己的孩子学会宽容，你首先应该具有宽容的品质和开阔的心胸。如果父母本人总是无视他人意见，心胸狭窄，对别人总是要求苛刻，为一点小事争执不休，为一点小利斤斤计较，习惯于将自己的意志强加于人，而不给别人改正的机会，男孩又怎么能学会宽容呢？

第二，家长要引导男孩学会设身处地为对方着想。家长要让男孩明白一个道理：人人都有缺点和不足，在和同伴相处的过程中，没必要求全责备，只要不是特别过分，就应该对他人予以理解和宽容。家长应该多让男孩和小伙伴们交往，其实，宽容之心只有在交往活动中才能培养起来。

第三，让男孩亲近大自然。大自然是一本永远也读不完的最生动的教科书。很多学者都曾经说过，大自然的博大与雄浑可以使人心胸开阔，性格开朗，心情愉悦，进而使人产生宽容之心。因此，家长应该多带男孩亲近大自然，让奔腾的河流、浩瀚的大海、秀丽的湖光山色陶冶男孩的心灵，开阔男孩的视野和胸襟。

第四，让男孩学会从别人的角度考虑问题，并且承认对方有表达自己看法的权利。那么，你不仅可以了解别人，赢得友谊，而且，会与别人很好地沟通。

第五，家长要鼓励男孩接纳新事物。其实，作为一种处世原则，宽容不仅体现在对"人"的态度上，也体现在对"事"对"物"的态度上。我们这个社会发展变化很快，因此，父母要引导男孩多见识一些新生事物，让男孩喜欢并且乐意接受新生事物，学会知变和应变。

建议一：包容——男孩人际交往中无坚不摧的利器

一个人经历过一次忍让，就会多一份宽阔的心胸。多一份包容，就会多一个朋友，少一个敌人。"海纳百川，有容乃大"，让孩子学会包容，身边才能够充满知心朋友和良师。宽容不仅是待人的准则，也是一种有助于保护心理健康的小习惯。

威廉·麦金莱在当选了美国的总统之后，指派某人做税务部长。当时有很多政客反对此人，他们纷纷派代表前往总统府，要求麦金莱说明委任此人的理由。为首的是一位身材矮小的国会议员，他的脾气暴躁，说话粗声粗气的，开口就把总统大骂一番。麦金莱却不吭一声，任凭他声嘶力竭地叫喊，最后才心平气和地说："你讲完了，怒气应该平息了吧。照理你是没有权力这样责问我的，但是现在我仍然愿意详细地给你解释。"

麦金莱的这几句话说得那位议员化怒为羞，不等麦金莱解释完，那位议员已经折服了，他心里懊悔自己不该用这样恶劣的态度来责备如此和善的总统。因此，当他回去向同伴做汇报的时候，只是说："我不记得总统的全部解释是什么了，但是有一点可以肯定，那就是我相信总统的选择没有错。"

麦金莱正是使用"宽容"这个撒手锏，没有费吹灰之力就说服了对方，而且使那位议员从此改变了自己的态度，不再做出令人难堪的举动。宽厚、谦让能促使人形成胸怀大度的高尚品德。宽容、谦让的人具有宽阔的胸怀，他们为人开朗、豁达、礼貌。他们宽容别人，忍让别人，并不是没有力量反击，而是出自一种高尚的情操。

作为家长都希望自己的孩子能有一个健全的人格，而学会包容别人、欣赏别人是具有健全人格的一个方面。福莱曾经说过：一个不肯原谅别人的人，就是不给自己留余地。因为每一个人都有犯过错误而需要别人原谅的时候。而学会宽容、学会大度，是我们每个人生活中的一件大事，整天被不满、怨恨心理所控制的人是最痛苦的人。学会宽容也就是学会了爱自己。

作为父母，应该充分认识到宽容对孩子来说不仅是一种待人准则，而且是一种保护心理健康的习惯。

现代科学研究发现，宽容有利于一个人的健康成长。美国密歇根州立大学的研究人员进行的一项研究发现，当人们都想要报复他人时，血压就会明显上升；而在宽容他人时，血压则显著下降。因此，作为父母一定要培养男孩宽容的习惯。那么怎么培养男孩的宽容呢？

第一，让男孩学会善待他人。父母应该让孩子明白这样的道理，别人就是自己的影子，所以善待他人就是善待自己。对他人多一份理解和包容其实就是在支持和帮助自己。

张亚勤总是给人很宽厚的感觉，无论是外表还是说话的声音。他总是能不经意间地察觉到对方的杯子里是否需要添水，也会很留心地让对方先坐在一个较舒适的位子上。可以看出，他非常在意别人的感受，也很愿意与周围的人和谐相处。

张亚勤在美国当学生会主席的时候，天天忙着搞活动，跑来跑去的，成天帮别人帮得高高兴兴的。国内的企业代表团到华盛顿去访问时，他去接机，是当时著名的"免费司机"。"当时大家的关系都很近，一到了周末就会在一起。特别有大家庭、团队的感觉，很值得怀念。"张亚勤这样说道。由于张亚勤的宽厚温和，他的朋友遍天下，与很多中国留学生在国外闭塞的生活很是不同。

第二，多给男孩创造机会接触同龄的人，在交往当中取长补短，提高人际交往能力及社会适应能力，养成良好的性格。必要的时候应该让男孩体验一下不被别人谅解的难过，因为如果一个孩子不会谅解别人，就容易养成霸道、蛮横、自私、无情的坏习惯，容易被孤立，今后走入社会就会吃大亏。

在美国达特茅斯大学读本科的中国男孩陈青留学期间深有体会：心胸开阔，宽厚待人的学生一般都能够很好地适应国外的学习和生活。"我见过不少中国的学生总是聚在一起，因为他们发现和其他国的人交往起来很困难。他们觉得只要拿到学位，其他就无关紧要了"。陈青说，"其实，这种想法是狭隘的，不利于人的成长成才。"

陈青解释到，中国孩子与外国人的交往困难，主要是由于文化差异而引起的。美国人言谈比较自由，爱开玩笑，但同时他们不喜欢打年隐私，他们做事比较随意，喜欢创新，但是对于制度性的东西确实说一不二，从不会有通融的余地。中外文化各具特色，要试着用开放的心态来包容对待，交往才会变得愉快。

总之，宽容是交往和沟通的润滑剂，它会让孩子在宽松的人际环境里成长。心胸开阔的男孩适应能力会更强。

建议二：不要让男孩戴着有色眼镜看人

智者的眼睛是雪亮的，看人准确、恰当。然而，生活中我们却常犯一种错误，即虽然并没有带太阳镜或茶色眼镜，看人却带有眼色，把正直的人看成恶徒，有才华的人看做窝囊废。这称之为"用有色眼光看人"，相当于门缝里看人，一洞窥天，全是偏见。

用有色眼光看人，就是带着固有的感情色彩，也就是带着成见去识别人。虽然这是识人中的大忌，但用有色眼光去看人，在古今中外的历史上都是屡见不鲜的。

用有色眼光看人，首先体现在对没有出名的"小人物"起初的轻视上。

法国年轻的数学家伽罗华把17岁时写出的关于高次方程代数解法的文章，送到法兰西科学院，没有受到重视。20岁时，他第三次将论文寄出，审稿人波松院士看过之后的结论是："完全不可理解！"

又如贝尔想发明电话，他将自己的想法说给一位有名的电报技师，那技师认为贝尔的想法是天大的笑话，还讥讽地说道："正常人的胆囊是附在肝脏上的，而你的身体却在胆囊里，少见！少见！"好在贝尔并没有相信这人的一派胡言，凭着高度的自信将实验坚持了下去，而最终取得了成功

学术上的门户之见，也是用有色眼光看人。

不打不骂，养出男孩大志气的100个细节

1968年，英国皇家学会为研究碰撞问题而悬赏征文。荷兰人惠更斯文章最好，可是，因为他不是英国人，而被扣发文章。后来，他的论文被法国赏识，在法国出版，他本人当上了法国科学院院长，为法国的科学发展发挥了重要作用。

用老眼光看人是另一种表现形式。世界上任何事物都是在不断发展变化的，没有绝对的静止。告诉孩子，一个人最初的工作可能简单、平凡，但这并不妨碍他将来的工作重要、地位显赫，没有人能够预知自己的未来，所以，看人时也不要以对方现在的状态而自作聪明地评价对方的将来。

小张少年家贫，读书不多，16岁后靠着在城里工作的小叔介绍，才得以在一家公园里当上环卫工人。小张是个勤奋好学、上进的孩子，利用业余时间自学文化知识。经过几年的努力，20岁时他已取得国家自学考试中心颁发的大学文凭。后来，一次偶然的机会，他发现文化礼品市场巨大，就集资做起了文化礼品生意。5年之后，他的公司成为当地最大的文化礼品公司。腰包已满，衣锦回乡，他在回家的路上碰见一位十年未见的村里长辈。村里长辈关心地问他："在公园当环卫工人，受人欺负吗？"他一时无语回答。

用有色眼光看人，会使我们犯下许多错误，从而影响我们正常的人际关系。摘下"有色眼镜"，看一论一，以眼前论眼前，凭事实说话，对别人作出客观评价，这样才能使我们避免出现"偏见"错误。

告诉男孩，要克服成见，可从以下三个方面来着手：

第一，在心中评判别人，要有主见，有自己的一套正确的原则和标准，不能人云亦云，更不能只根据外表，随便下判断。

第二，看人要全面，要做全面的分析。苏轼有诗云："横看成岭侧成峰，远近高低各不同。"只有横向视野而没有纵向视野，或者只有近距离视野而没有远距离视野，都会产生感觉和认识上的偏差，造成与人交往中的导向失误。必须全面观察、考察一个人，才能较准确地予以评价。

第三，多听取别人的意见和看法。要真正认识一个人，仅仅靠自己是不行的，单单靠几个朋友的介绍也是不够的。而是需要广开信息渠道，从"内围"到"外围"，从正面评价到反面意见，进行全方位的信息收集，然后进行认真分析的"精加工"，这样，判断才能比较准确。

第六章
"穷"养不穷志
——饱经挫折和苦难的男孩最有出息

细节31

庭院里训不出千里马

据说在日本的北部生存着一种狐狸,当母狐狸生下幼崽后,狐狸家庭的生活是充满温馨和幸福的。但当狐狸崽儿刚开始蹒跚学步,狐狸父母便迫不及待地教它们如何捕猎食物,再稍大一点后,狐狸父母便狠心地把小狐狸咬走,逐出家门。当怀恋家庭温暖的小狐狸又偷偷地回家时,狐狸父母便会毫不嘴软地再咬,哪怕咬得鲜血淋漓,伤痕累累,也绝不容许它们返回家门。狐狸们深知,小狐狸不可能靠大狐狸养一生,在激烈的生存竞争中,只有学会高强的生存本领,长大才会潇洒自如地生存下去,而高强的生存本领则只能靠自己从小锻炼才成。

狐狸的教子方法无疑是很聪明的,大狐狸狠心地把小狐狸咬出家门,让小狐狸在吃苦中成长,久而久之,锻炼出了小狐狸较强的生存能力。中国人常言:"庭院里训不出千里马。"为了孩子能成为千里马,家长千万别把"小马驹"圈在庭院里保守地"饲养",而应该让他们冲出庭院,去接受挑战,去冒险。

世界充满了机会,儿童充满了好奇。家长要重视保护孩子的冒险精神,鼓励孩子做探路者,而不是模仿者和追随者。想想你在平时是不是有过类似情形:限定孩子出去玩耍的时间,并告诫孩子不能够乱跑乱碰等;孩子对自然界陌生的事物感到好奇时,会情不自禁地去尝试,这时你会顾虑产生危险而禁止孩子去冒险探索未知的事物。

不让孩子冒险,就不能使其度过人生的大危险。来自现实教育的报告指出,小孩子使用工具的能力很差,不能用刀削铅笔,上版画课时,让孩子带雕刻刀,马上就把手划破了。

但是,如果人一次也不体验危险,也就不会产生回避这种危险的智慧。这或许有些夸张，但是可以说人类的历史就是反复与这种危险进行斗争的历史。

然而，现在的孩子们几乎没有得到尝试这种错误的机会了，用一句话来说，这就是父母过于保护的结果。

当然没有必要让孩子平白无故地去冒险，在生活中存在着许多培养孩子克服一定程度危险的机会，有时让孩子成为掉落谷底的狮子也是很必要的。孩子未必一辈子都能在安然的环境中生活，应当尽量让他们去体验，让他们增强适应能力，这也是父母所应尽的责任。

每个人在成长过程中都需要冒险，都需要面临失败。其中，也许有些孩子失败的次数比较多，家长也会由此变得不安，他们担心孩子的前程，于是处处防患于未然，不让孩子失败。

要锻炼孩子的勇气，常常对父母自身的勇气是一个考验，他们往往对孩子的安全过于忧虑，为防止万一发生危险，而宁愿牺牲孩子锻炼的机会。然而，这样做事实上是很自私的。父母更多地是为了保护自己的孩子不受万一可能发生的危险的伤害，害怕自己不能承受由此而来的打击，所以为求保险而加倍保护，造成孩子缺乏勇气的弱点。我们需要克服这种自私，为孩子的将来着想，大胆鼓励他们去做力所能及的事情，做一个勇敢的孩子。

为培养孩子的勇气，以及给予他们更多自由的玩耍空间，父母就应当多鼓励孩子，少打击孩子。比如孩子的脚还蹬不到自行车蹬子就想骑车，从未离开过父母就想和同学一起去郊游时，不要轻率地否认孩子想要试一试自己能力的努力，不要说"不行，太危险了"之类的话。

一位儿童心理学家说："人应该有探索，有追求。而这些都离不开冒险探索的精神。""初生牛犊不怕虎"，孩子本来是无所畏惧的，他们喜欢冒险，积极探索的精神就是从这里产生的。

西方幼儿教育很注意让孩子们在各种冒险活动中去体验成功的滋味，锻炼勇气和信心。比如在看马戏时，让一头身挂很多玩具的牛在舞台上来回走动。主持人宣布，愿意上台摘玩具的孩子，只要把玩具拿到手便归自己，另外再发奖品。孩子们都踊跃上台，而在座的家长却没有人会加以阻止。如果孩子在拿取牛身上的玩具时表现得很勇敢很机灵，便会博得全场一阵阵热烈的掌声。孩子们在克服重重困难的过程中增强了勇气和信心。这种积极进取、不畏艰险的精神，是由既放心又放手的勇敢的家长培养出来的。

因为害怕危险而不敢让孩子去冒险，无异于因噎废食。作为父母，应该鼓励孩子成为探路者而不是模仿者。

建议一：外面的世界更适合男孩

爬树、登高、从高处往下跳、溜冰、滑雪等，这些在家长看来很危险的行为，却是有些男孩最喜欢的运动。男孩子好像总是那么精力充沛、一刻都不想停下来。因此，有些家长经常不由自主地叹气：淘气的孩子真麻烦，他好像时时刻刻都在设法让你提心吊胆。然而，很少有家长从源头上分析：我的孩子到底怎么了？为什么他总是做这些危险的活动？为什么他的精力总也用不完？

一家三口正在不声不响地吃饭，儿子突然开口说话了："我找到一个鸟窝！"

母亲抬起头，瞪大了眼睛，父亲也聚精会神地听儿子说话。男孩很高兴，指手画脚地讲了起来。他说，今天放学回家的路上，看见一只金翅雀从一棵大白松树树冠里飞出来。他就在浓密的树枝里搜寻，终于发现在高处一根树杈上有一团乌黑的东西。

他把书包放在地上，开始往松树上爬。巨大的松树又粗又高，他那小小的身子紧紧贴在树皮上，慢慢往上挪动，每一次挪动都要分两步进行：先用胳膊抱住，接着两条腿尽量往上蜷，最后才停下来，四肢牢牢抓住坚硬的树干，用了很长时间才爬上去。

父亲和母亲惊呆了，谁也没有吱声。就这样，两个人战战兢兢、一声不响地听着。

男孩的天性就是喜动不喜静，他们有使不完的劲儿，其实，我们并不能完全责备这些精力充沛的孩子。冒险对他们来说是一种证明自我的机会。而爬树是诸多冒险行为中最受男孩尊崇的一种。

这在父母看来是一种危险，而对男孩们来说却是有价值的危险。首先，男孩可以通过观察树的整体，判断自己是否能爬上去。如果认为能爬，就会想到下一步的方法，确定从何处往上爬，那个树枝能否支撑自己的体重，需要确认的项目很多。这样，当孩子们根据自己的印象判断能够爬到树顶时，便决定进行实际爬树，当然有时也会从树上掉下来受伤。但这是因为自己的判断不得法而产生的失败，这将成为下一次成功爬树的经验。

对这些男孩们来说，冒险可以为他们的生活带来一场全新的体验，或者可以这样说，在他们的眼中，冒险的体验就是生活中快乐的本源。对于未知的事物他们根本就不懂得恐惧，所以也喜欢做更多的尝试。可以想象，如果在孩子的生活中只是面对同样的学习生活，总是重复着同样的内容，那该有多么地单调乏味啊，那又会有什么收获呢？

父母要给男孩提供冒险的机会。让孩子去尝试新的东西，独辟蹊径，屡败屡战。很多发明家都是最富于冒险的人。因为，他们敢于做许多次试验，直到成功才罢休。冒险不等于蛮干，人们要在冒险中不断地总结、思考、突破。否则，纵然有成功的欲望，但是却不敢冒险，又怎么会实现伟大的目标呢？

在不确定的环境中，人的冒险精神就是最有创造价值的财富。初生牛犊不怕虎，男孩们在做事的时候往往有更强的开拓性。父母们不妨试着培养男孩的冒险精神，勇于尝试和开拓的豪气会让男孩有更新鲜、更活泼的生活。

建议二：妈妈应支持男孩多参加社会实践

人是一个群体性动物，男孩子也不可能只拘囿在家庭和学校，总是要融入社会的。所以如果他们能提前接触社会，参加社会实践活动，不但能学到更多的知识和人生经验，还能丰富他们的阅历，为他们将来走入社会打下坚实的基础。

无偿献血是指为了他人生命，自愿将自己的血液无私奉献给社会公益事业，而献血者不向采血单位和献血者单位领取报酬。无偿献血是无私奉献、救死扶伤的崇高行为，是不以金钱为目的、奉献爱心的体现，是保证医疗安全用血的必由之路。只有以人道主义无私奉献而不是经济报酬为目的的无偿献血，才能从根本上消除有偿供血带来的各种弊病，血液质量才能得到保障，才能保护受血者的安全，才能最大限度地降低经血液传播疾病的危害。作为一项利民利己的公益事业，每一个男孩都要踊跃加入献血者的行列。如果能用自己的鲜血，使另一个人获得重生，这是一件多么幸福的事情啊！更何况天有不测风云，谁也不能保证自己有一天不会倒在病床上，接受别人血液的救治。如果真有这么一天，男孩会对为他献血的志愿者抱着一份感恩之情。

献血不但是有利于他人的行为，也是有利于自己的行为，当人们献血后，会适度降低血液的黏稠度，从而使血流加快，脑血流也随之增加，供氧量加大，人会感到身体轻松，头脑清醒。

此外，美国堪萨斯大学医学中心心血管疾病研究小组对 665 名献过血的人和 3000 名未献过血的人进行的跟踪调查，结果发现在过去 3 年中，献过血的男子患心血管疾病的危险只有未献过血的人的 1/2，患某些心血管疾病的危险只是后者的 1/3。研究人员解释说，这一现象与体内铁元素的贮量减少有关。

无偿献血是国际卫生组织、国际红十字会推崇的献血形式。当今世界上很多国家已经做到了临床用血来自无偿献血，无偿献血已经成为衡量一个社会文明程度的标志。各国政府都十分重视和关心无偿献血，在美国，一个很流行的献血口号是"给您一个礼物，生命"。在美国人的心目中，献血是崇高的行动。1975 年约旦首都安曼建立了一座中央血库，第一个来参加献血的是约旦国王侯赛因。日本 1985 年评出的最佳献血口号是"献血是爱，是勇气，是关怀"，目前，已被全世界各国血站所采用。1997 年 3 月菲律宾总统拉莫斯第 41 次参加无偿献血（每次 250 毫升），以此来作为他 69 岁生日的纪念。他常说：献血使他年轻 20 岁。在许多国家，公民献血后吃几块点心，喝杯饮料，就各自去干自己的工作，从不领取任何报酬，人们把献血看做是健康人对社会应尽的义务，是很普通的事。在保证男孩身体健康的情况下，父母应该鼓励男孩加入义务献血的行列。

但是，父母要把献血应注意的事项传达给男孩：

（1）应学习献血知识，了解献血常识，消除紧张心理。

（2）献血的前一天不要过度疲劳，最好洗个澡；献血前两餐不吃油腻食物、不饮酒；晚上不要饮食过量，但也不要空腹，可吃馒头、蔬菜等清淡食物；要有充足的睡眠。

（3）献血当天，思想要放松。

（4）献血后，要注意休息，保持良好的情绪，避免剧烈的活动，并且增加营养（如瘦肉、鸡蛋、动物肝等）和水分，有利于血液的恢复，但不应暴饮暴食。献血后为防止针眼感染，献血者要注意 1~2 天内不要让针眼处沾水，保持清洁。献血后当天不可参加剧烈运动或通宵娱乐活动。健康献血者间隔 6 个月之后方可参加下次义务献血。

男孩都有一种希望被肯定的欲望，希望自己做的事情得到认可。志愿者就为男孩提供了这样的一个平台。

志愿者是指不为物质报酬，基于良知、信念和责任，自愿为社会和他人提供服务和帮助的人。注册志愿者是指按照一定程序在团组织、志愿者组织注册登记、参加服务活动的志愿者。男孩当志愿者之前，父母应该让他们知道一些志愿者的基本常识。

注册志愿者应具备的基本条件：

（1）年满14周岁。

（2）具有奉献精神。

（3）具备与所参加的志愿服务项目及活动相适应的基本素质。

（4）根据自身愿望和条件至少选择一个志愿服务项目，从事一定时间的志愿服务工作。

（5）遵纪守法。

此外，父母还应该让男孩知道，他们可以参加那些志愿活动，下边的活动就是一种很必要的参考：

1. 扶贫接力计划

教育、科技、医疗卫生。

2. 社区发展计划

一助一长期结对服务，教育、科技、文化、卫生"四进巷"活动社区PC服务。

3. 保护母亲河行动

绿色行动营、临时性环保活动。

4. 健康救助计划

助老、助残、助幼。

5. "三下乡"活动

文化、科技、卫生。

6. 抢险救灾

水灾、雪灾、震灾、消防。

7. 大型赛会服务

技能服务、体力服务。

8. 志愿者组织管理

街道、社区服务站(队)管理。

9. 其他公益机构

福利院、敬老院、慈善会、红十字会、医院、图书馆、博物馆、纪念馆。

10. 捐助

志愿者组织、志愿者服务项目、资金、物品。

今天，环境问题日益突出。美丽的森林日渐消失，绿洲成为荒漠，土地贫瘠化，资源消耗过大……热爱自然，保护环境，让男孩从自身做起吧！

一个人怎样才能承担拯救环境的艰巨任务呢？男孩可以考虑参加有组织的活动，为拯救环境做出自己的贡献。父母要建议他们从身边的小事做起，从点滴做起，去爱护环境。

1. 养成不随地吐痰的习惯

如果因为感冒而克服不了的，应该准备卫生纸，吐在纸上，再扔进垃圾桶。

2. 努力克服随手乱丢的坏习惯

要把废纸、果皮、包装袋扔进垃圾桶中，特别要杜绝从楼上往楼下扔东西的不道德行为。在卫生保洁或值日时，无论走多远的路，都要把垃圾及时倒进垃圾容器中，且不可乱倒。

3. 养成随手捡拾地面上废弃物的习惯

尽量少吃零食，不要再给我们的地球增加"白色垃圾"了。

4. 爱护动物，它们也是活生生的生命，要善待它们

当然，也要爱护花草树木，不要随意伤害它们。

5. 节约用电、用水、粮食等

6. 了解环保知识，积极参加环保义务劳动，进行环保宣传

细节32

男孩受"穷"而知奋进

一位已经上了大学的男孩，喜欢吃鱼，但不"喜欢"择刺儿。据说他妈妈"喜欢"择刺儿，而"不喜欢"吃鱼。于是他们母子多年来就成了理想的"搭档"。后来，男孩到了一个盛产鱼的国度。他从那里回信说，正是妈妈的"喜欢"帮助，几乎剥夺了他维生的"技术"。

爱默生说："坐在舒适软垫上的人容易睡去。"一个人坐在健身房里让别人替自己练习，是永远无法增强自己肌肉力量的。

惯于依赖的孩子遇事首先想到别人，追随别人，求助别人，没有自信心，不敢相信自己，不敢自行主张，不能自己决断，在家中依赖父母，日后在外面宁愿依赖同事、依赖上司，也不愿自己创造，不敢表现自己，害怕独立。这都意味着人格还没有趋于成熟和健全。

心理学的研究把人分为两种类型，即内控型和外控型。内控型的人常常这样描述自己："我身上发生的事很大程度上取决于我自己做出的决定和付出的努力。当我无法改变事情的时候，我仍然可以决定以何种方式来应对。"外控型的人经常会这样说："我的快乐和痛苦不是我能决定的，这取决于别人或取决于命运。"换句话说，内控型的人相信自己，并会通过努力和负责的行动，改变自己的命运；外控型的人认为人是不能改变自己的命运与境遇的，因而他们是被他人、外界或命运摆布的弱者。

把孩子放在可以依靠父母或是可以指望帮助的地方是非常危险的。在一个可以触到底的浅水处是无法学会游泳的，而在一个很深的水域里，孩子会学得更快更好。当他无后路可退时，他就会安全地抵达河岸。依赖性强、好逸恶劳是每个人与生俱来的本能，而只有把孩子逼到"迫不得已"的形势下才能激发他们身上的最大潜力，只有让孩子完全抛弃可以依赖的"拐杖"，勇于去走自己的道路，才能真正自立自强。

第六章　"穷"养不穷志

一家大公司的老板曾说，他准备让自己的儿子先到另一家企业里工作，让他在那里锻炼锻炼，吃吃苦头。他不想让儿子一开始就和自己在一起，因为他担心儿子在他的大树荫下，被他遮住了阳光，从而难以成为栋梁。在这方面，华人富豪李嘉诚做得很好。他曾让自己的儿子李泽钜和李泽楷两兄弟到过外国人的咨询公司打过工，磨炼他们独立的精神，他的用心得到了实际的回报。李泽钜后来担起了家族发展的重担，而李泽楷也拥有了新的事业，和父亲并驾齐驱，一同奋战商海。

这些具有远见的家长知道，在父亲的溺爱和庇护下，想什么时候来就什么时候来，想什么时候走就什么时候走的孩子很难会有大的出息。只有自立精神能给人以力量与自信，只有依靠自己才能培养成就感和做事能力。

有这样一则寓言：两只青蛙在觅食中，不小心掉进了路边一只牛奶罐里，牛奶罐里还有为数不多的牛奶，但是足以让青蛙们体验到什么叫灭顶之灾。

一只青蛙想：完了，全完了，这么高的一只牛奶罐啊，我是永远也出不去了。于是，它很快就沉了下去。

另一只青蛙在看见同伴沉没于牛奶中时，并没有沮丧，而是不断告诫自己："上帝给了我坚强的意志和发达的肌肉，我一定能够跳出去。"它每时每刻都鼓起勇气，鼓足力量，一次又一次奋起、跳跃——生命的力量与美展现在它每一次搏击与奋斗里。

不知过了多久，它突然发现脚下黏稠的牛奶变得坚实起来。原来，它的反复践踏和跳动，已经把液状的牛奶变成了奶酪！不懈地奋斗和挣扎终于换来了自由的那一刻。它从牛奶罐里轻盈地跳了出来，重新回到绿色的池塘里，而那一只沉没的青蛙就留在了那块奶酪里，它做梦都没有想到会有机会逃出险境。

有时候我们的人生也会遭遇青蛙的境遇，很多突如其来的挫折或困难会阻挡我们前进的脚步。但是有的人却成功了，是因为他们能够坚强地面对；而有的人失败了，是因为他们面对困难一蹶不振，失去了继续拼搏的勇气。伟大的发明家爱迪生说过，厄运对乐观的人无可奈何，面对厄运和打击，乐观的人总会勇敢地迎接挫折！因此，我们要告诉孩子，跌倒了不要怕，勇敢地站起来就能看到一片艳阳天！在日常生活中，我们也要不断地锻炼孩子的勇气！在锻炼孩子勇气方面，英国人的做法是值得家长们学习的。

曾经有这样的事情：英国西南部的瓦伊河畔，有一所由少年探险组织建立的河流探险训练中心，专门为孩子们提供进行探险活动的机会，以训练他们的勇气和坚强的意志。

在那里，孩子们每天一早就来到河边，由专门的人负责教他们游泳和划船。训练是艰苦而紧张的，每一次练习都有孩子落水，也有人受伤。在激流中拼搏，需要具有坚强的意志和勇气。孩子们在这里不仅仅学习了划船等技术，更重要的是锻炼了他们的意志，培养了勇敢的精神，同时也懂得了互敬互爱和团结合作。

在英国很多地方都有类似的活动，目的不是让孩子学习某种技巧，而是锻炼孩子的意志和勇敢精神，为他们以后的工作和生活做好各方面的准备。

在家庭教育中，英国人的这种做法是值得提倡和推广的。锻炼孩子的勇气，首先要求父母是勇敢的人。如果父母自身就对困难或对带有一些危险的活动感到害怕，那么这样的父母培养出来的孩子就不可能有勇敢的精神。有些父母仅仅是为孩子的安危担忧而牺牲给孩子锻炼的机会。事实上，这样做是很自私的，也是很懦弱的表现，因为这些父母更多地是为了保护自己的感情不受到万一可能发生的危险所带来的伤害。

建议一：娇气的男孩没有竞争力

不少父母都不自觉地把男孩看做"我的孩子"，认为男孩是属于自己的，没有意识到男孩其实是一个独立的人。纪伯伦告诫人们："孩子来自你的身体，但是不属于你。你可以给他们爱，但不能塑造他们的思想……"家长对男孩过度的呵护与保护、过高的期望及管教，会扼杀男孩本来的天性，令其窒息，甚至产生严重的后果。不经意间，我们的做法正是以爱的名义代替了男孩精神的独立。

为了帮助男孩摆脱娇气脆弱心理，家长可以试着从这几个方面进行：

1. 让男孩学会辩证地看待问题

让男孩知道一个人经受一些适当的挫折，并不完全是坏事。反之，一个人如果从未经历困难和挫折，从来都是一帆风顺，就会犹如温室里的花朵，经不起人生中的风霜雨雪，很容易被一时的挫折压垮，这样的人也是难以有所作为的。

让孩子知道他遇到的每一个挫折都是对自己的考验：学习中遇到难解的题目，证明提高自己学习水平的机遇来了；生活中遇到问题，证明增长阅历的机会来了。只有这样，才能将挫折视为乐趣，迎接各种挑战。

2. 告诉男孩"跌倒了再爬起来"

父母可以给男孩举一些坚强的事例，比如体操运动员桑兰，比如诺贝尔等人的经历。让孩子明白一个道理：挫折并不可怕，只要能适应挫折、直面人生、勇于拼搏，就能战胜惊涛骇浪，驶过激流险滩，从而到达成功的彼岸！

3. 和男孩一起寻找失败的原因

比如，孩子的期中考试没有考好，那么家长可以和孩子共同坐下来分析这次没考好的主要原因。分数虽然不能绝对说明问题，但一定程度上反映了孩子对这些知识的掌握情况。父母可以帮助孩子总结经验。另外，学习的重点应当明确，学习不是单纯为了追求分数，而应注意解题方法的全过程；许多知识都触类旁通，不能只是机械地去背，要学会思考，只有这样，才能把各种知识联系起来，把学来的知识记牢。

通过与孩子一起正确归因，使孩子面对现实，认清自己学习的缺漏所在，从低落的情绪中走出来，在以后的学习生活中重整旗鼓。

小仲马在年轻的时候是一个名不见经传的小写手。有一次，大仲马得知自己的儿子小仲马寄出的稿子总是碰壁，就告诉小仲马说："如果你能在寄稿时，随稿给编辑先生附上一封短信，说'我是大仲马的儿子'，或许情况就会好多了。"

小仲马断然拒绝了父亲的建议，他说："不，我不想坐在你的肩头上摘苹果，那样摘来的苹果没味道。"

年轻的小仲马不但拒绝以父亲的盛名做自己事业的敲门砖,而且不露声色地给自己取了十几个其他姓氏的笔名,以避免那些编辑先生们把他和大名鼎鼎的父亲联系起来。

面对那些冷酷无情的退稿笺,小仲马没有沮丧,仍然坚持自己的创作。他的长篇小说《茶花女》寄出后,终于以其绝妙的构思和精彩的文笔震撼了一位资深编辑。这位知名编辑曾和大仲马有着多年的书信来往。他看到寄稿人的地址同大作家大仲马的丝毫不差,便怀疑是大仲马另取的笔名,但作品的风格却和大仲马的截然不同。带着这种兴奋和疑问,他迫不及待地乘车造访大仲马家。

令他大吃一惊的是,《茶花女》这部伟大的作品,作者竟是大仲马的年轻儿子小仲马。

"您为何不在稿子上署上您的真实姓名呢?"老编辑疑惑地问小仲马。

小仲马说:"我只想拥有真实的高度。"

老编辑对小仲马的做法赞叹不已。

《茶花女》出版后,法国文坛书评家一致认为这部作品的价值大大超越了大仲马的代表作《基督山伯爵》,小仲马一时声名鹊起。

许多时候,家长对男孩过度的呵护与保护、过高的期望及管教,都会扼杀男孩的天性。冷静地想想,看看自己是否存在下面的几种情况:

(1)孩子做一切事情你都不放心,只有自己帮他料理好才会安心;
(2)认为只要孩子"听话"就好,"乖宝宝"是好孩子;
(3)严格管理孩子的饮食起居、学习计划以及社会交往等活动;
(4)经常干涉孩子的事情,自作主张地为孩子安排。

家长可以细心地体会一下,当一个动物园里的老虎被饲养习惯了,要接受放养时,通常自己就不会捕食了。自然界的生存法则告诉我们:动物如果不学会自己捕食的话,迟早有一天不是被饿死,就是被猎杀。男孩也是一样,如果父母从小不培养他的独立精神,当他走入社会之后就会感觉束手无策。那个时候,他又能依靠谁呢?正是由于这个原因,父母应该有意识地避免对男孩的过分保护,给男孩独立的机会,让他来解决自己的事情。

男孩的发展,需要自己来定位,不能倚靠别人的定位。很多父母出于对自己的孩子的爱,习惯于为男孩包办自己的一切。如果一个男孩没有自己的人生目的,没有自我实现的欲求,那肯定不可能做出一番事业。再优秀的男孩,创造辉煌的生命也需要自己来雕琢。家长要做的是,帮助男孩认识自己的真实高度,然后鼓励他凭借自己的辛苦努力获得一定的成绩。

建议二:战胜困难的乐趣永远大于困难本身

有一个由业余登山爱好者组成的登山队,他们要对世界第一峰——珠穆朗玛峰发起进攻。虽然人类攀登珠峰已经不止一次了,但这是他们第一次攀登世界最高峰。队员们既激动又信心十足,他们有决心征服珠穆朗玛峰。经过考察后,他们选择自己状态很好、天气也很好的一天出发了。攀登一直很顺利，队员们彼此互相照应，没有出现什么问题，高原缺氧的情况也基本能够适应，在预定时间，他们到达了1号营地。大家都很高兴，因为有了一个良好的开始，就等于成功了一半。

第二天，天气突然发生了变化，风很大，还有雪。登山队长征求大家的意见，要不要回去，因为要确保大家的生命安全。生命只有一次，登山却还有机会。但是大家都建议继续攀登，登山本来就是对生命极限的一种挑战。

于是，登山队继续向上攀登。尽管环境很恶劣，但是队员征服自然、征服珠穆朗玛峰的信心十足，大家小心翼翼地向上攀登。"队长，你看！"一个队员大喊，大家循声望去，在离他们很远的地方发生了雪崩。虽然很远，但雪崩的巨大冲击力波及登山队，一名队员突然滑向另一边的山崖，还好，在快落下山崖的那一刻，他的冰锥紧紧地插进了雪层里，他没有滑落下去，但他随时有可能被雪崩的冲击力推下去。

情况十分危险，如果其他队员来营救山崖边的队员，有可能雪崩的冲击力会将别的队员冲下山崖。如果不救，这名队员将在生死边缘徘徊。

队长说："还是我来吧，我有经验，你们帮我。大家把冰锥都死死地插进雪层里，然后用绳子绑住我。""这很危险，队长。"队员们说。

"已经没有犹豫的时间了，快！"队长下了死命令。大家迅速动起手来，队长系着绳子滑向悬崖边，他死命地拉住了抱住冰锥的队员，其他队员使劲把他俩往上拉。就在下一轮雪崩冲击到来之前，队长救出了这名队员。

全队沸腾了，经过了生死的考验，大家变得更坚强了。

最终，登山队征服了珠峰。站在山峰上，他们把队旗插在山峰的那一刻，也把他们的荣誉和勇气留在了世界上最纯净的地方。

失利必然会引起焦虑。失利其实对男孩的打击很大，尤其是一些竭尽了全力的男孩。在巨大反差的刺激下，男孩承受着一定的心理压力，往往会出现应激障碍，出现情绪低落、抑郁、愤怒、悔恨、沮丧、绝望，以及对未来失去信心等现象。失利之后，如果父母不能及时发现并给予理解，男孩的压力会更大。因此，现在父母们面临的最大挑战，就是如何面对男孩的失败而仍然有信心去鼓励和支持他。很多时候，给男孩带来最大打击的往往不是失败本身，而是他对失败的理解。作为家长，帮助男孩正确面对失败很重要。

有些家长喜欢对男孩使用空洞的说教。比如"失败是成功之母"等。这样的语言，一来没让男孩得到真实的体验和帮助，二来男孩也无法理解其中真正包含的意义。正确的做法是和男孩一起分析失败的原因，帮助男孩认识到哪些导致失败的原因是自己可以改变的，哪些是改变不了的。相比之下，明明妈妈的做法就很好。

明明刚上小学，上学期刚开学时，他们班开展了"一帮一"活动。明明的任务是帮助一位考分总在60分上下的男生。班里只有10个人被分配了任务，刚接到这个任务的时候，明明又得意又紧张。他对这个任务很上心，每天一放学，他就留在班里帮那个男孩解答难题，回家后还不忘打电话提醒那个男孩背单词。

可是这个学期快结束了,那个男孩的各科成绩还是在60分左右。因为这个,老师在班会上当着全班同学的面批评了明明,说他没能帮助同学共同进步。在随后改选班干部时,当了一年多小队长的明明落选了。

这件事对明明的打击很大,他哭着对妈妈说不想在这个学校读书了,想转到别的学校去。妈妈对他说:"妈妈知道这件事情你受了委屈。"听了这话,刚刚忍住不哭的他眼泪又落了下来。妈妈接着问:"告诉妈妈,你尽最大努力了吗?"明明使劲点了点头。"这就可以了,你要知道,世界上很多事并不是你尽力了就一定能成功的。但只要你尽最大努力就可以了。"这以后,明明深深记住了"凡事尽最大努力就好"这句话。

男孩失利之后,为人父母者应有的最好心态是平和,要理解男孩的委屈、苦闷和绝望情绪。应送给男孩的最好礼物是理解,应扮演的最好角色是给男孩当个好参谋。细心观察男孩,及时疏导,防止出现意想不到的情况。在必要的时候,应该去找心理医生咨询,让男孩平稳度过这段"灰色时期"。有的父母说看不出男孩有什么压力,其实那只是表面现象,是他在进行心理防卫,在心理学上叫做"否认作用"和"反向作用",是在潜意识里运用的自我心理防卫机制。如小男孩闯了大祸自己用双手蒙上眼睛,抹杀现实,以免内心焦虑痛苦,这就是"否认作用";有的小男孩对妈妈说我没偷吃水果,以此压抑了自己想偷吃水果的欲望带来的痛苦,这就是"反向作用"。

现实生活中,"常胜将军"是没有的。只要是人就会有失败,有沮丧。孩子也不例外。如果男孩不能以正确的态度对待失败,会在他的人生道路上形成不小的阻碍。因此,父母应尽早训练男孩正确对待失败。

细节33

对待男孩需要"狠"一点

在我们现在的家庭中,一般情况下男孩和母亲在一起的时间大大多于和父亲相处的时间,母亲在男孩的早期家庭教育中扮演着很重要的角色。可是有的母亲爱子心切,常常过度地溺爱自己的孩子,往往是男孩主宰着家长的一切。

儿童教育学家和幼教工作者普遍认为:对孩子应当宽严相济。该严的时候严,父母才能在孩子面前树立起应有的威信;该宽的时候宽,孩子才能够不被束缚,收到良好的教育效果。父母应该怎样对男孩进行家庭教育呢?

1. 对男孩宽而有度

对于男孩无理的要求,父母要果断拒绝。比如孩子看到其他小朋友的汽车模型很漂亮,非要让父母也给他买一个;吃饭的时候看到自己喜欢吃的东西就拿到自己面前,不给其他人吃;吵着闹着非要在吃饭的时候吃冰激凌。家长只要答应了孩子无理的要求,就必然失去了自己的威信。

2. 对男孩严而有度

在父母管教过严的家庭环境下长大的孩子，往往性格懦弱、没有主见、遇事慌张。家长过度限制孩子的自由，处处指责，也会影响他们自身各方面能力的提高，限制孩子的发展。

3. 对男孩的严加管教要讲究方法

当孩子做错事情的时候，比如逃学、不交作业、打骂同学，父母千万不要一味地打骂孩子，粗鲁的管教方式往往只能收到适得其反的效果。

4. 男孩的人格独立平等

在良好的家庭环境中，家长和孩子的人格应保持平等，父母不应该因孩子年纪小而漠视他在家中的地位。平等是营造良好的家庭氛围的前提。父母、子女任何一方的优越感都会对其他家庭成员造成心理压力，使双方产生心理隔阂。

建议一：怎样使胆怯的小男孩重放光芒

我们在教育男孩时有一种坏习惯，为了使男孩做好事就往他们的头脑里灌输各种惩罚、地狱之火等故事。比如男孩闹，家长就吓唬：狼来了，老虎来了，或鬼来了，胆小的男孩立即就被镇住。

这种方法是非常错误的，因为恐惧是人的天性，即使不吓唬，男孩也怕黑暗等，因此不应当用可怕的故事吓唬男孩，应当使他们知道世上没有什么可怕的东西。男孩信任父母，父母说的话他们都信以为真。用恶魔和幽灵等吓唬男孩是非常有害的。由于这种错误的教育方法，使很多男孩从小在心理上产生阴影，终生怯懦、胆小怕事。

法国著名文学家蒙田所说："谁害怕受苦，谁就已经因为害怕而在受苦了。"懦弱是人性中勇敢品质的"腐蚀剂"，时时威胁着男孩的心灵。有一对中国父子，在澳洲的一所小学就曾经历过这样的事情，让我们一起来读读这位中国父亲的描述，兴许有值得借鉴的地方：

儿子放学回家，拿出一张画给我看。他说："爸爸，你看，这个人像不像我？"天哪，吓我一跳，这哪是人，分明是鬼，说得彻底一点，这是一堆白骨。"你为什么画这个？""老师让画的。"我不信，我相信中国所有做父母的都不会相信。男孩的坚持诱发我要去学校看个明白。

第二天一大早，我赶到了学校。踏进我儿子上课的教室，这是什么呀！墙上四壁挂满了白骨图，数了一下有19幅，班上共有18个学生，加上老师19人。"爸爸，你看这张是我。"儿子指着墙角的几乎与他个头差不多的一张画对我说。画上还注着儿子的英文名。这19张画仔细看像是医学院教学用的尸体解剖图。为什么要男孩欣赏这些呢？老师进来了，已有白发的老师告诉我说，这是她上"勇敢课"的教具。她解释说，澳洲的小学很重视基本行为训练，这种训练建立在主动出击上，像攻势足球一般，不仅仅满足于灌输或让男孩背诵"要不要"，而是让他们从小去体会、去实践。

心理专家称，胆怯心理大多数是后天形成的。家长们要警惕了：造成男孩胆小的源头在家庭、在父母、在他们不恰当的教育。造成男孩胆怯的原因主要有：

1. 经常恐吓

有的父母为了让男孩听话，老是用吓唬男孩的办法。男孩哭了，妈妈会说："你再哭，把你关在黑屋子里。"男孩不听话，有的爸爸说："你再不听话，让老虎把你吃掉。"还有的父母用"让警察抓你"、"让医生给你打针"之类的话来吓唬男孩。渐渐地，男孩怕黑暗、怕动物、怕警察、怕医生，变成非常胆小的人。

2. 无意中制造可怕的气氛

曾经有一位家长，在男孩调皮的时候，索性关掉电灯，发出各种怪叫声，造成一种阴森可怕的气氛。没想到男孩竟被吓蒙了，从那以后男孩便变得沉默寡语，神经高度敏感，稍有一些异响就吓得面色煞白。还有的家长常用老虎、狮子等凶猛的怪兽或雷公、魔鬼、妖怪等迷信物来渲染一种不健康的气氛。这种做法往往产生了很大的副作用，给男孩带来长时间的心理创伤。

3. 过分娇惯

家长们的娇惯，剥夺了男孩锻炼的机会，弱化了男孩的能力。男孩在家中地位高了，胆子却小了。所以，正确的做法是允许男孩去历练，在反复的实践中培养自己的胆量。

4. 限制交往

有些家长只希望男孩学习好，其他的人际交往都不让男孩参加。家里来了客人，男孩刚跑过来，家长马上训斥："去去去！小男孩不要多事，做功课去。"如果男孩有其他活动要和伙伴们外出，家长就横加干涉："有什么好玩的，待在家里看书。"在限制交往中成长起来的男孩，在与陌生人交际时，就会显得畏畏缩缩，连一句话都说不出来。

5. 弱者心态的灌输

有些家长的社会地位不是很高，经济收入也不丰足，平时说话时有意无意地会感叹"咱们没钱没势的人家，没什么本事，就不要出头露面……吃点亏就吃点亏"之类的话。过分地渲染自卑情绪会让男孩觉得自己低人一等。自卑是懦弱的孪生兄弟，过于自卑的男孩必然懦弱而勇敢不起来。

6. 失败后的嘲笑

如果男孩说话不流利，口齿不清，人们嘲笑他，下次讲话，他就会胆小紧张。如果男孩考试成绩不好，父母冷嘲热讽，男孩就会怕考试，怕竞争，丧失勇气。

在很多父母的潜意识里，男孩是自己的骨肉，把男孩养育大，就可以把男孩当成自己的"私有财产"，因此父母当然有权力处置。至少，不少父母都不自觉地把男孩看做"我的男孩"，认为男孩是属于自己的，没有意识到男孩其实是一个独立的人。而社会也大多认同和支持这种观念。

生活中，我们还常常看见有的父母将男孩的过失或成绩，都一股脑儿地和自己混为一谈——男孩取得成绩时则说"你给爸爸长脸了"；男孩在外表现不佳时又说"你可把我的脸给丢尽了"。

有些家长非常严厉，对男孩的要求过于苛刻，稍有差错或稍有不顺眼的地方，动辄大声训斥，严厉批评，不允许男孩有半点自由，一举一动都要经过家长的许可。久而久之，男孩就会变得胆小怕事，唯唯诺诺。对于懦弱者来说，一切都是不可能的。正如采珠人如果被鳄鱼吓住，怎能得到名贵的珍珠？事实上，总是担惊受怕的人，他不会是一个自由的人，他总是被各种各样的恐惧、忧虑包围着，看不到前面的路，更看不到前方的风景。

建议二：有出息的男孩宠辱不惊

决定一时抛弃功利性去教育男孩，可能并不难；但是要自始至终地秉承关照男孩心灵的教育思想，对很多家长来说并非易事。因为非功利的教育首先关注的是男孩本身的成长节奏和需求，可能不会让男孩在短期之内有学识上的进步。而社会会给家长诸多压力：特长生潮流、高分名校情结、就业竞争激烈等等，在讲求效率和速度的现实面前，家长未必能够稳住阵脚。

我们相信心胸的大小决定一个人事业的大小。在决定男孩心胸和视野的宽度和深度的少年时期，对男孩来说最大的收获关键不在于有多少荣誉证书，而是学会今后做学问、做事情的道理和方式。因而早期教育就需要家长接受一个事实：非功利教育的成果不会立竿见影，但是它是成功的基础。

据统计，1500~1960年间，全世界1249名杰出科学家和1928项重大科研成果的创始者在年龄上有一个阶段划分：科学创造的最佳年龄区是在25~45岁，最佳峰值年龄在37岁前后。更为精准的数据是，在诺贝尔奖的大部分获得者中，物理学家的平均年龄为35岁，化学家的平均年龄为39岁。

当然，科学家只是社会精英中的一类，他们也是最能代表智商的一类人。普通人对科学家总有一种崇拜的情感，因为他们是人类的思维精英，可以办到我们办不到的事情。上面的统计显示，科学家往往在青壮年才能够有所成就，还有更为典型的"大器晚成"的例子。

1859年11月24日，达尔文在伦敦出版《物种起源》时，年已50。他最早的科学著作，也是在45岁以后才开始出版的。易卜生的《玩偶之家》，在他51岁享誉世界。更为晚成的例子是美国遗传学家摩尔根，他的基因学说是在49~60岁之间完成的，67岁才获得诺贝尔奖。

这样的事实让我们看到，人生在青少年时期可能没有什么重大的收获，命运的转机很可能在你已经成年、感到没有希望的时候到来。但是机遇只眷顾有准备的人，达尔文22岁就离家登上"贝格尔号"去环球科考，易卜生21岁开始自费发表戏剧作品，摩尔根20岁时以最优异的成绩获得了动物学学士学位，24岁就获得了博士学位。他们从来没有放弃早年的努力，才会有后来的成功。

但是还是有很多人相信一个早年毫无建树的人，可能会在中年之后突然发迹，因而孩子的早期教育也并不是非其不可，如果孩子有"造化"，富贵荣华也会找上他的。这其实是一种推脱家长教育责任的思想，有哪位真正成功的人不是从一点一滴开始准备的呢？

司马迁的《史记》，宋应星的《天工开物》历时18年；司马光的《资治通鉴》19年；达尔文的《物种起源》22年；法布尔的《昆虫记》、李时珍的《本草纲目》30年；谈迁的《国榷》37年；马克思的《资本论》、摩尔根的《古代社会》40年；歌德的《浮士德》前后有60年……

　　这些著作问世的时候作者已经走进暮年，但是他们都是从很早就开始积累创作，经历了漫长的酝酿过程，到晚年才最终完成，绝非突然被幸运眷顾而成名。如果仅仅看到别人取得的成绩，而割断他们努力的过程，相信出人意料的奇遇，那他的一生也将在等待中度过。同样，如果放弃孩子接受教育的黄金时段，而盼望他日后自己成才的父母，也往往不能如愿。

　　成功不能一蹴而就，成才如是，教育亦如是。

细节34

挫折将男孩变得更强大

　　有些男孩从小到大走的每一步路都被爸爸妈妈小心翼翼地铺平，没有经历过挫折，不知道何为失败。这就好比身娇体贵的建康县官王复，从未曾骑过马，一日忽见马嘶鸣跳跃，立刻大惊失色对旁人道："这分明是老虎，你们怎么能亏心说它是马呢？"

　　于是，我们可以理解，为什么当男孩离开父母羽翼的庇护后，一旦遇到一点挫折就会以为发生了了不得的大事。

　　2007年10月31日，清华大学年仅26岁的研究生洪乾坤跳楼自杀，当场死亡。他在遗书中说，因找不到理想的工作，不愿意成为父母的拖累，所以选择自杀结束生命。

　　某大学学生在一次学院联欢晚会上因唱歌走调，引起观众的哄笑，一时想不开，竟于当晚自杀身亡……

　　男孩原本应该是刚强的，而如今却被这些不起眼的小挫折所摧垮。一个个不胜压力的男孩自杀的报道充斥报端，而他们自杀的首要原因就是在生活、学习中遭遇挫折、打击，比如无法适应独立生活、受到师长的批评、某个要求未被满足、就业不顺利、工作压力大和失恋等。

　　这些恶果的根源，就在于父母早期给予了他们过分的保护。

　　挫折是任何人都无法逃避的，一个人从事有目的的活动时，总会遇到障碍和干扰。现在的男孩们吃得好、穿得好、玩得好，从这个角度来说，他们是幸运的。可是他们抵抗挫折的能力较低，往往在学习和生活中经不起挫折，一旦遭到挫折和不幸，极易悲观失望、自暴自弃，有的甚至走上轻生的道路。从这方面来讲，当今社会的男孩又是不幸的。

男孩挫折心态产生的原因是多方面的，主要来自学校、家庭、社会和自身：

1. 学校方面

男孩由于生理、心理发展较女孩慢，因此，中小学阶段的男孩考试成绩都不理想，老师对男孩的言行也不像对女孩那样慎重，这些都能使男孩心理受挫，出现挫折心态，产生恐惧感和焦虑感，进而怀疑自己的智力、能力，导致悲观、失望。性格外向的男孩会变得少言寡语、不苟言笑，性格内向的男孩会变得心灰意冷。

2. 家庭方面

有些男孩因家里突然发生意外情况，如亲人伤亡、父母离异、天灾人祸等，或因父母"望子成龙"心切，甚至经常受到责备打骂，在家里得不到温暖，从而产生挫折心态。他们往往会表现出非理性的行为或消极的处世心理，性格上也会出现种种不良影响，如狭隘、抑郁、怯懦、孤僻、离群、对立、仇视等。经受这些挫折的男孩往往为了求得心理上的平衡，或放弃追求目标逃避现实，或离家出走，或迁怒于他人。

3. 社会方面

社会对男孩的影响是潜移默化的，有的孩子看到社会上出现的不良现象，如种种腐败现象，心理上失去了平衡，想到自己的基础差，学习又吃力，不如早点回家做个体生意或外出打工，这样便产生了挫折心态。

4. 自身方面

有的男孩由于自己生理上的疾病及缺陷导致挫折心态，或由于自我设计的"理想"总不能实现而导致信念动摇，产生了挫折感。有这种心态的男孩，轻则对周围采取无所谓的态度，我行我素；重则逃避现实或玩世不恭、自暴自弃。

挫折与失败，其实是社会生活中的正常现象，几乎每个人都无法逃避。如果男孩想成就自己的人生，就更不能逃避挫折。正如中国古代大思想家孟子所言："天将降大任于斯人也，必先苦其心志，劳其筋骨，饿其体肤，空乏其身。"也就是说，以吃苦为代价才能换取"降大任"的报偿。挫折，是成功的必经之路。家长要有意识地锻炼男孩承受挫折的能力，给他更多体验失败的机会，唯有如此，男孩在将来的人生道路上遇到更大的艰难险阻时才能从容面对。

建议一：告诉男孩坦然面对竞争

细心的家长都会发现："奥特曼"是男孩们心目中的英雄，他为了世界和平同怪兽作战，拯救了人类一次又一次。男孩们喜欢奥特曼更是到了入迷的地步。他们会让家长给他们买奥特曼的图书、奥特曼的VCD、奥特曼的模型；他们还常常模仿奥特曼的语言和动作；有时，他们还会发扬"奥特曼"精神，和马路旁欺负小花狗的大狗作斗争……

从男孩们对奥特曼的崇拜，我们可以看出，男孩的英雄主义情结。每个男孩的内心都想成为英雄或身披闪亮盔甲的武士。因此，我们发现，打群架的永远是男孩，为朋友两肋插刀的也大多是男孩，他们做事莽撞，喜欢什么事情都一马当先。这是男孩一种本能的反应。正像大部分男性都是足球迷一样，在他们眼中，那不是绿茵场，而是一次战争、一次搏杀，他喜欢研究战略战术，欣赏球技而不是球星，天性中好斗的成分决定了男人是天生的球迷。

从发展心理学的角度看，儿童的"战争"观念和成人的"战争"观念不同，前者是一种游戏行为，而不是成年人心目中的道德行为。美国心理学家丹尼鲁·庞斯认为：儿童之间的"战争"游戏应该说是正常的，有助于儿童建立社会正义感。

可是，他们还处于人生观的形成阶段，容易把英雄主义和暴力主义相混淆，这时候就需要我们家长的帮助了。

我们家长应该怎样帮助男孩区分暴力主义和英雄主义呢？

方法一：满足男孩当英雄的心理；

方法二：让男孩知道什么是真正的英雄；

方法三：利用孩子心目中的英雄改正孩子的缺点。

具体来说，我们应该这么做：

第一，让男孩知道，英雄主义不是暴力主义。要让他明白这个道理，爸爸自己本身首先要做到从不使用暴力，不要向孩子灌输什么"以暴制暴"的观念。生活中，常有一些家长告诫孩子：在外面受人欺负时，一定要懂得还击，使劲打，往狠里打，打坏了，流血了，有大人呢！只要在外面不受欺负就行。这样的训诫古往今来，屡见不鲜。然而，这样一来，暴力思想就从小在孩子的心中扎根了。

第二，要让孩子认识到暴力不是勇敢，你要告诉孩子爸爸不用暴力手段反击某人并不是因为怯懦，而是因为暴力并不能真正解决问题，并让孩子预见使用暴力可能造成的严重后果。你可以让孩子想象，今天你因为被小朋友打了一下，明天就一定要爸爸去帮你打还他，那么后天呢？

第三，你应该告诉孩子一些正确的解决问题的途径。男孩子一般很不喜欢使用"告诉老师"这类有点女性化的方式，那么你可以教孩子一些"男人之间的方式"，比如用眼神来瞪住对方，或者用正义的言语来说服对方等等，要让孩子信服只有采用文明的手段才能让矛盾真正得到完美的解决。

我们很难给领导能力下定义，灵活的头脑，果断的思维，英明的远见，宏伟的抱负等等都是其良好的素质。领导能力，不只是现任的领导者才应具备的能力，也是每个将来需要进入社会工作的人都应当具备的能力。因为现代社会生活有越来越多的群体活动和团队项目。在这个过程中，每个人都可以学习并检验自己领会新事物、驾驭人际关系的能力。掌握一些领导技巧可以为走入社会做好准备，为事业的成功赢得时机。

有一个著名的古代寓言：春秋时，一位晋国人想到南方的楚国去，他的马够快，车够结实，带的粮食也够多。可惜，他的方向错了，南辕北辙，结果愈行愈远。

拿破仑说："不想当将军的士兵不是好士兵。"

没有天生的领导者，只有后天造就出来的领导者。从进入人类社会以来，具备领导能力的人就一直受益匪浅。父母如果在男孩小的时候就开始有意识地培养其领导才能，并且让他主动地在平常生活中表现出来，那么会大大增加孩子将来成功的可能。

因此，作为现代的父母要培养男孩具有领导的品质。我们给父母的建议是：

1. 培养男孩正确评价自我的特性

曾子曰:"吾日三省吾身。"贤人尚且如此,杰出的领导也是在不断地自我剖析、不断地自我否认、不断地自我肯定中成长起来的。因此家长应该引导男孩在日常生活中正确地认知、正确地认识自己,塑造健康良好的自我形象,接受自我,肯定自我,找出不足,更快地进步。

2. 培养男孩灵活的应变处事能力

"君子修德求仁,有道有节",要求人们要遵守一些道德规律,但是这并不是说只会迂腐地死心塌地遵守各种有关的仁德教条,而是要对于虚伪假冒勇于质疑,要懂得因时因势而变,灵活地实现某种理想和目标。家长教育孩子的时候要懂得让孩子从实际出发,把学到的经验运用到生活中,灵活地处理应急事件。

3. 培养男孩积极向他人学习的品质

子曰:"见贤思齐焉,见不贤而内自省也。"在生活中,有一些人对比自己能力强的人所持的心态是妒忌,而对比自己水平差的人加以鄙视和嘲笑。而那些具有领导才能的人总是会向比自己强的人虚心学习,使自己尽快达到对方的水平;见了有毛病的人,则会对照对方来反观自己,看看自己是不是也有这方面不良的现象,有则改之,无则加勉,这才是能够切实提高自己修养的有效途径。

建议二:传统挫折教育中的错误

现在的男孩都是在宠爱中长大的,他们的依赖性强,独立性差。这些"蜜罐里"长大的孩子在享受优越生活的同时,也注定了他们的心理素质脆弱得不堪一击。

不少男孩的家长只是关注男孩的学习成绩,关心他们的生活是否舒适,却唯独忽略了他们的吃苦耐劳和挑战精神,而这些恰恰是他们成长一生所必需的。在日常生活当中,如何对男孩进行挫折教育呢?可以从以下几个方面着手:

首先,要引导男孩不要害怕挫折,遇到挫折要及时反抗。

小男孩胡山山长得比其他小朋友高大,但常常被幼儿园里一个小个子的男生欺负,男孩总是咬他的脸。胡山山就不懂得反抗,只会暗暗地哭,也不敢告诉老师谁咬了他。老师见到这样的情况,就告诉他说:不要怕,要反抗啊,下次他要是再咬你,你就把他推开。在老师的引导下,胡山山就不再惧怕男孩了,懂得了反抗欺负他的男孩。

家长和老师不可能时时跟着男孩,要让男孩用最正确的态度来对待遇到的挫折,让男孩知道挫折并不可怕,引导他们在克服困难的过程中去感受挫折,认识挫折。

其次,帮助男孩创造困难情景,提高男孩的耐挫折能力。

有些家长有心让男孩经历挫折,却收不到良好的效果,原因有二:

第一,家长没有设身处地地为孩子着想,而是把自己的想法强加给男孩。

例如,培训班的高尔夫、网球等课程非常热门,于是家长们就一窝蜂地让孩子报这两门课,其实孩子并不喜欢。每次上课之前家长为男孩准备好一切"装备"兴致勃勃地送他到培训班去，却没有注意到男孩一脸闷闷不乐的样子。

家长希望男孩通过体育运动增强体力与意志力，出发点是好的，但是不能因此就把自己的想法强加到男孩头上。应该让男孩选择去做他喜欢做的事情，因为有心底的热爱，在从事这项运动受到某种挫折时，孩子才会从真正激发起潜在的抗挫折能力。

第二，家长没能及时帮助孩子总结失败原因，使孩子虽然失败却无所得。

学校组织演讲比赛，二十位学生参加比赛，有三位学生分享前三名，另有七名是优秀奖。

子建本来信心满满，结果连优秀奖都没拿到，一直阴沉着脸站在台下。来观摩比赛的爸爸看到这种情况，走到儿子身边对他说："输就输了，不过一次演讲比赛，没什么大不了的。"

挫折教育的意义在于，经由失败总结经验，避免下一次在同样的问题上跌跟头。如果仅仅给予孩子以安慰，不告诉他问题出在哪里、如何防止错误再次发生，那么，下次遇到同样的问题时，他依旧会遭受失败。这样的挫折教育，是没有积极意义的，反而会给男孩心理蒙上阴影。

细节35

让男孩学会自我修复，更好地适应社会

一个研究《塔木德》的犹太学者，刚刚结束他的学习生涯，到艾黎扎拉比那里，请求给他写封推荐信。

"我的孩子，"拉比对他说，"你必须面对严酷的现实。如果你想写作充满知识的书，你就必须像小贩那样，带着坛坛罐罐，挨门挨户地兜售，忍饥挨饿直到40岁。"

"那我到40岁以后会怎么样？"年轻的学者满怀希望地问。

艾黎扎拉比笑了："到了40岁以后，你就会很习惯这一切了。"

这一则小故事流传于犹太人之间，他们用这样的故事教育后代苦难是不可避免的。苦难教育对一个人的一生影响深远，很多人总是逃避苦难，不愿意去品尝，但要知道，只有经历苦难，才能从苦难中汲取动力和能量，只有真正懂得苦难的含义，才能品出苦难赋予他的甜。

对于苦难，任何人都会有一种不由自主想要逃避的心理。殊不知，经历了苦难之后的生活才能更甜。所以，教给孩子品尝苦难的本领，他才能够明白究竟什么才是真正的甜。

父母要让男孩自小接受艰难困苦的磨炼，教会他们敢于面对挫折，不怕失败，以培养他们坚忍不拔的意志和毅力。经过在逆境中千锤百炼成长起来的孩子才能更具生存竞争力，这也是父母应为孩子尽到的义务和责任。

让孩子的心理经得起挫败，关键就是要他能"缩小"自己，不要有唯我独尊的意识，在看问题的时候能够从别人的角度来看，那么他就不会轻易被一件小事情打败了。

然而，现在的很多家庭，家长舍不得孩子吃苦。他们动辄"宝贝宝贝"地叫着，恨不得为孩子做一切。在这样的教育下，孩子好吃懒做、娇气任性，还缺乏责任心、感恩心。站在孩子的角度想一想：很多事情没有经历，不知道生活还有不如意的一面；很多东西从来都是像天上掉下来的一样容易，不需要费一点心力。这个时候，他怎么有机会、有能力去承担生活给他的各种考验呢？

现在的孩子，尤其是那些家境优越的孩子，他们从来没有认真努力过，总认为一切都不用愁，自有父母安排。这样的孩子就是缺乏了危机的意识，相信当真正的困难来临的时候，他们会被彻底打败。在任何情况之下都保持着高度的警惕，才能更好地掌握自己的命运。

有这样一个实验：科学家把一只青蛙放在滚热的油锅旁边，在快到油面的时候，那只青蛙竟然跳离了油锅；可是，当把这只青蛙放进盛满凉水的锅里，下面再放火煮，水越来越热，青蛙却感受不到水温的变化，最后被煮死了。

给男孩进行苦难教育，男孩才能真正强大。如何培养男孩的危机意识呢？可以有以下几种方法：

第一，家长不用担心给孩子的物质条件不够或者觉得自己孩子穿的吃的比不上别的孩子，应当明确告诉孩子：家里条件没他想象得好，父母挣钱不容易。如果希望得到更好的东西，那么要通过自己的努力来实现。

第二，在培养孩子危机意识的过程中，不应该一味地批评和限制，当孩子有一些进步时，比如懂得节俭了，父母也应当不失时机地加以表彰和鼓励。

第三，要使孩子的危机意识成为一种思考习惯。在孩子小时候，就告诉他：不努力马上就会有危机，你立刻就会得不到你想要的好东西。先让他在脑子里形成这种条件反射和好的习惯。当他慢慢长大时，再不断地向他灌输奋斗、进取的意义。

有成就感的男孩往往能够在将来更好地实现自己的人生目标。父母都希望自己的男孩在将来能够出人头地，那么如何培养男孩的成就感呢？可以从下面的几个方面开始：

1. 建立起良好的亲子关系

良好的亲子关系是提升孩子成就动机的大前提。孩子敬重和认同父母，这样能够充分发挥家长的影响力，家长正确价值观的建立对孩子的成就欲也有着间接的鼓励。

2. 丰富孩子健全的情绪体验

脑生理学家指出：支配创造欲望的区域与支配情感的区域，同在大脑"新皮质"的额叶。这正是与动物本质不同之所在。人有两片额叶，动物没有。只有人才会产生动物远不能比拟的复杂欲望和感情。因此，要发展孩子的成就欲，必须丰富孩子的情绪体验，使他们成为情感丰富、健全的人。

3. 要尊重孩子的独立性

孩子在独立做事情的时候会体验到各种情感，这种体验会反过来激发他们做事情的欲望和兴趣。在他们的努力下，事情成功时，心情与在别人帮助或强迫下成功是大不一样的，巨大的喜悦会激起争取取得更大成功的欲望，相反，失败了也会使他们产生出不屈不挠的精神。

4. 要创造条件让孩子尽早取得成功

成功欲是在一次次取得成功的基础上发展起来的。因此，无论孩子学什么、做什么，都要为之创造条件，耐心引导。切忌冷嘲热讽，伤害孩子。

5. 适时地给予正面回馈

适时的鼓励和支持能成为激发孩子成功的动力。回馈可以用具体明确的言语表达，也可选择孩子感兴趣的方式。

6. 鼓励孩子涉足新的领域，敢于尝试没有做过的事情

家长习惯于责怪孩子的冒险行为："太危险了！""那可不能去！"禁令和责备对孩子十分有害。兴趣的萌芽、新奇的体验受到摧残。额叶因得不到足够的刺激而发展不起来，孩子会变成一个缺乏欲望的人。

7. 要帮助孩子不断总结经验教训

事后家长可以帮助孩子想想哪些地方存在不足，如果重新做时应怎样改进会做得更好，使孩子的聪明才智和成就欲得到更好的发挥。

建议一：让男孩学会妥协

妥协，并不是软弱无能。它展示的恰恰是一份平和的心态，一种超越自我的境界。中国太极拳讲求四两拨千斤的招数，做人也同样如此。一味逞强有时候会为自己平添负累，而在适当的时候选择妥协、认输、放弃的则是一种处世的大智慧。

瑞典人克洛普以登山为生。1996年春，他骑自行车从瑞典出发，历经了千辛万苦，来到了喜马拉雅山脚下，与其他12名登山者一起登珠峰。但在距离峰顶仅剩下300米时，他毅然决定放弃此次登峰，返身下山，那意味着前功尽弃，功败垂成啊。而他做出这个决定的原因在于，他预定返回时间是下午2点，虽然他仅需45分钟就能登顶，但那样他会超过安全返回的时限，无法在夜幕降临前下山。同行的另外12名登山者却无法认同他的明智决定，毅然向上攀登。虽然他们大多数到达了顶峰，但最终错过了安全时间，葬身于暴风雪中，让人扼腕叹息。而克洛普经过对恶劣环境的适应，在第二次征服中轻松地登上了峰顶。

如果克洛普也一味地追求执著，不顾一切地去实现目标，那么将与其他同行者遭遇一样的结局。但是他智慧之处就在于他懂得妥协，善于审时度势，在遇到问题的时候能够从全局的角度思考，因而可以看清未来的趋势，以小忍换大谋，最终他攀上了成功之巅。

我们在冬季常常能看到这样的景象：大雪纷飞，雪花落满了雪松的枝丫，当积雪达到一定程度时，雪松那富有弹性的枝丫就会往下慢慢弯曲，直到积雪从枝丫上一点一点

地滑落，这样反复地积，反复地弯，反复地落，风雪过后，雪松完好无损，而其他的树由于没有这个本领，枝丫早被积雪压断了，摧毁了。

一堆石子压在草地上，小草压在了下面，小草为了呼吸清新空气，享受温暖的阳光，改弯了直长方向，沿着石间的缝隙，弯弯曲曲地探出了头，冲出了乱石的阻隔。

在重压面前，松树和小草选择了弯曲，选择了变通，选择了妥协，而正是这种选择，使它们生机盎然。

海滩上有两种不同性格的蓝甲蟹：一种是比较凶猛的，从不知躲避危险，与谁都敢开战；一种是温和的，不善于抵抗，遇到敌人，便翻过身子，四脚朝天，任你怎么搞它、踩它，它都不跑不动，一味装死。千百年后，人们发现，强悍凶猛的蓝甲蟹成了濒危动物，而性情温和的蓝甲蟹反而繁衍昌盛，遍布世界的许多海滩。

动物学家通过研究发现，强悍的蓝甲蟹一是因为好斗，在相互残杀中死了一半；其次，因为其强悍而不知躲避，被天敌吃掉了一半。而会装死的蓝甲蟹，因为善于保护自己，显示出旺盛的生命力。

我们常用毫不妥协来形容勇敢，但时时处处不妥协的蓝甲蟹却渐渐被自然界淘汰出局。总有些人以为妥协是软弱的代名词，但实际上，妥协是一种理智的忍让。我们常说，退一步海阔天空，也正是这个道理。退，是为了更有力的前进；妥协，也是为了愈见刚强。

古代文学家李康曾经说过："木秀于林，风必摧之；堆出于岸，流必湍之；行高于人，众必非之。"生活中若太过锋芒毕露，个性太强，往往会处处受制；若学会从容低调，示弱在先，往往能够趋利避害，在更为宽阔的天地里，一步一步向心中的目标靠近。

在大多数人传统的观念里，男孩天生就得勇猛强悍，所以很多男孩的父母从孩子很小的时候就格外注意锻炼他坚强刚硬的个性。然而太过刚强的男孩，当他们长大成人以后，往往会遭遇更多的压力，承受更多的辛苦。男孩在外，要为生活打拼，当成家以后，还要为家庭和孩子作出必要的牺牲。倘若肩负太多的压力而又偏偏硬撑死扛的话，就会如那些被落雪积压又不懂弯曲的树干一样，终被摧毁。

学会妥协，才能获得感受幸福的机会。一个太过刚硬、雷厉风行的男孩，他惯于掩藏内心的敏感，对外呈现出一副无坚不摧的姿态，久而久之，先天敏感的知觉便很容易退化。每个人的时间都是有限的，当你在充分表现自己强大的同时，就会失去那些静心享受生活的时间和心志。只有懂得"妥协"的男孩，才能有心情欣赏沿途的风景。所以作为男孩的父母，要教会自己的儿子以平和的姿态，珍惜和品味生活中的一点一滴。

建议二：告诉男孩承认错误也是一种勇气

家长在面对男孩的错误时，应该给他们一个"犯错——认识——改正"的机会，以宽大和包容来对待男孩的错误。当然，对于重大的错误，一定要让男孩认识到错误的严重性，并加以改正。重要的是，在纠正和惩罚这些错误的时候，不能羞辱、嘲弄、打骂男孩，这也是为人父母需要提高的素质。因为，对于男孩来说，能够勇敢地承认自己的错误，已经足以值得家长夸赞了。如果一个男孩为了逃避父母的批评而对自己的错误总是加以隐瞒，那不是违背了我们教育孩子的初衷了吗？

列宁从小活泼好动，所以常常把家里的东西弄坏。他8岁的时候，母亲带他到姑妈阿尼亚家中做客。活泼好动的小列宁一不小心，把姑妈的一只花瓶打破了，只是当时没有人看见。

很快姑妈发现了碎花瓶，便问男孩们："谁把花瓶打破了？"男孩们都说："不是我。"

小列宁因为在姑妈家做客，怕说出实话会遭到姑妈的责备，所以他也跟着大家大声回答："不——是——我！"

可是，他的表情没逃过母亲的眼睛，母亲断定花瓶是小列宁打碎的。列宁的妈妈在想：这不是一件小事，该怎样对待小列宁撒谎这件事呢？当然，直接揭穿这件事，并且严厉地处罚他是最省事的办法。但是列宁的妈妈没有这么做。她要想办法教育列宁犯错误后要勇于承认错误，做一个诚实的好男孩。

这天晚上，妈妈又像往常一样，一边抚摸着小列宁的头，一边给他讲故事。不料小列宁突然哽咽地大哭起来，伤心地告诉妈妈："我撒了谎，并且欺骗了阿尼亚姑妈，姑妈家的花瓶是我打碎的，但是我没有承认是我干的。"听着儿子羞愧难受的述说，妈妈耐心地劝慰他，说："好男孩，你是好样的，这没什么，勇于悔过就是好男孩。赶快给阿尼亚姑妈写封信，向她承认错误，姑妈一定会原谅你的。"

于是，在妈妈的帮助下，小列宁给姑妈写了一封信，向姑妈承认了自己的错误，表示花瓶是自己打破的，并恳请姑妈原谅。

没过几天，小列宁收到了阿尼亚姑妈的回信。在信中，姑妈不但表示原谅小列宁，还称赞小列宁是个诚实懂事的好男孩。

小列宁得到姑妈的原谅后，自然十分高兴，又像以前一样活泼开朗了。他还悄悄地对妈妈说："做诚实的人真好，心里踏实，也不用有思想负担。"

现实中，由于各种原因有时男孩会犯错。作为家长，你是如何对待男孩的错误的，是大声斥责、严厉批评，还是心平气和地引导男孩知错的心理觉醒呢？

许多时候，男孩犯错的最初原因可能在家长身上，也可能是无意中模仿大人的不实之词；或出于自我保护的本能；或为了迎合家长的过高期望，满足某种虚荣心。男孩犯错，作为家长要正确理解并加以引导，根据不同情况客观分析，对他进行正确的教育，即使男孩犯错，只要说了真话，就应肯定他的表现，并引导他不断完善自己。

我们以男孩说谎为例。教育说谎话的男孩，一定要注意批评的技巧，切不可一味地批评、打骂男孩。

当发现男孩说谎时，父母要弄清楚男孩说谎话的原因。一般情况下，男孩说谎是模仿成人行为的结果。此外，还有可能是为了逃避责任、免遭打骂和惩罚。男孩有时是在环境的压迫下才说谎的，而且只有发现说谎可以逃避责任、免遭打骂和惩罚时，才真正有意识说起谎来。

有时候对于男孩的无意说谎，家长不必过于追究，因为随着男孩认识能力的提高，这种现象会慢慢消失。而对于有意说谎的男孩，则要严肃对待。有意说谎通常带有明显的欺骗目的。当他们知道一旦讲出事实真相将要受到惩罚时，就可能用谎言来掩盖事实；或者，当男孩意识到不隐瞒事实将得不到社会承认或家长表扬时，也可能采用说谎的手法。不管怎样，凡是敢于承认错误的男孩都是值得嘉奖的。

针对这一点，家长可以对男孩说："说谎的人会失去别人的信任。"以此来增强男孩的自律意识，使男孩自觉地改变说谎的坏习惯。

父母如果从不向男孩承认自己的缺点、过失，男孩就会认为"父母说的永远正确，但实际上老是出错"，久而久之，家长在他们的心中威信降低，他们对父母正确的教诲也会置之脑后。父母如果在做错事后总能郑重地向男孩认错、道歉，孩子就会懂得承认错误并不是一件可耻的事，不仅可以提高分辨是非的能力，而且还尝到了原谅别人的甜味。

不少父母认为自己是"一家之主"，需要保持自己的"形象"与"威信"，因此不愿意在孩子面前承认自己的缺点和错误。比如：有些父母明明知道自己做错了事，冤枉了孩子，或误导了孩子，还给自己护短，不当回事儿。这就违背了做人的基本原则，也是家庭教育之大忌。次数多了，父母就会在孩子心目中失去威信，更不用说教育了。

比如当孩子"闯祸"后一些父母由于一时冲动，往往会对孩子进行不恰当的、过重的批评或惩罚，事后又往往会后悔。这时，倘若父母能真诚地向孩子道歉，补救自己的"过失"，就能引导孩子更好地发展。

被称为"西班牙王国上空的一颗光辉灿烂的巨星"的拉蒙·依·卡哈的成长，就说明了这一点。卡哈小时候调皮得很，13岁时用所学的知识造了门"真"的大炮，把邻居家的孩子打伤了，闯了大祸，被罚款和拘留。当他从拘留所出来后，身为大学教授的父亲把这个"顽童"着实训斥了一顿，并责令他停止学业，学补鞋子。后来，父亲越来越觉得这样的处罚过于严厉，孩子闯了祸是要管教，但不能因噎废食。于是，一年后，父亲上补鞋铺接回了卡哈，搂着孩子深情地说："爸爸做得不对，向你道歉。我不该因为你闯了一次祸就中断你的学业。从现在起，你就在我身边学习吧，你会有出息的。"从此卡哈潜心学习骨骼学，终于成为举世瞩目的神经组织学家，并荣获了诺贝尔奖。

父母应当意识到：当自己向男孩道歉时，就等于在教男孩相信他自己的洞察力。如果父母不停地批评孩子、辱骂孩子，孩子就会形成一种对生活本质和对世界的负面看法。父母应该让男孩懂得，任何人都会犯错误，但一定要对自己的错误负责。通过道歉，家长塑造了自己关爱他人的行为模式。每位家长身上都蕴含着改变孩子命运的神奇力量。当你自己从内疚、自责和愤怒中解脱出来的时候，你也解救了你的孩子；当你终止了旧的家庭模式给你的束缚时，你就等于给自己、也给了孩子一份厚礼。他会记住自己的父母是如何勇敢地对待自身的缺点，这种勇气与坦率会鼓励孩子做终生的探索与自我培养，而不至于迷失方向。

细节36

男孩是未来世界的开拓者

一些父母老是抱怨自己的孩子太懦弱、太胆小、害怕挫折、害怕失败，经不起一点儿风雨。他们经常担心地说：

"看别人家的孩子什么事情都不怕，我家的孩子却什么都不敢做。"

"人家的孩子都可以自己解决问题了，而我家的老是出错。"

"是啊，孩子太胆小，真是让人担心。"

你是否也在为孩子的这些问题烦恼，不知道如何把孩子培养成一个勇敢的有进取精神的人呢？

那么，什么是勇气呢？

勇气是产生于人的意识深处的对自我力量的确信，是相信自己可以面对一切紧急状况，消除一切障碍，并能控制任何局面的意识。勇气是世界上最好的精神药物。如果孩子以一种充满勇气、充满自信的精神进行学习的话，那么孩子以后可能遇到的任何失败都只是暂时性的，一个勇敢而坚定的人必定会取得最后的胜利。我们来看看麦克阿瑟将军英勇的品质是如何培养出来的。

这得从麦克阿瑟的父亲说起。麦克阿瑟的父亲就是位性格勇敢坚强的人，所以他希望孩子将来也能够像自己一样。

有一天，父亲带着小麦克阿瑟出去打猎。麦克阿瑟非常高兴，拿着父亲送他的木剑就出门了。可是在路上，突然从树林里窜出了一头豹子，小麦克阿瑟顿时吓得面如土色，紧紧抱住父亲，木剑也从手里掉了出来。

父亲鸣枪吓跑了豹子，很生气地对儿子说："记住，你是军人的孩子，要勇敢坚强，做一个真正的男子汉！"说完捡起了地上的木剑还给了儿子。

这件事情对麦克阿瑟影响很大，他牢牢记住了父亲在森林里对他说过的话。从此以后，他一有机会就锻炼自己的胆量。没过多久，父母带麦克阿瑟去砍树。他不小心被刀子划破了腿，麦克阿瑟忍住疼痛没有告诉任何人，过了几天伤口感染，父母发现后给他清理了伤口，麦克阿瑟竟然没叫一声疼。他的父亲十分高兴，觉得自己的孩子很勇敢，以后说不定会成为有用之才，结果成年后的麦克阿瑟果然成为一位英勇威武的大将军。

有时候，爸爸可以和男孩一起看看电视剧，学学其中的人生智慧。比如《亮剑》就是值得爸爸和男孩一起学习的一部电视剧。

李云龙、丁伟都是属于那种天不怕地不怕的人，打仗时咬住敌人就不松嘴，吞不下去也要撕下块肉来，一旦和敌人接上火，就谁也别想调动他了，哪怕是野司林总的命令也没用，不占点便宜他决不走。辽沈战役的最后一仗，丁伟率一个师在辽西平原上咬住廖耀湘兵团，他不等后继部队到，便以一个师的兵力率先向廖耀湘兵团发起攻击，如入无人之境，硬是把对方一个兵团冲的七零八落。

李云龙的将士更是不达目的誓不罢休，在追击黄百韬第七兵团时，撒开双腿就追，在奔袭中以昼夜行军180里的速度冲到最前面，还没等首长下命令就乒乒乓乓干了起来。敌人跑到哪里，就坚决追到哪里、打到哪里。

丁伟和李云龙这种咬住敌人不放，不达目的誓不罢休的狼族精神使他们成为野战军中的王牌。狼，是最不懂得妥协的猎杀者，是一种桀骜不驯的动物。再强大的对手也有它的弱点，只要坚持不懈，必有收获。一旦下定决心，狼群的追杀便是被猎者的催命符，很少有猎物能从狼嘴下脱身，狼不懂什么时候该停下来。这种不达目的决不妥协的本性，让每一个对手震撼。

如果拿出这种咬定青山不放松的精神来对待人生，那么，孩子也就鲜有达不到的目的。

由于外在的客观条件，有时即使一个很努力也很有能力的人，也会被成功拒之门外。此时，能否具有不达目的誓不罢休的狼族精神，能否坚持不懈地叩击成功的大门，比其他任何东西都重要。只有抱着不达目的誓不罢休的信念去努力争取、努力奋斗，才能像李云龙那样打赢人生的每一场战役。

智慧的爸爸懂得"授之以鱼不如授之以渔"的道理，让孩子主动亮出自己，这与让他拥有君子的品行一样重要。孩子都喜欢明星崇拜，如果他能把《亮剑》中的李云龙当成自己的偶像，如果爸爸能多多和孩子一起说说这个人物的故事，把李云龙的故事印在生活中，这样的崇拜会帮助他克服困难，成为一个坚强的人。

建议一：逆境是男孩成长的试金石

有些男孩，稍微受点小委屈，他便觉得天都要塌下来了。归根结底是因为他小时候没有受过什么委屈，更没有吃过什么苦头。他长大后，受挫能力明显比同龄男孩薄弱。

教育专家赵忠心教授在他的调查报告中，曾讲到这样一个真实的故事。

在某省城宽阔的大街上，一大早就停放着一辆威严的警车和一辆豪华轿车。警车上坐着警察，可轿车里坐的却不是犯人，而是佩戴红领巾的少先队员。轿车周围簇拥着黑压压一大群前来送行的人，男女老幼约有上百人。

只见车下的人一个劲地往车上递大包小包各式各样的食品，还喋喋不休地千叮咛万嘱咐："别到处乱跑"，"不要喝生水，别吃不干净的东西"，"水杯、饭碗使自己的，不要用老乡的"，"睡觉盖好被子，别着凉"，"晚上上厕所带好手电筒"……

第六章 "穷"养不穷志

警车拉着警笛、闪着警灯开动了,直到消失在大街的尽头,送行的人们仍旧站在原地,眼含热泪,眼巴巴地望着车开去的方向,很久都不愿离去,此情此景颇为"悲壮",犹如生离死别。

其实,这只不过是某单位组织的一次小学生社会实践活动:从省城挑选20名小学生到边远山区学习生活一周,同时从边远山区挑选20名小学生到省城学习生活一周,即进行短期的"易地留学"。城乡的学生分别住在对方学生的家里,到对方的小学学习。让城里生活条件优越的孩子亲身体验一下农村比较艰苦的生活,促使他们更加珍惜自己优越的生活和学习条件,增强社会责任感。

看到眼前这种情况,观众无不感叹地说:"现在的孩子养得也太娇了,将来他们怎么能独立生存呢?"

这种担心绝非杞人忧天。其实,有许多男孩的父母,很不重视男孩生存能力的培养,将男孩护在怀中,便限制了他们发展能力的空间,使他们在未来的社会中束手无策。同时,父母过于紧张的保护意识,也容易使男孩对生活产生恐惧感,认为外面的世界充满不可抗拒的威胁,形成怯懦的性格。

要想让男孩成就辉煌的人生,就要放手让生活的磨难去砥砺男孩坚强的品质和心性。男孩在成长时期太顺利未必是好事,不能吃苦,受不了一丁点委屈的男孩长大后很容易丧失斗志。父母只有放开保护的羽翼,让男孩多受些"委屈",他才能变得更坚强。

很多家长舍不得男孩吃苦受委屈,于是,很多男孩生活自理、自控自救、自我防范等方面的能力很差,导致真遇到大事的时候往往不知所措,上当受骗。

家长不妨在男孩小时候就对他进行一些挫折教育,有时候甚至可以给他人为地制造一些小麻烦。想方设法给他出一些生活难题,让他自己来处理。其间,父母不要提供"善意的帮助",这样会剥夺孩子独立的处事能力。父母不如放开手,让孩子去接受挫折的存在。在孩子向尚未经历过的事情挑战时,一般会饱受失败的折磨。不过,忍耐这种痛苦也是一种必需的经验。

有的男孩在逆境中易产生消极反应,往往会垂头丧气,采取退避的方式。父母要改变这种现象,就必须在男孩遇到困难时,积极鼓励他战胜困境。例如,当他登山怕高、怕摔跤时,家长就鼓励他:"别怕,你行的!摔一跤算什么?"这样会激发他的勇气与斗志,久而久之,他承受挫折的能力会得以增强。

男孩如果失败了,父母千万不能说一些抱怨的话,而是要鼓励男孩用一颗平常心去对待生活中所遇到的一些事情。父母要用温情去温暖男孩,对男孩进行引导。

此外,平时可以多给男孩买一些冒险类或名人传记类的图书。他读这些图书多了,便会受到潜移默化的影响,变得勇敢、坚毅、顽强。

建议二:教男孩承受生活的磨炼

有些事是可以通过努力解决的,也有暂时解决不了的。在个人无法抗拒的困难面前,承受能力就更显得重要。

如果我们把什么事都设想得一帆风顺，期望事事称心如意，对生活中可能产生的困难和问题毫无思想准备，一旦遭受挫折就会难以承受。相反，如果一个人阅历曲折、饱经风霜，在生活中受过多种波折和风险的磨炼，积累了同逆境搏斗的经验，一旦再遇到挫折，就能够比较冷静地分析产生挫折的原因，比较容易找到摆脱困境的捷径。

1864年9月3日这天，平静的斯德哥尔摩市郊，突然爆发出一声震耳欲聋的巨响，滚滚的浓烟霎时冲上天空，一股股火焰往外冒出来。仅仅几分钟时间，一场惨祸发生了。当惊恐的人们赶到现场时，只见原来屹立在这里的一座工厂只剩下残垣断壁，火场旁边，站着一位30多岁的年轻人，突如其来的惨祸和过分的刺激，已使他面无人色，浑身不住地颤抖着……

这个死里逃生的年轻人，就是后来闻名于世的弗莱德·诺贝尔。诺贝尔眼睁睁地看着自己所创建的炸药实验工厂化为了灰烬。人们从瓦砾中找出了五具尸体，四个是他的亲密助手，而另一个是他在大学读书的小弟弟。五具烧得焦烂的尸体，令人惨不忍睹。诺贝尔的母亲得知小儿子惨死的噩耗，悲痛欲绝；年迈的父亲因大受刺激而引起脑出血，从此半身瘫痪。然而，诺贝尔在失败面前却没有动摇。

事情发生后，警察局立即封锁了爆炸现场，并严禁诺贝尔重建自己的工厂。人们像躲避瘟神一样地避开他，再也没有人愿意出租土地让他进行如此危险的实验。但是，困境并没有使诺贝尔退缩，几天以后，人们发现在远离市区的马拉仑湖上，出现了一只巨大的平底驳船，驳船上并没有装什么货物，而是装满了各种设备，一个年轻人正全神贯注地进行实验。原来，他就是在爆炸中大难不死、被当地居民赶走了的诺贝尔！

不怕死的毅力也会把死神从身边吓跑。在令人心惊胆战的实验里，诺贝尔依然持之以恒地行动，他从没放弃过自己的梦想。

工夫不负有心人，他终于发明了雷管。雷管的发明是爆炸学上的一项重大突破，随着当时许多欧洲国家工业化进程的加快，开矿山、修铁路、凿隧道、挖运河等都需要炸药。于是，人们又开始接纳诺贝尔了。他把实验室从船上搬迁到斯德哥尔摩附近的温尔维特，正式建立了第一座工厂。接着，他又在德国的汉堡等地建立了炸药公司。一时间，诺贝尔的炸药成了抢手货，诺贝尔的财富越来越多。

然而，初试成功的诺贝尔，好像总是与灾难相伴。不幸的消息接连不断地传来，在旧金山，运载炸药的火车因震荡发生爆炸，火车被炸得七零八落；德国一家著名工厂因搬运硝化甘油时发生碰撞而爆炸，整个工厂和附近的民房变成了一片废墟；在巴拿马，一艘满载着硝化甘油的轮船，在大西洋的航行途中，因颠簸引起爆炸，整个轮船葬身大海……

一连串骇人听闻的消息，再次使人们对诺贝尔望而生畏，甚至把他当成灾星。随着消息的广泛传播，他被全世界的人所诅咒。

诺贝尔又一次被人们抛弃了，面对接踵而至的灾难和困境，诺贝尔没有一蹶不振，他身上所具有的毅力和恒心，使他对已选定的目标义无反顾，永不退缩。在奋斗的路上，他已经习惯了与死神朝夕相伴。

强大的承受能力和矢志不渝的恒心最终激发了他心中的潜能，他最终征服了炸药，吓退了死神。诺贝尔赢得了巨大的成功，他一生共获专利发明权355项。他用自己的巨额财富创立的诺贝尔奖，被国际学术界视为一种崇高的荣誉。

诺贝尔的成功经历告诉我们：在遭遇变化尤其是挫折的时候，应学会调整自我，培养承受能力。否则，你输给的将不是别人而是你自己。

男孩如何培养自身承受能力，以更好地适应变化呢？

1. 在心理上把变化当做双刃剑

第一，生活中的变化是难免的。俗话说："天有不测风云，人有旦夕祸福。"人生会有各种各样的坎坷，事业也不会总是一帆风顺。纵观古今，许多成就大业的人，无一不是从逆境和坎坷中磨砺过来的。人类的文明，就是在不断的挫折与失败中获得进步的。

第二，变化也不一定是坏事。事业遭挫会给人以打击，带来损失和痛苦，但也使人奋起、成熟，从中得到锻炼。"自古雄才多磨难，从来纨绔少伟男"。巴尔扎克也说："世界上的事情永远不是绝对的，结果完全因人而异。苦难对于天才是一块垫脚石，对于能干的人是一笔财富，对弱者是一个万丈深渊。"

成就事业的过程往往也就是征服挫折的过程。强者之所以为强者，不在于他们遇到挫折时根本没有消沉和软弱过，而恰恰在于他们善于克服自己的消沉与软弱。

世界上的一切事物都是在不断变化和发展着的，都具有两重性。逆境可以向顺境转化，顺境同样也可以转化为逆境。家长要让男孩明白，挫折可以使人沉沦，也可以使人猛醒和奋起。关键在于受到挫折的时候，在失意中，能否从失败中吸取经验，能否发现自己好的一面、自己的优点和长处，从而振作精神，重新站立起来。当你在失望和沮丧中看到了自己的另一面，你就会突然发觉，天空原来是那么辽阔，阳光原来是那样明媚，自己并不是一无是处，从而鼓起战胜挫折的勇气和信心，提高对挫折的适应能力。

2. 在行动中把征服的理念奉行

蝴蝶成长的必然过程，是必须在蛹中经历痛苦的挣扎，直到它的翅膀强壮了，才会破蛹而出。人的生存也是如此，必须要承受挫折的打磨磕碰，才能在竞争中抢得一席之地。

苏联作家奥斯特洛夫斯基，在战争中双目失明，全身瘫痪。他在病榻上完成了《钢铁是怎样炼成的》这部长篇小说，成为20世纪30年代苏联最优秀的文学作品之一。

直至现在，在化解失意带给我们难以承受的打击的时候，他的名言仍在耳边回响："人最宝贵的是生命，生命对于人只有一次。人的一生应当这样度过：当回首往事的时候，他不会因为虚度年华而悔恨，也不会因为碌碌无为而羞愧……"

细节37

告诉男孩不敢穿过黑暗的人无法到达黎明

没有经历过困难的人很难真正成功,正如不曾穿过黑夜就无法到达黎明。

史泰龙,这位好莱坞的动作武打巨星,不管是《洛奇》还是《第一滴血》的系列片中,他给人的印象永远是个硬汉。然而这位荧屏上的硬汉却有着不为人知的艰苦经历。

成名之前的史泰龙十分落魄,连房子都租不起,晚上只能睡在自己的小车里。当时,年轻的史泰龙一心想当一名演员,然而当他第一次到纽约电影公司应聘时,他却因外貌平平及咬字不清而遭拒绝。当纽约所有的500家电影公司都拒绝他之后,他从第一家电影公司开始再度尝试,但都以失败告终。

然而这些失败并未让史泰龙放弃自己的演员梦。一天晚上,在一间破败的汽车旅馆里,史泰龙看了一场电视直播的拳赛,由拳王阿里对一位名不见经传的拳击手查克·威普勒。这个威普勒在阿里的铁拳下居然支撑了15个回合。

这场拳赛给了史泰龙创作的灵感,他用了三天时间便写就了一个剧本《洛奇》,这个剧本是一个地道的美国式梦想:讲述的是一个叫洛奇的业余选手,由于偶然的机会与世界拳王对抗而一战成名。

拿着剧本的史泰龙再次找到了好莱坞的电影公司,然而得到的答案仍然是拒绝。有人翻了翻剧本后就立即还给了他,还有人不仅不看而且把他连人带本都轰了出去。史泰龙并未因此气馁,他仍然告诉自己:"我并没有失败,因为我在行动,我只是暂时停止成功。"

机会总是会到来的,在史泰龙的不懈努力下,终于有人愿意出钱买他的剧本了。然而当他听到电影公司不同意由他来主演时,他选择了拒绝,这是他第一次拒绝别人。

几经辗转,经历了无数次的拒绝和失败后,史泰龙终于找到了一个支持者,他如愿以偿。

片子以很低的成本在一个月内就拍完了。然而谁也没想到,《洛奇》成了好莱坞电影史上一匹最大的黑马:在1976年,这部影片票房突破了2.25亿美元,并夺走了奥斯卡最佳影片与最佳导演奖,史泰龙获得了最佳男主角与最佳编剧的提名。

在奥斯卡的颁奖仪式上,著名导演兼制片人弗兰克·科波拉由衷地赞叹道:"我真希望这部电影是我拍的。"

史泰龙也一炮打响,成为超级巨星。他的片酬一度打破了好莱坞的新纪录,达到2500万美元。

曾经贫困潦倒、只能是电影里的龙套角色,在无数次的失败历练之后却成就了自己,从此浴火重生。

没有经历过困难的人很难真正地成功，成名之前的史泰龙经历过落魄、穷困，付不起房租，即使被拒绝上百次，史泰龙依旧坚持自己的梦想。一场拳赛给予了史泰龙灵感，他独自创作出了《洛奇》的剧本，虽然不被人看好，但史泰龙没有选择放弃。柳暗花明，史泰龙最终找到了支持者，《洛奇》成为了电影市场上的一匹黑马，史泰龙也因此一举成名。贫困潦倒并不可怕，多次失败也算不了什么，因为要想达到成功彼岸的人必然要经过无数的历练。

只有经历了困难的考验，我们才会变得更加坚强和成熟。面对挫折，只要拥有一颗积极向上的心，任何一种困难，都可以化作成功的动力。电影巨星史泰龙曾说："没有失败，只有暂时尚未成功。"

坚定的性格首先来源于目标的明确，不是非驴非马、非此非彼、模糊不清，也不是朝三暮四。只要认准了正确的追求，在任何情况下都能不懈地为之奋斗和献身。

其次，坚定并不排斥灵活，而是和灵活相辅相成。建立在坚定性格基础上的灵活，才不至流于轻浮。而和灵活融合到一起的坚定，才不至变成固执。

同时坚定的性格，还来源于自己的首倡性和独立性。所谓首倡性、独立性，就是习惯于不依赖别人，而是依靠自己的独立分析和判断，提出创造性的意见，并果敢地加以执行。具有首倡性和独立性的人，办事才能有主见。

坚定不同于固执。如果拒绝别人的任何影响，毫无根据地对抗来自别人的一切，或者明知行不通，还是不顾一切地蛮干到底，那就不是坚定而是固执了。坚定和固执的区别就在于能不能理智地处理问题。不论怎样明白的论据，要劝说固执的人是很困难的。但意志坚定的人，只要理由充分，就可以被说服。固执的人，虽然看起来很坚定，实际上却正是意志薄弱的表现。

也许你的梦想还很遥远，但不管前面的路途怎样，请先坚定自己的信念。

建议一：竭尽所能突破眼前的困境

"如果你懂得苦难磨炼出坚韧，坚韧孕育出骨气，骨气萌发出不懈的希望，那么苦难会最终给你带来幸福。"这句话曾在一个年轻人生命垂危之际被反复诵读，这个年轻人叫约翰。

约翰，出生在美国，父亲是一个汽车推销商。从小到大他都热衷于体育锻炼，篮球、网球、垒球等运动全都会玩，在学校里他也是一位优秀的学生。

成年后约翰应征入伍，在一次军事行动中他所在的部队被派遣驻守一个山头。激战中，突然一颗炸弹飞入他们的阵地，眼看即将爆炸，他果断地扑向炸弹，试图将它扔开。不幸的是，在这时候炸弹爆炸了，约翰被炸倒在地上，此时他已经失去了自己的右腿和右手，左腿变得血肉模糊，在抢救时也被迫截掉。同时，炸弹的弹片穿过了他的喉咙，他已不能再说话。

就在大家都以为约翰再也不能生还的时候，他却奇迹般地活了下来。在生命垂危的时候，约翰反复诵读着那句让他始终保持着不灭希望的话："如果你懂得苦难磨炼出坚韧，坚韧孕育出骨气，骨气萌发出不懈的希望，那么苦难会最终给你带来幸福。"

约翰失去了他的双腿和右臂，命运对他的打击实在太大了！然而在绝望中，他又看到了这样一句格言："当你被命运击倒在最底层之后，能再高高跃起就是成功。"回国后，约翰开始从事政治活动。

起初，他在州议会中工作了两届。之后他竞选副州长失败，这次打击并未让约翰就此消沉，紧接着，他学会驾驶一辆特制的汽车并跑遍了全国，发动了一场支持退伍军人的事业。就在约翰34岁那一年，他被总统任命为全国复员军人委员会负责人，成为在这个机构中担任此职务最年轻的一个人。卸任后的约翰回到自己的家乡。1982年，他被选为州议会部长，1986年再次当选。

这个故事的主人公约翰，如今已成为亚特兰城一个传奇式的人物。人们可以经常在篮球场上看到他摇着轮椅打篮球，用他的左手一次次进行着投篮。

面对困境，你可以做什么？约翰告诉我们他的答案：突破、突破、突破。在军事行动中，约翰被炸弹炸伤，失去双腿和右臂，不能再发声，他奇迹般地生还了下来。命运给他如此大的打击，但他并未因此而倒下。他进入州议会工作，他自制汽车跑遍全国，他受到了总统的接见，并当选州议会部长，约翰坐在轮椅上却达到了常人不曾企及的高度。

"你必须知道，别人是以你自己看待自己的方式来看你的。你对自己自怜，别人则会报以怜悯；你充满自信，别人会待以敬畏；你自暴自弃，多数人就会嗤之以鼻。"约翰，这个只剩一条手臂的人最终成为一名议会部长，成为被总统赏识并担任要职的人，他用自己的成功佐证了这句格言。

英国诗人雪莱说："除了变，一切都不会长久。"有些人宁可在困境中沉沦，也不期冀在改变中挣扎。他们害怕林荫小路后是万丈悬崖，而不敢去采撷那份芳菲；害怕改变是更大痛苦的序言，而不敢走出熟悉的圈子。正如司汤达所言："一个真正的天才，绝不遵循常人的思想途径。"

当众人在困境中负隅抗争时，你是否看到困境外的那缕阳光呢？有时成功很简单，跨越那条界限，你就属于成功一族；还未跨越界限的人，无论你和那条界线的距离有多么近，你也属于一个失败者。

如果你现在身处困境，那就发挥你的全部能量吧，冲破那条界线，你可能就是成功者。成功和失败，往往取决于你能否在一念之间咬咬牙。当周围的一切既定时，我们必须学会改变自己。正如河水溢涨不会改期，但人类可以迁徙；狼群出没不可避免，但羚羊可以奔跑。

建议二：妈妈别担心男孩在外面吃亏

有人问李泽楷："你父亲教了你一些成功赚钱的秘诀吗？"李泽楷说，赚钱的方法父亲没有教，只教了他一些为人的道理。李嘉诚曾经跟李泽楷说，他和别人合作，假如他拿七分合理，八分也可以，那么拿六分就行了。

李嘉诚的意思是，吃亏可以争取更多人与他合作。你想想看，虽然他只拿了六分，但现在多了一百个合作人，他能拿多少个六分？假如拿八分的话，一百个人会变成五个人，结果是亏是赚可想而知。李嘉诚一生与很多人进行过或长期或短期的合作，分手的时候，他总是愿意自己少分一点钱。如果生意做得不理想，他就什么也不要了，愿意吃亏，这是种风度，是种气量。也正因为这种风度和气量，才有人乐于与他合作，他也才越做越大。所以李嘉诚的成功更得力于他的恰到好处的吃亏。

若一个人不肯吃亏，则必想占便宜，于是，妄想日生，骄心日盛。而一个人一旦有了骄狂的态势，难免会侵害别人的利益，引起纷争，在四面楚歌之中，岂有人再和他合作，焉有不败之理？因此，男孩在社会上与人相处的时候，吃了亏也不是什么坏事情，在这样的过程中他们就会学会理解和包容，我们不能鼓励男孩子主动吃亏，但是当他们吃亏时，要让他们知道吃亏也是一种成长。

生活中有些男孩子，他们为某个共同目标，一起努力。然而，在分配劳动果实时，却会发生不愉快的事，因为他们都斤斤计较，都认为对方占了便宜，谁也不愿吃亏。这样僵持不下，就会使得已经到手的东西得而复失。父母要让男孩子明白，世界上没有绝对的公平，不要因为自己吃了亏，就抱怨不公平，这样将来走向社会的时候，双方都因此遭到更大的损失。

有这么两个渔人，一同出去捕鱼。

他们来到河边，两人捕了很多的鱼。在分鱼的时候，两人发生了争执，都说自己分少了，别人分多了。没有办法，他们决定在河边挖一个水坑，暂时把鱼放在里面，回家去拿秤来重新分配。可是等他们回来的时候，水坑里的鱼却早已从里面跳出来，游进了河里。他们感到十分懊恼，互相埋怨对方。

这时，他们听见了野鸭的叫声，决定去捕野鸭。正当他们接近野鸭准备射击的时候，其中一个人说："先别忙，咱们先说好野鸭怎么分配，免得又让野鸭跑了。"于是二人为分配的事情又争吵起来，他们争吵的声音惊动了野鸭，野鸭马上就飞走了。可是二人仍在那里争吵不休。

所以，在小事上，父母要告诫男孩，绝不可太拘泥于绝对的公平，事实上，绝对的公平是不存在的。关键是，你要从长远利益出发，小不忍则乱大谋。切忌斤斤计较，鼠目寸光。这样才能给自己将来开启一扇美好的窗。

"吃亏"是一种境界，更是一种睿智。能吃亏的男孩，往往是一生平安，幸福坦然。吃亏本身就是一种福气，吃了眼前的"亏"，会把事情做得更好。吃亏一事，得益十事；吃亏一时，则可能安乐一世。

吃亏是福不是祸。当男孩面对艰难的处境，父母要让他们学会信奉"吃亏"哲学，就因为吃亏是一种谋略，是不计较眼前的得失而着眼于大目标。

有一个年轻人大学刚毕业就进入出版社做编辑，他的文笔很好，更可贵的是他的工作态度。那时出版社正在进行一套丛书的出版，每个人都很忙，但上司并没有增加人手的打算，于是编辑也被派到发行部、业务部帮忙。整个编辑部几乎所有人去一两次就抗议了，只有那个年轻人愉快地接受指派，毫无怨言。后来，他又去业务部参与销售的工作。

此外，取稿、跑印刷厂、邮寄……只要开口要求，他都乐意帮忙。其他同事都认为他"吃亏"了，但两年过后，他自己成立了一家出版公司，做得很不错。

原来，他在"吃亏"的时候，把出版社的编辑、发行、直销等工作都摸熟了。现在，他仍然抱着这样的态度做事，对作者，他用吃亏来换取作者的信任；对员工，他用吃亏来换取他们的积极性；对印刷厂，他用吃亏来换取品质……由此看来，他凭吃亏占到了便宜。

如果吃亏能让男孩得到比其他人更多的工作经验、更多的发展机会，那么吃亏也就是占便宜。故事中的大学生，在最初工作的时候，被老板和其他员工指派，但就是在这个过程中，他积累了工作经验、人脉关系，在短短两年之后，便成功地开始了自己的事业。

但是很多男孩都不想吃亏，认为吃亏是一种侮辱，这个时候父母要做的是：

1. 要及时给予安慰

尽管吃亏能让男孩成长，让他们学会很多与人相处的人生经验，但人生有顺境的时候，谁也不想走逆境。所以当男孩吃亏的时候，父母要耐心地给他们解释，要平息他们的愤怒，尽量让他们从中看到自己得到的东西，这才是他们吃亏后得到的最大的资本。

2. 要培养他们宽大的心

生活中磕磕碰碰的小事情不必放在心上，当他们在吃亏后以一颗宽大的心包容的时候，就会赢得更多的朋友。

细节38

绝大部分成功者都有"穷养"的经历

现在的家庭生活水平都提高了，孩子很轻易能够得到自己想要的东西，既是好事也是坏事。但是，也有很多家庭并没有多么优越的条件和实力，所以在给男孩提高丰富物质的同时，也增加了自己的压力。

靠工资生活的"工薪族"，在购买商品时未免有些踌躇，很难真正潇洒起来。然而，和"工薪族"相比，一些没有任何收入的少男少女们却先"富"了起来，着着实实地"潇洒"：穿的是"彪马"或"耐克"名牌运动衣，用的是"派克"金笔、日本进口卷笔刀、高级文具盒，骑的是近千元的赛车，累了就到麦当劳大吃"巨无霸"和冰激凌，那份派头儿，令每月靠工资生活的父母们叫苦不迭。

在发达国家，人们生活普遍比较富裕，但大多数富人对孩子要求甚严。他们生活保持低标准，并不鼓励孩子纵欲使性，为的是砥砺孩子的意志，培养孩子艰苦的品质，不让他们堕落成钱多智少的庸才。

范仲淹早年丧父,生活贫苦,很小就辍学在家,但他很有志气,立志要自学成才。为求得更多知识,他在刻苦读书之余,靠打柴攒了些钱,准备去南都乡校深造。

范仲淹拜别母亲,来到乡校求学,虽然生活特别艰苦,可他依旧用功读书。

同学王文是南都留守的儿子,看到他这个样子,自叹不如之余,产生了怜悯之心,经常会拿些美味佳肴送给范仲淹。范仲淹再三推辞,弄得王文很生气,硬把菜留了下来。

几天后,王文发现,上次送来的菜竟然一筷未动,不禁责问道:"我因见你过得太清苦,给你送些菜来,你为什么不愿吃一点?"范仲淹解释道:"对你的深情厚谊,我感激之至,只是我一向吃惯了稀粥咸菜,骤然食用这美味佳肴,担心咽不下咸菜稀粥。"

虽然生活艰苦,但范仲淹一心一意想把书读好。通过刻苦努力,他终于成为有名的思想家、政治家、文学家,并且得到后人的尊敬与赞扬,有关他发奋读书的故事一直流传至今。

让男孩们"穷"着点实际上是为他们的未来着想。我们应该思索对男孩的爱护是不是太多了一点?在古今中外的各种故事中,我们很容易找到穷养男孩的典范,看得出过去的人那一份难得的心。

汉朝的刘邦打下天下之后,为100多个功臣分封土地,并且分给他们很多田宅。在分封土地的时候,丞相萧何要了一块很贫瘠的土地。因为土地贫瘠,如果不辛勤耕作就没有饭吃,并且后代的子孙也都懂得勤劳节俭。汉朝建国100年之后,有一位史学家做了个考察,想了解一下最初被分封的这100多个功臣,如今他们的后代都怎样了。结果这个史学家非常吃惊,因为这些功臣的后代,基本上已经都没落了,而丞相萧何的后代还生存得很好。人们不得不佩服萧何的深谋远虑,留财产给子孙的做法是最愚蠢的,重要的是留下做人的智慧给子孙,留下做人的榜样给后代,这才是他们取之不竭的财富。

建议一:告诉男孩乔布斯的故事

"历史上最著名的有三个苹果,一个诱惑了夏娃,一个砸醒了牛顿,一个握在乔布斯手上。"这曾是疯传于网络上的经典话语,虽然乔布斯已经离我们而去,但他和他的苹果给世界带来了太大的改变。然而一路走来,这个咬苹果的乔布斯也并非一路坦途。

乔布斯出生于1955年,刚出生就被父母遗弃了,幸运的是,他被洛杉矶的一对好心的夫妻收养。

乔布斯从小便是聪明与顽皮的结合体,有着优异的学习成绩。他在著名的"硅谷"度过了自己的童年,由于耳濡目染,也渐渐迷恋上了电子学。当乔布斯第一次见到电脑时,他便迷恋上了这种新的机器,从而走上了自己的电脑研发之路。

21岁的愚人节,乔布斯和朋友在家中的仓库里度过,在那里,他们签署了一份合同,决定成立一家电脑公司。由于乔布斯偏爱苹果,他就给电脑起了一个名字——苹果。他们的自制电脑"苹果一号"在电脑圈里的影响很大,然而他们并不满足这个刚诞生的家伙,乔布斯和朋友们以近乎痴迷的状态将电脑做得更加方便,加上良好的产品推销,"苹果"为他们赢得了第一仗。

成功对乔布斯而言，来得太过于迅速，1985年，乔布斯获得了由里根总统授予的国家级技术勋章。荣誉的背后，危机已经在逐渐显露。乔布斯在商业经营中是一个怪杰，加上当时的行业带头大哥IBM公司也开始推出了个人电脑，苹果公司营销大减，节节惨败。因此，苹果的董事会决议撤销他的经营大权，乔布斯愤然离去。

离开苹果的乔布斯很快便开始了自己的再一次创业，他创办了"Next"电脑公司。而苹果在失去乔布斯以后，营销上仍未见起色。

12年之后的圣诞节前夕，一则"苹果收购Next，乔布斯重回苹果"的新闻出现在全球各大计算机报刊的头版头条上。乔布斯重回苹果，此后在他的公司（现皮克斯）成功制作第一部电脑动画片《玩具总动员》后名声大振。

然而苹果的现状仍是困境重重，危难之际，乔布斯进行了大刀阔斧的改革。他改组了董事会，抛弃旧怨，与苹果公司的宿敌微软公司握手言欢，乔布斯因此再度成为《时代》周刊的封面人物，苹果的命运也逐渐走向光明。

如今的苹果早已风靡全球，一跃成为全球市值最高的上市公司。乔布斯虽然已经离开了我们，但他和他的苹果给世界带来了一段传奇，这段传奇仍将会继续。

"Follow your heart！"这是乔布斯的座右铭，即遵从你的内心。从硅谷走出的乔布斯，学生时代便开始迷恋电子产品，他和朋友在仓库中创立了苹果公司，一心扑在电脑的研发上，偏执、狂放，他坚持自己所坚持的，他为苹果带来了最初的胜利。即使后来愤然出来，他依旧坚持自己的创新之路。多年后，乔布斯重回苹果，将其带到了另一个巅峰。虽然乔布斯已经离开，但他用实际行动告诉后来人——人生中不要有那么多的抱怨，遵从你的内心，放手去做。

古希腊的一位哲人曾说过："不要为明天思虑，明天自有明天的安排，只要把全部精力放在今天就行了。"虽然这话距离我们已有多个世纪，但对于我们的人生依然很有意义。

把握好现在，这对我们来说是多么明智的选择。很多时候，年轻人感到自己还有很多时间和精力，对眼前总是抱着得过且过的态度。但是想要成功的人需要有一份危机感，乔布斯对生命的危机感就是如此。生命是短暂的，只有走好眼前的路，人生才是有意义的。

把握好现在就要把握好现在的自己。生活中发生的很多事情让人烦恼，这就像掉在装满水的水杯中的尘土，只要保持稳定，让尘土慢慢沉淀下去，就能让水保持清澈透明，同样，我们不去过多求全责备，那么，心也能更加清澈明亮，从而积极乐观地去把握现在的自己，一步步走好脚下的路，就可以避免遗憾再次发生。

把握好现在更要求我们把握好现在的时间。正因为我们年轻，所以更要珍惜好现在的每一分每一秒去学习，不断提高自己、完善自己，用最佳的状态去迎接每一天的挑战，在有限的时间里创造更多的价值；不为遗憾的过去而烦恼，也不为遗憾将导致什么样的未来而忧虑，面对挫折不气馁，从挫折中吸取教训，总结经验，做好现在的每一件事情，这样就必定能踏上成功的舞台。

建议二：机遇只青睐有勇气的人

在一个由瑞典歌剧院主持的音乐考试上，一个瘦弱的年轻人登上舞台，这次他需要一口气唱完14首曲目，然而身体虚弱的小伙子，在台上显得没有半点力气。当他唱完第一首咏叹调后，不争气的肚子开始咕噜咕噜响，饥饿的咕噜声与安静的音乐厅极不协调，台下的评委对此很纳闷。

站在舞台上尴尬的他不知如何是好，此时身边的钢琴伴奏师站起来主动帮他解释，才缓解了现场气氛，一位瑞典老教授让工作人员买了一杯热巧克力和饼干等充饥物品，这位年轻人才顺利完成了这场考试。

这位年轻的小伙子，名叫蔡大生，著名的华人歌唱家，如今他不仅是浙江传媒学院音乐学院的名誉院长，也是杭州市的文化顾问，更是挪威国家歌剧院的终身演员。

1988年，他怀揣着200美元和梦想，孤身走出国门，来参加这个由瑞典歌剧院主持的音乐考试。

考试前夕，他经历了常人难以想象的艰辛：打工赚了少量的生活费，算算离考试还有好多天，只好躲到一个小酒店，计划着怎么过，每天仅仅以一顿冷水拌面包果腹。这才出现了在考场上饿肚子的一幕。

等待考试结果需要一段时间，于是蔡大生跑到一家中餐馆，希望他们给他一个洗碗的机会。由于没有签证，人家不让他打工，无奈，他厚着脸皮跑到了警察局。

警察们对此莫名其妙："你来这里干什么？"他坦然地回答："因为来参加一个考试，我已身无分文，但我必须吃饭。"他把邀请信给他们看。警察把他带到休息室，然后给他买了一份炒牛肉片的大盒饭。

为表达谢意，他给警察们唱了一首《我的太阳》，因为他们很少有机会聆听这样高雅的音乐，听完之后，大家报以雷鸣般的掌声，然后还让他唱第二首。

那段时间，他天天跑到警察局吃饭，天天给他们唱歌。他和警察们成了朋友。

功夫不负苦心人，考试的结果出来后，11位评委全部给他打了最高分，他在这次考试中得了第一名。蔡大生就是用自己富有感染力的歌声打开了瑞典皇家歌剧院的大门，并最终成为挪威歌剧院终生签约的歌唱家。

每当有人问及他成功的经验时，蔡大生总会提及瑞典歌剧院考试的那段经历，并直言不讳地说："我要感谢自己那份无畏的勇气，是这份可贵的勇气，让我赢得了钢琴伴奏师和警察朋友们的帮助，才能顺利度过危机。"

有人说机会是给幸运的人，其实不然，机会更青睐有准备和有勇气的人。当初蔡大生怀揣200美元，孤身出国，当他身无分文的时候，他仍有自己坚持的梦想和无畏的勇气。在瑞典歌剧院里，蔡大生凭借其实力赢得了认可，在警察局，他凭借其勇气和歌声换来了帮助。最终，蔡大生叩开了皇家歌剧院的大门，成为著名的华人歌唱家。人生路上总是困难与机遇并存，但你是否具备了获取这些机遇的勇气和准备呢？

中国有句古话："当断则断，不断反受其乱。"这说的正是人应具备果断的性格。果断，是指一个人能适时地采取经过深思熟虑的决定，并且彻底实行这一决定，在行动上没有任何不必要的踌躇和疑虑。

　　果断性格的产生并非一朝一夕，它是勇敢、大胆、坚定和顽强等多种意志素质的综合。

　　果断的性格，是在克服优柔寡断的过程中不断增强的。人有发达的大脑，行动具有目的性、计划性，但过多的事前考虑，却往往使人犹豫彷徨，陷入优柔寡断的境地。果断的人在做出决定时，他的决定开始时也不可能会是什么"万全之策"，只不过是诸多方案中较好的一种。但是在执行的过程中，他可以随时依据变化了的情况对原方案进行调整和补充，从而使原来的方案逐步完善起来。

　　果断的性格，是在克服胆怯和懦弱的过程中实现的。果断要以果敢为基础，特别是在情况紧急时，要求人们当机立断、迅速地执行决定。比如在军事行动中就需要这样，因为战机常在分秒之间，抓住战机就必须果断。

　　果断的性格，要从干脆利落、斩钉截铁的行为习惯开始养成。无论什么事情，不行就是不行，要做就坚决做。

　　要果断，还必须经常排除各种内外部的干扰。果断不是一时的冲动，它必须贯穿于行动的三个环节：确定目标、计划和执行。要养成下定决心就不轻易改变的习惯，不要让一些本来微不足道的因素干扰我们的决心，把自己弄得手足无措。

第七章
培养刚毅男孩
——重塑男孩的阳刚之气

细节39

如果你的男孩有"娘娘腔"倾向

你的儿子是不是特别胆小,是不是特别怕黑暗,怕生人,怕一个人待在屋子里?

你的儿子是不是特别怕羞?

你的儿子是不是特别爱生闷气,爱哭哭啼啼?

你的儿子是不是特别爱撒娇,喜欢受人娇宠?

你的儿子是不是特别依恋父母,在可能的范围之内动也不敢动?

你的儿子是不是特别爱照镜子?

你的儿子是否对女孩子的用品情有独钟?

你的儿子是不是特别爱化妆品?

你的儿子是不是性格特别孤僻,不愿而且不敢和小朋友交往?

你的儿子是不是特别脆弱,特别多愁善感……

为什么会出现这些征兆?是什么让男孩子出现女性化的倾向?据德国儿童行为学家的一项专题研究,大约6%的男孩在其上中小学,甚至进幼儿园时,即出现程度不等的"娘娘腔",而且其中有一半在其成年后仍表现得"奶油味"十足。

所谓"娘娘腔",指的是男孩行为上一定程度的女性化,表现也因人而异,不尽相同,其中较典型的有:说话爱发嗲,走路踩"碎步",举手投足动作忸怩,爱跟女孩子玩,等等。一般来说,"娘娘腔"并不一定会像有些人想的那样导致同性恋,但可能给男孩心理上的健康成长带来某种程度的负面影响。

曾经有一位网友写过这样的一篇帖子,或许能给我们一些警示:

"我的外表和身材和女的一模一样,走路也是,从小到大都被别人取笑'娘娘腔''人妖'之类的,身边没有一个朋友,也没人愿意和我交朋友。到现在毕业了,尽管我很努力地改变自己,刻意把自己打扮得男人一点,虽然动作改变了,但是外表和身材却改变不了。出来工作后,天天被一些人在背后议论。我很烦,很郁闷,很不开心。我恨她们为什么这样对待我,又不是我想这样的。我天生外貌就那样,叫我怎么办?所以我很痛恨她们,她们说我的时候我也会还击她们,骂她们死老太婆……为什么我的命运这么惨,为什么我不能像其他男生那样过正常的生活,为什么我的父母要把我生成这样?"

之所以会出现这种现象,原因是多方面的。最常见的原因就是父母搭建的温柔陷阱,长辈的过度关照和温柔软化了孩子成长应有的个性和棱角。有些父母喜欢把男孩当女孩养,扎小辫、戴小花帽、穿裙子。此外,许多男孩都是在母亲、奶奶和姥姥的怀抱中度过学龄前时光的,等到上了幼儿园、小学也都以女性老师为多,这种从女性怀抱中走出来的男孩,大都不自觉地以女性形象规范自己,性格也在潜移默化中向女性靠拢……

一些家庭中存在的父爱不足,小家庭亲情关系向母性群体倾斜的趋势,也是导致男孩不像男子汉的重要因素。

对待有"娘娘腔"倾向的男孩,家长千万不要大惊小怪,因为这样只会加深孩子对自己的"异样感",进而发展成为自卑感和内疚感,时间长了就更难克服。家长在帮助孩子克服"娘娘腔"时,务必循循善诱,而不是责备呵斥,最好做到不留痕迹。"女孩多好""真希望有个女儿"这样的话语也应尽量在儿子面前少说。在引导时,父母要给孩子树立榜样,尤其是父亲,要多和孩子交流,在日常生活中让孩子多接触有阳刚之气的游戏和故事,鼓励孩子多和男孩玩耍,特别应鼓励孩子与男子气较足的大男孩玩耍,而不要过多地与"脂粉气"较重的男孩纠缠在一起,以免相互之间产生更多的负面影响。

总之,父母要做的就是要防止"娘娘腔"这种倾向向更严重的方向发展,想尽办法引导男孩朝着男子汉的方向前行。

建议一:给你的男孩一张"明性片"

无论是男孩还是女孩,在幼儿期不会对自己的性别表现出多大的关注。因而,导致孩子表现出异常性别取向的原因多半来自周围的环境,父母和家庭的影响最为直接,其次就是影视、报刊等传播媒介对孩子的影响。

究竟有哪些因素会影响孩子的性别取向呢?

1. 父母对孩子的性别期望

很多父母在孩子尚未出生之前,就会对孩子有一种性别的企盼。在孩子出生之后,父母又在不知不觉中传递给孩子一些信息,给孩子灌输了男孩、女孩不同的形象概念,从而使孩子心理上产生了性别认同。

然而有一些父母生了个男孩,却偏偏想要个女孩,于是就违背客观事实,按照自己的意愿去打扮孩子,使孩子的性心理遭受扭曲。从心理上否定自己的性别,并且要求更换生理的性别特征,这是一种心理上的变态,是对于性别身份的识别障碍。这种情况以男性居多，男女之间的比例大约是3∶1。

2. 父母的性别角色

如果父母双方所扮演的不同的性别角色比较规范的话，孩子就会感受到父母各自的优秀品质，会加深对父母的崇敬和爱慕。

很多家长对孩子的性教育都感到头疼，觉得不知道如何向孩子说明，而且即便是有所关注，也是将目光投向生理方面。性教育该怎样进行，它的缺失会造成哪些问题，都已经引起了社会的关注。如果孩子从小对性有一个正确的认识，把它看做是正大光明，那么他就倾向于发展成为正常、健康、幸福的人。

性教育应该是要结合性别角色进行的。性别角色的教育，就是让不同性别的孩子展现出与性别相应的特点，即符合"原型要求"，男孩子就要体现出阳刚之气，女孩子就应该表现出阴柔之美。人类学家认为：人的生理性别是天生的，而心理性别则是在于后天的教育，这尤其取决于儿童期接受的成人的影响和教育。

在日常的生活当中，家长还有其他的人常常会很自然地对孩子的性格给予指导，比如给女孩穿粉色的衣服，给男孩穿蓝色的衣服；把男孩称为"大胖小子"，把女孩称为"小毛丫头"；当男孩摔倒了的时候，父母鼓励他自己爬起来，当女孩摔倒了之后，则被父母抱起来。通过这些提示让孩子明白了自己是男孩还是女孩。

通过对孩子进行教育，让他能够明确自己所要扮演的性别角色，以及在这样的一个角色下他要成为一个什么样的人，应该承担什么样的社会责任，怎样尊重异性以及和别人交往合作。如果孩子在幼年的时候就遭遇性别的认同障碍，对性别的认同出现模糊，长大之后的性取向就很可能出现影响。

大力和小蕾是一对双胞胎兄妹，爸爸妈妈都注意到了对孩子的性别指导，同时还鼓励孩子向对方的优点学习。有一次家里的暖气管跑水了，大力表现得很勇敢，主动跑上前去堵住水龙头，爸爸妈妈高兴地表扬了他，还告诉小蕾要像大力学习。家里做卫生的时候，小蕾把桌子擦得干干净净，爸爸妈妈就告诉大力应该多向妹妹学习。两个孩子在这样的取长补短中快乐地成长着，大力吸取了女孩的优点，做事粗中有细；小蕾则吸取了男孩的优点，表现得落落大方。

像大力、小蕾他们父母这样的做法是可取的。性别没有优劣，但是各具特色，不论是男孩或是女孩，都应该在发挥自己性别优势的同时，注意向异性的优点学习，克制自己性格上的弱点，完善全面的人格。这种"双性化"的发展是在保留本性别固有的特征基础之上，糅合异性优秀特征的发展。

提倡"双性化"的教育，与让孩子认清自己的性别并不背离，提供给孩子与异性交流、玩乐的机会，使男孩在这个过程中学会关心体贴他人以及拥有细腻的情感世界，女孩则培养刚强的心理素质。不论男孩女孩，既能够认可自己的性别，又善于吸收异性的优点，这才是一种真正的性别平等教育。

建议二：抓住男性气质培养的关键期进行性别强化

我们成人世界中可能会有这样的体会：有些男人在家庭中没有任何地位。不管他们的工作有多努力，在外面多么受到别人的尊敬，但是一回到家里就会像个孩子一样，他们的妻子会为此伤透脑筋。

当女人们聚在一起聊天的时候，肯定会有类似的抱怨："我家里有两个孩子，其中一个是我丈夫。"因为对于妻子而言，优秀丈夫能够承担家庭的责任，能够帮助她解决实际的问题。这些男人回到家往往就是盯着电脑，完全不把家庭事务放在心上，怎么会不让妻子感到恼火呢？

虽然这些妻子对丈夫颇有微词，但是对自己的儿子却宠爱有加，妈妈们不愿意让儿子分担家务，愿意给他最快乐的童年。可是对男孩来说，如果在年少时候就长在温室里，不懂得承担责任，可能到了成年之后，自己都无法对自己负责，那怎么会对妻子、对家庭负责呢？将来一定会有更多的妻子抱怨。

所以，父母要有意识把男孩训练得更加刚强，在以下几个方面应该有所注意：

1. 让男孩独立生活

父母要改变什么事情都替男孩包办的态度，而是要多给男孩自主的机会。无论是在生活中，还是在学习上，凡是应该男孩自己做的，父母一定要放手让他自己做，并坚持这样的原则：你能干的，我绝不替你干；你不会干的，我教你干；你让我干的，我考虑该不该干。

很多家长都有这样的认识误区：在生活方面都帮助男孩料理好，男孩只要把全部的精力放在学习上就好了。其实这种认识是错误的，因为男孩在生活中形成的依赖心理会阻碍学习过程中自强自立精神的形成，这也是形成孩子软弱性格的重要原因之一。

男孩在独立做事的过程中培养了解决问题的能力、对抗挫折和困难的意志，当遇到困难的时候就不会感到无所适从。而且，当男孩在进行劳动等实践的同时，一定会切身感受到父母的不容易，当这种感情升起之后，还会促进男孩更用心学习。因此，父母应该让男孩学会自己独立生活，交给他自己独立面对生活的勇气和能力，可以先从小事着手，比如：让男孩自己准备早点、夜间要自己上厕所，等等。这些看起来是小事，但对于培养男孩坚强、勇敢的品质是有益处的。

2. 让男孩成为强者

如果想让男孩坚强，就千万不要把他看做是弱者。只有他自己能立定脚跟的时候，他的意志才会坚定。

3. 让男孩增强自信心

培养男孩的自信心，天下没有十全十美的人，正在成长过程中的男孩更需要体验挫折的经历，家长应该鼓励男孩了解并发挥自己的特长，让他大胆尝试，享受成功。找到更多的理由表扬男孩，让他认识到自己的优点和长处。这样，当男孩遇到挫折的时候，他就不会一蹶不振，轻易放弃了。

4. 让男孩正确看待失败

当男孩遇到失败的时候，父母要帮助男孩找到失败的原因，和男孩一起分析遇到的问题，教会他从不同的角度看待事物，帮助孩子塑造良好的心理素质。

人的一生当中总会碰到自己无法控制的状况出现。作为家长在教会男孩正确对待失败的同时，还要让男孩做好心理准备。人生是因为充满了挑战才精彩的，失败中也包含着有益的因素，能克服失败的男孩就会得到更好的成长。

男孩进入青春期，心理比较复杂，他们会用自己的眼睛观察周围的世界，如果男孩的学习成绩不理想，家长又只关注孩子的学习，势必会使男孩形成自卑心理。因此，除了学习，家长还要关注孩子的其他方面。

具体来说，主要是以下几个方面：

第一，进行男子汉的独立性训练与培养。在家里，要将男孩当做真正的男子汉，给他独立做事的机会，让他独立思考自己面临的问题。

父母不要替男孩安排他学习和生活的细节，不应要求男孩唯唯诺诺，而应尽量教他学会自己拿主意、做决定。锻炼男孩的果断决策、组织和指挥别人的能力比什么都重要。

第二，父母应对青春期男孩给予尊重和理解。如果父母从不考虑男孩的感受，男孩就会感到在家里没有话语权，无处发泄心中的不满，慢慢地会变得沉默寡言。

第三，男孩应有自己的朋友圈。父母也应该尊重男孩的朋友，如果男孩带朋友回家，父母应该给予热情周到的欢迎，否则，男孩会感到自己在朋友中很没面子，渐渐地变得不善交际。

第四，要注意保护孩子的隐私。在这个阶段，男孩总喜欢有一些自己的小秘密，家长不应该偷看男孩的日记或其他私人物品。

第五，在这个阶段，男孩子的成长不能没有男性的教育，男孩喜欢模仿父亲的行为，他需要父亲的关注和爱护。

杜布森在16岁时，很多时候父亲都不在家，杜布森开始向母亲发脾气。他永远忘不了那个晚上，妈妈给爸爸打电话，妈妈大声说："我需要你。"使他惊奇的是，爸爸很快就把他们住的房子卖了，搬到南方的一个地方去当牧师，这样爸爸就可以和家人住在一起，一直到杜布森中学毕业。

这对爸爸来说是个巨大的牺牲，他在事业上从此一直没有更大的发展，但是他和妈妈都觉得，杜布森的健康成长比起他们眼前的工作来更为重要。在那几年里，杜布森本来有可能遇到更严重的麻烦，但是由于父母都在他身边，在他走向崩溃的边缘时，他们给了他最大的关心。

这个故事告诉了我们，父亲在男孩成长过程中的重要性。如果父亲的时间实在太少，至少可以找一些孩子喜欢的运动项目，并且将孩子托付给一些有爱心的男教练。

细节40

鼓励男孩多参加锻炼胆魄的运动

人类历史就是一部探险史，无论是早期的开疆扩土、古代的郑和下西洋，还是近代的新大陆发现之旅，当代的南极考察活动，都显示了人类勇敢进取的决心和无畏精神。

到了现代社会，最初由科学考察进行的探险开始发展成为探险爱好者的娱乐项目。郑和、麦哲伦、徐霞客们的身影已经远去，但是攀登世界高峰、走进无人区、深海探测、南极考察等种类繁多的野外探险吸引着许多冒险人士不断加入。

当代的探险活动已经淡化了原有的"地理发现"意义，而被赋予一种新的时代色彩，所以人们把它看做一种极限运动、一种前卫的生活方式：为了锻炼自己的意志、拓展更广阔的生活空间或是为了逃避现实生活的平淡。这就是民间探险活动赖以生存的土壤。也有人说，从新的角度考察人类探险的历史，就是在追寻像郑和下西洋的那种生活态度，这与我们的娱乐精神是一致的。

家长如果想让男孩感受人类最原始的生存探险，就与男孩携手开始一趟冒险之旅吧！

你们可以从探险这种娱乐项目中感受到历史的沧桑和自然的瑰丽：雅鲁藏布江大峡谷穿越、探源长江源头、徒步可可西里、罗布泊探秘……无不充满了想象和诱惑！

另外，当家长与男孩进行探险活动时，要注意以下几个问题：

1. 要注意天气。了解所要去区域历年（至少是10年内）此段时间内的天气变化情况。
2. 了解同行人是不是志同道合，是否有丰富的相关经验。
3. 要量力而行。没达到一定的水平，最好不要轻易登上海拔过高的山峰。
4. 对所要去地方的地域情况应该充分了解，并做好应对各种不测的准备。比如，登山时要做好雪崩、滑落等情况的紧急处理。
5. 除了要带足常用的药品外，还要有相应的急救药品，要掌握一定的急救方法。
6. 不能自发组织，一定要有相关资质单位带队，以保障安全。
7. 出发前一定要就近联系好相关救援人员，以应出现不测。

此外，为家长朋友们提供一份探险物品清单作为参考：

背包、帐篷、睡袋、电筒、毛巾、食品、水、内衣裤、御寒衣物、防风雨衣裤、登山鞋、太阳镜、防风镜、打火机、防潮火柴、瑞士军刀、卫生纸、地图、指南针、GPS（全球定位系统）、海拔表、照相机、望远镜、温度计、纸笔、创可贴、体温计、感冒药、止痛药、消炎药、外伤药、驱虫药、蛇药、现金、信用卡、身份证等。

建议一：让男孩野营——感受自然界的野性美

终日生活在钢筋水泥之中，男孩们无不向往到大自然去释放心绪。自助旅行、跋山涉水、结伴野营，这些他们都会喜欢。

男孩们拥有挑战自身极限的胆量、勇气和欲望，他们喜欢冒险——即使危险超出了想象。他们总是想："总有一天我要征服……"至于为什么，却可能找不出答案，甚至以为仅仅是为了寻求快乐。

美国作家海明威从小喜欢旅行，擅长捕鱼和狩猎。他按照自己的志愿参加过战场前线的救护队，在严酷的环境里，他学会了救死扶伤的一些基本生存常识和经验，为他以后的生命轨迹勾勒出一个基本的框架。

他每次出行都是孤身一人，而且一头扎进森林中好长时间也不出来。非洲的原始森林里，到处充斥着各种各样的危险，野兽出没，毒虫横行。海明威凭借着自己丰富的野外生存技巧，在危险的环境中磨炼自己的意志，以人类特有的睿智的头脑，挑战大自然的威胁，并从中领悟出很多道理。

海明威这些野外生存的经验，为他的创作提供了丰富的素材，他笔下塑造的硬汉子形象，对现代欧美文学产生了深远的影响。

在澳大利亚维多利亚州，青少年普遍要参加富有挑战性的活动，提高户外生存的知识和技能，如搭建野外生活营地帐篷，在地形复杂的海湾中航行等。

在美国得克萨斯州，青少年也喜欢在更多的户外教育活动中培养能力，如宿营、长途徒步旅行、定向、水上运动等。这些自主的培训，有效地锻炼了他们适应环境的能力、克服困难的能力以及积累生存的经验。

家长可在男孩参加野营时，提供以下建议供其参考：

1. 要提前一星期就开始注意该地区的天气情况，由此决定携带哪些衣服和装备。地图、指南针、无线通讯设备、水壶等是必备用品。
2. 如果想携带帐篷，那就一定要检查好所带的装备，如背包、睡袋等。
3. 生活用品应包括油、盐、铝制饭盒、折叠式炉灶、微型手电筒等。
4. 一般药品有：抗生素、镇痛药、抗疟疾类药品等。
5. 搭帐篷时要选一个平坦的地方。先扫去上面的石块和树枝，再铺上地毯。如果你觉得天气可能会下雨，可以在帐篷四周挖一条小沟以疏导积水。
6. 食物可以简单一些，但要充足，并放在容器内，以防止动物偷吃。
7. 水净化后再饮用或刷牙。
8. 应提前制定紧急计划，以防迷路。
9. 要将行程告诉其他人，并约定好在某些时间打电话，如果到时没有打，其他人就会知道你出事了。
10. 穿透气、防水的保暖衣物，如聚丙烯（易干、保暖）或羊毛衣物（不易干）。可以戴上手套、围巾和帽子，以保护手、头部和颈部。

11. 随身带上引火之物，如蜡烛等，还可以带一些火柴和火柴皮。

12. 如遇暴风雨，不要躲在树下或巨石下。

13. 如果不知道如何走回出发地，那就待在原地别动。

14. 如果想继续往前走，那就在身后留下痕迹，如拖着一根木棍。天黑时就不要再往前走，因为看不清道路。

15. 在背风处的高地找一个休息的地方，如洞穴、空心树洞、岩石等。记住，寒风会降低体温。要了解风向——山谷里白天风向上吹，夜晚风则向下吹。

16. 国际求救信号包括3种：呼喊、哨声和烟柱。准备好3堆木柴，如果听到救援人员的声音就点着；也可以用镜子或任何反光板对着飞机发信号。

17. 用火问题。出行时要携带一个以上火源，例如，打火机、防水火柴等。有条件最好携带野营气炉、气罐。从环保的角度，如非必须，勿生篝火。在营地生火时要留意营地是否是禁火区，如非生存需要切勿违规。要注意风向，不要把火堆放在帐篷的上风处，并与帐篷保持一定距离；离开时用水和土石压盖将火彻底熄灭，并检查是否还冒烟。

18. 用水问题。可在营区附近的溪瀑、江河、湖塘取水，但最好取流动之水，要观察其污染情况。提示：缺水地区饮水要按计划分配饮用。除特殊情况外，在找到水源前绝不要把水饮尽；野外取水后，有条件的务必使水煮沸后（煮沸5分钟）再饮用；水中有大量泥沙时要使水沉淀10分钟以上；蚂蟥多的地区水一定要煮沸后饮用；有条件的可以带过滤器和净水药片以替代无法使用加热的情况；如在缺水地区长时间活动，应学习其他野外采水方法。

建议二：鼓励男孩独自旅行——在思考中上路

背起行囊，一个人走入大自然的怀抱，男孩不仅会体验到冒险、乐趣，而且能接受直接的教诲，得到惊人的洞察、视野与深度。

曾有人说："一个人可以坐在海边礁石上，用心聆听海浪声，拍击声，海鸥声……那一刻你会醒悟和明白很多原本想不通想不透的道理，对人生会有新的认识。"

去云南、西藏走走，一个人背着行囊拿着DC（数字相机）非常惬意和浪漫，在异域中随便走走拍拍，吃吃玩玩，回家将相片整理出来，你会觉得真的收获颇丰。

如果男孩急需平静，远离生活的嘈杂和喧嚣，那么就鼓励男孩一个人背上行囊，奔赴一个安静的犹如红尘之外的地方。中国有很多古镇，江南一带小桥流水的恬适或者传统徽式建筑的沧桑或许都能把他带入他想要的心境。这时，乌镇、周庄、婺源、朱家角都是他的选择。乌镇看船，周庄看景，婺源看楼，朱家角看水。立于古老和文明之间，站在一片宁静的土地看喧闹的众生，当别有感触。

一个人的旅行需要勇气。不是每个人都甘心寂寞，除非他是为了探寻寂寞所能带来的快乐而旅行，又或者是为了在一种行走和奔波的旅途中感悟人生。

草原也是一个很好的选择。一望无际的博大和美丽总能让人感受到大自然的伟力，同时，男孩也可以更加了解自己的内心，因为从自然中所得到的启迪是人类内心最好的医伤良药……

家长应告诉男孩，独自旅行时要注意以下几点：

1. 周密的旅游计划。即事先要制订时间、路线、膳宿的具体计划和带好导游图（书），有关地图及车、船时间表及必需的行装。

2. 外出旅游要带上一些常用药，做到有备无患。

3. 备用应急物品，以轻便、实用为原则。气体打火机（防风火机更好），用于照明、生火煮食；多用小刀；细尼龙绳5~10米，捆绑物品、晾晒衣物、扎营等；小型指南针，在荒野山林失去方向时用；手电筒和哨子，遇险发信号联络用；高锰酸钾一小瓶，既可消毒用，又可作引火燃料；药棉若干，擦洗和包扎伤口用，也可作引火物；丝巾一块，既可防风保暖，又可用于包扎伤口和作止血带；有盖铁皮罐一个，可作为饮具煮食，还可用其盖反射日光发信号。

4. 钱要分散放好，如有全国通用银行磁卡最好带上。

5. 讲文明礼貌。任何时候、任何场合，对人都要有礼貌，事事谦逊忍让，自觉遵守公共秩序。

6. 注意卫生与健康。旅游在外，品尝当地名菜、名点，无疑是一种"饮食文化"的享受，但一定要注意饮食饮水卫生，切忌暴饮暴食。

7. 警惕上当受骗。与陌生人"萍水相逢"时，切忌轻易深交，以防上当受骗。

8. 爱护文物古迹。旅游者每到一地都应自觉爱护文物古迹和景区的花草树木，不任意在景区、古迹上乱刻乱涂。

9. 尊重当地的习俗。我国是一个多民族的国家，许多少数民族有不同的宗教信仰和习俗忌讳。俗话说："入乡随俗。"在进入少数民族聚居区旅游时，要尊重他们的传统习俗和生活中的禁忌，切不可忽视礼俗或由于行动上的不慎而伤害他们的民族自尊心。

10. 注意旅途安全。旅游有时会经过一些危险区域景点，如陡坡密林、悬崖蹊径、急流深洞等，在这些危险区域，要尽量结伴而行，千万不要独自冒险前往。

建议三：教男孩攀岩——最优美的男性极限运动

飞檐走壁是每个男孩年少时的梦想，一步步攀上绝顶，没有恐惧，有的只是惊悸的满足，非凡的体验……

它要求人们在各种高度及不同角度的岩壁上，连续完成转身、引体向上、腾挪甚至跳跃等惊险动作，集健身、娱乐、竞技于一身，是一项刺激而不失优美的极限运动，被人们称为"峭壁上的芭蕾"。

攀岩运动是脱胎于登山运动的一项新兴极限运动。20世纪50年代起源于苏联，军队开始把单独的攀岩活动作为训练科目。到70年代，攀岩在欧洲成为一项竞技体育运动。根据比赛内容的不同，可分为难度攀岩和速度攀岩两种。根据比赛场地的不同，又可分为户外攀岩和室内攀岩两种。

80年代初，攀岩运动从北美进入我国，开始时主要是作为中国登山协会的训练内容，以后渐渐在民间流行起来。如今，各地的一些大学已组织了登山、攀岩协会，许多热衷户外运动的年轻人也自发组织了民间户外俱乐部,每到周末或节假日他们就背起背包到山里去攀登自然岩壁。

攀岩一般可分为两种:

一为徒手攀登,又叫自由攀登,完全依靠四肢攀爬,工具只作为防护之用。

一为人工攀登,每一步都须借助岩楔和其他器具辅助方能完成,一般攀登者均不将此种攀岩列入攀岩的实力分级范围。

徒手攀登又可分为:抱石、上方确保、先锋攀登与独攀等四种方法。其中抱石及上方确保两种属于练习时使用,正式的攀岩是后两种。

抱石是攀岩训练的基础,主要学习如何抱稳岩石以利行进。

上方确保法是在岩壁上方另有人员以绳索协助攀岩者并确保其安全,即使不慎坠落,也能在千钧一发之际被拉住,所以是最安全的爬法。

先锋攀登是最正统的爬法,攀岩者必须依靠自己的双手一面攀爬,一面以绳索、岩钉或岩楔确保安全,以防坠落。

独攀是一种单打独斗式的玩命爬法,一不小心失足坠落,受伤几率相当大。

攀岩的装备不可少,包括:头盔、手套、岩鞋、粉袋、登山用绳索、安全吊带、挂钩、岩钉与岩锤、绳镫、登降器、下降器、确保器。

攀岩有一定的技巧要求,比如姿势、动作和手脚的配合。

身体姿势:攀登岩石峭壁时身体要自然放松,以3个支点稳定身体重心,而重心要随攀登动作的转换移动,这是攀岩能否稳定、平衡、省力的关键。要想身体放松就要根据岩壁陡缓程度,使身体和岩壁保持一定距离,靠得太近,会影响观察攀岩路线和选择支点。但在攀登人工岩壁时要贴得很近。在攀登自然岩壁时,上、下肢要协调舒展,攀岩要有节奏,上拉、下登要同时用力,身体重心一定要落在脚上,保持面向岩壁、三点固定支撑、直立于岩壁、三点固定支撑、直立于岩壁上的攀登姿势。

手臂的动作:手臂如何用力,在人工岩壁攀登和自然岩壁攀登时情况不同,前者要求第一指关节用力抠紧支点的同时,手腕要紧张,手掌要贴在岩壁上,小臂也要随手掌紧贴岩壁而下垂,在引体时,手指(握点)有下压抬臂动作,其动作规律是:重心活动轨迹变化不大,节奏更为明显。但攀登自然岩壁时其动作就变化很大,要根据支点不同采用各种用力方法,如抓、握、挂、抠、扒、捏、拉、推压、撑等。

脚的动作:脚的动作要领是,两腿外旋,大脚趾内侧贴近岩面,两腿微曲,以脚踩支点维持身体重心,在自然岩壁支点大小不一和方向不同的情况下,要灵活运用。但要切记,膝部不要接触岩石面,否则会影响到脚的支撑和身体平衡,甚至会造成滑脱而使膝部受伤。另外,在用脚踩支点时,切忌用力过猛,并要掌握用力的方向。

手脚配合:对初学者来说,上肢力量显得更为重要,攀登时往往是上肢引体,下肢蹬压抬腿而移动身体。如果上肢力量差,攀登时就容易疲劳,表现为手臂无力,酸疼麻木,逐渐失去抓握能力。失去抓握能力后,即使有好的下肢力量,也难以继续维持身体平衡。所以学习攀岩,首先要练好上肢力量,上肢又要以手指和手腕、手臂力量为主,再配合以脚腕、脚趾以及腿部的力量,使身体重心随着用力方向的不同而协调地移动,手脚动作的配合也就自如了。

攀岩前也要做好应对意外的准备。

攀岩前应注意天气，如已经下雨，除非确知马上放晴，否则应等雨停再爬，但如是沾水会变滑的岩质，不如干脆作罢。若在攀登中遇雨则在原位等待，如时间不允许则必须马上决定继续往上爬或下来，原则上是往安全地方移动。

其次，攀登时如遇打雷，则须先将身上金属器物取下放置一边，须远离岩壁，千万不可躲入岩缝中。攀岩活动最危险的是落石，落石有自然落石和人为落石。自然落石多发生在春末雪将融尽时节，较易发生于人迹常至之处。落石在中途常因碰撞以致下坠路径不稳定，随时都有向自己冲来的危险。因此在落石发生时，须一面看清落石飞下的路线，一面环顾周围有无躲闪的处所，先做好心理准备，以便从容躲避，千万不可将身体缩成一堆作听天由命状。先锋人员在攀登时，如发现落石，也应随时警告后面的人。

攀登中如遇意外，需要同伴救助时，可发出求救信号，其传达工具为哨子或光线，每分钟吹6次或闪6次光线，然后休息1分钟，再反复1分钟6次的信号；回答信号为1分钟3次，休息1分钟再回答，如此反复3次。这种信号是全世界通用的求救方式。

细节41

怎样塑造男孩的阳刚之气

美国前总统约翰·肯尼迪的父亲从小就注意对儿子独立性格和精神状态的培养。有一次他赶着马车带儿子出去游玩。在一个拐弯处，因为马车速度很快，猛地把小肯尼迪甩了出去。当马车停住时，儿子以为父亲会下来把他扶起来，父亲却坐在车上悠闲地掏出烟吸起来。

儿子叫道："爸爸，快来扶我。"

"你摔疼了吗？"

"是的，我自己感觉已站不起来了。"儿子带着哭腔说。

"那也要坚持站起来，重新爬上马车。"

儿子挣扎着自己站了起来，摇摇晃晃地走近马车，艰难地爬了上来。

父亲摇动着鞭子问："你知道为什么让你这么做吗？"

儿子摇了摇头。

父亲接着说："人生就是这样，跌倒、爬起来、奔跑，再跌倒、再爬起来、再奔跑。在任何时候都要全靠自己，没人会去扶你的。"

从那时起，父亲就更加注重对儿子的培养，如经常带着他参加一些大的社交活动，教他如何向客人打招呼、道别，如何与不同身份的客人交谈，如何展示自己的精神风貌、气质和风度，如何坚定自己的信仰，等等。有人问他："你每天要做的事情那么多，怎么有耐心教孩子做这些鸡毛蒜皮的小事？"

不打不骂，养出男孩大志气的 100 个细节

谁料约翰·肯尼迪的父亲一语惊人："我是在训练他做总统！"

美国陆军精神病学顾问阿伯斯说："大部分人不知道自己到底有多么勇敢。事实上，许多人都有隐藏的英雄本色，但他们缺少自信，所以虚度一生。如果他们知道自己有深藏的资源，就一定能帮助自己解决问题，甚至解决重大的危机。"

在《亮剑》里，李云龙用了一句令人动容和振奋的话对男子汉进行了总结：即使倒下，也要成为一座山，一道岭。

在李云龙独立团与日军的白刃战中，日军士兵的身高虽普遍矮小，但长得粗壮敦实，肌肉发达，脸上都泛着营养良好的油光，无论是突刺还是格挡，手臂上都带着一种训练有素的爆发力。相比之下，八路军战士身体单薄，脸上也呈现出营养不良的菜色。不过，独立团的战士身上有一种特殊的气质，就是出手有力果断，有种敢和敌人拼命的劲头，一出刺刀就痛下杀手，很少使用格挡等自保的方式，招招都有要和对手同归于尽的意思。

这是《亮剑》中的一个镜头。

在硬碰硬的肉搏战中，食物短缺严重、营养不良的独立团战士和身体健壮训练有素的日军对决，敌我身体素质悬殊非常大，但是李云龙和他的战士们凭着敢和敌人拼命的劲头硬是让日军全军覆没了。勇者无敌，当遭遇困境时，不寻找借口和理由来逃避，只要拥有一点点勇气，整个世界就会变得不一样。对此，哈佛心理学教授乔治·桑比那曾说："勇敢的精神，是一个人最不可缺失的元素。因为人类哪怕每一个微小的进步，都需要勇气作为先导。"

地位、声望、财富、鲜花……这些美好的东西都是给勇于尝试的人准备的。一个被恐惧控制的男孩是无法成功的，因为他不敢尝试新事物，不敢争取自己渴望的东西，自然也就与成功无缘。家长要让男孩明白，面对挫折和失败时，胆怯、逃避是毫无用处的。鲁迅先生曾说："人生的旅途，前途很远，也很暗。然而不要怕，不怕的人的面前才有路。"只有直面恐惧，不怕冒险，才能打破恐惧，走向成功。

建议一：是否"像"男子汉并不重要

真正的男子汉什么样？腹部有厚实的肌肉、腮上布满密密的胡子茬的"肌肉男"就是男子汉了吗？这显然是一种肤浅的认识。男孩能否成为一名真正的男子汉并不是仅观其外表，更重要的是他的内在。

一个男孩，如果仅仅拥有粗犷豪迈的外貌，而没有一颗独立、勇敢、自信的心，是不能成为真正的男子汉的。

生活中，不少父母专注于男孩的"面子"问题："头发留短点儿，那么长，一点儿都不爷们儿"；"小姑娘才穿花衣服呢，男孩子不能挑这么艳的"；"男孩少玩跳皮筋，那是女孩才玩的"……确实，这样教育出来的男孩个个看起来都很"爷们儿"，可是，男孩们的"里子"却未必如父母想的那样阳刚。

其实，父母在教育孩子时，不知不觉打击到了男孩骨子里的男子汉精神气儿——自尊和自信。大家都不自觉地把孩子看做"我的孩子"，认为孩子是属于自己的，没有意识到孩子其实是一个独立的人。而社会也大多认同和支持这种观念。我们常常看见有的父母将孩子的过失或成绩，都一股脑儿地和自己混为一谈——孩子取得成绩时说"你给爸爸长脸了"；孩子在外表现不佳时又说"你可把我的脸给丢尽了"。

简简单单的两句话就足以摧毁男孩那小小的自尊和自信了。男孩也有独立的人格、尊严和决定自己未来的权利，要培养男孩的自尊与自信，就必须允许男孩有不同的观点、看法。

在培养孩子自尊和自信方面，家长可以进行以下的尝试：

1. 让孩子穿自己的衣服

在孩子的穿着方面，不应让孩子穿姐姐或哥哥穿过的衣服。即使家境不佳，最好也不要这样做，因为这样会严重地损害孩子的自尊心。

2. 信任你的孩子

为了使孩子能自重，必须信任他们。无论是大人还是小孩，受到别人的信任就能自我尊重。管束孩子不许干这个，不许干那个，不如信任他们、耐心地说服他们更为有效。我们如果把孩子当坏人对待，他就可能成为坏人。

3. 不要试图让孩子怕自己

社会上还有这样的父母，为了使孩子容易管教，故意让孩子怕自己，这也会使孩子变成懦夫。这样的父母，会把孩子造就成一个失败者，因为一个怯懦者想在这个社会中获得成功是非常困难的。如果孩子和你顶嘴，你应该感到高兴，因为那意味着他长大了，有了独立思想和反抗意识。

4. 不要让孩子常说一些消极的话

不可让孩子说消极的词汇，如"不能做"。常说这句话的孩子绝不会成为有出息的人。为了对孩子灌输进取、勇敢的精神，最好给他们讲述伟大人物善忍耐的故事。

5. 不要包办孩子的事情。

多数母亲认为孩子这也不能做，那也不能干，一切都包办代替，结果使多数孩子对自己的能力缺乏信心。

6. 乐于回答男孩的问题

男孩是有好奇心的，对他们经常提出的许多问题应予以回答。男孩提出各种问题，是令人厌烦的，并且解答是很费事的。然而，做父母的决不可拒绝或者逃避男孩的问题。

提问是男孩获取知识的途径，应充分地利用它向男孩传授知识。若遇到自己也不懂的问题，可以问问别人，也可以经过研究之后再解答。

7. 绝对不应欺骗男孩

欺骗男孩，被他们知道了，他们就不会再相信父母了。父母失掉了男孩的信任，其后果是不堪设想的。

8. 不可戏弄男孩

男孩受到戏弄，就容易变成不知羞耻的人，变得粗暴。社会上由于小时候受到父母的戏弄，以后成为罪犯而入狱者大有人在。

总之，我们应该采取正确的方法培养男孩的自尊和自信。因为只有自尊和自信的人，才能够正视自己的价值，既不妄自菲薄、自暴自弃，也不随意放任自己。这样的男孩，才是真正的男子汉。

建议二：锻炼男子汉的强健体魄

英国有一位著名的现实主义戏剧家，小时候，父亲对他说："孩子，以我为前车之鉴吧！我干的事，你都不要学呀！"原来，他父亲喜欢乱吃，一顿吃大量的肉，喝酒很凶，整天抽烟，而又不运动。他听了父亲的话，在生活上非常有规律，不吸烟，不喝酒，不吃肉，连茶和咖啡也不喝，而以粗面包和蔬菜为主。同时，他一生都坚持体育锻炼。

他就是肖伯纳，活到了94岁的高龄。

他每天很早就起身，天天洗冷水浴、游泳、长跑、散步。他还喜欢骑自行车、打拳。70多岁的肖伯纳曾和当时世界著名的运动家、美国人丹尼同住在波欧尼岛上的一家旅馆里，每天他俩的生活表是一样的：起床后洗冷水澡，接着是一段数里的长途游泳，然后躺在海边进行日光浴，还要一起长途散步。

晚年的肖伯纳成为一个热烈的太阳崇拜者。他整个冬天差不多都在法国的里维拉或意大利度过，在那里进行日光浴。他故乡的花园里，有一间可以旋转的茅屋，使他每天都可以得到充足的阳光。他常说："医生不能治病，只能帮助有理性的人避免得病而已。人们倘若正规地生活，正当地饮食，就不会有病。"

运动和健康的生活方式给了肖伯纳一个健康的体魄，保证了他的生命质量。父母培养阳刚男孩也要注意引导孩子去锻炼身体，坚持运动。

生命在于运动，运动不但能练就健康的体魄，还是一项有益心灵的活动。因此父母要引导孩子锻炼身体。怎样引导男孩养成运动的习惯呢？要从以下几点做起：

1. 制订计划，科学安排

要男孩给自己制订一个锻炼身体的计划，列出锻炼的时间表。要在计划里明确锻炼的目标和内容，规定锻炼的次数和时间，如规定每天早上6点起床做操或跑步，每天下午放学后打球或下棋，等等。在制订计划时要从自己的实际出发，合理安排，循序渐进。

运动量要由小到大，逐渐增加；动作由简单到复杂，由易到难，使自己的身体有个逐渐适应的过程。制订计划时，在考虑到自己的兴趣、特点的基础上，还应坚持各种运动项目的全面锻炼，使自己在力量、速度、灵敏度、耐力等方面都得到提高，使机体各器官系统的形态和生理功能得到均衡和全面的改善。在男孩制订体育锻炼计划时，父母要给予中肯的意见和建议。

2. 持之以恒，养成习惯

为了增强身体素质，大概每个人都曾经设想过要好好锻炼身体。但是，"三天打鱼，两天晒网"的锻炼习惯不仅没有使体质得到根本的改变，反而逐渐养成了做事一拖再拖、说话不算数的坏习惯。要获得好的锻炼效果，"三天打鱼，两天晒网"是不行的，必须长期坚持，养成每天锻炼身体的好习惯，才能从锻炼中收到很好的效果。

因此，在男孩有了锻炼身体的计划后，关键是要落实好计划，这就需要做到两点：一是自身要有坚强意志，要有坚持到底的毅力，不要因为学习忙没时间、体育锻炼太苦太累、锻炼成效不大就半途而废；二是可请老师、同学、家长定期或不定期督促自己去落实体育锻炼计划。

3. 课外时间，充分利用

室内新鲜空气少，长时间地学习会增加大脑的负担，因此要多到室外活动，如下课时到操场上走走，晚饭后孩子和父母外出散步，假日里到郊外踏青等。周末或者晚上，可以多到户外去锻炼，和爸爸妈妈一起打羽毛球、散步，或者利用小区里的健身器材活动一下，既可以锻炼身体，又增加了和父母沟通的机会。

根据运动专家的研究发现，性格和运动也有很密切的关系。父母要让孩子根据自己的性格选择适合他们自己的运动。

1. 孤僻型男孩

这类男孩应少从事个人化的运动，多选择足球、篮球、排球以及接力跑、拔河等团队运动项目。坚持参加这些集体项目的锻炼，能增强自身活力和与人合作精神，逐渐改变孤僻性格。

2. 多疑型男孩

可选择乒乓球、网球、羽毛球、跳高、跳远、击剑等体育运动项目。这些项目要求运动者头脑冷静、思维敏捷、判断准确、当机立断，任何多疑、犹豫、动摇都将导致失败。

3. 紧张型男孩

这些孩子要克服性格缺陷，应多参加竞争激烈的运动项目，特别是足球、篮球、排球等比赛活动。因为赛场上形势多变，紧张激烈，只有冷静沉着地应对，才能取得优势。若能经常在这种激烈的场合中接受考验，遇事就不会过于紧张，更不会惊慌失措，从而给工作和学习带来好处。

4. 胆怯型男孩

有的人天性胆小，动辄害羞脸红，性格腼腆。这些人应多参加游泳、溜冰、拳击、单双杠、跳马、平衡木等活动项目。这些活动要求人们不断地克服胆怯心理，以勇敢、无畏的精神去战胜困难，越过障碍。

5. 急躁型男孩

要克服这类人的缺陷可选择下象棋、打太极拳、慢跑、长距离散步、游泳及骑自行车、射击等运动强度不大的活动项目。

另外，下面提到的两个时间段是不宜锻炼的，父母要记得告知孩子：

第一，情绪不好时。人的情绪直接影响人体机能的正常发挥，进而影响心脏、心血管及其他器官。不良的情绪会抵消锻炼带给身体的健康效果，甚至产生负面影响。

第二，进餐后。这时较多的血液流向胃肠道，以帮助食物消化吸收。餐后立即运动会妨碍食物的消化，时间一长会招致疾病；体质较弱的人餐后立即运动会导致血压降低，被称为进餐后低血压；另外，患有肝、胆疾病的人此时锻炼还会加重病情。因此，饭后最好静坐或半卧 30~45 分钟后再到户外活动。

建议三：过犹不及——别让男孩成为施暴者

12岁的肖勇所在学校里有个叫张健的"小霸王"，留过两次级，比班里同学都高大，总找茬儿敲诈同学的钱、和同学打架，专门欺负弱小的同学和新同学。有一天放学后，肖勇就被张健给拦住了，他高高大大的身体往肖勇面前一站说："喂，借我100块钱花花，怎么样？"肖勇有些害怕了："我没有钱。""没有钱就回家去取！明天不把钱交给我，就叫你尝尝我的厉害！"张健说着，狠狠地在肖勇的肩膀上捶了一拳。

肖勇的遭遇并不鲜见。校园暴力是一个我们不愿意面对却又无法回避的现象，几乎在每个校园，都有校园暴力的存在。一份关于中小学生安全意识的调查报告显示，有多达31.8%的中、小学生曾被人踢打或恐吓索要金钱，其中24.9%的中、小学生"偶尔"或"经常"遭受被别人的踢打，6.9%的中、小学生"偶尔"或"经常"遭受恐吓索取金钱。

这种情况，学校也无法给出能起到实质作用的解决方法。学校里强壮的孩子欺负弱小的孩子的事情，时有发生。不一定是出于勒索的目的，也许仅仅是一个男孩看另一个孩子不顺眼，就会纠集几个伙伴把这个孩子围到厕所或车棚里，暴打一顿。被揍的孩子往往无力回击，也不会选择告诉老师、告诉家长——告诉了也没用，甚至会招来这些"小暴徒"的报复。于是，他们中不少人选择了沉默，一个人默默承受校园暴力带来的惊恐和忧惧。

受欺侮的孩子心灵会蒙上阴影，有相当比例的人即使成年、老去，也无法从屈辱的感觉中走出来。甚至有些脆弱的孩子，会为此选择自杀。

校园暴力毒害深远，必须根除。家长们可能想不到，根除校园暴力的力量，就在你的手中。当我们提到校园暴力时，家长们第一个反应是：我的孩子会不会也是受害者？大家没有意识到，还有一种可能就是，你的孩子可能是一个施暴者。

有的家长会说：怎么可能？我的儿子这么乖，平时很有礼貌，在家也很听话，他绝对不是坏孩子。男孩天性中有对力量的崇拜，雄性激素让他们对自己拥有控制力这件事情充满了愉悦的感觉。对承受方、那些弱小的孩子来说，校园暴力是一种折磨；而对施与方、那些健硕的男孩来讲，校园暴力更近乎一种游戏。在这个游戏中他们体会到了作为男性的力量，他们沉醉在对他人的控制中享受尊崇感，因而对这种损人不利己的行为十分着迷。

家长要让男孩明白，恃强凌弱的做法，不论是在肉体上还是在精神上都会给他人带来难以忍受的折磨。作为一个人，应该有悲悯的心灵，我们要用这双手来做有益的事情，为他人带来关爱，而不是无情的伤害。

事实上，这世上最有力的并不是拳头，而是心灵。回溯人类的历史，没有哪个强者的拳头能让另一个人低头——没有哪个国王，是靠充满暴戾之气的双手为自己加冕的。真正能征服他人的，是人性的魅力、深邃的智慧以及无与伦比的勇气。

一些家长甚至会为自己的孩子能欺负其他孩子而感到骄傲，认为"这样的孩子长大了才有出息呢"。对一个孩子来说，恃强凌弱欺侮他人确实也是一条生活之路，但是这条路，往往不是通向成功之顶，而是堕落之地。甚至会有男孩会沿着这条路，一直走到牢房。

在男孩的心中装满爱，而不是暴力，这样的男孩，才能成长为让大家心服口服、甘心追随的男子汉。

细节42

男孩的成长不可能"零风险"

家长总希望自己的孩子一生能安稳度过，不愿意孩子受一点儿委屈。事实上，有挑战才能有成长，有磨砺才能变坚强，没有"零风险"的成长。

孩子在学习过程中遇到失败是难免的，而面对孩子的失败，往往最难受的就是父母，他们对孩子的失败比对自己的失败更加痛苦，有些家长往往采取掩盖和安慰的方法去让男孩逃避失败。殊不知，他们这种害怕孩子失败的心态，可能会导致孩子一蹶不振，毁了孩子的未来。

每个男孩都渴望成功，但由于年龄小、能力有限、经历和经验缺乏以及各种因素的影响，难免会遭受失败和挫折。一次小小的失败，对成人来说是微不足道的，对孩子来说却是一个不小的打击。

在我们的生活中，有许多这样的孩子，他们本来拥有聪明的头脑，以前也曾是全班甚至全校的尖子生，但往往因为一次考试不理想或是老师某一句话对他的打击，就变得消沉起来，学习成绩下降、上课精力不集中，甚至是逃学。在这种心态的影响下，这样的孩子就可能变得精神委靡，消沉慵懒，做事没劲头，完全一副颓废的模样。这种心态如果得不到调整，他的一生就只能是碌碌无为，不敢面对一点困难。

是什么原因导致我们的孩子如此脆弱呢？教育专家指出：是家长"规避风险"的教育方针。在这样的环境里，包围他们的是一片表扬、赞叹之声。在这些声音中长大的男孩变得过分要强，他们就像温室里的花朵一样，经不起一点风雨。稍遇挫折，便把它看成是拿破仑的滑铁卢，从此一蹶不振，彻底丧失了勇气和信心。

现在父母们面临的最大挑战，就是如何让孩子直面成长过程中的风险因素，孩子即使失败了仍然要去鼓励和支持他。每个家长都希望孩子能获得更多的成功，从中体验竞争和胜利带来的快乐。但是，任何成功都来之不易，需要不断进取和努力，更需要面对挫折和困难。

人们希望事事成功，然而，在现实生活中，常胜将军是没有的，在人生的道路上，失败是难免的。这是因为客观事物是纷繁复杂而又不断地发展变化的，关键问题就是尽量少些失败，多些成功，以及如何更勇敢地面对失败。男孩如果没有经受过失败的痛苦，就往往不能以正确的态度对待失败。因此，父母应尽早训练男孩在成长中直面风险的勇气。

父母要告诉男孩失败在人生的道路上很难避免，让男孩在思想上要有准备，如果准备好，失败就会小，即使遇到失败也容易承受，将失败的损失降到最低程度。鼓励男孩勇于承担风险，如果男孩总是躲避风险，他就会缺乏自信心，因为躲避风险会使他无法获得真正成功的感觉。那么，就鼓励他去做以前从未做过的事，在成功中寻找自信。对男孩的尝试要多加赞扬。

建议一：冒险是一种深层的立体思维

家长们往往不赞同男孩冒险，认为冒险会给男孩带来意外的伤害。对于家长而言，没有什么是比看到心爱的孩子受伤害更难过的事情了。对于冒险的问题，家长没必要看得如此悲观。冒险，是一种深层的立体思维，它能给孩子带来的，不仅仅是伤害。

有一天，龙虾与寄居蟹在深海中相遇，寄居蟹看见龙虾正把自己的硬壳脱掉，只露出娇嫩的身躯。寄居蟹非常紧张地说："龙虾，你怎可以把唯一保护自己身躯的硬壳也放弃呢？难道你不怕有大鱼一口把你吃掉吗？以你现在的情况来看，连急流也会把你冲到岩石上去，到时你不死才怪呢？"龙虾气定神闲地回答："谢谢你的关心，但是你不了解，我们龙虾每次成长，都必须先脱掉旧壳，才能生长出更坚固的外壳，现在面对的危险，只是为了将来发展得更好而做出准备。"寄居蟹细心思量一下，自己整天只找可以避居的地方，而没有想过去冒险，整天只活在别人的保护之下，难怪永远都限制自己的发展。

冒险可以给男孩带来一些全新的体验，一些男孩所未知的领域的体验，可以说，冒险的体验正是男孩生活中进步和快乐的本源，因此对于未知的事物完全不必心怀恐惧，也不必费心做那种无谓的尝试，试图把生活中的方方面面都规划好。如果家长想让男孩的生活丰富多彩，那么就应鼓励孩子勇于冒险，让他的生活多一些意外，多一些弹性。

事实上，无论是男孩的学习，还是他的生活，如果总是重复同一个内容，他又怎么能有新的收获呢？父母应该清楚，生活并不是可以预先设计的，所以对于不可预知的未来，我们没有必要担心惧怕，我们应该具有敢为人先的冒险精神，打破规矩，突破闭锁，去体验冒险带来的快乐。

生活中的每一个角落都存在着风险的可能，除非我们永远扎根在原地不动，但那也不可能保证一生的风平浪静。

自有文字记载以来，冒险总是和人类紧紧相连。虽然火山喷发时所产生的大量火山灰掩埋了整个村镇，虽然肆虐的洪水冲走了房屋和财产，但人们仍然愿意回去继续生活，重建家园。飓风、地震、台风、龙卷风、泥石流以及其他所有的自然灾害都无法阻止人类一次又一次勇敢地面对可能重现的危险。

有一句老话叫做"一个人不懂得悲伤，就不可能懂得欢乐"。同样，我们也可以说"没有冒险的生活是毫无意义的生活"。事实上，我们总是处在这样那样的冒险境地，因为我们别无选择。

第七章　培养刚毅男孩

我们在这个世界上生存，未来的世界是我们的，我们必须去开拓和探索，这是生存的使命！能在惊涛骇浪中生存下来的，他的人生一定不同凡响！

谁能用 80 美元环游世界？这在 99% 的人听来都觉得是不可能的，但是罗伯特做到了。

罗伯特·克利斯朵夫是一位熟练的摄像师，在他年轻的时候，他像许多青年人一样，喜欢读科幻小说。当他读完儒勒·凡尔纳动人的科幻小说《八十天环游地球》后，他的想象力和内心潜在的勇气被激发了。

罗伯特告诉朋友："别人用 80 天环绕地球一周，现在我为什么不能用 80 美元环绕地球一周呢？我相信如果我有足够的勇气，任何地方我都可以到达。也就是说，如果我从我所处的地方出发，我就能到达我所想要到达的地方。"

"我想，别的一些人能够在货轮上工作而得以横渡大西洋，再搭便车旅行全世界，我为什么就不能呢？"

朋友笑着说："你的想法太天真了！"

罗伯特没有理睬他们的嘲笑，而是从他的衣袋里拿出自来水笔，在一张便条上列了一个他所能想到的在旅途中将会遇到的困难表，并仔细地记下准备怎么去着手解决每个困难的办法。

罗伯特没有拖延一分钟，他开始行动了。

他先和经营药物的查尔斯·菲兹公司签订了一份合同，保证为这家药物公司提供他所要旅行的国家的土壤样品。他又想办法获得了一张国际驾照和一套地图，条件是他提供关于中东道路情况的报告。他四处奔波，让朋友设法替他弄到了一份海员文件，并且获得了纽约有关部门开出的关于他无犯罪记录的证明。为了旅行，他想得很周全，甚至为自己准备了一个青年旅游招待所的会籍。

最后他又与一个货运航空公司达成协议，该公司同意他搭飞机越过大西洋，只要他答应拍摄照片供公司宣传之用。

只有 26 岁的罗伯特完成了上述计划，他在衣袋里装了 80 美元，便乘飞机和纽约市挥手告别，开始了他 80 美元周游世界的梦想。

在加拿大的纽芬兰岛甘德城，罗伯特吃了第一顿早餐。他不能用他可怜的 80 美元来付早餐费，那么他是怎样做的呢？他给厨房的炊事员照了相，大家都很高兴。

在爱尔兰的珊龙市，罗伯特花 4.8 美元买了四条美国纸烟。罗伯特深知，在许多国家里纸烟和纸币作为交易的媒介物是同样便利的。

从巴黎到了维也纳，精明的罗伯特送给司机一条纸烟作为他的酬资。从维也纳乘火车，越过阿尔卑斯山，到达瑞士，罗伯特又把四包纸烟送给列车员，作为他的酬谢。

在叙利亚首都大马士革，罗伯特热心地给当地的一位警察照了相，这位警察为此感到十分自豪，命令一辆公共汽车免费为他服务。伊拉克特快运输公司的经理和职员特别喜欢罗伯特为他们照的相。作为感谢，他们邀请罗伯特乘他们的船从伊拉克首都巴格达到伊朗首都德黑兰。

在曼谷，罗伯特向一家极豪华的旅行社经理提供了一些他们急需的信息——一个特殊地区的详细情况和一套地图。他为此受到了像国王一样的招待。

最后,作为"飞行浪花"号轮船的一名水手,他从日本到了旧金山。

罗伯特·克利斯朵夫用84天周游了世界,并且他所有的旅资加起来只有80美元。

简直不可思议,80美元合成人民币估计还不够一个男孩一个月的生活费,怎么可能把世界环游一遍?就算不吃、不喝,那也撑不下来,但是,罗伯特进行得是如此顺利。难道罗伯特没有想到这一程会有很多可能的风险吗?他想到了,正因为他想到了所以他才会去冒险,用冒险来给自己的人生加色加味。

显然,在这次冒险中,罗伯特充分调动了自己的聪明才智,全面调配了身边的各种可用资源,才获得了旅行的成功。这是一种胆识,这是一种智慧,这更是一种我们的孩子所缺少的综合能动性。

我们的男孩整日躲在挡风挡雨的温室里,恐怕还不知道冒险的滋味吧。冒险可以培养青少年的勇气、适应能力、解决问题的能力,而且还可以收获许多在温室里学不到的东西,冒险是男孩应该选择的活动。

建议二:只要去做,没有不可能——这句话要经常对男孩提醒

现实是此岸,理想是彼岸,中间隔着湍急的河流,行动则是架在河上的桥梁。只有行动才出现结果,行动创造了成功。任何一个伟大的计划和目标,都要靠行动来实现。

成功的人士肯定懂得这样的格言:"我们要明白一点:拖延、迟缓无异于死亡。""整个事件成功的秘诀在于,"阿莫斯·劳伦斯说过,"我们形成了立即行动的好习惯,因此才会站在时代潮流的前列;而另一些人的习惯是一直拖沓,直到时代超越了他们,结果他们就被甩到后面去了。"

对于一个踌躇满志、梦想成就一番事业的男孩而言,只要做了,几乎一切皆有可能。但是事实是,很多男孩都有拖延这种也许是最具破坏性、也是最危险的恶习。拖延会使男孩丧失进取心,一旦开始遇事拖拉,他就很容易再次拖延,直到它们变成一种根深蒂固的恶习。可悲的是,拖延的恶习也有累积性,唯一的解决良方,很明显的,正是行动。当男孩真的放手去做时会惊讶地发现,他正迅速改变自己和自身的状况。正如英国首相及小说家本杰明·狄斯雷利所说:行动未必总能带来幸福,但没有行动却一定没有幸福。

家长需要指导男孩明白这样的道理:成功者从来不拖延,也不会等到"有朝一日"再去行动,而是今天就动手去干。他们忙忙碌碌尽其所能干了一天之后,第二天又接着去干,不断地努力、失败,直至成功。

卡耐基著作里收藏了一篇哈巴德写的短文,短文是这样写的:

"在一切有关古巴的事情中,有一个人最让我忘不了。当美西战争爆发后,美国总统麦金利必须立即跟古巴起义军首领加西亚取得联系。但加西亚在古巴丛林的山里,没有人知道确切的地点,所以无法写信或打电话给他。"

"怎么办呢?"总统说。

"有一个名叫罗文的人,有办法找到加西亚,也只有他才找得到加西亚。"有人对总统说。

他们把罗文找来,交给他一封写给加西亚的信。罗文拿了信,把它装进一个油质袋子里,封好,吊在胸口,划着一艘小船,四天以后的一个夜里,在古巴上岸,消失在丛林中,接着在三个星期之后,从古巴岛的那一边出来,徒步走过一个危险重重的国家,把那封信交给加西亚。"

这里要强调的重点是:麦金利总统把一封写给加西亚的信交给罗文,而罗文接过信之后,并没有提出任何疑问:他在什么地方?他是谁?还活着吗?怎样去?为什么要找他?给我什么报酬?

——没有问题,没有条件,更没有抱怨,只有行动,积极、坚决的行动!

失败者总会愤愤不平地说"人家如何如何凭运气,赶上了好光景、好地方"。他们不采取行动,总是等待着"有一天"他们会走运。他们把成功看做降临在"幸运儿"头上的偶然事情。失败者认为成功者的命运是一帆风顺的,而自己的命运则全是倒霉。所以,既然幸运女神不肯照顾,他们除了怨天尤人外,还能做什么呢?

家长应告诫男孩,千万不能有这种思想。告诉他,当他有了梦想,有了创意时,就立即勇敢地去行动,趁早积累成功的资本。

建议三:鼓励男孩,让他的"野心"逐步实现

放眼古今中外,无数杰出人士都在远大目标的指引下实现了自己的理想,站在人类的某个高端领域散发出自己别样的光彩,引来万众瞩目。正如参天大树最初也只是一颗小小的树种,这些了不起的人物在燃起梦想之初,也是那么渺小卑微。

家长们在男孩的梦想之路上要充当一个鼓舞者,而非一个打击者的角色。家长要让男孩明白,他们的生命,要靠自己去雕琢。你们要选择自己的生活道路,确定人生的目标,也就是为自己"人生道路怎么走""朝着什么方向走""最终要达到什么目的"进行设计。被别人"保证",并且照着别人的"保证"去做的人,他的生命注定只能平淡无奇、碌碌无为。

一个人应该在心中树立一个目标,然后着手去实现它。他应该把这一目标作为自己思想的中心。这一目标可能是一种精神理想,也可能是一种世俗的追求,这当然取决于他此时的本性。但无论是哪一种目标,他都应将自己思想的力量全部集中于他为自己设定的目标上面。他应把自己的目标当做至高无上的任务,应该全身心地为它的实现而奋斗,而不允许他的思想因为一些短暂的幻想、渴望和想象而迷路。

终生目标应该是一个男孩终生所追求的固定的目标,男孩生活中其他的一切事情都围绕着它而存在。

为了找到或找回男孩的人生主要目标,家长可以问男孩几个问题,比如:

我想在我的一生中成就何种事业?

在我的日常生活中哪一类的成功最使我产生成就感?

我最热爱的工作是什么？

如果把它作为自己终生的事业，怎样做到在有利于自己的同时，也对别人有帮助？

我有哪些特殊的才能和禀赋？

我周围有些什么资源可以帮助我实现自己的目标？

除此以外，我还需要什么才能实现自己的目标？

有没有什么职业是我内心觉得有一种声音在驱使我去做的，而且它同时也会让我在物质上获得成功？

阻碍我实现自己目标的因素又有哪些？

我为什么没有现在去行动，而是仍然在观望？

要行动，那么，第一步该做什么？

让孩子认真、慎重地思考上述问题，会对他寻找、定位自己的远大目标，有切实的帮助。

家长需要注意的是，人即使拥有再美好的愿望，如果不付诸行动，也只是画饼充饥。英国前首相本杰明·笛斯瑞利曾指出，虽然行动不一定能带来令人满意的结果，但不采取行动就绝无满意的结果可言。因此，如果想让男孩取得成功，就必须鼓励他先从行动开始，一步一步向目标奋进。一个人的行为影响他的态度，行动能带来回馈和成就感，也能带来喜悦。

天下最可悲的一句话就是："我当时真应该那么做，但我却没有那么做。"经常会听到有人说："如果我当年就开始那笔生意，早就发财了！"一个好创意胎死腹中，真的会令人叹息不已，永远不能忘怀。如果真的彻底施行，当然就有可能带来无限的满足。

家长教会男孩将一个愿望真正地落实到行动上应遵循的原则：

1. 做好各种准备工作，考察愿望是否切实可行。
2. 制定每年、每月、每日的行动步骤表，按计划去做。
3. 安排好行动计划的轻重缓急、先后次序。
4. 行动方案应明晰化、细致化，这样落实起来，才能到位，才能更有效率。

拿破仑说："想得好是聪明，计划得好更聪明，做得好是最聪明又最好。"成功开始于思考，成功要有明确的目标，这都没有错，但这只相当于给赛车加满了油，弄清了前进的方向和线路，要抵达目的地，还得把车开动起来，并保持足够的动力才行。做到了这些，男孩才能做到积跬步以至千里，最终实现自己的"野心"。

细节43

培养冲劲儿十足的小伙子

生命需要热忱，没有热忱的人，就好像没有发条的手表一样缺乏动力。一位教授说过：

"成功、效率和能力的一项绝对必要条件就是热忱,在希腊语中热忱就是'神在你心中'的意思,一个缺乏热忱的人别想赢得任何胜利。"男孩要想超越自己,取得成功,就得有点"疯劲"。

想要让男孩对人生目标产生热忱,应该让男孩每天都将思想集中在这个目标上,如此日复一日,孩子就会对目标产生高度的热忱,并且愿为它奉献。记住詹姆士的一句话:"情绪未必会受理性的控制,但是必然会受到行动的控制。"积极心态和积极行动可升高热忱的程度,家长应该为男孩的热忱订立一个值得追求的目标:一旦你将你的热忱导向成功的方向时,它便会使你朝着目标前进。

真正的热忱是发自于内心的热忱。发掘热忱就好像是从井中取水一样,我们必须操作抽水机才能使水流出来,接着水便会不断地自动流出。我们可以对于所知道或所做的任何事情都付出热忱,它是积极心态的一种象征,会自然地从思想、感情和情绪中发展出来,更重要的是我们可随心所欲地从内心唤出热忱。

在巴黎的一家美术馆里,陈列着一座美丽的雕像,它的作者是一个贫穷的艺术家。

每天,他都到一间小阁楼上工作。就在作品模型快要完工的时候,城里的气温骤然下降,降到了零度以下。如果黏土雕像模型缝隙中的水分凝固结冰的话,那么,整个雕像的线条都会扭曲变形。于是,艺术家就把自己身上的睡衣脱了下来,盖在了雕像身上。第二天清晨,人们发现艺术家已经离开了人世,但他的艺术构思却保留了下来,在别人的帮助下,最终有了成形的大理石作品。

美国政治家亨利·克莱曾经说:"遇到重要的事情,我不知道别人会有什么反应,但我每次都会全身心地投入其中,根本不会去注意身外的世界。那一时刻,时间、环境、周围的人,我都感觉不到他们的存在。"

一位著名的金融家也有一句名言:"一个银行要想赢得巨大的成功,唯一的可能就是,它雇了一个做梦都想把银行经营好的人做总裁。"原本是枯燥无味、毫无乐趣的职业,一旦投入了热情,立刻会呈现出新的意义。

英国政治家格莱斯顿曾经说过,最有意义的事情莫过于把一个孩子内心潜藏的热忱激发出来。事实上,每一个孩子身上或多或少都有一些将来可以成就大器的潜质。不仅那些反应敏捷、聪明伶俐的孩子是这样,那些相对木讷,甚至看起来有些愚钝的孩子也有这样的潜质。

他们一旦产生了热忱,凭借这种热忱的力量,原先人们在他们身上看到的"愚钝"也会慢慢消失。

热忱对男孩潜意识的激励程度和积极心态的激励程度是一样的。当男孩的意识中充满热忱时,他的潜意识也同时烙印着一个成功的形象,即他的强烈欲望和他为达到该欲望所拟订的计划是坚定不移的。当他对热忱的意识变得模糊时,他的潜意识中仍然留存着对成功的丰富想象,并会再次点燃残存在意识中的热忱火花。

热忱会带来许多好处:

1. 增加你思考和想象的强烈程度。

2. 使你获得令人愉悦和具有说服力的说话语气。

3. 使你的工作不再那么辛苦。

4. 使你拥有更吸引人的个性。

5. 使你获得自信。

6. 强化你的身心健康。

7. 建立你的个人进取心。

8. 更容易克服身心疲劳。

9. 使他人感染你的热忱。

因此，家长应该帮助男孩积极培养热忱的心态，让男孩掌握以下方法：

1. 订立一个明确目标。

2. 清楚地写下你的目标、达到目标的计划，以及为了达到目标你需要的付出。

3. 用强烈欲望作为达到目标的后盾，使欲望变得狂热，让它成为你脑子中最重要的一件事。

4. 立即执行你的计划。

5. 正确而且坚定地按照计划去做。

6. 如果你遭遇到失败，应再仔细地研究一下计划，必要时应加以修改，不要因为失败就变更计划。

7. 与你求助的人结成智囊团。

8. 断绝使你失去愉悦心情以及对你采取反对态度者的关系，务必使自己保持乐观。

9. 切勿在过完一天之后才发现一无所获。你应将热忱培养成一种习惯，而习惯需要不断地补给。

10. 保持着无论多么遥远，你必将达到既定目标的态度推销自己，自我暗示是培养热忱的有力力量。

11. 随时保持积极心态，在充满恐惧、嫉妒、贪婪、怀疑、报复、仇恨、无耐性和拖延的世界里不可能出现热忱，它需要积极的思想和行动。

男孩是自己人生的设计师，没有人可以保证他的将来，更没有人能保证他的生命。被别人保证，并且照着别人的保证去做的人，他的生命注定只能平淡无奇、碌碌无为。只有对自己的生命充满激情和幻想的男孩，才会不断地超越自己，达到一个又一个高峰，人生也因此而绚丽多彩、跌宕多姿。

建议一：敢想——别给男孩制定太多规矩

"我小时候家里穷，没钱给我学音乐，现在我有钱了，一定要让孩子去学。"

"我那会没有机会上大学，以后一定要让孩子上。"

"我以前特别想当个舞蹈家，以后一定要让孩子实现我的心愿。"

你是不是常常会这样想？其实父母有这样的想法并不奇怪，毕竟男孩是我们的心血，承载了太多的期盼，所以我们总是想把最好的东西给他们，以及我们自己的愿望。但是人各有各的兴趣与喜爱，不能勉强，也不应勉强。

有一位父亲，自己是某重点高中的校长，但他看到自己的儿子不喜欢学习，学习成绩老上不去时，就主动跟儿子商量："儿子啊，看来你得好好想想，看看自己将来究竟适合做什么样的工作。"就这样，儿子最终选择读职高，毕业后做了会计，现在他成了行业内小有名气的财会能手，生活得很快乐。

虽然在父母眼里男孩还很小，但是其实他们已经长大了，他们知道自己的兴趣、爱好是什么，也有自己的想法。

男孩的选择不一定正确，或者虽然正确但不一定现实，不管属于何种情况，父母都不能横加干涉。家长的责任在于恰当地引导，让男孩正确认识社会的需要和自己的社会责任，鼓励男孩作出富有理想、富有事业心的选择，放弃不切实际的选择。

千百年来在这方面，我国有许多古训。通俗的如人们常说的萝卜白菜，各有所爱。就是说有的人喜欢吃萝卜，有的人喜欢吃白菜，彼此不要勉强。文雅一点的古训是："人各有志。"对于大人，这一点大家都认识得比较明确；但是对于男孩，有的父母在这一点上认识就模糊了。

让男孩做他喜欢的事情，而不是做你喜欢的事情。每个人的路都只能是自己去走，谁也代替不了，父母也不例外。

所以作为家长，我们应该注意以下这几点：

首先，不要把自己的喜好强加于男孩的身上，男孩不是你的私有财产，他们有自己的思想，他知道真正适合自己的是什么，他们完全能够明确自己将来的方向。例如男孩如果对医学感兴趣，就不要逼迫他学文学；男孩如果以后想成为实践性强的技术人才，就不要非让他埋头苦读学习书本知识，用他来完成你的大学梦。

其次，每个男孩身上都具有巨大的潜能，当男孩按照自己的意愿尝试着干一件事时，会尽力去做好，做成功。男孩在自主奋斗的过程中，才华和潜能也得到了淋漓尽致的发挥。每一个男孩都能成功，关键在于帮助男孩找到自己的最佳才能区。只有找到了自己的最佳才能区，男孩才能发挥最大潜能。即使在平凡的服务行业中照样能培养出身手不凡的能工巧匠，如饮食行业中的名厨、美容美发中的名师、服装行业中高级服装设计师等，他们也并不一定都出自名牌大学，往往都是自学成才。他们都以自身成才的成长经历表明：求学的道路越来越多，千军万马走独木桥逐渐成为历史。

最后，给男孩适度的空间，不要用自己的喜好来扼杀男孩的新思想。男孩对兴趣的萌发，开始往往只是一种不太明显的想法，这个时候如果家长不加以引导培养反而阻挠男孩朝着自己喜爱的方向去发展，往往容易扼杀男孩的思想。

建议二：敢说——男孩子有话就大声说

"教了多少遍了，还是不会，真笨！"

"过来，这是李阿姨，快向阿姨问好。"妈妈跟儿子说，儿子一直怯生生地扯着母亲衣角，躲在母亲背后不肯出来。

"为什么别人都能回答出来问题，就你连话都不敢说？！你说是怎么回事？！"爸爸质问的声音极大，儿子泪涌了出来。家长无奈。

生活中，类似的情况有很多。有些男孩面对老师、面对爱慕的人、上台演讲前、面试时、比赛前、照相时等，常常感觉紧张、脸红、心跳、发抖，学习或工作中总是惴惴不安，神经绷得如一张满弓，唯恐出了差错……

上中学的小宇以前是个性格很活泼的人，现在见人就怕。面对熟悉的人从对面走过来，内心不知道应不应该和对方打招呼，紧张的情绪就会产生。他发现咬口香糖可以缓解说话紧张，所以现在一天到晚都要咬口香糖。晚上失眠越来越严重。每天觉得自己很难看，声音很难听，所以很少和人交流，看到有人在很流利地谈话就嫉妒。每天要照镜子很多次。不敢笑，也不敢大声说话。学习注意力不能集中，不能回答老师的问题，人际关系非常紧张。

专家指出，不敢在别人面前大胆说话的原因主要有两种：

第一种，不想露丑。这些孩子的想法是，只要我不在他人面前暴露自己的短处，别人也就不会知道我的缺点。而一旦在众人面前说话，自己的粗浅根底、拙劣看法都会暴露出来，那么从此以后，哪还有自己的立足之地？所以，不说话更稳妥。

第二种，不知道该如何组织说话的内容，就像被硬拉到一个陌生的世界一样，所以会感到惊惶。

有的男孩是因为先天原因。有些人生来性格内向，气质属于黏液质、抑郁质类型，他们说话低声细语，见到生人就脸红，甚至常怀有一种胆怯的心理，举手投足、寻路问津也思前想后。

还有一些教育不当的因素。有些家长对儿童的胆小不加引导，男孩见到生人或到了陌生的地方，便习惯性地害羞、躲避，没有自信心。儿童进入青春期后，自我意识逐渐加强，敏感于别人对自己的评价，希望自己有一个"光辉形象"留在别人的心目中，为此，他们对自己的一言一行非常重视，唯恐有差错。这种心理状态导致了他们在交往中生怕被人耻笑，因此表现得不自然、心跳、腼腆。久而久之，便羞于与人接触，羞于在公开场合讲话。对此，应给予正确指导，鼓励男孩大胆、真实、自然地表现自己。

恐惧或忧虑会阻碍男孩们说话的尝试。有时保持安静较容易，退缩在"壳"里可以掩饰自己的软弱。

"我总是不敢在人面前讲话、发言，那会使我心跳加快，脑中一片空白……"有的孩子坦然地承认自己说话的胆怯，而且对此颇为苦恼。

心理学家们通过研究发现，人或多或少在说话方面有些不健康的心理，而紧张和恐惧便是这些不健康心理的突出表现形式，是影响人们进行正常说话和语言交流的明显障碍。

可以毫不夸张地说，人人都可能在说话前后或说话过程中出现紧张、恐惧心理：性格内向、沉默寡言者如此；天性活泼、思想活跃者如此；即便演说专家、能言善辩者也不例外。而恐惧是后天的反应。两岁大的男孩在过马路时不会懂得害怕，直到有人猛地把他拽回来，警告他过马路有多么危险。同样，当男孩第一次看见同学站起来背诵诗歌，发现他突然梗住了，变得慌张窘迫，以致全班发出阵阵的窃笑时，男孩懂得了当众讲话时害怕。既然紧张害怕是后天学会的，那么它也是可以被忘却的，或者至少是可以被控制的。

家庭是练习说话的第一个场所。当男孩在家里的时候，我们可以鼓励男孩给自己讲一个寓言故事。如果男孩不能讲清楚，就让男孩去找一本儿童文学看看，再来训练。这样男孩便会渐渐了解语言，懂得如何并敢于与人们交谈了。另外，鼓励男孩平时就一些小问题与你交流。鼓励广结良友，与朋友频繁往来，是练习口才的又一途径。无疑，我们每个人都多少会有一些朋友，这些朋友可能来自不同的地方，处于不同的年龄，属于不同的阶层，从事不同的工作，因而与他们相处时会遇到各种不同的问题。男孩拥有的朋友，了解的谈话内容，都会渐渐地增多起来，他说话的胆量也会渐渐大起来。

建议三：敢做——男子汉的位置在"前排"

在这个世界上，想坐前排的人不少，真正能够坐在"前排"的却总是不多。许多人之所以不能坐到"前排"，就是因为他们把"坐在前排"仅仅当成了一种人生理想，而没有采取具体行动。那些最终坐到"前排"的人之所以成功，是因为他们不但有理想，更重要的是他们把理想变成了行动。

让男孩坐到人群的前排位置的意图并不是显摆，而是帮助男孩正确认识自己，从而培养他的一种胆识。而毫无疑问，胆识是一种能力。

罗伯特·F·肯尼迪曾说："只有敢于面临巨大失败的人才能取得巨大成功。"为了到达目的地，我们常常要运用自己的胆识去发现我们目前的处境，无所畏惧。福布斯有句名言"无论我们拥有多少财富，都不如我们内心的财富来得重要。"

不敢坐到前排的人心理是存在一种障碍的，这种障碍是一些我们不明原因的、在本能上感到害怕的事情，这些事情可能是我们每天都会经历的，比如，害怕被人嘲笑，害怕失败，害怕意想不到的变化，或是其他什么使我们内心想要退缩的事情。我们才感到安全。如此一来，尽管我们得到的不是我们内心期待的东西，但它至少是令我们感到舒适并为我们所熟悉的事物。这些心理障碍还会使人在与他人交往的过程中产生一种社会恐惧、社交恐惧，简单地说，就是在社交场合，怕被别人注意或稍有差错就产生极度恐惧的情绪。据专家调查发现，社交恐惧症是最常见的神经紧张和失调的病症，它是一种对难堪或出丑表现的强烈反映和令人身心疲惫的恐惧感。拥有这种症状的人害怕在公共场合讲话，不愿意接触人，不愿意求人办事、与人共事。

可见，障碍对一个人的工作、生活都是极其不利的，所以，我们要想让男孩成功就要努力帮助他克服这道障碍。

当你发现自己儿子存在着社交恐惧时就应该及时帮他克服，下面的方法不妨一试。

第一，教他客观全面地看待事物。具有自卑心理的人，总是过多地看重自己不利和消极的一面，而看不到有利、积极的一面，缺乏客观全面地分析事物的能力和信心。这就要求我们努力提高自己透过现象看本质的能力，客观地分析对自己有利和不利的因素，尤其要看到自己的长处和潜力，而不是妄自哀叹、妄自菲薄。

第二，告诉他要将别人的思想、言论和行为与自我价值截然分开。别人的评价，只能代表别人对事物的看法，并不是真理，神圣不可改变。告诉男孩，这些评价中他认为可以听的就听，认为可以不听的就不听。

第三，从购置衣物开始，要他根据自己的判断去买，不必征求别人的意见。因为衣服是要穿在他身上，而不是穿在别人身上。别人的选择只代表别人的爱好和审美，并不代表他。

第四，培养信心。一位名人曾经说过："处于现今这个时代，如果说'做不到'，你将经常站在失败的一边。"可以让男孩试着想自己已完成的事，这样他对能做的事会更有信心。只有失败者才会将注意力集中在失败和缺点上。

细节44

引导男孩向"胆小鬼"身份宣战

"富贵不能淫，贫贱不能移，威武不能屈"是中国儒家对阳刚之气最精辟的诠释。男孩的英雄本色，实际上就是一种敢作敢为的精神，是潜意识中形成的一种力量，厚积薄发，不发则已，一发就气贯长虹。这种力量是无形的，一旦发出就会让人惊讶、敬畏、佩服。男子汉，就应该这样，这也是我们教育男孩的意义所在。

实际上让男孩子勇敢去做事的时候，最重要的就是让他们战胜内心的恐惧，这样就能顺利地把事情做好。

球王贝利刚刚入选巴西最著名的球队——桑托斯足球队时，曾经因为过度紧张而一夜未眠。他翻来覆去地想着："那些著名球星们会笑话我吗？万一发生那样尴尬的情形，我有脸回来见家人和朋友吗？"

他甚至还无端猜测："即使那些大球星愿意与我踢球，也不过是想用他们绝妙的球技，来反衬我的笨拙和愚昧。如果他们在球场上把我当做戏弄的对象，然后把我当白痴似的打发回家，我该怎么办？"

一种前所未有的怀疑和恐惧使贝利寝食不安。虽然自己是同龄人中的佼佼者，但忧虑和自卑却使他情愿沉浸于希望，也不敢真正迈进渴求已久的现实。

最后，贝利终于身不由己地来到了桑托斯足球队，那种紧张和恐惧的心情，简直没法形容。"正式练球开始了，我已吓得几乎快要瘫痪。"他就是这样走进一支著名球队的。原以为刚进球队只不过练练盘球、传球什么的，然后便肯定会当板凳队员。哪知第一次，教练就让他上场，还让他踢主力中锋。紧张的贝利半天没回过神来，双腿像长在别人身上似的，每次球滚到他身边，他都好像是看见别人的拳头向他击来。在这样的情况下，他几乎是被硬逼着上场的。但当他迈开双腿，便不顾一切地在场上奔跑起来时，他渐渐忘了是跟谁在踢球，甚至连自己的存在也忘了，只是习惯性地接球、盘球和传球。在快要结束训练时，他已经忘了桑托斯球队，而以为又是在故乡的球场上练球了。

那些使他深感畏惧的足球明星们，其实并没有一个人轻视他，而且对他相当友善。如果贝利能够相信自己，专心踢球，而不是无端地猜测和担心，就不会承受那么多的精神压力。

要培养勇敢男孩，就要让他们征服内心的恐惧，而行动可以让他们忘却恐惧，缓解他们的精神压力。忘掉自我，专心投入到他们当前要做的事情上去，可以让他们克服紧张情绪，保持一种泰然自若的心态。

常说"我不行"的男孩决不会成为有出息的人。家长应积极给男孩灌输进取、勇敢的精神：

第一，有针对性地给男孩讲一些不怕困难、不怕牺牲的勇敢者的故事。

如果男孩怕用电，你不妨给他讲美国科学家富兰克林与雷电的故事；如果男孩害怕走路，你不妨给他讲讲英国探险家斯科特征服南极的故事；如果男孩害怕黑夜，你不妨讲讲鲁迅先生黑夜上坡的故事；如果男孩害怕失败，你可以讲讲美国大发明家爱迪生怎么经历了几千次失败发明了电灯，讲讲德国细菌学家埃尔利希怎么经过几百次的失败而发明了一种新药。

第二，鼓励男孩进行培养勇敢精神的体育活动。

假日里，可以与男孩一起爬山，借以锻炼克服困难的勇气；去公园里玩，鼓励男孩走一走"勇敢者之路"，如独木桥、铁索桥。鼓励男孩参加体育锻炼，参加足球、乒乓球队。这种体育活动竞争性强，有助于勇敢精神的培养。

第三，有意识地锻炼男孩所惧怕的事务。

在确保安全的情况下，有意识地锻炼男孩所惧怕的事物，如登高、下水游泳、滑冰等。如果怯生，就多参加社交活动，多接触生人。如果男孩害怕，父母可以和他一起玩，比如男孩害怕黑夜，月黑风高之夜，父亲可以带着男孩去散散步，让男孩欣赏夜的宁静；如果男孩害怕黑屋，爸爸可以与男孩一起在黑屋子里玩，玩几次，男孩就再也不怕黑暗了。

第四，让男孩享受到勇敢的快乐。

先鼓励男孩完成一件以前不敢干的小事情，比如去楼底下取报纸，等男孩回来以后给他适当的表扬，让男孩体会到战胜自己的快乐。循序渐进，一点点锻炼他的勇敢。

第五，父母要给男孩树立起良好的榜样。

男孩的思想行为还没有完全成熟时，最易模仿身边人的行为举止，所以父母平常也应该注意不要老是在男孩面前把"我害怕""我不敢"挂在嘴边，要努力用勇敢的精神去熏陶男孩，男孩也会沉着勇敢起来。

建议一：不要让男孩习惯于为自己的胆小找借口

美国西点军校有一个久远的传统，遇到学长或军官问话，新生只能有四种回答：

"报告长官，是！"

"报告长官，不是！"

"报告长官，没有任何借口！"

"报告长官，不知道。"

除此之外，不能多说一个字。比如学长问："你认为你的皮鞋这样就算擦亮了吗？"你的第一个反应肯定是为自己辩解："报告长官，刚才排队时有人不小心踩到了我。"但是不行，这不在那四个"标准答案"里，所以你只能回答："报告长官，不是。"学长要问为什么，你最后只能答："报告长官，没有任何借口。"再比如军官派一个新生去完成一项任务，而且限定在一定时间内完成。这项任务完全可能会因种种原因而不能按时完成，但军官只要结果，根本不会听你长篇大论地解释为何完不成任务。"没有任何借口"迫使新生只有把握每一分每一秒去争取完成任务，根本无暇为完不成任务找借口。

也许我们认为西点军校的校规有些过于苛刻，但是它能够存在必然有存在的道理。学校之所以这样规定，就是要让新生学会忍受压力，学会恪尽职责，明白表现不达标是"没有任何借口"的。

因此，我们必须告诉自己的男孩，在面对困难的时候不要找任何借口。

借口是做不成事、做错事的挡箭牌；是敷衍别人，原谅自己的护身符；是掩饰弱点、逃避责任的灵丹。借口掩盖了过失，推卸了责任，使男孩心理暂时平衡，但长此以往，便是大事做不了，小事做不好，最终一事无成。

徐立就是一个不善找借口的孩子。他是初三（3）班的班长，他是一个积极乐观的男孩，总是散发出无限的热情，做事情从来不找借口，老师和同学们都很喜欢他。从初一开始徐立就担任班长的职务，班里的大事小事都由他来管，这自然耽误了他不少的学习时间，但他从来没想过以耽误时间为借口辞掉班长的职务，为了在学习上不落后于其他的同学，他比别人更加刻苦。特别是在备战中考的日子里，徐立更加努力了，每天都学习到深夜。徐立的妈妈看着儿子晚上熬夜学习，心疼地对儿子说："不行就把班长的职务辞了吧，每天这么累，别因为班里的事影响你上重点中学。"徐立微笑着回答道："妈妈，我知道你这都是为我好。可是辞了班长的职务也不能保证我一定能上重点中学，如果不辞，没准就能上重点呢！虽说班里的事情耽误了一些时间，但是这才更能激励我学习呀！这点小困难不会难倒我的，放心吧！我会处理好学习与班级工作的关系的。"

他这种不找借口，积极应对学习和班级事务的态度，让他顺利以全校第五名的成绩考进了市重点一中，还荣获了"优秀班干部"的称号。

做家长的要引导男孩正确地认识自己，正确对待成功与失败。不为困难和挫折找借口，要为成功找方法。男孩需要做的是分析原因，找出不足，进行弥补。客观、合理地制定自己的目标,并为学业上的成功和失败找出原因。弄清楚自己的学习状况,掌握高效的学习策略和方法,从而提高学习的效能感和自信心。这样男孩不为任何事情找借口的习惯一旦养成,他们将会受益终生。

建议二:告诉男孩求助不是懦弱的表现

陈再辉的家庭条件很好,平时他的穿着、使用的文具都比其他的同学要高档。平时爸爸要是有空就去接他放学,爸爸开的高级轿车让其他同学艳羡不已。

正因为如此,几个其他班的同学盯上了他。这几个男孩平时不喜欢学习,喜欢玩网络游戏,经常逃课去网吧。家里给的钱不够用,就勒索低年级的同学给零用钱。

这天放学后,爸爸没有来接陈再辉,陈再辉自己走路回家。走到僻静处时,这几个男孩跳了出来,向陈再辉勒索钱财。

望着几个气势汹汹的男孩,陈再辉乖乖掏出了钱包。

"不会吧,就这么点儿?你骗谁呢,说!钱藏哪儿了?"看着陈再辉钱包里的二十元钱,几个男孩气坏了。

陈再辉结结巴巴地回答:"平时我不怎么用钱的,我需要什么我妈都给我买了。"

男孩们大眼瞪小眼。领头的男孩比较镇定:"回家拿钱去。明天这个点儿我们还在这里等你,你要是不来,哼哼!"男孩抬腿狠狠踹了陈再辉一脚:"我知道你哪个班的,我们不会放过你!"

男孩还补充道:"你要是敢告诉别人,我们就天天去厕所堵你!你想清楚!"

陈再辉答应着,赶紧跑掉了。陈再辉想,回家赶紧告诉爸爸,真要被他们吓住了,这还有个头儿?

陈再辉遇到的情况,相信很多男孩并不觉得陌生。在校园暴力频发的今天,男孩们往往会为这类事情忧虑。不过,却不是所有男孩都像陈再辉那样,懂得向家长求助。当受到其他同学胁迫时,男孩直接反抗,不一定有那个能力;告诉老师和家长,又会觉得丢脸——男孩们拥有你意想不到的自尊。一些男孩认为让他人知道自己被胁迫,意味着他很懦弱,是男子汉的耻辱。

家长要做的就是,帮助男孩转变这种观念,告诉男孩出了问题报告老师、家长并不是什么怯懦的行为,而是勇敢的一种得体行为。

向老师、家长求助的行为,本身是一种在人群中寻求合作的行为,大家先来看一个故事:

星期六上午,一个小男孩在他的玩具沙箱里玩耍。沙箱里有他的一些玩具小汽车、敞篷货车、塑料水桶和一把亮闪闪的塑料铲子。在松软的沙堆上修筑公路和隧道时,他在沙箱的中部发现一块巨大的岩石。

小家伙开始挖掘岩石周围的沙子,企图把它从泥沙中弄出去。他手脚并用,似乎没有费太大的力气,岩石便被他连推带滚地弄到了沙箱的边缘。不过,这时他才发现,他无法把岩石向上滚动，翻过沙箱边框。

小男孩下定决心，手推、肩挤、左摇右晃，一次又一次地向岩石发起冲击，可是，每当他刚刚觉得取得了一些进展的时候，岩石便滑脱了，重新掉进沙箱。

小男孩只得使出吃奶的力气猛推猛挤。但是，他得到的唯一回报便是岩石再次滚落回来，砸伤了他的手指。

最后，他伤心地哭了起来。这整个过程，男孩的父亲在起居室的窗户里看得一清二楚。当泪珠滚过孩子的脸庞时，父亲来到了跟前。

父亲的话温和而坚定："儿子，你为什么不用上所有的力量呢？"

垂头丧气的小男孩抽泣道："但是我已经用尽全力了，爸爸，我已经尽力了！我用尽了我所有的力量！"

"不对，儿子，"父亲亲切地纠正道，"你并没有用尽你所有的力量。你没有请求我的帮助。"

父亲弯下腰，抱起岩石，将岩石搬出了沙箱。

我们所生存的这个社会，时时刻刻存在着竞争。没有人能单枪匹马地生存下去，与他人合作才能博取更多发展的机会。故事中，那块岩石对于儿子来说那样硕大无比，儿子使出全部的力量也无法移除，但是父亲伸手稍稍使力，就解决了儿子无法解决的问题。

家长要让男孩明白的是，人的年龄不同、生长的环境不同，所处的生命高度也不同，在孩子看来不得了的大事，对于大人来讲，也许只是一件不值得一提的小事。男孩认为自己向大人求助，是懦弱、丢了男子汉的面子，其实不是那样。懂得在自己需要帮助的时候借助他人的力量，是非常理智的行为。

蛮干不是勇敢，寻求帮助也绝不意味着软弱。懂得适时地寻求帮助的男孩，才是聪明的男孩——他知道如何让自己摆脱困境，这才是生命的大智慧。

第八章
该放手时就放手
——聪明的父母懂得给男孩自立的机会

细节45

不要做"全能"父母,要学会适当"懒"一下

世界上能登上金字塔顶的生物只有两种:一种是鹰,一种是蜗牛。不管是天资奇佳的鹰,还是资质平庸的蜗牛,能登上塔尖,极目四望,俯视万里,都离不开两个字——勤奋。

而我们现在的孩子,身上最缺乏的也许就是勤奋。平常在家里,孩子什么都懒得干,往往这样:

"要吃饭了,来帮妈妈摆好碗筷。"

"哎呀,我还要看动画片呢,妈妈你自己干吧。"

"今天咱们家庭大扫除,你扫地还是擦桌子?"

"可是我还要看书呢。"

每当你想叫男孩做事的时候,他总是能找出成堆的理由拒绝你。有的父母心疼孩子,认为现在的孩子都这样,就由着孩子的性子来,什么家务都不让他们做,久而久之,男孩就养成了懒惰的习惯。哪一位家长不希望自己的孩子以后有出息,能够成就一番事业呢?而懒惰正好是成功的克星。要知道天下没有免费的午餐,要想收获美好的果实,就必须用自己辛勤的劳动来换取。

曾经有心理学家研究表明,从小勤劳爱动手的孩子大脑发育要比同龄的孩子健全一些,因为在人的大脑中,一些富有创造性的区域只有在劳动中才能够被开发出来。一定量的劳动不但可以给孩子带来一个强健的身体,还可以锻炼孩子的意志,让孩子养成吃苦耐劳的精神。而且从小喜爱劳动的孩子,长大后一般都很能干,生活也很美满充实。所以,孩子的勤劳特性并不是可有可无的,父母应该从小就注意对孩子进行培养。而很

多取得成就的名人,他们的成绩的取得与父母小时候对他们的勤奋教育是分不开的。如获得诺贝尔奖的生理学家巴甫洛夫,他的父亲从小就对他进行严格的训练。

巴甫洛夫的父亲十分重视孩子的劳动教育。他认为,给孩子一双勤劳的手就好比给了孩子一双立足于社会的脚,没有什么事情是比拥有勤劳更让人愉快的了。

当小巴甫洛夫逐渐长大的时候,父亲把巴甫洛夫带到地里,指着一块翻好的地说:"儿子,今天我们来种菜吧。"

"可是爸爸,我不会呀。"小巴甫洛夫说。

"没关系,不会爸爸教你。"

于是,巴甫洛夫抬着小铲子跟着爸爸种了一天的菜。过了不久,当他们种下去的菜都长出了鲜嫩的叶子,父亲又带着巴甫洛夫来给菜浇水除草。

后来,父亲又教巴甫洛夫学做木工活。爸爸买来了凿子、锯子,先给儿子做了个精美的小板凳,然后告诉儿子板凳是怎么做出来的,小巴甫洛夫便跟着爸爸认真地学了起来。没多久,小巴甫洛夫就可以自己做简单的家具了。

除了亲手教巴甫洛夫学习种菜、做木工活外,父亲还教他养花、除草、给树木嫁接。巴甫洛夫在父亲言传身教的影响下,从小养成了不怕苦、不怕累、坚持自己动手把活干完的良好习惯。这种从童年培养起来的勤劳和耐性,成为巴甫洛夫在科学事业上取得巨大成功的重要因素。

作为父母,如果想教育男孩从小养成勤劳的好习惯,可以注意以下几个方面:

1. 教导男孩有一种积极的劳动态度

俗话说态度决定一切,要孩子养成良好的动手习惯,就先从改变他们对劳动的态度开始吧。你可以选择对孩子进行言传身教,多给他讲一些勤劳的故事,比如在勤奋中长大的商人李嘉诚,给孩子营造一种勤劳的家庭氛围,让他从意识上觉得劳动最光荣。只要养成孩子热爱劳动的习惯,燃起他们认真劳动的热情,就能使孩子养成勤劳的习惯。

2. 放手让男孩去做

孩子小的时候就让他自己吃饭,自己学着穿衣服。等孩子长大点后,家长做家务的时候给孩子分配一点儿任务,比如你拖地板就让孩子来扫地,你做饭就让孩子给你择择菜,平常也多叫孩子帮你的忙,打酱油、拿报纸、去超市买东西、晾衣服等都可以让孩子去做。习惯成自然,当孩子把勤奋当成一种习惯后,不知不觉就会把它融入到自己的生活中去了。

3. 不要无条件地给予

不要孩子要什么就给予什么,当孩子想获得一样东西的时候,可以让他拿自己的劳动来换,比如想要多一点的零花钱,可以让他洗一个星期的碗,自己挣;想额外买一套明星的签名照,就要坚持扫一个月的地,让孩子学会珍惜大人的劳动成果,也让他知道劳动的可贵:美好的生活要靠勤劳获取,只有脚踏实地,靠自己的双手辛勤劳动,才能够让自己过上高质量的生活。

相信每个男孩都有自己的理想，但是如果空有理想不付诸于实践，恐怕就成了"空想"，最终只能成为心中的一个梦。所以，父母如果想要自己的男孩将来有出息，一定要在他们小的时候培养他们的实干精神。

父母在教育孩子要有实干精神的时候，应该注意以下几点：

1. 从父母的做法开始

有时候男孩想做一件事情，父母会因为害怕孩子做不好或是伤害到自己而不让他们去做，这实际上就让孩子养成了一种惰性，以后就算有了什么好的想法也会耽于懒惰了。父母也要以身作则，给孩子树立良好的榜样，营造一种积极的氛围。

2. 父母要适当督促男孩

男孩有时候树立了理想，却又不知道从哪里下手，父母可以督促他把自己的理想写下来，每天去实现一点，然后持之以恒坚持下去。

3. 想到就去做，培养男孩雷厉风行的性格

让男孩想到什么就马上去做。比如孩子起床的闹钟响了，就让孩子马上起来，不要磨蹭；吃饭的时间到了，孩子还在看电视，就让他马上把电视关了去吃饭，千万不能孩子说"我等一会儿再来吃"，就随他的便。

4. 给男孩一些适当的训练

父母可以交代男孩去做一件事情，到了规定的时间就去检查孩子的完成情况，让孩子养成一种迅速完成任务的好习惯。

5. 让男孩明白只说不干的坏处

治标先治本，想要杜绝男孩空想的习惯，就要告诉他这样做的坏处。或者给他一次教训。你可以当他赖床不准时起来的时候，只叫他一次。如果迟到了，下次他听到闹铃就会马上起来了。

建议一：这些事情，让男孩自己做

现在大部分家庭都是只有一个孩子，爸爸妈妈、爷爷奶奶、姥姥姥爷都把孩子当成自己的宝，真是含在嘴里怕化了、捧在手里怕摔了。于是可能经常出现这样的场面：

"宝宝张嘴，来奶奶喂你吃饭。"

"哦，宝宝乖，妈妈给你洗脸。"

"哎呀，你自己怎么洗得干净衣服呢？让妈妈来。"

儿童心理学家告诉我们，孩子逐渐长大，其自主意识会随之增长。两三岁的孩子，在大人帮他穿鞋时，他会说"我自己穿"；喂他吃饭时，他会说"我自己吃"；帮他搬小凳子时，他会说"我自己来"。这种时候，家长不可随意打击他们跃跃欲试的兴致，剥夺他们提高学习生活能力的机会，而是应当帮助他们在学会独立生活的同时，增强他们的自我打理生活的意识。因为生活质量的好坏全凭自己打理，你最多只能送他沧桑的智慧。

具体说来，父母可以从以下几个方面来做：

1. 告诉男孩：自己的事情自己做

让男孩学会自己动手，不要取代他们自己动手的能力。孩子初次做事也许做不好，如他洗的衣服不太干净，你可以背着他再洗一遍，但不能说"你洗不干净，让我来帮你"，让他失去做事的积极性。在最初的日子里，孩子需要指导和帮助。告诉他怎样做好这些事，但千万不要一见孩子做不好，就自己代替他去完成，你不可能跟随孩子一辈子。在这方面家长应该向清代画家郑板桥学习。郑板桥老年得子，却并不溺爱，而是力促他自立，要求他："淌自己的汗，吃自己的饭，自己的事自己干。靠天靠人靠祖宗，不算是好汉。"

2. 让男孩学会自我保护

随着男孩年龄的增长，要教给孩子一些基本的生活经验和智慧，并让他自己在生活中获得成长。比如，教会孩子学会自我保护，为防止上当受骗，从小告诉他们不要贪小便宜，不要接受陌生人给的东西，不要跟陌生人走。让孩子懂得遇事不可慌张，不要冲动，要冷静，要理智；有困难可以找警察叔叔，并让孩子牢牢记住"110"、"119"等急救号码。

3. 让男孩学会独立思考

多给男孩自己思考的机会，没有什么事情比拥有自己的思想更有用，就像伟大的物理学家爱因斯坦说的："学会独立思考和独立判断比获得知识更重要。"多培养孩子自己思考问题的习惯，爱动脑筋有百利而无一害。你可以让孩子自己思考将来想成为什么样的人，以及应该怎样去实现自己的目标。在当今的社会里，家长应该提供给后代的是"工具箱"，而不是万贯家产。

4. 让男孩自己安排时间

培养男孩珍惜时间、科学安排时间、充分利用时间的好习惯，就要先给男孩自己安排时间的机会。可以让他自己制作时间表，合理安排，一项项实行，而你可以充当监督员。

5. 让男孩学会自我管理

父母不要对男孩的事情样样过问，要引导鼓励他们自己规划管理自己的事情，比如今天穿什么样的衣服，自己的课外书应该放在什么地方，星期天的时间怎么安排，什么时候应该把作业给父母检查等等。告诉孩子不要什么事情都依赖大人。摆脱一分依赖，男孩就多了一分自主，也就向自由的生活前进了一步，向成功的目标迈近了一步。

一个真正疼爱男孩的父母关注的应该是男孩将来是否能够应对社会。如果父母懂得让自主的灵魂贯彻于男孩的成长过程，那你的男孩将来一定能够独立地应对来自社会的挑战。

南宋著名诗人陆游曾在《冬夜读书示子聿》中对他的儿子进行劝勉：

古人学问无遗力，少壮功夫老始成。
纸上得来终觉浅，绝知此事要躬行。

现在有很多男孩在家中的实际情况就是饭来张口、衣来伸手，甚至连扫地、擦桌子等简单的家务活都不会做，样样事情都要大人一手包办好，男孩很自然地也就养成了什么事情都依赖爸爸妈妈的习惯。于是，我们会在街上看到男孩的鞋带散了，站在路边"哇哇"大哭叫妈妈，不知道自己弯腰系紧的现象。还有一些男孩在成年之后，虽然考入了大学,还是不会独立生活,不能自理自立。

现在男孩的依赖习惯似乎已经成为一个越来越严重的社会问题。父母一味地放纵男孩,殊不知,依赖会使他失去独立思考的能力和学习的勇气,因为他总是需要借助别人的扶助来获得自己的利益,久而久之,必然会养成一种坐享其成的不良习惯。可是,男孩终究有一天是要长大的,在他长大之后,又能以什么样的姿态来迎接社会的检验和挑战呢?过于依赖的男孩势必会导致一种脆弱,因为他们习惯了按照别人的指示行动,所以难以形成较强的独立应变能力。培养男孩的自主能力,让男孩懂得很多事情必须倚靠自己,对父母来讲,是最不容忽视的教育。习惯了帮助男孩做一切的父母,可以先从以下的几个方面入手,慢慢地把男孩自己分内该做好的事"还给他":

1. 男孩能够做的事决不包办,培养男孩生活自理的能力

男孩还小的时候,就可以教会男孩自己吃饭、穿衣服、洗脸。稍大一点以后,可以教孩子自己去上学、自己去买东西,刚开始也许他做不好,但是只有给他练习的机会,他才会有会的可能。

2. 男孩不会做的事学着去做,帮助男孩养成为家服务的习惯

不要因为男孩不会就代替他们去干,可以教孩子做一些力所能及的家务。

3. 男孩碰到困难时不急于帮忙,试着让他独立解决问题

碰到困难是好事,这是锻炼他们自己解决问题的好时机。让男孩自己去想解决的方法,适当受点委屈并没有什么不好,要知道你不可能跟孩子一辈子。

建议二:让男孩学会自己支配自己的生活

有不少家长为了教育出优秀的孩子,倾其心血为他们报各种各样的辅导班,可是孩子们好像是越学越呆了。这究竟是什么原因呢?很有可能是因为他们有一样重要的东西没有学,那就是不知道如何自主把握和支配自己的生活。

走进美国超大公司的纽约总部,映入眼帘的是一个鱼缸,里面十几条热带杂交鱼在自由地嬉戏。这个巧妙的装饰除了美观之外,还说明了一个原理——鱼缸法则:养在鱼缸中的热带金鱼,三寸来长,不管多长时间,始终看不见金鱼的生长。然而,将这种金鱼放到了水池中,两个月的时间,原来三寸的金鱼就可以长到一尺长了。

把这条原理应用于教育同样适用,孩子的成长需要自由的空间。而父母的保护往往就像鱼缸一样,孩子在父母的鱼缸中永远难以长成大鱼。要想孩子健康强壮地成长,一定要给孩子自由活动的时间,而不让他们拘泥于父母提供的"鱼缸"中。父母也应该克制自己的主观想法,留给孩子自由的成长空间,让他自己来支配自己的生活。

对于孩子的兴趣爱好,家长应充分尊重孩子自己的意愿,让孩子独立支配自己的生活。选择练习什么样的乐器或者是对其他的什么兴趣技能感兴趣,家长总是给予支持、鼓励和引导,或者帮助请家庭辅导教师。

西方国家的家长大都不对孩子的学习施加压力。他们的观点是:喜欢学的孩子自然会努力，为什么要强迫他们做不愿意做的事情呢？人的兴趣、爱好本来就各不相同，孩子适合做什么就做什么，人生的路让孩子自己去走。成功的家庭教育，应是家长舍得拿出时间跟孩子以平等的态度进行对话和交流，对孩子正确的想法和行为给予充分肯定，让孩子在尊重和鼓励中长大。

21世纪将是"自主支配"的世纪。著名的管理学家彼得·德鲁克指出：因为信息时代取代了工业时代和放权自由的管理模式，所以这个世纪最重要的事情不是技术或网路的革新，而是人类生存状况的重大改变。在这个世纪里，人类将拥有更多的选择，他们必须积极地管理自己。

进入社会之后，孩子必须自己决定自己的行业，自己的老师、自己的老板、自己的公司、创业还是加入公司……每一天面临的都将是选择，孩子在成长的过程中更需要塑造的是独立性、责任感、选择能力、判断力。一个孩子如果长大了之后还只是会背知识，等着别人帮他做决定或者是做事情，那他进入社会之后就不会被重视。孩子将在这样的社会里生存，所以必须要学会自主支配自己生活的能力。

至于如何培养孩子独立支配自己生活的能力呢？建议家长从以下几个方面着手。

第一，培养孩子"自己想办法"的习惯。从小让孩子自己去解决自己的事物，从小让他们懂得，任何人都别想推卸责任来让别人替他们收拾残局。当孩子遇到困难的时候，不要想什么都帮孩子去做，而是鼓励他们自己想想办法，或者帮助孩子分析应该怎样解决，促使他找到正确的道路。

第二，让孩子成为自己的主人，决定自己的将来。在某件事情上，虽然家长很确定将来应该如何来做，但是也应该给孩子一个机会，让他学着自己独立来判断。因为他从自己错误中学习到的经验一定比你正确的教导要多得多。

第三，培养孩子自己对自己事情负责的态度。如果家长习惯了任何事情都帮孩子安排得面面俱到，结果很可能会导致孩子做事不负责任的后果。而且父母的过度包办，也会让孩子变得没有礼貌，不懂得珍惜。

第四，要信任孩子可以做好。在有些时候，信任比惩罚更能够激起孩子的责任心。童欣在微软研究院中以严肃负责而著名。他回忆起自己小的时候有一次犯了错误，妈妈没有一句责备，而是看着他惊恐的眼睛，温和地说："这件事已经过去了，你过去是个好孩子，以后还会是一个好孩子。"童欣说："那个晚上，妈妈给了我最好的礼物，让我终生受用不尽。"

第五，建立"共同规定"。对孩子不要太多的规定，如果家长实在有顾虑，可以用"共同规定"和孩子约法三章。例如孩子玩电脑，我们不要说"不准玩"，而是告诉他"成绩够好才可以玩"。把每一个否定变成了机会，就把自主权从家长身上转移到了孩子身上。这样不但能培养孩子独立能力，并且会促使他更加上进。

细节46

孩子的潜力是无穷的

近几年,我们经常可以听到这样的声音:美国孩子是在无忧无虑中长大的。美国孩子小的时候功课很少,回家也主要是以玩为主。到了该上大学的时候,也不必像中国孩子那样必须走高考这座独木桥,美国孩子要想上大学只需凭学校的成绩、老师的推荐以及社会活动的表现,就可以顺利地申请到大学。至于是否录取,那完全凭学校对人才的需要。孩子不用为了上大学而担心,因为即便是这所大学不录取,另一所大学也能录取。

美国孩子的成长似乎看上去是顺利通达的,但事实上,美国父母在如何让孩子尽早具有独立性和智力潜质的开发方面独具匠心,下了很大的工夫。在美国无论走到哪里,都可以看到蹒跚学步的孩子,如果跌倒了,父母一般不会去跑上前主动扶起孩子,而是在旁边鼓励,让孩子自己爬起来。父母在一点一滴的小节中训练孩子靠自己的能力获得哪怕是如此小的成功,也能让孩子对自身树立信心。

一个孩子,他究竟有多少能力还没有被开发出来,作为家长估计都是心中没数。孩子对于成人而言,永远都是个谜。也许是因为他还小,纵然心中有无数奇妙的想法或是什么好的实施方案,也没有办法表达出来,甚至是他自己也没有意识到这一点!作为家长,我们应该经常有针对性地对孩子进行一些测试和观察,看他对不同的环境有着什么样的不同反应,才会明白他究竟在哪些方面有天赋可以供我们开发。

曾经有一个妈妈说,她和邻居站在院子里聊天,而就在这时她的儿子却拿起了粉笔头在地上画出了一个萝卜。这位妈妈当时就看呆了,她觉得自己的孩子在绘画方面有天赋,就毅然决定带孩子去学习画画。

但是也有的家长不知道自己孩子的长项在那里,总是想当然地培养男孩,效果也注定不会很理想。有位妈妈特别想让自己的儿子学习弹电子琴,可是特长班的老师婉言拒绝,因为这个孩子的手指不是很长,并不适合弹琴。但是这位母亲不死心,她觉得音乐是高雅的,所以执意要让孩子学习,最后反而把孩子弄得很痛苦。

最后要说的是,教育孩子一定要以孩子为中心,如果我们形成了一套关于孩子的成见,教育就不再是以孩子为中心,而是以家长为中心了。那些越是觉得自己了解孩子的家长,因为他们低估了孩子的真实水平,反而会更容易作出错误的判断。

每一个人都是天才,都具有一定的天赋。如果在小的时候能够被别人发现并培育,那么这个人就会取得非凡的成绩。相反,这个人就会默默无闻地度过一生,虽然他本身并不缺乏潜能。

建议一：相信孩子，肯定男孩的能力

儿童心理学告诉我们，孩子逐渐长大，其自主意识会随之增长。两三岁的男孩，在大人帮他穿鞋时，会说"我自己穿"，喂他吃饭时会说"我自己吃"，帮他搬小凳时，他会说"我自己来"。这种时候，家长不可随意打击他们跃跃欲试的兴致，剥夺他们学习生活能力的机会，而是应当帮助他们在学会独立生活的同时，增强他们的独立意识。

父母对男孩应该表示信任，这样才可以使他们有自尊、肯自律，日后才可能真正使你放心。男孩初次做事做不好，如他洗的衣服不太干净，你可以背着他再洗一遍，但不能让他失去做事的积极性。在最初的日子里，男孩需要指导帮助。告诉他怎么样做好这些事，但千万不要一见孩子做不好，就自己代替他去完成。

做父母的必须适时调整自己对男孩的态度。当男孩外出时，最好少一分叮咛，多一分信任，让他觉得自己已长大，而担起一份责任。家中有些事情，可以询问或倾听一下男孩的意见，并对他的想法或主意给予相当的重视，使他感觉到自己在家中的地位与重要性。为了培养男孩的责任心，遇到某些事情，做父母的还可有意识地把半大的孩子推出去先抵挡一阵，自己不妨晚点再挺身而出。

闲谈时，让男孩逐步了解家庭经济和父母的工作等情况，可让他们发表意见，处理一些事情，逐步让孩子知道自己在家的重要地位，而不能总把男孩当"小孩"。随着孩子年龄的增长，要引导他们学会用自己的眼睛去打量周围的事物，用自己的头脑去思考所遇到的问题，要给他们相应的自主权，同时相应地增加孩子对家庭与社会的义务与责任。

把他当做一个有责任的人来看待，当做自主自强的人来看待。尤其是男孩子，更不愿意自己总是处于被保护的地位。再说你也不可能跟随孩子一辈子。随着孩子年岁的增长，要教会孩子自己保护自己，为防止上当受骗，从小告诉他们不要贪小便宜，不要接受别人的东西，不要跟陌生人走；让孩子懂得遇事不可慌张，不要冲动，要冷静，要理智等；教给孩子一些基本的生活经验和智慧并让他自己在生活中获得成长。

许多父母认为，家庭教育是一种生活中的随机教育。换句话说，家庭教育的"一招一式"要时时注意培养男孩适应社会生活的需要，培养他们能够独立生活的本领。这种教育思想说起来简单，但做起来却常被一些家长有意无意地忽略掉，抑或出现偏差。因此，父母要认识男孩成长的阶段性，教育的随机性要与孩子成长的发展性相结合。

男孩出生后最先开始的教育要提倡说行，反对说不。当孩子出世后，你开始尽心尽力地进行哺育，问题也开始产生了：喂饭时，男孩的小手要抓饭勺；高兴时，小手要挥，要抱住小脚丫往嘴里送；稍大些，男孩会手脚并用了，一有机会，就爬来爬去。此时大人可别说不，担心汤勺扎了嘴，责怪说"不许抓"；害怕男孩乱爬摔下床，制止他"别爬了"。

父母认为男孩"行"还是"不行"，对孩子一生的影响都很大。父母的赏识与放手，对孩子发出的是"我能行"的正面信息，使孩子慢慢建立起"行"的意识；父母过度的担心和保护，对孩子发出的是"我不行"的负面信息，使孩子真的认为自己"不行"。

有一个男孩，从小家里人都说他勇敢，他也就自觉不自觉地把自己当成勇敢的人。一个星期天，母亲带他去公园玩。公园里有一座天桥很高很高，桥板又窄又长，两边围着护网。虽然如此，走上去还像走钢丝一样，令人心惊胆战的。开始走上天桥，他很害怕，母亲鼓励他说："你行，想上去就上去吧！"在妈妈的鼓励下，孩子走上桥，自己给自己打气，心里想着"我不怕，一定能行"，一步一步地试，终于勇敢地走了过去！那种惊险的感觉让孩子觉得自己真行。

这就是相信孩子能行产生的力量。每个孩子都有很多潜能，潜能的发挥与成人对他们的赏识分不开，投以欣赏的眼光，孩子就会创造出奇迹。

在日常生活中，应给予男孩以足够的自由与民主，让他们充分运用各种感官，自己观察、自己思考、自己想办法、自己做决定、自己动手操作。总之，自己的事情自己干，这对于培养男孩良好的非智力因素很有好处。因为在孩子"我自己来"的过程中，不仅培养了孩子解决问题的能力，对于开发孩子的智力有好处，而且使男孩养成了独立自主的习惯，避免了孩子的依赖性。然而，一些家长认识不到男孩的这种"我自己来"的精神的作用，总是担心孩子"累着"，担心孩子吃苦，因此处处包办代替，哪怕是穿衣脱鞋也处处代办，这样是不利于孩子健康成长的。

建议二：妈妈帮助男孩打破对成功的畏惧

没有父母不希望自己的儿子优秀并杰出，而相对于不断变幻的环境，要想一直保持优秀，男孩就得一直奋力奔跑，不停止追逐的脚步。事实是，男孩对成功往往充满畏惧，生出"约拿情结"。

约拿是《圣经》中的人物。据说上帝要约拿到尼尼微城去传话，这本是一种难得的使命和很高的荣誉，也是约拿平素所向往的，可一旦理想成为现实，他又感到一种畏惧，感到自己不行，想回避即将到来的使命，想推却突然降临的荣誉。这种成功面前的畏惧心理，心理学家们称之为"约拿情结"。

"约拿情结"是一种看似十分矛盾的现象。人们害怕自己不成功，这可以理解，因为人人都不愿意正视自己低能的一面；但是，人们竟然害怕自己会成功，这很难理解。但这的确是事实：人们渴望成功，又害怕成功，尤其害怕争取成功的路上要遇到的失败，害怕成功到来的瞬间所带来的心理冲击，害怕取得成功所要付出的极其艰苦的劳动，也害怕成功所带来的种种社会压力……

简单地说，"约拿情结"就是对成长的恐惧。它来源于心理动力学理论上的一个假设："人不仅害怕失败，也害怕成功。"它反映了一种"对自身伟大之处的恐惧"，是一种情绪状态，并导致我们不敢去做自己能做得很好的事，甚至逃避发掘自己的潜力。在日常生活中，"约拿情结"表现为缺乏上进心，或称"伪愚"。

美国著名心理学家马斯洛在给他的研究生上课的时候，曾向他们提出如下的问题："你们班上谁希望写出美国最伟大的小说？""谁渴望成为一位圣人？""谁将成为伟大的领导者？"根据马斯洛的观察和记录，在这种情况下，他的学生们通常的反应都是咯咯地笑，红着脸，显得非常不安。马斯洛又问："你们正在悄悄计划写一本伟大的心理学著作吗？"他们通常也都红着脸、结结巴巴地搪塞过去。马斯洛还问："你难道不打算成为心理学家吗？"有人小声地回答说："当然想啦。"马斯洛说："那么，你是想成为一位沉默寡言、谨小慎微的心理学家吗？那有什么好处？那并不是一条通向自我实现的理想途径。"

人类普遍存在"约拿情结"，即不是追求高级需求，追求卓越，追求崇高的自我实现，而是相反，逃避高级需求，逃避卓越、崇高的人类品行。他们视天真纯情为幼稚可笑，视诚实为愚蠢，视坦率为轻信，视慷慨为缺乏判断力，视工作中的热情为愚忠，视同情心为廉价和盲目。为了表现"男子"气概，英语中的 cool（冷）也因此而成了显示"有派"和"时尚"的赞美之词。在长期历史中曾显示出人类美好的、和谐的、崇高的、情感的东西竟成了当代人们不自觉的情感禁忌，无怪乎有人称人类的当代为精神病、神经症大发作的时代。

"约拿情结"的问题还在于，自己怕出名，如果别人出了名，他又会嫉妒，心里巴不得别人倒霉。这种情结会阻碍生命成长和自我实现。

大多数人内心都深藏着"约拿情结"。心理学家们分析，这是因为在小时候，由于本身条件的限制和不成熟，心中容易产生"我不行""我办不到"等消极的念头。在男孩的成长过程中，如果周围环境没有提供足够的安全感和机会供男孩成长的话，这些念头会一直伴随着男孩。尤其是当成功机会降临的时候，这些心理表现得尤为明显。因为要抓住成功的机会，就意味着要付出相当多的努力，面对许多无法预料的变化，并承担可能导致失败的风险。

毫无疑问，"约拿情结"是平衡内心压力的一种表现。每个人其实都有成功的机会，但是在面临机会的时候，只有少数人敢于打破平衡，认识并摆脱自己的"约拿情结"，勇于承担责任和压力，最终抓住并获得成功的机会。这也就是为什么总是只有少数人成功，而大多数人却平庸的重要原因。

家长要想男孩能不断上进，开创人生新局面，就必须鼓励男孩敢于打破"约拿情结"。说到底，"约拿情结"是一种内心深层次的恐惧感。这种恐惧感往往会破坏一个人的正常能力。恐惧使创新精神陷于麻木；恐惧毁灭自信，导致优柔寡断；恐惧使我们动摇，不敢开始做任何事情；恐惧还使我们怀疑和犹豫。恐惧是能力上的一个大漏洞，事实上，有许多人把他们一半以上的宝贵精力都浪费在毫无益处的恐惧和焦虑上面了。

恐惧虽然阻碍着男孩力量的发挥，但它并非不可战胜，只要家长能够积极地行动起来，帮助孩子有意识地克服恐惧心理，那它就不会构成威胁。

积极的思想和坚定的信念是治疗恐惧的天然药物，勇敢和信心能够中和恐惧，如同化学家通过在酸溶液里加一点碱，就可以破坏酸的腐蚀力一样。

所以，父母要鼓励男孩坚持自己的信念，勇敢地行动起来，让男孩忘记恐惧，克服"约拿情结",为人生打开新局面。

细节47

妈妈放手,儿子才能长大

很多妈妈由于对男孩太过于精心照料,使男孩往往会对母亲过度地依赖,逐渐变成了娇软的"奶油小生"。

我们不得不把矛头指向那些乐于事事代劳的妈妈,她们处处疼爱孩子,为孩子做好一切,结果换来的是男孩自理能力的下降。

一个小学一年级的男孩子,在中午吃饭时突然大哭起来。老师问他为什么哭,男孩子一边抽泣着一边说:"今天的鸡蛋太硬了,没法吃。"原来,以往男孩带的鸡蛋都是妈妈事先剥好皮的,而这次来不及了,妈妈没有帮他剥皮。

东南大学的一位教师说过,一些学生考入大学、离开父母后,基本不会独立生活,不能自理自立。一位考上南京某名牌大学的高才生,入学一个月便将自己的各种证件、钱物等都丢失了,并且无法处理简单的日常生活。不得已,学校只能要求他的家长前往学校帮助其料理生活。后来这名同学还是感觉生活不适应,只好休学回家。还有的学生将自己换下来的脏衣服打成邮包寄回家,让父母去洗。一些大一、大二的学生均反映适应不了大学生活。

其实,男孩从小就有独立的愿望,两三岁的孩子常常会对母亲说:"我也能干。"上了学的孩子常常希望有更多的独立做事的权利。有的时候,正是因为妈妈太能干了,把本该男孩自己独立做的事情也都一手包办了。

有一次,学校组织学生进行大扫除。有一位妈妈拿着抹布来帮助儿子做卫生。老师不禁感到纳闷,问这个妈妈:"平时孩子在家做家务吗?"没有想到的是,这位妈妈毫不犹豫地回答:"疼还疼不过来呢,怎么能让他做家务呢?"

男孩要经历自己独自处事才能长大成人,如果妈妈总是不给男孩机会,他又怎么能有成长的余地呢?这样被妈妈"一手包办"长大的男孩,将来肯定是懒惰与无能的,注定会给家长带来悲哀和失望。

要想把自己的男孩培养成为适应未来社会的男子汉,当妈妈可以表现得不那么强势,给男孩提供显示本领的机会。母亲的过于能干、刚强,会让男孩失掉施展才华的天地,其能力慢慢地被弱化。

事实确实如此，如果妈妈把男孩当成一个男子汉来培养，他会慢慢变成令妈妈满意的男子汉。如果妈妈总是把男孩当做一个小孩子，即便他已经长到了十几岁甚至是二十几岁，他在心里也会永远把自己看做是一个小孩子。

有一次，我国有一位青少年教育专家到华盛顿参加完一个国会的听证会，出来在路边等车，看见一个母亲和一个3岁左右的小孩过马路。那个小孩不小心摔了一跤，母亲走了过去，对小孩说："汤米站起来！"小孩继续在地上耍赖。母亲的声音越来越大、表情越来越严肃："站起来！"小孩立刻站起来了。母亲把小孩带到路边就开始训斥："汤米，你看看你刚才，像个男子汉吗？还说长大了要保护妈妈，你那个样子能保护我吗？做事情不能担负自己的责任，还妨碍交通。"3岁的小孩含着眼泪，被妈妈带走了。

赫胥黎说："人在早年遭受几次挫折实际上有极大的好处。"吃得苦中苦，方为人上人。其实，男孩一生中不遇挫折是不可能的。在成长时期太顺利了未必是好事，对男孩过分保护，往往会妨碍男孩身心的正常发展，使他们变得胆怯、依赖心重、神经质，不敢做任何尝试，而且不易与人接近。为了让男孩在以后的生活中少吃苦头，在男孩成长的过程中，父母要做的是精心设计一个有益的教育环境，使男孩在成长过程中适当地吃些苦头，培养他承受挫折的勇气和能力。有了这样的准备，男孩才可能在以后少吃苦。

众多家长也明显意识到了这一点，但怜子之心让他们非常矛盾。男孩迟早都要单飞，在成长的道路上吃一些苦，绝对不是坏事。"宝剑锋从磨砺出，梅花香自苦寒来"经历过苦难的男孩，方有希望成为大器之材。我国儒家的亚圣孟子说："故天将降大任于斯人也，必先苦其心志，劳其筋骨……"要让男孩成就辉煌的人生，就放手让生活的磨难去砥砺男孩坚强的品质和心性吧。

孟子云："生于忧患，死于安乐。"忧患和安逸都是一种生活方式，但一个可以培育信念，一个只能播种平庸。身为教育男孩长大成人的父母，必须让男孩知道，在成长的道路上，不可能是一帆风顺的，成功往往是与艰难困苦、坎坷挫折相伴而来的。如今的男孩生活过于安逸，普遍缺乏经受磨炼的机会，因此，他们很难学会忍受挫折和失败带来的负面情感，这对他们的成长是极其不利的。

日本著名企业家松下幸之助曾经说过这样一段话："狮子故意把自己的小狮子推到深谷，让它从危险中挣扎求生，这个气魄太大了。虽然这种作风太严格，然而，在这种严格的考验之下，小狮子在以后的生命过程中才不会泄气。在一次又一次地跌落山涧之后，它拼命地、认真地、一步步地爬起来。它自己从深谷爬起来的时候，才会体会到'不依靠别人，凭自己的力量前进'的可贵。狮子的雄壮，便是这样养成的。"

建议一：妈妈要引导男孩独立思考

独立思考的能力是一个男孩走向成功最重要的品质，也是成功人士的必备素质。西方国家教育不赞成对孩子进行墨守成规式的灌输，而是要求家长针对孩子日常碰到的一些问题帮助他思考，启发他通过思考了解周围的复杂的世界。

毫无疑问，成大事者都是独立思考、具有创造性的人。为什么？独立思考可以引导成功：一个具有独立思考能力的人，一个具有创造性的人，也定会是个成功的人。有志成功的人，应该有着独立思考的习惯；尤其是要成大事的人，只有养成了独立思考的习惯，才能在艰辛的事业之路上独创天下。

对亨利先生而言，有一个孩子令他印象颇深，他是从中国来念书的贝贝。

亨利先生教学的特点就在于为孩子们提供一个可以独立思考的环境，他希望孩子们能够在思考一个个问题的过程中逐渐建立起独立思考的能力，进而让孩子们学会一些独特的思维方式。有一次，他为班上的同学们出了一个讨论题目：传统文化和现代文化的关系。他让12名学生分成正方和反方以讨论的形式开展辩论，而贝贝则抽到了传统文化的那一组。

当对方的同学陈述了一番现代文化的繁荣之后，贝贝开始滔滔不绝地讲起了他所谓的"大树理论"：传统文化是一切文明的根，而现代文化只是建立在传统文化之上的叶子，如果没有根，哪里会有叶？所以，传统文化比现代文化更重要。同学们为贝贝的理论感到惊奇，觉得贝贝说的真是太有道理了。可是正当贝贝为此而沾沾自喜的时候，亨利先生宣布让双方来一个大对调，贝贝一下又成了维护现代文化派。

这一下，对方就直接质问贝贝："你刚才不是陈述了大树理论吗？你说的根比叶子更重要，这下你要怎么解释？"没想到，贝贝立即反驳道："树叶的光合作用就是为了维持大树的生命，如果没有了树叶，树根一定会死掉。所以如果没有现代文化的发展，古代的传统文化也就不会有光泽了。"全班同学都为贝贝的诡辩连声喝彩。而亨利先生也很欣赏这位有着独特视角的中国学生。

凡是善于引发灵感，能够形成创造性认识的人，都很会用脑。一般人以为显而易见的现象，他们产生了疑问；一般人用习惯的方法解决问题，他们却有独创。他们的特点是喜欢独立思考，遇事多问几个"为什么"，多提几个"怎么办"。任何创新项目的完成，都是独立思考和钻研探索的结果，因此就不能迷信、不能盲从、不能只用习惯的方法去认识问题，或只用已有的结论去解决问题，也不能迷信专家、权威，而是要从事实出发，从需要出发，去思考问题、探索问题，去寻找新的方法、新的答案、新的结论。

要促进灵感的产生，就必须多用脑，因为人的认识能力，是在用脑的过程中得到锻炼从而不断提高的。所谓多用脑，不是指不休息地连续用脑，而是要把人脑的创新潜能充分地发挥出来。爱因斯坦对为他写传记的作家塞利希说："我没有什么特别才能，不过喜欢寻根究底地追求问题罢了。"在这个寻根究底的过程中，最常用的方法就是独立思考。他自己深有体会地说："学习知识要善于思考、思考、再思考，我就是靠这个学习方法成为科学家的。"

"数字化教父"尼葛洛·庞蒂说："我不做具体研究工作，只是在思考。"

从这些名言中我们不难得出这样一条道理：独立思考是一个人成功的最重要、最基本的心理品质。所以，家长要帮助孩子养成独立思考的习惯，这是要成大事的人必备的条件。

要提倡独立思考，鼓励大胆联想，思想越"疯狂"越好，提出的设想越多越好。西方古谚云："世上有5%的人主动思考，5%的人自认为在思考，5%的人被迫进行思考，而其余的人一生都讨厌思考。"这在某种程度上揭示了能进行主动、独立的思考并不容易。

此外，家长要鼓励孩子在学习的过程中用发现的态度去学习，在做出了自己的独立发现后，再与书上的发现进行比较。这种方法由美国心理学家布鲁纳首创，对培养人的独立思考能力有实际的效果。它有利于人们自己发现问题，扩展知识，从而推进创造活动。

建议二：不要快速回答男孩的问题

陪孩子发现问题、探讨问题，但是应由孩子自己解答问题，因为答案是什么不重要，重要的是，让孩子练习独立思考、判断的能力，他才能享受发现事理的喜悦。

阿弟4岁时，家门口新订制了一个玻璃大鱼缸。那时午后的太阳正斜照着，阿弟开心地向着鱼缸走去，突然，阿弟指着倒映在地上的彩虹说："妈妈，你看，好亮耶！"讲得有深度一点是说："怎么会有这种现象？"妈妈也充满疑惑地问他："真的耶，好奇怪喔，它是怎么来的？"阿弟转着他的小脑袋，看着看着，然后说："是太阳公公让它变亮的！"妈妈问："为什么呢？"阿弟说："对呀！太阳公公照到水里面，水再照到地上呀！"虽然阿弟不懂反射的原理，但是他已经在思考、观察并且推理，无形中已经启动了大脑的运作，为他日后培养对抽象事物的学习和观察能力做了很好的准备。

上文中的故事对你有什么启发呢？每次你的孩子向你提问题时，你都是怎样应对的？孩子若问得多了，你有没有不耐烦的表现？你经常鼓励孩子提问，启发他思考吗？

在日常生活中常常看到这样的现象：有的孩子上小学时，在班上成绩很好，但是，上初中和高中后成绩下降，这种例子屡见不鲜。反之，有的孩子小学成绩不太好，进中学后成绩斐然的亦随处可见。尤其是在男孩子中，更为常见。

这是为什么呢？一些孩子成绩下降了的父母更是为此事迷惑不解。"乖乖的一个孩子，怎么突然赶不上进度了？"这其中的奥妙，或者说，事情发生的主要原因，是小学功课比较容易，只要顺从父母"好好用功"，孩子就能获得好成绩。初高中课程难度逐渐加大，需要个人思考的成分日益增多，这时是孩子本人的意志，而不是父母的意志，父母便无法再左右孩子成绩的好坏了。这是因为单纯的死记硬背已不能解决学习中的一切问题，学科的功课越来越多地要求孩子们独立思考。因而孩子对所学的课程不感兴趣，不肯动脑筋，就会学不懂、学不精，更不要谈做作业了。反之，如果孩子对新鲜事物能抱有强烈的兴趣、强烈的求知欲和好奇心，就会去自寻答案。

面对这些无休止的发问，父母应不失时机地帮助他们找到比较满意的答案。培养孩子爱问的习惯，家长要有意识地鼓励孩子多思多问。当孩子向我们提出问题时，应尽量让孩子自己思考，并不失时机地肯定、表扬孩子爱动脑筋的习惯。鼓励和表扬一方面满足了孩子的求知欲，另一方面更激发了孩子的好奇心。如果孩子提出的问题较深奥，家长自己也弄不明白，遇到这种情况，也要正确处理，而不能打击孩子爱问的积极性。正确的做法应该是，谦虚地告诉孩子："你提的问题真好，但这个问题我也不懂，等我查完书再回答你，或者你自己查书找答案，好吗？"

目前在家庭教育中，一些父母在无意中扼杀了孩子可贵的好奇心，这会直接影响到一个人创造性的形成。

保持孩子好奇心的诀窍是大人要有童心，要会换位思考。大人对孩子的好奇心不能理解，甚至不耐烦，是因为孩子问的问题，大人早就知道了，站在大人的角度，没什么可问的。正如作家桑姆·金丽所说："我们的眼睛变得只盯着追求的目标，以至于对眼前的玫瑰花也不惊奇。"因此首先要解决的问题是尊重孩子的好奇心，允许他提问。其次，不要敷衍孩子，要给孩子的提问以满意的回答，如果自己不懂，就带孩子一起去找答案。另外，家长要学会说这样一句话："我真喜欢你提问题。"有时对孩子的提问，还可以不马上提供答案，而是进一步提出一个疑问和悬念，激起他更强烈的好奇心。

细节48

穷人的孩子早当家

中国香港地区原特首曾荫权在中学毕业之后考上了中国香港大学，但是他家境贫穷，拿不出学费来供他上学。无奈之下，他只好放弃了去大学读书，到一家药品公司当推销员，小小年纪就尝尽了人生的苦辣。几年之后他考上了公务员，由政府送到哈佛大学深造，攻读博士学位。后来他一步一步走到了今天，有了现在的成就。

从一位推销员到成为一名行政区的特首，这中间需要多少努力才能达到？

也许，这就是"穷人的孩子早当家"的道理，为什么要这样说呢？相信答案只有一个，那就是自强。正因为家境贫穷，他们才会不断地拼搏努力，除了这一条路没有其他的路可以走，是这样的环境迫使他们学会了自强。

当然，穷的含义并不只是家庭经济这一个方面。贫困的意义很广，陷入了困境，都算是一种贫困。常言道："自古英雄出贫贱，纨绔子弟少伟男"，因为在顺境中的人容易受到迷惑，他们往往会贪图享受，不思进取，不知道苦难为何物，所以没有志向。没有进取心的人，又怎么会有成就呢？而身处逆境中的人则不同，他们饱受磨难，一次次与命运和苦难作斗争。人如果没有动力就不知道奋进，这正是处于顺境中的人所不具备的。

现在的社会，工业化、数字化、信息化的进程过快，导致现在的青少年心智成熟较缓慢。也可以说是由于经济基础决定了孩子的心智成熟缓慢。美国的专家做过这方面的研究：20年前美国的青少年心智成熟是在15岁，而现在美国的青少年要到25岁至30岁心智才成熟。为什么会出现这样的倒退呢？很重要的一个原因就是工业化的进程太快，孩子的物质条件太优越，动手机会和实践能力都大大减少了。而穷人家的孩子则不是，他们的生活压力大，要做很多家务劳动和其他事物。所以"穷人的孩子早当家"一说，是有科学道理的。

家长要想让生活在富裕环境中的男孩早一些自强自立，可以鼓励孩子多经受挑战、经受磨炼，以此来促进男孩心智的发育。

建议一：对男孩一定要严而有格，严而有度

西汉宣帝时一位大官叫疏广，告老回乡后，每天让家人提供酒食，宴请亲朋乡邻。他经常问家里财产还有多少，让家人赶快拿出去卖了，用来供应酒食。这样过了一年多，家人劝说疏广买一些田地和住宅，留给子孙。疏广说："我难道老糊涂了，不想子孙的事了？我是想，我们已经有了一些田地和住宅，子孙在那里勤劳，足够供给衣食，与普通百姓差不多。现在再给他们增加什么都是多余的，有了多余的就会使子孙养成懒惰。如果是贤才，财富多了，就会损害他的志向；如果是蠢才，财富多了，就会增加他的罪过。而且，富人容易招群众的嫉恨。我既然没有什么可以用来教育子孙，也不想增加他们的罪过而又被很多人嫉恨。"

一般人富贵了之后自然想到封妻荫子，给子孙留下一笔可观的财富。但是，我们从历史上看，很多人虽然留了很多财富，子孙都不会享受一辈子的。名门之后，还想高人一等，结果是连普通人都不如，享受少而受苦多，有出息的更少。在东南亚的华侨，有很多人发了大财，但是，传到第二代，就破产了。电脑大王王安有若干亿美元的财富，传到第二代也就破产了。所谓"富不过三代"，这是一种比较普遍的社会现象。

问题在于这些有钱人把钱的作用扩大化了，把钱看做是万能，因而忽视了孩子的教育以及独立生活能力的培养。积累财富任其消费，以为这样就是爱心的充分体现。实际上，这是危害子女的普遍做法。"坐吃山空"，即使有金山、银山也会花完的。鉴于古人的教训，我们应该如何为子孙后代计划呢？

我们应该给孩子留些什么？林则徐做出最好的回答："子孙若如我，要钱干什么，贤而多财，则损其志；子孙不如我，留钱干什么，愚而多财，益增其过。"

曾国藩写信给儿子说："银钱田产最易长骄气逸气，我家断不可积钱，断不可买田，尔兄弟努力读书，绝不怕没有饭吃。"

为人父母者假若不下苦心培养子女的一技之长，在当今乃至今后"凭本事吃饭"竞争日趋白热化的社会里，你孩子的那个饭碗如何能端得牢靠？你纵然财大气粗富甲一方，给你的孩子留下一座金山，也架不住不肖子孙坐吃山空、挥霍一尽。

养尊处优并不是父母送给孩子的最好礼物，恰恰可能埋下祸根。倒是那些从小就挣扎在社会最底层的人们，没有别的出路，没有任何指靠，只有以死相争，常常可以出人头地建功立业。理性的家长用金钱为孩子健康成长提供基本条件，而不是让孩子在挥霍

金钱中消磨意志，自毁前程。

建议二：穷是锻炼人格的资本

俗话说："吃得苦中苦，方为人上人。"其实，众多家长也明显意识到了这一点，但怜子之心让他们非常矛盾。男孩迟早都要离开父母的怀抱独自生活，在成长的道路上吃一些苦，绝对不是坏事。所以，父母应该懂得适时放手。

所谓"放手"，即从孩子生下来，父母就设法给他们创造自我锻炼的机会和条件，就像狮子妈妈为了训练小狮子的自强自立，母狮子故意将它推到深谷，使其在困境中挣扎求生一样。在残酷的现实面前，小狮子挣扎着一步一步从深谷之中走出来。它领悟了"不依靠别人，只能凭借自己的力量前进"的真谛，它逐渐成熟，于是成为动物中的领导者。现在的社会，竞争是残酷的，如果没有早早地锻炼出男孩自强不息的拼搏精神，日后他们拿什么来立足于社会，得到幸福的生活呢？

看到这里，父母们也不用着急，那该如何来培养男孩呢？其实你只要注意以下几个方面就可以了：

1. 不要给男孩太多的呵护

不要给男孩太多的呵护，学会做一个"懒父母"。家长对男孩的事情，不可以事必躬亲。比如为了锻炼男孩的自理能力，让男孩自己上学，自己洗衣服，自己打扫房间；自己的朋友来家里，就让他们自己招待；家长不在家的时候，让他们自己做饭。父母给予男孩最大的爱，就是让他们早日脱离父母温暖的怀抱，学会自力更生。毕竟，你不可能一辈子都在男孩的身边照顾他。

2. 不要把男孩放在自己的手掌心里

男孩看到地上的树叶很漂亮，想捡起来。父母一看不得了，赶紧把男孩抱走，生怕地上有什么脏东西。男孩看到其他小朋友爬树很好玩，就跃跃欲试，父母知道后，把男孩叫回去批评一顿："谁让你去爬树的？你知道那有多危险吗？"男孩想自己去学校，父母又说："路上那么多车，撞到了怎么办？"过度的限制，让男孩少了很多童年必要的成长经历。"要想知道梨子的滋味儿，必须亲自尝一尝"，所以让男孩自己去感受吧。就算吃苦，对他们的成长来讲也未必是件坏事。

3. 教男孩学会自主处理事情

让男孩自己学着去生活，说起来容易做起来难，这就要求父母给予男孩必要的配合。比如，男孩想和同学去野炊，征求你的意见，你就可以让男孩自己决定去还是不去。选择的权利交给了男孩，他感觉到了父母的尊重，自然会慎重行事，不让父母为他担心，同时也锻炼了他自己思考处理问题的能力。

细节49

自立的男孩方可驾驭人生

有一个美国小男孩，父母在生活上对他要求很严，平时很少给他零花钱。8岁的时候，有一天他想去看电影，身上却无分文。是向爸妈要钱还是自己挣钱？他第一次开始思考这样的问题。最后，他选择了后者。他自己调制了一种汽水，把它放在街边，向过路的行人出售。可那时正是冬天，没有人购买，最后只等到两个顾客——他的爸爸和妈妈。

他依旧不停地寻找机会。一天吃早饭时，父亲让他去取报纸——送报员总是把报纸从花园篱笆中一个特制的管子里塞进来。想看报纸时必须到房子的入口处去取，需要走二三十步路，是非常麻烦的事情。当他为父亲取回报纸的时候，一个主意诞生了，当天他就挨个按响邻居的门铃，对他们说，每个月只需付给他1美元，他就每天早晨把报纸塞到他们的房门下面。大多数人都同意了，这个小男孩很快就有了70多个顾客，成了一个名副其实的小报童。一个月后，他第一次赚到了一大笔钱，那时候，他觉得简直是飞上了天。

但他并没有满足现状。经过一段时间的思考，他决定让他的顾客每天把垃圾袋放在门前，然后由他早晨送报时顺便运到垃圾桶里——每个月另加1美元。他的客户们很赞赏这个点子，于是他的月收入增加了一倍。后来他还为别人喂宠物、看房子、给植物浇水，他的月收入随之直线上升。

一年后，他开始学习使用父亲的电脑。他学着写广告，而且开始把小孩子能够挣钱的方法全部写下来。因为他不断有新的主意，有了新主意就马上实施，所以很快他就有了丰厚的积蓄。他母亲帮他记账，好让他知道什么时候该向谁收钱。后来，他雇佣别的孩子帮忙，然后把收入的一半付给他们。

一个出版商注意到了他，并说服他写了一本书，书名叫《儿童挣钱的250个主意》。因此，他在12岁时，就成了一名畅销书作家。后来电视台邀请他参加许多儿童谈话节目，他在电视里表现得非常自然，受到许多观众的喜爱。到15岁的时候，他有了自己的谈话节目。

17岁时，他已经成了百万富翁。

脱离对别人的依赖，独立发展和锻炼自己，扔掉拐杖，不是一件非常困难的事情。自力更生和战胜自己能够教会一个人从自身力量中汲取动力。在这种动力的激发下，不仅不会变得不幸和痛苦，相反，通过吃苦耐劳、坚韧不拔的自助实干，能够唤起人们奋发向上的激情，并为之勇敢地战斗。

建议一：不要让男孩心存依赖

法兰西帝国的缔造者拿破仑很喜欢打猎，他常常独自一个人到山里寻找各种有趣的动物。他的聪明才智再加上高超的打猎技巧，基本上每次都是满载而归。

有一次，拿破仑像平常一样又外出打猎，他奔跑了整整一个上午，口干舌燥，疲惫不堪，于是就到附近一条小河边去喝水。他走到小河边的时候，刚好看到一个不小心落水的男孩正在拼命地挣扎。那个小男孩一边挣扎，一边朝拿破仑高呼救命。

拿破仑看了看这条小河，河面并不宽，也不深，孩子完全没有危险，完全可以凭自己的力量爬出来，是他自己吓坏了，以为河水会把他淹死。拿破仑心想：这是教育自己的子民成长的好时机。于是，他不但没有跳水救人，反而端起猎枪，对准水里的男孩，大声喊道："听着，孩子，你如果不自己奋力爬上来，我就把你打死在水中。"

小男孩听了又是惊又是怕，自己已经被淹个半死了，好不容易上帝派来了一个救命者，竟然要开枪打死他！可是看看那个人严肃认真的模样，男孩知道向他求救是无济于事了，反而增添了一层危险，不知道那个人什么时候会对自己开枪。

于是，惊慌害怕的男孩就一边流泪一边拼命地划动手脚，心里还在大声地哭喊："上帝啊，你给我派了一个什么样的救命人啊？"

小男孩拼命挣扎了一番后，终于游上了岸。他抽泣着问拿破仑："上帝不是派你来救我的吗？为什么你不肯向我伸出援助之手，还要向我开枪？"

拿破仑笑了："我的孩子，我没有救你，你不是也没被河水淹死吗？回头看看那条小河，它并没有你想象得那么可怕。记住，孩子，任何时候都要靠自己，不要指望别人。因为自己的能耐可以救你一生，别人的能耐却只能救你一时。"

男孩听了，懂事地点了点头。

故事里的小男孩在拿破仑的"刺激"之下，放弃了依赖别人来救他的心理，凭着自己的力量游上了岸。依赖别人，意味着放弃对自我的主宰，这样往往不能形成自己独立的人格。很多时候，这个世界能救我们的只有我们自己。过度依赖他人往往会害了自己，你才是自己的依靠和归宿。

依赖心理是青少年在日常生活中较为常见的一种心理表现，主要表现在自立、自信、自主方面发展不成熟，过分地依赖他人，经常需要他人的帮助和指导，遇事往往犹豫不决、缺乏自信，很难单独进行自己的计划或做自己的事，总是依赖他人为自己做出决策或指出方向。

依赖心理是一种消极的心理状态，会影响青少年的健康成长，不利于我们人格的完善和发展。如果你是个依赖性比较强的男孩，那么从现在起，就试着去克服一下这个弱点，帮助自己成长为一个独立的男子汉。

首先，要愉快地接纳自己。很多时候较强的依赖心理来源于对自我能力的否定。有些同学常常觉得自己这也不行，那也做不好，认为只有他人能够帮自己解决所面对的难题，久而久之就养成了事事求人的心态。其实生活中的每一个人都有优点，也都有弱点。有的人发现了自己的缺点和缺陷，就当成包袱背起来，老是压在心头，连自己的优点和长处也看不到了。于是,自己的精神优势被自身的弱点与缺陷所压垮,为自己的心灵设置了障碍。事实上,许多事情别人能做到,我们也一定能做到,关键在于学会接纳自己,合理评估个人能力,充分、准确、客观地认识自己。

同时,对生活中遇到的事情要有自己的见解。作为还未成年的我们,对大事可征求他人的意见。但必须把握一点,不能事事都依赖别人的指挥,他人的意见仅供参考,最终还是要学会自己做出决定。一旦我们在思想上变得独立起来,从对他人的依赖关系中解脱出来,自己就会有一种踏实的感觉,从而感到自信的力量,享受自主、自立给自己带来的好处,那么,依赖心理也就无立足之地了。

建议二:男孩,即使摔得头破血流,也要站起来继续走

做藤蔓或是松柏,这是我们每个人都有的选择,无论选择什么,你都需要有一种由心而发的力量,因为你的一生不可能永远选择依附于外。自立,要求我们在人生的不同阶段,尽力达到应有的水平,拥有与之相适应的精神。正如摔下马车的肯尼迪,他选择依靠自己的力量爬起来,在社交的宴会上,他尝试着自主与客人交流,从哈佛学生到美国总统,肯尼迪以个人魅力征服了美国民众。显赫的身世诚然是肯尼迪华丽的背景,但一个连自立能力都没有的人,怎能谈得上个人的发展与成功?实现梦想的路途遥远,这就需要我们有坚实的双脚独立把这条路走下去。

记得拉美国家有一句谚语:"自力更生胜过上帝的手。"一个人的成长离不开长辈的培养和他人的帮助,但学会独立才是迈向成功彼岸最关键的要素。

在生活上要学会独立。男孩现在正处于读书阶段,还没有能力出去工作赚钱,但男孩最基本的独立本领就是能够自理。比如,学会洗衣服、整理房间,学会管理好自己的零花钱,自己的事情自己做,不在生活细节上过多求助于父母。

在学习上要学会独立。很多男孩并不把学习看成是自己的事,经常要父母监督着、责备着来学习。殊不知学习最重要的还是靠自己。常言道:"师傅领进门,修行在个人。"父母、老师给我们指明方向,指出学习方法,他们也不可能一辈子伴随着我们走,进一步地学习、钻研就要靠自己了。学会独立思考,积极钻研书本中的难题,自主解决学习中遇到的问题,是我们每个青少年朋友应该做到的。

人生的道路上总是曲曲折折、丰富多彩。男孩只有学会自立,拥有自己出来闯荡一番的胆量,才能攀登上这多姿世界的顶峰,看见山那边的海!

细节50

不要苛求男孩"十全十美"

每个父母都希望自己的男孩十全十美,如果因为男孩生理或其他方面的缺点而嫌弃孩子的话,不但会给孩子带来伤害,也是没有尽到父母职责的表现。

中国有一句俗话:"子不嫌母丑。"反过来也一样,哪怕全天下的人都不欣赏你的孩子,做父母的也要欣赏自己的孩子、爱自己的孩子、包容自己的孩子,只要父母这样做,那天下就没有不成才的孩子。

在一间产房里,一个产妇生下了一个婴儿,等产妇清醒过来时,她向医生要求抱抱孩子。医生沉痛地看着她:"夫人,我们希望你能挺住,虽然这难以令人接受。""他死了?"产妇吃惊地问。"不,但是孩子有缺陷,他的发育不完全,他没有下肢!"产妇愣了一下,然后坚决地说:"把他抱过来!"医生小心翼翼地把孩子抱给了她,几乎不忍看她的表情。"天啊!他多漂亮啊!我一定要把他教育成最优秀的孩子!"产妇惊喜地叫了起来。时间一年年过去了,那个孩子坐在轮椅上打球、演讲,上了重点大学、出书……他果然成了一个优秀的青年,他的名字叫乙武洋匡。

你有没有说过诸如"你怎么这么笨""当初就不该生下你"之类很伤孩子心的话?如果在气头上你说出这样的话,那么在之后你是否向孩子解释并说明你对他的爱?

父母们请记住,不论是头脑还是容貌方面的缺点,都不应成为你责骂男孩的理由。最可悲的是这样一种母亲:刀子嘴,豆腐心。她们深爱自己的孩子,对孩子生活上关心备至。男孩在外面如果受了顽皮孩子的欺侮,她们会心疼得说不出话来,总要去讨一个公道;孩子受伤生病时,她们会不眠不休地照顾孩子。但是当孩子不读书或不听话时,她们却一点包容之心也没有了,好像要骂了才痛快。她们时常骂些过头话:"怎么会有你这么笨的孩子?什么功课也不会做。你真是蠢死了!这样蠢,还不如死了好!"骂过,自己气消了,对孩子又爱护如前。但是她却不知道,也从未认识到她这种刀子嘴对孩子心灵的伤害有多大!

建议一:妈妈们不要拿男孩和其他的孩子比

时下,"中国妈妈"在美国学生的口中俨然已经成为了一个特定语,这令不少的华裔学生感到很烦恼。在美国学生的眼中,"中国妈妈"特别喜欢和别人攀比:人家的孩子去学钢琴,自己的孩子也一定要学钢琴;人家的孩子考上了哈佛,自己的孩子也一定要朝着这个目标努力才行,等等。

213

总之，在对孩子的教育上，"中国妈妈"永远是以别人为标杆，然后让子女去达成妈妈心中的梦想。一些华裔的高中生与母亲产生矛盾，原因很简单，为什么妈妈总是和别人比这比那的？别人是别人，我是我，为什么我不能按照自己的情况来设计人生呢？

家长总是习惯给男孩树立个榜样，这样的家教模式在目前相当普遍。其实这是家长一种盲目的心态，一般来讲家长会有些不正确的认知。

第一，不了解男孩的发展动力。在男孩的成长过程中，作用于男孩心理的有外驱力和内驱力两种，外驱力来自环境，内驱力来自男孩内心深处的需求。孩子在成长的过程中固然有自己的价值观和追求目标，然而外在的压力剥夺了孩子自身的能动性，使男孩无法为自己的人生做主。

第二，家长往往忽略了男孩成长过程中的个性因素。每个人都是独立的个体，和其他的人没有什么太多的可比性。

第三，家长一定不会意识到的就是，不同的家庭教养方式一定会培养出不同的男孩。

父母喜欢给男孩树立榜样这种错误的教育方法极容易使男孩产生挫败感，不利于培养孩子的自信心。没有一个男孩愿意承认自己比别人差，他们希望能得到成人的肯定，他们对自己的认识也往往来自于成人的评价，而这种肯定式的评价对男孩自信心的培养亦是尤为重要的。父母总是强调男孩比别人差会使男孩在潜意识中自我否定，当男孩遇到困难就会恐慌、退缩，父母不正确的做法会对孩子的心理造成伤害。

也许是因为很多父母望子成龙的心太过迫切，他们似乎容忍不了男孩暂时的落后与普通的成绩，往往把自己急躁的心情压迫在孩子身上，但是这样的做法常常会适得其反。父母应该感觉到自己的孩子永远是最好的、最优秀的。学会多想想孩子的优点，感谢孩子给你的生活带来了幸福和快乐，不要总是想着孩子这也不好那也不好，如果总是抱怨，对男孩而言、对家长而言，生活又有什么乐趣呢？调整好自己的心态，少责骂批评孩子，多给予他们一些赏识与鼓励，他们才会有信心继续向前走，最终获得精彩的人生。

有一位专家曾经谈到过这样一个奇怪的现象：

有一次，几十个中国孩子与外国孩子一起进行某项测验，并且把自己的分数拿回家给父母看，结果中国的父母看了孩子的成绩之后，有80%表示"不满意"；而外国父母则有80%表示"很满意"。而实际是什么呢？实际上，外国孩子的成绩还不如中国孩子的成绩好。后来这位专家说，中国的父母总是习惯用挑剔的眼光来看待孩子，并且也用一样的眼光来看待周围的世界，而外国的父母则习惯用欣赏的眼光看待自己、孩子和世界。

家长要学会欣赏自己的男孩，不要总是拿自家的孩子与别人比较，孩子之间是无法比较的。每个男孩都是自然界最伟大的奇迹，以前既没有像他们一样的人，以后也不会有。由此，我们要让男孩保持自己的本色！不论好坏，你都要鼓励男孩在生命的交响乐中演奏属于自己的乐章。

"做你自己！"这是美国作曲家欧文·柏林给后期的作曲家乔治·格希文的忠告。

柏林与格希文第一次会面时，已经是声誉卓越，而当时的格希文却只是个默默无名的年轻作曲家。柏林很欣赏格希文的才华，说自己愿意以格希文所能赚的三倍薪水请他做音乐秘书。可是柏林也劝告格希文："不要接受这份工作，如果你接受了，最多只能成为个欧文·柏林第二。要是你能坚持下去，有一天，你会成为第一流的格希文。"格希文接受了忠告，并渐渐成为当代极有贡献的美国作曲家。

故事的寓意再明白不过，每一个人都无权去轻视自己，自信是天赋的使命。当男孩陷入自卑和悲观之中时，家长一定要鼓励孩子坚信自己的价值，活出自己最佳的状态。保持本色是自信的源泉，帮助男孩认识生命的价值，也是帮助男孩建立充分的自信。

建议二：告诉男孩他非常棒

当一个男孩相信自己可以成为天才，他就会有更高的自我期望、更远大的理想和更充足的自信心，即便他不会像自己预想的那样成为天才，也一定可以在处理任何事情时彻底发挥自己的潜能。家长如果教育孩子的方法得当，即便再普通的孩子也会变得不平凡。

美国的罗杰·罗尔斯是纽约第53任州长，也是纽约历史上第一位黑人州长。他出生在纽约声名狼藉的大沙漠贫民窟，这里环境肮脏，充满暴力，是偷渡者和流浪汉的聚集地。在这儿出生的孩子从小耳濡目染逃学、打架、偷窃甚至吸毒等社会现象，长大后很少有人会获得较体面的职业。然而，罗杰·罗尔斯是个例外，他不仅考入了大学，而且成了州长。

在就职的记者招待会上，到会的记者提了一个共同的话题：是什么把你推向州长宝座的？面对300多名记者，罗尔斯对自己的奋斗史只字未提，他仅说了一个非常陌生的名字——皮尔·保罗。后来人们才知道，皮尔·保罗是他小学的一位校长。

1961年，皮尔·保罗被聘为诺必塔小学的董事兼校长。当时正值美国嬉皮士流行的时代，他走进诺必塔小学的时候，发现这儿的穷孩子比海明威等"迷惘的一代"还要无所事事，他们不与老师合作，他们旷课、斗殴，甚至砸烂教室的黑板。皮尔·保罗想了很多办法来引导他们，可是没有一个是有效的。后来他发现这些孩子都很迷信，于是在他上课的时候就多了一项内容——给学生看手相。他用这个办法来鼓励学生。

当罗尔斯从窗台上跳下，伸着小手走近讲台时，皮尔·保罗说："我一看你修长的小拇指就知道，将来你是纽约州的州长。"当时，罗尔斯大吃一惊，因为长这么大，只有他奶奶使他振奋过一次，说他可以成为五吨重的小船船长。这一次皮尔·保罗先生竟说他可以成为纽约州的州长，着实出乎他的预料。他记下了这句话，并且相信了它。从那天起，"纽约州州长"就像一面旗帜，罗尔斯的衣服不再沾满泥土，说话时也不再夹杂污言秽语。他开始挺直腰杆走路，表现出从未有过的自信。在以后的40多年间，他没有一天不按州长的身份要求自己。51岁那年，他真的成了州长。

美国著名的教育专家老卡尔·威特曾经说过"每个孩子都是天才"。在卡尔·威特的儿子降生之前，他就坚信：对于孩子的培养，教育方法至关重要。只要教育方法正确，普通孩子也会成为不平凡的人。

心理学研究表明，在0~4岁的儿童中间，弱智儿童仅占到1.07%，而超常儿童则在0.03%以上。也就是说，98%的孩子都不存在智力问题，而是爱学不爱学、会学不会学的问题。从这个角度来看，就可以得出每个孩子都是天才的结论。无论是父母还是孩子自身，我们都必须改变对天才的看法，也只有这样，我们才能真正培养出天才。

正因为如此，父母在培养男孩的过程中应该注意的是，一定要坚信自己的孩子是最优秀的，承认孩子的优点，对他的未来充满信心，给他积极的暗示。如果自己的孩子与别人的孩子在某一方面相比成绩平平，甚至远远不如别人的孩子，即便在这个时候，我们也要坚信自己的男孩在另外一些方面一定有他的过人之处，只是现在还没有表现的机会而已。作为家长，我们可以仔细观察孩子闪光的一面，肯定男孩身上的优点。

任何成功孩子的家长都有一个共同的特点，那就是恰到好处地夸奖孩子。恰到好处的夸奖是指父母的夸奖不仅能够起到良好的激励作用，还能够起到警示的作用。小卡尔·威特在《卡尔·威特的教育》一书中认为家长教育孩子最重要的方法是鼓励孩子去相信自己，只有当孩子对自己充满了信心，父母才能够培养出优秀的人才。而孩子对于自己的信心来源于父母有效的夸奖，这种有效的夸奖就是恰到好处的夸奖，是能够给孩子带来自信但又不至于造成自傲的夸奖。

细节51

告诉男孩永远做独立的自己

他13岁时，被父亲送到美国加州读书，父亲希望他与同在美国读书的哥哥有个照应。但他到了美国后不但与兄长很少来往，还故意不用父亲在银行为他存的生活费，而是自己打工赚钱。他在麦当劳卖过汉堡，在高尔夫球场做过球童。由于当球童要背高尔夫球棒，他的肩膀被弄伤了，直至现在，伤患还会时常发作。尽管他在美国生活拮据，却还用自己赚来的辛苦钱资助经济更困难的同学。这令大洋彼岸的父亲感到欣慰。

他毕业后，没有直接回到父亲创办的公司，而是固执地前往加拿大一家投资顾问公司工作，成为该公司最年轻的执行董事。他还一声不响地把当年父亲为他在银行账户里存的所有钱连同利息还给了父亲。1990年他在父亲的苦劝下，勉强答应留在香港为父亲打理家族产业。

1994年，一直不安于在父亲庇护下生活的他做出了一个大胆的决定：凭借出售卫星电视积累下的4亿美元，他成立了一家高科技公司。自此，他正式与家族事业分道扬镳。后来他承认，当年他选择独立门户时，父亲曾极力挽留他，但被他拒绝。他誓言自己要在事业上超过父亲。

他就是美国《财富》杂志"全球青年富豪榜"名列第十的香港电讯盈科拓展集团主席李泽楷，而他的父亲则是华人首富李嘉诚。"不靠别人，永远做独立的自己！"李泽楷在接受采访时这样说，"没有这个信条，就没有今天的电讯盈科。"

父母的双臂是我们温暖的避风港，但是，我们不可能在这避风港里待一辈子，自己的路还得自己走。所以我们一定要学会独立，用我们自己的能力去开拓一片新的天地，在奋斗中成就自己的价值。只有这样，我们才能自豪地对别人说：我是靠我自己在生活！

自立是成就一番事业的基础。伟大的人物都是走过了荒沙大漠才登上了光辉的高峰，每一个企业家在成功之前都会遇到许多超乎常人想象的困难。如果男孩想闯荡出一片自己的天地，就要有一颗独立强大的心，做好承担风险和责任的准备。

男孩只有自强自立起来，不依靠他人的援助，才可踏上成功之路。如果你现在依然蜷缩在温室的角落里，依靠他人的力量来生活，不如勇敢地站起来，靠自己的双脚走出门外，当你抛弃保护伞、决定自立的时候，就会发挥出过去从未意识到的力量。

建议一：不管对与错，教男孩对事情做出自己的判断

人生何其短暂，从幼年直至老年，每个年龄段都有自身的特性和幸福、快乐。有的家长不顾孩子的天性和意愿，以过来人自居，越俎代庖地为男孩的一生规划好明确的路线，让男孩按照自己制定的目标和路线去努力。

其实，男孩的事情应该让他自己决定，父母只需提出参考意见，即不要让孩子一味地跟从父母的决定，应让孩子用自己的意志取舍或选择事物，令其有自我决定的机会，并在决定事物的过程中，培养出肩负责任的自主性与积极性。另外，独立性与自律性也可从中培养。几乎没有几个父母是有意识地损伤男孩们的自信心，或损伤他们独立解决问题的能力的，但不幸的是这种无意识的伤害俯首皆是。由于这个原因家长要有意识地避免过分保护，给男孩机会，让他们独立决定自己的事情。

在培养孩子做决定的能力的时候，家长应该注意以下几个问题：

第一，不要给男孩太多的选择，如："你想穿什么颜色的毛衣？"男孩可能会提出家中没有的东西，若父母不能答应时，反而会使男孩对父母失去信任。应该问男孩："你想穿这件绿毛衣，还是那件红毛衣？"

第二，不能让男孩选择有害、不安全的事，因为男孩不知什么有危险。例如，冬天一定要穿棉衣，这没有选择余地，必须执行，但可给些其他的选择："这棉衣由爸爸给你穿，还是妈妈帮你穿？"而不能说："要不要穿棉衣？"

第三，男孩做决定时，不要给很大压力。如果男孩的决定不太合理、不恰当，大人可给些提醒。如果男孩做决定后，遇到挫折，产生了失败感，父母也要给予帮助。男孩做决定的机会不可太多，以免给他太大压力。

第四，根据男孩的愿望，运用大人的经验和知识，帮助男孩做一些决定。这是大人与小孩共同做出的决定，是帮助男孩做决定的好方式。如"要下雨了，在图书馆里避雨

比操场上好些"。在判断正确与错误的选择时可说:"我们已答应某某去展览馆,不遵守诺言是错误的。"应该让男孩知道做决定就是要其负责任。

让男孩知道,只要尽力而为,做出比较合适的决定就可以了,不一定要十全十美。如果强调可以随意做决定,可犯错误,男孩就会随随便便地做决定。该让他知道做决定的后果,从而不断学习,不断提高判断能力。如果小孩坚持穿短裤去操场玩,结果不小心磕伤了腿,你不应说,"瞧,我叫你穿裤子你不听对吗",而应说,"你想一想,如果我们下次再来操场玩,我们怎么保护好自己呢"。随着男孩长大,经验增多,做决定的能力与技巧就会渐渐提高。

建议二:告诉男孩找到自己的专属天空

约翰·内斯出生于1932年。他在出生的时候发过一次高烧,结果导致他患上了大脑神经系统瘫痪,这种紊乱严重影响了他的说话、行走和对肢体的控制。他长大后,人们都认为他肯定在神智上还存在着严重的缺陷和障碍,州福利院将他定为"不适于被雇用的人"。专家们说他永远都不能工作。

约翰能取得日后的成就应当感谢他的妈妈,她一直鼓励约翰做一些力所能及的事情。她一次又一次地对约翰说:"你能行,你能够工作、能够独立。"

约翰受到妈妈的鼓励后,开始从事推销员的工作。他从来没有将自己看做是"残疾人"。开始时,他向福勒公司提交了一份工作申请,但该公司拒绝了他,并说,他根本无法完成该公司的业务。几家公司都做出了同样的判断。但约翰坚持了下来,他发誓一定要找到工作,最后怀特金斯公司很不情愿地接受了他,同时也提出了一个条件:约翰必须接受没有人愿意承担的波特兰、奥根地区的业务。虽然条件非常苛刻,但毕竟是个机会,约翰欣然接受了,约翰终于坚定地在自我的道路上迈开了第一步。

1959年,约翰第一次上门推销,反复犹豫了四次,才最终鼓起勇气按响了门铃,开门的人对约翰推销的产品并不感兴趣。接着是第二家、第三家。约翰的生活习惯让他始终把注意力放在寻求更强大的生存技巧上,所以即使顾客对产品不感兴趣,他也不会灰心丧气,而是一遍一遍地去敲开其他人的家门,直到找到对产品感兴趣的顾客。

38年来,他的生活几乎重复着同样的路线,他一直走着自己坚定的道路。

每天早上在他工作的路上,约翰会在一个擦鞋摊前停下来,让别人帮他系一下鞋带,因为他的手非常不灵巧,要花很长时间才能系好;然后在一家宾馆门前停下来,宾馆的接待员给他扣上衬衫的扣子,帮他整理好领带,使约翰看上去更好一些。不论刮风还是下雨,约翰每天都要走10英里,背着沉重的样品包四处奔波,那只没用的右胳膊蜷缩在身体后面。这样过了3个月,约翰敲遍了这个地区的所有家门。当他做成一笔交易时,顾客会帮助他填写好订单,因为约翰的手几乎拿不住笔。

出门14个小时后,约翰会筋疲力尽地回到家中,此时他关节疼痛,而且偏头痛还时常折磨着他。

一年年过去了,约翰负责的地区和家门越来越多地被他打开了,他的销售额也渐渐地增加了。24年过去了,他上百万次地敲开了一扇又一扇的门,最终他成了怀特金斯公司在西部地区销售额最高的推销员,成为了销售技巧最好的推销员。

在坚定的自我奋斗的道路上,约翰获得了巨大的成就。

1996年夏天,怀特金斯公司在全国建立了连锁机构,现在约翰没有必要上门进行推销,说服人们来购买他的产品了。但此时,约翰成了怀特金斯公司的产品形象代表,他是公司历史上最出色的推销员,公司以约翰的形象和事迹向人们展示公司的实力。怀特金斯公司对约翰的勇气和杰出的业绩进行了表彰,他第一个得到了公司主席颁发的杰出贡献奖,后来这个奖项就只颁发给那些拥有像约翰·内斯那样杰出成就的人。

在颁奖仪式上,约翰的同事们站起来为他鼓掌,欢呼和泪水持续了5分钟。怀特金斯公司的总经理告诉他的雇员们:"约翰告诉我们,一个有目标的人,只要全身心地投入到追求目标的努力中,那么生活中就没有事情是不可能做到的。"那天晚上约翰·内斯的眼中没有痛苦,只有骄傲和自豪。

约翰·内斯的故事说明这样一个道理:一个人只要相信并充分依靠自己的力量,自立自强,便没有克服不了的困难。世界上真正能拯救和帮助自己的人只有自己。人们经常持有的一个最大谬论,就是以为他们永远会从别人不断的帮助中获益,却不知一味地依赖他人只会导致懦弱。

人,必须靠自己活着,在人生的不同阶段,尽力达到理应达到的自立水平,拥有与之相适应的自立精神。这是当代人立足社会的基础,也是形成自身"生存支援系统"的基石。只有自强、自立、自尊的人才能打开成功之门。

从一出生下来,我们每个人所生活的境遇就各有不同:或身心健全,或存在缺陷;或家境富裕,或出身贫寒;或天生丽质,或容貌丑陋。人们常常用一个人自身的优势和缺陷来定义他的人生走向,也有很多人会因为天生的缺陷而怯于追求内心所渴望的生活,一辈子庸碌而遗憾地度过。殊不知每个人都有追求自己生活、实现自身价值的权利,能拯救我们的只有我们自己。

故事里的约翰·内斯因为先天生理缺陷而被定义为无法工作的人,但他通过自身的努力,坚定地走在自我奋斗的路上,最终向世人证明他不仅能够自食其力、独立工作,而且能把工作任务完成得很出色。如果他听从了当年福利院和专家的建议,那么可想而知,他的一生也许会在母亲的照料和家庭的庇护之下碌碌而为,也就无法取得今天的成就。他告诉我们,一个人只要相信并充分依靠自己的力量,自强自立,就没有克服不了的困难。

也许我们先天的力量很弱小,但这并不能成为逃避困难和放弃实现自身价值的借口。在生活中,你可能会因为一两次数学考试失误,而被老师定义为学不好数学的人;或许你一直渴望成为一个演员,却因为长得不够漂亮而不敢实现这个梦想。但看一看约翰·内斯这个曾被福利院和专家所定义的"无法工作的人"所取得的成就,你会发现你没有别人口中所说的那么差劲,梦想也没有想象中的那么遥远。每一个男孩都应该成为自己的拯救者,勇敢地走自己的路,努力实现自己的人生价值。

第九章
教男孩做一个顶天立地的男子汉
——培养男孩子的家庭责任感

细节52

责任是命运对男孩的馈赠

那一年,李娟从北京广播学院播音系毕业。作为播音系的一名学生,能够到中央电视台工作,是最好的出路。李娟也希望到央视工作,可到那儿实习的不只她一人。

北京广播学院距离中央电视台有20多公里,每天早晨,李娟5点多准时起床,6点多第一拨离开学校。在赶往城里上班的人群中,她是其中一个。顶着夜色最晚回去的,也是李娟。很快,台里便安排李娟录播体育新闻。

那是4月份的一天,风挺大。录了像,6点多就可以走了,李娟回到学院已经晚上8点多了。忽然,她想起一个字:镐。那时韩国围棋奇才李昌镐还不是很有名。恰巧"镐"有两个读音,一是"gǎo",一是"hào"。李娟想,这个字有两个读音,该怎么读?于是就请教了台里的老同志,老同志果断地说:"李昌镐(gǎo),李昌镐(gǎo)!"于是李娟就念:"李昌镐(gǎo)……"

回到学院,李娟还在琢磨这事儿。买饭时,跟同学说起来,同学说,应该念"hào"!李娟说,我也觉得应该念"hào"!回到宿舍翻阅了字典,可是字典里只写了地名的时候应该念"hào",但没有注明人名的时候应该念什么。于是她还是拿不准,又给一个老师打电话,老师说:念"hào",没错!

坏了,录音的时候念成"gǎo"了,怎么办?上学的时候,都把一些播音员念白字、错字的经历当笑话讲。李娟顾不上吃饭,急忙赶回电视台。赶到台里的时候,已经是晚上9点50分了。李娟直接来到三层的播音室,把录像带取出来,找到播音员,把"gǎo"改成了"hào",但还是不放心,一直看着播完,才放心地回校。在电梯间,李娟碰到了台长,她和台长打了招呼:"台长,您好。""啊,小姑娘,怎么这么晚才走?"

李娟略带歉意地回答:"有个字录音的时候念错了,我回来改一下。"台长说:"你住哪儿啊?""住广院。""很辛苦啊。""没办法,念错了字,要改过来的。"

到了电视台门口,台长上了专车,李娟挤上了公共汽车。

最后,在中央电视台实习的五个学生中,只有李娟一人被留了下来。

责任心使得我们充分地完成任务,对于个人内心也是一种坚守和品格的升华。凡是具备一颗强烈责任心的人都会对所做的事情投入极大的热情,并且按时保质地完成自己的任务。在有人或无人监督的情况下都能自主独立去做事,并且主动承担责任而丝毫不逃避所犯下的错误。

建议一:告诉男孩什么是责任

1920年,有个11岁的美国男孩踢足球时不小心打碎了邻居家的玻璃。邻居向他索赔12.5美元。在当时,12.5美元是笔不小的数目,足足可以买125只母鸡!

闯了大祸的男孩向父亲承认了错误,父亲让他对自己的过失负责。

男孩为难地说:"我哪儿有那么多钱赔人家?"

父亲拿出12.5美元说:"这钱可以借给你,但一年后要还我。"

从此,男孩开始了艰苦的打工生活,经过半年的努力,终于挣够了12.5美元这一"天文数字",还给了父亲。

这个男孩就是日后成为美国总统的罗纳德·里根。他在回忆这件事时说,"通过自己的劳动来承担过失,使我懂得了什么叫责任"。

里根应该庆幸,庆幸自己有这样一个让自己懂得什么叫责任的父亲。里根的父亲懂得"小男子汉"应当学会对自己的行为负起责任。打碎了玻璃,就要相应赔偿,如果钱不够的话,父母可以借钱给他,但这不意味着他会得到父母一分钱的"财政补贴",为了偿还这笔债务,里根必须要有自己的还款计划。比如,早晨为附近的邻居送牛奶、取报纸,周末为别人修剪草坪,节约自己每周的零花钱,等等。

有一次,一位外国妈妈带着自己7岁的儿子到中国一个朋友家做客。

女主人对外国友人的到来非常高兴,特别学习了西餐的做法。她对外国母子说:"今天我做西餐给你们吃,你们尝尝中国人做的西餐味道好不好。"

7岁的男孩听女主人要给她们做西餐,心想:中国人做西餐肯定不好吃。于是,当女主人问他吃不吃的时候,小男孩坚定地回答:"我不吃。"

等女主人把西餐端上来的时候,小男孩一眼就看到了漂亮的冰激凌。这么好看的冰激凌味道肯定很好!小男孩有点迫不及待地对妈妈说:"妈妈,我要吃冰激凌。"

女主人很高兴男孩能够喜欢自己做的冰激凌,就高兴地把冰激凌端到小男孩面前,说:"来,吃吧!"

谁知,男孩的妈妈严肃地对女主人说:"不行,我儿子说过他不吃西餐,他要为自己说过的话负责,今天他不能吃冰激凌!"

小男孩着急地哭起来:"妈妈,我就想吃冰激凌!"但是,这位妈妈根本不为所动,只是对儿子淡淡地说:"你得为自己负责。"

女主人看着,觉得男孩的妈妈也太认真了,就说:"给他吃吧,孩子总是这样的。"

男孩的妈妈严肃地对女主人说:"亲爱的,我们要培养孩子的责任心。"

结果,无论男孩怎么哭闹,妈妈就是不同意让他吃冰激凌。

孩子们做事情经常是随心所欲的,如果我们不加以引导,这种倾向就有可能让孩子变得不懂得自制。故事中那个外国妈妈的做法值得我们借鉴,不管事情大小,在孩子做出决定或者说出某句话后就必须承担责任,为自己的行为负责。

如果你的儿子从学校回家比平常晚了半小时,你会怎么做?斥责?怒骂?当然不,这些方式不仅于事无补,还会加深孩子的叛逆和反感心理。我们试想一下:如果上面故事中的外国妈妈遇到这件事她会怎么做?从她处理冰激凌这件事情来看,她会对孩子表示充分的理解,但是,她也会明确地告诉孩子:"你玩的时间自然也就少了半个小时,这个时间我们可要遵守。"

因为这个妈妈明白,只有让孩子懂得自己的行为将会产生什么后果,他才会对自己的行为负责任。

在培养男孩的责任心之前,我们还应该注意一点,那就是,男孩做事往往是凭兴趣的,要让男孩对某件事负责到底,必须清楚地告诉他做事的要求,并且与处罚联系在一起。这样,他才会明白一个人是要对自己的行为负责的道理。

日本著名的文化人类学学者高桥敷先生,在他《丑陋的日本人》一书中,曾详细记述了这样一个真实的故事:当年,高桥敷先生在秘鲁一所大学任客座教授,曾与一对来自美国的教授夫妇比邻而居。有一天,这对夫妇的小儿子不小心将足球踢到了高桥先生的家门上,一块花色玻璃被打碎了。

发生了这样的事情,高桥先生和他的夫人按照东方人的思维习惯,估计那对美国夫妇会很快登门赔礼道歉。然而,他们想错了。

那对美国夫妇在儿子闯祸之后,根本就没有出现。

第二天一大早,是那个孩子自己在出租车司机的帮助下送来了一块玻璃。小家伙彬彬有礼地说:"叔叔,对不起。昨天我不留神打碎了您家的玻璃,因为商店已经关门了,所以没能及时赔偿。今天商店一开门,我就去买了这块玻璃。请您收下它,也希望您能原谅我的过失。这种事情再也不会发生了,请您相信我。"

高桥夫妇不仅原谅了他,而且喜欢上了这个懂礼貌的孩子,他们款待孩子吃了早饭,还送他一袋日本糖果。

原以为事情画上了句号。出人意料的是,当孩子拿着那袋糖果回家之后,那对美国夫妇却出面了。他们将那袋还没有开封的糖果还给了高桥夫妇,并且解释了不能接受的理由:一个孩子在闯了祸后,不应该得到奖励。

茨格拉夫人曾说："有时候，做父母的内心也会在爱与公平之间摇摆犹豫，但是不能因为男孩的借口而一味地迁就他的喜好，让他逃避责任。男孩如果没有按规定整理好他的书柜，那么面对他喜爱的电视节目，我们也只能做出很'遗憾'的决定。"

孩子年幼，一般做不出太"出格"的事，如果父母总是出面代孩子"受过"，久而久之，孩子就会觉得因为有父母"罩着"，万事都可迎刃而解，从而逐渐变得肆无忌惮、为所欲为。

中国有句古话："好汉做事好汉当。"孩子做了损害别人利益的事，让他自己向人家道歉，赔偿损失，这不仅是为了取得别人的原谅，更重要的是使孩子从小就懂得为自己的言行切实负起责任来，这对增强孩子的自律精神，以便将来独立地全面承担人生的责任，非常有好处。

要想让自己的男孩成为一个有责任心的人，就应该教育男孩要勇于为自己的过错负责。犯了错误要勇于认错，承担犯错带来的一切后果，而不是推卸责任，责怪别人。这样，男孩才能承担大任，才能在激烈的竞争中独领风骚。

建议二：男孩对自己要有责任承诺

有智慧的父母并不是为男孩安排好一切，而是教他成为世界的主人，将他培养成能够对自己负责的人。如果父母将一切都为孩子安排妥当，会使孩子失去自己组织自己生活的能力和敢作敢为的勇气，日后的独立生存能力同样值得人怀疑。

在父母的悉心照顾下，在凡事都已准备好的情况下，男孩必然会失去自己计划、安排的能力和敢作敢为的勇气。父母的包办只能让男孩的独立和责任意识薄弱，这样的孩子以后步入社会，生存能力也让人大为怀疑，所以家长要有站在一旁的态度，孩子的事情让他自己做。

美国的家庭在吃饭的时候，也注意培养孩子独立思维的能力，孩子吃饭，必须自己决定喜欢吃什么，不喜欢吃什么，或者自己是否吃饱。如果明明没有吃饱，而是因为贪玩而不再吃饭，那么过一会儿一定会挨饿，因为那是他自己的选择，他必须要自己承担后果，真正尝到了苦处，以后才不会再犯。美国的家长爱说，犯错误是一个不可缺少的学习过程，儿童教育学家对这一认识尤其重视。美国家长相信，孩子的生活是孩子自己的生活，不管是现在还是将来，孩子只能过自己独立的生活。

据介绍，美国孩子很小就与父母分开来住，单独睡一个房间。孩子到了18岁时，就得自己挣钱解决生计，父母并不是没有钱，而是让孩子自己挣钱早日独立。美国孩子从小就经常听到父母的口头禅"要自己照顾好自己"，让孩子自己挣钱，是让孩子知道挣钱的辛苦和不容易，以及挣钱的价值。

美国的父母从小就注意培养孩子独立生活的能力，孩子依赖父母只是源于父母的过分帮助和保护。当孩子满怀热情，想自己动手尝试时，父母的一个"不"字只会打消孩子的积极性，久而久之，孩子不再想做，也逐渐地想不到去做了。如果父母总是习惯为孩子安排好一切，这样也向孩子传达着错误的信息，给孩子造成一种不需要自己做的印象，孩子得不到机会去学习照顾自己，依赖心理也就悄然而生。

那么，父母如何让男孩摆脱对父母的依赖呢？父母要做的，除了从对男孩的照顾中把自己和男孩解放出来，还需要注意哪些呢？著名的心理学家艾里克森给父母们提出了几点建议：

第一，鼓励男孩不断地进行尝试。比如洗衣服，有的父母担心孩子洗不干净，把水洒得到处都是，于是进行干涉，这样只会让孩子产生强烈的挫败感，这对孩子独立性的培养大为不利。家长不妨告诉孩子洗衣服的步骤和注意点，这样，孩子经过几次尝试之后，自然熟能生巧。

第二，不断强化男孩的适应能力。父母可以让孩子在家中做一些力所能及的事情，比如倒垃圾、叠被子、打扫卫生、洗菜等，这样能增强孩子独立做事的能力，摆脱孩子凡事都要依靠父母的习惯。千万不要想着孩子动作太慢，就不让他做家务，否则只会养成孩子依赖的心理，也更容易让孩子丧失对家务的参与和责任感。

第三，利用榜样的作用激励男孩，对男孩摆脱依赖及促进其独立自主也能产生一些积极的效果。可以经常告诉孩子一些名人独立的故事，让他从中吸取力量。在孩子做事的时候，积极地鼓励他，也能增强孩子的自信心和独立做事的热情。

细节53

培养男孩将责任感根植于内心

乔治到这家钢铁公司工作还不到一个月，就发现很多炼铁的矿石并没有得到完全充分的冶炼，一些矿渣中还残留有并没有被冶炼成铁的矿石。如此下去，公司会有很大的损失。

于是，他找到了这项工作的负责人指出问题，但这位负责人却说："如果是技术上出现了问题，那么工程师一定会跟我说，现在还没有哪位工程师向我说明这个问题，这就说明现在没有问题。"乔治又找到了负责技术的工程师，对工程师说明了他看到的问题。工程师很自信地说他们的技术是世界上一流的技术，不会出现这样的问题。工程师并没有把他说的事情看成一个很大的问题，还暗自认为，一个刚毕业的大学生能懂什么，不过是因为想博得别人的好感而表现自己罢了。

但是乔治认为这是个大问题，于是拿着没有冶炼好的矿石找到公司负责技术的总工程师，他说："先生，我认为这是一块没有冶炼好的矿石，您认为呢？"

总工程师看了一眼，说："没错，年轻人，你说得对。哪里来的矿石？"

乔治说："这就是我们公司的。"

"怎么会，我们公司的技术是一流的，怎么可能会出现这样的问题？"总工程师很诧异。

"工程师也这么说，但事实确实如此。"乔治坚持道。

"看来确实是有问题。为什么没有人向我反映？"总工程师有些发火。

总工程师召集负责技术的工程师一齐来到车间,经过检查发现,原来是监测机器的某个零件出现了问题,才导致了冶炼的不充分。公司的总经理知道了这件事之后,不但奖励了乔治,而且还晋升乔治为负责技术监督的工程师。

总经理不无感慨地说:"我们公司并不缺少工程师,但缺少负责任的工程师,这么多工程师中没有一个人发现问题,当有人提出了问题,还不以为然。对于一个企业来讲,人才是重要的,但更重要的是真正有责任感的人才。"

对于一个企业来说,责任是管理的基石,是企业壮大的先决条件。一个企业的运作,得靠各个组织机构的成员负责任的工作态度和办事作风,把一个企业当作自己的事业来经营,而不是当其中的一位过客。责任机制是每个企业运作与发展必不可少的管理手段,一个企业要想成就百年伟业,每个员工的责任必须落实。

作为男孩,不单单是在学校里成绩优秀,就算是一个健全的人。平时,我们要利用可支配时间投身于其他的社会活动当中,在与人交往中培养社会责任感,在交际和活动中懂得更多学习以外的事情,看到责任的担当。

而在平时细小的方面,为人处世也要具备责任感,和其他社会各成员之间的关系融洽也是对这个社会负责任的表现。与他人建立良好的人际关系,而这些在将来必定是一笔不可忽视的财富。朋友是人生中关键的因素,我们要考虑为社会作贡献、创造财富、推动整个人类的发展,这不也都是责任感的表现吗?所以,不要眼高手低,而要从身边的小事做起,积累责任感和使命感。

我们每个人时时刻刻都要面对自身的责任担当,比如对自我发展的责任,对社会与社会其他成员的责任。如果说智慧和能力像金子似的弥足珍惜,那么还有一样东西就更加难能可贵了,那就是内心里担当责任的精神。充满这种责任感,才能对待任何事情都具备耐心和责任心,才能有效完美地达成目标。

建议一:比跑道更远的是肩上的责任

一个漆黑、凉爽的夜晚,来自坦桑尼亚的马拉松选手艾克瓦里吃力地跑进了墨西哥市的奥运体育场。

时间定格在了1968年的墨西哥奥运会的比赛现场。

艾克瓦里在比赛的中途不慎跌倒,因此他只能拖着摔伤且流血的双腿,一拐一拐地跑着。他是最后一名抵达终点的选手,直到当晚7:30,他才一个人跑到体育场。那时比赛的优胜者们早就领了奖杯,庆祝胜利的典礼也早已结束。因此当艾克瓦里一个人孤零零地抵达体育场时,整个体育场已经没有多少人了。艾克瓦里的双腿沾满血污,绑着绷带,他努力地绕完体育场一圈,当他跑至终点的时候,看台上剩下的不到1000名的观众,全体起立为他鼓掌欢呼,掌声经久不息,大家都为他的所作所为感到由衷的钦佩。

众所周知,距离遥远的马拉松比赛,不要说对于一个受伤的人,就是对于一名身体状况正常的运动员来说都不一定能完成,但是艾克瓦里却在受伤的情况下坚持了下来,最终跑完了全程,完成了常人难以想象的事情。这是为什么呢?因为,艾克瓦里深知,作为坦桑尼亚的一名运动员，他肩负着国家赋予的责任，尽管已经受伤了，也不可能拿到冠军，但因为肩上那份责任，使他坚持跑到了终点，完成了自己的使命，并找回了自己的尊严。

在体育场的一个角落，享誉国际的纪录片制作人格林斯潘远远地看着这一切。接着，在好奇心的驱使下，格林斯潘走了过去，问艾克瓦里为什么这么吃力地跑至终点，在受伤的情况下，他是完全有理由中止比赛的。

面对如此的问题，这位来自坦桑尼亚的年轻人轻声地回答说："我的祖国派我由非洲绕行了3000多公里来这里参加比赛，不是叫我在这场比赛中起跑的，而是派我来完成这场比赛的。"

是的，他肩负着国家赋予的责任来参加比赛，强烈的使命感使他不允许自己当逃兵。责任就是做好我们被赋予的任何有意义的事情。男子汉要迈向成熟、走向杰出就必须为自己所扮演的各种角色承担责任。

责任就是在路边看到一片废纸，捡起来放进垃圾桶；责任就是在公交车上，看到站着的老年人主动让出我们的座位。对于青少年来说，最大的责任就是学习，在学习习惯的养成中培养责任心。只有当我们把学习变成一种自觉的行动，当成一种责任，才能顺利、圆满地完成学习任务。

相信每个青少年都知道"国家兴亡，匹夫有责"的道理。在这个社会中，我们每个人都需要承担属于自己的责任。正因为有了责任，我们才能在人生漫长的旅途中挫而不败，坚强而又倔强地迈过每一道艰难的门槛。

人生好比一个旅程，从拥有生命的那一刻起，青少年身上就承担了生存的使命与责任，这不仅仅是为我们的生存负责，更是为其他人的生命负责。责任是流淌在一个人灵魂中的使命，而作为祖国未来的希望，能够为国家出力，效忠国家及人民，是无上光荣的使命与责任。青少年因承担责任而成熟，青少年更因承担国家赋予的责任而变得无私和崇高。

责任是男孩成长的动力，对家人、对朋友、对国家的责任都可以成为我们奋斗的动力。成功的人不仅承担责任，他们还希望承担更多的责任，以便激发更多的能力。事实上，承担的责任越多，处理事情的能力就越强。男孩的能力是用不完的，男孩也许会用完时间，但是不会用完能力，能力是越用越多的，如同智慧一样，所以不要躲避任何发挥自己能力的机会。承担责任，这样才会增加你的能力。

所有的人在本性中，都有一个自然的倾向，那就是逃避责任。但人类的进步必须通过责任的磨炼，所有有成就的男孩，都是那些有责任感的人。因此，责任来临的时候，请背负起责任，千万别逃避，要对自己负责。责任是一种富有感染力的精神，它可以在人们之间互相传递和接力下去。男孩承担起责任，并时刻保持一种高度的责任感，就能够让其他的人受到感染，树立起自己的责任感。要知道，使我们痛苦的，必使我们强大！如果男孩能用行动诠释出使命的真谛，那么，负责的灵魂就能闪耀出异常夺目的光辉。

建议二：守住自己的岗位

　　天已经很黑了，还下着大雪，约翰·格林少校正匆匆忙忙地往家赶。正当他经过公园的时候，一个人突然拦住了他。"对不起，打扰了先生，请问您是位军人吗？"询问的人看起来十分焦急。约翰不知道发生了什么："当然，我是军人，我能够为您做些什么吗？"

　　"是这样，刚才我经过公园的时候，看到一个孩子在那里哭，我问他为什么不回家，他说，他是士兵，他在站岗，没有命令他不能离开那里。原来他和同伴在玩一种游戏，可谁知道和他一起玩的那些孩子都跑回家了。天已经很黑了，雪下得这么大。"他忧虑地说，"我对他说，你也回家吧，你的伙伴已经走光了。他说他必须得到命令才能离开，站岗是他的责任。无论我怎么劝他回去，他都不听，只好请先生您帮忙了。"

　　约翰在这个人的带领下来到公园，在公园里一个不显眼的地方，有一个小男孩在哭，但却站在那里一动不动。约翰走过去，敬了一个军礼，说：

　　"下士先生，我是少校约翰·格林，你为什么站在这里？"

　　"报告少校先生，我在站岗。"小孩儿停止了哭泣。

　　"天这么黑，雪这么大，为何不回家？"约翰问。

　　"报告少校先生，这是我的责任，我不能离开这里，因为我还没有得到命令。"

　　"那好，我是少校，我命令你回家，立刻。"约翰再次被面前这个孩子的行为所震撼。

　　"是，少校先生。"小孩儿高兴地说，然后还向约翰敬了一个不太标准的军礼，撒腿就跑了。

　　孩子跑后，约翰和这位陌生人对视了很久。最后，约翰说："他比许多大人都明白什么叫责任。"

　　责任是一种担当，是一种付出，是分内应做的事，是应承担应当承担的任务，完成应当完成的使命，做好应当做好的工作。责任感是衡量一个人精神素质的重要标准。责任和自由是对应的概念，而自由只能存在于责任之中。

　　每个人在社会中都扮演着独特的角色，军人、医生、演员等等，无论我们从事什么职业，都需要一颗敬业尽责的心。认真对待生命中的每一天，这是责任感的体现。

　　坚守岗位不仅要具备岗位所需技能，还应该饱含一颗吃苦耐劳的心，坚守不同于坚持。坚守涵盖着一种期待，一种守候的高尚情结。

　　不论事情大小，男孩都应培养一颗爱岗敬业的心，以及认真对待工作和学习当中的每个细节，做到实事求是，认真踏实。还要具备勇于担当的责任心，做事负责，一种使命感和责任感饱含其中，不犹豫、不投机取巧。

　　强烈的责任心是男孩必不可少的，而且应该还具备无私忘我的情怀，和忠于职守、持之以恒的态度，并且付诸于实践行动，对学习、工作、生活充满热爱和感激。在当下喧嚣的时代里铸造男孩坚守的品质，一种对生活和工作的热爱。坚守是一种坚韧不拔的柔情，是生命中的高尚情怀。

细节54

培养男孩"勇于担当"

本杰明·富兰克林小时候很热爱钓鱼，他把大部分闲暇时间都花在了那个磨坊附近的池塘旁边。

一天，大家都站在泥塘里钓鱼，本杰明对伙伴们说："站在这里太难受了，泥浆都快淹没我的膝盖了。"别的男孩也说："就是嘛！如果能换个地方多好啊！"在泥塘附近的工地上，有许多用来建造新房地基的大石块。本杰明决定利用这些大石块，来建一个小小的码头，这样大家就再也不用泡在池塘里钓鱼了。其他的小朋友对于本杰明的这个建议连声叫好："就这样定了吧！"他们决定当晚实施他们宏伟的建设计划。

在约定的时间里，孩子们都到齐了，就开始搬运石块，遇到大而重的石块，他们就像蚂蚁那样三五成群地一起搬运。最后，他们把所有的石块汇集起来，建成了一个小小的码头。

大伙儿都很兴奋，本杰明按捺不住地喊道："伙计们，现在，让我们大喊三声来庆祝一下再回去，我们明天就可以轻轻松松地钓鱼了。""好哇！好哇！好哇！"孩子们高兴地跑回家去睡觉，期待着第二天的钓鱼乐趣。

第二天早晨，当工人们来工作时，惊奇地发现所有的石块都不翼而飞了。工头仔细打量着现场地面，发现了许多小脚印，于是他按图索骥，沿着留下的脚印，到达昨晚刚建成的小码头，他们很快就找到了失踪的石块。工头说："那些小坏蛋，他们偷石头来建了一个小码头。不过，这些小鬼还真能干。"他立即跑到地方法官那儿去报告，对于偷窃行为，法官毫不留情地下令传唤那些偷石头的家伙。幸运的是，失物的主人是位绅士，比起工头来要仁爱许多，另外孩子们在这整个事件中体现出来的气魄也让他觉得非常有趣。所以，他不再追究孩子们的任何责任。

而本杰明的父亲对此事很是愤怒。"本杰明，过来！"本杰明的父亲富兰克林先生用他那具有威慑力的声音命令道。本杰明垂头丧气地走到父亲面前，被父亲问道："本杰明，你为什么要去偷窃别人的东西？"本杰明抬起了先前低垂的头，正视着父亲的眼睛："爸爸，要是我仅仅是为了自己，我绝不会那么做。但是，我们一起搭建码头是为了小伙伴们钓鱼方便。"老富兰克林严肃地说："孩子，你的做法对公众的危害要远大于对石头拥有者的伤害。做错了事情要勇于承担和改正，而不是逃避和狡辩。人类的所有苦难，无论是个体还是公众，都来源于人们一直忽视的真理——罪恶只能产生罪恶，正当的目的只能通过正当的手段去达成。"

本杰明·富兰克林一直铭记着父亲的那次教导，从而指导他以后的人生。后来，他成了美国有史以来最杰出的政治家和外交官之一。

一个人只有真正为公众的利益担当起自己应有的责任时，他的所作所为才变得伟大而值得称颂，而不是通过不正当的手段去达成看上去正确的事情。尤其是男孩，更应该从现在担当起崇高的责任，让年轻的生命因责任而伟大，因勇于担当而大放光彩。

要想成为一名勇于担当的男孩，首先，要培养责任感，拥有一颗充满责任感的心。分清事情原委和正确与否，该做的事一定要做，不该做的事坚决不做。

男孩要学会在相互冲突的责任之间做出正确抉择。选择时应慎重考虑以下因素：哪个责任更为紧迫，更为重要；是否拥有履行责任的能力；是否还有创造性的途径或办法解决相互冲突的矛盾问题。就如本杰明和小伙伴们在偷取石头搭建小码头的时候，应该权衡一下是为大家提供钓鱼、满足一时之快重要，还是工人们建筑房屋重要。考虑一下可不可以采用其他的办法来增添钓鱼的乐趣，而非是将个人的快乐建立在他人的痛苦之上。

男孩不仅要承担责任，还要敢于对自己的行为负责，敢做敢当。当男孩做错事情的时候，不要逃避也不要狡辩，勇于承认错误，主动弥补自己的过失，在错误中吸取教训，才是每一个有所担当的男孩所应该做的。

建议一：告诉男孩责任不是强加

他一手打造了沃尔玛，这个始终航行在世界500强行列的巨轮。在"天天平价，始终如一"的宣传语中，他把这个零售业王国的领地拓展到世界的每一个角落。而他正在享受着自己多年来用心经营的成果。

他的父亲仅仅是一名贫穷的油漆工，靠着微薄的打工收入供给萨姆·沃尔顿念完高中。就在毕业那一年，他以优异的成绩被美国名校耶鲁大学录取，但是，他却因为缴纳不起昂贵的学费，面临着辍学的窘境。于是，为了缓解经济压力，成功就读耶鲁大学，在假期他开始像父亲一样从事刷墙的工作，希望这样挣够学费。他到处寻找机会，功夫不负有心人，他揽到了一栋大房子的油漆工作。主人是个很刻薄的人，不过他给的报酬非常可观，不但这一学期的学费有了着落，甚至连生活费也能够满足。

这天，整栋大房子的粉刷即将竣工。他将拆下来的橱门板，再刷一遍油漆。橱门板刷好后，晾干即可。但就在这时，门铃突然响起，他赶忙去开门，不料沃尔顿却被一把扫帚绊倒，被磕碰的扫帚又借力碰倒了这块橱门板，橱门板又正好倒在了昨天刚刚粉刷好的一面雪白的墙壁上，经过这一连串连锁反应，墙上立即出现了一道清晰可见的漆印。他立即动手把这条漆印用切刀抹去，又调了些新涂料重新补上。等墙面被风干后，他观望许久，发现新补上的涂料色调和原本墙壁上的有色差。萨姆·沃尔顿此时脑中浮现出那个挑剔的主人，为了即将到手的薪水，他觉得应该将这面墙再重新粉刷一遍，以防出现意外。

终于，他竭尽全力地重新粉刷完毕，第二天一进门，他又发现昨天新刷的墙壁与相邻的墙壁之间的颜色又出现了差别，而且越是细看越明显。他决定将所有的墙壁再次重新粉刷。

最后，那个苛刻的主人对他的工作相当满意，支付给了他酬劳。这些钱原本够大学费用，但是由于重新粉刷，除去涂料费用，就已经所剩无几了。

这家主人的女儿对于事情的原委了如指掌，便将整个粉刷墙壁的工作告诉了她的父亲。她父亲得知此事后非常感动，在女儿的一再要求下，挑剔的主人终于同意赞助萨姆·沃尔顿上大学。大学毕业后，这个年轻人不但娶了屋主的女儿，而且还就职于这个人所拥有的公司，一举两得。十多年以后，萨姆·沃尔顿成为这家公司的董事长，一手打造了沃尔玛超市的全球商业典范。

取得成功的人，他们往往将自己的责任感付诸于自己从事的每一件事情中去，无论大小，不分贵贱，行为与责任保持一致，时刻用"责任"来指导自己的行为。当你真正具备这种观念的时候，你才能对每一件小事都全力以赴，从而对自己的生活充满热情。在你付出责任的同时，也会得到相应的回报。

也许有人会觉得萨姆·沃尔顿做事死板，何必辛苦地来回折腾。诚然，他的做法在有些人眼里是愚蠢的，但正是这种负责任的表现，才导致萨姆·沃尔顿后来的成功。假如他当时只是为了赚钱，稀里糊涂地把屋子随意粉刷，那么，他或许只能赚到粉刷的酬劳，就不会有屋子主人后来资助他上学、把他引进到自己的公司、把女儿嫁给他的事。一件小事，可以窥探到一个人的认真负责程度，而认真负责应该是一个人所应具备的优质品格。

做事认真，追求完美，是一个人成功成才所必须具备的素质。通往成功之路的最好方法就是把任何事情做得精益求精、尽善尽美。有许多同学往往不肯把事情做得尽善尽美，学习和办事时常常用"足够了""差不多了"来搪塞了事，这种马马虎虎的态度会为以后的人生带来许多后患。

不论什么时候，一个把任何事情做得完善无缺的人，总是受人欢迎的。所以我们应该从小树立起这种意识：非把事情处理得至善至美不可。对于任何事，你都要倾注全部精力去做。在学习当中，认真研究好每一道题，看懂每一页书；在生活当中，对任何事情都采取认真负责的态度，不疏忽大意。这不仅可以使你的才能迅速进步，学识日渐充实，而且可以逐步胜任其他更重大的任务，解决更多的难题。做事精益求精是对自己负责，也是对他人负责。当一个人把事情处理得顺顺当当、无牵无挂时，他心里的愉快真非笔墨所能形容。

事情不分大小，但都应使出全部精力，做得完美无缺，否则还不如不做。一个人如能从小养成这样的好习惯，会对性格、品行、自尊心都产生积极的影响。要记住，只有付出全部精力，对事情采取认真负责的态度，精益求精、尽善尽美，你才能超越他人，创造出具有宝贵价值的东西。

建议二：告诉男孩他是别人所依靠的大树

有个人，他往回看了看自己的一生，毫无作为并且贫穷至极。一天夜里，他觉得活下去实在没有任何意义，况且自己也没勇气活下去，于是就来到一处悬崖边，准备以跳崖的方式结束自己的生命。

面对即将到来的死亡，他号啕大哭，站在悬崖回忆此生自己遭受的种种磨难，悲痛万分。

悬崖边的岩石上生长着一株低矮的树,听到此人的悲惨境遇和种种挫折经历,也不由自主地流下了同情的眼泪。

这个人发现树在落泪不止,就好奇地问:"看你流泪,难道你也和我一样有类似的不幸吗?"

岩石上的树解释:"我可能是这世界上命运最苦的树了。你看看我的位置,生在这块岩石的夹缝之中,食无土壤,渴无水源,终年营养缺失;生存环境恶劣,空间的束缚使得我的身躯不得舒展成长,形貌丑陋至极;根基的扎土浅薄,轻微的风力都能使我摇摇欲坠,寒风袭来令我枝干僵冷。看似我坚强无比,其实我是生不如死呀。"

此人不禁心声同情之心,倍感与老树同病相怜,说:"既然如此,为何还要苟且偷生于世间,不如随我一同赴死吧,离开这个残忍的世界!"

树说:"我死倒是极其容易,但是不能死,我若亡,悬崖边再无其他树木。"此人疑惑。树接着解释说:"你看,我头上有个鸟巢,此巢为两只喜鹊的家,它们一直以来栖息生活在这里,繁衍后代,滋养生息。假如我要是自杀,就这么一走了之,两只喜鹊不就无家可归,流离失所?"

此人听了老树的一番话,忽有所觉悟,就从悬崖边缓缓退了回去。

在这个世界上,万事万物都处于联系之中。我们不仅是一个单独的个体,也在他人的生命中充当着一定的角色,占有着或重或轻的位置。在你觉得自己丧失价值、一事无成的时候,回头看一看,也许你对他人来讲有着重要的价值和意义。为了这份价值,你要为自己的生命和生活负责,这也是对他人的一份责任。

拥有生命是一种偶然,失去生命是一种必然。在生命的偶然和必然之间,其长度、宽度和深度只能由各人自己决定。其中如何才能对自己的生命负责,是每个人都应该思考的一个重大人生问题。

人生有很多责任,你要对很多东西负责。作为一个家庭的成员,子女要对父母负责任,父母要对子女负责任;作为社会的成员,每个人都要对社会负责任。但最根本的责任是一个人要对自己的人生负责任。我们想想看,一个人只有一次人生,如果我们的生命消失了,没有任何人能够代替自己再活一次,如果我们的一生虚度了,没有任何人能真正安慰你,到那个时候说什么都没有用了。我们对自己人生的责任,没有任何人能替自己分担。所以,每个人都应该对自己的人生有最严肃的责任心。

对自己的生命负责,实际上是一个人在世界上其他一切责任心的根源。如果一个人对自己的人生不负责,得过且过,那么这样的人怎么可能对别的事情认真呢?相反,如果你对自己的人生有强烈的责任心,那么,你对你该做什么事、不该做什么事一定会有严肃的考虑,对于你认为应该做的事情,你就一定会负起责任。

所以希望大家珍惜生命,珍惜家人,珍惜爱人,珍惜身边的人。生命不只是你自己的生命,它属于爱你和你爱的人,同样也属于我们的社会和全人类。所以为了善良的爱我们的人们,为了我们的社会,我们负起这最基本的责任吧。

细节55

让男孩为自己的过失埋单

李小姐是刚刚参加工作的应届毕业生,所就职的公司离住所较远。每天清晨7时,公司的专车会准时等候在一个地点接送员工上班。

清晨,天气寒冷,她关闭了提醒起床的烦人闹钟,又赖了一会儿床,试图尽可能地多睡一会儿,拖延一些时光,用来怀念以前不必为生计奔波的寒假生活。那个清晨,她比平时起床晚了5分钟,可就是这微不足道的5分钟,让她付出了沉痛的代价。当她慌张地狂奔到公司专车等候地点时,已经7点过5分,班车已经开走。站在空荡荡的马路边,她不知该如何是好,一种无助的挫败感席卷心头。

就在她懊悔沮丧的时候,事情好像有了转机,她突然看到一辆蓝色轿车停在不远处的大楼前。她回忆起曾有同事说那是上司的车,于是她窃喜地想真是天无绝人之路,她向那车走去,在犹豫片刻后,打开车门静静地坐在后座,并为自己的聪明而得意。开车的是一位慈祥温和的老司机,他从后视镜里凝视她许久,转头对她说:"你不应该坐这车。"话音未落,上司拿着公文包飞快地上了车,待他在前面习惯的位置上坐定后,她才告诉她的上司说:"班车开走了,我想搭您的车子。"话语里充满着随意,她以为这是一件很自然的事情。

上司一愣,果断决绝地说:"不行,你没有资格坐这车。"然后用无可辩驳的语气命令:"请你下去!"她一下子有些不知所措,那一刻,她意识里充满了迟到之后的严重后果,而且这份工作来之不易。于是,一向聪明伶俐但缺乏社会经验的她变得从来没有过的软弱,她祈求上司:"我会迟到的。""迟到是你自己的事。"上司冷淡的语气没有一丝一毫的回旋余地。

随后,她又把求助的目标转向老司机,可是司机依旧面向前方保持沉默。委屈的泪水在她的眼眶里打转,然后,她在绝望之余还对抗着他俩人性冷漠的偏执。他们在车上僵持了一会儿。最后,他的上司竟然打开车门扬长而去。吃惊的她看着有些年迈的上司拿着公文包离车而去,他在凛冽的寒风中拦下了一辆出租车,离开了她的视线,这时泪水终于如决堤的大坝顺着脸颊喷涌而出。

老司机轻叹一口气,说:"他就是这样一个苛刻的人。时间长了,你就会了解他的,他其实也是为你好。"之后,老司机给她讲述了自己的故事。那是公司创业阶段,他也迟到过,"那天他一分钟也没有等我,也不听我解释。自此之后,我再也没迟到过。"她默不作声地铭记了老司机的一番话,悄悄地拭去泪水,下了车,转而乘坐出租车去公司。那天她踏进公司大门的时候,上班的钟点正好敲响。

从这一天开始,她长大了。

故事中的女主角为自己的迟到找借口，转移后果，试图用自己的小心思来化解这次危机，却被严厉的上司狠狠地上了一课。做人要对自己负责，不要总指望他人为你的过失买单。当危机发生时，要坦然接受并勇于承担后果，这样你才能成熟并坚强起来。

任何人都可能犯错误。上至领导，下至普通百姓，因为人总有失误或者思想松懈之时。但我们应如何对待错误呢？很多人简单地说，错了就改呗。对，错了是要改，但知错就改的关键是我们是不是真正能够把更改错误付诸于实践。

在生活、工作和学习中，我们不可避免地会出现这样那样的失误，犯这样或那样的错误，既然事情如此，那我们就应该坦然地面对，去承担相应的后果，勇于担当自己应有的责任。在现实生活中，我们往往会害怕因为自己承担错误而丢掉面子。面子是最不该要的东西，错就是错了，勇于总结错误的根源，设身处地、切实有效地补救和更改才是根本之所在。

男孩只有从生活中总结教训，能够面对任何突如其来的问题，并且妥善解决，才会加速成长。

建议一：告诉男孩对社会负责就是对自己负责

作为一名普通的消防战士，他是千万人民子弟兵中的普通一员。他虽不是硝烟战场上的英雄，在这个没有战争的和平年代，他在抗震抢险的战斗中，悄无声息地诠释了人间大爱的内涵；他那为了请求再次救援的一跪，彰显了人类内心深处人性的光辉。他，就是荆利杰，一个让人肃然起敬的年轻人。

2008年5月12日下午14时28分，四川汶川、北川，8级强震猝然袭来。四川绵竹的武都小学教学楼受到强震的影响，坍塌大半，当时不少正在上课的师生被埋在废墟下面，情况危急。

下午15时10分许，绵竹市消防大队的官兵紧急前往武都小学实施救援。刚入伍半年的荆利杰也在队伍之中。

武都小学教学楼外围站着许多惊魂未定的老师和群众，他们焦急地等待，哭声刺痛了官兵的心。情急之下，指导员陈军动员群众、老师加入救援行列，在特勤器材到来之前，只能和官兵们一起徒手救援，在乱石堆中，搬开坍塌的石块。

余震不断发生，钢筋和楼板危机四伏，摇摇欲坠，残存的墙体还时不时往下掉碎石，救援人员对个人安危全然不顾。

到了5月13日上午，救援工作仍在持续着。上午10时许，就在抢救最关键的时刻，教学楼的废墟在突如其来的余震和吊车的操作中发生了巨大的晃动，楼板和墙体已经经不住这样的震动了。随时有二次坍塌的可能性。为了全员官兵的生命，消防指挥部立即下令：所有人员必须暂时撤出，等余震过去后再伺机进入。如果在余震不断的情况下，再次进入废墟救援或者不远离救援现场，结果不敢想象。

然而，就在撤退命令下达之后，几个刚从废墟出来的战士大叫又发现了孩子。

几个战士听见后，没有丝毫犹豫转头又要往里钻。这时坍塌正在发生，一块巨大的混凝土摇摇欲坠。想去救人的战士被战友们死死地拽住，两帮人在废墟上拉扯。最终，想去救人的战士被拖到了安全地带。

这时，荆利杰做出了一个惊人举动，跪倒在地，哭着大喊道："我知道很危险，但求求你们，让我再去救一个吧！我还能再救一个！"

所有人都为荆利杰的壮举流泪了。一个士兵的哭泣，诠释了"出生入死"这四个字，此时听来，竟是如此惊心动魄。

看到这个情形所有人无计可施，所有人都落下了眼泪，只能眼睁睁地看着废墟第二次坍塌。荆利杰的跪地哭喊和他的那句话，反映了当代军人肩负的重大责任和崇高信仰。

作为军人，肩负着保卫家园和民众的重大使命，这种责任在穿上威严军装的那一刻就已经落在他们的肩上了，这种责任是自始至终深植于内心的。在最危险、最紧要的关头，他们总能英勇地出现在最需要他们的位置上。在危难当中，冲在最前面的、不顾个人安危的，总是人民子弟兵。

作为公民，社会责任让我们有一定的承担，一个人真正为公众利益着想，并且勇于担当起自己力所能及应尽的责任时，他的所作所为才变得异常伟大而大放光彩，令人称赞。

青少年作为国家的栋梁，关乎未来和希望，更应该从自身担当起崇高而不显浮华的责任，这是一个人有生以来最重要的使命之一。

在我们生活的世界中，每个角色的背后都承担着一份相应的责任。作为子女，孝敬父母，赡养老人，是我们的责任；作为学生，遵守学校纪律、完成当前的学习任务，是我们的责任；作为朋友，相互帮助，共同进步，是我们义不容辞的责任；对于陌生人，虽然萍水相逢，伸出援助之手是美德；作为普通公民，热爱祖国也是一种责任感；作为社会成员，应该维护正义、保护身边环境、和睦相处。

人人都意识到自己扮演角色所应尽的责任，并勇于承担责任，履行义务。责任决定品质，从一个人的责任心的轻重，完全可以看出这个人的内在品格来。责任心是青少年做人、成人的基础，只有勇于承担起自己的责任，我们才能扮演好成功的角色，垒筑好生命的平台。

建议二：告诉男孩细心负责是成功的关键

1998年4月，海尔集团在全公司范围内掀起了向员工魏小娥学习的活动，学习她"认真处理每一个问题的精神"。

海尔公司当年为了发展公司的整体卫浴设施的生产，在1997年8月，33岁的魏小娥被派往日本学习世界上最先进的整体卫浴的生产技术。在此期间，魏小娥发现，日本人试模期废品率大多都保持在30%~60%，设备调试正常后，废品率竟然降到2%。

魏小娥问日本的技术人员："为什么不把合格率提高到100%？"日本技术人员认为这是不可能的。当时，魏小娥就意识到，不是日本人能力不行，而是思想上就放弃了那2%。作为一名有使命感的海尔员工，魏小娥对自己要求的严格标准就是100%，她没有浪费在日本的一分一秒，3个月后学成归国，带着日本人先进的技术知识和赶超日本人的信念重返海尔,并且为自己制定了"要么不干,要干就干到最好"信念。

时隔半年,日本模具专家宫川先生来华访问,见到了当时还是"学徒"此时已是卫浴分厂的厂长的魏小娥,面对着一尘不染的生产车间、操作熟练的员工和100%合格的产品,他震惊了,连忙向她讨教其中的奥秘。

宫川先生问:"你们是怎样做到现场清洁的?100%的合格率对于我们来说是不可能的,2%的废品率、5%的不良品率就已经合乎我们的标准,你们又是怎样把产品合格率提高到新的高度?"

"用心。"魏小娥简单的回答让宫川先生思绪万千。诚然,"用心"看似简单,实则不然。

在这里有一个关于魏小娥的故事。在一次试模的前一天,魏小娥在原料中发现了一根头发。这势必会增加废品率。魏小娥马上给操作工统一制作了白衣、白帽,并要求大家统一剪短发。又一个可能出现2%的废品率被消灭在萌芽之中。

2%的责任得到了100%的落实,2%的可能被一一杜绝。终于,100%,这个被日本人认为是"不可能"的产品合格率,被魏小娥落实了,这个100%的标准存在于试模期间和设备调试正常后。

所谓"认真",就是用你的生命热度,用你全身心的真实情感投入,用你整个灵魂最激情的热度,去持之以恒坚持不懈地完成一件事,这是一种自始至终的态度。毛泽东说过:"无论做什么事,怕就怕在'认真'二字。"认真,说起来容易,做起来难。我们在处理任何一件事情,不论大小、不论难易,都要求我们全力以赴地认真去做,这样才能够面对各种问题,化难为易,迎刃而解。

把握生活中的细节,就要求我们留心观察周围的事物,在平时多思考、多方位想问题的解决办法。我们要善于发现生活中一些别人容易忽略的风景,体味别人未曾关注的生活细节,这是一种注重细节的生活态度。

我们会对事物有深刻的理解和认识,会对生活感悟和思考,也会培养追求细节的态度。比如我们都知道馒头是面做的,面是由农民从庄稼地里收获的小麦磨研而成的。倘若你看了农民播种、施肥、锄草、浇水、收割等等一系列过程,那么你一定知道了那小小馒头的来之不易,你才更珍惜眼前的粮食。唐朝诗人孟郊在即将辞别母亲远游他乡的前夜,正是注意了母亲为他缝衣服时的细节,才写下了千古名句——"慈母手中线,游子身上衣,临行密密缝,意恐迟迟归,谁言寸草心,报得三春晖。"所以只有珍惜生活,热爱生活,你才能把握生活的细微之处。

细节56

告诉男孩人人都会犯错

俗话说，人无完人，生活中没有人把每件事情都做得完美。男孩天性好动，犯错误更是常事。家长要让孩子明白，谁都会犯错误，犯错误本身并不可怕，可怕的是犯错后不去承担相应的责任。父母要让男孩学会说"对不起"，这其实就是教育孩子要勇于承担自己的责任。一个做错了事而不敢去承担的人，就是一个没有责任感、没有价值感的孩子，他无法找到自己的生命在社会中的地位与重要性，也找不到前进的方向，就失去了创造成就的动力，最终将一事无成。这样的孩子是可悲的，这样的家长也是失败的。

有的家长认为男孩做错事时道不道歉并不重要，只要下次注意就可以了。更有的家长明明发现男孩做了错事，不但不指导孩子改正，还教孩子如何隐瞒。当错误产生时，家长对孩子姑息放任，其实就是变相地提示孩子，自己的错误可以不用承担。

每个人都不是天生就具有责任感的，都是在适宜的条件和环境下萌发的，并随着年龄的增长和心智的逐渐成熟而形成的。因此说，家庭是男孩责任感赖以滋长的土壤，家长对待男孩的态度以及教育方法，是孩子的责任感能否形成的重要条件。

为了教育好自己的男孩，家长需要注意以下几点：

第一，告诉男孩，犯错要勇于承担。谁都可能犯错，但并不是谁都能勇于为自己的错误承担责任。家长可以这样教孩子，孩子吃饭的时候打翻了自己的碗，要向妈妈说对不起；不小心踩到了小朋友的脚，也要马上道歉，说我不是故意的。

第二，家长要给男孩做最好的表率。家长错怪男孩的时候，也要勇于向他们道歉。比如你发现自己晾在阳台的衣服不翼而飞了，你以为是孩子淘气藏了起来，便不听孩子的解释把他教训了一顿，当你发现衣服其实是被风吹到了楼底下的时候，不能放不下面子就这样算了，你应该马上向他道歉，孩子便能感同身受，下次自己遇到这样的事情，才会勇于承担。以身作则，是教育孩子的最好方法。

第三，教男孩做一个和善的人。当自己受到触犯的时候，要勇于原谅别人的错误，学会换位思考，比如在餐厅吃饭，一个小朋友不小心把饮料泼在了孩子身上，这个时候可以教孩子想一想，如果你是他的话，一定已经非常内疚了，我们就不要再责怪他了。让孩子做一个大气、宽容的人，才能得到幸福和快乐。

建议一：找回责任感，孩子不再撒谎

老师打电话来说孩子一个下午没去学校，于是等孩子回来，你问他：
"下午上课怎么样啊？"
"嗯，挺好的。"

"老师都讲什么了呀?"

"哦,讲的……讲的课文。"

这个时候,你明知道孩子说谎了,但是应该怎样做才能既让孩子认识到自己的错误,又能让他以后不再撒谎呢?

诚实,不是天生的,是在后天的教育环境中养成的。英国著名的哲学家罗素说:"孩子不诚实几乎总是恐惧的结果。"他们因为害怕父母的责罚而不敢承认自己的错误,或者为了达到某种目的而不得不撒谎。其中,父母对孩子的态度,是造成孩子是否诚实的一个重要因素。

有位老锁匠想把自己的技艺传给两个年轻的徒弟。但两个人中只能有一个人能得到真传,老锁匠决定对他们进行一次考试。

老锁匠准备了两个保险柜,分别放在两间房子里。老锁匠告诉这两个徒弟:"你们谁打开保险柜用的时间最短,谁就是我的传人。"结果大徒弟只用了不到5分钟就打开了保险柜,而二徒弟则用了10分钟。众人都以为大徒弟必胜无疑。老锁匠问这两个徒弟:"保险柜里有什么?"大徒弟抢先说:"师傅,里面放了好多钱,都是百元大票。"

师傅看了看二徒弟,二徒弟支吾了半天说:"师傅,您只让我打开锁,我没注意里面有什么。"

老锁匠十分高兴,郑重宣布二徒弟为他的继承人。众人不解,老锁匠微微一笑说:"不管干什么行业,都要讲一个'信'字,尤其是我们这一行,要有更高的职业道德。我收徒弟是要把他培养成一个高超的锁匠,他必须做到心中只有锁而无其他,对钱财视而不见。否则,心有私念,稍有贪心,登门入室或打开保险柜取钱易如反掌,最终只能害人害己。"

听了老锁匠的话,大徒弟的脸红了。

怎样才能让男孩成为一个诚实、不撒谎的孩子呢?

1. 不要在男孩面前说谎

要想孩子成为一个诚实的人,妈妈就应该先给孩子起到一个良好的表率作用。如果哪天你带着孩子去买东西,小贩不留神多找了你钱,你赶紧装作不知道拿着东西走了,而这一幕正好被细心的孩子注意到,那以后你要再给孩子讲应该怎样做一个诚实的人,他还会相信你吗?

2. 要鼓励男孩承认自己的错误

有时候,当孩子做错一件事情,说谎往往比说真话更能免受处罚。对于这种情况,妈妈不宜急躁,应先查明孩子说谎的原因,了解他撒谎的动机,让孩子明白,没有撒谎的必要。孩子自然不会再惧怕处罚。

3. 肯定、表扬男孩承认错误的态度

当孩子承认错误的时候,千万不要责怪他,而应该对他承认错误的态度加以肯定,让孩子体会到诚实的可贵。大多数妈妈认为:孩子主要是因为不知道撒谎的严重后果才说谎的。事实上，孩子说谎有时是因为说了真话反而受到了惩罚，所以他选择说谎来逃避惩罚。试想一下，当孩子第一次撒谎承认错误后，你不但不肯定他的勇敢，还无情地责怪他，下次再犯错的时候，你还能指望孩子对你说实话吗？

4. 对男孩的撒谎行为进行一定的处罚

适当的处罚可以让孩子知道撒谎的代价，以便以后不要再犯这样的错误。比如，孩子打碎了碗，但是却说谎了，你了解真相后可以罚孩子自己把碎片收拾干净。

建议二：妈妈不要批评认错的男孩

不管是有时间的家长，还是忙碌的家长们，都会遇到男孩有进步或者是犯错误的情况。这个时候，很多家长把身体上的痛苦与快乐当做奖惩手段支配男孩，给男孩买零食来奖励他，或者是不让他吃饭、打男孩来让他记住教训。甚至还有些家长对男孩过于严厉，动不动就惩罚，罚扫地、做家务；罚不准吃饭、不睡觉；罚不准看电视、玩游戏。男孩稍有过失，动辄训斥，甚至打骂。

赏罚有学问，简单的物质奖励和皮肉之苦都是不恰当的，当然也不会收到好的效果。粗暴惩罚的家庭教育方式还会造成男孩心理扭曲，性格冷漠，不要说跟家长沟通了，严重的会使男孩出走，交上坏朋友，走上截然相反的道路。因为男孩在家庭里得不到温暖，得不到尊重，得不到幸福，稍有诱惑，就会被坏人利用，受骗上当。

但在生活中，很多家长意识不到这一点，他们还是习惯用传统的惩罚和压制的方式去约束男孩。

其实，大凡男孩知道自己犯错的时候，内心都有一种要接受惩戒的准备，这是一种心理需求。对男孩进行适当的"惩罚教育"，是符合其心理需求的。但是，"惩罚教育"，绝不是体罚，更不是伤害，也不是心理上的虐待和歧视，而是一种高难度的教育技巧。家长即使是惩罚男孩，也应该建立在公平和对教育对象的绝对尊重的基础之上，男孩做错了事情你可以惩罚，如果没有做错事你还去惩罚，那不是过于武断了吗？更何况对于男孩来说，他们也有自己的辨别能力，如果连你自己都无法做到公平，那么在你要求男孩做到公平时，男孩又怎么会相信你的话呢？

我们更不能够把惩罚当成家常便饭。只有到必要的时候才进行惩罚，而且一定要选择好合适的时机。因为对孩子的惩罚如果太多，孩子就会形成一种印象："惩罚其实没什么大不了的。"惩罚之后，孩子又会固态萌发，因为从频繁的惩罚中，孩子并没有明白自己接受惩罚的原因。从某种程度上说，"惩罚教育"甚至比赏识教育更尊重男孩的自信。只有有了自信，男孩才会乐于接受惩罚。对家长而言，对男孩进行"惩罚教育"时，不能对男孩施加超过其自身所能承受的过高压力，以致男孩认为不能实现而不去尝试。另外，对男孩不能有太多的"怜悯"之心，否则，"惩罚"教育容易半途而废。

在现实生活中，特别值得注意的是批评上的超限效应。所谓超限效应，是指刺激过多、过强和作用时间过久而引起内心极不耐烦或反抗的心理现象。关于超限反应有一个很有意思的小故事：

美国著名幽默作家马克·吐温有一次在教堂听牧师演讲。最初,他觉得牧师讲得很好,使人感动,准备捐款。过了10分钟,牧师还没讲完,他有些不耐烦了,决定只捐一些零钱。又过了10分钟,牧师还没讲完,于是他决定,一分钱也不捐。到牧师结束了冗长的演讲,开始募捐时,马克·吐温由于气愤,不仅未捐钱,还从盘子里偷了2元钱。

"上帝都会原谅男孩们犯错误"。然而有些家长遇事就唠叨个没完;男孩犯了错误时就揭男孩的老底,把男孩过去的"劣迹"统统翻出来,一一数落给男孩听;有些家长在批评男孩之后,总觉得意犹未尽,重复批评一次,接着还会批评……就这样一而再、再而三地重复同样的批评,使男孩极不耐烦,讨厌至极。男孩为什么会对这样的批评产生厌烦心理、逆反心理呢?第一次挨批评时,男孩的厌烦心理并不太大,但是第二次,往往使厌烦倍增。如果再来个第三次、第四次……那么批评的累加效应就会不断增大,厌烦心理就会以几何级数增加,演变成反抗心理,甚至达到不可收拾的地步,就像故事中的马克·吐温一样。

细节 57

父母的信任和尊重能唤起男孩的自尊与自爱

伟大的教育家洛克说:"父母越不宣扬子女的过错,则子女对自己的名誉就越看重,因而会更小心地维护别人对自己的好评。如果父母当众宣布他们的过错,使他们无地自容,他们越觉得自己的名誉已受到损坏,维护自己名誉的心思也就越淡薄。"

"孩子是我的,我说两句怎么了?"面对旁人善意的劝告,那位爸爸理直气壮地说。儿子一直耷拉着脑袋,一言不发。

爸爸的理直气壮来源于他对儿子作为私有财产的认定。

"又考那么低!看看这分数!"妈妈抖着试卷,像在寻求客人的同情。客人略显尴尬。"看书去!怎么还不去!连我的话都不听了!"孩子怏怏离去。

妈妈拿出了最后一张王牌。

"我说错了吗?他一直都这样,我看是改不了了!我也不报什么希望了!"妈妈气愤失望的表情让儿子无地自容。屋子里寂静片刻后继续喧闹,有劝慰的,有附和的,声音迭起。

总是一次次地揭短,让儿子难以忍受。

"没什么,小孩子,懂什么自尊啊!"嬉笑中继续攀谈。

自尊心的有无,年龄不是评判的标准,家长看似无意的言语其实已经渗透到孩子心灵深处了。

对于孩子，我们总是忘记一个事实：孩子和我们一样，也是个独立的个体，是一个和我们一样有着自尊的"人"。

实际上，你当众揭男孩的短时，他和你此刻的感受是没有区别的。而对男孩来说，受到了侮辱，对他的影响可以说是深远不可磨灭的。

首先，男孩受到了伤害，可能是久远的。任何人都会犯错，家长的不宽容让孩子日后也变得苛刻，对别人的要求也会多起来。当众揭短，男孩容易自卑，走不出家长对自己的描述和定位。或者孩子抱着"无所谓"的态度，既然已经这样了，大家也都达成共识，改了又怎么样呢？

其次，男孩认识世界的渠道发生了倾斜。在成长初期，男孩往往通过家长这个窗口来认识世界，来完成和巩固对自己的判断。家长的当众评价无形中对男孩认识世界造成了一定的错误指向，孩子会认为这个世界苛求完美，不会保护个体的尊严。在以后的生活中，孩子也极容易将此要求延续到和他人的交往中去，甚至以后自己组建家庭后，他的家教模式也会受到严重的影响。

在家庭教育中，教育者的心态和教育的出发点直接影响着教育结果，所以不要因为他是你的儿子，就蛮横地在众人面前让他的缺点一览无余。或者因为无法掩饰你愤怒的情绪，就无辜地伤害孩子。孩子的自尊心有时是透明的玻璃体，碎了就很难黏合起来，伤害也许是永远的，所以多给他一些善意的保护吧！

建议一：父母绝不能嫌弃男孩

所有的父母都会望子成龙，面对自己的孩子，父母总是容易期望过高，有时候期望男孩能像自己一样有成就，甚至希望男孩青出于蓝胜于蓝。但是孩子就是孩子，他是一个独立的个体，父母并没有权力替他决定什么！就像诗人纪伯伦说过的那样："孩子来自于你的身体，但并不属于你，你可以给他们爱，但不能塑造他们的思想。"

一句话，父母绝不能嫌弃自己的孩子。

在美国电影《师生情》里有这么一个场景：一位优秀的白人教师，在给一名长期受到种族歧视的黑人孩子上课时，耐心地说："孩子，老师相信你是天下最好的孩子，是顶天立地的男子汉！你不要紧张，仔细数数老师这只手究竟有几个手指？"

那孩子缓缓地抬起头，涨红了脸，盯着老师的5个手指，数了半天，终于鼓起勇气，开口说："3个。"

面对这样的结果，这位伟大的老师没有责备，也没有沮丧，而是依然满怀热情地说："太好了，你简直太了不起了！一共就少数了两个。"

老师的鼓励像久旱的土地遇上了甘霖，孩子的眼睛一下子放光了。

这个电影片断曾深深感染了许多老师和父母，令人永生难忘。

父母的信任和尊重对于男孩的智力发展影响很大，对男孩自尊自爱的培养也非常重要。一个自以为自己不如别人的男孩，总是倾向于向人们说自己不行，而父母把孩子的一次失败或一时的弱点作为能力缺陷讲给人家听时,男孩的自责就会得到强化,并逐渐在心理上凝固成一种本非事实的事实,这会使男孩由一般的自责转变成自我失败主义心理,严重地压抑孩子的进取心和创造性。

所以,无论是有天生缺陷的男孩,还是成绩不好、不爱学习的男孩,他们本来心理就比较脆弱,父母对他们更应该耐心和细心,使他们时时受到鼓励和帮助,并且克服和战胜那些缺陷给生活和学习所带来的不利与不便。同时,作为父母,为了鼓励男孩奋斗的勇气和增强对生活的信心,还应该更加细心和热情地去发现男孩的优点,发挥其长处,培养男孩的自尊自爱。

建议二:鼓励男孩做一名合格的家庭成员

案例:"懒惰"的妈妈和勤劳的儿子

儿子今年上五年级,已经是名副其实的"小当家"了。

儿子不仅能料理自己的日常生活,而且还会帮助父母做家务,最拿手的是煮饭。每次他都能把饭煮得软硬正好。他还会做一些家常菜。

从儿子上学的第一天起,我们就把当家的大权交给他,诸如关门窗、检查电器开关、洗碗筷、做晚饭之类,一概由儿子全权负责。

当儿子还在上幼儿园时,我们发现他的模仿能力和求知欲望都很强,便有意识地培养儿子的动手能力,教他一些自理的本领。每当回忆起儿子第一次当家的情景,我们总是记忆犹新,感慨颇深。

5年前,儿子开始了他的学习生涯,同时也开始了他"小鬼当家"的经历。

开学前几天,我们给他打了"预防针",让他明白从今往后,他要自己管理自己:自己开门关门,自己做午饭,自己去上学,放学后自己回家……这一切都要他自己去完成,没有爸爸妈妈陪同。

儿子很自信,拍着胸脯许下诺言。没想到开学第一天,儿子就出了洋相:钥匙没带。中午,我接到儿子打来的电话。我安慰他,让他别着急,接着告诉他怎么做。

第一天当家,儿子就体会到了有家不能归的滋味,心里很不好受。我们完全理解儿子此时的心情,毕竟年龄还小,容易丢三落四。我们没有责怪他,而是告诉他:万事开头难,慢慢就会习惯的。于是儿子乐呵呵地继续当家。而且,家务活越干越熟练。

其实,孩子本身也并不希望事事都由家长包办,他也想"逞逞能",在某些方面"显山露水",好赢得家长的夸奖。作为父母应该懂得孩子的心理,要创造尽可能多的条件,营造出一种氛围,让孩子去闯荡、去磨炼。

5年来,我们从未接送过儿子,午餐都由他自己做。家里许多事情我们都很放心地交给他管理,他干得井井有条。我家的小鬼正是在许多磕磕碰碰中,学会了自我管理,成为一名当家能手。

可以这样说,儿子的自理能力如何,父母有着不可推卸的责任。有的男孩在小的时候表现出了愿意帮助家长做事，但是可能父母会出于各种考虑，不愿意让他来做，时间长了，孩子对劳动的热情也就被逐渐抹杀了，变得越来越懒，什么都不会做而且也不愿去做，反正一切都有父母代劳。所以，父母如果想让自己的男孩成为一名合格的家庭成员，就要树立他的家庭观念，让他明白他同样有义务有责任为家庭做点小贡献，这样也更有利于父母和男孩的相互信任和合作，对家长和孩子都大有益处。

家长要及时地发现男孩的长处，并给予他锻炼的机会。家长的悉心指导和大胆放手，让孩子有施展拳脚的空间。男孩遇到困难时，家长能够及时地协助孩子解决，并不忘鼓励。家长这种明智的做法会让孩子在处理一些家庭事务中得到一种成功后的快感，并激励自己去一次次获得这种快感。

第十章
受"穷"是富
——财富时代父母必知的"穷"养智慧

细节58

不要让"富贵"毁了男孩

"富二代"一词最早出现在世人面前,是在一个访谈栏目中。该栏目对"富二代"的定义是:80年代出生、继承上亿家产的富家子女,他们被称为富二代。

这些孩子,他们没有经历过汗与泪的拼搏,家长无偿地给予一切,导致他们从来不去想东西是从哪里来的,也不懂得珍惜眼下所得到的一切。于是随着这些孩子的成长,他们越来越多地展示了自己的无知与张狂。如今,他们仰仗着父辈的财富在同龄人中无疑很耀眼,然而以后走到了社会上,"富二代"很容易成为事业失败的同义词。明智的"富一代"父母确实要想一想如何让孩子的生活少一点富裕,让他们体会到自力更生的感觉。

美国人比中国人更早地尝到富裕的滋味,相应的,"富二代"也出现在美国。美国的一份调查报告显示:在继承15万美元以上财产的小孩中,有两成左右会放弃进取,多数会一事无成。他们得到的越多,反而会越不满足。"好好对待你的小孩,不要给他们太多的财富。"在美国最新的《商业周刊》中首次出现了"富裕病"这个词,指的是那些由于父母给予的太多而使小孩过度地沉湎于物质、生活失去了目标的现象。这个词是由"富裕"和"流感"两个词合成。

在美国的家族企业中,到第二代还能够存在的只有30%,到了第三代还能存在的只有12%,到了第四代还能够保持旺盛生命力的就只剩下3%了。在美国的破产族中有超过七成是来自于中产阶级或是高收入的家庭。这些破产者失败的原因并不是因为他们资源太少,而是他们在成长的过程中资源的供给非常充裕,甚至是太过充裕了。

许多人都会认为得到的物质越多,人就会越满足。事实上,耶鲁大学的罗伯·连恩教授在"幸福的丧失"这一研究中就已经发现:当人的需求与供给刚好对等的时候,满足感与愉悦感是最高的。而过多的供给反而让人比物质匮乏的时候更为失落。而现在美国很多物质过剩的白金小孩中就有很多是"被满足感剥夺"的一代。哥伦比亚大学也曾经进行过相关的研究，认为富有的小孩比较容易出现物质滥用、焦虑、抑郁等问题。很多出生在富裕家庭的孩子会一生孤独，出现不同程度的精神问题甚至会做出违法乱纪的事情。

明智的父母确实要"思身后之事"，为下一代的考虑不仅仅是如何让他们的生活更舒适，而是怎样让孩子们的生活能够少一点富裕。

美国的百万富翁在10年的时间内增长了400%，使得如今的美国人对财富出现了反思的浪潮。在全美国，在320万名百万富翁中约有60万人会因为担心宠坏孩子而捐出大笔的财产。他们只将其中很有限的一笔钱留给子女，可以够他们来买房子，受教育，如果还想得到其他的就要靠自己去挣。

惠普的创办人之一帕卡德在临终之前，捐出了他一生财产的50多亿美元，他的子女在接受媒体采访的时候表示，健康、正常的遗产捐赠有利于子女的成长、成才和社会的发展，将巨额财产捐献出去，下一代才能得到重新创业的乐趣，"乐趣不在于拥有，而在于创造。"

连续13年蝉联全球富人排行榜第一名的微软创办人比尔·盖茨，他的身家有500亿，而他只会留其中的五百分之一给自己的孩子，剩余的财富全部用来做慈善事业。

美国人的这些做法，对于富裕人口不断增加的华人社会来讲，如何给予孩子恰当的资源和金钱也是前所未有的挑战。让孩子走出优越感，教导孩子树立正确的用钱观念，做到自己对自己负责，恐怕就是最好的方法。

中国人常常说"富不过三代"，但这并非是打不破的魔咒。深入了解一些能够富好几代的家族就可以发现，他们对如何与财富相处都有非常严谨的教养。比如德国最老的投资银行梅兹乐家族富过三代的秘诀就是：不把孩子关进"金鸟笼"。他们的小孩上的是同地区最普通的学校，每天是走路或者搭公交车去上学，与所有的同学一起玩耍，一起生活，吃同样的食物。

对孩子进行正确的财富教育才是最好的良方，让孩子认同自力更生的价值观才能够使他们的一生处于不败的地位。现在的父母应该培养男孩具有三大财富能力：正确运用金钱的能力、处理物质欲望的能力、了解匮乏与金钱极限的能力。这些能力形成的背后使男孩懂得自己对自己负责，自己可以自主解决自己的问题。

建议一：每个妈妈都不希望养育出生存能力差的孩子

你是不是舍不得孩子离开你？
你是不是不放心他们干一切事情？
你是不是总觉得孩子还小，没有能力自己生活？

现在，大多数人家的男孩都是独生子。父母为"独二代"考虑的越来越多、越来越细，总想给男孩最好的东西，什么事情都是父母一手操办。父母永远担心自己的孩子，是不是吃得好，是不是穿得暖，夜里是不是盖好了被子。可是，男孩们的生存能力却越来越差，

第十章 受"穷"是富

他们成了温室里的花朵,成了父母羽翼下永远长不大的雏鹰。

事实表明,越早放开拉着男孩的手,男孩就会越早地适应社会,找到自己的位置,而一直被父母放在自己羽翼下的孩子,往往变得特别脆弱,经不起一点风雨的洗礼。

我国古代有个很著名的故事正好可以说明这一点:

惠施和庄子都是魏王的好朋友。一天,魏王分别送给他俩一些大葫芦的种子,对他俩说:"你们把这些种子拿去种在地里,会结出很大的葫芦。比比看,你俩究竟谁种的葫芦大,到时候我还有奖赏。"

惠施和庄子都高兴地领受了,并将其种在地里。

为了能种出比庄子更大的葫芦,惠施非常用心,而且每天都施肥、除草。庄子的葫芦就种在不远的地方,但他从不施肥、除草,只是到时候来看看,见没有什么异常,就做别的事去了。

没过多久,惠施的葫芦苗一棵一棵地相继死去,最后,一棵也没成活。而庄子的葫芦苗却长得格外好,慢慢的,都开了花、结了果,而且,正如魏王所说的那样,长出的葫芦都很大。

惠施觉得很奇怪,就跑来请教庄子:"先生,为什么我那么用心地栽培,所有的苗都死光了,而您从来都不曾好好地管理它,它怎么会长得那么好呢?"

庄子笑着答道:"你错了,其实我也是在用心管理的,只不过与你的方法不同罢了。"

"那你用的是什么方法呢?"

"自然之法呀!你没见我到时候也要去地里转转嘛!我是去看看葫芦苗在地里是不是快乐,如果它们都很快乐,我当然就不用去管它们啦。而你却不管它们的感受,拼命地施肥,哪有不死之理啊?"

"这么说来,是我害了它们?"

"就是啊!你的用心是好的,可是你不用自然之法,怎么可能得到自然万物的青睐呢?"

惠施恍然大悟,才知道原来是自己过分悉心的照顾害了葫芦。

看了这个故事,有的人可能会取笑惠施的愚蠢,可是我们现在大部分的父母,不正是过度保护自己葫芦的惠施吗?

数年前,美国大学的学生们被各种规章制度束缚着,一言一行都受到关注,好像他们是无力管理自己的小孩子。有些学校当局像对待小偷一样对待他们,甚至派出"校园间谍"跟踪他们,监视他们的行踪。学生们被强迫参加各种祈祷会和礼拜活动,如果哪一次活动缺席,就会被记录在案。为了应付点名,他们常常编织各种谎言,想方设法为自己的开小差找借口。总之,他们就像无力控制自己的行为,不会调理自己的生活一样,得不到学校的信任。结果就会出现这样的情况,一旦他们脱离监视和控制,就会抛掉一切约束,像脱缰的野马一样,极度放纵自己。长期的压制使他们不再珍视自由,而是把自由当成放纵自己的大好机会。

后来，在校长艾略特的领导下，当哈佛大学决定对学生充分放权，给他们自由发展的空间时，哈佛大学曾受到来自社会各界的强烈批评。当哈佛大学宣布，对参加唱诗班和做礼拜不做强制性规定时，学生家长们更是惊恐万状，害怕自己的孩子会走向堕落，直至不可救药。但是艾略特却不这么认为。根据他的观察和研究，在严格监督管理下的学生无法形成良好的性格，也不会有一个健壮的身体。他苦心劝慰那些不安的父母，废除强制性的管理措施只是为了充分发挥孩子的全方位素质，他和同事们也是尽力这么做的。他指出：为了让学生能健康成长，必须把他们人性当中最优秀的因素激发出来，相信他们能自己管理自己，相信他们有很好的自控能力和强烈的荣誉感。在走出校门时，不但拥有一张货真价实的文凭，还拥有良好的综合素质。如果缺乏自信和创造力，就无法做到在激烈的竞争中游刃有余，从容不迫。

哈佛大学倡导的自由式教育得到了美国教育部的肯定，并在全国大力推广。今天，在美国这所最有名望的大学校园里，废除了许多陈旧的规章制度，让学生充分感受到了自由。

得到自由的学生能够很好地管理自己。事实证明，学生们反而更具独立品格，更遵守秩序，也更加健康。虽然现在哈佛大学的学生增加了几十倍，但是犯罪和被开除出院的比率，却比艾略特进行改革之前低得多。这是最好的例证。

同样的道理，如果父母要想把自己的孩子培养成为生活的强者，就应该多给他们一些自由的空间。让他们有自己的理想和愿望，有自己的思想和独立思考的权利，不要让孩子成为别人怎么想，孩子就要怎么做的盲从的产物，更不要让孩子成为代替父母实现未尽理想的工具。

建议二：警惕物质富足、精神空虚

在父母眼里，小伟是个品学兼优的好男孩，他乖巧的性格和优秀的学习成绩单让身处上市公司高级管理层的父母倍感欣慰，他们逢人便夸自己的儿子聪明懂事不要父母操心。

直到有一天，很久没去给男孩开过家长会的父母接到了老师的电话，说小伟在学校把其他同学给打成了重伤，要求他们无论如何得去学校一趟。这一去才知道，男孩在学校不但成绩奇差，经常顶撞老师、逃课不交作业，而且还爱纠集朋友打架生事，男孩在学校别说是什么品学兼优的好学生了，就连一个正常听话的学生都算不上。

知道真相后，小伟的父母顿时感觉天旋地转，一时无法接受他们引以为豪的儿子竟然是这么一副模样。

把男孩领回家后，爸爸问："为什么你每回的成绩单都是优秀？"

"那是我自己改的。"

"爸爸妈妈那么辛苦地养育你，什么时候缺过你钱花，你竟然这么欺骗我们！"

"对，你们就只知道给我钱，什么时候真正关心过我啊？"

……

第十章 受"穷"是富

"你们知道我真正需要的是什么吗？你们管过我吗？现在又来教训我了，我讨厌你们！"

……

小伟的父母愕然，半天说不出话来。

其实，生活中小伟的例子数不胜数，曾几何时，作为父母的我们，已经很久不知道自己男孩在校学习和表现的情况了？不知道男孩交了哪些朋友？不知道男孩晚上一个人在家是怎么过的？不知道男孩星期天在干什么？更不知道男孩心里在想什么？只知道给男孩提供足够的金钱，可是却不知道男孩的零花钱是怎样用出去的？

你们为了男孩整天起早贪黑地忙碌，到底给了男孩什么？钱，还是感情？想想看，下面的这些情形是不是常常发生在你们身上：

"爸爸，陪我一起玩吧。""别烦我了，没看我正忙着吗？""妈妈，给我讲个故事吧。""乖，宝贝，妈妈上班回来，辛苦一天了，你自己玩吧。"这些对话，听起来是不是很熟悉？是不是常常在我们的家庭中上演呢？

为人父母者，应该好好反思一下：你们到底给了男孩什么？一个温暖的拥抱、一个肯定的微笑、一次善意的提醒、一份无条件的理解，还是一个自动洗衣机、一个自动售货机、一个自动提款机？要知道，男孩不喜欢只能提供食物、金钱的"机械父母"，他需要关心他、爱护他、理解他的父母。所以，为人父母者，请你们不要再吝啬自己对男孩的关爱，也许仅仅是举手投足间的关爱、呵护，就能影响并改变男孩的命运。

"哟，儿子，在家呢？"

"钱用完了吗？"

刚进门的父亲只顾着低头说话，一点都没有注意男孩脸上的表情。

"钱尽管花，没有了爸爸再给。"

……

"儿子怎么不说话啊，爸爸回来拿点东西，马上就走了。"

"你们整天就知道钱钱钱，什么时候关心过我！"

"……这孩子，天天这么辛苦还不都是为了你。"

在现实生活中，大部分父母在男孩的衣食住行上都倾尽全力，为了男孩宁肯自己受委屈也无怨无悔。他们给男孩吃最好的、用最好的，生怕男孩落在同学的后面被人嘲笑。但是，家长关注的目光始终只是停留在对孩子物质上的满足，却忽视了男孩也有他的精神世界，比起各种吃的和玩的，他们更需要家长给予物质之外的关心和爱护，家长们是否注意过：你们有多久没有陪男孩去公园了；你们有多久没有陪男孩在家吃过饭了；你们有多久没有和男孩的老师联系过了；你们有多久没有听男孩说过他的理想和愿望了？

在这种情况下，男孩得到的物质越富足，他的精神也就越空虚。与此同时，很多父母对男孩满腹的爱也变了味道，变得没法和男孩沟通，越来越不了解他们，男孩对父母的感情也变得越来越淡。

其实每一个男孩都希望父母关注他，但有时却很难得到关注。所以父母们应记住，无论再忙，也要抽时间陪陪男孩，当他得到父母全身心的关注时，就算平静的几小时或许也会影响男孩的一生。

据世界卫生组织公布的一次研究成果表明，平均每天能与父母共处两个小时以上的男孩，要比其他男孩智商高。所以父母不管多忙都要抽空陪陪男孩，询问一下男孩的学习、生活情况，和他们聊聊天，以满足男孩的情感要求。

细节59

男孩的"穷养"智慧

为了不忘过去最困难的日子，日本一家学校给孩子们做了"忆苦饭"，结果，孩子们面对当年大人吃过的糠菜号啕大哭，拒食3天。校方毫不动摇，第4天，孩子终于咽下了这顿忆苦饭。在日本的许多孤岛或森林里，人们常常可以看见日本小学生的身影。他们在无老师带领的情况下，面对着既无水源又无淡水的可怕自然界，安营扎寨，寻觅野果，捡拾柴草，寻找水源，独立生存。一位孩子从荒岛归来后，感慨地对老师说："我以前以为我们享受的一切现代化设施都是本来就有的，荒岛的历险才使我明白，人生来两手空空，一切都是劳动创造的。过去老师讲劳动光荣，我们感到很空洞，如今才真正理解了这个词的含义。"

男孩们长大了早晚要离开父母去独自闯一片天地，与其让他们那时面对挫折惶惑无助，不如让他们从小摔摔打打，"穷"出应对人生的能力和本事。家长要做的就是要培养男孩这样一种适应一切压力的能力，让他变得积极进取、有主见、有雄心、理智、自我依靠，只有掌握了这一点，男孩才能掌握自己的人生，才能让他身边的人和他一起享有幸福。

现在的社会，对于精英人士的要求往往越来越高了，男人如果想站有一席之地，不得不面对激烈的竞争。所以，家长从小就要把男孩当成男子汉来培养，优秀的男孩应具有独立的思考能力，具有吃苦的精神，所以家长要从小培养男孩自立、坚强、进取的精神。

首先，要让男孩懂得自立。

告诉男孩，自己的事情要自己负责，在家里，男孩要自己独立打扫房间，清理自己的物品。在学习上，要养成独立思考的好习惯，这样的孩子能独立思考问题，能有主见，为以后的成功打下基础。

其次，家长可以帮助男孩设置一些生活中的障碍。

在生活中，家长可以设置一些挫折，让男孩来面对。可以鼓励男孩参加社会实践，比如卖报纸、参加夏令营等。西方很多国家的男孩在10岁以后就到外面打工，锻炼自己，接触社会，培养自己的吃苦精神。

再次，家长可以与男孩一起吃苦。

现在很多家长由于工作繁忙，与男孩的沟通越来越少，造成了父母与孩子之间的代沟越来越大。弥补这个缺陷的最好方法，就是家长要尽可能多和孩子在一起。父母可以与孩子一起参加晨跑，参加体育运动，这样既可以增加与男孩沟通的机会，同样也可让男孩得到锻炼。

建议一：再富也要穷孩子

李昂刚下班，儿子就贴了上来："老爸，给我买个 iPhone6 Plus 吧？"

李昂有点吃惊："你的手机不是去年新买的吗？"

儿子撇嘴道："老土了吧您，现在用的手机谁还敢拿出来啊？现在最流行苹果手机，而且还是最大屏的。"

李昂的儿子今年才16岁，穿的和用的却样样讲究名牌。若父母不满足他的要求，他就会赌气不吃饭，不上学，也不和父母说话。

这样的情景相信很多高中生家长都或多或少经历过。家长们无奈叹息之余，可能都会感慨，孩子越大越能花钱了，而且他们花钱不心疼的劲头完全可以用一掷千金来形容。

现在，许多家庭物质条件好了，又只有一个孩子，所以家长一门心思地想让孩子尽量过得舒服些，孩子要什么就给什么，口袋里零花钱不断，如今随便从一个孩子的身上掏出一百元钱，不是什么稀奇事。孩子手里钱多了，家长应该感到欣慰，因为这毕竟是人们生活水平提高的一种体现。但是孩子手里的钱多了，也令人担忧。

悉尼一家妇产科医院曾出现过这样一幕：一对夫妻来做二胎产前检查，妻子进诊室面见医生去了，丈夫便带着两岁的儿子在外面大厅等候。少顷，儿子闹着要喝水，于是那父亲便在身旁的自动售货机上顺手扯了一个免费纸杯，进厕所接了一杯自来水递到孩子手里（自来水经过净化，可以饮用）——那父亲不是买不到饮料，自动售货机正出售一元一杯的可口可乐和橙汁，而他也不是买不起饮料，据说，他是一家体育用品公司的主管，年薪15万澳元。

养尊处优并不是父母送给孩子的最好礼物，恰恰可能埋下祸根。倒是那些从小就挣扎在社会最底层的人们，没有别的出路，没有任何指靠，只有以死相争，常常可以出人头地地建功立业。理性的家长用金钱为孩子健康成长提供基本条件，而不是让孩子在挥霍金钱中消磨意志，自毁前程。

建议二：告诉男孩得到需要付出

男孩经常是看到什么好吃的、好玩的东西都想要，如果家长一味地给予满足，很可能会把男孩娇惯得不成样子。家长要同时帮助男孩树立两种意识，一是让男孩有信心"不管想要什么都可以得到"，另一方面也要告诉男孩一定要努力争取才能得到。

小克莱门斯的老师玛丽是一位虔诚的基督徒，每次上课之前，她都要领着孩子们进行祈祷。有一天，玛丽老师给孩子们讲解《圣经》，当讲到"祈祷，就会获得一切"的时候，小克莱门斯忍不住站了起来，他问道："如果我祈祷上帝，他会给我想要的东西吗？""是的，孩子，只要你愿意虔诚地祈祷，你就会得到你想要的东西。"

小克莱门斯当时的梦想是得到一块很大很大的面包，因为他从来没有吃过那样诱人的面包。而他的同桌——一个金头发的小姑娘每天都会带着一块这么诱人的面包来到学校。她常常问小克莱门斯要不要尝一口，小克莱门斯每次都坚定地摇头，但他的心是痛苦的。

放学的时候，小克莱门斯对小姑娘说："明天我也会有一块大面包。"回到家后，小克莱门斯关起门，无比虔诚地祈祷，他相信上帝已经看见了自己的表情，上帝一定会被自己的诚心感动！然而，第二天起床后，当他把手伸进书包的时候，除了一本破旧的课本，什么也没有发现。他决定每天晚上坚持祈祷，一定要等到面包降临。

后来，金头发的小姑娘笑着问小克莱门斯："你的面包呢？"

小克莱门斯已经无法继续自己的祈祷了。他告诉小姑娘，上帝也许根本就没有看见自己在进行多么虔诚的祈祷，因为，每天肯定有无数的孩子都进行着这样的祈祷，而上帝只有一个，他怎么会忙得过来？小姑娘笑着说："原来祈祷的人都是为了一块面包，但一块面包用几个硬币就可以买到，人们为什么要花费这么多的时间去祈祷，而不是去赚钱买面包呢？"

小克莱门斯决定不再祈祷。他相信小姑娘所说的正是自己想要知道的——只有通过实际的工作来获得自己想要的东西。而祈祷永远只能让你停留在等待中。小克莱门斯对自己说："我不要再为一件卑微的小东西祈祷了。"他带着对生活的坚定信心走向了新的道路。

多年以后，小克莱门斯长大成人，当他用笔名马克·吐温发表作品的时候，他已经是勤奋而且多产的作家了。他再没有祈祷，因为在无数个艰难的日子中，他都记着："不要为卑微的东西祈祷！只有自己通过努力和辛勤的汗水换来的收获才是最真实的。也只有勤奋才是通向成功的必由之路。"

现在的孩子，往往是想要什么，家长多会给予满足，实际上这样的做法对男孩的成长是有害的，很容易把孩子娇惯得不成样子。父母的"有求必应"使这些孩子感到对于所有的要求都是那么容易就可以轻而易举地得到，也就无法体会到得之不易的过程，因而也就不会去珍惜，反而觉得这些都是理所应当的。如果父母告诉孩子得到一件东西是要经过努力的，或者给孩子制造一些障碍，那么孩子就会感到原来想得到什么都要付出才行，对于他们日后的学习生活就会有很大帮助。

父母是男孩最好的老师，在男孩的成长过程中有着很大的影响力。在孩子养成勤奋的品格上父母也可以发挥巨大的作用。父母的勤奋刻苦，往往会以一种无形的力量影响着孩子，使孩子在勤奋的伴随下走向成功。我们应该从小就培养男孩懂得自我约束，同时帮助他树立"想要的东西都可以通过努力得到"的信心。

细节60

告诉男孩天下没有白来的钱

父母要让孩子明白，钱不是平白无故就可以得到的，赚钱是需要动脑筋才能够完成的事情。美国的父母在对孩子的金钱教育方面总是有一套自己的方式，他们不允许孩子在需要钱的时候只会伸手找父母要，而是要求孩子通过自己的能力去换得金钱。

美国人无疑是富有的。然而，美国人的富有与他们的勤奋和付出是分不开的。美国的总人口数为世界的6%，但是生产力总值为世界的30%。美国工人的生产效率在全世界排名第一。美国的白领阶层虽然富有，但是生活并不悠闲，外出休假如果不随身携带笔记本将是不可想象的事情。一般而言，美国高收入者的工作时间要多于低收入者的工作时间。

成功的美国父母一般对金钱的认识都颇有一番心得，因为他们明白赚钱是需要通过动脑筋来完成的事情。在对待下一代的金钱教育方面，美国的父母们也有着很独特的一套思路，可供中国家长们借鉴：

第一，尽量省钱不如尽量赚钱。

美国十大财团之一的摩根财团的创始人摩根当年是靠开杂货店起家的。在他发家之后，对子女的教育极其严格，比如规定孩子们每月必须通过干家务劳动来获得零花钱。

他最小的孩子托马斯因为不干活，所以经常得不到零花钱，生活非常节省。老摩根看到他这样之后就告诉他说："你用不着在钱的方面节省，而是应该想着怎样才能多干些活来多挣一些零花钱。"后来托马斯变得非常勤劳，并且想出了很多新的家务劳动项目而"广开财源"，零花钱渐渐地多了起来。

摩根意在教育孩子们，在理财中开源比节流更加重要。

第二，节省不是理财的最好方法。

美国波音公司的创始人波音对他的子女说："旧的不去，新的不来。如果你们有买东西的欲望，就有了拼命工作的动力，反而能刺激你们去创造更多的财富。"

第三，用珍惜的态度对待金钱。

美国洛克菲勒财团的约翰·洛克菲勒在16岁的时候决心自己创业,开始研究如何致富,但总是百思不得其解。一天他在报纸上看到了一则广告,宣称有发财的秘诀,他急匆匆地想去了解,结果发现答案便是"把你所有的钱都当做是辛苦钱"。他很感慨,并且要求子孙后代要牢牢记住,花钱的时候要有计划,精打细算。

钱如果来得比较容易就不太容易去珍惜,如果是自己辛苦赚到的钱,就会觉得很珍贵,便会懂得珍惜。

第四,引导孩子学会投资。

瑞安要求得到一台割草机作为生日礼物,结果妈妈就给他买了一台。那年的暑假,瑞安通过替人割草赚来了400美元。他的父亲帕特里克建议儿子用这些钱做点投资,于是瑞安决定买耐克公司的股票,并且从此对股市产生了兴趣。而父亲也感到很欣慰,毕竟这些股票不像是过完节就扔掉的玩具,从中得到的投资经验将伴随瑞安一生。

第五,积攒财富很重要。

当孩子懂得正确看待金钱的时候就会具备一些容易成功的素质:比如把钱节省下来,节制眼前的享乐,有长远的打算,懂得用钱来生钱,等等。

建议一:不妨从小教男孩理财

在竞争日趋激烈的社会环境中,金钱观和理财能力是不可忽视的基本素质。要想让男孩学会为自己的未来投资,就要对男孩的花钱行为进行一些必要的约束,从小进行理财训练,将提高男孩对社会的适应能力和竞争能力。

一位心理学家曾经对100名学前和小学儿童进行调查,询问他们钱是从哪里来的,结果得到三个答案:大部分孩子认为,钱是从爸爸的口袋里拿出来的,或是银行送给他们的,只有20%的孩子说,钱是工作挣回来的。

从理财能力的角度看,处于少儿时期的男孩呈现出如下几个突出特征:一是不具备固定的收入;二是不具备成熟的金钱和经济方面的意识;三是不具备熟练的理财能力;四是具有强烈的消费要求和欲望。这几个方面的特征导致男孩在理财方面极易出现种种错误,这些错误直接影响他们的成长、发展和前途。

为自己的未来投资首先是建立在如何理财的基础上的。从小就对男孩进行理财训练,帮助孩子养成理财习惯,有更多的好处。像学习其他东西一样,男孩学习理财也需要不断尝试和失败,才能走上成功之路。

从小进行理财训练,可以教给男孩正确的理财观念,帮助孩子减少无谓的花费,避免陷入债务危机,甚至可以避免孩子走上违法犯罪的道路。再者,孩子一旦了解了理财投资方面的知识后,便会明白世上没有免费的午餐,长大后就不会轻易受骗而相信那些少投资、多回报的骗局,从而减少被骗的机会。总之从小进行理财训练,将会使一个人终生受益。在市场经济和商品社会中,一个人的理财能力直接关系到他一生的事业成功和家庭幸福。进行理财训练，将有助于培养男孩独立生活的能力，树立正确的道德和劳动观念，让男孩知道勤奋努力与金钱之间的关系，激发男孩工作的欲望和社会责任感。

那么我们应该怎样教育男孩正确地理财呢？

要想在这充满诱惑的花花世界中学会为自己的未来投资，最好的办法就是严格按照财务计划花钱。一个有力得当的财务计划，能够使男孩清楚地认识到自己当前的财务状况，以此来把握金钱流向并做出消费决定，以达到控制金钱的目的。

让男孩坚持每天记账，这样便可知道每个月的金钱流向。按照消费记录，建立计划，决定该买物品的具体钱数，然后严格按计划执行，并要求男孩随时查看他的计划，如果他有别的需要，及早进行更正。月底评估执行计划的成果。教会男孩在计划与实际花销的对比中，积累经验教训。长期下来，你就会发现男孩改变了许多，他可以量入为出甚至游刃有余了。在计划之余，最好准备一部分钱让孩子自由支配，以便让他们学会如何在花钱时做出正确的选择。

建议二：让男孩明白理财就是让金钱为自己服务

提到金钱，有人视之为万能之药，也有人视之为万恶之源。毕业于哈佛的文学家詹姆斯说："人类的一切罪恶不是源于金钱，而是源于人们对金钱的态度。"金钱本身并没有罪过，它只是人们谋生的手段，是交易的中介，而绝不应该成为人的主宰。占据大量的金钱，不代表你一定幸福，也不能代表你活得就有价值。而真正能够让自己活得自在、安宁的方法是善用金钱，让金钱为自己的幸福铺路。

男孩们只有树立正确的金钱观，不让钱财遮住自己的眼睛，合理利用手边的金钱，才能让自己收获真正的幸福。但男孩们理财的现状却令人担忧。

据一项调查显示，上海 92.8%的青少年存在乱消费、高消费的现象，具体表现为花钱大手大脚、盲目攀比，消费呈成人化趋势；93%的学生缺乏现代城市生活经常触及的基本经济、金融常识，甚至不清楚银行信用卡的服务功能，不知道银行存款的利率，等等。类似问题在其他城市也比较突出。这反映出青少年的理财观念尚未形成、理财能力不强等诸多问题。一位专家说："理财应从 3 岁开始。"理财并非生财，它是指善用钱财，使个人的财务状况处于最佳状态，从而提高生活品质。生活中，青少年在理财方面最容易犯以下这些错误：

1. 如果手中有几百元，他们就觉得富裕了。
2. 储蓄对他们来讲并不重要。
3. 花掉的要比储蓄的多。
4. 只能节省一点购买小件商品的钱。
5. 认为钱的能量并不很大，而且没有多少潜力可挖。
6. 花钱从来不做计划。
7. 不能正确地使用活期存款账户。
8. 不恰当地使用信用卡。
9. 从不了解钱的时效价值。

10. 现在享用，以后付钱。大多数青少年对钱的认识不够，没有忧患意识，眼前只知享受，认为以后会由父母把钱送到自己手上。

11. 没把钱当回事。不少青少年总以为家长有的是钱，每天都能有大数目的零花钱，所以买东西从不考虑价格。

12. 买东西时，把身上的钱花个精光。

13. 向广告看齐。许多青少年的早餐，不是"好吃看得见"的方便面，就是"口服心服"的八宝粥，他们不论是吃的还是用的都向广告看齐。

14. 向大人看齐。看见大人们经常泡桑拿、吃麦当劳，他们感到一种气派，于是心生羡慕，也学着进行高消费。

15. 向明星看齐。据一家美容店老板介绍，她曾遇到不少崇拜明星的中学生来美容理发，还常常甩出100元的人民币。

16. 许多青少年在钱花掉之前，已经有过数次的购买欲望。

17. 买了许多东西，但很少有令他们长期满意的。

18. 滥用别人的钱。

19. 只在花钱时他们才有满足感。

在美国石油大亨洛克菲勒给儿子写的一封信中有这样几句话："有一点你要记住，财富不是指人能赚多少钱，而是你赚的钱能够让你过得有多好。""不懂得控制开销的重要性，就必须付出很大的代价。""控制开销不能让你一夜之间或一年之内致富，但它所构建的是你未来的财富。"

理财要做到心中有数，要学会记账，明白家庭里的开销和支出情况，规划自己的理财目标、计划等。不少男孩由于在中小学时对理财所知甚少，等到他们步入大学的校门，理财能力的匮乏依然不能让家长放心。

男孩们可以借鉴以下做法，当一个理财好手：

1. 学习储蓄基本原则，配置自己的零花钱。可以将钱分成三份，第一份的钱用于购买日常必需品；第二份的钱用于短期储蓄，为购买较为贵重的物品积攒资金；第三份的钱作为长期存款放在银行里。

2. 减少开支。花钱应懂得克制，根据自己的家庭环境来考虑自己的消费水平，并向父母申请一定的日常零花钱。

3. 准备一个理财本，学会定期整理，做到收支平衡。

4. 与父母一起筹划家庭的金钱计划。例如假设家里要过一个重要的节日，怎么在有限的时间内安排，哪些东西是必须买的，哪些东西是次要的，该花多少钱，怎么购买。并自己设计一张预算表，从中引导自己规范花钱的方向及适度使用钱财。

英国戏剧家肖伯纳曾经说过："其实赚一亿并不难，难的是让理财方式适合自己。"确实，赚一亿并不难，难的是学会一种适合自己的理财方式。

金钱会伴随人的一生，而成功理财能力的获得将会让人终生受益。因此，父母应让男孩学着从支配自己的零花钱开始，培养自己的理财能力，这样才能做一个明明白白消费的人。

建议三：让男孩为自己花钱制订计划

很多人经常为怎样赚钱而发愁，其实，花钱也是一门学问。如果能够为自己的开支制订合理的计划，日积月累，你会发现你的钱开始"变"多了。

个人收支计划是指对个人收入、支出和储蓄的事先性安排，它是通过制订相应计划实现的。计划科学，就会使日子过得井井有条、幸福美满，并将会有大量的节余；否则，花钱无度，随意性大，不到月尾钱就花光了，总觉手头紧，甚至可能出现较大的亏空。

因此，家长要教会男孩为自己的开支定计划，只买需要的东西，以避免不必要的浪费。

乐乐的爸爸妈妈从他开始上学，就经常给他一些零用钱，有时几毛，有时几块。乐乐往往会立刻用这些钱买自己喜欢的东西，见到什么就买什么，别的同学买什么就跟着买什么。钱花完了，再找爸爸妈妈要。爸爸妈妈也从来没有拒绝过。结果，乐乐的钱越花越多，越花越没有节制。

快过年了，家里做大扫除。妈妈在乐乐的抽屉里、床底下、书柜上发现了一堆"破烂儿"，十几张打了卷儿的卡通画、好几支相同的玩具枪、各种造型的塑料人，还有几个吓人的骷髅……看着这些东西，乐乐自己也奇怪：这些都是我买的吗？怎么一件也不喜欢了呢？细细算来，不到一年的工夫，花在这些"破烂儿"上的钱足足有几百块！乐乐后悔不已。

爸爸妈妈在这时才意识到，从来就没有对乐乐零花钱的使有任何要求，平时也不清楚孩子要钱都干了些什么。

因为爸爸妈妈没有对乐乐的零用钱的使用进行任何规定，乐乐也没有对自己的消费制订计划，才买了许多自己都不是很喜欢的东西，浪费了很多钱。如果当初他能够为花钱制订计划，每月花多少钱，用来买什么东西都规定好，不该买的东西不买，不该花的钱不花，可以节省下许多钱，这些钱可以用来买书、本、笔等学习用品，不是更有价值、更有意义吗？

有的男孩认为自己家里有钱就随便花，但这些钱是父母的辛苦劳动所得。不论一个人多么富有，都应该根据自己的需要来消费，那些"不买最好，只买最贵"的人会沾染上奢侈浪费的习气。

一个哲学家应邀去参观朋友富丽堂皇的新居。当他走进宽敞漂亮的客厅时，他问朋友为什么把房间搞得这么大，那个富有的朋友说："因为我支付得起。"

然后，他们又走进一间可容纳60人的大厅，哲学家又问朋友："为什么要这么大？"这个人再次说："因为我支付得起。"最后，哲学家愤怒地转向朋友说："你为什么戴这么一顶小帽子？你为什么不戴一顶比你的脑袋大10倍的帽子？你也支付得起呀！"

由于这类奢侈和浪费，人们将会变得贫困，而被迫向那些曾为他们所不屑的人借债，而最初贫穷的人则会通过勤劳与节俭赢得地位。显然，一个站立的农夫要比一个跪下的绅士高大。

父母要让男孩了解这样一个道理，一旦买了一件漂亮的物品，还会去买10件，然后便一发而不可收。如果我们不能压住我们的第一个愿望，那么随之而来的愿望就无法满足。如果穷者模仿富者，那是不明智的，如同青蛙要把自己胀得像牛一般大。

学会花钱，也是致富的一个必要条件。世界上最会赚钱的人，无一不是最会花钱的人。小气，并不是讽刺，这是有钱人的看家本领。精打细算，不乱花钱，是富翁的真正风度。

然而，在我们的生活中，还会发现另外一种现象：越是没钱的人，越爱装阔。这似乎是个心理问题，因为大多没钱的人容易产生抗拒心理，他们内心常在交战："难道我只能买这种便宜货吗？"自怜便油然而生，顾虑到别人的眼光会感到更加不安。所以当他们面对一件商品时，往往考虑虚荣要比考虑价格的时候多，没钱的自卑感像魔鬼一样缠得他们犹豫不决，最终屈服于虚荣，勉强买下自己能力所不能及的东西。于是，社会中有了一种怪现象，越穷的人，越不喜欢廉价品。仔细想想，有时候穷人的虚荣心总比富人强，他们会因为乱花钱而永远无法存钱。

年轻人往往是最爱慕虚荣的。一个刚赚了一点钱的小伙子，却非要常去高级餐馆，进高级酒店；有些只租得起一个小房间的年轻人，却非要倾其所有买一部汽车。试想，这样的年轻人又怎能不穷呢？越穷越装阔，越装阔越穷，形成了一个跳不出贫穷的恶性循环。

不能有计划地合理消费，会将自己的财富过早地耗尽，陷入穷困潦倒甚至举债的境地。

"量入为出"，计划用钱，是从小就要培养的好行为。男孩可以依据自己的需要和家庭负担的能力，确定每月可以由自己支配的钱数（数目要恰当，不宜太多），同时和父母一起制订开支计划，和父母约定，自己按计划开支，节约下来的钱也可以归自己。这样，男孩有自己支配的资金，满足了他的经济需要，也满足了他要求自立的心理需要。因为钱是"自己"的，数目是有限的，所以男孩就能够自觉控制自己的开支，并能有效地改正乱花钱的毛病。

细节61

父母从日常生活细节中教会男孩理财

当男孩认识到金钱、学会劳动创造、开始积累自己的财富的时候，新的问题摆在眼前：怎样理财的问题。金钱是个人融入社会的必要手段，但是很多人却到了为了金钱不择手段的地步，腐败、盗窃、抢劫等犯罪的共同诱因就是对金钱的迷恋。种种现实让家长不敢让孩子接触到金钱，但越是如此，越像是在堵川填海。

与其冒着男孩错误认识金钱财富的危险去回避问题，不如以积极主动的姿态去面对问题。让男孩从小懂得金钱的价值、使用规则、社会对金钱的看法，将金钱与人格的关系引向健康而非扭曲的状态,是父母必须接受的任务。正如一位经济学家说:"男孩不能在金钱无菌室里培养。"

一个人如果只懂得埋头挣钱,不知道理财和消费,那他挣再多钱也没有意义。金钱是交换的媒介,用劳动去交换自己想要的东西,本来是人类智慧的创造。因此,理财问题完全不是什么庸俗的问题,当男孩面对自己的积蓄时,是拿出一些钱来投入学习,还是和朋友们享受一个欢乐的暑假?这些看似简单的问题,就可纳入理财的范畴。对男孩的理财教育已经成为现实的要求,然而人们对钱财的理解还是有掩面遮"铜臭"的思维,觉得这些事情不应该让男孩过早地沾染,就算在金融发达、教育开放的美国,至今也没有开设针对男孩的理财课程。

对男孩进行理财教育,当然不是请经济学老师教给男孩们通货膨胀、房价波动的原理和股市的动态,这些很多大人都不能明白,给男孩们讲无异于对牛弹琴,不仅会浪费他们的时间和精力,也会让他们对理财产生厌烦情绪,效果适得其反。给男孩讲理财,就是让男孩明白一些简单的金钱规划原理,具体到自助游的花费、各国的物价、交通费用的比较等等,培养男孩基本的财商。

什么是财商?财商与挣钱多少没关系,它衡量的是你能留住多少钱以及让这些钱为你工作多久,进而随着年龄的增加,如果钱仍然不断给自己买回更多的自由、幸福、健康和人生选择,那么就表示财商在增加。财商的高低在经济社会甚至比智商的高低更能决定一个人的生活质量,财商高的人,就算收入一般,也能将生活过得有滋有味。既然高财商有助于男孩的生活,父母对男孩的理财能力的培养也是大势所趋。

巴西教育专家给理财教育提出一些建议:教孩子思考现在需要什么和现在想买什么,让他自己权衡并做出选择;在平时逛街的时候,教孩子识别物品的贵贱;带孩子去自己工作的地方参观,让他接触劳动和金钱的关系;鼓励孩子参与制定家庭预算,让孩子提出一些节省开支的方式;把社会责任和道德融入到孩子的思想中,即使在花钱的时候也不能忘记;从三岁起,就将每月零花钱一次性全给孩子,让他自己安排如何花费;孩子决定购买某种物品时,家长先不要发表意见,因为他正在学习自己做选择,除非他想购买的物品违背道德和秩序;对孩子的失误不要大惊小怪,他会边错边改;不要因为未能满足孩子的所有要求而内疚,孩子会因为失望而更加成熟、有责任心;不轻易买礼物,也不以不给零花钱作为惩罚手段。

无论是好习惯,还是坏习惯,都是从小养成的。为人父母者一定要帮助男孩从小养成一种好的习惯,就是定期有规律地储蓄。

美国出版了一本畅销书叫做《钱不是长在树上的》,这本书在谈到储蓄原则的时候提出了这样的一个建议:

孩子们可以把自己的零花钱放在3个罐子里。第一个罐子里的钱用于日常开销,第二个罐子里的钱用于短期的储蓄,将来用于一次性购买相对贵重的物品,第三个罐子的钱则长期存在银行里。如果想进一步培养孩子储蓄的兴趣,家长可以带着孩子一起去银行,并以孩子的名义开一个户头,当孩子看到存折上写的是自己的名字,感觉肯定是不一样的,他们觉得自己长大了。不仅如此,孩子还会更加深刻地明白,钱不是随便就能从银行里取出来的,而是必须先要挣出来,才能再存进银行。

这是这本书的作者所提出的一个小建议，属于一家之言。作为父母，怎样做才能引起男孩对理财的兴趣呢？

1. 储蓄优先。父母应该让男孩明白，把钱存在银行里，并不是银行把钱"拿走"了，而是把钱放在一个安全的地方，并且会有所增加。

2. 帮助男孩为特定的目标设定期限。打个比方，男孩想要存钱买一组电视游戏器的配件。父母就可以让他找一张样品的照片，在上面注明希望购买的日期再挂在墙上，让他时时看到自己的目标。

3. 让男孩明白金钱得来不易。当第一次给男孩零用钱的时候，家长就必须向他交代清楚：那些钱是爸爸妈妈辛辛苦苦工作得来的，所以要珍惜，不可以浪费。

4. 指导男孩合理地使用零花钱，可以制订一个计划，监督男孩零用钱的支出，随着年龄的增长，男孩会有一些可供自己支配的零用钱，父母应该给予指导和监督。

建议一：爸爸妈妈不要随便奖励男孩金钱

"乖孩子，只要你这次考试成绩排在班级前五名，就奖励一台数码相机。"

"宝贝儿子在家里不要吵，妈妈回来之后就给你带好吃的东西。"

"把厨房里的碗都刷干净了吧，回来之后给你2元钱作为奖励。"

……

用钱来鼓励男孩的做法，实在是弊大于利。男孩会误认为金钱是万能的，而且会产生对金钱的盲目崇拜。所以经常用金钱奖励孩子，其实最终只能危害子女。

反思一下自己，是否也有这样的教育习惯？

物质奖励无形中会让男孩养成奢侈习气，不爱惜物品，不懂得珍惜他人的劳动，甚至养成"高消费"的习惯和攀比心理，这些都将成为培养孩子朴素、关心他人等优秀品质的巨大障碍。孩子的成长离不开物质奖励，更离不开精神奖励，两者相辅相成，才能保证身心的和谐发展。

亲子关系不是商业交易，这种教育孩子用金钱换取亲子间互助与关怀的方法，最终会导致孩子们想要零花钱时就要求"爸爸，我给你捶捶肩吧"这种强卖行为，尤其对于家务，切忌用金钱承包的做法。

此外，有些父母还喜欢用金钱来奖励孩子努力学习，它会使孩子渐渐忘记了学习真正的乐趣。

奖励孩子的原则应是精神奖励重于物质奖励，否则易造成"为钱而怎么做""为父母而怎么做"的心态。公司老板如果希望自己的职员努力工作，就不要给予职员太多的物质奖励，而要让职员认为他自己勤奋、上进，喜欢这份工作，喜欢这家公司；父母如果希望孩子努力学习，建立良好品质，也不能用金钱去奖励孩子的好成绩，而要让孩子觉得自己喜欢学习，学习是有趣的事。

由此，我们不难得出这样的结论，作为一种表扬形式，应该以物质奖励为辅，精神奖励为主，两种奖励结合使用，才能使孩子养成好习惯。

在目前的家庭教育中，利用物质刺激，忽视精神奖励的情况已经不稀奇了。

每当孩子考试得了高分,或考取了重点中学,家长就不惜大花一笔作为奖励。作为奖励,有的家长给孩子买来电脑,孩子如愿以偿了,以后的学习就放松了,甚至后来孩子只是玩电脑、玩游戏、上网,作业都不做,成绩很快就下降了。直到此时家长才意识到:用买电脑来刺激孩子学习的方法欠妥。

实际上,这种滥用物质奖励来"激励"孩子学习的方法,很难收到效果,有时还会适得其反。在奖励的问题上,恰如其分的物质奖励是必要的,但只有和精神奖励结合起来,才会真正促进孩子向正确的方向发展。物质奖励对孩子只是一种刺激,而精神奖励才是促进孩子努力进取的动力。因此千万别因孩子一时取得了好成绩,家长头脑一热就滥用物质刺激,这样极易导致孩子不重视学习的精神所得,或使孩子学习动机不纯。

在男孩成长的过程中,父母的鼓励和认同是不可或缺的。但要注意的是,这种奖励必须是纯洁的,着力于精神的,有益于心灵的,而不是沾满铜臭味的。

现代社会,许多东西都能够用金钱来衡量,这并非坏事。但是如果为了让男孩进步,就总是拿着金钱去刺激他,却未必妥当。

总是想着在物质上满足孩子,不如想一想,如何从精神上来补给孩子、奖励孩子。精神上的奖赏,也许只是一句话、一段文字,却能让他久久回味。可以说是一件"一本万利"的事情,也是最经济的奖励。

建议二:可以适当帮助男孩学会花钱

父母应适时地让男孩了解家庭的收入,提醒他不要和别人攀比,要想生活得更好,必须付出艰辛的劳动,未来要靠自己自食其力。尽管男孩不必了解家庭经济的具体状况,但是家庭经济所能承受的最大压力是他应当了解的。父母毕竟不是"银行"。当他了解家庭的真实经济状况后,他会学会节俭,学会理智地考虑哪些东西是非买不可的,哪些东西又是不买也行的。

"妈妈,我能否拥有一架钢琴?"
"孩子,咱们家没那么多闲钱,再等等吧。"

男孩听了妈妈的话,他得到的信息是:家里没钱时,可以省着;有钱了,就可以买。

于是当这个家庭有钱之后,男孩便开始大手大脚花钱了。最终,这位妈妈很无奈,她对自己当年对孩子的节俭教育感到困惑不解。其实这位妈妈的初衷是好的,可是给孩子传递了错误的信息。在这种与男孩的对话技巧上,可以借鉴另一位妈妈的说法:

"妈妈,我能暂时用您的钱买一架钢琴吗?"
"可以,但你觉得买了钢琴,你会弹奏吗?再说钢琴价格也很贵啊!"

孩子从这位妈妈话中得到的信息是:钢琴对我来说真的那么重要吗?价格也不菲,我是否真的需要它呢?如果这个孩子经过分析,发现钢琴对他来说,并不是那么有用,他会考虑不买或暂时不买。

该花的钱，就不应该吝啬；不该添置的东西，也不要让金钱白白打了水漂。在这一点上，犹太人的做法尤为出色。在长期的颠沛流离中犹太人认识到，在社会中没有钱是可怜的人，所以要拼命地赚钱。他们会尽量过得幸福开心，注重享受，喜欢在装潢考究的饭店里吃饭，十分惬意。即便如此，犹太人从来都不会挥霍金钱，反而更加注重节俭。享受但不是奢靡，节俭但是不吝啬，这就是犹太人的花钱状态，他们在对孩子进行教育的时候，同样灌输了这样的花钱理念，值得中国的家长参考：

1. 坚决不吸烟。吸烟不仅危害身体健康，也会危害到财务"健康"。如果一个"小烟民"每天抽3美元，并且如果烟的价格每年上涨5%的话，那么当你老了的时候，会花费掉四十多万美元，并且身体会受到严重伤害。

2. 不要再吃那些垃圾食品。如果从15岁开始，每天少花1美元，那么到退休时，你将会获得一笔可观的收入。

3. 至少一周带一次便当上学或去公司。这样一周节约4美元，一年可省200多美元，再过些年，便可以创造出将近20万的结余。

4. 常在家里吃大餐。如果按每周一次大餐，每吃一次，至少可以节约一半的费用。比如，你在外面吃花50美元，而在家做仅仅需要25美元。

5. 注意身体健康。身心健康与财富息息相关，如果身体垮了，创造再多的财富也是白搭。一个好的身体可以使人去赚取更多的金钱。

6. 关于房子与车。对于年经大一些的犹太孩子，父母会告诫他们买房子，不要租房子，还可以靠买来的房子创造租房的利润。购买汽车的时候，要买便宜一些的，开的时间长一些的，而不要去买那些不实用的。

对比犹太人的这些建议，我们可能会发现这样的问题，精明的犹太人虽然很会花钱享乐，但如果他们认为有些是不必要的花费，他们是断然不会掏出钱包的。

我们在教育男孩的时候，也可以借鉴犹太人的经验，别说"现在没钱，等有钱了再买""咱家穷，以后吧"之类的话，这样非常容易使男孩在家里有钱时，开始大手大脚地花费。父母最好让男孩考虑有没有买的必要，来强化他的金钱概念。

细节62

告诉男孩：财富≠幸福

我们知道财富需要靠劳动换得，但是在男孩眼里，金钱和信用卡可以帮他们买到玩具、零食，可以让他们在游乐园尽情狂欢，也可以让他们享受很好的生活。而且男孩往往会认为，父母的金钱就像蘑菇，取走以后自然就会长出新的，这样的误解让孩子不懂得感恩，也不知道节俭。失去感恩和节俭意识的人，也就失去了很多快乐。

第十章 受"穷"是富

要让男孩明白财富与幸福的关系，对父母来说不是一件轻松的事情，很多成年人自己也没有找到财富与幸福的平衡点。因此，让我们在幸福教育之前，先补上这一课。

有人将财富比成万恶之源，也有人视财富为毕生的目标。其实，财富终究只是一种中介，通过它去换回自己想要的东西，在这个过程中，我们体会到幸福。财富与幸福之间未必会有正比的关系，更多财富并没有带来更多幸福。

例如，二战以来美国人的收入连翻三倍，大约有 1/3 的人在 1950 年接受调查时说他们"非常快乐"，现在这个比例并没有明显变化。世界变得越来越富足了，不过人们的幸福感觉并没有像财富一样翻番。这种现象可以用"适应效应"来解释：人们对生活水准的提高很快作出心理调整，就像彩票中奖者兴奋一段时间以后，会回到原来的幸福感水平上。

其实，有一个更主要的原因埋藏在我们的潜意识当中：我们大多数人追求的幸福，实际上是相对的。也就是说，只有在自己比他人得到更多时，我们才会有更多的幸福感。生活在北京的人与生活在武汉的人，平均收入会有较大的差距，但拥有幸福感的人群比例，却不会有什么差距。我们常问自己"我的房子是不是比邻居的更漂亮"，而不是"我的房子是不是够用"。

人们对待财富往往不能心平气和，所幸财富也不是快乐的唯一源泉。在财富满足基本生活所需之后，它对生活的乐趣没有多少真正的影响。与朋友或家人聊天、听音乐、帮助他人等都对幸福有比财富更大的影响力。那些最让人感到幸福，譬如爱、朋友、家庭、尊重、对生命价值的信念等，都不是钱可以买到的。

怎样做一个幸福快乐的人？心理学家调查发现，最快乐的人和最消沉的人之间最大的差别在于，他们与朋友、家人之间的紧密联系，以及愿意花时间和他们在一起的许诺。友好、感激和爱更能带来快乐，因为付出让人感到自身对他人的价值，给人生带来意义。

在对幸福和财富的关系做了如此大量的充电工作之后，父母不妨再想想自己的生活经验，自己快乐吗？最快乐的时候是怎样的情况？相信很多人会想到和家人在一起的快乐时光，得到别人的肯定以后的激动和欢欣，看到孩子小小的进步时的宽慰和惊喜……既然如此，孩子的疑惑也就能顺利解开了，因为生命中的幸福已在你心中，幸福就是选择好自己的心态，怀着感恩的心去面对人生。

建议一：不要娇惯男孩

俗话说："穷人的孩子早当家。"要让男孩了解点实情，让他知道你在做什么样的工作，从而学会体谅大人持家的不易。有必要的话，做父母的还可以带自己的男孩去看看自己的工作环境与工作情况，让男孩亲眼目睹你工作的辛苦与劳累，告诉男孩这样做一天可以赚多少钱，让男孩更懂得珍惜所拥有的一切。

现实中有些父母尽管自身有许多生活艰辛和身体病痛，但他们总是竭力在男孩面前掩饰，错以为这是爱男孩，却不知是害了孩子。生活中有苦才有乐，家长不要刻意去掩饰生活的另一面，而应让男孩从小学会分担你的痛苦和艰辛，理解生活的不易，长大后他才会珍惜眼前的生活，才会以真诚之心关爱别人。

也许，许多父母曾经受过很多苦，当他们日子好起来时，便把所有的宠爱都给了孩子，借以补偿自己童年的缺失。像这样在溺爱的环境中长大，没有任何自理和自立能力的孩子，在成年之后，会遇到很多本该在青少年时遇到的问题，但适应能力又不如青少年时期好。

一个商人有两个儿子。父亲宠爱大儿子，想把自己的全部财产都留给他。但是母亲很可怜小儿子，她请求丈夫先不要宣布分财产的事。商人听从了妻子的劝告，暂时没有宣布分财产的决定。

有一天，母亲坐在窗前哭泣，一位过路人看见了，就走上前来，问她为什么哭得这么伤心。她说："我怎么能不伤心呢？我很疼爱两个儿子，可是我的丈夫却想把全部财产留给大儿子，小儿子什么也得不到。我请求丈夫先不要向儿子们宣布他的决定，但是我到现在也没有想出更好的办法。"过路人说："这个问题很容易解决。你只管让丈夫向两个儿子宣布，大儿子将得到全部财产，小儿子什么也得不到。以后他们将各得其所。"

小儿子一听说自己什么也得不到，就离开家外出谋生去了。他在那里学会了许多手艺，增长了知识。大儿子一直依赖父亲生活，父亲去世后，大儿子什么都不会干，最后把自己所有的财产都花光了。而小儿子在外面学会了挣钱的本事，变成了富翁。

许多父母通过这个故事告诉孩子：只有摆脱对父母的依赖，拥有智慧又能维持生计的人，他以后的人生才会走对路。

生活并不是一帆风顺的，是有艰辛的。作为家长，当遇到不如意的事情时，应该把实际情况实实在在地讲给孩子听，让孩子明白生活的艰辛。让孩子直接面对，和家长共同承担起家庭生活的艰辛。要通过活生生的事实告诉孩子，生活就是这样，它既会造就幸福，也会带来痛苦。我们生活在这个世界上，唯有直面人生，通过自己最大的努力，才能掌握命运，创造美好的未来。家长要教育孩子从小懂得这些，这才是对孩子最大的关心和爱护。

许多男孩一直过着饭来张口、衣来伸手的生活，只要有需要，就可以毫不费力地从父母处要到钱。但对于这些钱是怎么来的，他们从来没想过。

父母不妨带孩子到自己的工作场所去参观一下。通过这些，让他知道钱是从哪里来的，了解钱的来之不易，了解钱在生活中扮演的重要角色，男孩会反思自己的消费行为和消费习惯，他们会主动想着去挣钱，而不是随时伸手向父母要钱。

"石油大王"约翰·戴维森·洛克菲勒，从小家教很严，靠给父亲做"雇工"挣零花钱。他清晨便到田里干农活，有时帮母亲挤牛奶。他有一个专用于记账的小本子，把自己每天做的工作记下来，然后按每小时0.37美元与父亲结算。洛克菲勒在做这些工作和记账的时候都非常认真，他觉得从中能得到无穷的趣味。更有意思的是，洛克菲勒的第二代、第三代乃至第四代，也都延续了这种"打工"挣钱的做法，一旦谁想不劳而获，就别想得到一分钱的费用。

洛克菲勒这样做并非家中贫困，也不是父母虐待孩子，只不过是延续了犹太教育中"要花钱，自己挣"的传统。那小账本上记载的何止是一笔流水账，而是孩子接受磨难和考验的经历！

在其他一些发达国家的家庭里，家长也都很注重孩子"独立赚钱"能力的培养。在日本，许多学生利用课余时间在饭店洗碗、端盘子，在商店售货或照顾老人，做家教等赚取学费和零花钱。在美国，七八岁的小孩就成了"小生意人"，出售他们的"商品"挣钱零用。

孩子终有一天要长大，也终有一天要走向社会，如果不让这朵"温室的花朵"接受外界的风吹雨打，它如何能茁壮成长？当孩子下次向你要钱时，请毫不客气地告诉他：要花钱，自己挣！

建议二：给男孩树立正确的金钱观

现实生活中，许多人或者是因为不满足，或者是因钱而导致朋友之间的纠纷、感情的背离，或是因为钱已够多而失去了目标。总之，他们对钱又爱又恨，没有钱烦恼，有了钱不一定就会得到快乐。

在如何对待金钱的问题上，经常有两种极端的做法。有些人只认钱、不认人，他们的唯一目标就是金钱，金钱成了支配他们生活的最重要的因素。

还有另外一个极端，这是一些在任何情况下都绝不希望成为守财奴的人士。只要可能，他们总是避免和金钱发生关系。他们把其他事物置于铜臭之上，例如人与人之间的关系、家庭、健康、精神生活、温情等，这种类型的人总是尽量回避"金钱"这个题目。

这两种做法都过于极端。家长必须向孩子明确，金钱到底有多么重要，教会孩子学会把金钱变成生活中的助手。

生活中，一些男孩要么花钱毫无节制，如流水一般；要么小气吝啬，如一只"铁公鸡"。

吝啬的人是金钱的奴隶，而不是主人。对这类人来说，唯有金钱、财物才是最为重要的。为钱而钱，为财而财，敛钱、敛财是这类人的最大嗜好，也是他们人生的最大目的。他们的生活公式是：挣钱、存钱、再挣钱、再存钱……他们的最大乐趣是"数钱"：今天比昨天多了多少，明天比今天还会多多少；他们的哲学是：多了还要多，永远不会有满足的时候。

吝啬的人一般都不懂人与人的感情。他们不懂得亲情，不懂得友谊，不懂得人与人之间的感情，若是有的话，也要以金钱的标准去衡量。一般的处世原则是认钱不认人。即使是家人，也始终毫不含糊，"账"总是算得清清的，为了金钱有的人甚至达到了"六亲不认"的程度。

吝啬的人一般都是自私的、贪婪的。这类人总是嫌自己发财速度太慢，总想不劳多获。

吝啬贪婪者金钱、财富都不缺，然而其灵魂、其精神却是在日趋贫穷。

吝啬果真能给吝啬者带来愉快吗？不能。其实吝啬者的生活是最不安宁的，他们整天忙着挣钱，最担心丢钱，唯恐盗贼将他的金钱全部偷走，唯恐一场大火将其财产全部吞噬掉，唯恐自己的亲人将它全部挥霍掉，因而整天提心吊胆，坐立不安，永远不会是愉快的。吝啬者"小气"、心胸狭窄，在他们身上很少体现"亲情"二字，所以其内心世界是极其孤独的。尤其是当他们有难的时候（譬如在病中），他们才会感到缺少感情支持的悲怆，才会感到因为吝啬而失去的东西实在太多，才会充分感觉到金钱的真正无能。

富勒一心想成为千万富翁，而且他也有这个本事。多年打拼之后，他拥有了一幢豪宅，一间湖上小木屋，几千亩地产，以及快艇和豪华汽车。

但问题也来了：他工作得很辛苦，常感到胸痛，而且他也疏远了妻子和两个孩子。他的财富在不断增加，他的婚姻和家庭却岌岌可危。

一天在办公室，富勒心脏病突发，而他的妻子在这之前刚刚宣布打算离开他。他开始意识到自己对财富的追求已经耗费了所有他真正珍惜的东西。他打电话给妻子，要求见一面。当他们见面时，他们热泪滚滚。他们决定消除掉破坏他们生活的东西——他的生意和物质财富。

他们卖掉了所有的东西，包括公司、房子、游艇，然后把所得收入捐给了教堂、学校和慈善机构。他的朋友都认为他疯了，但富勒从没感到比此时更清醒过。

接下来，富勒和妻子开始投身于一桩伟大的事业——为美国和世界其他地方的无家可归的贫民修建"人类家园"。他们的想法非常单纯："每个在晚上困乏的人至少应该有一个简单而体面，并且能支付得起的地方，用来休息。"美国前总统卡特夫妇也热情地支持他们，穿上工装裤来为"人类家园"劳动。富勒曾有的目标是拥有1000万美元家产，而现在，他的目标是为1000万人、甚至更多人建设家园。目前，"人类家园"已在全世界建造了6万多套房子，为超过30万人提供了住房。富勒曾为财富所困，几乎成为财富的奴隶，差点儿被财富夺走他的妻子和健康；而现在，他是财富的主人，他和妻子自愿放弃了自己的财产，而去为人类的幸福工作，他自认为是世界上最富有的人。

由此可见，善用金钱，我们才能获得幸福和宁静。家长要帮助男孩树立正确的金钱观念：

1. 珍惜每一分钱，将它用在需要的地方。大手大脚、挥霍浪费只会损害你的将来。
2. 既不回避、鄙夷金钱，也不贪婪、吝啬，应保持平常之心。
3. 成为罪恶之源，还是人生的好帮手，钱的作用就取决于你的驾驭之法。

细节63

帮男孩树立正确的财富观

罗素·塞奇说："每一个年轻人都应该知道，除非他养成节俭的习惯，否则他将永远不能积聚财富。"

可在奢靡之风渐盛的今天，勤俭节约的观念被一些人抛到了脑后，在那些人眼里，家境贫寒者节俭，被讥笑为"穷酸"；家境富有者节俭，被讥笑为"守财奴"；高居官位者节俭，被讥笑为"傻子"。

有一所小学，捡拾的物品堆满了一间屋子，大至皮夹克，小至铅笔、橡皮，这些都是半新或全新的东西。学校多次广播，要求孩子们去认领，却没有人去。一次家长会上，校领导讲了这件事，说再不认领就处理给废品收购站了，也只有几个家长带着孩子去认领。有个孩子说："我们要新的东西，这种都是被淘汰的，我们自己丢弃的，自然不会去认领。"

随着社会的发展和时代的进步，人们生活水平不断提高，消费观念也在不断改变。在物质产品日益丰富的今天，"食无求饱，居无求安"的传统观念已逐步退出历史舞台，消费至上、享受第一的思想观念渐渐粉墨登场。

有人说，勤俭节约的观念已经过时了，但是我们应该看到，汹涌而至的消费浪潮，使人们的视线都集中到享乐上，因此不劳而获的事情就不断地发生。人一旦沉迷于这种生活方式，就会愈加贪婪、攀比、从众、追时髦、喜新厌旧等就会随之而来，谓之穷奢极欲，而这就是一切罪恶的根源。而节俭却可以让男孩如出淤泥而不染的荷花，谓之俭以养德，让孩子在物欲横流的社会，保持一颗纯净的心。奢华虽然给人一种繁荣、热闹，但是这种繁荣的背后却是一种难言的荒凉。而节俭却能让人平静、让人豁达，给人一种人格的魅力。

北宋范仲淹幼时家贫，在求学时，靠啖粥苦读考中进士。为官后生活仍十分俭朴，尽管后来薪高禄厚，仍是衣仅求温，食仅求饱，终其一生，也未建一座像样的宅第。他的俸禄，大多用来周济寒士贫民。他在姑苏近郊购田为义庄，以养族人与贫而无靠者，以至于去世时"身无以为敛，死无以为丧"，"虽位显禄厚而以贫终身"。

实际上，富人遵循的理财守则之一，也是节俭。

有一次，比尔·盖茨和一位朋友开车去希尔顿饭店。到了饭店前，发现停了很多车，车位很紧张，而旁边的贵宾车位却空着不少，朋友建议把车停在那儿。"这要花10美元，可不是个好价钱。"盖茨说。

"我来付。"朋友坚持道。

"那可不是个好主意，他们超值收费。"在盖茨的坚持下，他们最终还是找了个普通车位。

盖茨最讨厌物不等值，对应该花的钱，他从不小气，这些年他为慈善机构捐款很多。不要以为成功的富豪会很奢侈，其实不然，真正的成功者都是很节俭的人，他们会把钱用在投资上，却不会浪费在不必要的事情上。有人对财富拥有者进行调查时发现，他们对生活上的开销都很谨慎，他们不愿把自己财产的亿分之一浪费掉；他们对金钱的理解远远要高于普通人；他们虽然富有，但他们更懂得理财是成功的基本保证。

当然并非所有的富人都珍视钱，而那些穷奢极欲的富人，他们富有的日子也未必会长久，挣了大钱的企业家很快又把钱输光了，这样的故事不胜枚举。这些人通常把钱花在了购买奢侈的消费品上，最终难以摆脱入不敷出、倾家荡产的悲惨命运。

真正富有的人，喜欢做的事是挣钱，或通过照管他们的投资赚钱，使自己手中的资本像滚雪球一样越滚越大。他们管理钱财的能力与赚钱的能力并驾齐驱，使他们可以真正让金钱为自己工作，而不是做金钱的奴隶。

他们总是尽力计划自己的需求，延迟对奢侈消费品的购买。并且购买那些性价比较高的商品，他们总是期待并争取折扣，在消费时无论是用现金、支票，还是用信用卡，都会保持收支平衡。正是这种有序节制的生活习惯，使他们总是富庶有余，清泉常流。

家长要让男孩明白，养成勤俭节约的好习惯，就要从现在做起，对自己的消费精打细算，能省则省。

"易拉罐8个，矿泉水瓶17个，报纸4斤，能卖5块钱，交这个月的电费还绰绰有余。"高中生阿东说起他们的寝室基金，一脸高兴。在寝室里，阿东最先提出，把平时看完的报纸和喝空的饮料瓶子带回宿舍集中卖，所得作为寝室基金，室友都表示赞同。其后，该室每个月卖废品的钱除交一部分电费外，剩余的钱就买一些大家共同的东西。阿东指着衣架、洗洁精和鞋刷说，这些全是用卖废品的钱换来的。

据了解，该校宿舍另外几个寝室也有这样的"寝室基金"。常在该校回收废品的李师傅说，现在学生似乎变得"小气"了，以前每天能在小树林的石桌上捡四五斤报纸，现在感觉少多了。

看，这不就是节俭的表现吗？男孩们唯有重视每一枚铜钱的作用，才能够积聚财富。要知道，养成勤俭节约的美德，把自己的资金用来投资，是成功致富者具备的素质之一。

建议一：分享让财富增值

互联网是投资理财的一个新领域，第一个吃螃蟹的人杨致远就是以此发家致富的。当时他面临着是继续读博还是专心经营雅虎的选择，最终他选择了互联网，事实证明他的取舍是有价值的，几年后，"雅虎"不但成为全球访问量最大的站点之一；更重要的是，它的发展是世界互联网发展的一个里程碑，人们的互联网搜索变得便利，网上的资源被更多人分享；而且，在短短的几年时间里已在其投资者中造就了近10个亿万富翁！

家长要让男孩明白，懂得分享的人，让自己的知识为别人增值，别人也会以同样的方式来回报你，这样的财富增长才是一个良性的循环。新一任的联合国秘书长潘基文说自己的"武器"也是分享。

"我竞选这个职务,不是为了个人名誉,更不是争夺个人利益,当选联合国秘书长就意味着责任和奉献。我希望在我的任期内,通过各方面的努力,让全世界的人民,不分种族、性别、国籍,都能过上幸福、和平、快乐的生活。"这是潘基文在就职演讲中说过的一句话。

短短的话语中,充满亲切和爱,让人们看到一个懂得分享的领导者。

小时候,有人送来两箱苹果给潘基文的爸爸,其中一箱苹果过分成熟,不马上吃掉很快就会腐烂,另一箱比较新鲜,还可以保持长一点的时间。

父亲把三个儿子找来,商量苹果的吃法。大哥说,趁还没有完全坏,先吃那成熟的一箱。父亲说,不过等吃完这箱,那箱也就坏了。二哥说,先吃那箱好苹果,这样就能尽可能多吃好的。可父亲说,这样一来,熟的那箱肯定全部浪费。潘基文却说,我们把两箱苹果混合起来,分一半给邻居,所有的苹果都不会浪费。父亲听后,若有所思地笑了笑,大概他也看出儿子的与众不同,因为他有别人少有的高贵品质。

分享是一种力量,在选择给予别人的同时,自己本身也已经收获到心灵上的慰藉和温暖,更何况善行的背后,往往是源源不断的资源自发地朝分享者聚拢。

让男孩学会分享,说来容易,做来难。如果男孩还小,爸爸可以以身作则来示范分享,多和邻居往来,多和男孩讲讲自己的故事,在生活中把分享演绎得自然而然。但如果男孩自私的脾气已经养成,就需要爸爸"力挽狂澜,扭转乾坤"了。这里有一个故事可以给爸爸参考。

有一个男孩过生日,自己挑了一个很大的蛋糕。由于平时爸妈不让他放开吃甜食,这回他想一个人把住自己的生日蛋糕的半壁江山。

结果晚上给孩子庆生之前,竟来了一群不速之客——爸爸的同事们。大家三三两两地赶来了,孩子背地里对爸爸说:"唉,早知道就订一个更大的蛋糕了,这下子我的那份要被人拿走了。"爸爸看出来孩子是在为自己的损失伤心,于是安慰他说:"叔叔阿姨们过来给你过生日,这是多好的事情啊,一块小小的蛋糕算什么。"孩子还是嘟着嘴。

等到吹熄蜡烛许完愿,叔叔阿姨们纷纷亮出了自己的礼物,有小闹钟,有彩笔,其中还有一盒精致的小蛋糕!孩子当即就说要打开来大家尝一尝,看来,获得的快乐已经大大超过了小损失的伤心了。

晚上临睡前,爸爸问男孩高兴不高兴,孩子说很高兴。爸爸问:"你还为叔叔阿姨吃了你的蛋糕而难过吗?"男孩摇摇头。"当你把自己的蛋糕和别人分享了之后,别人也会把他们的好东西和你分享。就算叔叔阿姨们没有带礼物来,至少你多了几个朋友,朋友肯定要比蛋糕的保质期长久,是吗?"孩子点点头。

建议二:不做斤斤计较的守财奴

收废品的人在楼下吆喝,平时积攒的报纸和塑料瓶终于可以派上用场了。"走!我们卖废品去!"爸爸说着就带着孩子找废纸和瓶子,孩子跟着忙得不亦乐乎。

报纸和瓶子都数量可观,但是收废品的人把秤把得特别严,价格也不算好。

"怎么报纸才这个价啊,以前不这样啊。"爸爸觉得自己吃了亏了。

"现在金融危机,我们收废品的不好过了,价格也不如以前了。估计再过一段时间都没有人干了。"

"那也不能这样啊,你们还不如直接去垃圾桶里面自己捡好了。"

"您要不想卖就算了,现在都是这个价,我不信您还能卖出个高价来。"

"走,我们回去!"爸爸牵着孩子要上楼,收废品的人哭笑不得,孩子也很迷茫,不知道该不该走。

这样的家长,许多男孩可能都不会喜欢。

虽然我们提倡家长给男孩进行理财教育的时候要以身作则,自己做到勤劳节俭,等等,但是在有的小事情上面,家长还是应该保留一份高大的"英雄形象",在卖废品上面锱铢必较,未免有失"英雄"的身份。

其实每个人的心目中都有一份浪漫的遐想,只是随着年龄的增长,我们都变得越来越实际了。爸爸妈妈在男孩的心目中是一个高大的形象,慷慨大方、乐于助人、充满了力量。而且,卖废品、买菜这些事情,大可不用太斤斤计较,重要的是和孩子一起体会劳动的乐趣。当你太在意别人找给你的钱是否少了一毛两毛的时候,劳动的乐趣就会转移到算钱上面,这对孩子来说是一件很扫兴的事情。

特别是男孩处于青春期的时候,最敏感的就是自己的"面子"问题,如果家长处处都显得很抠门,男孩就会觉得自己很没有面子,这是人之常情,家长应该能够理解这份虚荣。何况,理财的教育重要的是怎样让财富换来快乐,不在这几毛钱上面。

其实,家长斤斤计较破坏男孩的"美感"还是其次,最重要的是,如果家长把这种斤斤计较的风格传染给了男孩,男孩就很可能变成一个小气鬼,没有什么朋友。

有的男孩在学校经常买零食,但是不和别的孩子分享,如果别人要尝,就得按照比例给他钱。这种男孩是最容易招人讨厌的。当男孩走进社会的时候,难免会吃一些亏,上一些当,这都是人生成长的必修课。

家长慷慨一些大方一些,男孩也会学着慷慨大方,树立正确健康的财富观,而在这样的共享性社会中,慷慨大方的人才会受欢迎。

第十一章
心智和身体共同成长
——男孩应打理好自己的情绪

细节64

教男孩做受欢迎的情商高手

绝大多数男孩认为人际关系是令他们头痛的事,奇怪的是越觉得它讨厌,就越不容易搞好它。于是,男孩会羡慕那些总受人们喜欢的人,不知他们的成功秘诀在哪儿。其实,差别就在于情商的高低。

高情商者不仅会受到他人的喜爱,更易得到别人的帮助。

卡耐基告诉我们:成功=15%的专业知识+85%的为人处世的技能。当然也有人会说是80%的人际关系,但无论是哪个数据,都只是为了说明人脉的重要。因为一个不受欢迎的人是无法得到成功的拥抱的。

俗话说:"交一个朋友比得罪一个人强。"这话有一定道理。因为一百个朋友不算多,而冤家只要一个就很多了。所以,平时就要做一个广受他人欢迎的人,这样才会有人在你遇到困难时伸出援助之手。否则,别指望他人的帮助,别人不对你落井下石已属厚待了。

秦穆公有一个最大的爱好就是喜欢马。有一次,穆公最喜爱的一匹马跑丢了,不久有人报告说这匹马在岐山之下被"野人"捉住。穆公知道后,就兴冲冲地到岐山之下去找马。结果,穆公最喜爱的马已经被这伙"野人"当美餐吃掉了!见到这种场面,穆公心如刀割。但是,他虽然十分气愤,却说出了一句令人意外的话来:"吃马肉不喝酒会伤身体的,快给他们拿点酒来!"于是派人抬来几大桶酒给"野人"助餐。

"太棒了!真是个好王!"

不难想象,围着篝火又吃又喝的一群"野人"那种手舞足蹈的高兴劲儿,大家尽兴而散。

一年以后，秦穆公率军队同晋国军队打仗。晋军人数很多，一时将秦穆公围在韩原（今陕西境内），眼看就要将秦穆公活捉。危急时刻，忽然从晋军后面杀出一支生力军，一下子把晋军打得七零八落，解救了穆公。待解围后，穆公才得知，这支生力军不是秦国的正规军队，而是前一年分食马肉的岐山下的"野人"。这些人因得到穆公的恩赐，念念不忘他的好处，刚刚听到他有难，就赶来解围。这就是"行德爱人则民亲其上，民亲其上则皆为其君死矣"。

秦穆公脱险归根结底是由于一年以前的一个恩惠，他以自己的行动向我们展示了一个高情商者的魅力。

对于一个国王来说，自己心爱的马被"野人"所食，一般人肯定会控制不住情绪，把"野人"杀个痛快，但若如此又会给秦穆公带来什么呢？难道能换回他的良驹吗？显然不能。所以说情商的高低决定一个人所思所为的差异，而这一切都决定了你给他人留下的印象、受欢迎的程度。

男孩在生活中也经常会遇到种种不如意，有的人容易因此大动肝火，结果把事情搞得越来越糟。而有的人则能很好地控制自己的情绪，泰然自若地面对各种刁难，在生活中立于不败之地。就如同故事中的秦穆公一样，最终靠控制自我情绪而赢得了人们的敬重。

情商就是这样一种管理情绪的艺术，如果希望得到他人的欢迎，就要学会了解和管理自己的情绪。掌握并认真利用好这门艺术，将会令男孩受益一生。

心理学家认为，愉快而稳定的情绪，有利于促使脑细胞的兴奋和血液循环，能使男孩的大脑处于最佳活动状态，思路开阔，思维敏捷，解决问题迅速，灵感也容易出现，男孩的潜能得到充分发挥，智力活动效率提高。同时，对情绪的自我认知感觉能力可以培养人们对直觉的自知力。而直觉是创造性思维活动的基本形式之一，它使主体能敏锐地察觉到事物之间的本质联系，提出独特的见解和科学的预见，对创造性活动尤其是科学研究有着重大作用。

生理素质是主体进行成才活动的前提和基础，对男孩成才活动起促进或延缓作用。情商的重要内容之一就是具备控制自己情绪的能力，这种能力越高，男孩越能及时摆脱焦虑、愤怒、抑郁、悲痛等不良情绪，保持冷静、乐观、热情、开朗等积极的心态。心理医学研究表明：在积极的情绪下，男孩的中枢神经处于最佳功能状态，人体的内脏及内分泌处于平衡状态，整个躯体协调，充满活力，能为神经系统填充新的力量，充分发挥有机体的潜能，提高脑力劳动的效率和耐久力。相反，长期处于不良情绪下，往往会引起人体病变，引发疾病，延缓、阻碍成才活动。

建议一：男孩的"智本"比智商和资本更受欢迎

在如今的这个时代，家长留给男孩的最有益的资本绝对不是金钱，而是优秀的素质、综合的能力，我们把它称为"智本"。"智本"所界定的范围，当然比"智商"的概念要宽泛很多。在未来的"智本主义社会",能力才是衡量一个人的根本性指标。

1994年,一个名叫Charles Murray的学者发表了智商研究名著《钟曲线:在美国社会中的智力阶层》,这篇文章主要阐述的道理就是"智商决定论"。

在这篇文章中,作者明确地表态:如果是在过去的旧社会,你的社会地位是由家庭背景、经济条件等外在的因素决定的。而在当今的美国,一切都是由自己的智力来决定,智能最优异的进最好的大学,智能低下的则沉入社会下层。智商和犯罪率、失业率、福利、儿童教育、贫困等都有显而易见的统计学上的相关性,所以需要认真面对。

不仅如此,作者还将自己的研究观点推进了一步,得出亚裔的智商比白人略高,黑人的智商则明显偏低的结论。这个观点遭到了很多人的斥责,被认为有种族主义的倾向,当时无论作者走到哪里讲演,都会被抗议者包围,甚至有大动拳脚的场景出现。

许多的心理学家、人类学家、社会学家和教育学家都对"智商决定论"的说法提出过批评,他们认为,智商除了遗传基因的生理层面以外,还有其他的社会层面,因为智商的高低还会很大程度上受到后天环境的影响,况且智商本身并不能完全决定一个人的成功。

长期关注精英教育的民间学者薛涌先生在他的论著《一岁就上常青藤》中认为,一个人能够获得成功,不外乎三种途径:

第一种情况:出身好。在传统的贵族社会,血统是决定性的因素。你能够拥有多少财富和权力,首先要看你的家门、出身,而未必是你的个人能力。

第二种情况:资本多。在资本主义的社会,一生的成败决定于你所掌握的资本,即你是否有钱。虽然能力可以产生金钱,但是一个能力平平的富家子弟,比起住在偏远农村但是个人素质优异的穷孩子来说,还是存在着相当大的优势。

第三种情况:智本高。现在,多数的西方国家都进入了一种"智本主义社会"的人才发展模式。在这样的社会里,能力平平的富家子弟很难比得过有着百里挑一素质的穷孩子。因为一个能力平平的人,即便是他掌握着万贯家财,但是却未必能守财,更不用说创造新的财富。他这一笔无法升值的财富很快就会变得微不足道。而一个没有任何资本却以智本取胜的穷孩子就不同了,虽然一贫如洗,不过这些都是暂时的,他具有创造的潜力,就如同市场上炒得炙手可热的期货。

卡耐基小的时候生活在一个非常穷困的人家,在他7岁的时候父母就双双失去了工作,使他的生活雪上加霜,欠下的债也是越来越多。家中极度贫困,在卡耐基小小的心里留下了阴影,他常为自己衣服的粗陋破旧而难过。他曾对母亲说过:当他在数学课上时,老师叫他到黑板前解答问题,他的脑中一片空白,只是在想大家会笑他穿的衣服。

这个穷困的苏格兰儿童在登陆美国之后成为了社会底层的移民童工,背井离乡,没有钱,没有身份。当时他工作的酬劳,每个小时只有两分钱,他就是从这里开始起步,一点一点靠着自己的能力成为了后来美国富有的人。这些都体现出了"智本主义"的原则。

任何社会的发展都需要能人治世,否则迟早会被社会淘汰。所谓的"智本主义社会",就是把能力作为唯一的指标来衡量一个人。直到20世纪的上半期,能进常青藤学校读书的人一定是白人的社会精英，别的阶层根本无法与之进行公平竞争。而现在就不同了，如果你没有能力，无论是什么样的血统和财富都进不了常青藤；可是如果你有能力，哈佛会舍得一年花4万美元请你去读书。这种变化，无不说明着社会的进步，懂得与社会同步的人才能搭上成功的阶梯。而这种现象本身也折射出了现代市场经济的基本逻辑：对高素质的人追加教育投资，会产生极大的经济回报。比如哈佛每年花4万元请比尔·盖茨读书，而以后他可以创造超出1千亿美元的财富。

与其说是智商决定了一切，或者说是出身决定了一切，不如说是素质决定了一切。这种素质所界定的范围，当然比智商要宽泛得多。一个人的素质，比如品格、动机、意志、价值观念，等等，这些要素更能决定人是否能够获得成功，而且往往比智商更关键。如果父母要培养一个优秀的男孩，情商教育是必不可少的。

建议二：优秀男孩必备的情绪智力：专注

一个人的精力和时间本来是很有限的，在这种情况下，如果选不准目标，到处乱闯，几年的时间会一晃而过。男孩如果想取得突破性的进展，就该像学打靶一样，迅速瞄准目标；像激光一样，把精力聚于一束。一个人只要"咬定青山不放松"，长期专注于某一事业，他通常就能成为这方面的专家、成功者。

法国的博物学家拉马克，是兄弟姐妹11人中最小的一个，最受父母宠爱。他的父亲希望他长大后当牧师，送他到神学院读书。可他却爱上了气象学，想当个气象学家，整天仰首望着多变的天空；没多久他又在银行里找到了工作，想当个金融家；后来他又爱上了音乐，整天拉小提琴，想成为一个音乐家；这时，他的一位哥哥劝他当医生，于是他又学医4年。

一天，拉马克在植物园散步时，遇到了法国著名的思想家、哲学家、文学家卢梭。受卢梭的影响，"朝三暮四"的拉马克，确定了自己的奋斗目标，他用26年的时间，系统地研究了植物学，写出了名著《法国植物志》。后来，他又用35年的时间研究了动物学，成为一位著名的博物学家。

世界上许多伟大事业的成就者都是一些资质平平的人，而不是那些表面看起来出类拔萃、多才多艺的人。为什么会出现这种情况呢？其实，在生活中我们处处都可见到这种情况，一些年轻人取得了远远超出他们实际能力的成就。很多人对此疑惑不解：为什么那些看上去智力不及正常孩子一半、在学校里排名末尾的学生却获得了巨大的成功，并在人生的旅途中把我们远远地抛在了后面呢？其实，那些看起来智力平庸的人，往往能够专注于某一领域、某一事业，并长期耕耘不辍，最终实现自己的目标；而那些所谓的智力超群、才华横溢的人，总是喜欢毫无目的地四处游荡，等到蓦然回首时，仍旧一无所有。

文学大师歌德曾这样劝告他的学生："一个人不能骑两匹马，骑上这匹，就要丢掉那匹，聪明人会把凡是分散精力的要求置之度外，只专心致志地去学一门，学一门就要把它学好。"鲁迅也说："若专门搞一门，写小说写十年，做诗做十年，学画画学十年，总有成功的。"

纵览古今中外，凡杰出者，无一不是具备超常的专注力。

法布尔为了观察昆虫的习性，常达到废寝忘食的地步。有一天，他大清早就俯在一块石头旁。几个村妇早晨去摘葡萄时看见法布尔，到黄昏收工时，她们仍然看到他伏在那儿，她们实在不明白："他花一天工夫，怎么就只看着一块石头，简直中了邪！"其实，为了观察昆虫的习性，法布尔不知花去了多少个日日夜夜。数学家陈景润数十年如一日地研究"哥德巴赫猜想"。清代著名画家郑板桥，作画50余年，始终"咬定青山不放松"，专画兰竹，不画他物，终于成为擅画兰竹的高手。还有徐悲鸿擅画马，齐白石擅画虾，黄胄擅画驴，而古人唐伯虎拿手的则是仕女画。画猫专家曹今奇，从八岁起学画，专画猫，他画的猫曾在中国大陆首屈一指，连许多国外商人也向他高价订购"猫画"。如果他们想行行拿状元，恐怕只能是白白浪费时间。

那么，男孩怎么才能培养专注的习惯，克服"今天想干这个，明天想干那个"的朝三暮四的毛病呢？家长可以提出以下几点建议供男孩借鉴：

第一，找到真正的兴趣所在。兴趣，是推动学习的重要内在动机，往往可以决定一个人一生的道路。有了兴趣，男孩才可能废寝忘食，全神贯注地去做。

第二，不要因一时不出成效而动摇。许多男孩一心想学有所成，这种心情是可以理解的。但过于急切地盼望成功，则容易走向反面。

第三，不要为别的有趣的事物诱惑。无论学习还是做事，最忌精神不集中，而白白浪费了许多时间。正确的做法是认准自己的目标，心无旁骛地努力。

第四，不要怕艰辛，要舍得吃苦。有些人对爱因斯坦在物理学领域的杰出贡献羡慕不已，却很少琢磨他床下几麻袋的演算稿纸；有些人对NBA球员的声誉津津乐道，却很少去想他们每人究竟洒下了多少汗水。因此，千万不要光羡慕别人的成果，要准备下些苦功才行。

第五，控制自己的情绪、心态。男孩应学会尽量少受外界干扰，即便受了干扰，也要及时"收回脑子"，这也是锻炼专注力的一个重要方面。

细节65

妈妈如何对付坏情绪男孩

"事情怎么会这样呢？真是烦人！""我这次考试没考好，全都怪昨天晚上……""考试题出成这样，老师根本就是在为难我们。""太讨厌了……"这是不是你的孩子经常挂在嘴边的话？

　　一些男孩在心情不愉快的时候，抱怨的话好像不经过大脑自己就到嘴边了，然后心情就会变得很沮丧。在这样一种精神状态下，不难想象，他犯错误的几率自然要比别人高，许多新的烦恼又在后边等着他，那么他又开始新一轮的抱怨——沮丧——出错——倒霉……

　　抱怨只是暂时的情绪宣泄，它可做心灵的麻醉剂，但绝不是解救心灵的方法。告诉你的孩子：遇到问题，抱怨是最坏的方法。

　　罗曼·罗兰说只有将抱怨环境的心情化为上进的力量，才是成功的保证。也有人说，如果一个人青少年时就懂得永不抱怨的价值，那实在是一个良好而明智的开端。绝大部分男孩还没修炼到此种境界，那么最好让他们记住下面的话：如果事情没有做好，就千万不要为抱怨找借口。

　　古人云：人生之事，不顺者十之八九，常想一二。这句话的意思是说人活在世上，十件事中有八九件都会使人不顺心，但要常去想那一两件使人开心的事。每个人都会遇到烦恼，明智的人会一笑了之，因为有些事是不可避免的，有些事是无力改变的，有些事情是无法预测的。能补救的应该尽力补救；无法改变的就坦然面对，调整好自己的心态去做该做的事情。

　　一名飞行员在太平洋上独自漂流了20多天才回到陆地，有人问他，从那次历险中他得到的最大教训是什么。他毫不犹豫地说："那次经历给我的最大教训就是，只要还有饭吃，有水喝，你就不该再抱怨生活。"

　　人的一生总会遇到各种各样的不幸，但快乐的人却不会将这些装在心里，他们没有忧虑。所以，快乐是什么？快乐就是珍惜已拥有的一切，知足常乐。而抱怨是什么？抱怨就像烟头烫破一个气球一样，让别人和自己泄气。

　　抱怨属人之常情。"居长安，大不易"，难道不许别人说一说苦闷吗？然而，抱怨之不可取在于：你抱怨，等于你往自己的鞋子里倒水，使行路更难。困难是一回事，抱怨是另一回事。抱怨的人认为自己是强者，只是社会太不公平，如同全世界的人合伙破坏他的成功，这就可能把事情的因果关系弄颠倒了。

　　喜欢抱怨的人在抱怨之后，心情非但没变轻松，反而变得更糟，怀里的石头不但没减少，反而增多了。常言说，放下就是快乐。这也包括放下抱怨，因为它是心里很重而又无价值的东西。

　　人们所以倾心于那些乐观的人，是倾心他们表现出的超然。生活需要的信心、勇气和信仰，乐观的人都具备。他们在自己获益的同时，又感染着别人。人们和乐观——包括豁达、坚韧、沉着的人交往，会觉得困难从来不是生活的障碍，而是勇气的陪衬。和乐观的人在一起，自己也就得到了乐观。

　　家长要让男孩明白，抱怨失去的不仅是勇气，还有朋友。谁都恐惧牢骚满腹的人，怕自己受到传染。失去了勇气和朋友，人生变得很难，所以抱怨的人继续抱怨。他们不知道，人生有许多简单的方法可以拨乱反正，闭嘴是其中的真谛之一。许多人都抱怨过处境的繁难，发现无济于事之后便缄口了。抱怨相当于赤脚在石子路上行走，而乐观是一双结结实实的靴子。

让总是抱怨自己倒霉的男孩，不要用沉重的欲望迷惑自己，不要总是看到他还不曾拥有的东西，而要静下心来，放下心灵的负担，仔细品味他已拥有的一切。学会欣赏自己的每一次成功、每一份拥有，男孩就会发现，自己竟会有那么多值得别人羡慕的地方，幸福之神已在向他频频招手。

建议一：帮助男孩克服厌学心态

不知道什么时候开始，刘晨觉得每天都只是在做一件事：学习，学习，还是学习。每天的生活也似乎变成了三点一线的简单重复：课堂，食堂和寝室。

英语课开始，打开英语教科书，老师开始讲一堆英语语法点，带读课文，然后做练习，再讲解；轮到数学课，打开数学教科书，老师又灌输一大堆数学公式，然后是似乎总不会完结的应用题，做题，再讲解；再到语文课，打开语文教科书，老师写了一堆不认识的汉字——刘晨就不明白，为什么从小学学到现在一直有不认识的字，怎么也学不完？然后讲解段落大意，揣测作者的写作意图（天啊，他/她为什么要这么写关我什么事），总结中心思想，布置作文，自己写……

刘晨感觉自己很像个重复作业的机器，不明白这样做有什么意义，也不知道这个机器的零件哪天就要坏掉，停止不走；真是讨厌这样没有目标，没有方向，不知所谓的学习啊！

更糟糕的是，之前制订的学习计划和目标一直完成不了。上次月考的成绩又出来了，刘晨的名次不但没有提前，反而落后了。这可怎么办啊？

刘晨越来越不想学习了。他甚至想，我是不是智力比别人低？还是根本不适合学校的学习生活啊？

刘晨现在的状态，有个专门的名称：厌学。

厌学是个很普遍的现象，男孩和家长用不着担心是智力出现了问题，因为厌学和智力水平是没有关系的。也就是说，如果男孩出现了这种厌学的情绪，不是他不聪明，不适合学校的学习，相反，如果能像刘晨这样思考问题，反倒证明了男孩的智力水平没有问题，因为他懂得了反思，懂得去思考学习的意义，只是因为一时没有找到答案而苦恼。

总的来说，厌学的原因有两类：内在原因和外在原因。内在原因常常是由于男孩在学习过程中的消极情绪体验和自我认识存在偏差；而外在原因则往往是社会、学校、家庭等外部环境的不良影响。

无论是哪个年级的哪个班，班里多多少少都会有一些厌学的学生。他们日常表现为对学习失去兴趣；不认真听课，不完成作业，怕考试；甚至恨书、恨老师、恨学校，旷课逃学；严重的还发展到当老师在课堂上管教他时，他会公然地反抗甚至辱骂、殴打老师。孩子会出现这种情况，除了对为什么要学习这个问题求而不解产生厌学外，还因为自己制定的学习目标短期内得不到实现，产生了焦虑情绪，所以进一步加重了厌学的想法。

那么，又该怎样消除厌学情绪呢？

首先，家长应该引导男孩找到学习的乐趣。因为，假如学习是男孩的乐趣所在，那学习的意义就是乐趣。假如男孩认为它是负担，那它就变成了负担。

关键是男孩自己怎么认为的。家长要告诉孩子，学习相对于游戏而言，确实是一件枯燥的事情，可是绝不是他想象的枯燥而无意义的重复。要知道：知识在于积累。在青少年时期，有了对各科知识的日复一日的慢慢积累，才有日后对知识的应用和创新，才有可能成为对社会有用的人才，也才有可能实现自己的梦想。

再说男孩成绩不进反退的事情。问问孩子，他虽然订了计划，可是有没有切实地按计划执行呢？就算他按计划执行，认为自己很努力了，可是排名还是在往后掉的话，他有没有想过，别人也许比他更努力？

学习有时候会出现"高原效应"，也就是说有一段时间学习看上去进步很慢，甚至几乎停滞不前。处于高原效应的学生有的在很短的时间内，比如一两周，就能走出来，有的则要很长，甚至要一两年。这个视个人情况而定。告诉男孩不要害怕，暂时性的退步，不代表什么，也不意味着他就进入可怕的一两年的"高原效应"了，更不能因此而产生厌学心理。

引导孩子想想：反正也要学，怀着高兴的心情也是学，怀着厌恶的心情也是学，为什么不怀着高兴的心情学呢？而且，就算出现了学习上的"高原效应"，只要调整计划，放松心情，然后切实地坚持计划，那么走出"高原效应"的时间不会很长。男孩一旦渡过了这个难关，成绩将会更上一个台阶！

建议二：教男孩不抱怨

在成长的过程中，很多男孩因为遭受来自社会、家庭的议论、否定、批评和打击，奋发向上的热情便慢慢冷却，逐渐丧失了信心和勇气，对失败惶恐不安，变得懦弱、狭隘、自卑、孤僻、害怕承担责任、不思进取、不敢拼搏，每天伴随他们的，不是意气风发的成长，而是喋喋不休地抱怨。他们不是输给了外界压力，而是输给了自己。很多时候，阻挡男孩成长的不是别人，而是男孩自己。

因为怕跌倒，所以走得胆战心惊、亦步亦趋；因为怕受伤害，所以把自己裹得严严实实。殊不知，孩子们在封闭自己的同时，也封闭了自己的人生。

世界上最难攻破的不是那些坚固的城堡和城池，而是自己为自己编织的"心理牢笼"。因此，我们要想走上成功的道路，摆脱不顺的现状，必须勇敢地冲出"心理牢笼"。

一个人在他25岁时因为被人陷害，在牢房里待了10年。后来沉冤昭雪，他终于走出了监狱。出狱后，他开始了几年如一日的反复控诉、咒骂："我真不幸，在最年轻有为的时候竟遭受冤屈，在监狱度过本应最美好的一段时光。那样的监狱简直不是人居住的地方，狭窄得连转身都困难，唯一的细小窗口里几乎看不到阳光；冬天寒冷难忍，夏天蚊虫叮咬……真不明白，上帝为什么不惩罚那个陷害我的家伙，即使将他千刀万剐，也难解我心头之恨啊！"75岁那年，在贫病交加中，他终于卧床不起。弥留之际，牧师来到他的床边："可怜的孩子，去天堂之前，忏悔你在人世间的一切罪恶吧……"

牧师的话音刚落，病床上的他声嘶力竭地叫喊起来："我没有什么需要忏悔，我需要的是诅咒，诅咒那些造成我不幸命运的人……"

牧师问："您因受冤屈在监狱待了多少年？离开监狱后又生活了多少年？"他恶狠狠地将数字告诉了牧师。

牧师长叹了一口气："可怜的人，你真是世上最不幸的人，对你的不幸，我真的感到万分同情和悲痛！他人囚禁了你区区10年，而当你走出监牢本应获取永久自由的时候，你却用心底里的仇恨、抱怨、诅咒囚禁了自己整整50年！"

现实生活中，有不少人和故事中的人一样，不停地抱怨，给自己编织"心理牢笼"：别人做得不对，就一味地诅咒、仇恨；自己做错了一丁点事情，就念念不忘，责备自己的过失；有些人总是唠叨自己的坎坷往事、身体疾病，或抱怨自己的不平待遇和生活苦难；有些人还喜欢用自己不懂的事情塞满自己的脑袋，把一些不相干的事与自己联系在一起，造成了心理障碍。殊不知，那些过去的往事、不平的经历，甚或想不明白的事情，一味地责怪和抱怨是于事无补的。如果总是对想不通、想不开的事情患得患失，就很容易使自己失去判断能力，最后被囚禁的就是自己的整个人生。

人的心理牢笼千奇百怪、五花八门，但它们都有一个共同的特点，那就是这些所谓的"心理牢笼"都是人自己营造的。时间一长，个人就会不知不觉地把自己囚禁在"心狱"之中，就像故事中的那个可怜的人那样，至死都被囚禁在无尽的怨恨当中，哪还有时间去追求丰富多彩的人生呢？

一个渴望有所成就的男孩，必须走出自己的"心狱"。正如一位哲人所说："世界上没有跨越不了的事，只有无法逾越的心。"心中有"牢笼"，便限制了人潜质的发挥。所以，要想开放自己的人生，取得骄人的成绩，关键在于冲出"心理牢笼"。

那些给自己编织"牢笼"的男孩，他们日复一日在迷宫般的、无法预测又乏人指引的茫茫人生中损坏了"罗盘"，这坏掉的罗盘可能是扭曲的是非感，或蒙蔽的价值观，或自私自利的意图，或是未设定的目标，或是无法分辨轻重缓急，简直不胜枚举。家长要帮助孩子保护好人生罗盘，维持正确的航线，不被沿路上意想不到的障碍困住，坚定地向前行进，最终轻松而顺利地抵达终点。

有句话这样说："自己把自己说服了，是一种理智的胜利；自己被自己感动了，是一种心灵的升华；自己把自己征服了，是一种人生的成熟。大凡说服了、感动了、征服了自己的人可以凭借潜能的力量征服一切挫折、痛苦和不幸。"其实，许多男孩的悲哀不在于他们运气不好，而在于他们总爱给自己设定许多条条框框，这种条框限制了他们想象的空间和奋进的勇气，模糊了他们前行的航向和人生的追求。他们一天到晚不停抱怨，心上其实已经套上了可怕的枷锁，注定碌碌无为。

因此，父母应告诉男孩停止抱怨，冲出自己编织的"心理牢笼"，多一点超越，多一点豁达，生活就会不一样。

细节 66

教男孩不要盲目扩大自己的愤怒

正在上四年级的鹤轩有一次忘了把新来的老师发的数学试卷带回家，他急坏了，这可是今天的作业啊，一定要完成的。突然，他想了一个办法，去找楼下的彬彬，借来他的卷子，把上面的习题誊抄到本子上，然后做完它。这并不是一件轻松的事，他足足花了一个半小时才抄完习题，然后又花了同样的时间做完试题。他本以为像他这么认真，老师肯定会夸他的，可是没想到的是，当第二天上数学课时，老师看到他的卷子，当着很多同学的面，狠狠地批评了他。老师认为他是没把作业当回事才忘了把卷子拿回家，誊写是因为有的题不会想看看别人的。

这件事使得鹤轩很长时间对这位数学老师怀恨在心。他开始经常在这个数学老师的课上捣乱，不听讲，屡次顶撞老师，甚至经常向别的同学散播数学老师的谣言。在他看来这个数学老师简直一无是处，长得丑，讲课不好，人品不好，还很"笨"。

其实数学老师当天批评他后，心里挺后悔的，她觉得自己的做法很不对，在以后的日子里，总是试图去弥补，可是鹤轩哪里领情，他是认定了这个老师不是好人。老师让他回答问题，他认为是想故意为难他；给他看作业，他认为是故意想找他的错；让他来黑板上写数学公式，他认为是想嘲弄他……后来，因为对老师的抵触，他的数学成绩也越来越差了。

鹤轩以自己的心去推测老师，因为他对老师有意见，便推测老师也是这样，总想处处为难他，这种心理是明显的"投射心理"。所谓的"投射心理"，也就是指将自己的特点归因到其他人身上的倾向。在人际认知过程中，常常假设他人与自己具有相同的属性、爱好或倾向等，常常认为别人理所当然地知道自己心中的想法。以己度人，把自己的感情、意志、特性投射到他人身上。

心理学家罗斯曾做过一个实验来研究投射心理：在80名参加实验的大学生中征求意见，问他们谁愿意背着一大块牌子在校园里走。结果，48名大学生同意背牌子在校园内走动，并且认为大部分学生都会乐意背，而拒绝背牌的学生则普遍认为，只有少数学生愿意背。可见，这些学生将自己的态度投射到其他学生身上。

投射使人们倾向于按照自己是什么样的人来知觉他人，而不是按照真实的客观情况来认知别人。比如，一个心地善良的人会以为别人也都像他一样善良；一个喜欢嫉妒的人会认为别人也总在嫉妒他。

正处于成长阶段的男孩们，其实是很容易出现投射心理的，他们总是习惯于理所当然地认识周围的人，自己的态度不好，也会把这种态度投射到自己不喜欢的人身上。

男孩如果总是用"投射心理"来认识周围的同学和老师，极容易出现认知的偏差。导致人际关系出现紧张。在平时，父母要给他灌输一种辩证地、一分为二地去看待自己和别人的思想。跳出事情，站在旁观者的角度来重新审视。

建议一：聪明的妈妈懂得为男孩隐藏的压力"排雷"

比利刚当上公司技术部的经理，接受一个客户的邀请共进晚餐。在饭桌上，客户对比利说："只要你把公司里最新产品的数据资料给我，我会给你很好的回报，怎么样？"

比利站了起来，气得满脸通红："不要再说了，这样做是不可以的！我不会出卖我的良心做这种见不得人的事，这个要求我没有办法答应你。"

"好，好，好。"客户不但没生气，反而颇为欣赏地拍拍比利的肩膀，"这事儿就当我没说过。来，干杯！"

不久，发生了一件令比利很难过的事，他所在的公司因经营不善破产了。比利失业了。正在他为生计发愁之时，突然接到客户的电话，客户邀请他来自己的公司一趟。

比利疑惑地来到那家公司，他以为上次在饭桌上已经得罪了客户，不知道这次这位客户葫芦里卖的是什么药。出乎意料的是，客户热情地接待了他，并且拿出一张大红聘书——请比利到他公司做技术顾问。

比利惊呆了："你为什么会雇佣我？"

客户哈哈一笑说："小伙子，你的技术水平是出了名的，你的正直更让我佩服，你是值得我信任的那种人！"

原来，正是比利在饭桌上"得罪"客户的行为，让客户真正看清了他的正直人品，也让比利幸运地得到了新工作。

有些男孩步入社会时，常常错误地认为一个人的信用是建立在金钱基础上的。一个有钱有势的人不一定有信用，因为再雄厚的资本也不等于信用。与百万财富比起来，高尚的品格、精明的才干、吃苦耐劳的精神要高贵得多。

假如一个男孩禁不起金钱的诱惑，其生命、道德，就掌握在金钱的手中；禁不起名利的诱惑，其生命、道德，就会掌握在名利的手中。假如禁不起爱情的诱惑，其生命、道德，就会掌握在爱情的手中；假如禁不起甜言蜜语、富贵荣华的诱惑，就会迷失在世间的诱惑里。

故事里的比利正是因为抵制住了诱惑，坚守内心的正义，没有把原来公司的数据泄露出去，才有了在失业后迅速得到新工作的机会。在任何时候，我们都要教导男孩做一个正直的人，应该凭借自己的良心和道德标准来办事，辨清是非曲折。不要为了一时的诱惑和利益而丧失道德。做一个正直的人，依照道德准则去办事，才能让我们不被眼前的一点小利益所诱惑，成就一生的长远大计。

建议二：告诉男孩"你可以调动情绪，你就可以调动一切"

美国前总统布什说："你能调动情绪，就能调动一切！"1990年，一个心理学概念的提出在世界范围内掀起了一场人类智能的革命，并引起了人们旷日持久的讨论，这就是美国心理学家彼得·塞拉维和约翰·梅耶提出的情商概念。

情商（EQ）又称情绪智力，是近年来心理学家们提出的与智力和智商相对应的概念。它主要是指人在情绪、情感、意志、耐受挫折等方面的品质。总的来讲，人与人之间的情商并无明显的先天差别，更多与后天的培养息息相关。

长期以来，人们将智商视为人生成败的决定因素，并将它作为衡量个人能力的主要指标。近百年间，研究者设计出五花八门的智商测试方法，接受各种测试的人也数以亿计。尽管研究规模如此巨大，耗时如此之长，但还是有不少人提出了疑问：智商高的人真的比普通人能力更强吗？

有一个叫威廉·宾德的人，自一出世，他父亲就采用各种手段开发其智力，因为父亲想让他成为世界上最聪明的人。3岁时他就能用本国语言自由阅读和书写，在当地可谓是神童，4岁写出了3篇500字的文章，6岁写了一篇解剖学论文。他就像一个金矿一样，被他父亲开采着，"聪明"是他唯一的代名词。

小学入学的当天上午他被编入一年级，中午母亲去接他时，他已经是三年级的学生了。他8岁上中学，11岁进入哈佛大学。由此可以看出，宾德的脑子足够聪明，智商不可谓不高。他是众多学子羡慕的对象，但是他后来的求职经历与他的高智商完全不相衬，最后他离家出走，在一家商店当店员，一生碌碌无为。

很多人对此感到不解。细心的人们应该还能够回忆起类似于清华大学高才生刘海洋泼熊事件，不绝于耳畔的许多国内高等学府的学生因不堪各种压力跳楼自杀，因一点小事而愤然用刀砍死同学……太多的天之骄子的言行让人们震惊，人们从此开始寻找问题背后深层的原因。

难道是这些学生不够聪明？还是他们不能意识到问题的严重性？其实这些问题的根源不在于他们的智商，而是他们不懂得控制自己的情绪，于是愤然失控；不知晓调整自己的心理状态，于是在面对人生逆境之时选择了走向极端，甚至结束自己的生命。虽然他们有很高的智商，但他们的情商却非常低，可见情商对于一个人的重要性。

情商不同于智商，它不是与生俱来的，而是由5种可以学习的能力组成的。

1. 了解自己的情绪的能力。能立刻察觉出自己的情绪，并从中找出情绪产生的原因。
2. 控制自己的情绪的能力。能够安慰自己，感知自己，从而摆脱强烈的焦虑忧郁以及控制刺激情绪的根源。
3. 自我激励的能力。能够及时地整顿情绪，让自己朝着一定的目标去努力，去奋斗，从而增强注意力与创造力，从平凡走向成功。
4. 了解别人、认知别人情绪的能力。能充分地感知别人的情绪并影响对方。
5. 维系并融洽人际关系的能力。

第十一章　心智和身体共同成长

情商与人们的生活、工作息息相关，一个高情商的男孩在学业上容易出类拔萃，走上社会后工作上易于成功，婚姻中易产生幸福感，人际关系如鱼得水。情商是一种能力，是一种创造，更是一种沟通技巧。既然是技巧那么就有规律可循，就能掌握，就能熟能生巧。只要男孩多点机智，多点磨炼，多点感情投资，也会像"情商高手"一样，营造一个有利于自己生存的宽松环境，建立一个属于自己的交际圈，创造一个更好地发挥自己才能的空间。

细节 67

帮助男孩化解负面情绪

美国自然科学家、作家杜利奥曾经提出过这样一条心理定律：没有什么比失去热忱更可怕，一旦失去热忱，人便垂垂老矣。人的精神状态不佳，一切都将处于不佳状态。人们将这条定律称作"杜利奥定律"。

它揭示了一个本质性的问题：人与人之间只有很小的差异，但这种很小的差异却往往造成了巨大的差异！很小的差异就是所具备的情绪是积极的还是消极的，巨大的差异就是成功与失败。

男孩的心理是极敏感也是极脆弱的，作为家长，你平时有没有注意观察孩子的情绪变化和心理状态？

情绪在儿童心理活动中具有很强的动机作用。情绪是心理活动的伴随现象，在人类心理活动中的作用是其他心理过程所不能代替的。简单地说，情绪是人类认识和行为的唤起者和组织者。简单说，心情不好，状态不佳的时候，人是不会主动去做很多事情的。男孩也是一样，甚至比大人更敏感，更容易受到情绪的摆布。男孩如果能够把自己所做的事当成了一件快乐的事，那么他就会积极主动地去完成。而如果是被动地去执行，尽管有惩罚的威胁，但作用不大。

对于父母来说，使男孩保持乐观的情绪状态是很重要的。父母在培养、教育男孩时应该以身作则，或者用其他方法来教育、引导孩子拥有一颗快乐、乐观的心，让孩子成为一个开朗的人。

家长应该尽可能地保持一种积极的情绪状态，可以在家中讲笑话，增添家庭的快乐气氛。要知道家长这种积极心理现象可以促使男孩乐观积极、奋发向上。引导、教育孩子以乐观、积极的态度去面对一切，不仅需要各种活生生的事例让孩子心悦诚服，也需要父母自身能够以平静的心态对待一切。只有开心的父母，才会有快乐的孩子。

建议一：无边的绝望来自哪里

心理学家塞利格曼和梅尔做过这样一个实验：首先将一条狗放入一个笼子里，笼子底是用金属制作，将笼子用隔板一分为二，在狗所站的一侧通上电流，狗在受到电击后，只要跳到无电的另一侧，就可不受电击。一次次重复后，狗就学会了在遭到电击时跳过隔板。后来实验者将狗约束住，放到通有电流的一侧，一次次给予电击，狗虽然想挣脱却无能为力。再到后来，实验者将狗的约束解除，放入笼内，再给予电击，结果发现，狗不再试图跳过隔板，而只是在笼子里来回跑动，或不停地呻吟，无所作为，一直等到电击消失为止。狗在多次受到挫折以后，产生消极认识，进而感到无助和绝望，并逐渐失去了与命运、挫折抗争的心理。

塞利格曼从这个条件反射实验中提出"习得性无助"的理论。心理学研究表明，"习得性无助感"不但会发生在动物身上，在人身上也同样会发生。当人长期遭受失败与挫折时（如学习成绩差、升学考试失败、失恋、不良人际关系，甚至身患不治之症，等等），如果总是不能突围这种困境，他们会产生绝望的体验，最终对自己和人生彻底失望。

自从进入市重点高中以后，王浩就开始讨厌学习。其实，王浩在中学和小学时学习很好，经常在班上名列前茅，可自从进入市重点高中以后，王浩发现，班上的同学个个都很强，开学不久的一次考试将王浩推进了深渊。那次考试，他竟然有两门不及格，就连他最拿手的数学也只考了70分，这无疑是给了他当头一棒。

那次考试之后，他曾暗下决心，要努力学习，迎头赶上。但期中考试之后，他彻底绝望了，因为他又有两科不及格，总成绩也不高。班主任为此还专门找他谈了话，将他批评了一顿，班主任认为是他没有用功学习。其实，他已经很努力了，只是不知为什么成绩总上不去。之后，他索性破罐子破摔，经常不写作业，上课也不好好听讲……他看不到自己的未来，他不知道自己以后能干什么……

其实，王浩此时体验到的就是"习得性无助感"，学业上频频失利使他产生了消极的认识，他曾经的"辉煌"都被现在的失利吞噬了。他否定了自己的能力，看不到自己的未来。

导致孩子"习得性无助"的原因多是教师和家长对孩子提出过高的要求。孩子即使再努力，都无法达到他们的要求，并且无论如何也会受到此类的批评和指责，如："这孩子不用功。""还是没有发挥出水平。""怎么这么笨？""你怎么总不如某某学习好？"这样，久而久之，就会给孩子造成一种错觉："我永远都不会成功，我又何必努力呢？"孩子就会失去信心，变得茫然，进而会觉得自己是一个废物。这时，孩子的"习得性无助"已经形成了。

不管男孩的成绩、美丑、过去，现在都要给孩子注入一种爱，用爱的力量温暖男孩的心灵。在孩子失落的时候，孤立无助的时候，至少让他们感到：这个世界上还有爸爸妈妈爱着我，这无疑会使孩子在情感上获得重生的力量。

父母的话语对于男孩来说，具有很强的权威性，男孩经常对父母的话深信不疑。因此，永远不要说"你不行""你真笨""你不如某某"之类的话语。永远不要在孩子的伤口上撒盐。无论是怎样的男孩,你都要与其进行善意而有爱心的对话,使他们尽快摆脱"习得性无助",振奋精神,继续上路。

建议二:不要让男孩的妒忌成为一种病

嫉妒是每个人都有过的一种情绪体验,它是人们普遍存在的一种心理。嫉妒心理是一种负面情绪,是指自己的才能、名誉、地位或境遇被他人超越,或彼此距离缩短时所产生的一种由羞愧、愤怒、怨恨等组成的多种情绪体验。它是有明显的敌意,给人际关系造成极大的障碍。有时,明知道是嫉妒,是不应该的,却无法消除。地位相似、年龄相仿、经历相近的人之间容易产生嫉妒心理。

雷凡和左安小学时就是形影不离的好朋友。两个小伙伴更是整天在一起玩,晚上放学后也一起写作业,有了喜欢的东西也喜欢和对方分享。

但最近,妈妈发现,雷凡对左安有些反感,最近一直没理左安,妈妈感到很奇怪。

这天放学后,电话响了,妈妈接起来后,是左安打来找雷凡一起出去玩的。

"雷凡,左安叫你一起出去玩。"妈妈叫雷凡接电话。

"我不去,就说我正在写作业呢。"雷凡闷闷地说。

"雷凡,你怎么了?"妈妈握着电话不知道该怎么说。

"我都说了不去了,真烦。"

"对不起啊,左安,雷凡他有点不舒服,今天就不去找你玩了,明天让他过去找你好吗?"妈妈只好这样告诉左安。

放下电话后,妈妈问儿子:"你怎么不理左安了,你们不是好朋友吗?"

"没有呀,只是我今天心情不好。"

晚上吃晚饭时,爸爸说:"雷凡,听说左安被评为'市三好学生'了,怎么没听你说过啊?"雷凡突然就放下了碗筷,一脸不服气:"哼,那有什么了不起的!真是的,有了一点点的成绩就到处炫耀……"

妈妈忽然明白了,怪不得雷凡最近不理左安呢,原来左安被评为了"市三好学生",而雷凡却与此无缘。多年的好朋友之间出现了不平等,于是雷凡因为嫉妒,而不愿意与左安交往了。

希腊著名心理学家乔治·卡纳卡基斯说:"其实嫉妒是一种十分自然的反应,每个孩子都会嫉妒。"孩子的嫉妒心理从很小的时候就会有所反映,有人做过实验,15个月的孩子,如果妈妈当着他的面抱别的孩子,他就会有所反应,非要让妈妈放下别人抱自己,并紧紧搂住妈妈,好像在说:"这是我的妈妈,不是你的。"

生活中我们发现,好多种情况都能使男孩产生嫉妒心:比如,妈妈夸赞别的小朋友,自家的孩子就会嫉妒。如果别的小朋友有一个好看的变形金刚,自己没有,心里就会不好受。

可以说，嫉妒在每个男孩身上，都有程度不同的反应。而现在家长对孩子的娇惯，更助长了嫉妒这种心理。嫉妒已成为一种愈来愈严重的通病。

男孩对他人拥有的自己不具备或得不到的东西，往往会产生一种由羡慕转化为嫉妒的心理，这是很正常的现象。父母平时应该多和男孩接触交流，及时掌握孩子的心理变化，了解孩子嫉妒的直接起因，耐心倾听孩子的心理感受。要知道，孩子的嫉妒是直观、真实甚至自然的，它完全不像成年人那样掺杂着许多其他的社会因素，它只是孩子们对自己愿望不能实现而产生的一种本能的心理反应。

因此，当男孩显露出其嫉妒心时，作为家长，千万不要严加批评指责，而是倾听、理解他的愤怒、不安、烦躁等不良情绪。在男孩倾诉完之后，要为他正确分析与他人产生差距的原因。积极寻找缩短差距的途径和方法，以便使男孩能正确与他人进行比较，以积极的方式缩短实际存在的差距，最终化解内心的不平衡。

建议三：告诉男孩今日的恐惧是昨日的映照

恐惧心理是指人在真实或虚幻的危险中，深刻感受到的一种强烈而压抑的情感状态。通常表现为：神经高度紧张，容易冲动，内心充满害怕，注意力分散，不能正确判断和控制自己的举止。

芮恒今年上小学四年级。当春天百花盛开时，他的情绪就会非常低落，因为他对花有一种莫名其妙的恐惧。

这种恐惧心理的产生可以追溯到他小时候。他七个月时，母亲抱着他去亲戚家参加婚礼，刚进新房，院里响起了鞭炮声，一只小花猫蹿上桌子，把插着花的花瓶碰倒在地上。见此情景，芮恒非常害怕，大哭起来。十个月时，奶奶抱他在院子里玩，一走近院里种的牡丹花他就大哭起来。一岁时，又带他去串门，发现他一看见别人家床单上的花卉图案就放声大哭。家里人这才意识到芮恒怕花，但并未引起家人的重视。

但是，随着年龄的增长，他对花的惧怕程度不但没减轻反而更加严重了。四岁时，他和院里的一群孩子跟在出殡的队伍后面看热闹，当他发现棺材上的大白花时，立刻转身没命地往家里跑，跑到家里已经面无血色了。

后来发展到无论是布上、纸上的花卉图案，还是纸花、塑料花、鲜花，他都怕得不得了。就连路边的鲜花对他来说都是件可怕的事，时间一长，同学们都知道他怕花，常跟他开玩笑，故意往他身上扔花，经常吓得他面色苍白，手脚冰凉，甚至上课时他总是东张西望，唯恐窗外有人把花扔进来掉在他身上。

恐惧其实来自过去的经历。俗话说："一朝被蛇咬，十年怕井绳。"人在过去受过某种刺激，大脑中形成了一个兴奋点，当再遇到同样的情景时，过去的经验被唤起，就会产生恐惧感。恐惧心理还与人的性格有关，一般害羞、胆小孤独、内向的人，易产生恐惧感。

每个人都有害怕和恐惧的经历，男孩也是一样。恐惧是男孩在心理发展过程中普遍存在的一种情绪体验，男孩的各种恐惧，都是成长过程中必然伴有的现象。许多恐惧不经任何处理，随着年龄增长均会自行消失。但是，这并不意味着这些恐惧就无关紧要。正如上文中的芮恒，由于父母没有重视孩子的恐惧心理，芮恒在成长过程中也没有发现克服恐惧的方法，因此最初的恐惧心理变成一种心理疾病：恐惧症。患这种症状的孩子惧怕的内容比较稳定，持续的时间较长，不易随环境、年龄的变化而消失。孩子会由于恐惧产生回避或退缩行为，严重影响他的正常生活和学习。

成人和儿童的世界是截然不同的，父母不要以成人的想法代替孩子的认识。也许你认为并不神秘，也不害怕的东西，在孩子看来是非常恐怖的事物。家长认为看"恐怖片"无所谓，可在想象力丰富的孩子看来，无异于一场可怕的"亲身经历"。

当然，成长中的孩子不可避免地接触"怕"的事物。"怕"是认知的前奏，了解得多了，对这个世界的认知能力提高了，自然也就不害怕了。父母可以结合男孩的年龄，来帮助孩子认识"怕"的东西，在平时的训练和生活中有意识地培养勇敢的品质，并逐渐淡化"怕"的内容。

如果男孩的恐惧感非常强烈而且逐步升级，影响到其性格与行为时，就应带他去看心理医生。

细节68

怎样培养男孩的"阳光心态"

在美国有一位颇负盛名，被称为传奇人物的教练——伍登。他在全美12年的篮球年赛当中，替加州大学洛杉矶分校赢得10次全国总冠军。如此辉煌的成绩，使伍登成为大家公认的有史以来最称职的篮球教练之一。

曾经有记者问他："伍登教练，你在赛场上总是精力充沛，是什么力量支持你取得今天这么辉煌的成就呢？"

伍登很愉快地回答："每天我在睡觉以前，都会提起精神告诉自己：我今天的表现非常好，而且明天的表现会更好！"

"就只有这么简短的一句话吗？"记者有些不敢相信。

伍登坚定地回答："简短的一句话？这句话我可是坚持了20年！重点和简短与否没关系，关键是在于你有没有持续去做，如果无法持之以恒，就算长篇大论也毫无帮助。"

伍登那积极与执著的态度不单只表现在篮球上，他对其他的生活细节也持同样的态度。有一次他与朋友开车到市中心，面对拥挤的车潮，朋友感到不满，继而频频抱怨，伍登却欣喜地说："这里真是个热闹的城市。"

朋友好奇地问："为什么你的想法总是异于常人？"

伍登回答："一点都不奇怪，我是用心中的'眼睛'来看待事情。不管是悲是喜，我的生活中永远都充满机会，这些机会的出现不会因为我的悲或喜而改变。只要用积极的态度去面对生活中的大事小事，我就能够掌握机会，激发更多的潜在力量。"

伍登积极的生活态度给了他生活的激情与工作的动力，让他在收获成功的同时也收获了一种健康的生活方式与生活态度。

但很遗憾的是：在家庭教育中态度往往是父母和孩子所忽略的，其实，积极的态度可以激发人体内最大的"快乐因子"，这可以让我们，也可以让孩子在面对问题的时候保持乐观的心态，在一种无形的力量的牵引下继续向前。在此基础上父母也应该让孩子知道，态度的秘密——它左右着孩子的每一次选择，最终也将决定孩子的一生。

态度是一种力量，可以激发人体内在的潜能。每个男孩的身上都潜伏着巨大的力量，这种能量一旦激发，就会给他们的人生带来无法想象的改变，而态度就是激发这种能量的导火索。一旦男孩们意识到这种力量的存在，并以更加积极的态度运用它，他们就能够改变自己的人生。

无数成功人士的奋斗历程已经验证：成功是由那些抱有积极心态的人所取得的，并由那些以积极的心态努力不懈的人所保持。拥有积极的心态，即使遭遇困难，也可以获得帮助，事事顺心。可见，培养男孩积极的"阳光心态"势在必行。

那么，父母应该怎样培养男孩的这种心态呢？

第一，引导男孩认识自己。很多男孩子都希望找到正确的生活态度与生活方式，拥有快乐的生活。而要拥有这一切，他们迫切需要做好自我分析，因为只有了解自我，才会走好自己的人生之路。当他们弄明白自己所要的前景以及自己的相关条件时，就会努力实现他们的愿望，也就能达到他们所期望的，正所谓"心有多远，你的世界就有多大"。社会心理学家研究发现，善于给自己的生活作出计划的人往往比较勤奋、进取，擅长理性思考，对生命成长的每一个阶段都能谨慎把握，采取正确的生活态度，一般都能主宰自己的命运，成功也自然和他们有缘。但是，所有的一切都因为自己而开始，这足以说明让男孩认识自我有多重要了。

积极的心态要从认识自己开始。你的孩子可能解不出那么多的数学难题或记不住那么多的外文单词、成语，但在处理班级事务方面却有特殊的本领，排解纠纷，有高超的组织能力；你的孩子在物理和化学方面也许差一些，但写小说、诗歌是能手；也许孩子分辨音律的能力不行，但有一双极其灵巧的手……

如此一来，父母让孩子在认识到自己长处的前提下，如果能扬长避短，认准目标，抓紧时间把一门学问刻苦、认真地做下去，久而久之，自然会结出丰硕的成果。相反，如果对自己没有清醒的认识，就不可能用正确的态度去面对学习和生活，就容易导致悲剧的发生。

第二，激发男孩的潜意识。潜意识到底是什么？弗洛伊德有一个十分形象的比喻，人的心灵即意识组成仿佛一座冰山，露出水面的只是其中一小部分，代表意识，而埋藏在水面之下的绝大部分则是潜意识。人的言行举止，只有少部分由意识掌握，其他大部分都由潜意识主宰。

潜意识具有无穷的力量，它隐藏在心灵深处，能够创造魔术般的奇迹。爱默生说："在你我出生之前，在所有的教堂或世界存在之前，潜意识这种神奇的力量就存在了。这是一个伟大的、永恒的真实力量，是生命运动的法则。"

只要你让孩子牢牢抓住这个能改变一切的魔术般的力量，就能够治愈男孩心灵的创伤，愈合他身体的伤痛，摆脱他心中的恐惧、失败、痛苦和沮丧。他们所要做的一切就是将自己的精神、情感与他们所期待的美好愿望结合为一体，富有创造力的潜意识会为他作出安排。"

第三，让行动促使男孩形成积极的态度。父母需要让男孩明白，实际上态度与行为是一种相互作用的关系，态度可以作用于行为，行为还可以反过来作用于态度。如果男孩的态度是乐观的，其行为也会向着积极的方向发展；如果他们的行动是积极主动的，就会大大地促进正确态度的形成。行动能带来回馈和成就感，也能带来喜悦，使他们得到自我满足和快乐；如果他们想寻找快乐，如果他们想发挥潜能，如果他们想获得成功，就必须积极行动，全力以赴地把想法付诸实践。这样才能在行动中养成阳光的心态。

建议一：帮助男孩去掉"忧郁病"

文海今年才15岁，担任学生委员。由于平时学习压力大，而且由于内向又很少有真正交心的朋友，文海这几年来有一种难以言状的苦闷与忧郁感，但又说不出什么原因，总是感到很迷茫，一切都不顺心。即使遇到喜事，他也毫无喜悦的心情。过去回家后常常和父母去看电影、听音乐，但后来就感到一切索然无味。

他深知自己如此长期忧郁愁苦会伤害身体，并且影响家人心情，但又苦于无法解脱，而且还导致睡眠不好、多噩梦及胃口不开。有时他感到很悲观，甚至想一死了之，但对人生又有留恋，有很多放不下的东西，因而下不了决心。

他的父母知道他的忧郁心理比较严重，总是想方设法讨他欢心，经常和他谈心，陪他听音乐，给他讲一些幽默笑话……可是没什么效果。文海很容易因为天气的变化而伤感，太阳好的时候他总是怕阴天，阴天的时候总是怕太阳不出来。

同学们见他总是这么的多愁善感，还总是写一些很忧郁的文章来表达他的心情，于是送给了他一个绰号，"忧郁诗人"。

人们都认为忧郁是一种高贵的精神品性，是一个良知者应有的文化基调，故在美学和哲学上都具有不可估量的意义与价值。从美学上看，忧郁情结同浪漫的悲剧感休戚相关。朱光潜说："浪漫主义作家突出的特点之一是热衷于忧郁的情调，叔本华和尼采的悲观哲学可以说就是为这种倾向解说和辩护。"他在《悲剧心理学》中系统阐释了忧郁的美学意味，并令人信服地论证了它的合理性："忧郁是一般诗中占主要成分的情调。""……在忧郁情调当中有一种令人愉快的意味。这种意味使他们自觉高贵而且优越，并为他们显出生活的阴暗面中一种神秘的光彩。于是，他们得以化失败为胜利，把忧郁当成一种崇拜对象。"

但是忧郁这种气质在心理学上是一种病态心理，也就是人们常说的抑郁症。很显然，故事中的文海是被抑郁"缠上了"。

抑郁心理是以心境低落为主，与处境不相称，可以从闷闷不乐到悲痛欲绝，甚至发生木僵。期间常常伴有厌恶、痛苦、羞愧、自卑等情绪，严重者可出现幻觉、妄想等精神病性症状。对大多数人来说，抑郁只是偶尔出现，历时很短，时过境迁，很快就会消失。但对有些人来说，则会经常地、迅速地陷入抑郁的状态而不能自拔。

然而，在多数人眼中，抑郁仿佛永远在他处，与己无关。事实并非如此，据世界卫生组织估计，几乎每30个人当中，就有一个人正经受着抑郁症的困扰，每15个人当中，就有一个曾经面对过这种疾患，并且男性比女性更容易患上抑郁症，其几率为2：1，并且抑郁症还具有一定的遗传性。但若没有重大事件的刺激，孩子和父母一般不会同时患上抑郁症。所以即使自己患有抑郁症，也不必忧心忡忡。避免孩子遭受不必要的打击，能很好地让他远离抑郁症。

抑郁症危害也比较严重，一旦被抑郁缠身，便会很难挣脱，有的甚至抑郁情绪反复发作，时好时坏。并且六成以上的抑郁症患者有过自杀的行为或想法，15%的抑郁病人最终自杀。

现代医学认为抑郁症发病一般不是单方面因素引起的，而是遗传、体质因素、神经发育和社会心理等因素共同作用的结果。家族病史、婴幼儿期没有得到足够的爱、突发灾难、长期精神压抑等，都是致病因素。

所以在养育男孩的过程中，要注意孩子的心情，一旦发现孩子有抑郁的心理，要根据抑郁形成的原因，及时解除孩子身上的抑郁魔咒。让孩子保持一种快乐的心态去生活。

虽然引起抑郁的原因多种多样，引起每个孩子抑郁的事情也都有所不同，但调节抑郁的方法却有法可循。其实，平时的休闲活动都可以在一定程度上调节抑郁情绪。下面介绍几种实用的小方法，不妨一试：

第一，随意涂鸦：父母引导孩子把引起他忧郁的事情画出来，比如，因为想念双亲而忧郁，就把双亲慈祥的面孔画出来，不要计较像与不像，只要倾注全部感情去画。如果讨厌一个人，也可以去画他，把你厌恶的感情也画进去。

第二，写下随想：当孩子心情不佳时，不妨拿起一支笔，抒发胸中的情感，将心情诉诸纸上，会有释放的感觉。写完之后最好不要回头去看，否则忧郁的情绪会循环往复，无法自拔。

第三，亲近自然：当你感到无助和抑郁时，不妨置身于自然之中，感受自然的鸟语花香，忘记现实的烦恼。

第四，妙用便利贴：把鼓励自己的话，写在便利贴上，贴在自己一眼就能看到的地方，不时提醒和鼓励自己，便不会感到孤单和委靡不振。

第五，聆听音乐：虽然音乐的确能够达到调节抑郁的目的，但不同的人最好根据自己的喜好来选择音乐。

第六，欣赏绘画：绘画是一种美的艺术，欣赏绘画是一种高尚的审美情趣。不论欣赏者的文化水平高低，都能从优美的绘画形象中得到美的享受，受到启发和教育。观赏绘画是一种有益于人体身心健康的活动，特别是当孩子心情忧郁的时候，看山水、花卉、鸟兽、松竹之画，会让他心情好转。当孩子难以入眠，或心情不顺畅，或烦躁不安，此时观画，可养心神。翻看山水画集，见到那一座座宏伟的大山，就会被大山拔地而起、直耸云天的气势所感染，就会被大山的深沉、稳健、镇静所感化，会因百丈悬流飞瀑而兴奋，也会被千姿万态的异石奇景所迷，亦为鸟语花香所醉。心入画中，置身其间，心旷神怡，实可起到消除抑郁的作用。

第七，创造家庭好环境：良好的家庭环境是使得孩子免受抑郁侵害的保护伞。父母应避免长期在孩子面前吵架、向孩子诉苦、给他讲一些悲观的想法。

建议二：妈妈的鼓励就是投向男孩心灵的阳光

中国伟大的教育家陶行知先生曾深刻地指出："教育孩子的全部秘密在于相信孩子和解放孩子。"相信孩子、解放孩子，首先要欣赏孩子，没有欣赏就没有教育。现在让母亲们停下来，给自己设置一个场景：

假设你今天在公司认认真真地做了一份策划书，被同事大肆赞扬一番，你会怎么想呢？会不会感到很欣慰："我的努力没有白费。"

假设你今天烧了一桌可口的饭菜，丈夫孩子吃完后满足地说："嗯，今天的菜做得真好！"你心里会不会特别高兴，下次还兴致勃勃地为大家做上一大桌的好饭菜？

其实孩子也一样，他们也很需要妈妈的欣赏和认可。要知道鼓励可以说是每一个人的自然需求。谁能总是受着批评、指责、埋怨仍保持喜气洋洋、斗志昂扬呢？而男孩幼小的心灵就更需要鼓励了，鼓励能使孩子信心高涨，更加努力，就像托马斯说过的那样："有时候，及时有力的鼓励是对孩子最好的帮助。"

成功学大师拿破仑·希尔从小曾经被认为是一个坏孩子。母牛走失了、树莫名其妙被砍倒了等诸如此类的坏事，人们都认定是他做的，甚至父亲和哥哥都认为他很坏。人们都认为母亲死了，没有人管教是希尔变坏的主要原因。既然大家都这么认为，他也就无所谓了。

直到有一天父亲再婚。当继母站在希尔面前时，希尔像枪杆一样站得笔直，双手交叉在胸前，冷漠地瞪着她，一丝欢迎的意思也没有。

"这就是拿破仑，全家最坏的孩子。"父亲这样介绍道，而他的继母则把手放在希尔的肩上，看着他，眼里闪烁着光芒。"最坏的孩子？一点也不，他是全家最聪明的孩子，我们要把他的本性诱导出来。"

继母造就了希尔，他一辈子也忘不了继母把手放在他肩上的那一刻。

每一次鼓励都是给男孩创造一次机遇，男孩需要鼓励，需要信心，就如植物需要浇水一样，离开鼓励，男孩就不能进步。记得威廉·詹姆斯也曾经说："人性中最深切的本质，是被人赏识的渴望。"事实也的确如此。在现实生活中，没有一只狗会在打骂中学会站立；没有一个孩子会在批评中产生学习的兴趣；没有一对情侣会在相互的指责中增加彼此的爱意；也没有一对朋友会在嘲笑中增进彼此的友谊。

人人都需要鼓励！鼓励是一杯心灵的安慰，鼓励是源源不断的力量源泉，鼓励是对孩子真挚的爱，鼓励还是一种执著的肯定。孩子在鼓励的支撑下，会一点点地做到最好。

因此，学会由衷地鼓励自己的孩子是十分重要的。不要给男孩施加压力，而是营造一个轻松的成长氛围。越是在自卑或不如意的时候，男孩越需要鼓励和欣赏，要知道过火的指责和粗心的淡忘，只会给男孩造成心理上的负面影响。

细节69

男孩忧虑善变怎么办

生活中有这样一群男孩，他们责任感强，老师说："今天打扫教室的同学一定要记得关窗子啊。"他们绝对不会像活跃型孩子那样等玻璃被狂风打碎才想起老师的话；他们感情细腻，多愁善感，看到红叶落下便会悲叹生命的可悲；他们还有一颗特别谨慎小心的心，当你说："今天的阳光真灿烂。"他们也要多想一下："这话有其他意思吗？"他们做起事来很少有果断干脆的时候，因为对未知的怀疑和想象，他们的口头禅一般是"虽然……但是……"和"如果……"

这类男孩与天性活泼的男孩相反。活泼的孩子最大的特点是把事物的积极面放大，而他们的特点是善于把事情坏的方面无限放大，一直沉浸在悲伤和难过中度日；活跃型孩子往往责任心不强，老是丢三落四，而他们一旦负责起什么事情来就会认真做好；活泼型的孩子大大咧咧，对人毫无防范之心，而他们有着很强的猜忌心，警戒心很重；活泼型的孩子有什么烦恼都说出来，而他们则喜欢把自己的心当成一口很深的井，胆怯和孤单常把心中的创意和感情抑压。

不过，怀疑型男孩身上有个最大的优点，那就是忠诚，他们忠诚于自己认定的事情，为了达到目标，他们可以不求回报，牺牲自己的利益。而且他们不像其他性格的孩子那样追求即刻的成功和回报。和其他性格的孩子比起来，怀疑型孩子的洞察能力是最强的，他们能够轻易洞察到身边的朋友谁心里高兴却装作若无其事；谁内心悲伤却面无表情。这对活跃型的孩子来说，是他们无论如何都想不明白的："这些家伙怎么像装了雷达，我想什么都逃不过他的眼睛。"

因为超强的洞察力，所以怀疑型孩子总是能够轻而易举地明晰自己身边的情况哪些有利、哪些不利。他们习惯于放大事物的缺点，忽视事物的优点，他们就是看到杯子里的半杯水会感叹"怎么只剩下半杯了"的那一类人。

任何一种性格都有各自的优点，但也有各自的缺点。中年人之所以显得成熟，正是因为他们经过生活的磨砺，已经把性格上的棱角磨平，性格渐渐趋于完善。因此，要想孩子成为受人欢迎的人，就要想方设法帮助他们克服性格上的缺陷，发扬性格上的优点，做一个性格完善的人。

建议一：男孩的焦虑源自父母反复无常的情绪

小龙是一个胆子很小的男孩，他从小生活在爷爷奶奶身边，爷爷奶奶对他呵护有加，关爱备至。那时的小龙活泼开朗，常常逗得爷爷奶奶哈哈大笑。

小龙6岁的时候回到了父母身边生活，爸爸脾气比较暴躁，小龙在他面前经常吓得什么都不敢说，不敢做。

一天，家里来了客人，爸爸让小龙给客人倒水，一不小心，茶杯摔在了地上，爸爸当着客人的面劈头盖脸地骂道："你真是个笨蛋！"生性敏感的小龙羞愧得无地自容，眼泪大滴大滴地往下掉。当天晚上，小龙做了一个噩梦，梦见爸爸恶狠狠地瞪着他，并用手指着他的鼻子大骂。从那以后，小龙只要看到爸爸就紧张，越紧张越是出错，每当这时，爸爸都毫不留情地加以训斥。小龙最后患了恐惧症，每天晚上做噩梦，一点儿风吹草动都会令他紧张得不行。

小龙的父母是爱他的，这一点毋庸置疑，但是父母无法控制自己的情绪，常常以粗暴的打骂来发泄情绪。他们一般是在父母阴晴不定、时好时坏的情绪中度日的。父母不高兴的时候，可能毫无原因地就对他们大发雷霆，高兴的时候，又可能对他们有求必应。在这样反复无常的生活中，孩子变得敏感多疑，时刻在对父母脸色的察觉中生活，于是他们最早学会的是揣测父母的态度，在这个察言观色的过程中，他们也学会了犹豫，以此来检查危险信号，他们童年的无助感，直接在焦虑中导致了怀疑特质的产生。

焦虑是一种可以转移的情感，最后完全可能发展成一种不敢面对他人、不敢面对权威的恐惧。我们还会发现，焦虑引起的压抑和恐惧会在其他领域反映出来，到最后和最初引起焦虑的问题已经没有关联。所以一定要让孩子在一个平和的环境中成长，尽量减少他们的焦虑感。

父母之间的恩爱、和睦的家庭氛围能够为男孩的身心成长注入生机与活力，增加男孩对生活的信心与勇气。在一个良好的家庭氛围的影响下，男孩一定可以健康、茁壮地成长。

那么父母应该注意什么呢？

第一，不要总是用命令的口气和孩子说话。

第二，父母要勇于承认自己做错的地方。

第三，正确对待孩子的反抗情绪。

第三点需要特别注意。有些家长高兴时，孩子提什么要求都满足，可当自己情绪不好时，即使孩子没有错也要批评一番。如果家长对孩子的态度经常是情绪化的，那家长在孩子面前就会失去权威。

随着孩子的成长，他已经有了自己的想法和看法，所以家长在管教孩子时经常会遇到孩子的反抗情绪。这种情绪通常通过愤怒、反抗、抵触的态度表现出来。在教育孩子时，本来孩子让父母说几句便可没事了，但孩子一顶嘴，很多父母便可能会勃然大怒，而说教也可能升级为一场打骂。

其实，反抗是孩子精神成熟的重要标志。从根本上讲，孩子自立、有主见就意味着要脱离父母并且开始产生与父母相异的想法，当然，其中有些想法可能会与父母近似。然而，即使这样，他们也不会囫囵吞枣地听信父母，而是将其纳入自己的思维框架中进行选择，接受自己认为可以接受的部分。不服从父母，甚至与父母发生争执，都是伴随着孩子的独立性增强而自然发生的现象。

总之，父母要注意的是，男孩在真正长大之前，做事情总是欠考虑，往往采取较为激进的做法，比如激烈地反驳家长。某段时期男孩总是感情用事，这时做父母的也不要与孩子计较，而要在孩子面前保持冷静。这一点对于孩子的成长极为重要。

建议二：过多的质疑、指责会使男孩变得胆怯、犹豫

我和我的学生已经相处快两年了，他们就像我的孩子，有什么委屈和不开心的事情都会和我倾诉，在我细心的呵护下，每个孩子的进步都很大。回想刚接这个班时，孩子大都活泼好动，特别是有几个"壮小伙儿"活动能量超大，听"1、2、3，发射！"肯定又是他们在玩儿发射火箭的游戏，这小拳头真轮到同学身上可怎么办？怎样才能使学生们在最短的时间里安宁下来呢。看来只有使出老招数"扮黑脸"了。此后，我常常板着脸，做出一副很厉害的样子。这一招，果然很管用，学生们开始变得规规矩矩，班里的秩序比以前也好多了。正当我为自己的方法奏效而感到得意时，一件事情却让我给自己打了个大大的问号。

一天早上，我像往常一样走进教室，第一眼就发现昨天刚整理过的书籍又变了样儿，我记得把书摆得整整齐齐的，这下怎么变成拱形的了。肯定是又有人乱翻东西了！孩子们怎么刚守了两天规矩又乱来了，我很生气。

"是谁干的？"我指着书桌问。学生们一个个都低下了头。"到底是谁干的？"我板着脸继续问。还是没有人肯承认。当我第三次指着问话的时候，终于有人站起来指了指姜奕涵。姜奕涵看了看我，低着头开始哭起来。做了错事还哭，但看着他可怜的样子，我也放弃了要狠狠批评他的念头。我告诉全班同学，要爱护大家共有的学习用品，不能随便翻动老师整理好的教具，他也马上点点头。

看着学生认真的样子，似乎都有触动，我想今天的事情肯定不会再发生了。

大概过了一个星期，课间，我回教室拿东西，使我意想不到的一幕发生了。图书角的书又变成拱形了，我正想勃然大怒，突然想起我最近在书上看到的教育艺术——换个角度教育学生，于是我问："这座桥真漂亮，是谁搭的？"只见王梓丞"腾"的一下站起来，用手指着自己，脸上满是自豪的笑，说道："是我做的。"是啊，面对同一件事情，孩子做出了如此不同的反应。不能说是孩子善变，看来问题出在我身上。

两种截然不同的反应有着必然的原因，我们的孩子很善于从大人的态度、表情中洞悉事件的程度。家长老师竖起的大拇指会让孩子有成就感，而严厉的指责使他联想到了不妙的后果，于是他就会选择退缩，想到了用哭去面对。

孩子是真实的，自然的。"皮格马利翁效应"告诉我们面对成人赞许、肯定的目光时，孩子心里会更自信，性格会更开朗、思维会更活跃。相反地，过多的干预、质疑、指责会使孩子变得胆怯，犹豫不前。

细节70

你的男孩属于哪种血型

莉莉是幼儿园的老师，她班上的18个孩子淘气、可爱、聪明。虽然他们年龄相当，却个性迥异，比如孙晓磊乖巧懂事，浑身上下透着一股沉静的气质，吃饭的时候自己乖乖吃饭，睡觉的时候也不像李楠楠那样总要老师提醒才上床；而李楠楠呢，特别顽皮，上课不是揪这位同学的头发就是把那位同学的课本藏起来；还有张易博，虽然是个男生，但特别胆小，常被李楠楠用毛毛虫吓哭。

为什么年龄相差无几的孩子们性格相差这么大，而且身上呈现出的气质都各不相同？

生活里，未见对方说话，只是看一个影像，我们就会对对方作出一个初步的判断，"这人应该很温柔典雅""这人看起来就很和蔼可亲，是我喜欢的类型"。这正是气质的奇妙之处。它不借助任何东西作为依托，而是通过我们的举手投足展现出来。

气质是一个古老的心理学问题。首先它与血液有关，血液、黏液、黄胆汁和黑胆汁。四种体液协调，人就健康，四种体液失调，人就会生病。几世纪以后，罗马医生哈林用拉丁语"emperametnum"一词来表示这个概念。这就是"气质"概念的来源。我国古代的思想家孔子从类似气质的角度把人分为"中行""狂""狷"三类。其中他主要指出后两者的特点："狂者进取，狷者有所不为。"意思是说，"狂者"一类的人，对客观事物的态度是积极的、进取的，他们"志大言大"，言行比较强烈表现于外；属于"狷者"一类的人比较拘谨，因而就"有所谨畏不为"；而"中行"一类的人则介乎两者之间，是所谓"依中庸而行"的人。

气质是人格中的先天倾向，它不同于人格的形成，除了以先天禀赋为基础外，还受到社会环境的影响。它是由人的生理素质或身体特点反映出的人格特征，是人格形成的原始材料之一。在孩子婴儿时期就有表现，如有的婴儿安静，有的好哭。等长大了，有的孩子沉静安详，关怀体贴别人；有的孩子性格开朗，处处透出大气凛然的风度，所以气质常常表现在一个孩子的性格上。

前面我们已经说过人有血液、黏液、黄胆汁、黑胆汁四种体液。早在公元前5世纪，古希腊著名医生希波克拉底根据哪一种体液在人体内占优势把气质分为四种基本类型：多血质、胆汁质、黏液质和抑郁质。多血质的人体液混合比例中血液占优势，胆汁质的人体内黄胆汁占优势，黏液质的人体内黏液占优势，抑郁质的人体内黑胆汁占优势。

不同血型有与之对应的行为特征：

1. 血型：A 型血

气质类型：多血质。

性格类型：活泼型。

行为特征：活泼易感好动，敏捷而不持久，适应性强，注意易转移，兴趣易变换，情绪体验不深刻且外露。

2. 血型：B 型血

气质类型：黏液质。

性格类型：安静型。

行为特征：安静沉着，注意稳定，善于忍耐，情绪反应持久而不外露，容易冷淡，颓废。

3. 血型：O 型血

气质类型：胆汁质。

性格类型：兴奋型。

行为特征：精力充沛，动作有力，性情急躁，情绪易爆发，体验强烈且不外露，不易制止，易冲动。

4. 血型：AB 型血

气质类型：抑郁质。

性格类型：抑郁型。

行为特征：反应迟缓敏捷懦弱，情绪体验深刻，持久且不外露，动作缓慢，易伤感，孤僻，善观察小事细节。

不同类型的孩子会拥有不同的气质，但孩子的气质并无好坏之分。每一种气质都有积极和消极两个方面，在这种情况下可能具有积极的意义，而在另一种情况下可能具有消极的意义。如胆汁质的孩子可能成为积极、热情的人，也可发展成为任性、粗暴、易发脾气的人；多血质的孩子情感丰富，工作能力强，易适应新的环境，但注意力不够集中，兴趣容易转移，无恒心等；而抑郁质的孩子学习中耐力差，容易感到疲劳，但感情比较细腻，做事谨慎小心，观察力敏锐，善于察觉到细小的事物。这就是血液与气质之间的微妙关系。

建议一：血型影响男孩性格

血型 A、B、O、AB 的四个男孩一块去食堂。

四个男孩默默吃着自己的饭谁也不说话，突然，吃了一半的 AB 站起身来跑了出去，A 和 O 觉得很好奇："他怎么了，还没吃完就走了？"

O 越想越奇怪，于是决定去看看 AB 干吗去了，便站起身来跑了出去。这个时候 A 坐不住了，带着怀疑的口气问漠不关心的 B："难道他们是因为不想和我一起吃饭才走的吗？"

第十一章 心智和身体共同成长

从这个小故事中我们会发现各种血型的特点：A 型血的男孩担心周围的事，盼望有平稳的人际关系；B 型血的男孩不愿受束缚，我行我素，不受周遭的影响，不在乎习惯与规则；O 型血的男孩不愿被压制，具有同伴意识，喜欢有个性的事物；AB 型血的男孩特立独行，具有独特的思维方式。

其实放眼生活，我们很容易发现各种血型孩子对事情处理方式的不同，比如妈妈洗了一块窗帘，正准备晾的时候接到单位的电话，于是妈妈对在一旁看动画片的孩子说："儿子，妈妈有事去一趟单位，你把窗帘晾阳台上吧。"儿子乐呵呵地回答："你放心吧妈妈，这事就交给我啦。"

这个时候，A 型血、B 型血、O 型血、AB 型血的孩子分别会怎么做呢？

A 型血的男孩看妈妈一走，便关了电视来到洗衣机旁，把妈妈放在盆里的窗帘拿到阳台上，先用抹布把晾衣竿擦干净，然后把窗帘挂上去，最后把窗帘的各个边角扯平，挂在阳台上的窗帘工工整整好似一幅画。

B 型血的男孩等妈妈关上门，眼睛一边盯着电视里的"火影忍者"，一边慢慢挪到洗衣机旁，拎起窗帘跑到阳台胳膊一甩，于是窗帘就稳稳当当地搭在了晾衣竿上。等妈妈回来一看，窗帘好似一条大麻花挂在阳台上，顿时哭笑不得。

在这件事情中 O 型血的男孩特别简单，因为等妈妈一走，他斜眼一瞅盆里的窗帘，说："等我先睡一觉再挂吧。"于是倒在沙发上便呼呼大睡，直到妈妈回来才发现窗帘还在盆子里躺着呢。

AB 型血的男孩是这件事情当中最令妈妈生气的男孩，因为妈妈前脚一出门，后脚他就拎着妈妈洗好的窗帘当自己的"秘密武器"，在沙发上一边甩一边蹦来蹦去，嘴里还振振有词："哼哼哈嘿，快使用双节棍……哼哼哈嘿，快使用双节棍……"等妈妈急匆匆地回到家，发现那块可怜的窗帘搭在沙发靠背上，而且沾满了灰尘……

在上面这个例子中，虽然是同一件事情，可是孩子们的表现却大不相同。那么血型为什么可以决定孩子的性格脾气呢？

血型是一种与生俱来的生理因素，生理因素对性格的形成有决定性作用，而血型作为重要的生理因素之一，也就决定了不同血型的人具有不同的性格特征。

日本的专家们经过多年研究，认为血型有其有形物质和无形气质两方面的作用。其中气质是无形成分，血型的气质表现，就是这类血型的孩子特定的思维方式、行为举止、谈吐风度等，是随着父母的生物遗传而延续到孩子身上的。比如 O 型血的孩子的性格特征是热情、坦诚、善良、讲义气，办事雷厉风行、踏实苦干、效率高；B 型血的孩子聪明、思路广，拓展力强，最怕受约束。但血型与性格除了遗传因素决定其本质外，还受环境，比如学校、家庭、社会的影响，所以性格才千差万别。

既然男孩的性格与血型有关，而血型又是生来就有，那么家长就要以此为出发点，去观察、分析孩子的性格特征，并以此为依据采取相应的方法对孩子进行教育。在所有的方法中，顺应天性的教育无疑才是最成功的教育。

不打不骂，养出男孩大志气的100个细节

建议二：妈妈应根据不同的血型与男孩沟通

父母有许多的人生经验想传授给男孩，但是，孩子却不一定愿意听。你是不是经常遇到下面的情况：

本来是想坐下来和孩子好好沟通下，一句话还没说出来，孩子就朝你嚷嚷："哎呀我和你有代沟，没法说。"当你想向孩子传授一下自己多年的人生经验，没想到话刚起了个头，孩子一句"你那套方法早过时了"就把你的话给生生噎了回来……

可怜天下父母心，没有哪位父母不希望孩子在自己人生阅历的指导下以后能少走些弯路，但崇尚自由向往未来的他们并不见得愿意坐下来听你说，那么怎样才能解决这个问题呢？

还是从男孩的血型下手。我们知道孩子的性格与血型有关，而血型又是生来就有、不能改变的，所以父母就要以此为出发点，去观察、分析，根据血型与孩子科学相处，避免与孩子产生隔阂。

我们举一个例子，如果男孩是A型血，喜欢按部就班、有条有理的生活，他们就特别讨厌B型血的男孩不拘小节经常迟到。试想这两种人相处，难免产生摩擦。而A型血的男孩与O型血的男孩相处，不但相互间交流舒畅，而且能营造出良好的气氛。又比如，A型血的男孩与A型血的人相处就不十分恰当，因为容易挫伤对方且不易弥合。俗话说"江山易改，本性难移"，当父母了解了男孩的血型特征，交谈中被他们激怒时，对待男孩的言行就会比较冷静客观，作出的反应也比较恰当。因为男孩天生就是这种性格，即使用指责、埋怨、愤怒的方式也无济于事，只有用理解的态度，宽容和体谅他们，才能避免矛盾的发生，并引导事情向好的方向转化。

同时，父母也应该根据孩子的血型特征来相应地转变自己的行为习惯。

1.A型血

特征：有牺牲奉献的精神，具有协调性；积极服务别人，重视周遭气氛；喜爱孤独，易掩饰自己的真心，无法信任别人。

欣赏的类型：喜欢衣着朴素，做事认真且行动有力，头脑灵敏，信心十足，关心家庭生活的父母。

2.B型血

特征：个性爽朗、开门见山、心肠软、有同情心，爱好横向关系的拓展；全凭直觉及印象，容易不顾一切地蛮干下去；不求结果，只在乎过程，极为重视现在。

欣赏的类型：喜欢穿着端庄、有品位、言谈举止得当、乐观积极的父母。

3.O型血

特征：洞悉大局后采取行动，一旦下定决心便很难再改变；对善意、恶意很敏感，以信赖感为主轴，有很彻底的同伴意识，喜欢成群结党。

欣赏的类型：欣赏装扮入时有自信，个性活泼的父母，喜欢谈吐热情又风趣的谈话方式。

4.AB 型血

特征：天生和平主义者，很热心地做一些与自己的利益无关的事，对人忽冷忽热，常被视为异端；特立独行，不会主动投入团体。

欣赏的类型：喜欢穿着讲究、有品位、清爽、朴素典雅的父母，喜欢谈论有关学术性、艺术性的话题。

总之，理想完美的相处关系应是家长时时能与孩子沟通，而孩子也能尽快地了解家长的意图，其中最好的模式就是 O 与 A、A 与 AB、AB 与 B、B 与 O 的相处关系。当父母能遵循这个模式去与孩子相处或是改善自己的谈话方式时，相信就会取得良好的效果。

细节71

你的男孩属于哪种人格

和孩子一起排队等车，突然有人插队，这时不同的孩子就会有不同的反应——

有些孩子会生气，问他为什么生气，有的孩子会说"人们按先后顺序排队，插队是不应该的，是不守规矩的"，有的会说"插队对排队的人太不公平了"，有的则会说"那后面排队的人岂不是太不值了"，还有的孩子就是莫名火起。

有些孩子会皱着眉紧盯着插队的人看却不出声，如果问他在想什么，他会说"插队会影响秩序，是不对的"，但他说话的声音特别小，几乎是嗫嚅地，因为他很怕被周围的人特别是那个插队的人听到。

有些孩子则很平静，像什么事都没发生一样，如果问他怎么看插队的人，他可能会说"可能他有些事情急着要办，着急上车"或是"插队就插队吧，我无所谓"。

可见，每个孩子都有其不同的思维模式和行为特点。从深层次究其原因，正是因为每个孩子都具有不同的价值观所致，有的孩子重视公平、有的重视规则、有的则重视他人的感受，由此就可以将不同的孩子归为不同的人格类型。

每个孩子自出生开始，就具有一种独特的气质，也就是天生的性情和脾气。这从婴儿时期其实就可以捕捉到，例如有的婴儿很少哭闹、特别爱笑，而有的则显得脾气暴躁、常哭哭啼啼，这其实就是婴儿气质的外部情绪体现。不过，每个孩子在婴幼儿时期的情绪并不独受制于自己的气质，很多时候父母的性格脾性和管教方法也会影响他们的情绪。所以，如果想要孩子朝着其所属类型的较高层次发展的话，父母就要根据他们固有的性格惯性进行趁势的引导和教养，以期孩子能有一个健康的发展方向。

那么，父母怎样才能知道孩子属于哪一型人格呢？

最简单的办法就是通过直接观察，仔细观察孩子的一言一行，尤其是在他不说话的时候，最能反映出他的类型。而且，年纪相对较小的孩子更容易观察，因为年龄较小的孩子心理防御机制还尚未成型，此时的孩子不会对自己的感受、情绪、想法和行为做过多的掩饰或抑制，所以有经验的父母就很容易看出孩子大概属于哪一种类型。

举几个简单的例子，1号完美型的孩子从小做事就非常有条理，自理能力很强，很爱批评那些不合规矩的事，比较爱钻牛角尖，常常把"应该、不应该"和"对、错"挂在嘴边，对自己的要求很高；5号观察型的孩子比较内向，求知欲很强，对知识性强的书籍特别感兴趣，不善与人交往，也不喜欢和家人谈自己的想法；而7号享乐型的孩子则是精力充沛、整天嘻嘻哈哈的，他们很容易对新鲜的事物发生兴趣，计划很多但没有几个真的可以实现，他们最容易半途而废。总而言之，年幼时期的孩子并不懂得掩饰自己、用一些刻意为之的行为向父母传达虚假的信息。所以，趁孩子还处于幼年时期，及时判定出他们属于九型人格中的哪一类，无疑是较为准确的。

对于年龄较大的孩子来说，有的时候直接观察可能就不一定那么有效了。不过，孩子每做出一个行为都是其心理活动的一次反映，因此父母平时就要留心孩子的行为、言语甚至是表情，在此基础上保持和孩子的深度沟通，了解他行为背后的心理活动机制，以此来获得关于孩子的最准确的信息。

建议一：怎样判断男孩的人格类型

人格被分为九型，每个男孩都属于一个相应的类型，而这个型就是男孩的基本人格形态。虽然孩子的基本性格形态不会改变，但孩子为了顺应成长环境、学校教育，他们在安定或压力的情况下，有可能出现一些个性差异。所以，某一型的典型描述，只是一个大致方向，不见得全然符合某一个孩子。

这九种类型的特点如下：

1. 完美型
优点：有条理，负责，能够自我控制，追求完美，注重细节。
缺点：自我批判过度，爱钻牛角尖，苛刻。
主要表现：不玩稍有破损的玩具；作业字迹工整；要求自己必须考100分才能得到奖励；非常注重老师的表扬；容易内疚自责。

2. 助人型
优点：有爱心，乐善好施，随和，善于处理人际关系。
缺点：占有欲强，不懂拒绝，缺少主见爱随大流。
主要表现：喜欢小动物；爱帮助别人，但不考虑自己的实际能力。

3. 成就型
优点：自信，适应力强，注意力集中，卓越，有干劲，察觉力强。
缺点：自恋，爱炫耀，争强好胜，逃避失败，害怕被人洞悉自己的内心。
主要表现：学习观察能力很强；在小朋友们面前非常注重自己的形象；爱在大人面前表现自己；喜欢出风头以受到老师的关注。

4. 自我型

优点：具有独特性，创造力强，有主见，自信。

缺点：情绪变化无常，对批评过度敏感，易忧郁、妒忌。

主要表现：认为自己才是正确的；生活中我行我素，追求独特；情绪变化很快，易激动；经常沉迷于自己的幻想当中；喜欢向老师父母提出奇奇怪怪的问题。

5. 理智型

优点：遇事冷静，条理分明，观察敏锐，求知欲强，分析能力突出。

缺点：沉默寡言，欠缺活力，反应缓慢，固执死板。

主要表现：喜欢和身边的同学保持一定的距离；不喜欢参加课外活多；对《十万个为什么》类型的书很感兴趣。

6. 疑惑型

优点：做事谨慎负责，团体意识很强，务实，守规。

缺点：不轻易相信别人，多疑虑，安于现状，缺乏创造力。

主要表现：对父母依赖性很强，不喜欢单独活动；在学校遵守校纪校规；对待学习踏实认真。

7. 活跃型

优点：热情开朗，乐观，积极主动，具有感染力。

缺点：做事欠缺耐性，易冲动，定力很差。

主要表现：贪玩，很容易对电子游戏上瘾；多才多艺，喜欢带动朋友之间的气氛；不喜欢受老师父母的管教；学习上老半途而废。

8. 领袖型

优点：果断，自信，不拘小节，独立，勇敢有闯劲。

缺点：具攻击性、以自我为中心，报复心强。

主要表现：妈妈叫不要做的事情，偏要去做；爱指挥同学干这干那；经常成为班级活动的带领者。

9. 和平型

优点：随和，接受能力强，有耐心，协调性好。

缺点：做事缓慢，懒惰，压抑，优柔寡断。

主要表现：怕见生人，害羞；没有爸妈的督促就完不成家庭作业；不喜欢和同学争辩，也不爱出风头。

必须强调的是：每一个人的成长环境都是独一无二的，所以同类型孩子之间可能有许多共同点，却也各自拥有一些只属于自己的东西。这其中，没有哪一型比较好，也没有哪一型比较差的绝对价值观，每一型的孩子都各有其优缺点。父母了解孩子的人格类型后，不应该给孩子贴上标签，拿着"类型特征"的借口来限定孩子，或者是武断地认定孩子未来的发展状态。每一型的孩子都会受健康或是不健康的因素的影响，从而产生不同的变化。

所以，父母应该在完全了解孩子的基础上，结合孩子的性格特征采取相应的教育方式，让他们扬长避短，最大限度地发挥出自身的优势。要知道，每个孩子都有自己性格的优缺点，而那些日后能够成功的孩子，就是因为他们懂得如何利用自己的性格，完善自己的人生，从而取得理想的人生。

建议二：爸爸妈妈应该尊重男孩的人格类型

人格类型是天生的。孩子呱呱坠地，来到这个世界上的那一刻，他们的人格类型就已经确定了，这可能是由在子宫内遇到的事件所决定的，也可能是由母亲怀孕期间的精神状态所决定的。换言之，亲子关系不能决定孩子的人格类型，但会影响孩子的健康程度。因为在孩子的成长阶段，他们将显现出大人意想不到的能力和处世方式，期间如果父母无意之中阻拦了他们的自然发展，孩子便会成为心灵扭曲的人或精神病患者。

所以，父母必须观察孩子的类型，并且以孩子所属型号的最佳发展来与他们相处、引导他们成长，而不是试图去改变他们。于是，当父母通过心理工具（例如九型人格）去引导孩子发展自我时，便给孩子带来了最宝贵的礼物：情感健康的童年和更加愉快的未来。

用一个很简单的例子来说明：

小伟的父母都属于性格外向的人，他们精力充沛而富有活力，但是他们的宝贝儿子却安静、严肃并且内向。小伟讨厌跟着爸爸妈妈到处串门见朋友。比如出门前妈妈会说："儿子，今天咱们去李叔叔家，记得叫人哦。"可是到了李叔叔家，任凭爸爸妈妈在旁边怎么威逼利诱，小伟就是不开口，急得爸爸差点没动手打他。

久而久之，爸爸妈妈认为小伟太内向，便给儿子报了合唱团，想让儿子变活泼一点。但是去了一次以后，小伟就再也不去了。父母逼急了，往往是前脚刚把他送到少年宫，后脚老师就看不到他的人影了。打也打了、骂也骂了，小伟不但变得更加不爱说话，而且还处处躲着父母。小伟的父母为此烦恼不已。

由此可见，若不了解孩子的性格类型，父母和孩子之间的关系也许就会变得紧张。小伟也许认为："我一定很让爸爸妈妈失望。"这会导致孩子情感上的无助。而父母设法操控或迫使孩子更像他们，却因为不了解孩子而感到内疚："孩子变成这样都是我的错。"

不难看出，如果父母能够清楚地了解九种性格各自的特点，明白是什么驱使孩子和自己产生不同的行为，如："孩子为什么喜欢安静？孩子为什么不肯开口叫人？"通过孩子的性格表露发现其内在的人格类型，完善孩子的性格也就变得非常简单了。

小伟的少言寡语，其实就是因为他属于九型人格中的理智型。他的思维模式和习惯决定了他沉默寡言、欠缺活力，甚至反应缓慢，所以他喜欢和陌生人保持一定的距离，不喜欢很热闹的场合。但父母只要仔细观察就会发现，属于这一性格类型的小伟在沉默寡言的同时，思维分析能力和求知欲会很强，而且他遇事一定能够从容不迫地应对。当疑惑的父母明白了这些问题后，尊重孩子的性格类型，再加以恰当的引导，相信一切难题都能迎刃而解。

第十二章
把潜力扩大到 N 次方
——激发男孩的创造潜能

细节72

每个男孩都是天才

创新，源自拉丁文，是"生长"的意思，也是源于古罗马五谷女神塞瑞斯的名字。创新不是天上掉下来的恩物，创新源自于地上，植根于泥土，影响着生活。

人类社会发展进步的历史就是不断创新的历史。人类学会了驾驭马匹以代替步行，当他们觉得马车仍不够快时，他们就幻想着能够像鸟一样自由地飞，于是就有了汽车，有了飞机。人类就在不断创新中得到飞速的发展。

人们从科学技术日益迅猛发展进步中，越来越深切地感受和认识到创新的重要和可贵。有识之士提出了响亮的口号："创新是21世纪的通行证。"

海尔执行总裁张瑞敏在接受《中外管理》杂志采访时，曾表示："我佩服通用的韦尔奇，他既能把企业做大，同时又能把企业做小。在全球企业中，只有他做到了。"张瑞敏所欣赏的，也正是海尔自己正在做的。海尔要把每个员工经营成"SBU"，就是要充分发挥每位员工的创新精神，成为海尔发展的动力，从而保持企业安全稳定、快速永续的发展。

"SBU"是"strategical business unit"的英文缩写，即"战略事业单位"的意思，不仅每个事业部而且每个人都是一个"SBU"，那么集团总的战略就会落实到每一位员工身上，而每一位员工的策略创新又会保证集团战略的实现。

所谓"SBU"，用海尔副总裁、商流推进本部部长周云杰的话就是"每个员工都是一个公司"。因为既要有大企业的规模，又要有小企业的快速反应，因此必须把大企业的航母变成无数个可以拆分的单独作战的主体，不是"各自为政"，而是"各自为战"，所以，就要把每个员工都变成一个"战略事业单位"。

海尔的做法是使得企业中的每个人都是一个公司，都能够进行自主经营，海尔把这个思路叫做"每个人都成为一个'SBU'"。其本质是将创新精神作为基因植入员工身上，在这个基础上创造有价值和竞争力的订单。"SBU"经营作为一种倡导员工自我经营的领先的经营理念和经营方法，一方面赋予每个人一片独立创新的天地，可以最大限度地激发员工的潜能、创造性和积极性，实现了员工创新空间和自我价值实现的最大化，是一种真正的本能管理模式；另一方面，每个人都是一个市场，每个人又直接面对一个市场，每个人的报酬与他的市场订单直接挂钩，按效分配，体现了市场经济时代分配的公平性。

张瑞敏不仅仅懂得创新对企业发展有重大的意义，而且懂得如何发挥每一个人在创新中的价值。他认为企业中的每一个员工都是创新的原动力。每一个人也都有创新的欲望，只要把员工的创新欲望恰当地引导出来，就会创造出更大的价值。

因此，我们做父母的也应当明白男孩子心中的创新欲望，他们也是创新的主力军，只要父母在日常教育中给予正确的引导，就能挖掘他们自身的潜能，创造更大的价值，在他们成长的日子里创造更大的辉煌和成就。

"创新"对于男孩子来讲都有一种熟悉的陌生感，熟悉是因为他们在生活和各种媒体中能常常见到，陌生是因为他们觉得它很神秘。说到创新，男孩子立即会想起牛顿，想起爱因斯坦，仿佛创新就是他们这些人的专利似的。事实上并非如此，有人曾说过："创新存在于任何时间，任何地方。"

一位成功人士说过，任何人都可以推陈出新，所以父母应该让男孩子明白：一个人要想有所创造，重要的是具有创新意识和观念以及勇于尝试的精神。而对生活产生较大影响的创新发明多数都是普通人在寻常生活中发明的，而不是出现在实验室或者研究机构。

日本一位家庭主妇，将收缩薄膜覆盖在晒衣竿上并浇上热水。由于薄膜收缩，贴在晒衣竿上，于是变成了晒衣竿的塑料薄膜。这是20年前的一件价值100万日元的发明。

纺织厂的纺锤本来是卧式转动的，一天，英国纺织工哈格里夫斯偶然发现家里的纺车被妻子珍妮无意中碰倒了，使横架的纺锤竖直起来，哈格里夫斯这时想：纺锤能不能立着转呢？如果可以的话，不是可以用一个纺轮带着许多个纺锤同时转动，一下子纺出好几根线吗？正是这一思路，新的纺织机问世了，将纺锤增加到8个，从此，纺织业的工效提高了8倍。它的发明者为了纪念自己的妻子，将这部最早用于生产的机械纺机命名为"珍妮机"。"珍妮机"的运用降低了棉纱的生产费用，扩大了市场，给工业以最初的推动力。

因此，父母要让男孩子明白：创新存在于他们生活的每一个角落。只要他们能够用心观察自己的生活，积极思考，在平凡的生活中充分发挥自己的创造性，那么他们都可以进行创新活动，在他们的学习、生活和工作的各个方面都可能迸发出创新的火花。

创新能力，是每个正常男孩所具有的自然属性与内在潜能，普通人与天才之间并无不可逾越的鸿沟，惠能和尚甚至说，"下下人有上上智"。创新能力与其他能力一样，是可以通过教育、训练而激发出来并在实践中不断得到提高的。怎样才能迅速提高男孩的创新能力呢？那就是让他们耐心地把简单的事情做好。只有做好了简单的事情，才能积累更多的经验和智慧为开拓一条创新之路奠定坚实的基础。

有一位青年在美国某石油公司工作，他所做的工作连小孩都能胜任，就是巡视并确认石油罐盖有没有自动焊接好。石油罐在输送带上移动至旋转台上，焊接剂便自动滴下，沿着盖子回转一周，作业就算结束。

他每天如此，反复好几百次地注视着这种作业，枯燥无味，厌烦极了。他想创业，可又无其他本事。他发现罐子旋转一次，焊接剂滴落39滴，焊接工作便结束了。他想，在这一连串的工作中，有没有什么可以改善的地方呢？一天，他突然想到：如果能将焊接剂减少一两滴，是不是能节省点成本？于是，他经过一番研究，终于研制出"37滴型焊接机"。

但是，利用这种机器焊接出来的石油罐，偶尔会漏油，并不理想。但他不灰心，又研制出"38滴型"焊接机。这次的发明非常完美，公司对他的评价很高。不久便生产出这种机器，改用新的焊接方式。虽然节省的只是一滴焊接剂，但"一滴"却给公司带来了每年5亿美元的新利润。

这位青年，就是后来掌握全美制油业95%股权的石油大王——约翰·D·洛克菲勒。

其实，男孩人生的改变总是从有所创新开始的，"改良焊接机"改变了洛克菲勒的人生。他成功的关键在于，他特别注意普通人往往会忽略的简单小事，能见别人所未见，才能做别人所不能做的事。因此，要想让男孩成为事业的佼佼者，需要他们从简单的事情做起，发挥自己的能动性和创造力，才能创造出不平凡的业绩，为我们的人生画上亮丽的一笔。

建议一：警惕男孩子的潜能正在被浪费

在中国，传统的家庭育儿一般起步都比较晚，家长们总认为孩子在婴幼儿时期什么也不懂，不必进行潜能训练。这样就使孩子白白错过了潜能开发的关键时期；也有的家长虽然意识到应该在孩子刚出生时就训练孩子的潜能，却不知道该如何训练。没有明确的教育目的，时断时续，难以取得良好的效果；另外，一些不科学的育儿方法，甚至会阻碍孩子潜能的发展。

儿童虽然具备潜在能力，但这种潜在能力不是一成不变的，而是遵循一定的规则在变化。在老威特看来，儿童潜能是递减的，比如说生来具备100度潜在能力的儿童，如果从一生下来就给他进行理想的教育，那么就可能成为一个具备100度能力的成人。如果从5岁开始教育，即便是教育得非常出色，那也只能成为具备80度能力的成人。而如果从10岁开始教育的话，教育得再好，也只能达到具备60度能力的成人。这就是说，教育开始得越晚，儿童的能力实现就越少。这就是为后人熟知的儿童潜能递减法则。

根据儿童潜能的递减法则，某种智力发展的最佳期非常关键，它对人一生的智力发展都起着决定性作用，千万不要错过。对男孩早期智力开发的关键，就是抓住最佳期。

卡尔·威特教育法的创始人老威特指出，任何动物的潜能都有各自的发达期，而且这种发达期是固定不变的。倘若不让其在发达期得到发展，那么以后也很难发展了。

最著名的例子是英国司各特伯爵的儿子小司各特。

司各特伯爵夫妇携带他们的新生婴儿出海旅行，行至非洲海岸时遇到大风暴，船被巨浪打翻，全船的人都遇难，只有司各特伯爵夫妇带着小司各特爬上了一个海岛。那是个无人的荒岛，岛上长满了热带丛林。司各特伯爵夫妇很快就被热带丛林里的各种疾病夺去了生命，只留下孤零零的小司各特。后来一群大猩猩收养了只有几个月大的小司各特，他就跟着这班动物父母成长。

20多年后，一艘英国商船偶尔在那里抛锚，人们在岛上发现了小司各特，他已经长成一位强壮的青年，跟一群大猩猩在一起，像大猩猩那样灵巧地攀爬跳跃，在树枝间荡来荡去，他不会用两条腿走路，也不会一句人类的语言。人们将他带回英国，引起了巨大的轰动，也引起了科学家们的极大兴趣。科学家们像教婴儿那样教导小司各特，力求他学会人的各种能力，以便他能够重归人类社会。

他们花费了10年工夫，小司各特终于学会了穿衣服，用双腿行走，虽然他还是更喜欢爬行。但是，他始终也不能说出一个连贯的句子来，要表达什么的时候，他更习惯像大猩猩那样吼叫。

之所以出现这种情况，就是因为学习语言能力的发达期是在人的幼儿时期。小司各特当时已经20多岁了，他错过了学习语言的最佳时期，而错过了这段时期，他的这种能力永远消失了。

儿童潜能递减法则是实践经验的总结，所以教育男孩的第一要旨就要是杜绝这种递减。而且由于这种递减是因为未能给男孩发展其潜在能力的机会致使枯死所造成的，因此，教育男孩最重要的就在于要不失时机地给孩子以发展其能力的机会，也就是说要让孩子尽早发挥其能力。

儿童心理学指出，儿童的最佳发展时机是在婴幼儿期，即从生下来起到3岁之前。我们说，这个时期是天才裂变的时期。

建议二：真正操纵孩子命运的是父母

老威特说，如果一棵树以正常状态生长，它能够长30米高，那么这棵树就具有可以长到30米高的可能性。同样，一个孩子要是在理想的状态下成长，可以成长为一个智商高达100分的人，因此我们就认为这个孩子具有100分的高智商。具有这种智商的人就是天才，而这种天赋是人人内心都潜藏着的，因此只要对孩子进行适当的教育就可以让他成为天才。

充分发挥儿童的潜能是卡尔·威特教育法的目的，这也是老威特的教育理想。他认为世上天才不多的原因就是没有对儿童进行适当的教育以至于孩子的潜在能力得不到充分的发挥。如果能尽早地引导孩子发挥出这种潜能，就能培养出伟大的天才。

有人说，天才取决于天赋。也有人说，天才靠的是后天教育。关于这一点，老威特有他自己的看法。

他绝不是否定遗传的重要性。但是遗传对孩子的命运来说，已不像很多人所想的那样有强大的决定力。老威特的看法是：孩子的天赋当然是千差万别的，有的孩子多一点，有的孩子少一点。假设我们最幸运地生下一个禀赋为100的孩子，那么生就的白痴其禀赋大约只能在10以下，而一般孩子的禀赋大约只能在50左右了。

当我们说某些男孩有天赋的时候，这些孩子往往已经长到了五六岁。如果面对一个新生的婴儿，一定不会有人说，"这个婴儿以后会成为一个优秀的音乐家"或者："这个婴儿将来会成为一个了不起的文学家。"

断言一个五六岁的男孩具有什么样的先天能力，与断言一个初生的婴儿具有什么样的先天能力是不同的。前者是教育的结果，因为人们的评价依照的是五六岁以后的情景。

如果所有男孩都受到一样的教育，那么他们的命运就决定于其禀赋的多少。可是今天的孩子大都受的是非常不完全的教育，所以他们的禀赋连一半也没发挥出来。比如说禀赋为80的，可能只发挥出了40；禀赋为60的，可能只发挥出了30。

因此，倘能乘此实施可以发挥男孩禀赋八到九成的有效教育，即使生下来禀赋只有50的普通男孩，他也会优于生下来禀赋为80的孩子。当然，如果对生下来就具备80禀赋的男孩施以同样的教育，那么前者肯定是赶不上后者的。不过我们不要悲观，因为生下来就具备高超禀赋的孩子是不多的，大多数男孩，其禀赋约在50左右。何况如果我们以科学的方法进行生育，男孩的禀赋决不至于过差，甚至得到高超禀赋的男孩的机会也是很大的。

当然，我们承认男孩们的天赋之间存在差异，正如我们承认种子有优劣之分，但要了解，一个糟糕的种植者可能会使一颗优良的种子中途枯萎或者根本无法发芽生长，而一个高明的农业师则可能使普通的种子生机盎然，茁壮成才。

没有一个男孩生下来就注定会成为天才，也没有一个男孩命定一生会庸碌无为。这在很大程度上取决于后天的环境，取决于后天的培养和教育，父母则是其中最为直接和关键的因素。事实上，是父母操纵着男孩的前途和命运，决定着男孩的优劣成败。父母的信心和正确得当的教育观念是填平孩子之间天赋差异的关键所在。

细节73

好妈妈不为男孩的潜能设限

在马戏团里的表演项目中，大象扮演了重头戏的角色，虽然身躯壮硕重大，但表演起来也相当灵活。这些灵活的大象也是从小就开始接受训练的，经过长年累月的调教，等它们长成巨象的时候，也就能出场表演了。

当它们还是小象的时候，为了防止逃走，调教它们的人会在它们的脚上绑一条铁链，这时候，它们的活动范围就受到这条铁链的限制，慢慢地，小象长大了，可是脚上的铁链还是像以前一样，这个时候，如果大象用力一踢，铁链就必断无疑。可是，奇怪的是，大象从来就不知道这一点，所以它们的活动范围也就是那么一点。

绑住大象，限制了它的自由，束缚它的活动的到底是那条实际的铁链呢，还是它脑海中那条无形的铁链呢？

现实中的人类又何尝不是如此？

所有从外在看来似乎完全无法克服的障碍，事实上全都是假象，真正难以突破的，是自我内心深处的重重设限。在人生策划中，只要能够战胜自己潜意识当中的"不可能"障碍，任何人都可以获得好的心情，取得好业绩，达到自己的目标，做到自己真正想做到的事情。

人的智能发展都是不均衡的，都有智能的优点和弱点，而人一旦找到自己的智能的最佳点，使智能潜力得到充分的发挥，便可取得惊人的成绩。然而，男孩们往往为自己设置了太多的心理障碍，将潜能包得严严的，使之不能发挥出来，就像大象不能挣脱那条铁链，尽管铁链已经取消或自己的力量足够强大，可障碍已经印在了头脑中，这是可怕的，也是可悲的。

家长要让孩子明白，要想有所成就，就要放飞自己的思想，做一只自由的飞鸟，不让任何事情牵绊自己，激发"沉睡"已久的生命潜能。

建议一：培养男孩的想象力很重要

爱因斯坦认为想象力远比知识本身更重要，父母在教育男孩学习好文化知识的同时，要重视想象力的培养。因为知识是有限的，而想象力概括着世界上的一切，并推动着进步。想象是知识进化的源泉。同时想象力也是一种很重要的商业思维。

父母要想让孩子拥有一个想象力丰富的头脑，需要在日常生活中培养。教育学家告诉我们，培养想象力最方便有效的方式便是游戏。在游戏中培养我们想象力的观点被越来越多的人认同和关注。下面这个游戏可以帮助我们培养想象力。

游戏的过程是这样的，游戏的主持者为了让每一个参与者进入放松的状态。主持者有语言导向带领大家进入游戏：请大家自由地呼吸并闭上眼睛。

自由呼吸，心无杂念。这样就开始了一次想象之旅。集中注意力于我的语音，并感觉你的身心开始越来越放松……继续放松……

你周围是一片黑暗……你完全被夜色所包围……你感到温馨、放松和自如。集中神志于你的呼吸，轻松地慢慢呼吸。集中神志于你周围的令人舒服的夜色，在远处，你仿佛看到了一个圆圆的小物体。慢慢地、逐渐地，它离你越来越近，最后离你只有1米远；它悬挂在黑色夜中，就在你的眼前。这个物体上有一个钟表，它的时针和分针都指向了

12，这是一个普通的表，有普通的黑色指针和普通的……白色的……表盘。

当你继续集中神志于表盘和指向12的指针的时候，你开始感到时间好像开始凝固了。现在，慢慢地，分针开始沿着表盘走动，开始的时候很慢，然后稍快，后来更快。在几秒钟的时间之内，它已转了一圈，时针现在指向1点了。分针继续转动，而且速度越来越快，因此时针也从一个数字跳到另一个数字，速度越来越快……当指针继续绕着表盘旋转的时候，你感到自己正被轻轻地拉……轻轻地被拖进未来之城……当你穿越时间的时候，缕缕的空气轻轻地擦着你的肌肤……直到最后，你开始慢下来……表针终于停下来了，整整10年已经过去了。

你向左边的远处看去，看到在光亮的地方有个人。那个人就是你，10年后处在理想的工作环境中的你。对你来说万事如意。将你的意识融到未来的你身上，感受未来的温馨和积极。现在环顾四周，谁和你在一起？你看到了什么样的工作环境？你看到了什么样的设施和家具？周围的人们在说什么？这里有一扇窗户吗？你能看到窗外吗？如果能，你看到了什么？集中神志于你能看到的、感觉到的和听到的细节，并让自己感受未来之你的成就和纯粹的满足……

现在你感到自己又被拖进黑暗中，直到在远处，另一个场景开始浮现。就在正前方，你看到自己在另一个光明之地。这次是整整10年之后，你处于一个理想的家中，诸事完美……万事如意……你的身心洋溢着温馨、自豪的感觉……在光明之地环顾四方。谁和你在一起？你看到了什么家具？尽量集中神志于声音，让意象越来越清晰。集中神志于你能看到的、感觉到的和听到的细节，并让自己感受未来的你的成就和纯粹的满足。

当你又被轻轻地拉向黑暗时，光明之地开始暗下来……当我告诉你睁开眼睛时，你将重新回到现在，你将回忆起你美好的未来形象，那些美妙的成就感和满足感将在心中留驻……好了，慢慢地、慢慢地，睁开你的眼睛，你又回到了现在。

游戏结束后，让参与者记下某些意象中的细节。让他们写下一个简短的计划，表明从现实到想象意象的过程中，他们有什么收获。最后，就想象和为激励做规划的重要性展开讨论。

可见，这个有趣的游戏让男孩进行了一场想象之旅。这个游戏只是一个范例，父母还可以通过其他的游戏来培养男孩的想象力，这样在游戏中不但能体会到乐趣，还能增长智慧。这样在游戏中锻炼了男孩的想象力，丰富的想象力可以让我们的生活更有创意，更加绚烂多姿。

想象力的缺乏一直是许多男孩实践能力差的原因之一。那么如何提高自己的想象力呢？父母不妨从以下几个方面培养：

1. 要让孩子养成多提问题的好习惯

好奇心是每个人都有的，好奇心是推动男孩进行创造性思维的内在驱动力。当他们不断提出各种各样的问题时，父母要引导他们通过自己独立思考来寻找答案。

2. 丰富男孩头脑中表象的储存

表象是外界事物在人的头脑中留下的影像，是具体、形象的。因为表象是想象的基础材料，所以男孩头脑中的表象积累得多，就有进行想象的丰富资源。带领男孩经常去博物馆参观、到郊区游览、参加各种公益活动或走亲访友等,都可以让他们自己记住许许多多的表象。为了记得多、记得准、记得牢,可以通过写日记,把头脑中的表象再现出来。

3. 扩大语言文字的积累

想象以形象为主,但离不开语言材料,特别是需要用口头语言或书面语言将想象的内容表述出来时,语言材料起着重要作用,因此,要男孩扩大语言文字的积累。比如,让他们备一个摘抄本,把阅读中遇到的名句、名段摘抄下来,平时可拿来翻阅。

4. 多在实践中获得知识

俗话说"读万卷书,行万里路",让男孩多接触社会、接触大自然,开阔眼界和心胸,在玩耍中增长见识。再者,学一门乐器或学学绘画,这些都是培养创造力的好办法。积极参加课外兴趣小组活动,每一种兴趣小组活动都有大量的形象化的事物进入自己的脑海中,且需要进行创造性想象才能完成活动任务,这对提高想象力十分有益。

建议二:和男孩一起玩创造性游戏

游戏是帮助开发大脑潜能的最好的金钥匙的观点日渐得到越来越多人的认同和关注,因此游戏也被人称为是孩子最好的老师。伟大的教育家老卡尔·威特就很重视游戏对孩子的影响,他认为游戏在孩子的心目中占有重要地位,只要游戏有浓厚的趣味,孩子就会乐此不疲,全力以赴。游戏会激发孩子的创造性。

老威特在对待儿子卡尔的游戏上,尽量做得浅显易懂,选择那些卡尔可以理解的,或者见得到的东西或事物,老威特尽量让游戏具体、直观、形象,还让他做些小实验,亲自去发现一些东西。

当卡尔三四岁的时候,老威特主要采用具体形象、实物跟动作相联系的方法。等他长到四五岁时,难度增大了一点,内容加深了一些,但都是他经过努力可以完成的。老威特从来不用少见或怪异的问题去为难他。

卡尔根据自己有限的知识和生活经历,选择自己喜欢的主题和内容,选用自己喜欢的东西和材料。他虽然是以模仿为基础,但可以充分发挥自己无拘无束的想象力,创造性地构建自己的生活。

卡尔小时候很喜欢的一种游戏就是搭房子。在游戏之中,他逐渐对前后、左右、上下、中间、旁边等空间有了认识,逐渐形成了高矮、长短、厚薄、轻重、大小等观念。在这种过程中,他学会了有计划、有步骤地进行设计,充分地激发了他的创造性,这样的游戏让卡尔既有了成就感,也增添了无穷的乐趣。

在搭房子的过程中,卡尔必须手脑并用,肌肉得到了锻炼,手眼得到了训练,他的动手能力大大增强,手巧而心灵,潜力得到充分的发挥。由于在着手之前,脑子里面先要有个形象,于是在这种游戏之中孩子也发展了他的形象思维能力。

每当卡尔玩这种搭房子的游戏时,老威特都要给他很多的帮助。老威特时常引导他对搭建的对象充分地加以想象,告诉他想象得越具体越好。有时老威特利用现有的模型、图画去加深他头脑中的形象。这不仅有利于游戏的顺利进行,更主要的是开发了他的形象思维能力和创造性。

爱因斯坦的大脑里是不是住着"天才"呢？为了弄清这个问题，在他去世之后，许多科学家对他的大脑进行了漫长而细致的研究，结果并没有发现他的大脑和天才存在有着必然的联系。因此，爱因斯坦所取得的伟大成就，也许主要在于他的勤奋以及独立思考的能力和创造力。

那么在日常生活中，父母应该怎样培养孩子的创造力呢？可以跟男孩一起走进名人思维游戏，在众多的名人创新思维游戏中，将其创造力进行挖掘。

以下面的创新思维名题为例，父母可以把男孩带入一个游戏的环境中，让其快乐成长。每个题的答案附在后面。

1. 毕再遇巧撤金兵

一次，南宋将领毕再遇在和金兵作战时，因寡不敌众，决定撤退。

以往作战，毕再遇习惯命士兵在军营里击鼓，一来鼓声可以威吓敌人，二来也可以给自己的部队壮胆。但是当时若因撤退而不击鼓，敌军听不到鼓声可能会乘胜追击致使毕再遇的部队全军覆没，怎么办呢？究竟怎样做才能确保在撤退时和撤退后鼓声仍继续响起呢？毕再遇苦苦思索着。忽然，他听到了几声羊叫，于是灵机一动，想出了一个巧妙的办法安全撤军，并确保鼓声继续。

你知道他是如何巧妙地利用羊的吗？

2. 纪晓岚智服莽汉

纪晓岚小时候就聪颖过人。有一天，他对一个目空一切、头脑简单的莽汉说："你虽厉害，但我取一本书放在地上，你也未必能跨得过去。"莽汉听了大怒，一定要试试看。纪晓岚取出书放好后，那莽汉果然没有跨过去。这是怎么回事呢？

3. 亚历山大解"结"

亚历山大率领军队进入亚洲的一座城市时，听说城中有一个复杂的结，谁打开它，谁就会成为亚细亚王。

亚历山大对这个传言非常感兴趣，就请人带他去看那个难解的结，并试图解开它。但是他解了很久，都无法找到结的两头。无奈之下，他想到了一个办法，终于把这个结打开了。

你知道他用的是什么办法吗？

4. 华罗庚巧称西瓜

一天，有人运来一卡车的大西瓜在华罗庚所在的科学研究中心前面的空地上出售。不巧的是，那商贩带来的一台小台秤上除了底砣和一个 1 千克的秤砣还在外，其余的全丢了。这台秤最多能称 2 千克，而运来的大西瓜最小的也有 3 千克，怎么办呢？

有人提议将西瓜切开称，华罗庚却不同意这个建议，他只用了几分钟的时间，就解决了这个小问题。请问，华罗庚用的是什么办法呢？

5. 陆游倒美酒

陆游到四川后居住在梓州。梓州是个山清水秀的好地方，文人们常常在这里饮酒作乐，以诗会友。一天，有一位朋友带了一坛美酒来拜访他，陆游非常高兴，准备和好友痛饮一番。可是来访的朋友说："如果你不取出酒坛子上的软木塞，不打破酒坛，也不在酒坛上钻孔就能倒出美酒，今天这一坛酒就由你痛饮；如果不能的话，那对不起，这坛酒我就抱回去了。"

陆游听后便想出了打开酒坛的办法。你知道陆游是怎么做的吗？

6. 郑板桥解诗

有一位姓蔡的县官和郑板桥是好朋友，他们受了郑板桥的影响，很同情老百姓的疾苦，他俩经常在一起到民间了解民情。有一年春节，他们一起到大街上去散步，忽然，他们看到一户人家的门上有一副奇怪的对联。

只见那对联的上联是"二三四五"，下联是"六七八九"。蔡县官正感到纳闷，转身一看，郑板桥不见了。等了好一会儿，只见郑板桥扛了一袋大米、几包衣服，急匆匆地赶来。他们敲开了门，看到屋里有一个穷书生，郑板桥把东西送给了这个书生，蔡县官问郑板桥："是谁告诉你他需要衣服和粮食的呢？"郑板桥得意地说："是对联呀！"

想想看这是为什么？

附：答案

（1）毕再遇命士兵捉来许多羊，把羊倒悬起来，让羊的前蹄抵在鼓面上，羊被悬得难受，使劲挣扎，就把战鼓"敲"响了。

（2）纪晓岚将书放到墙角处。

（3）"快刀斩乱麻"。他拔出宝剑，一剑就把那个结砍成两半。

（4）华罗庚用手帕分别包上砂石，再将已有的砣放在台秤上，分别称出它们的重量，使它们分别是1千克、1.5千克、2千克等。称西瓜时，分别将它们挂在底砣上使用，就可以起砣的作用，用来准确称量了。

（5）将软木塞压入坛内，可以轻松地倒出美酒。

（6）上联缺"一"，下联少"十"，就是谐音"缺衣少食"，所以郑板桥送来了"及时雨"。

细节74

好妈妈会放大男孩身上的闪光点

如何发现男孩的天赋是每个家长都关心的问题。科学家认为，事实上，每个男孩都有自己的特长、天赋，关键在于是否表露出来。家长们平时可以从以下几个方面细心观察孩子——孩子是否善于背诵较长的诗句篇章？当你第二次给孩子讲述同一个故事时，如果不小心说错某一个地方，孩子是否能立刻察觉？当你带孩子走街串巷时，孩子是否能指出曾经到过的地方？

如果一些类似问题你都答"是"，说明你的孩子记忆力相当不错，在语言方面应该有一定天赋。你还可以注意一下，男孩是否一听到音乐就会跟着翩翩起舞或小声哼唱？男孩的日常举止动作是否优美协调？男孩是否能很快学会骑自行车、滑板车之类？显然，答"是"的家长可以相信，男孩有一定的音乐天分，平衡能力也相当不错，舞蹈、武术也许是发挥他的长处的地方。当男孩在玩玩具时，你是否发现他会自动按颜色或大小分类？当男孩开始涂鸦时，你是否观察到他对色彩有鲜明的喜好，喜欢用鲜艳的色彩涂色？甚至异想天开都不要紧，因为这些都说明他很可能在绘画方面会有所发展……其实只要注意观察，家长们都能发现男孩在某一方面的优势，世界上从来就没有一无是处的男孩，上帝在关上一扇门的同时，也会为我们打开另一扇窗户。有一句老话叫做："世界不是缺少美，而是缺少发现。"我们同样可以说，男孩不是缺少天赋，缺少的只是发现的眼睛。

不过，比发现孩子天赋更重要的，是挖掘和引导。常见一些家长牵强附会，自以为是，任意夸大孩子的特点，并沾沾自喜。其实《伤仲永》的故事大家都耳熟能详了，发现孩子的天赋并不难，难的是将天赋变成实实在在的能力。这里面，有几个要点值得重视。

首先，要抓住培养孩子的最佳年龄。科学家研究发现，孩子在各方面的发展都有一个最佳期，抓住了最佳期，就等于把握了良好的开端。

一般来说，3岁是训练外语口语的最佳期，4~5岁时训练书面语言最佳，5岁则是掌握数字概念的最佳期，而3~5岁对于具有音乐才能的孩子来说，是音乐入门的好时机。重视最佳期，及时给予正确引导，往往能起到事半功倍的效果。

其次，家长应端正心态，挖掘孩子天赋最忌拔苗助长。一定要从孩子实际出发，根据孩子的年龄和心理特点提出切实可行的计划，并加以实施，循序渐进，持之以恒。

再次，培养男孩应该是全方位的，这其中，非智力因素即现在常说的情商，也是促进天赋朝能力转化不可忽视的环节。有些家长一味重视开发男孩的智力，却忽视了非智力因素的培养。其实，非智力因素包括性格、情感、意志、品德等，对孩子的智力开发同样起着重要的作用。一个健全的孩子首先应该拥有健康的人格，其次才能谈到"天才"二字。显然，如果一个钢琴天才有着畸形的心理，同样是不可取的。

建议一：经常给男孩积极的暗示能够激发他身上的潜能

心理暗示具有强大的力量，这并非夸夸其谈，而是千真万确的。

曾有一位电气工人，他在工作中碰到一根不带电的电线，但他以为是通电的，在这种自我暗示下，立即倒地身亡，身上呈现出一切触电致死的症状。

曾有一位工人，不慎将自己反锁在冰库中，平时冰库中的温度是零下10℃，身为工作人员的他熟知这一点。但他只能在这里过一夜，直到第二天上班时间别的工人将冰库打开。他感到越来越冷，最后终于不抵严寒，被冻死了。第二天，当别人打开冰库时，发现他浑身发青，眼睛圆睁，具有明显的冻死症状，可大家不解的是：昨晚冰库并未冷冻，内部温度足有20℃，可他是怎么冻死的呢？

像那个电气工人是被自己电死的一样，冰库中的也是被自己冻死的。这说明心理的暗示作用能够强烈地影响人体的生理机能。

同样的道理，积极的暗示能够激发出孩子的潜能。

鲁西南深处有一个小村子叫姜村，这个小村子因为这些年几乎每一年都有几个人考上大学、硕士甚至博士而闻名遐迩。方圆几十里以内的人们没有不知道姜村的，人们会说，就是那个出大学生的村子。久而久之，人们不叫姜村了，大学村成了姜村的新村名。

姜村只有一所小学校，每一个年级一个班。以前，一个班只有十几个孩子。现在不同了，方圆十几个村，只要在村里有亲戚的，都千方百计把孩子送到这里来，人们说，把孩子送到姜村，就等于把孩子送进大学了。

在惊叹姜村奇迹的同时，人们也都在问，都在思索：是姜村的水土好吗？是姜村的父母掌握了教孩子的秘诀吗？还是别的什么？

假如你去问姜村的人，他们不会告诉你什么，因为他们对于秘密似乎也一无所知。在二十多年前，姜村小学调来了一个五十多岁的老教师，听人说这个教师是一位大学教授，不知什么原因被分派到了这个偏远的小村子。这个老师教了不长时间以后，就有一个传说在村里流传。这个老师能掐会算，他能预测孩子的前程。原因是，有的孩子回家说，老师说了，我将来能成数学家；有的孩子说，老师说我将来能成作家；有的孩子说，老师说，将来我能成音乐家；有的说，老师说我将来能成钱学森那样的人，等等。

不久，家长们又发现，他们的孩子与以前不大一样了，他们变得懂事而好学，好像他们真的是数学家、作家、音乐家的材料了。老师说会成为数学家的孩子，对数学的学习更加刻苦，老师说会成为作家的孩子，语文成绩更加出类拔萃。孩子们不再贪玩，不用像以前那样严加管教，孩子也都变得十分自觉。

家长们很纳闷，也将信将疑，莫非孩子真的是大材料，被老师破了天机？

就这样过去了几年，奇迹发生了。这些孩子到了参加高考的时候，大部分都以优异的成绩考上了大学。

现在看来，也许大家都能看破"天机"了。正是老师给了学生积极的暗示，使他们在数学、语文等特定方面刻苦努力，发掘出了孩子的潜能，将他们在那些方面的优势充分发挥出来。

如果你的孩子对自己说："我很自信，对未来充满信心。"那么在说此话时，他的脑海里一定会浮现出自己愿意成为自信者的那么一幅清晰的图画。如果他通过适当的行为、具体的行动不断督促自己加强心目中这一形象图画的话，那么最终这幅图画会变成活生生的现实，会创造一个积极进取、乐观向上的男孩。

如果男孩持之以恒地向自己"灌输"某些积极的形象和建议，那么他们就逐渐成为他的行为、经历，以及性格特点不可分割的部分。

建议二：不要过多地夸赞男孩

过分地夸奖或炫耀孩子的长处，时间久了，易使孩子产生或比谁都强的心理，不允许或不能接受别人超过自己的事实。妈妈在夸奖孩子时一定要实事求是，不要夸大其词，并在表扬孩子时给他指出不足之处。

一位母亲忧虑地对老师说："我们并没有给孩子什么压力，也很少责备他，更不会疾言厉色。我们奉行以奖励代替责备，为什么孩子会越来越忧虑呢？"

老师单独和这位念中学一年级的孩子交谈，发现他担忧自己不能名列前茅，所以很用功。他经常失眠，觉得压力很大，甚至想休学。

"我很怕考不好，所以每天读到深夜。"孩子说。

"你觉得学习有困难吗？所学的功课你不会吗？"老师问。

"不是，是怕考不好。如果落到三名以外，我会觉得很没有面子。我就是怕输掉！"

"你父母亲要求你考前三名吗？"

"没有。是我自己粗心考不好，我就是很在意成绩。"孩子哭了起来，"我怕失败，那很没面子。"

"对谁来说，你会觉得没有面子？"

"我怕对不起爸爸妈妈！怕得不到他们的欢心。"孩子泣不成声。

这位名列前茅的孩子，长期生活在父母和亲人的夸奖之中。由于一直保持好名次，他未曾尝过父母没有夸奖的滋味。他怕失去夸奖，并把这个惧怕当成了一种严重的威胁。

过度的夸奖，给孩子带来了心理负担，慢慢地会加重孩子的心理压力，使孩子变得焦虑，遇到困难容易退却，缺乏信心。现在，仔细回想一下看你是否也常会有以下这些情形？

孩子有一点小成就时，你常常将夸奖挂在嘴边吗？

动不动就会表扬、夸奖孩子？

你会回避问题，而转为夸奖吗？

下面，我们来看一看德国教育家卡尔·威特的教子方法：

一天，卡尔·威特带着他的儿子到一个朋友家参加聚会，而此时，他的儿子已经因为他的超常智力被广为传诵。一位擅长数学的客人抱着怀疑的态度想考考小威特。卡尔·威特答应了，但他要求那位客人不管小威特答得怎样，都不可以过分地表扬自己的儿子。

这位客人一连给小威特出了三道数学题，但小威特的聪明越来越使他感到惊异。而且每一个题小威特都能用两种以上不同的方法去完成。此时，客人已不由自主地开始赞扬小威特了，老威特赶紧转移话题，这样客人才想起了两人的约定。

但客人出的题越来越难，并最终走到他也难以驾驭的程度。客人非常兴奋，又拿出更难的题来"难为"小威特："你再考虑考虑这道题，这道题是一位著名数学家考虑了3天才好不容易做出来的。我不敢保证你能做出来。"

可是，没过半小时，就听小威特喊道："做出来了。"

"不可能。"客人说着就走了过去。

但事实不得不让客人赞不绝口地说："真是天才，那么你已胜过大数学家了！"老威特连忙接过话说："您过奖了，由于这半年儿子在学校里听数学课，所以对数学很有心得。"

客人这才领会到老威特的意图，点着头说："是的，是的。"

不要认为卡尔·威特对孩子太严苛，事实上他是非常赞同赏识教育的。只不过他认为，表扬不可过多过高，不能让孩子情绪过热，过多的赞美会让孩子产生错觉，要么认为自己比任何人都要出色，要么就逐渐形成压力，为了夸奖而去做。

卡尔·威特给父母们的忠告是：我们不能让孩子在受责备的环境中成长，但是也不能让他们整天泡在赞美里。

过多过分的夸奖，会带给孩子不必要的困扰。夸奖具有启发性和鼓励作用，但夸奖过多，会带给孩子压力，形成焦虑。所以夸奖要适可而止，而应用欣赏、交谈、聆听等方式代替过多的夸奖。对孩子的赞美要就事论事，不可过分夸大其辞。赞美优点的同时也要适当泼点冷水，提醒孩子改正缺点。

细节75

妈妈多关注男孩个性的正反面

一提起顽皮的男孩，父母和老师都头疼。因为许多父母承袭旧有的观点，认为"听话的孩子"才是理想中的孩子。事实上，爱做恶作剧的孩子，隐藏着无穷的创造欲望，所以，他们总爱做出人意料的事。当然，他们绝不是父母师长眼中的"听话的孩子"。许多名人小时候并不是老师和父母眼中的优等生，相反，甚至是让老师和家长头疼的劣等生。

以喊出"不自由，毋宁死"而闻名的帕特里克·亨利，少年时期是个大懒虫，只喜欢钓鱼、打猎。他衣帽不整，举止笨拙，厌恶学习，贪玩成性，因而学习成绩很差，是一个令师长无可奈何的劣等生。

文豪约翰逊在学校时期是有名的懒汉，他自己曾经写道："幸亏先生常常严厉地鞭策我，否则，我可能会一事无成的。"

医学家约翰·亨特也是学校有名的懒人。据说，他上了几年学，什么也没学会，17岁时还不大会读写。

诗人海涅，生在法国，长在法国，他在学校里是一个尽人皆知的劣等生。他讨厌课程，反对服从，正如他自己所叙述的那样，上法语诗课时，常被弄得晕头转向，其他课程更加糟糕。虽然他后来能写出那样好的诗，但在孩子时期却弄不懂诗的韵律，教师常常痛骂说:"你是个从德国山沟里出来的野蛮人,对于诗一窍不通。"

其实,即使是所谓问题较多的男孩,也有他们的"闪光点"。有些男孩由于家庭缺少爱,或由于学习上屡屡失败,使他们丧失了自信,表现为萎靡不振,或者顽劣不堪。对待这样的孩子,一般的鼓励、信任多半已不能奏效,批评表扬都难以刺激他们的上进心,有的家长与老师就对他们失去了信心。

这些男孩是否真的不可救药了呢?依照教育心理学来加以仔细观察,就可以发现,"顽劣"的学生,实际上在他们心底仍然蕴藏着自我肯定的需求,自卑感并不是自甘沉沦。恰恰是因为希望成功,希望被重视、被信任的心理过于迫切,而又害怕失败,为免于出丑,才故意懒散,不努力,来为自己找借口与"理由"。

至于另外一些喜欢捣乱的孩子,则是因为自尊得不到实现时,儿童心理支配下的一种反抗行为,也是对老师家长"看不上"自己或"不看重"自己的一种抗议。所以这样的孩子,你管得愈严厉,他们愈不吃你那一套。

改变他们的唯一办法是在他们身上找出"闪光点",诱发他们内心深处希望得到大人,得到集体尊重的渴望,变为追求进步的动力。家长、老师要满腔热情地设法为他们创造适当的环境,给他们提供显示自己"闪光点"的机会,让他们切切实实地品尝到受信任、受尊重的喜悦。

父母可以就他们所发生的问题,与他们一起讨论,在交谈与讲解中加以引导,关心与指导他们少做或不做错事。一旦他们做了不对的事,也要耐心帮助他们去认识,为什么这么做不对,从中接受什么经验与教训,以后应当怎么做才对。

实际上,家长或老师认为"听话"的男孩,也并不是没有问题,也不是就不想淘气,而是由于外界的压力、想做"好孩子"的渴求,使他们不敢或较少提出问题,不去按儿童年龄特征自然地行事,常常压抑着自己,这对他们身心的健康发展不利。一项调查表明,"听话"孩子中38.8%不爱提问,34.3%自述胆小,27.5%对创造发明不感兴趣。

他们在"好孩子""好学生""真听话"的赞许下觉得有压力,不敢暴露自己内心的想法,因而也就得不到必要的指导。久而久之,形成一种刻板型的内向性格。这样的孩子容易拘泥于琐碎小事,不善着眼大局考虑问题。他们大都视野狭窄,思维方式机械单调;在低年级时学习成绩尚可,升入高年级后,成绩逐渐下降,甚至跟不上班;在遇到疑难问题时,弄不好就会产生彷徨、疑惑、不知所措等心理问题。

著名儿童文学家冰心老人,曾经有一句话送给家长与教师们,她说:"淘气的男孩是好的,淘气的女孩是巧的。"她奉劝每一位家长,"千万别将淘气作为不听话而严加压制,要知道淘气是孩子的年龄特征。等到不淘气时就不再是孩子了"。

建议一:"创造大王"在破坏中成长

生活中的男孩不是他们喜欢破坏,而是好奇心驱使他们去钻研。男孩身上这种驱使他们去求知的好奇心,我们做父母的要倍加呵护,只有保护了他们的好奇心,才能让他们学习到更多的东西。

贝时璋是我国著名细胞生物学及生物物理学的奠基者、教育家、科学活动家、中国科学院生物物理研究所名誉所长、中国科学院资深院士。他之所以能取得如此令人瞩目的成就，就是因为他一直都在为自己感兴趣的事业而努力奋斗，就是因为他永远都对未知的领域感到好奇。

贝时璋出生在农村，人很老实，很少出门，但是他对周围的事物充满了好奇心。他3岁时，被爸爸带到祠堂里去祭拜祖宗。祠堂门口石狮子嘴里的圆球引起了他强烈的好奇心：这圆球既能滚动，又不掉出来，这是怎么回事呢？他开始用好奇的眼光看待周围的一切，经常琢磨着这些"奇异的事情"。

后来，他爸爸带着他到上海。一路上，贝时璋看到了以前从未看过的"新奇"。他看见了拉纤人，看见了船老大把橹摇得飞快，看到了乡下从未有过的轮船，还有船舱里的灯居然没有灯油……贝时璋百思不得其解，一连串的"为什么"使得他对这些东西更加好奇。

到了上海后，贝时璋对看到的一些事情更感"稀奇古怪"了：上海的黄包车是人在前面拉，而家乡的独木车却是人在后面推；上海商店橱窗里有自己会转动的"洋模特"，家乡的那些玩具既简陋又不会自己转动；上海的灯按一下"扳头"就会亮，而家乡的灯不仅要加煤油，还要用火点着才能亮……

短短的上海之行，使得贝时璋大开眼界，同时，也引发了贝时璋心中无限的遐想，勾起了他琢磨这些奇异现象的冲动。

贝时璋上学后，变得更加有好奇心起来，他非常勤奋地学习各种新鲜有趣的知识，把看到和想到的，统统记下来，然后利用学到的知识解释自己以前感兴趣、但又没有搞清楚的问题。虽然，当时主要学习的是传统的文史知识，古诗词比较多，但是，好奇的贝时璋仍然能够从中找到学习的乐趣。

凭着好奇心和求知欲，他不仅学到了不少天文、物理、化学、数学、动植物学方面的知识，还对蛋白质的生命意义有了初步的认识，开启了他研究生物的大门，为以后取得辉煌的成就奠定了良好的基础。

好奇是创造的基础和动力。只要有强烈的好奇心，持之以恒地钻研下去，任何一个普通人都有创造发明的机会。

心理研究表明，当一个人对某些事物产生好奇时，他就会充满兴趣地去研究。他就会变得愉快，精神放松，使大脑高度兴奋。他的创造性就会得到高度发挥。做父母的要知道，在孩子不感兴趣的领域里，要取得优异的成绩是很难的。是否具有强烈的好奇心和浓厚的兴趣，将在很大程度上决定着男孩参与未来社会竞争的成败。

在男孩的现实生活中，许多孩子一直是被动地接受知识，一直缺乏积极主动探索世界的好奇心，再加上父母对他们的好奇心的管制和干预，使得他们很多人都技能单一、反应迟钝，遇到了能力范围之外的事情就手足无措。

所以，从现在开始，父母一定要保护好男孩的好奇心，好奇心促使男孩不断创造，不断进步。

建议二：男孩不合群，那就培养他的独立能力

幼儿园的孩子大多行动一致，少数一两个与众不同的孩子都是别人唱歌他画画，别人画画他说话，令老师、父母大伤脑筋，担心这种不合群的男孩将来一定无法适应大人的团体生活，大多数母亲认为脱离团体行动的男孩不是好孩子。

事实上，与其让他埋没在团体行动中，不如培养他在团体生活中的独立能力。

大多数西方国家都采用"个别能力生长"为教育方针，顾虑到孩子的将来多不采用团体生活方式，法国、美国的幼儿园，均不让儿童做同样的事，而是让他们选择自己感兴趣的事做。

发明家爱迪生的母亲在知道自己的孩子功课不好，不听老师的话，无法与同学相处是众所周知的典型劣等生后，并未放弃对孩子的信任，她认为主要是他的思想体系与一般人相差太大，而非他的能力不如别人。

世上有成就的人，在少年时或多或少都有些怪癖，至少他的思考形态与别人大不相同。从事创造性工作的人，当别人意见与己类似时，绝不积极发言，但等意见相左时，就开始大唱反调。

这些创造工作者所具备的最低条件是独特头脑，而这在他们幼年时期的表现就是具有独特头脑和思维方式并不太合群。不合群的儿童并不是愚笨，相反很可能是具有独特头脑的天才。

这些天才儿童对于异常的、模糊的、从表面上看不相协调的状况及信息毫无拘束感。他会喜爱各种智力练习与难题，甚至会觉得有些很容易。一名天才儿童无疑学习得很快，能在较广泛的意义上运用所学的知识。他显得极为能干，能很快处理信息，不仅迅速而且灵活，在运用信息时总能很好地谋划。正因为他时时处处都超过他人，才显得不太合群，与众不同。

虽然天赋本身对于天才儿童不是什么问题，但会由于其他人对其的反应而成为一个问题。有些父母会误解他们的孩子，有些孩子则会误解他们的父母，所以一名天才儿童会变得喜欢内省。这常使一名天才儿童变得不合群，喜欢独自运用他自己的想象力，并且在创造和运用思想时变得孤立。

不管别人怎么认为，父母无疑比任何其他人更为了解孩子的个性。

一名天才儿童通常会对过于容易的课堂练习感到枯燥、恼怒而不知所措，并且仅仅因为普通的课无法令他们兴奋而在课堂上惹麻烦。在这种情况下，很可能有必要让你的孩子跳过一个或多个年级，与在年龄上可能比他大两岁的孩子一起学习。

调查者发现，不甚合群的天才儿童在课堂以外的许多方面都比那些缺少天赋的同伴们表现得更好。他们更为健康，对许多东西感兴趣，如在爱好、游戏等方面，他们在今后的生活中更为成功。

天才儿童来自于能丰富孩子生活经历的家庭环境并表现出超前而独特的思维能力，这些让其显得卓尔不群，不太与众人合拍，这反而证明了这些不合群孩子的超常天分。

细节76

父母应学会换个角度看问题

据成长心理学统计：孩子从3岁开始就有撒谎的倾向，一直到小学二三年级这种现象更加严重，父母经常会忧虑孩子的谎言。

其实父母大可不必为男孩经常撒谎而担心，因为心理学已证明，会撒谎的男孩比不会说谎的男孩更具高度的创造力，为什么？所谓说谎，即是一种说出假想经历的能力，是一种能把语言和行为分开的能力，与"无中生有"的创造力有密不可分的关系。

撒谎技术巧妙的男孩具有潜在创造性，若因孩子撒谎就责其为坏孩子，实是剥夺了男孩创造性的思考力。

然而在现实生活中，男孩的真正说谎又往往是家长和教师最不能容忍的坏习惯。尤其是上了小学以后的孩子，有意撒谎几乎是个最大的恶习。事实上，世界上几乎不会有从不撒谎的孩子。据国内某心理研究所调查显示，大约有50%的孩子从3岁起就有撒谎的陋习，在9岁的孩子中，70%以上的孩子撒过谎。一位美国心理学家的调查统计数据更加令人震惊——在美国7岁的孩子中，98%的孩子都承认自己有过撒谎的经历。当然，这些都是指有意撒谎。可见，孩子撒谎的确是一种令家长和教师头疼的顽症。

男孩说谎的原因，许多心理学家都给出了答案，概括起来有如下几种。

第一，说谎有时比说真话更能免受处罚。孩子怕说出真相让父母暴怒，下意识地选择了隐瞒。

第二，出于无奈而撒谎。许多家长可能无法接受，孩子撒谎有时是因为家长逼的。在很多时候，家长应该知道孩子也有沉默的权利。许多成年人在处理一些棘手的两难问题时，经常保持沉默。如果非要逼孩子说出真相，孩子就只能说谎了。可以给孩子一定的缓冲，等大家都心平气和了，再让孩子主动把事情的真相说出来。

第三，为了讨家长欢心而撒谎。著名成长心理学家皮亚杰博士发现，4岁以下的孩子判断自己的言行是否正确的标准，通常是看爸爸妈妈脸上的表情。为了不让爸爸妈妈生气，他们最本能的反应就是不承认自己所做过的错事。

怎样才能纠正男孩有意说谎的坏习惯呢？专家给家长的建议是：

第一，让孩子明白什么是诚实。帮助孩子了解什么是假装的，什么是真实的。告诉他们诚实的意义。

第二，父母应以身作则。父母在孩子面前不但要做到不撒谎，而且也不要提示孩子说谎。许多父母经常用启发孩子说谎的方式了解他们干的错事。

第三，不给孩子狡辩的机会。在你不完全了解情况的时候，不要向孩子了解情况，对孩子做错事和撒谎区别对待。同时，对孩子的惩罚要适度，如果惩罚太严厉，孩子就会选择冒险说谎。

第四，不要因为孩子说谎就断言孩子品德不好。

第五，了解孩子的说谎动机。

第六，与孩子深入沟通。

建议一：男孩问题多表示"我要学"

有些会读书的男孩，领悟力强，读完一篇文章，内容都全部了解，解决问题也很快速；也有些男孩，对文章每一段落都觉得有问题，问题当中又有问题。站在学校立场来说，前者是最受欢迎类型，而到社会上成大事的，却又以后者较多。因相对论而出名的爱因斯坦曾说"发现问题比解决问题更重要。"

所以应鼓励孩子多发问，这才是适当的教育方针。

有一位优秀的数学老师，每节课将所授作业叙述一遍后，即问："有没有问题？如果没有，这堂课就结束了。"

这时一节课尚未上至一半，刚开始上他课的学生顿时不知所措。其实这位老师故意把重点隐藏不说的目的，是诱使自以为了解了的学生深思。一旦学生提出问题，他就会露出比学生能解决问题时还要欢欣的笑颜，赞扬地说："问得好，你是懂数学的。"

学生对寻找问题顿时发生兴趣，从此再无一人讨厌数学。会发现问题的头脑才是真有发展的头脑。

可见男孩在观察事物之后，特别爱提"为什么"，实际是在心目中描绘这个世界、解释这个世界。他们开始提问题了，这说明他们的言语和思维都发展到了一定的程度，否则他们是提不出问题的。

有时孩子提的问题是很怪的。那个砸破水缸救同伴的小司马光曾经向人问道："凭什么知道汉朝有个司马迁？"就是这个司马光后来苦心研读历史，著成了历史巨著《资治通鉴》；波兰天文学家哥白尼也这样问过父母："我看得见月亮，那么月亮能看得见我吗？"哥白尼后来提出地动学说，成为伟大的天文学家。对于男孩提的怪问题，父母和老师也要认真对待，耐心解答，而不要一笑置之不顾，从而扼杀了男孩智慧的火花。

回答男孩提问的方式有三种。一种是要从他们的心理特点和知识水平出发，用鲜明、生动、形象的语言给予解答。让我们看看牛顿的母亲是怎么做的。

有一次，小牛顿问母亲："风车为什么会转？母亲说：那是由于风的力量推动它转。"牛顿接着问："那么风是怎么来的呢？"母亲是这样告诉他的："你看，水不是从高处往低处流吗？空气也如此。有的地方气压高，有的地方气压低，空气只要一流动，就形成风了。"母亲这番生动的解释，使牛顿印象很深，他上小学做的第一件劳作，就是具有独特风格的风车。

回答孩子的另一方式是启发他自己寻求答案，让他们多动动脑筋。

比如坐公共汽车去公园时，看到马路边的树木飞快地往后跑，孩子会不解地问"树为什么会往后跑？"这时，你可以启发他："树能动吗？"孩子说："不会动。"等车到站后，你可以再问："树还往后跑吗？"你的孩一定会说"现在不跑了。"孩子经过启发，会得出这样的结论："因为汽车开得飞快，所以我才会产生'树往后跑'的感觉。"

有时候，光靠父母教师解释、启发还不足以使男孩理解，那么就要靠做个小实验，使孩子从亲身的感受中理解问题。

一个外国心理学家回忆道："记得当我的孩子三岁多时，有一天他来问我：'爸爸，如果我把一根棍子种在土里，会长出一棵树吗？'我的第一个念头就是告诉他：'不，不会的。'可是我想到了实验，于是我说：'让我们做个实验，种一根棍子试试看。'我们真种了一根棍子，几天以后，孩子下结论说：'我看棍子不会长大了。'然后我们又种了一些其他种子，后来都发了芽。这个对比实验使孩子明白了什么会长、什么不会长。"

总之，孩子在男孩前一段时期，对智力上的启发十分敏感，他们的求知欲较强，如果启发得法，会获得基本的学习技能和知识，对他们以后的进一步发展极为重要。

建议二：妈妈应学会诱导男孩的好奇心

对于一个孩子来说，什么是好奇？好奇就是对自己所不了解的事物的一种新奇感和兴趣感。好奇心能促使人的大脑对刺激物产生兴奋中心，产生一种"欲知其所以然"的愿望，使人的注意力高度集中，而且会锻炼人的进取心。古往今来，没有好奇心的杰出人才几乎是不存在的。对记忆力有专门研究的日本能力开发研究所所长坂本保之价认为，好奇心对记忆力有极大的作用。他认为老年人出现的记忆力减弱现象，与其说是人的生理的原因，不如说是人的心理原因，即人的好奇心的减弱。那些年近古稀而好奇心强烈的人，他们的记忆力明显超过同龄人。

从无数人才成功的例子和他们发自肺腑的经验之谈中，我们可以看到好奇心对人才的成长所起的巨大作用。好奇心通过惊奇、疑问等心理活动，进而激发人们企图寻找这一客观事物的内在联系，诱导人们有选择地、主动地、频繁地接触产生新奇感的客观事物。在对新事物的追求中，好奇心使科学家茶不思、饭不想，孜孜不倦地对特定的事物进行长时间的观察、探索，并在这一活动中得到创造美的享受。

好奇心强的男孩往往会问："白天，星星躲在哪儿去了？晚上，太阳下山后是不是回家睡觉了？"他还会问，"我从哪儿来"，"妈妈的妈妈的妈妈是谁"，等等。

他还经常充当小小的破坏分子。他会用力砸开收音机或电视机，看看那些说话、唱歌、跳舞的小人躲在哪个角落里，他会扔下一大堆玩腻的东西，翻箱倒柜地拨弄父母的书籍与收藏物，看看有无新鲜玩意儿；他会把自己种下的种子天天挖出来，看看它是怎么发芽生长的等。所有这些，皆因男孩对这个世界充满好奇而引起。

柏拉图说：好奇者，知识之门。因为好奇，男孩会去探索丰富多彩的外部世界，去接触事物，这种接触与探索不仅丰富了孩子的童年生活，而且让他获得有关外界事物的状态和性质的知识；因为好奇，一个男孩去玩弄冰雪，知道了冰雪是冷的；因为好奇，他去寻找马路上喇叭声的来源，知道了汽车是什么样的；因为好奇，他常去观察小蝌蚪，知道了小蝌蚪原来是青蛙妈妈的幼儿。所以好奇是孩子获得知识的必要条件，而知识的大量积累则是神童的创造才能得以形成与发展的重要基础之一。法国著名作家法朗士指出：好奇心造就科学家和诗人。我国已故著名桥梁建筑学家茅以升小时候是个非常好奇的幼儿，他常常独自一人坐在院子里，看蚂蚁怎样搬家，看柳树怎样冒出绿芽。他还会久久地思考：月亮为什么有时圆有时缺？太阳为什么总是从东山升起，又落到西山背后？

类似的例子在古今中外的科学家中多得不胜枚举。好奇早早地激起这些科学家童年的强烈求知欲，从小培养了他们的探索精神，这对他们以后终身从事科学研究、发明创造都大有裨益。可以说好奇心是创造的前奏、成功的先导。

父母要懂得激发男孩的好奇心，培养他们善于发现问题和提出问题的能力。家长在孩子的学习、生活和其他活动过程中，要根据孩子的实际有意识地对他"设疑"，引起他对问题的注意和思考。比如：他们都很喜欢看鱼在水中嬉戏，这时，做家长的为了引导孩子思考，就可以对他设问：为什么鱼能在水中游戏而不会淹死？鱼游水时尾巴为什么要左右摆动呢？等等。这样就能激发孩子的好奇心和浓厚的兴趣，从而有效激发他们思考和寻找问题的答案。

家长还可以将男孩的好奇心引向大自然，可以带他观察春天里各种花鸟虫草的变化。比如让他去池塘边观察小蝌蚪，看看他们是怎么变成欢蹦乱跳的青蛙的，可以让男孩养几条蚕宝宝，看看蚕宝宝一生要脱几次皮，每次脱皮后有什么变化，蚕宝宝最后怎样吐丝做茧，也许孩子会由此开始一个未来生物学家的探索；可以带他观察夏夜的星空，让他对横亘的银河、闪烁的星星以及盈亏交替的月亮产生兴趣，也许，未来天文学家会由此诞生；可以让孩子注意昼夜的更替、四季的变化、阴晴雨雪、电闪雷鸣；还可以让他搞些家庭的种植、饲养活动等。总之，可以让神奇的大自然来容纳男孩无穷而强烈的好奇心，培养他勇于探索的精神。

细节77

发掘男孩的天赋

男孩们有着专家们所不能测验到甚至未予赞赏的许多种能力。波士顿大学医学院的神经病学教授霍华德·加德纳认为，人有六种基本天赋，但一般的智商测验都集中在语言和逻辑数学这两种天赋上。其他四种，即音乐、空间想象、身体动觉及了解"人"（自己及其他人）的天赋也值得注意。

加德纳关于天赋的描述可以帮助父母了解天赋的特征。加德纳认为，天赋包括：

1. **语言天赋**

一个有语言天赋的男孩很可能就是个爱讲话的孩子。这些孩子的父母常说："要是他闭嘴就好了！"他可能说着自己的话语或一种颠倒的话语到处玩耍；他也可能容易学会外语的短语和记住电视及书上的一长串单词；有时他还喜欢讲故事，这种有语言天赋的男孩往往在早期就自己学着读书。

2. **音乐天赋**

有音乐天赋的男孩对各种声音着迷，他喜欢听取暖炉、汽车喇叭、打字机键及洗衣机的声音，他会蹒跚行走去摸钢琴的键并且呆呆地站着听。其后，他会认识别人弹的或用管弦乐奏的他们所熟悉但没有歌词的歌，他能无困难地学唱新歌并且在伴奏下把它唱出来。

3. **逻辑数学天赋**

数学和逻辑方面能力强的男孩对范畴和类型着了迷。他爱问：这些积木相同的地方在哪里？不同的地方在哪里？他也善于下棋，喜欢抽象概念并很快学会等量（例如：两天等于48小时）。他会构想出仔细安排的、有纪律的幻想世界（《爱丽丝漫游奇境记》的作者路易丝·卡罗尔就是一个数学家）。

4. **空间想象天赋**

有这种天赋的孩子是超常的想象者（观察者）。例如他很小就能正确地合乎透视画法地画出一个立体物体，比如牛奶箱子。

5. **身体动觉天赋**

这种天赋包括两种基本技能：如何设法使自己的动作优美及如何灵巧地操纵物体。有才艺的运动员和舞蹈家就是有这种天赋的人，许多工程师也是这种人。

如果你的孩子翻筋斗、游泳和空手骑车很容易，他就可能有身体动觉天赋。这些孩子能很好地完成那些需要有灵巧运动神经的任务，例如接球、穿针，使用各种工具，拆卸和改装钟、收音机甚至计算机等。

6. **了解"人"（自己和他人）的天赋**

识别一个孩子是否具有了解自己的天赋是困难的。有"了解自己"天赋的孩子在他们年纪大些时就体现出较强的生活自理能力，懂得怎样做计划并最大限度地发挥自己的能力。

了解别人的能力不难发现，有这方面天赋的男孩会注意别人的变化，他会问："为什么今天祖母伤心啦？"如果他看侦探小说或电视，他会很快就把坏人认出来。

每个男孩很难全都具备这六种天赋，因此，最重要的是，正确认识孩子所具有的天赋而不是为孩子所没有的天赋而悲叹。

建议一：尊重孩子，营造平等的交流环境

要教育男孩，首先要尊重男孩，在与男孩交流时要平等，在此基础上才会努力地去理解男孩的想法。这种平等的关系会使男孩愿意同父母交流，并能听得进父母的说教，这是做好子女教育的首要条件。为了做到这些，我们在对男孩的教育上要尽可能地多一些人性化，从子女容易接受的事和有关的问题出发，给他提建议，让他明白哪些该做、哪些不该做。

男孩最初的受人尊重的感觉是从父母那里得到的，尊重别人的意识也是在日常生活中经过多次的训练、教育和不断地强化而逐渐建立起来的。而且只有那些能够得到父母的尊重与爱的男孩，才会懂得如何去尊重别人、爱别人。所以，家长请不要忽视男孩的"平等观"，爱他就要让他知道你很尊重他。应放下长辈的架子，蹲下身来与男孩交谈，而不要总给男孩"高高在上"的压迫感。

可是，我们常常可以看到父母站在那里用"过来！别摸！""去！去！去！别烦我"等居高临下、命令式的语言语调大声呵斥男孩。很多家长之所以与男孩交流的效果不好，正是因为家长与男孩交谈时，往往以长者自居，对男孩缺乏应有的尊重。大多数父母总喜欢把男孩当做小"豆包"，没有在情感上给他们公平的待遇。殊不知，男孩早已有了自己的思维与尊严，他们渴望与大人平起平坐，渴望大人把他们当做平等的个体来看待。

如果父母从不考虑男孩的感受，男孩就会感到在家里没有话语权，无处发泄心中不满。久而久之，男孩就会成为窝窝囊囊、沉默寡言的"闷葫芦"。家长可以通过家庭会议的方式解决这一问题。

家庭会议能让男孩找到一个说话的窗口，在这里，男孩可以被倾听，可以参与到交流甚至是解决问题的环节中，而这一切都是在平等民主的氛围下进行的，无形中对男孩是一个良好的熏陶，男孩的民主意识加强，也有助于男孩走向独立。

家庭会议是男孩成长的一个小渠道，他可通过家庭会议上讨论的问题而逐渐熟悉家庭结构。男孩渐渐地了解在一个完整的家庭里，需要考虑到：家务、财务预算、日程安排和生活方式。而这些，为男孩离开父母自立门户，以后更好地适应社会打下了坚实的基础。这种方式可以锻炼男孩的语言表达能力和判断能力，在会议上的讨论无形中也扩大了男孩的眼界。

男孩的想法得到了表达，情绪也得到了宣泄，同时家长走进了男孩的心灵，男孩心理更加健康，家庭也会更加和谐稳定。

那么，召开家庭会议时应该注意些什么呢？为了保证家庭会议能够长久有效地举行，又要遵循哪些原则呢？有以下几点，家长可以参考。

1. 长辈负责主持会议，制定规定，并要求全体人员互相监督和执行。
2. 除非有特殊情况，否则每位成员不得缺席。
3. 不管是反对还是赞同，每个成员都有表达自己意见的权利。
4. 做到耐心倾听不打岔，不得在会议中大喊大叫，影响会议进行。
5. 不能使用侮辱性或贬损的语言，每位成员之间应做到互相尊重。
6. 将分散注意力的东西减到最少。关掉电视、电话和收音机等。

7. 家庭会议中提出来讨论的问题，每位家庭成员都能提供解决的办法（最后尽量选择大家都赞同的方法）。

8. 由家中的成人做最后决定。

家庭会议只是沟通方式中的一种。家长也可以尝试用其他方式与男孩建立平等的关系，增进与孩子的交流。

如果发现你的男孩总是不愿与你交流，就该反省一下自己了。花点心思，营造一个平等的、男孩乐于接受的沟通方式，将使你和孩子的感情更为深厚，对孩子的语言能力、思维能力也是一种极好的发掘和锻炼。

建议二：肯定孩子，进行有效表扬

抓住男孩的长处，加以肯定与表扬，才能把真正的自信植入男孩心灵的深处。

鼓励可以说是每一个人的自然需求，谁能总是受批评、指责、埋怨而仍然喜气洋洋、斗志昂扬呢？男孩幼小稚嫩的心灵更需要鼓励，鼓励能使人情绪高涨，从而调动起内在的潜力，使学习效率倍增。

表扬是一门艺术，过多的表扬会影响男孩的行为动机，使他为了表扬采取主动行动。

第一，表扬要具体。表扬得越具体，男孩越容易明白哪些是好的行为，越容易找准努力的方向。一些泛泛的表扬，如"你真聪明""你真棒"虽然暂时能提高孩子的自信心，但男孩不明白自己好在哪里，为什么受表扬，且容易养成骄傲、听不得半点批评的坏习惯。

第二，表扬要及时。对应表扬的行为，父母要及时表扬。否则，孩子会弄不清楚为什么受到了表扬，因而对这个表扬不会有什么印象，更说不上强化好的行为了。因为在孩子的心目中，事情的因果关系是紧密联系在一起的，年龄越小，越是如此。

第三，表扬要有针对性。有些父母和教师常对男孩许愿："你做了这件事我就表扬你。""你考试达到90分我就奖励你。"这容易使孩子为得到表扬奖励才做某件事，哪怕这件事是他应该做的，没有表扬奖励他就不做，这将有悖于培养孩子良好的道德行为。

第四，表扬要注意个性。对性格内向、个性懦弱、能力较差的男孩就要多肯定他们的成绩，增强他们的自信心。反之，对虚荣心强、态度傲慢的男孩则要有节制地运用表扬，否则将会助长他们的不良性格，影响他们的进步。

第五，表扬要适度。过分的表扬易使男孩骄傲自满，过少的表扬也不利于儿童身心健康发展。儿童的成长需要父母的鼓励和爱抚。

有一个小男孩不管有没有病都向妈妈要药吃，原来这位妈妈平时不经常表扬孩子，只有当孩子有病吃药时才说上一句"能干"，致使孩子认为自己什么都做不好，只有吃了药才算能干，所以他经常以吃药来换取表扬，求得心理上的满足。这不能不说是这位妈妈在教育孩子中的一个失误。

第六，表扬不仅要看结果，还要看见过程。男孩常"好心"办"坏事"，例如，孩子想"自己的事自己干",吃完饭后,自己刷碗,不小心把碗打破了。这时父母不分青红皂白一顿批评,男孩也许就不敢尝试自己做事了。如果父母冷静下来说:"你想自己做事很好,但厨房路滑,要小心!"孩子的心情就放松了,不仅喜欢自己的事自己做,还会非常乐意帮你去干其他家务。因此只要男孩是"好心"就要表扬,再帮他分析造成"坏事"的原因,告诉他如何改进,这样会收到较好的效果。表扬最好在良好行为之后进行,而不是事先许诺,从而增强儿童做出良好行为的自觉性。

第七,表扬的方式。只有适合男孩的表扬方式才能收到最好的效果。表扬、鼓励的方式有很多,如:购买图书、玩具、衣服、糖果、饮料等物质奖励;点头、微笑、搂抱、竖大拇指等动作,表情奖励,恰如其分的语言表扬,等等,都能带来良好的收效。

第十三章
乐群、合群
——男孩最应具备的成功能力

细节78

教男孩如何与人沟通

要想增强男孩与人沟通的能力，可以让孩子先关注别人的眼睛。

我们常说，眼睛是心灵的窗户。的确是这样，眼睛同人们的思想感情有很大关系。当一个人对某个人或某样东西发生兴趣时，他的眼睛肯定会有一系列的复杂活动，如视线转移、瞳孔变化，等等。这一系列复杂的活动，一般说来都能准确地反映出这个人当时的心情。老练的便衣警察能在人流如潮的商店中，准确地看出谁是扒手，谁是流氓，凭的就是对眼睛的观察。一般顾客的眼睛，往往只注意商品，而小偷或流氓的眼睛，却总在顾客的口袋或女人的身上巡视。

家长可以帮助男孩了解日常交流中的几种目光注视：

1. 公务注视，一般用于洽谈、磋商等场合，注视的位置在对方的双眼与额头之间的三角区域内。

2. 社交注视，一般在社交场合，如舞会、酒会上使用。位置在对方的双眼与嘴唇之间的三角区域内。

3. 亲密注视，一般在亲人之间、恋人之间、家庭成员等亲近人员之间使用，注视的位置在对方的双眼和胸部之间。

要让孩子知道，如果对对方的讲话感兴趣，就要用柔和友善的目光正视对方的眼区，内心充溢着爱慕、友善和敬意。

爱默生如此形容过我们的双眸："眼睛如同我们的舌头一样能表达，只是它的优势不需要任何词典，就能被全世界理解。"为什么有那么多的人注意他人的眼神，就是因为它是"心灵的窗户"，我们可以通过它窥见他人的内心世界。通过"阅读"他人的眼睛，能帮助男孩看透对方的真实内心与实际想法，这是男孩交际中不可或缺的能力与技巧。

建议一：培养男孩站在对方的角度看问题

男孩或多或少都会发生一些沟通的问题，无论跟父母，还是跟同学、朋友。如果你的孩子出现这类问题，要帮助他尝试站在对方的角度上看问题。

沟通大师吉拉德说："当你认为别人的感受和你自己的一样重要时，才会出现融洽的气氛。"我们需要让男孩多从他人的角度考虑问题。如果他只强调自己的感受，别人就会和他产生对抗。如果对方觉得自己受到重视和赞赏，就会报以合作的态度。

在美国的一次经济大萧条中，90%的中小企业都倒闭了，一个名叫克林顿的人开的齿轮厂的生意也一落千丈。克林顿为人宽厚善良，慷慨大方，交了许多朋友，并与客户保持着良好的关系。在这举步维艰的时刻，克林顿想要找那些朋友、老客户出出主意、帮帮忙，于是就写了很多信。可是，等信写好后他才发现：自己连买邮票的钱都没有了！

这同时也提醒了克林顿：自己没钱买邮票，别人的日子也好不到哪里去，怎么会舍得花钱买邮票给自己回信呢？可如果没有回信，谁又能帮助自己呢？

于是，克林顿把家里能卖的东西都卖了，用一部分钱买了一大堆邮票，开始向外寄信，还在每封信里附上2美元，作为回信的邮票钱，希望大家给予指导。他的朋友和客户收到信后，都大吃一惊，因为2美元远远超过了一张邮票的价钱。每个人都被感动了，他们回想起了克林顿平日的种种好处和善举。

不久，克林顿就收到了订单，还有朋友来信说想要给他投资，一起做点什么。克林顿的生意很快有了起色。在这次经济大萧条中，他是为数不多站住脚而且有所成的企业家。

事实证明，只要我们多考虑别人的感受，多从别人的角度看问题，即便是很尖锐的矛盾也能缓和。因此，如果男孩想得到别人的配合，最好真诚地从他人的角度来考虑。卡耐基有一句避免争执的神奇话语："我不认为你有什么不对，如果换了我肯定也会这样想。"这句话能使最顽固的人改变态度，而且我们说这句话时并不是言不由衷，因为人类的欲望和需求是大致相同的，如果真的换成你，你也会有他那样的想法和感觉，尽管你也许不会像他那样去做。

假如男孩期望别人去完成一件事，不妨让他以对方的观点来想一想，问问自己："他这样做的用意何在呢？"虽然那是很耗时很麻烦的，但那样做将会减少很多摩擦和不愉快，从而获得更多的友谊。能处处为人设想，并以对方的观点去对待事情，这将会影响他往后的社会交往及事业成就。

社会学家说，凡有人群，就有矛盾，人生活在社会中，人际交往是必不可少的。而人际交往又是人与人之间的心理交往，是人与人之间的心理沟通和交流。由于每个人的社会属性及社会地位、经历差别，由于不同人存在着不同的个性、文化、修为、信仰、隐秘以及有着不同的目标任务，导致了人在交往接触相处中，会出现生活和工作中的不相和谐，发生分歧，产生矛盾，出现误会。

　　这时你会怎样面对？你不妨将自己和对方换位一下，站在对方的角度去看问题，应以豁达大度的态度置换一下心理角色，掉换一下立场，逆向地进行思考。如果男孩能及时地调整好心态，也许就会找到更为确切的方法化解矛盾，消除分歧，避免误会。这比暴跳如雷、大动干戈更容易迅速取得主动而得到令人满意的效果。

　　世上任何事物都是相对的，站在一个角度看是一种感觉，换一个角度感觉可能就会相反。因此家长要让孩子明白在人际交往中不要片面地看问题，尤其不能只站在自己的角度看问题，而应调整好自己的参照点和观察点，多站在对方的立场上观察，以便形成良好的感觉和积极的心态，得出更全面的结论。如果你不了解对方在想什么，就会在决策中产生一定的片面性。不妨多替别人想想，站在对方的立场上，也许会得到更多的启迪和智慧。

　　因此，男孩若想赢得别人对你的赞同与欢迎，就必须做到从他人立场出发去考虑问题。

建议二：告诉男孩，一定要耐心倾听别人的忠告

　　男孩在待人处世方面不够成熟，会出现许多失误或纰漏，这时有人提出逆耳忠言，该是多么值得庆幸的事情。对于他人的善意提醒与忠告，男孩应该洗耳恭听，也许那是一句有益终生的忠告。

　　《孔子家语》有言："良药苦口利于病，忠言逆耳利于行。""人受谏，则圣；木受绳，则直；金受砺，则利。"然而现代社会，能够直言不讳地指责他人缺点者已日渐减少。无论是我们朋友、长辈或同学，大都不愿意冒着使别人恼恨的危险去忠告别人，而都抱着独善其身的态度漠视一切。如果人人皆能诚恳、虚心地接受别人的忠告，而且人人都期待他人的忠告，则这种现象又怎么会出现呢？

　　对男孩而言，真正能够苦口婆心地劝告他，指责他的人是谁呢？不外是父母、师长、兄弟、姊妹、朋友等。他们的目的无非是希望男孩在人际关系上更圆满，在事业上更成功。但是，忠言逆耳，大多数人对于忠告总是有一种逆反心理，从而导致原有的密切关系破裂。在某种程度上说，忠告确是一件危险的事情。如在这种情况下仍有不顾后果提出忠告者，一定是对我们怀有深厚感情之人。一个从来不曾受到他人忠告的人，看似完美无缺，实际上可说是一个毫无良好人际关系的真正孤独者。

　　由此看来，男孩若能受到忠告正说明周围有人在关心他。"不闻不论，则智不宏。不听至言，则心不固。"（《申鉴》汉·荀悦）但是，需要让男孩了解的是，若接受忠告时的态度不够坦然，则将会使他的朋友弃他而去。从另一个角度来说，忠告者也能从他的态度中得知他是一个坦诚的人，或是个骄傲自大的人，或冥顽不灵的人，进而影响对他整个人格的评价。一个谦虚上进、追求完美的人一定是个能够接受任何善意建议的人。如此，即使是与他只有点头之交的人，也将乐于对他提出忠告。

　　具体而论，男孩在接受别人的忠告时应把握以下几点：

　　第一，要"照单全收"。忠告必须"照单全收"，至于正确与否，事后再慎加选择，

切莫拒绝，更不能当场轻下诺言。很多人都会受到忠告，只有真正有智慧的人才能从中得到裨益。

第二，诚恳的道歉。"啊！是我疏忽了，十分抱歉，今后一定改进。""对不起，这是我的错，请你原谅。"如能诚心地道歉，对方一定能原谅。

第三，不逃避责任。别人忠告你时，如果你"但是""不过""因为"等如此一味地辩解，或急欲掩饰过错、保护自己，只会使你的过失更加严重，使存在的问题变得更加复杂。因而无法找到正确的解决之道。

第四，不强词夺理。有些男孩在犯错误之后，受到长辈的忠告，非但不思悔改，反而理直气壮地陈述自己不正确的理由，说什么："你也曾年轻过呀！难道你年轻时就那么十全十美从没犯过错误吗？"如此态度将使长辈甩袖而去，再也不管他的事了。这对男孩有害无益，而且将会阻碍他人格的发展。

第五，不自我宽恕。许多男孩遭到失败时，总是替自己找许多理由、借口来宽恕自己，认为自己并非能力不高，而是时运不济等。如持这种态度，则最终仍将无法克服自己的缺点，而使自己更显孤独。对于别人的忠告不要漠然置之，必须表现出乐于坦诚接受的态度。

第六，对事不对人。对于别人的忠告，应仔细反省其所指责的事物，而绝不应该耿耿于怀。敞开胸怀接受批评、彻底反省、思过、改进，接受忠告并善加活用，使他人的忠告成为自我成长的原动力，这才是一个明智的人应持的正确的处世态度。

细节79

培养男孩敢于面对公众

在生活中有许多男孩都具有羞怯心理，害怕与人交往，尤其是与陌生人，这是非常大的一个阻碍，人要生存，怎么能害怕与别人交往呢？

羞怯会影响一个人的学习、工作与社交。有羞怯感的人感到主动结交新朋友很困难，因此他们的孤独感往往较强烈，有一部分由于害羞而闭关自守，与人隔绝，当他们真的与人相处时，又常常不愿中断关系，希望避免为寻求宝贵的友谊而遇到的困难，结果，他们结交的伙伴当然不会是最理想的。害羞的人常常感到自卑，他们普遍对自我形象持否定态度。

在现实生活中我们可以发现这样有趣的一个现象：自信的人几乎不害羞，害羞的人往往不自信。因此，克服害羞对培养自信十分重要。羞怯心理会严重影响男孩的正常生活和人际交往，那么如何克服羞怯心理呢？可以教孩子试试以下几种方法：

第一，告诉孩子永远不要无缘无故把自己说得一无是处。也许男孩会有做错事的时候，例如说错话，但这并不表示他就是笨拙的，也许自身会有一些缺陷，如小眼睛，但也没必要感觉自己目光短浅、不美。

第二，让男孩了解自己的优点和缺点。找些小卡片，把它们分成两种颜色：一种代表优点，另一种代表缺点，每张卡片写一个优点或缺点；然后检验一下哪个优点还没发挥，怎么去发挥这个优点；再检验哪个缺点是孩子可以不在乎甚至可以忽略的，把这些可以忽略的、不在乎的缺点丢掉，这样做就可以使孩子不会过分低估自己；然后他会发现自己的优点比缺点多，而且会更加自信地发挥他的优点。

第三，鼓励男孩试着坐在人群的中心位置。害羞的人常喜欢躲在角落，免得引人注目。因为这样也就没有人注意到自己，反而证实了"没人关心自己"的想法。改掉这个习惯，才能让别人有机会注意到你。

第四，有话大声说。害羞的人说话都很小声，不妨建议男孩把音调提高，就会在内心暗示自己，更加相信自己有权说话。

第五，要嘱咐男孩，当有人跟他讲话时，眼睛一定要看着对方，害羞的人常常会忘了这一点。当然不必瞪着对方，但至少要让对方知道你是在倾听。

第六，别人没有应答我们的提问时，要再重复一遍。不要替自己找理由说是别人对你的话不感兴趣。

第七，在说话的过程中被人打断了，一定要继续把话说完。我们讲话时常会被打断，其实有时对方插话也表示他对你说的话很感兴趣，所以下次不要把谈话中断当做借口而逃离人群。

建议一：鼓励男孩多参加集体活动

为了使孩子能够和他人更好地交流、相处，家长要鼓励男孩学习更多的交往技能。集体活动为男孩提供了更多与人交流的机会，许多性格和能力要在集体生活和游戏中才能养成，如团结、大方、礼貌、遵纪、自尊自爱、竞争意识、牺牲精神、合作意识、组织协调能力、集体观念和服从精神等。这些品质和能力是集体之外的活动所不能够培养的，却又是一个高素质人才要具备的。

1. 学会爱集体

（1）多为集体做好事。例如，在学校主动打扫卫生、为朋友打开水、帮老师擦黑板等。

（2）要遵守集体规则，维护集体荣誉。要知道自己是集体中的一员，应该为集体争光。如轮到自己做值日生这天，要早点到学校去，不要迟到。

（3）要积极参加班级活动。集体因为每一个人的存在才成为了一个有机整体。集体活动中缺少了谁，这个有机体都是不完整的。参加一次班级篮球赛，在赛场上学习团结与合作；参加一次班级春游，孩子会发现因为有了同伴的陪伴而使春天更加灿烂；参加一次班级合唱团，他能知道自己所在的那个音阶对整首曲子来说是多么的重要。而这些，都是他一个人玩球、一个人爬山、一个人唱歌时体会不到的，是从集体活动中获得的。

2. 参加社区的服务

美国许多中学都要求学生们参加社区服务，否则不能毕业。而现在，全国国立和私立中学中，超过 30% 的学校已经这么做或正准备这么做。参加服务的时间要求不一。在我国，尽管有些社会团体搞了一些社区服务活动，但是大多数男孩并没有定期参加类似的帮助老弱病残者的活动，因而就没有亲身体会，也不懂得其真正的含义。即使父母不断地把这些思想灌输给男孩也无济于事，只有亲身经历过了，他才能真正受到影响。

现在，许多学校都设有"青少年志愿服务团"，参加到这些团体中来，男孩就会有更多的机会投身到社区的服务中。如到养老院中去看望孤寡老人，陪他们聊聊天，用一份童真带给老人一份快乐和安详；大家组织起来将路边的长椅擦干净，看着行人坐在干净的长椅上休息时，你会感受到合作的乐趣和成就感。

在这些团体中，男孩会渐渐培养自己的组织协调能力、语言表达能力、团结合作能力，并磨炼出坚强的意志和良好的为人处世技巧，而这些，恰恰是以后的人生道路上所需要的。

建议二：教男孩说话注意场合与分寸

幽默、风趣、得体的语言可以调动谈话者的热情，很快使周围的气氛热烈起来。很多男孩希望自己能达到这种谈话效果，实践起来却觉得很难。家长可以提醒孩子注意，当他要用语言来表达自己的意图，让别人接受他的观点时，应该根据谈话对象的身份、地位、心境以及你们所处的场合选择合适的措辞。

首先，说话要讲究场合。不同时间、不同地点，也许人们的社会地位等因素都发生了改变，所以语言也要适当地随之变动。

明代开国皇帝朱元璋，出身贫寒，少年时候就放牛，给有钱人家打工，甚至一度还为了果腹而出家为僧。但朱元璋却胸有大志，风云际会，终于成就一代霸业。

朱元璋当了皇帝以后，有一天，一位儿时的穷伙伴进京来求见他。朱元璋很想见见旧日的老朋友，可又怕他讲出什么不中听的话来。犹豫再三，总不能让人说自己富贵了不念旧情吧，还是让传了进来。

那人一进大殿，即大礼下拜，高呼万岁，说："我主万岁！当年微臣随驾扫荡芦洲府，打破罐州城。汤元帅在逃，拿住豆将军，红孩子当关，多亏菜将军。"

朱元璋听他说得动听含蓄，心里非常欢喜，回想起当年大家饥寒交迫时有福同享、有难同当的情形，心情很激动，立即重重封赏了这个老朋友。

消息传出，另一个当年一块放牛的伙伴也找上门来了，见到朱元璋，他高兴得忘乎所以，生怕皇帝忘了自己，指手画脚地在金殿上说道：

"我主万岁！你不记得吗？那时候咱俩都给人家放牛，有一次我们在芦苇荡里，把偷来的豆子放在瓦罐里煮着吃，还没等煮熟，大家就抢着吃，把罐子都打破了，撒下一地的豆子，汤都泼在泥地里，你只顾从地下抓豆子吃，结果把红草根卡在喉咙里，还是我出的主意，叫你用一把青菜吞下，才把那红草带下肚子里。"

当着文武百官的面，朱元璋又气又恼，哭笑不得，喝令左右："哪里来的疯子，来人，把他轰出去。"

面对同一个人,讲了同样的内容,只是用不同的方式说出来,境遇就会有所不同。第二个人不但没有得到封赏,反而被轰了出去的原因就是他没有掌握好说话的场合。今日的朱元璋已不是昔日一起游戏、讨饭的小叫花子,而是堂堂一国之君,当着众多大臣的面直接揭皇帝的短,不是冒险还能是什么呢?

其次,说话还要看对象,正所谓"看人下菜碟"。这里并没有阿谀奉承之意,而是说要根据对方的年龄、性别、文化程度、身份、职务、心情等来选用语言。

第一,说话时要看对方的文化程度。

人口普查员填写人口登记表,问一个没有文化的老太太:"你有配偶吗?"老太太说:"你是问我有没有买藕吗?"结果闹了个笑话。

第二,说话要看对方的身份职务。

对不同身份职务的人交流有不同的方式。下对上、晚对长、生对师、普通人对有名气地位的人等,不应当也不必要表现得屈从、奉承。但在言谈举止上则不要过于随便,有必要也应当表现得更加尊重一些。如学生与老师之间发生了矛盾,可以像同学之间发生矛盾一样平等地交流、沟通,但在说话时应当注意方式和讲究措辞。

一般来说,在不是十分严肃庄重的场合,身份较高的人对身份较低的人说话越随和、越风趣越好,而身份较低的人对身份较高的人说话则不宜太过随便。

第三,说话时要看对方的性格和心境。

性格外向的人善于言谈,乐于交往;性格内向的人多半"沉默寡言"。同性格开朗的人谈话,你可以侃侃而谈;同性格内向的人谈话,就应注意分寸,小心用词。

一次,孔子的学生仲由问:"听到了,就去干吗?"孔子说:"不能。"又一次,另一个学生冉求又问:"听到了,就去干吗?"孔子说:"干吧!"公西华在旁听了疑惑,就问孔子:"两个人的问题相同,而你的回答却相反。我有点儿糊涂,所以来请教。"孔子说:"求也退,故进之;由也兼人,故退之。"意思是说,冉求平时做事好退缩,所以我给他壮胆;仲由好胜,胆大勇为,所以我劝阻他。

所以,谈话也要看对方的性格和心理状态。

不同的人在不同的情况下有不同的心态,有时候不会从外部表现上明显地表露出来,这时作为表达者就应当洞察对方的心理,以便进行有效的交流。

所以,男孩在与别人谈话时,一定要注意场合与分寸,切不可在错误的时间、错误的地点说了错误的话。

细节80

不怯生，不鲁莽——让男孩成为社交达人

在男孩的成长过程中，自主能力和社交能力是相辅相成的。在生活中我们会发现，凡是自主能力强的男孩，其社交能力就比较强。

生活在现代社会的人，必须学会待人接物的方法，善于与人礼貌往来。因为和谐的人际关系无疑已成为当今世界人才的重要素质之一。有些男孩因缺乏待人接物的经验，往往在交际中有差强人意的表现。

主动参加接待客人的活动，有利于培养男孩的主人翁精神。在参与接待客人的过程中，体会到主人和客人地位的不同，自然会产生一种自豪感和责任感，会比平时更小心，殷勤百倍。也有利于培养男孩礼貌待人的好习惯。要接待好客人，让客人满意，就必须在语言、行为上都讲究礼貌，实际上是给男孩提供了礼貌待人的练习机会。而且，能学到一些待人接物的方法。最初，男孩是不会接待客人的，这就需要学习和锻炼。

怎样培养男孩接待客人的能力呢？

第一，做好心理准备。在客人到来之前，男孩应该向父母了解，客人什么时间来，谁要来。客人与父母、与自己的关系以及该如何称呼，使自己在心理上做好接待客人的准备。

第二，与父母共同做准备工作。男孩可以和父母一起做接待客人的准备工作，如打扫房间，采购糖果等，共同创造一个欢迎客人的气氛。

第三，在父母的帮助下接待客人。例如，客人来了，男孩可以在父母的帮助下招呼每一个人，请客人坐，请客人吃糖果。还可以把自己的玩具拿出来给小客人玩，把自己的相册拿给大家看。

第四，学着与客人交谈。男孩应大方地回答客人的问话，在别人讲话时不随便插嘴。如果自己在某一方面有特长，可以主动为客人表演。制造出一种轻松、愉快、热烈的气氛。

待人接物不只体现在招待客人上，而是渗透于男孩生活的方方面面。

每个人都有自己生存的空间，然而在这个空间中家有家规，校有校规，国有国法。没有规矩，难以成方圆。男孩要从小就懂得规矩，并遵守规矩。

父母都希望孩子能成为一个有教养的青少年。所以，就要让男孩知道哪些言行是文明礼貌的，哪些言行是粗鲁无礼的。

一个人的修养决定着他的生存方式。有修养的男孩，不但能受人尊重，而且还能成大器；没修养的男孩，不但害人害己，还会不得人心。对于男孩来说，尤其在公共场合，更应重视自己的行为举止，学会待人接物。

建议一：幽默的男孩更受人欢迎

在社会生活中，幽默是无处不在的。幽默是语言的润滑剂，如果你的孩子善于灵活运用，必将为他的生活带来无穷的轻松和乐趣。

幽默是人际交往中的磁石，可以将周围的人吸引到你身边来；幽默也是转换器，可以将痛苦转化为欢乐，将烦闷转化为欢畅。每个人都喜欢与机智幽默的人做朋友，而不情愿与忧郁沉闷、呆板木讷的人交往。

语言幽默的人在社交中往往大受欢迎。最能聚集人脉的人常常就是颇具幽默的人。我们都喜欢幽默的人，但并不是每个人都会使用幽默。相反，许多人认为幽默是上帝赋予的先天禀赋，后天无法获得。其实，幽默是可以后天获得的。

对生活丧失信心的人不可能再运用幽默的资源，整天垂头丧气的人也无法体会幽默的妙用。因此，能够幽默的人首先应该充满对生活的期望和热爱，自信地对己对人，即使身处逆境，也是快乐的。

快乐是幽默的源泉，保持快乐，不仅可以带给自己幽默，还可以让别人幽默起来。怎样才能保有"快乐"呢？秘方之一是自娱自乐。这一点每个人都会，但最好不要应付了事。即使心情忧郁时，也要找点自己愿意做的事，给情绪添点欢乐的色彩。

幽默是可以学习的，因此为了开发自己的幽默资源，就必须先进行"投资"。多读些笑话、讽刺小说，多看一些喜剧，多听几段相声，随时随地收集幽默笑话。你可以将幽默、有趣的文章剪贴下来，并加以分类归档。

周围世界中充满了幽默，鼓励孩子睁大眼睛，去观看，并且竖起耳朵，去倾听。幽默来源于两个世界，一个是真诚的内心世界，一个是生活中周围的客观世界。当男孩用智慧把两个世界统一起来，并有足够的技巧和创造性的新意去表现幽默力量，就会发现自己置身于趣味的世界中，人际关系也由此会顺畅起来，离成功也就不远了。

另外，男孩在运用幽默口才时应注意以下几个问题：

1. 要注意场合。在不适当的场合展示所谓的幽默，会造成不良的影响，甚至是严重后果。
2. 要区别对象。就像音乐是给会欣赏音乐的人听的，绘画是给会品味绘画的人看的一样，找错了对象的幽默难免会造成双方的难堪。
3. 与残疾人开玩笑要注意避讳。拿他人的缺陷、不足开玩笑，会伤害对方。
4. 内容要健康，格调应高雅。
5. 态度要友善。冷嘲热讽地开玩笑，别人会产生反感。
6. 和异性、不同辈分的人开玩笑要适当，"荤段子"不可说。
7. 不可板着脸开玩笑。
8. 不要以为捉弄他人也是幽默。别人会误以为你是恶意的而令你祸从口出。
9. 不可总大大咧咧地开玩笑，让人觉得你不够成熟、踏实、庄重。

正如拉布所说，"幽默是生活波涛中的救生圈。"幽默能够营造一个轻松、诙谐的谈话和交往氛围，能让人在紧张的环境中得以放松，能愉悦人的心情，也能够抚平生活中出现的波涛和褶皱。既然幽默有这么多的好处，何不让孩子学着成为一个能带给身边人快乐的幽默大师呢？

建议二：告诉男孩与人相处应把握好度

常言道"一回生，两回熟，三回四回是朋友"，可是对有些人来说，外面的世界充满了危险和侵犯，保护自己的最好方式就是与周围的人和世界维持一个安全的距离。他们总是一副不愿意与别人"深交"的样子，与任何人都是一种"君子之交淡如水"的交往习惯。

告诉孩子，既然这样的人对自己有一层保护网，难以让人走近他，那么跟这样的人交朋友，就一定要懂得保持距离，不要让"自来熟"的习性破坏了彼此之间和谐自然的关系。

其实很多时候，有一定距离的友情，反而更容易维持，因为人和人之间如果走得太近，就容易因为彼此过于了解而产生摩擦，如果过于疏远了，友情也就变淡了。所以，保持一定的距离，不过分亲近也不过于疏远，才是友情的最佳保鲜法。

蕨菜和离它不远的一朵无名小花是好朋友。每天天一亮，蕨菜和无名小花就互致问候。日子久了，它们都把对方当成自己最知心的朋友。同时，它俩发现，由于相距较远，每天的交流很不方便，便决定互相向对方靠近，它们认为彼此之间距离越近，就越容易交流，感情也越深。

于是，蕨菜拼命地扩散自己的枝叶，它蓬勃地生长，舒展的枝叶像一把大伞，无名小花则尽量向蕨菜的方向倾斜自己的茎枝，它俩的距离越来越近了。

出乎意料的是，由于蕨菜的枝叶像一柄张开的大伞，它不仅遮住了无名小花的阳光，也挡住了它的雨露。失去阳光和雨露滋润的无名小花日渐枯萎，它在伤心之余，不再与蕨菜共叙友情，认为是蕨菜动机不良，故意谋害自己，便在心里痛恨起蕨菜来。

蕨菜呢，由于枝叶过于茂盛，一次狂风暴雨后，它的枝叶被折断了许多，身子光秃秃的。看着遍体鳞伤的自己，蕨菜把这一切后果都归咎于无名小花，如果没有无名小花，它也绝不会恣意让自己的枝叶疯长的。

于是，一对好朋友便反目成仇了。

从这则故事中，我们看到了距离的重要性。家长要让男孩明白这样的道理：你们成为好朋友，只说明你们在某些方面具有共同的目标、爱好或见解以及心灵的沟通，但并不能说明你们之间是毫无间隙，可以融为一体的。过于亲近，有时会被刺伤，过于疏远，又感受不到友情的温暖，只有把握好相处的距离，才能让友谊之树常青。

在日常生活中，朋友间的交往不可能事事顺心、样样如意，难免会为一些事发生争吵、引起矛盾。家长要让男孩明白，这种事本身是很正常的，关键是要看我们自己怎样对待，是否能分辨清楚原因，恰到好处地加以解决，协调好彼此之间的关系。

同学之间吵架的原因有很多，主要有以下几种：

1. 开玩笑有些过火了，行动上让对方觉得很难堪，双方处事的态度不同等原因都会引起矛盾。

2. 有的时候会遇到别人的挑拨，使自己对朋友产生了误解，有时由于双方所受到的待遇不公平，使自己产生了赌气的行为，与对方不能和睦相处。

3. 有的好朋友之间原本相处得很好，但是因为其中一方心理状态不平衡，正在生气或是正在烦恼，稍不顺心，便会失去理智，无法自制。

无论是由于什么因素引起的吵架，都会使双方烦恼不安。因此，家长要教男孩正确分析原因，因人因地选择解决问题的方法。

1. 采取宽容大度的态度，主动从自身去找原因，以己之心度人，以人之心度己，宽容大度。自己错了主动承认，做自我批评，即使是对方的错误，也要先检查自己态度上的过失，争取在缓和的气氛中沟通思想。这是解决争吵的正确态度，要求男孩平时要加强自身修养，提高心理素质，做到遇事不急躁，三思而后行。

2. 正确分析争吵原因。对偶发的、自然因素造成的争吵要采取忍让的态度。人与人的交往难免会磕磕碰碰，没必要事事较真。对一些事采取幽默手段处理，便会化干戈为玉帛，会给生活增添色彩。对待涉及原则性的争吵，则需要男孩理智地思考，以理服人，以情动人，求得共识。

3. 采取灵活有效的方法。对内向性格的人，以无言的行动感动对方，易于矛盾的和解；而对外向人，最好使用直截了当的方式，这样符合他们的性格特点。也可以通过书信形式，达到沟通目的。

细节81

男孩一生不能缺少朋友

人的生命中，总要有一两个知己。他们不一定是一个有多么卓越的才能、多么显赫的地位的人，但是，他们对你有一颗真诚的心。当你遭遇困难、别人对你唯恐躲避不及的时候，他们会竭尽所能地伸出双手帮助你，让你心中充满温暖。

我们生活在一个物欲横流的社会，金钱似乎成了衡量一切的筹码，人与人之间的感情越来越淡漠，友谊也常因受到利用而被玷污，友情的误区比比皆是。不过，我们还是应该这样告诉孩子："有了朋友，生命才显示出全部的价值。友爱，这是照亮我们黑夜的唯一的光亮。"人生活在社会上，不仅要和睦相处，还应该互相帮助、互相尊重、互相关心。

家长要让男孩学会改善人际关系，交几个真心朋友，使生活更为充实、更加美好。

英国诗人赫巴德说：一个不对我们有所求的朋友，才是真正的朋友。可见，真正的友情都应该具有"无所求"的性质，一旦有所求，"求"也就成了目的，友情则成了饰品。让友情分担忧愁，让友情加深交流，让友情促进工作……如此这般，友情似乎成了忙忙碌碌的工具，那它自身又是什么呢？应该为友情卸除重担，也让朋友们轻松起来。朋友就是朋友，除此之外，别无所求。

一些家长总告诉男孩"要跟学习好的孩子玩，不能跟落后生做朋友"，这样的做法是错误的，你很有可能让孩子错过一段温暖一生的友情。家长应该告诉孩子，真正的友情不依靠于学业、祸福和身份，不依靠经历、地位和处境，它在本性上拒绝功利、拒绝归属、拒绝契约，它是独立人格之间的互相呼应和确认。它使人们独而不孤，互相解读自己存在的意义。朋友就是互相使对方活得更加自在的那些人。

建议一：告诉男孩不要忽视朋友的影响力

男孩的交友问题已经迫在眉睫！事实上，人际关系是从童年开始萌芽的，而"朋友"对男孩的影响力甚至超过父母。但是家长却没有权利决定谁才能做孩子的朋友，只能去老老实实履行义务，早早提醒孩子结交好朋友，脱离坏朋友。

阿远的父母平时忙于工作，很少管孩子。阿远本来是个很乖巧的孩子。在他刚上初中的时候，班里有一帮男同学总是欺负他，这时候，社会上的一帮人帮他教训了他的同班同学，从此整个学校没有人再敢欺负他了。他对那帮人感激不尽，后来加入到他们的"组织"中去。可是两年的时间，他彻底变了。他似乎对所有的人都没有了感情。他经常向长辈伸手要钱，动辄上万。一次，他还逼迫父母拿出20万，说如果不拿的话，就断绝亲子关系。父母很心痛，后悔没有好好关心他，更后悔对他的交友不闻不问。

在男孩的成长路途中，他会遇到各种各样的朋友，有和他趣味相投的挚友，有对他直言相规的净友，有无话不谈的密友，当然也不乏因为某种利益而和他相交的盟友。男孩的可塑性非常强，从某种程度上来说，朋友甚至会影响他的一段人生。

在关注孩子交友这方面，我们不妨向犹太父母取经。犹太父母很重视男孩的交友，他们有一句有名的格言是："跟狗玩，就会有跳蚤上身。"他们将朋友分成三类：一类是像面包一样的朋友，生命中不可或缺；一类是像蔬菜和水果一样的朋友，偶尔点缀；还有一类人，虽然平时好像是朋友，倘一遇到紧急状态，他就会躲得远远的。《塔木德》中说过："与污秽者为伍，自己也得污秽；与洁净者相伴，自己也得洁净。"有这样一个故事：

一个犹太富人有10个儿子。他郑重地向他们宣告，他临死前，会留给他们每人100第纳尔的财产。

但是几年后，他只剩下950第纳尔了。于是，他给了9个儿子每人100第纳尔，并对最小的儿子说："我只剩下50第纳尔，还需要30第纳尔作丧葬费，因此只能给你20个第纳尔。但是我有10个朋友，他们的价值胜过1000第纳尔。"

这个人死了以后，9个儿子各自走了，最小的儿子想起了父亲的遗言，便用他剩下的一小部分钱招待了父亲的10位朋友。

父亲的朋友们边吃边聊，其中有一个人说："所有的弟兄中他是唯一还挂念我们的人，我们也应该有所报答。"

于是每个人都帮助了这个最小的儿子，结果他比他父亲还富有。

一个男孩选择了怎样的朋友，就等于选择了怎样的前途。选择与一个有学识、善良、智慧、豁达的人为友和选择一个有暴力倾向、邪恶的人为友，会有截然相反的两种结果。

父母不必像个教官一样直接干涉男孩的交友问题，但要学会用自己的交友行为来影响孩子交友。

犹太经典《塔木德》中那些关于交友的哲思影响了一代又一代犹太儿童，家长可以试着向男孩讲授：

当你结交一个朋友时，先考察考察他，不要急于信任他。

有些朋友，当事情对他们有利时，他们是忠诚的，但是有了困难，就抛弃了你。

有些朋友倒向敌人一边，使争吵公开，来羞辱你。

还有的朋友吃你的，当在困难时却找不到他；当你繁荣昌盛时，他是你的心腹，但当你败落了，他就会躲得远远的。

一个忠诚的朋友就是一个安全的庇护所，谁找到这样一个朋友，谁就找到了财宝。

建议二：对于男孩来讲，敌手与朋友同样重要

男孩之间难免打打闹闹，有些孩子心胸宽广，打过闹过，依旧是朋友。有些孩子则不然，一旦发生过什么摩擦，再见面就如仇人一般。你的孩子是否属于后者呢？常言道：不打不相识。家长要让孩子明白，人与人之间的友谊可能就是因为争斗而发端。而且友谊还会在不断的争斗中得到巩固，不断加深。《水浒传》中有这样一段故事：

宋江被发配到江州，遇到早就想结识他的戴宗，与后到的李逵一起在一家酒店里喝酒。吃喝间，宋江嫌送来的鱼汤不好，于是叫酒保去做几碗新鲜鱼烧的汤来醒酒。正好酒馆里没有新鲜鱼，于是李逵跳起来说："我去渔船上讨两尾来与哥哥吃！"李逵走到江边，对着渔人喝道："你们船上活鱼把两条给我。"一个渔人说："渔主人不来，我们不敢开舱。"生气的李逵不小心一连放跑了好几条船上的鱼，惹怒了几十个打鱼人。后来还与绰号为"浪里白条"的渔主人张顺打了起来。两人正打得难解难分时，早就认识张顺的戴宗跑来介绍二人认识之后说道："你两个今番却做个至交的弟兄。常言道：不打不成相识。"二人遂成为好友。

双方不打一场不会相识，经过交手而互相了解，更加投合，这种例子不胜枚举。最常见的就是武侠小说中的各路英雄，特别是结拜的兄弟，常常是因为误会而发生争执，但是当真相大白时，彼此又会互相欣赏而成为至交好友。比如《天龙八部》里的乔峰和段誉，他们就是在比试中互相认识的，进而互相钦佩，结为生死兄弟，同生死共患难。

友谊的形成是一个方面，友谊的持续又是另外的一方面。维持友谊往往比友谊的形成更加困难，因为这是一项长期的工程，需要精心的呵护。人与人相处，难免会发生各种各样的摩擦和争斗。因为每个人的性格不同，处事的方法不同，了解的事情也不一样，

因而在同一件事的认识上会发生这样或那样的偏差，误会就会随之而产生。但是误会总是会消除的，在一番明争暗斗之后才会发现友谊的可贵，曾经失去才会倍加珍惜。互相包容，互相理解，容忍对方的小毛病，使小的争斗不至于扩大化，不至于动摇友谊的根基。所以，争斗其实也会有它积极的一面，条件是争斗之后妥善处理之后的误会，吸取教训，修补裂痕，使友谊更加坚固。从争斗中吸取教训，学会宽容。每个人都会有一些缺点，如果互相抱怨，互相指责，无法忍受对方，友谊就无从谈起了。

另外，在这样一个"物竞天择，适者生存"的社会，彼此之间的竞争无处不在，即使是再好的朋友也可能会发生竞争。男孩需要明白，竞争既可能是良性的君子之争，也可能是使用阴谋诡计互相陷害。而我们要教给孩子的就是，在竞争的时候始终不要忘了做人的基本原则，不要做出让人心寒的事情。这样才能在争斗过后，还能保持友好的关系。如果使用不正当的手段，做出让对方不齿的行为，对方便再也不会信任你，而友谊也就会荡然无存。因此，保持友谊的争斗应该是良性的竞争。而且，在竞争中双方能够互相学习，共同促进能力的增长，这样的争斗何乐而不为呢？

所以，男孩们应该学着用宽容的心态来看待朋友间的矛盾，这样他会发现自己的人脉会越来越宽，越来越广，那是一件让人十分羡慕的事情。

细节82

对男孩开展"社会化教育"

未来社会需要青少年具有社会交往和活动的能力，然而今天的独生子女恰恰缺乏与人交往、合作的机会，他们身上或多或少地有着不合群、自私等表现。男孩将来能否积极地适应各种环境，能否协调好与他人与集体的关系，能否勇敢地担起社会责任，能否乐观地对待人生等，都和社会交往密不可分。

一般说来，男孩在人际交往方面的问题主要有下面几种：

1. 自闭与防御心理

进入青春期后，青少年自我意识与独立倾向明显增强，自尊心很强，内心世界不愿向别人袒露，特别是在某方面受到挫折后，更容易出现自闭与防御心理。这种心理会加重思想负担，造成一定的心理压力。这种现象产生的原因是多方面的，有的是对因升学等原因导致的学习环境的变化不能适应，不能在新环境中很快建立新的友谊；有的则是因为怕自己不能被人理解，怕别人嘲笑自己的想法，认为对方不会以诚相待、不会为自己保密等。

2. 自卑与交往恐惧心理

这种心理会导致他们感情脆弱，忧郁孤僻，害怕别人看不起自己，不愿参加集体活动，不敢与人交往。也有的男孩因为在交往中受到过挫折和伤害，对交往怀有一种恐惧心理，在与人交往时紧张、手足无措，而因此导致的交往失败体验则会进一步加深这种心理。

3. 自我中心的心理

具有自我中心心理的男孩在与人交往过程中，处处从自己的利益出发，一味希望别人能听从自己，为自己服务，而不考虑付出。这些学生唯我独尊，不能听取他人意见，往往有骄傲自满的情绪，这种心理最终会导致他们成为人际交往中的失败者。这类男孩主要集中在两类群体中：一是以溺爱的家庭教养方式为主的独生子女，一是学习上经常获得成功体验、经常受教师表扬但对挫折的心理承受能力较差的"优秀学生"。

人是群体性的动物，只有在"群"中个人的力量才能发挥到极致。乐群，也就是乐于群体生活，能够在人际交往中如鱼得水，这是一项不可小觑的本领，甚至可以说是做人之本、成功之基。所以，千万不要认为这是与学习无关的小事，而要把它重视起来，从小培养男孩的人际交往能力，以便在日后的生活中得心应手。

建议一：培养男孩的正当竞争意识

竞争是男孩的天性，行为专家曾这样说："一场比赛结束后，你会看到一个被打败的男人在真诚地向对手祝贺，其实在这背后，这个男人想的是如何在下一次将他打败。"有竞争心理是对的，但是要通过正当竞争，将来才会成为真正的男子汉。

作为家长，不用担心男孩这种过强的竞争心理，性别赋予了他们巨大的能量，这是男孩的优势所在。告诉你的男孩要遵守竞争的原则：公平、公正、正当，然后放手让他去争吧，这样会更有利于他长成真正的男子汉。

在当今的社会中，竞争是客观的存在，任何人都要面对。有的男孩因为害怕失败不敢参与竞争，实际上，竞争是激发男孩提高能力的有效形式，通过竞争可以锻炼男孩良好的心理素质。为了让男孩在将来的社会中占有一席之地，家长一定要重视培养男孩的竞争意识。

有个男孩在美国的一所中学读书，有一次学校里要选拔队员参加足球赛，想被选中的同学都要参加一个"淘汰竞争"的测试，对于每个同学来说，机会是均等的。能否参加足球队，完全看自己在竞争中的表现。

"淘汰竞争"的过程如下：开始的时候先绕学校跑3000米，接着是三组400米，然后是四组100米往返跑……学生们都已经累得歪歪斜斜的，但是竞争远远没有结束。他们又开始了下一轮的竞赛，在赛场上，有的孩子抽筋，有的孩子晕倒，有的孩子呕吐……

即便是如此，没有男孩愿意放弃或者是主动退出。他们已经记不清自己跑了多少圈，但他们一直都坚持着。

"只要没有到最后一分钟，谁都有机会。现在看那些跑在前面的，说不定下一轮就落后。"

这种"淘汰竞争"在中国很少见，其实它的意义不仅限于对男孩的体能测试，更是一场对于意志的较量。通过竞赛性的活动可以使男孩体味到竞争的快乐，学会承受失败的痛苦，品尝到胜利的喜悦，有助于培养男孩积极向上的品格。

害怕竞争没有任何意义，培养男孩的竞争意识应当从小开始，逐渐形成良好的竞争力。

培养男孩的竞争力应做到以下几点：

首先，要注意发展男孩的个性。个性也代表着男孩的独特性。个性突出的男孩往往蕴含着无穷的竞争力量，一个男孩能够自立、自律、自主，其竞争意识和竞争能力往往超过别人。所以家长不要只把着眼点放在让男孩学习更多的知识上，还要鼓励男孩掌握更多的才能和本领，形成完善的人格。

其次，要鼓励男孩勇于创新。家长可以鼓励男孩自己发现问题，多参加亲自动脑、动手的活动，激发孩子的求知欲和求知兴趣，让他尝试着自己解决问题。家长不可以限制男孩的思维和手脚，而应对于男孩的新思想给予肯定和表扬，并鼓励男孩坚持探索。

再次，要鼓励男孩积极参与竞争。传统上，人们用"乖"作为评价孩子的标准。但是听话的孩子往往是缺乏个性的，尤其是男孩。现在的家长更需要从小培养男孩独立自主、敢想敢干的精神，鼓励男孩走出家庭的保护，融入社会。

最后，要鼓励男孩相信自己。让男孩用自己的真实感受来表达这个社会，当他可以用自己的价值观来判断社会的时候，就会给自己一个正确的定位，也就有信心去实现自己所追求的目标。相信自己，本来就是一种自我竞争，如果一个男孩自己都不敢相信自己，那他又怎么会有与人竞争的勇气呢？

建议二：爸爸妈妈就是男孩的"外交顾问"

现代中国儿童由于多是独生子女，或是太"独"而不利于与人交往，或是缺乏一定的社交锻炼而不会主动与人交往。这就为孩子今后的生活与发展带来很大障碍。作为家长，你能否帮助过孩子与人成功地交往呢？

在平时，你是否会关注孩子有没有朋友，与同龄伙伴来往得亲密与否？

当自己的孩子与伙伴交往出现问题时，你是否曾帮助孩子寻求解决的办法，并分析原因？

人的社会化只有在人际交往中才能得以进行和实现。随着男孩的成长，交往的形式日趋多样化。男孩的交往性质和交际水平，直接影响着他们社会化的水平。

男孩的个性除受先天遗传因素影响外，更重要的是后天环境的影响，长期生活在友好和睦的人际关系中，就会乐观、开朗、积极、主动。儿童时期是人的个性定型时期，积极的社会交往，有助于个性的发展和优化。

男孩人际交往的时间和空间越大，精神生活就越丰富，得到支持与帮助的机会就越多；而交往得不到满足时，孩子的情绪就会低落，心理失衡得不到调整，就容易导致身心疾病。

人际关系还涉及个人潜能的发展。因为人际关系好的人，表示他的感悟性好。人际关系好的孩子既能够善解人意，同情别人，又能把握住人际交往中的分寸。

世界级哲学大师西格蒙特·弗洛伊德的学生哈里·苏利万非常重视人际关系对孩子

性格发育的重要性。他认为孩子的性格发育与他的人际关系总和是相等的。

男孩到七八岁时，开始脱离父母，越来越看重同学和朋友对他的态度。尽管他们的感情食粮理所当然地要从家里获得，但从朋友身上也能得到帮助。苏利万认为，儿时的友谊影响孩子的交友习惯、自尊心等，其程度几乎相当于父母的抚育和爱。相反，如果孩子失去朋友，或者不被同伴接受（尤其在上小学时），那么即使日后取得一定的成功，也会有一种不安全感和不满足感。

一些父母为孩子太"独"而发愁，他们只想着自己，不管他人。这样的性格在父母面前没问题，可到了学校，到了社会，他们怎么能够与人和谐地相处呢？孩子以自我为中心的习惯确实是个问题，如果放任不管的话，必然会影响到孩子未来的发展。因此家长应当采取措施，帮助孩子学会与人交往。

家长要为男孩营造"休戚相关"的家庭氛围。父母之间应相互体恤，乐于奉献。若男孩耳朵里听到的总是"谁干多了，谁干少了"之类的相互埋怨，男孩就只能体会到付出的痛苦，无形中他会形成"要索取不要付出"的观念。另外，还可以通过让男孩参与一些事，使其与家庭融为一体。还可以让他做些力所能及的家务，以培养男孩的合作意识。

家长还应教男孩学会分享。男孩难免都有自私的倾向，我们可以教会男孩与人分享，并体会分享的快乐。比如让男孩和小伙伴一起玩游戏就是一种分享。当然，一起玩并不是简单地凑在一块，而是共同参与一项活动。

细节83

教男孩处理好学校的人际关系

男孩对自己的认识总是以他人为镜，需要通过与他人进行比较，把自己的形象反射出来而加以认识。男孩在交往过程中，往往以同龄人为参照系，吸取更多的信息，更清楚地确定自我形象。积极的交往活动是男孩个性发展和完善的条件。

然而，现代中国儿童由于多是独生子女，与人相处的经验非常少。

经常有报道说男孩经过十年努力考上了名牌大学，但是却因为在学校不能和同学友好相处，出现了严重的人际交往障碍而不得不退学回家的事情，可想而知提高男孩的人际交往能力是一个刻不容缓的问题。与人相处的能力，其实考察的也是男孩的一种综合能力，它包括很多种因素，比如和小朋友在一起，他要考虑应该怎样和人家说话，怎么样才能够表达清楚自己的意思，怎么样别人才不会讨厌自己，不但要求有语言表达能力，还要有计划、有简单的谋略以及自身的磨合能力，想到了这些，你还能忽视男孩的人际交往能力，觉得这是件可有可无并不重要的事情吗？

世界级哲学大师西格蒙特·弗洛伊德的学生哈里·苏利万非常重视人际关系对男孩

性格发育的重要性，他认为男孩的性格发育与他的人际关系总和是相等的。当然，男孩的人际关系首先开始于与父母的相处，同时也包括同龄人对他的深远影响。

家庭是男孩成长的第一个很重要的环境，给予男孩什么样的家教，男孩就会成为什么样的人，要想让男孩成为一个心理健康、性格开朗的人，那就必须重视引导男孩与同伴交往。

1. 让男孩在家庭中学会沟通

在与人交往的过程中，沟通极为重要。男孩加入的第一个需要与人交往的团体便是家庭，因此男孩在家庭中对沟通技能、方法的掌握与学习，与男孩未来社会适应能力的高低紧密相连。如果一个男孩从小在家庭中学会了与家庭成员沟通的技巧，当他走入社会时，他也能很快地与他人沟通。

2. 在沟通中学会理解

如果男孩长大成人后，不能理解他人，不能与他人建立良好的合作关系，那么即使他是一个三头六臂的超人，也不能顺利地做好每件事，只会为其自身设下许多无法逾越的障碍。所以我们认为，能够理解他人的男孩才有可能成为一个全面发展的优秀人才。所以父母应当及早打开与男孩沟通的大门，不要只是进行单向性的灌输教育，或用一味的宠爱和责骂制造男孩与父母间的沟通障碍。在沟通过程中逐渐引导男孩进行换位思考，以增强男孩理解他人的能力。

3. 尽量支持男孩与同龄人交往

儿童到三岁时就想交朋友，需要小伙伴，这就是社会性的萌芽。小伙伴们在一起，起到了"儿童教育儿童"的作用，他们逐渐了解自己与他人的区别和联系，他们开始认识到随心所欲、任性、以自我为中心，是无法与其他儿童交往的，他们必须要遵守伙伴中的"法则"，谁违背了法则就会被排挤，不受欢迎。这样，他们就逐渐从"自我"中走出来，学会了谦让和互助，了解了自己的权利和义务。

家长要尽量支持男孩共同玩耍，一起活动，特别是当男孩发生争执或打架的时候，更不要感情用事，过早干预。其实，男孩们打架是难免的，他们在打架中碰了钉子，就会意识到互相之间应该忍让、考虑一下别人的意见，为了使活动继续进行，他们很快就会解决纠纷，言归于好，从而获得与人相处的经验。

4. 引导男孩与成年人交往

在成长的时候，男孩不仅需要不同的小伙伴，也需要不同的成年人伙伴。因为这些成年人伙伴一方面是男孩学习的榜样，另一方面能从不同的角度给男孩不一样的关爱。如果男孩能有与各种年龄的成年人自由交往的机会，今后会比较适应成人社会。这些成年人能够成为男孩学习的各种榜样，从他们身上男孩能够学到不同的东西，他们与男孩的不同关系也能教会男孩对不同的对象有不同的交往方式，因此这一课对男孩来说是非常重要的。

在大的场合，有些男孩因为没有经常与成年人交往，难免会怯场。但如果平常多一些这样的锻炼机会，他们就会从容应对，自如地表现。让男孩与各种成年人交往也是男孩拓宽自己能力范围的一个很好的途径，有时甚至还能弥补父母的一些缺陷。有些男孩的父母知识程度不高，那么男孩可以通过其他有学问的叔叔阿姨们获得更多的知识。有些父母太忙了，陪男孩的时间不多，如果男孩自己有一些成年人朋友，成年人朋友能像长辈一样地关怀男孩，就能填补男孩情感上的一些空白。

著名教育家苏霍姆林斯基曾经说过："要使男孩们从小就懂得和领会到：他的每一步、每一个行动都会在他身边的人——同学、父母、教师和"陌生者"的精神生活引起反响。只有当他不给别人带来灾难，不欺负和扰乱别人时，才能成为一个生活得平静而又幸福的人。"

建议一：告诉男孩老师并非故意找你茬

老师是男孩人生的指路人，是陪男孩走过青春的朋友。所以，自古以来"良师益友"的关系即被人们所推崇。不过，还有"严师出高徒"的说法，严厉的老师对男孩管教会更严些，有时还会出现骂人的情况。很多男孩子觉得被老师骂很没面子，觉得是一件丢人的事。

男孩随着生理和心理的成熟，自尊心也会很强，会很爱面子，被老师骂觉得丢脸是很正常的。不过，仔细想一想，就会发现，被老师骂其实不是丢人的事，反而是很幸运的。

调查发现，一般老师会竭力帮助每一个学生，看着每一个学生成长，但是，由于精力有限，老师对每个学生的关注程度肯定不一样。只有学习非常好或差的学生，老师才会天天盯着，被老师骂其实就是被老师关注的方式之一。倘若他没犯错的话，老师不会无缘无故地骂一个学生的，更不会骂一个敏感的青春期男孩子。所以，检查一下自己是否真的做错了事，及时改正，这是老师对自己的负责，自己也要对自己负责。不能曲解老师的本意，否则对自己的成长是有害的。

大家都知道，对某个人听之任之是不管不问的放任，如果老师这样做，肯定是一种不负责任。所以，自己犯错了，被老师骂也是一种恩惠，要珍惜老师给的改正机会，做最好的自己。

不过，如果男孩感觉被老师"放弃"了，也不要就此感到伤心难过，因为这很有可能是他误会老师了。

大多数男孩即使从外表看上去都是小伙子了，但其内心依然敏感而脆弱，他们会注意老师对他们的一言一行，他们会很在意老师对他们的态度。但是，老师面对的往往是几个班、几十个同学，老师不可能只把注意力完全放在哪一个同学的身上，很难做到每一天对每一个学生都做到细致入微的观察、关心和教育。也许老师只是暂时"忽略"了他，但是在学生看来，就往往会产生"老师不喜欢我"的恐惧和忧虑，为了一个不必要的担心忧虑很久，影响了学习和生活。

如果你的孩子遇到了"老师不喜欢我"的难题应该怎么办呢？

要告诉孩子，作为学生，我们要相信老师对每一个学生都是一样的。如果他还是感觉老师不喜欢他，那么就主动找到老师，向老师问明情况和原因，这样他的困惑就会迎刃而解了。大多数的情况是老师并没有不喜欢他，只是没顾上他，因为老师不是仅有他一个学生，还有其他学生。

告诉孩子，遇到问题，首先要做的是主动想办法去解决问题，而不是一个人偷偷躲起来胡思乱想。

建议二：学会接受同学的帮助也很重要

帮助他人，是一种美德。接受他人的帮助，同样也是一种美德。帮助他人，意味着一方付出好意，另一方接受好意，是两个人之间的一种联系、接触。要想形成这种关爱关系，无论付出的一方还是接受的一方都要满足某些条件。

有这样一个故事：

大学生小潘暑假返校的过程中，被扒手偷走了钱包。小潘没有钱吃饭，又累又饿。坐在他对面位子的一位好心人发现小潘不对劲，问清情况后，要请小潘吃饭。小潘想现在世道这么乱，坏人多，不能随便接受他人的好意，谁知道他是不是坏人呢？

小潘饿得难受，好心人怎么邀请，他都冷淡地拒绝了。

好心人在路上的小站下车了，下车前给小潘塞了一张纸条，纸条里夹着50元钱。那张纸条上写着："帮助他人是一种美德，接受帮助也是一种美德。拒绝他人的帮助会伤害一颗善良的心，要懂得如何接受别人的帮助。"

握着手里的50元钱，望着纸条上温暖的字句，小潘的眼眶湿了。

在生活中，我们常常会遇到这种情况，有一方付出了关心和爱，另一方却感受不到这份关怀，拒绝接受，甚至抱怨。在学校里，老师很认真负责地管教顽皮的男孩，男孩颇不以为然，甚至还认为老师啰唆，很是抱怨。

相比之下，婴儿在接受他人的好意方面比这些半大小子要做得好！我们看到母亲在逗弄婴儿的时候，婴儿会积极地给母亲以各种回应，他会用亮闪闪的眼睛盯着妈妈，用肉肉的小嘴儿发出喃喃的声音，或是扭动身体，或是给妈妈一个微笑，让妈妈心中也充满了愉悦的感觉。这种交流，是母婴关系中必不可少的。很显然，母亲对婴儿而言是非常强势的，能给婴儿各种各样的帮助，但是婴儿能帮助母亲做什么呢？母亲会在这种单方面的照料中找到乐趣，就是因为婴儿对母亲的爱给予了积极的回应，让母亲在心灵上得到了莫大的满足。

家长要让男孩明白，如果在有人帮助我们的时候，我们也能积极地给予回应，那么，不但我们自己能得到有力的帮助，对我们伸出援手的那个人，也会感到快慰而满足。

一些家长怀有故事中小潘的想法，怕坏人虚情假意，怕孩子上当受骗。确实，现在的社会并不完美，我们在与人接触时要有所保留，不能将一颗心全面敞开。但是，人类的心灵虽不完美，却也不是一无是处，为什么不给一颗充满善意的心一个发光的机会呢？善良的内涵，一方面是能帮助别人，一方面是能坦然地接受他人的帮助，不让那颗想温暖你的心灵受伤。

让男孩做一个乐于助人的人，也要让男孩做一个乐于接受他人帮助的人。自己热衷于善行，也要给他人一个行善的机会。

细节84

帮助男孩融入校园环境

学校是男孩们学习知识、学习如何与人相处的地方,家长希望孩子过得快快乐乐的,但是,时不时地会有一些烦心事发生,让男孩愁眉不展。家长应该多和男孩聊聊天,问问男孩在学校遇到了什么问题,及时帮助男孩解开心中的疙瘩。

有的男孩担心同学们不喜欢自己,家长要告诉孩子,每个人都有自己的个性,不同个性的人会欣赏不同的人。如果同学们都不喜欢他的话,说明他的性格里存在着一些不足,那么就要检查自己个性里的不足,来获得同学的喜欢了。

其实,个性没有好与坏之分,但是有些方面会让人不喜欢,比如过于自私等。不被同学喜欢是一件非常痛苦的事,在学校的日子是学习科学文化知识的关键时期,如果和同学关系不好的话,肯定会影响情绪,会出现消极的心理,孤独感和失落感都会找上门来,长期下去,还会导致抑郁。改变这种现状,男孩要从以下几个方面做起:

第一,学会融入同学。要避免过于孤僻,不要一个人躲在角落里,要积极主动地融入同学之间,多参加同学之间的活动,做一个善于协调的人,让同学因你的存在而感到轻松快乐。

第二,多向人缘好的同学学习。多和人缘好的同学交往,用心学习他们招人喜欢的长处,并把它运用到自己的交往里。从而学会和不同个性的人打交道,并真诚地接纳他们。

第三,多参加活动,培养自己的性格。一个人如果性格过激或过于自我的话,就会缺少朋友。可多参加集体活动,为集体做些有意义的事情,让自己找到自身价值的所在,增加自己的自信,做阳光的青春期男孩,为其他同学带去青春的色彩。

总之,男孩没有必要为人际关系而不安,只要努力改善自己的性格、用真诚打动同学,是能成为被同学喜欢的人的。

建议一:告诉男孩不要屈服于暴力

校园原本是一个学习的安全地带,也是一个同学间友谊丛生的花园,但是身处其中,依然有种带有伤害性的势力需要每一个孩子去警惕,那就是校园暴力。

为了更好地保护自己,男孩一定要学会一些应对技巧,以便在遇到危险时及时处理。下面的这个男孩的做法就可以成为参考。

杜鹏家里很有钱,他平时吃的、穿的、用的都比别人要好一些。这天,杜鹏下午放学后,独自一人往家走。刚出校门,几个经常小偷小摸的高年级同学盯上了他,并装模作样地对他说:"杜鹏,走,咱们不是说好了要去踢足球吗?"另一个同学小声说:"别说话，跟我们走，否则后果自负。"杜鹏无奈，只好让他们拉着来到一条偏僻的街道。

杜鹏看看四下无人，这些人又虎视眈眈地望着他，不禁有些害怕。这时，其中一个长得比较凶的同学冲着他说："小同学，穿得挺好嘛！家里挺有钱吧？哥们儿我这几天缺钱花，跟你借点儿，行吗？"杜鹏心想照眼下形势，不给他们是过不了关的，就用心记下了他们每个人的特征，把自己身上的钱给了他们。

那个比较凶恶的同学说："小兄弟，不错嘛，挺识相的。不过，你要是把今天这事说出去的话，小心你的命。"说完狠狠瞪了他一眼，然后离开了。

杜鹏回家后就把这件事告诉了爸爸妈妈，并随爸爸妈妈到公安机关报了案。没过几天，那几个高年级同学就受到了相应处分。

杜鹏遇到高年级同学勒索钱财时的做法很妥当。面对"小霸王"，首先不要害怕，勇敢地应对，可大声呼喊同学和老师，寻求帮助，要随机应变，不轻易妥协。应以人身安全为准则，在寻求解脱困境不成时，可以把钱给对方，然后用心记住对方的特征，事后向老师、家长报告。

当校园"小霸王"碰巧是男孩认识的人的时候，不妨先主动接纳他，不要把他当成人人唾弃的小霸王，尊重他，努力地发掘并赞扬他的优点，不卑不亢地与他相处，并帮助他，这样或许可以为你赢得一个朋友。毕竟许多学坏的同学内心都是向善的，只是受了某些因素影响而暂时误入歧途。当然，首先要保证对方处在学校、社会的教育控制之下。如果对方被利益迷惑了自我，且已不顾一切行为的后果，则应坚决地把这种事交由老师、警察处理。

这里有一些方法能够教男孩如何正确面对校园暴力：

1. 上学放学时同学们最好结伴而行，遇到危险时要团结一致、互相帮助。

2. 不随意花钱，不张扬用钱，在培养勤勉、节俭美德的同时，淡化勒索者的注意力，避免"恶少"纠缠。

3. 处于险境，紧急求援。当自己无法摆脱坏人的挑衅、纠缠、侮辱和围困时，立即通过呼喊、打电话、递条子等适当办法发出信号，以求警察、老师、家长及群众前来解救。

4. 千万不要跟对方"私了"，不要私下一个人赴"恶少"的"约会"，以免遭到他们的伤害或长期欺压、纠缠。

告诉男孩，面对校园"小霸王"，不要硬碰硬，这样往往容易使自己吃亏甚至受伤。面对校园暴力，要不卑不亢，机智应对。即使自己真的应付不了，那也不是自己的错，不需要隐藏，而要在事后及时地寻求家长或老师的援助，这样才能够让自己尽快地走出困境。

建议二：相信男孩凭自己就可以处理学校里的矛盾

在校园里，男孩子是朝气蓬勃的一群，是敢作敢当无畏无惧的一群，家长和老师往往容易忽视的是，他们也是敏感多思的一群。随着年龄的增长，男孩子会特别的注意别人对自己的看法，担心自己哪点做得不好会被人误解。

误解是指认识与对象的不一致，由于认识上的错误导致意思表示与内心意志不一致。而人们之间的误解是彼此理解的偏差，被误解就是被别人错误的理解，这种错误的理解还有可能导致隔膜。

马默是班里的数学课代表，可是他发现班里的同学并不喜欢他，一些男生还明显表现出了敌意。马默认为自己没有什么地方做得不好，他不知道问题出在哪里。

其实，问题不出在马默身上。对于学生来说，中学是学知识的关键时期，所以课代表的职务也显得异常重要。但是，很多男孩子不喜欢课代表，课代表成了不受欢迎的代名词。

课代表一般都是班里成绩比较好的学生担任，这样有助于帮助学生提高学习成绩。课代表的职务最重要的就是负责收发作业，及时向老师汇报同学学习情况，督促学生完成老师布置的作业题，配合老师的工作等等。由此，我们能看出课代表为什么不受欢迎了。课代表和老师走得比较近，学生会担心课代表会不会向老师汇报自己不好的情况，所以，会比较担心。另外，课代表会一直督促着同学交作业，繁重的作业让学生焦头烂额。所以，会有学生不喜欢课代表，其实是间接的害怕学习。

其实，马默并没有错，男孩子不喜欢课代表，要从自身找原因，比如，自己上课是否认真学习了，或者作业是否按时完成了等。如果男孩各方面做的都比较好的话，就不会不喜欢课代表了，甚至还会盼着课代表带来老师的反馈信息。

发现了这一情况后，马默心里踏实了许多。他会更多地与同学交流相关情况，让同学了解自己并不是老师的"小探子"，慢慢的大家对马默的态度有了不小的改观。

渐渐长大的男孩是非常敏感的，他们渴望被理解，又害怕被误解。而这种误解又常常发生。青春期里的男孩常见的误解可以分为同性之间的误解和异性之间的误解。一般来说，同性之间的误解比较容易化解，而异性之间的误解则不容易。因为，到了青春期，男孩子和女孩子都敏感得很，一旦误解产生，女孩子又往往拒绝沟通，男孩子会显得手足无措。

在学习和生活中，和同学、老师等打交道时，产生误解是很正常的。告诉你的孩子，如果被误解不要心事重重，不要置之不理，不要首先抱怨别人，要先反思一下自己哪儿做得不够好，然后再真诚地去向别人解释清楚，或者用自己的实际行动改变自己的形象，让别人了解到真实的自己。

洛克菲勒曾说过："假如人际沟通的能力也是同糖或咖啡一样的商品，我愿意付出比太阳之下任何东西更高的代价购买这种能力。"所以，学会和他人沟通是很有必要的，青春期的男孩子一定要学些沟通的技巧，让沟通成为一种享受。

不过，男孩们一般不会遇到什么很深的不可化解的误解，在最纯真的校园生活里，拿出一颗真心，对待每一个人，也不会有什么不可化解的矛盾。

第十四章
习惯收获性格，性格收获命运
——优秀男孩必须养成的个性习惯

细节85

习惯制胜

俄国著名的教育家乌申斯基给了我们一个形象的解释。他说："良好的习惯是人在其神经系统中存在的资本，这个资本是不断增值的，而男孩在其一生中会享受它给自己带来的利息。"

教育就是培养好习惯，那么父母在家庭教育男孩的过程中应该培养男孩那些习惯呢？教育专家给家长的意见如下：

1. 要养成社交好习惯

人从一出生起就开始了人际交往，没有一个人能隔开与外界的交往、沟通而独自生存下去。良好的交往和沟通能力，能让男孩的生活锦上添花。

因此，父母要鼓励男孩不要害怕与人交往，在平时注意养成各种与人交往的好习惯，比如见到邻居和周围的人要主动与他们打招呼；多给朋友们打电话；不要只玩别人的玩具，也应该学会拿出自己的东西与别人一起分享……

2. 要养成做事好习惯

很多的男孩总是事事依赖大人，做什么都以自我为中心，在父母看来这些孩子永远都长不大，那是因为他们还没有养成正确做事情的好习惯。

正所谓方法为王，方法决定他们做事的效率和效果。找到正确的做事方法并让它变成习惯，会让男孩终生受用。

要想男孩成为一个怎样的人，就需要在今天培养起怎样的习惯。养成良好的做事习惯，他们就能学会自己管理自己，有条不紊地做好每件事。

3. 要养成修身好习惯

孔子在《论语》中提到："少小若无性，习惯成自然。"意思就是说，人的本性是很相近的，但由于习惯不同便相去甚远，小时候培养的品格就好像是天生就有的，长期养成的习惯就好像出于自然。

在每个男孩的成长过程中，或多或少会有一些坏习惯，比如"说谎""偷窃""打架斗殴""骂人"，等等。这些对自身成长非常不利，必须及早改掉。千里之堤，溃于蚁穴。不要对坏习惯放松警惕，坏习惯如同潜伏在他们人生中的蛀虫，会吞噬掉他们的美好未来。

4. 养成安全好习惯

父母必须让他们明白，现实中绝大多数的危险、意外是不可预料的，没有人能够绝对、完全地避免风险，他们只有学会一些紧急防护知识和应急措施，使他们能够在危险、意外来临时，竭尽全力、镇静从容地应对，尽量减少伤害，及至安全脱身。

5. 要养成学习好习惯

有这样一个口号："活到老，学到老。"学习已经成为每个人生命中的大事。男孩在平时学习中，对于他们自身而言，学会课前预习、学会记笔记、按时独立完成作业、学会自己搜集资料、把阅读当成乐趣、经常课后整理和复习、寻找适合自己的学习方法等等都是学习好习惯的表现。

只要他们每天学习一点点，每天进步一点点，每天收获一点点，就会发现自己因学习好习惯而获得的快乐！

建议一：告诉男孩知道并要做到，才能成就美好人生

上文中提到的男孩要养成的好习惯，应该深入男孩的心中，这些都是一个优秀男生必备的习惯。父母不但要让他们知道这些习惯，更要在日常的行为中落实，否则只能是纸上谈兵，毫无意义。

有一位名叫西尔维亚的美国女孩，她的父亲是波士顿有名的整形外科医生，母亲在一家声誉很高的大学担任教授。她的家庭对她有很大的帮助和支持，她完全有机会实现自己的理想。她从念中学的时候起，就一直梦寐以求地想当电视节目的主持人。她觉得自己具有这方面的才干，因为每当她和别人相处时，即便是生人也都愿意亲近她并和她长谈。她知道怎样从人家嘴里"掏出心里话"。她的朋友们称她是他们的"亲密的随身精神医生"。她自己常说："只要有人愿给我一次上电视的机会，我相信我一定能成功。"

但是，她为达到这个理想做了些什么呢？她什么也没做，她在等待奇迹出现，希望一下子就当上电视节目的主持人。

谁也不会请一个毫无经验的人去担任电视节目主持人。而且，节目的主管也没有兴趣跑到外面去搜寻天才，都是别人去找他们的。

而另一个名叫辛迪的女孩却靠着扎实的行动实现了自己的理想，成了著名的电视节目主持人。辛迪没有可靠的经济来源，她白天去做工，晚上在大学的舞台艺术系上夜校。

毕业之后，她开始谋职，跑遍了洛杉矶每一个广播电台和电视台。但是，每个地方的经理给她的答复都差不多："没有几年经验的人，我们是不会雇用的。"

但是她并未退缩。她一连几个月仔细阅读广播电视方面的杂志，最后终于看到一则招聘广告：北达科他州有一家很小的电视台招聘一名预报天气的女孩子。

辛迪在那里工作了2年，后来在洛杉矶的电视台找到了一份工作。又过了5年，她终于得到提升，成为她梦想已久的节目主持人。

实际上成功最大的敌人，就是习惯等待明天，而不去立即行动。对于养成良好的学习习惯也是如此，如果只停留在知道的层面上，不去积极地改变和努力养成，对于成就美好的人生是没有丝毫意义的。

建议二：纠正男孩骂人的不良习惯

说脏话、骂人是一种不文明的行为，是缺乏教养的表现，它直接影响到人与人之间的交往。这种不文明的行为发生在孩子身上，不外乎以下三种情况：

第一，学着说脏话。没有是非观念，是儿童的特点。"别人骂，我也跟着骂"，是孩子学骂人的一种普通心理。作为父母，要分清孩子是跟谁学的，然后进行有针对性的教育。

孩子刚学说话，好奇心强，有一种情不自禁的模仿本能，偶尔听见别人说一句脏话，他并不知道这句话的意思就跟着学了。父母切忌觉得挺好玩而故意引逗他或哄然大笑，这样会强化他的这种行为；而应该告诉他："这句话是骂人的话，不好听，宝宝不学。"把不文明的行为消灭在萌芽状态中。

有的父母平时不太检点自己的言行，孩子受其影响，也学会了说粗话。这样的父母首先要提高自己的修养，严于律己，从头做起，为孩子营造文明、礼貌的语言环境；其次通过讲故事、做游戏等形式教会幼儿学用礼貌用语。如果父母偶尔再犯，那么就应该坦诚地跟孩子检讨："刚才是由于不高兴，说出了那句话，我们是不对的，你也不要学，今后我们谁都不说这种话了。"

孩子生活在社会的大环境中，难免受到各种不良言行的影响，说粗话也是如此。父母对此要采取一些相应的防范措施：一方面要尽量让孩子避免接触周围不良的语言环境，让他们听不见脏话，学不到脏话；另一方面又要增强孩子的"免疫"力，教孩子明辨是非，告诉他们，骂人、说粗话是不文雅的行为；另外，父母要关注孩子周围小伙伴的情况，为孩子选择讲文明、懂礼貌的伙伴，以减少相互学骂人的机会。

第二，被迫骂人。这种情况一般发生在小伙伴之间：发生了矛盾，以牙还牙，受了欺负，借骂人来发泄自己的不满……这时父母千万不能劈头盖脸地训斥一通，或袒护自己的孩子，而要耐心地进行说服教育，教孩子用谦让的态度来解决小伙伴之间的纠纷，并应明确表态。孩子怕失去父母的爱，怕失去小伙伴的心理，会促使孩子改掉自己的不良言行。

第三，习惯骂人。"冰冻三尺，非一日之寒。"出口成"脏"的孩子虽为数不多，但影响不好。对这样的孩子，应采用暂时的冷漠，不理睬他，以不高兴的脸色、严厉的语调等来对待，这些都会帮助孩子明辨是非，抑制、减少他的不良行为，从而建立良好的行为规范。不良行为一旦成了习惯，克服它是要有一定的过程的，在帮助孩子纠正骂人的坏习惯时，也可以鼓励孩子通过努力改掉坏毛病。例如，可把"不骂人"列入"一天行为要求"中，如果孩子做到了，就一定要表扬，坚持下去，定会有成效。

要想从根本上杜绝孩子骂人的行为发生，首先要教育孩子懂得尊重他人。平时，家长要有意识地向孩子介绍每个亲朋好友的职业、性格、优点，鼓励孩子学习他人的优点。家长也要培养孩子谦虚谨慎的好品格，不骄傲自满，不以自己的长处比他人的短处，让孩子明白"金无足赤，人无完人"的道理，正确看待他人的缺点和不足，绝不拿他人的过失或不幸当笑料。同时，更重要的是要在日常生活中训练和督促孩子尊重他人。例如，上学时主动向老师同学问好；遇到熟人热情打招呼；请人帮助要先用礼貌称呼，再说明事由，事后要道谢，家中来客人要热情迎送等。

细节86

男孩的好习惯是训练出来的

要孩子形成一个好的习惯，家长就要先有一个好心态，不要期望着今天告诉孩子应该怎么做，明天孩子就能如你所愿表现出你所期望的行为。家长要明白"欲速则不达"的道理，要有充分的耐心，加上科学的方法，才能帮孩子养成良好的习惯。

行为心理学研究表明：21天以上的重复会形成习惯；90天的重复会形成稳定的习惯。即同一个动作，重复21天就会变成习惯性的动作；同样道理，任何一个想法，重复21天，或者重复验证21次，就会变成习惯性想法。所以，一个观念如果被别人或者自己验证了21次以上，它一定已经变成了你的信念。这正是人们常说的"21天习惯养成法"。

"21天习惯养成法"把习惯的形成大致分三个阶段：

第一阶段：1~7天左右。此阶段的特征是"刻意，不自然"。你需要十分刻意提醒自己改变，而你也会觉得有些不自然，不舒服。

第二阶段：7~21天左右。不要放弃第一阶段的努力，继续重复，跨入第二阶段。此阶段的特征是"刻意，自然"。你已经觉得比较自然，比较舒服了，但是一不留意，你还会恢复到从前。因此，你还需要刻意提醒自己改变。

第三阶段：21~90天左右。此阶段的特征是"不经意，自然"，其实这就是习惯。这一阶段被称为"习惯性的稳定期"。一旦跨入此阶段，一个人已经完成了自我改造，这项习惯就已经成为他生命中的一个有机组成部分，它会自然而然地不停地为人们"效劳"。

中国青少年研究中心副主任、著名青少年研究专家孙云晓研究发现，培养良好习惯一般需要六个步骤：认识习惯的重要、制定行为规范、榜样教育、持之以恒的训练、及时评估引导、养成良好的集体风气，其中，最重要的一步就是：持之以恒的训练。可见，好习惯都是训练出来的。

家长不妨采取"21天习惯养成法"，对孩子加以训练，循序渐进，培养孩子的好习惯。举例来说，如果孩子在学校比较胆小、不爱积极回答老师的问题，家长可以给孩子进行阶段性的训练，帮助孩子进行完善：

第一阶段训练：由爸爸充当老师，孩子和妈妈当"学生"，回答"老师"提出的问题，孩子每次主动举手发言一次，可以奖励1分，当累计到20分的时候，可以得到爸爸妈妈给的一份奖励。

第二阶段：请几个孩子的同学来家里，由妈妈来当"老师"，几个孩子一起上课，回答"老师"提出的问题。

第三阶段：把"老师"换成家里的其他亲戚或者朋友，给孩子和爸爸妈妈一起上课，回答"老师"的问题。

当孩子当着同学和其他人的面也敢于主动举手回答问题时，他也就在不知不觉中改掉了上课不敢回答问题的习惯了。

训练的方法还有很多，要因人而异，因材施教，要根据孩子的不同的年龄，不同的性格气质采取不同的训练方法，这样才能达到事半功倍的理想效果。

建议一：在快乐的心情中养成好习惯

人总是有趋善、趋乐的趋势，总是向着一种喜欢的、有兴趣的、感觉好的方向走，趋利避害，孩子更是如此。夏洛特·梅森说：我们对孩子的态度，决定着我们和孩子的关系。让孩子高兴就是养育孩子的原则。如果孩子快乐，他在很大程度上就会成为好孩子。

家长无论做什么，都要让孩子始终保持快乐的心情，否则就会让孩子失去快乐的感觉，以及在他们身体中保持的一些力量和新鲜感。青少年是人生最快乐最美好的时期，但同时也是最脆弱最天真的时期，家长要尤其注意保护好孩子的快乐，让孩子在快乐中学习、成长。

哈佛大学的心理学教授、教育家塞德兹教授就十分注重对孩子的快乐教育。在有一次旅行中，小塞德兹就毫不费力地掌握了一个物理学原理。

坐在火车车厢里的小塞德兹指着窗外说道："那些树木在飞快地向后面跑，爸爸。"

"不，那不是树木在向后跑，而是我们坐的火车在向前跑。"塞德兹笑着对儿子说。

"不，我认为我们坐的火车并没有动，而是窗外的树木在动。"儿子天真地说，"因为我在这儿坐了很久了，并没有发现火车有什么变化，反而发现外面的东西都变了。这不是说明窗外的东西在动还能说明什么？"

"那么，假如现在你不在火车上而是在窗外的话，你会怎么想呢？"

"这个嘛……"小塞德兹想了想说，"一定是我也会向后跑，就像那些树木一样。"

"你能够跑那么快吗？"

"是呀，我能跑那么快吗？这可有些奇怪了。"小塞德兹充满疑问地说。

"虽然你不能回答这个问题，但我仍然向你表示祝贺。"

"什么？祝贺我什么？"

"你今天发现了一个物理现象，当然应该祝贺啦。"

"我发现了一个物理现象？"儿子不解。

"你刚才发现的，正是一个参照物的问题。"于是，塞德兹耐心给他讲解，"你之所以说窗外的树木在向后跑，是因为你把火车当成了参照物，也就是说相对于火车来说，树木的确是向后移动了。反过来，如果把树木当成参照物，火车就是向前跑了。"

"噢，我明白了。怪不得我会认为火车没有动呢！这是因为我把自己当成了参照物。火车带着我向前行驶，我们一起在运动，当然就不会感到它也在动！"小塞德兹说道。

"那么，把你放在窗外会有什么效果呢？"塞德兹问道。

"嗯，假如我站在窗外的地面上并以我自己作为参照物的话，火车就是运动的了。"小塞德兹回答道，"假如仍然以火车作为参照物的话，我就是和树木一样在向后飞跑了。"

"那么，你能跑那么快吗？"塞德兹又一次问道。

"当然能，因为这是相对的，火车能跑多快我就会有多快。"

这样类似的讨论在塞德兹父子之间发生过许多许多次，也正是这种看似闲谈般的讨论使小塞德兹在轻松和有趣之中学到了那些在书本上显得极为晦涩的知识。

同样，家长在训练培养孩子行为习惯的时候也应如此，切忌让训练成为孩子的一件"苦差事"，要时刻谨记让孩子在快乐的心情中得到体验，获得成长。

家长要想出一些巧办法，让孩子在快乐的心情下接受训练。比如要培养孩子热爱家务劳动的好习惯，就可以让孩子帮忙洗碗，开始的时候如果家长不引导，孩子就有可能只能感受到洗碗会造成满手的油腻，很不舒服，因而对洗碗会产生抵触的情绪。但如果在孩子洗碗的过程中，父母在一旁及时给予适度的表扬，诸如"一点不怕脏，真棒"、"东西收拾的真干净"，那么孩子就会从大人那里得到极大的快乐和满足，而这些快乐和满足就完全取代了因为洗碗把手弄油所造成的厌恶和痛苦，孩子今后就还会持续地主动做出同样的行为，形成热爱家务劳动的好习惯。

建议二：男孩需要妈妈更多的耐心和信任

伟大的教育家井深大说："在教育这件事上，不要着急，既然播下了种子，就应该耐心等待。"可见作为养育孩子的父母就应该付出更多的耐心。由于男孩的生理和心理特质跟女孩不同，他们在各方面的发育相对于女孩来说比较的迟缓，所以父母就需要在他们身上花费更大的耐心和信任。达尔文就是这样在母亲的耐心养育下成功的。

达尔文的母亲苏珊娜是一个有见识、有教养的妇女，她承担了教育子女的神圣职责。她不但教达尔文唱歌、跳舞，让他在一种自然的环境中找到自己的乐趣，呵护他的好奇心，

第十四章 习惯收获性格，性格收获命运

耐心解答他提出的每一个问题。从来不对他们提出的"傻"问题横加指责。

有一年夏天，苏珊娜带着达尔文兄妹俩在花园里玩耍。孩子们采了一些花儿，又去捕捉蝴蝶。苏珊娜拿起花铲给刚栽的几棵树苗培土。她铲起一撮乌黑的泥土，轻轻闻了闻，然后把它培在小栗树的树根旁。

达尔文好奇地问道："妈妈，您为什么要给树苗培土？"

妈妈回答道："我要树苗和你一样壮实地成长，树苗离不开泥土，就像你离不开食物。"

"为什么树苗离不开泥土啊？"

"因为泥土是万物成长的基础，有了它我们才能看到郁郁葱葱的树苗，才能有粮食，才能有蔬菜。这些都是在泥土中长出来的啊！"

"那么泥土里为什么长不出小猫和小狗呢？"达尔文开始刨根问底了。

苏珊娜笑着对达尔文说："小猫和小狗是猫妈妈、狗妈妈生的，是不能从泥土里长出来的。就像你一样不是泥土里长出来的，而是从妈妈肚子出来的一样。所有的人都是他们妈妈生的。"

"那么，最早的妈妈是谁，她又是谁生的？"

"听说最早的妈妈是夏娃。她是上帝造的。"

"那上帝是谁造的呢？"

"亲爱的，世界上有很多事，对于我，对于你爸爸，对于所有人来说，都还是个谜。等你长大了，用你的知识就会找到答案了。"

就这样，妈妈的耐心保护了达尔文的好奇心，为他日后的成功打下了坚实的基础。俗话说："十年树木，百年树人。"教育孩子也不是一朝一夕的事情，做父母的一定要有足够的耐心，才能将其培养成才。这就告诉家长，要反思自己在教育中急于求成的行为，不要急于谋求教育的成果。

例如当我们给婴儿读画册并让他去听的时候，我们不能指望婴儿能给我们谈什么感想。

对婴儿的教育可能会进行很长时间后才能看到效果。这样一来，可能会使家长产生误解，他们认为：教给小孩子知识是白白浪费工夫。井深大提醒家长们，正是因为他们的这种看法才造成了以往教育的重大过失。

我们经常能看到母亲考问孩子的情形。当父母在教孩子读音的时候，他们会这样问孩子："那个字，你知道怎么读吗？"如果通过考问能增加孩子的兴趣固然是一件好事，但是这种想知道孩子是否真正记住的心思则是不可取的。因为，如果大人急于求成，孩子好不容易萌发的好奇心就会受到打击。

等孩子有了理解能力，他就自然而然地理解了以前所记住的"材料"。而且，这种理解不能强求，而只能靠孩子自身的能力去实现。井深大提醒家长们，母亲在和婴儿接触时，应该看到婴儿具有旺盛的吸收能力，而不应该只图眼前的效果。

有一个感觉非常幸福的母亲，经常有朋友这样问她："你有什么好的教育方法，能把儿子培养得这么优秀？"

这位母亲说，她只有一句话秘诀："平时，我只要告诉孩子，妈妈相信你，你能行，

你是最棒的！"这位母亲还说，她从来没有刻意地去塑造儿子，儿子自己能做的事情尽量让他自己做。比如自己穿衣，自己吃饭。虽然经常出错，但她经常微笑着鼓励他，没关系的，你能行的！

让男孩相信他们自己能行，是成长路上不可缺少的一种心理品质。生活中，家长一句"孩子你能行"，其实是对树立孩子自信心的一条有效途径。

有时候很多家长抱怨，现在男孩一旦做什么事，动嘴行，动起手来一塌糊涂。仔细一分析，这里面的原因和家里包办过多有关，导致他们几乎没有动手实践的机会。一些家长之所以从小不让孩子做事，是担心他们做不好，会添乱子，久而久之，就养成了懒得动手的毛病。如果家长能从小就锻炼他们的能力，经常鼓励孩子"你能行"，让孩子有充分施展的空间，让他们在体验成功中树立自信，这将是他们一生享用不尽的财富！

细节87

懒惰的男孩要不得

懒惰就是寄成功的希望于幻想，从而渴望不劳而获。懒惰的人总是被外界逼迫着做事，在被动中遭受着"不得不"的折磨，在空虚中享受着自欺欺人的舒适。懒惰是男孩人生的腐蚀剂，它使原本甜蜜的生活变得苦涩，使原本光彩的人生变得晦暗。使他们的许多理想、目标、规划、希望、追求，因为懒惰而变得遥遥无期，无法实现。

天下的父母都不希望自己的孩子在懒惰中堕落，尤其是对将来在生活中担当重任的男孩来说，懒惰无疑是成长的绊脚石。所以，父母要根据懒惰男孩的行为，督促他们改掉这个坏习惯。懒惰男孩在生活中的表现如下：

（1）能从事自己喜爱做的事，不爱从事体育活动，心情也总是不愉快。

（2）整天苦思冥想而对周围漠不关心。

（3）日常起居无秩序，无要求，不讲卫生。

（4）常常迟到、逃学且不以为然。

（5）不能专心听讲、按要求完成作业，文具常不配齐。

（6）不知道学习的目的，不能主动地思考问题。

（7）奢侈浪费，花父母的钱大手大脚。

（8）不思进取，每一天得过且过。

在日常生活中，父母应该怎样帮助男孩改变他们懒惰的习惯呢？父母可以建议男孩从以下几方面着手：

1. 不满足于现状，保持一颗进取心

进取心是一种永不停息的自我推动力，它会使他们的人生更加崇高。拥有进取心之后，那些不良的恶习就没有滋生的环境和土壤，久而久之，懒惰的习性就会逐渐消失。

2. 学会肯定自己，勇敢地把不足变为勤奋的动力

学习、劳动时都要全身心投入争取最满意的结果。无论结果如何，都要看到自己努力的一面。如果改变方法也不能很好地完成，说明或是技术不熟，或是还需完善其中某方面的学习。扎实的学习最终会让你成功的。

3. 做一些自己感兴趣的事

不要只看结果如何，只要这段时间过得充实就该愉快。

4. 激发学习兴趣

兴趣是勤奋的动力，一个人对某项事物产生了兴趣，便会积极主动地投入，消除怠惰。

一个人的发展与成长，天赋、环境、机遇、学识等外部因素固然重要，但更重要的是自身的勤奋与努力。没有自身的勤奋，就算是天资奇佳的雄鹰也只能空振双翅；有了勤奋的精神，就算是行动迟缓的蜗牛也能雄踞塔顶，观千山暮雪，渺万里层云。成功不单纯依靠能力和智慧，更要靠每一个人自身孜孜不倦的勤奋努力。

建议一：男孩别当拖拖拉拉的"小蜗牛"

"明天，明天，还有明天"，很多人总是在这样的自我安慰中度过一个又一个今天，殊不知，时间不停息地奔赴终点，当你把今天应该完成的事拖到明天去做时，这个"明天"就足以把你送进坟墓了。

每个人的生命都是有限的，父母应该让男孩明白：当拖延成为他的习惯时，死神也就在不知不觉中来临了。他可以给自己时间，但生命却不会给他时间，正如中国古代诗人李商隐所吟诵的"人间桑海朝朝变，莫遣佳期更后期"。

男孩子拖延自己的时间，往往有三分之一的原因是自我欺骗，另外三分之二是逃避现实。之所以坚持自己这样的拖延行为，还因为他自己从中得到了一些"好处"：通过拖延，他显然可以不去做那些令自己感到头疼的事，有些事情他害怕去做，有些事情他想做又害怕行动。

欺骗自己的各种理由让他心安理得，因为他觉得自己还是个实干家，也许就是慢一点的实干家。

只要能一拖再拖，他就可以永远保持现状，无须力求改进，也不必承担任何随之而来的风险。

他厌倦生活，抱怨说是其他人或一些琐事让他情绪消沉，这样他便轻松摆脱责任，并且推卸给客观环境。他通过拖延时间，让自己在最短的时间内完成工作，如果做得不好，他会说："我时间不够！"

男孩找借口不做任何没把握的事情，以避免失败，这样他觉得自己还真不是个低能的人。

就这样，拖延成了他用来逃避的通行证，他和社会上千万人一样像草木般活着，遇到任何困难都不当机立断，任其耽误下去。

所以，一定要找到可以有效对付拖拉作风的方法：

不打不骂，养出男孩大志气的100个细节

1. 确定一项任务是否非做不可

当他们感觉一项任务不重要，做起来自然会拖拖拉拉，若是这项任务真的不重要，就立刻取消它，而不是既拖延又后悔。有效分配时间的重要一环，是取消可有可无的任务。应该从他的日程表中把乱糟糟的东西清除。

2. 把任务委托给其他人

有时候，任务是能完成的，但是他不喜欢做。他不愿意可能与他的兴趣或专长有关，这时如果他把任务委托给一个比他更适合做、更乐意做的人，那么两人就都成了赢家。

3. 确定好处与优势，立即行动起来

很多男孩往往因为看不到完成一项任务有什么好处而拖拖拉拉。也就是说，他们做这项任务时付出的代价似乎高于做完之后得到的好处。应付这个问题的最佳方法是让他从目标与理想的角度来分析这个任务。如果他有个重大目标，那他就比较容易拿出干劲去完成有助于他达到目标的任务。

建议二：帮男孩改掉丢三落四的毛病

孩子丢三落四是常见现象，男孩子比女孩子更加明显。孩子做事拖拖拉拉大手大脚，家长一边埋怨着"男孩就是不如女孩细致"，一方面跟着孩子后面查缺补漏，恨不得天天跟在孩子后面，唯恐孩子因为忘了东西而耽误事。

很多家长都有去学校给孩子送忘记带的作业、学习用具的经历吧？孩子总是匆匆忙忙地赶着上学，发现东西忘了就打个电话给爸爸妈妈，于是家长就会冒着上班迟到的风险风风火火地先赶去学校给孩子救场。但不知道家长们有没有这样的发现：给孩子送了一次东西，孩子很可能过不久还会忘记带另外一样东西，还是会打电话向父母求助……

孩子之所以丢三落四，主要有三种类型：一是态度马虎，没有听完或听清别人的话，就急急忙忙去做；二是生活缺乏条理，东西总是乱放，没有合理的秩序安排；三是记忆力较差，对事情的考虑还不周全。用一句话来说，都是由于孩子缺乏自我管理意识造成的。倘若家长事事代劳，那么孩子的自我管理能力就很难完善，也就很难改掉丢三落四的坏习惯。所以建议家长不要总是抢着为孩子的行为"买单"，有的时候，让孩子吃点苦头才是最佳的教育方法。

虽然很多家长都想要自己的孩子没有丢三落四的坏毛病，可是一到丢了东西之后，便很快地安慰孩子，并且买新的代替。其实，只有多让孩子尝尝"苦头"，孩子才能记住以后应该怎么做，从而提高自我管理意识水平。

刚刚回家后，一脸的害怕，原来他把新买的自行车又放到楼下，结果丢了。这是刚刚丢的第三辆自行车了。刚刚的爸爸知道后很生气，但话语中没有表露，只是告诉他既然这样粗心，那就自己想办法去学校吧。学校离家虽然不是特别远，但这段距离也让刚刚深深的记住了，做事情一定要细心。

一天，小磊的学校举行活动，规定要穿校服、戴红领巾。可是刚下楼不久，小磊就按对讲门铃，要爸爸给他送落下的红领巾。可是他的爸爸却一改往日快送的习惯，而是

第十四章 习惯收获性格，性格收获命运

让小磊自己上楼取。上下5楼，对上学时间已是很紧的小磊，无疑是一个考验，但他终究没有拗过爸爸，只好自己跑上跑下，一溜儿小跑，累得气喘吁吁，还差点迟到，才弥补了自己犯下的"过失"。但是从此以后，小磊开始把"认真、细心"牢牢地放在心上，做事再也不那么粗心大意了。

要孩子改掉粗心、丢三落四的毛病，家长就要学会做个"懒爸爸"、"懒妈妈"。现在的孩子成了家中的"小太阳"，说什么是什么，即使不说家长也会帮着做好。衣来伸手，饭来张口已经成为事实，长期下去，孩子的依赖性就会很强，也就很难真正地进行自我管理。所以，家长在生活中要学会理智地"偷懒"，孩子忘了东西，家长就让他自己去拿，以此来培养儿童的独立性，放弃依赖性。如收拾书包，家长要尽可能地把这些小事交给孩子来做，让他们从小事中培养独立的习惯和责任意识。

如果孩子是因为思考不完善而导致丢三落四的话，家长可以适当地提醒孩子，但不要直接把结果告诉孩子，也不要主动帮孩子把事情补充完善。

让孩子记住一个道理：在做一件事情之前的准备过程中，一定要考虑清楚这件事情的每个环节和每个细节，不仅要全面、周全，还要考虑到一些潜在的突发情况，真正做到有备而来，才能把事情做好，不至于因为突发状况而累己累人。

细节88

制订"删除坏习惯"计划

最近半个月，一向表现很好的侯阳在上课期间出现了注意力不集中、爱打瞌睡、目光呆滞、脸色苍白的状况，精神状态极度不佳，常拖欠作业，学习成绩也有所下降。班主任王老师观察到后，关心地问道："侯阳，马上就要期末考试了，是不是学习压力太大了，没有休息好啊！看上去你脸色不好，还是去看看医生吧！""没有，不用——不用——真的不用，王老师我没有不舒服，不用去医院。"侯阳吞吞吐吐地回答道。

一个星期过去了，侯阳的精神状态还是没有好转的迹象，学习成绩下滑得比较快。王老师决定去侯阳家进行家访。在家访中，王老师得知侯阳一回到家，就把自己关在房间里，不像往常一样帮妈妈干些力所能及的家务，常常要爸妈敲好几次门才出来吃饭。吃完饭后，放下碗筷又把自己关在房间里。王老师说道："侯阳近来精神状态不太好，现在学习任务比较重，但还是要有充足的睡眠，这样才能开始第二天的学习。"爸妈听后一脸的疑惑，忙说道："侯阳的作息时间一直没有改变，他晚上很早就睡觉了，怎么会精神状态不佳呢？"这究竟是怎么一回事呢？这样他们疑惑不解。当得知侯阳的学习成绩也有所下降时，他们决定好好地观察一下侯阳。

侯阳像往常一样，很早就上床睡觉了。爸妈也像平常一样，早早地熄了灯，但他们

并没有睡，而是躲在门后观察对面房间儿子的一举一动。没多久，儿子房间发出一丝丝微弱的灯光，爸妈轻轻地走了过去，侧着身子静静地在门外听房间里有什么声响。此时，从房间里传出了"噼噼啪啪"的声音，爸妈打开门一看，只见侯阳坐在电脑前正聚精会神地玩着电脑游戏，对于爸妈的突然闯入，侯阳丝毫没有注意到，还沉浸在虚幻的游戏里。爸妈终于找到侯阳精神状态不佳的原因了。

最近一个月以来，侯阳感到学习压力大，想以玩电脑游戏作为一种释放压力的方式。没想到却从此迷恋上了游戏，常常抑制不住，甚至背着爸妈通宵达旦的玩游戏。

学习成绩下滑的事实和爸爸妈妈的劝导，让侯阳下定决心改掉自己迷恋游戏的坏习惯。

傍晚放学回家，他像往日一样帮助妈妈做家务，转移自己对游戏的注意力。晚饭过后，他帮着妈妈收拾碗筷，回到房间做好作业，预习好第二天的功课后，就和爸妈一起散步，一边散步一边谈论见到的趣事。爸爸常常和他一起下棋，陪着他练习书法，渐渐地侯阳玩电脑游戏的时间越来越短了，对游戏不再像以前那样痴迷了。他发现自己还有那么多的兴趣爱好，在转移自己对游戏的注意力的同时，更是一种修身养性。

习惯是人生的主宰，一个好的习惯让人受用一生，许多个好习惯加起来，就可以成就一个人一生的辉煌。性格决定命运，习惯作为思维、心态的反复再现而成了性格的一部分，所以我们说习惯决定命运。从小培养好习惯，改掉坏习惯，青少年的命运也将随之改变。

建议一：及早发现男孩身上的"坏苗头"

一个罪犯回忆他童年的经历：

有一次，奶奶带我去商店，我顺手牵羊拿了一块面包，奶奶当时看见了，她并没有责怪我，还让我带着面包快走。当我每次偷得同学东西时，奶奶都替我保密，从来没有告诉过爸爸。后来我偷了越来越多的东西，从偷同学的橡皮，到偷钱，甚至偷遍了一个社区。于是我从一块面包开始，学会了偷东西。

小时候，每次我和同学闹了矛盾，甚至欺负了同学，妈妈都没有表过态。就是别的同学的家长找过来，妈妈也没有说过什么。因此我认为欺负人不是什么大不了的事。我经常欺负别人，到了社会上，我更是变本加厉。妈妈看势头不好，想阻止，但已经晚了。我早就走上了一条不归路。

美国斯坦福大学心理学家詹巴斗曾进行了一项试验：把两辆一模一样的汽车分别放置在帕罗阿尔托的中产阶级社区和杂乱的布朗克斯街区。停在布朗克斯街区的那一辆车被心理学家摘掉了车牌，并且打开顶棚，结果不到一天就被人偷走了。而停放在帕罗阿尔托的那一辆，停了一个星期也无人问津。后来，詹巴斗用锤子把这辆车的玻璃敲了个大洞，结果短短几个小时，这辆车就被偷走了。

政治学家威尔逊和犯罪学家凯林以这项试验为基础，提出心理学上的一个定理——破窗定律。他们认为：如果有人打坏了一栋建筑上的一块玻璃，而这扇窗户又没有得到修复，别人就可能受到某些暗示性的纵容，去打烂更多的玻璃。久而久之，在这种公众麻木不仁的氛围中，犯罪就会滋生、蔓延。

同时这个定律也告诉我们家长，在孩子的成长过程中，如果我们对他犯下的错误不闻不问、反应迟钝或纠正不力。其后果可能更加纵容了他的这种行为。于是用不了多长时间，他就会由偷一块面包发展到偷别人的金钱，由犯了一件小错发展到犯罪，最终铸成大错。

孩子事情无小事，所有的小事对孩子来说都是大事。父母眼中的"小错误"，对当时的孩子来说，就是"大错误"。父母对这些"小事"的忽略，其实是对孩子最大的误导。

当第一扇窗户被打碎时，请及时地去修缮；当孩子第一次犯错时，请好好修复这种"小破坏"。

建议二：有步骤、有计划地删除坏习惯

习惯是最顽固最坚强的重复行为。冰冻三尺非一日之寒，男孩很多坏习惯坏毛病不是一天养成的，要克服这些不好的坏习惯坏毛病，就需要在大脑中要有一个明细的方案和备案。

1.要充分认识好习惯的重要性、坏习惯的危害性，你才能有坚定的决心、坚决的行动去"删除"坏习惯。

2.许多青少年面对自己的"坏习惯"没有足够的自制能力和意志，经受不住"坏习惯"的纠缠。比如无法控制网络、烟酒的诱惑等等。那种凡事都无所谓的想法，使自己偏离了健全的自我意识的轨道。青少年应根据自己的实际情况，为自己制定一个惩罚"坏习惯"的制度，通过自我努力，达到有效控制、克服坏习惯，达到自我完善。

3.按部就班，一步一步做起。一旦决定改变习惯，就拟定当月的目标。目标不可过大，比如有人戒酒时，就采用每天比前一天少喝一点的办法，最后戒掉。

4.古人说，要"齐家治国平天下"须从"修身、养性"开始，即从点滴的习惯开始，行知并重。要想克服拖延的坏习惯，就必须懂得珍惜时间；要想克服懒惰的坏习惯，就必须勤奋；要想克服打架斗殴的恶习，就必须学会宽容。

5.我们常说万事开头难，一个新习惯的诞生，必然会冲击相应的旧习惯，而旧习惯不会轻易退出，它要顽抗，要垂死挣扎。另外，我们的机体、心灵也需要时间从一种状态过渡到另外的状态，需要一个适应过程。从记忆的角度讲，人也需要不断复习新建立的好习惯，以求强化它。所以，前三天要准备吃点苦，要下工夫，要特别认真，过了这一关，坦途就在眼前。

6.为自己找个榜样，看看成功人士是如何改掉坏习惯的。

要改变坏习惯，男孩们还可以尝试以下做法：

1.认识到自己有什么坏习惯必须改掉。例如使你逃避问题的习惯，使家人、朋友或同学厌烦的习惯，你觉得并不能带来愉快但又不能自拔的习惯等等，都是必须改掉的坏

习惯。

2.学一点风趣、机智。让别人与你谈话都觉得很愉快，乐意听你说话。

3.学会提问，而且问得恰当。问别人私事要适可而止，切不可追根问底。对别人关切的事能表示关怀，有诚意对他人做进一步的了解。

4.不可装着自己什么都懂。不知道就说不知道，诚恳地问人家，更容易给人亲切感。

5.找一些有利的新朋友。例如你要改掉暴饮暴食的习惯，就和饭量小的人一起吃饭。

第十五章
告诉男孩这样学最有效
——引导男孩快乐学习

细节89

苦学不如爱学

很多家长为孩子学习成绩不佳而头痛，为了解决这个问题，甚至不惜投入大量的时间和精力送孩子去上各种补习班，可惜效果往往并不好。有些家长甚至怀疑是不是自己的孩子有智力问题？对此家长们大可不必担心。其实，绝大部分男孩不喜欢学习，只是因为他们对功课没有兴趣而已。

兴趣是一个人求知的起点，是探寻真理的原动力，它可以使人产生无穷的力量，可以使人集中精力去获取知识，展开创造性的工作。

大科学家爱因斯坦曾说过："兴趣是最好的老师。"对学习产生了浓厚的兴趣，男孩才会积极主动地去探求知识。如果男孩对学习没有兴趣，把学习看成是一种负担、一件苦差事，自然就不会有好的学习效果。只有不断地发现兴趣、培养兴趣、创造兴趣，孩子才会越学越有趣，越学越优秀。

哈佛教授、著名的哲学家诺齐克中学的时候就对哲学产生了十分浓厚的兴趣，从此便痴迷于哲学的学习，他将主流的哲学分析方法运用于探讨自由社会的重大理论和问题，极其成功地实现了学术探讨与政治关怀的有机结合，最终成为了20世纪最杰出的哲学家和思想家。

英国戏剧大师莎士比亚天生迷恋戏剧，对演戏充满浓厚的兴趣，在很短的时间里，他就掌握了丰富的戏剧知识。有一次，一位演员病了，剧院的老板就让他去替补，莎士比亚乐坏了，因为有强烈的兴趣，他只用了不到半天的时间，就把台词全背了下来，演得比之前的演员还好。演了一段时间的戏，莎士比亚便开始尝试写剧本，这些剧本上演后非常受观众欢迎，他也从此开始了戏剧文学的创作生涯，终于成为文艺复兴时期最伟大的戏剧作家。

兴趣能够使我们加深记忆，好记忆又会提高学习的兴趣，形成良性循环；反之，如果对某个学科厌烦，必定会降低记忆力，以致学习受挫，形成恶性循环。所以，善于学习的人，一定也是善于培养兴趣的人。

缺少兴趣的男孩，学习往往缺乏积极性和主动性。哈佛心理学专家调查发现，学生如果对某一门功课不感兴趣，那他这门课的成绩一般都不会很好。不仅如此，缺乏兴趣的男孩，往往也缺乏持之以恒的动力和坚持不懈的毅力。只有那些拥有强烈学习兴趣的人，才会产生对知识的渴求，并不断地探索，最终走向成功。

兴趣使诺齐克一生中大部分时间都在思考着哲学问题；使罗蒙诺索夫以白干40天活的代价换一本算术书；使舍勒去亲自品尝氢氰酸；使列文虎克为发明显微镜而整整磨了10年的玻璃片；使发明柯达照相机的伊斯曼全心扑在研究上而忘记与女朋友约会，后来终身未娶……从这些人物身上，我们不难看出兴趣的巨大魅力。

学习有浓厚的兴趣，能够让人们产生强烈的学习欲望，如饥似渴、勤勤恳恳地去读书学习，全身心地投入，聚精会神地钻研，时时刻刻去思考。如此，才能不断地进步，不断地取得成功；即使遇到困难、挫折，也能以顽强的毅力去克服，相反，如果对任何事物都不感兴趣，那么自己也必将成为一个庸人。

1976年诺贝尔物理学奖得主丁肇中用6年时间读完了别人需要10年才能完成的课程，最后终于发现了"J粒子"，成为第一位获得诺贝尔奖的华人。有人问他："你如此刻苦读书，不觉得很苦很累吗？"他回答："不，不，不，一点儿也不，没有任何人强迫我这样做，正相反，我觉得很快活。因为有兴趣，我急于要探索物质世界的奥秘，比如搞物理实验；因为有兴趣，我可以两天两夜，甚至三天三夜待在实验室里，守在仪器旁。我急切地希望发现我要探索的东西。"

男孩只有对学习感兴趣，才能把精力集中在学习的对象上，使注意力集中，观察细致，记忆持久而准确，思维敏捷而丰富，激发和强化学习的内在动力，从而调动学习的积极性。家长们得让孩子了解这个道理，鼓励他从学习中找到乐趣，才能从根本上解决孩子的学习成绩问题。

建议一：让男孩体验学习的成就感很重要

家长在教育孩子的过程中，经常忽视一种非常有利的"武器"，那就是成就感。心理学家研究发现，成就感是一种卓越的动力，促使人有更高的追求。一个人尝到一次成功的味道，就会生出几十次乃至上百次追求成功的欲望。

曾有专家在学校里做过一个关于成就感的试验。首先组织一群学生一起上课，然后留作业。第二天,作业交上来后老师统一批改、判分,得满分的学生能得到老师热情表扬。然后老师继续讲授新内容。专家注意到,得到老师表扬的学生对学习明显充满了兴趣,再做作业时能继续保持高分,而没有受到表扬者则表现出了乏味、厌倦的态度,分数更不如前。

这个试验表明,学习兴趣与提出问题、解决问题三者之间有着密切关联。学生能从学习的成功中体验到学习的乐趣,从而产生更大的学习乐趣。如果他们在学习中得到的是失败经验,那么他们会逐渐对学习产生逆反心理,对念书产生抵触情绪。

所以家长在教育孩子的过程中,应该给孩子鼓励,而非打击。我们来看下面这个例子:

小雷学小提琴已经学了三个月了,天天拉空弦和一些小曲子,越学他觉得越没劲。妈妈看出了小雷的倦怠心理,趁着夏天有社区活动,为小雷制造了一次登台演出的机会。

社区晚会上,5岁的小雷为大家献上了一曲《小星星》。虽然琴声生涩,但是小雷拉得很认真,大家为他献上了热烈的掌声。

小雷下台后,妈妈给了他一个大大的拥抱,还有一个温柔的亲吻:"儿子,你演奏得真动听!"旁边的小伙伴们都围上来,带着羡慕的口气七嘴八舌地讲:"小雷你真棒!""能不能教教我啊?"小雷感觉骄傲极了。

再练习的时候,小雷不再一脸不耐烦的模样,而是格外认真。他对妈妈说:"下次我还要参加演出,我要拉更好听的曲子给大家听!"

通过一次登台演出,小雷感受到了极大的成就感,于是他学琴的态度得到了改变。小雷妈妈的做法,值得家长们深思。

通过这个案例我们不难看出,成就感对男孩感知自我能力具有积极意义。当孩子感到自己有能力完成某件事时,就会表现得更加积极主动。在生活中,家长应该有意识地培养男孩的成就感。在培养男孩的成就感时,有以下三点要注意:

第一,为男孩提供展示自己能力的机会。要夸奖孩子,让他产生成就感,先要给他展示自己的舞台。如果孩子在学习小提琴或者学习美术,可以联系一些学习同样才艺的孩子的家长,大家在一起开一个小型的演奏会或者举办一个小画展,既是一种学艺中的交流,也能让孩子将才华展现出来。

第二,让孩子完成的目标要符合实际情况。不能为孩子制定太高的目标,这样非但不能激发出孩子的成就感,还会使孩子产生畏难情绪。但是难度也不能太低,那样就失去了挑战自我、取得成就感的意义。

第三,对男孩的进步给予热情的赞扬。当孩子完成了一件对他来说具有难度的事情时,家长要不吝惜溢美之词,给孩子积极的评价。这样才能将外在的鼓励转化为内在的动力,让男孩在满腔的成就感中再接再厉。

建议二：不妨在家中营造浓郁的学习氛围

当人们走入一个特定环境中，不知不觉就会被那个环境同化。譬如，当我们走进图书馆的时候，就会心情宁静，被满室书香所感染。家长可以在家中为男孩营造出适宜学习的环境，使男孩身处其中就受到学习气氛的感染。

在硬件设施方面，家长要为男孩准备一定的学习硬件。有的家长在这方面意识淡薄，家里可能装修得不错，但是却想不起来给孩子配一张书桌。

最好能准备一个书房，供男孩读书用。如果没有条件，就在家中隔出一个角落，为孩子摆放一张书桌、一个椅子。孩子学习的地方，光线要好，可准备一个台灯。还可放置一个书架，在书架上摆放书籍刊物。

如果家中条件比较好，需要为男孩添置录音机、电脑辅助学习，还应开通网线，让孩子通过网络学习知识。

男孩小的时候，可在家中多张贴色彩鲜艳的认字卡片。这些卡片上的汉字与事物是相对应的，比如"椅子"一词对应的是椅子的实物，"裙子"一词对应的是一件漂亮的连衣裙，"苹果"一词对应的是一个鲜红的大苹果，等等。这些卡片看多了，对孩子认字、辨识物体都有不小的帮助。

家长还可以在男孩很小的时候就播放英文歌、英文故事，营造一个良好的语境。有英语学习经验的人都知道，听英文，三天五天可能没有成效，可是长时间积累下来，就能做到从量变到质变，得到很好的语感。

家长可以选择早晨起床后、晚上睡觉前两个时段为孩子播放英文录音。早上刚起床孩子记忆力好，而晚上听完录音后就睡觉能在脑海中留下的深刻印象。所以，这两个时段是听听力的最佳时段。

白天的时候，家长可抓住机会向男孩教授英文词汇。比如，吃早饭的时候，妈妈可以告诉孩子，鸡蛋用英文说就是 egg，而牛奶是 milk。家长还可尝试着与孩子进行简单的英文对话，比如饭前孩子不洗手，就对他说"Please wash your hands！"晚上很晚了男孩不休息，就对他说"Go to bed"。这些词汇与句子看似简单，积少成多，慢慢就能丰富男孩的英语词汇，锻炼他们的英文对话能力。而且通过这样的方式练习，男孩学来的英文非常自然，能够随时随地拿来就用。不像其他孩子只知道对着书本学习，学来的英语只有在考试时才能用得上。

在家中营造浓郁的学习气氛，家长是"主力军"。试想，如果爸爸妈妈喜欢看电视、打麻将，在这种环境里孩子又怎么能积极主动地去学习呢？恐怕他们更感兴趣的会是电视剧和麻将牌。所以，家长应该以身作则，做一个热爱学习的榜样。

家长应该多抽出一些时间来读书、看报。茶余饭后，少做些无意义的休闲活动，打开一本书，铺开一份报纸，在灯下默默地读上一段，会营造出一种颇具感染力的学习气氛。看到爸爸妈妈主动学习，孩子也会自觉地走到书桌前拿起书本，多学点东西。

细节90

转变男孩学习观念——从"厌学"到"乐学"

林语堂曾表示"苦学"二字是骗人的,头悬梁锥刺股的故事是荒谬绝伦的,他说:"我把有味或有兴趣认为是一切读书的钥匙。"他坚持读书是一种乐趣,是一种享受,是一种值得尊重和令人妒忌的享受。他认为读书不是为了某种义务,而是"意兴来时便拿起一本书来读,要读得有完全的乐趣","读书必须十分自然"才能做到"开茅塞,除鄙见,得新知,增学问,广识见,养性灵",才能有"读书人之议论风采"。

没有兴趣的学习将会是十分枯燥乏味的,兴趣不仅是成功的基石,更是促使人们不断前进的动力。学习者失去了兴趣,就如同鸟儿失去了翅膀,再也无法体会飞翔的乐趣,而只能在泥泞中蹒跚前行。

要想提高男孩学习的效率,必须培养他们对学习的兴趣,用兴趣推动他们有效地学习。

毕业于哈佛的著名汉学家史华兹对有趣地学习做了更广义的解释,他认为有趣的学习是一种享受,学到新知识是一件十分有趣的事,读书、上课、完成作业、复习功课、与同学交往、向老师提问题等,也都是很有趣的学习,而且他更提到"有效的学习,才是有趣的学习"的说法。

不少学生问过史华兹:"什么是有效的学习?"他总是不厌其烦地告诉学生:"自己觉得有趣的学习才是有效的学习。"学生们听完后只是笑笑,并不觉得教授在认真回答他们的问题。但史华兹认为,有趣的学习就是可以使自己的身心愉悦、学有所用的学习。

难道学习真的有趣吗?史华兹说,在小孩子的眼里,他们对学校充满向往、好奇,他们相信学习一定比他们现在玩的游戏更有意思。可是当他们步入学校不久,便会发现原来学习是那样地枯燥乏味,没有什么乐趣可言。这种心理会一直伴随着他们读完大学,在这个过程中,他们可能体会不到一丝学习的乐趣。

学生虽然掌握了许多知识,但是在他们的深层意识中,并没有把学习当做一件有趣的事情,因为在他们看来,学习应该是一件严肃、认真的事,任何有悖于此的行为,都会被视为不良的学习习惯。而他们最终的目的就是要用分数来说明一切,即使得高分的人是个呆头呆脑、不通人情世故的学生。所以,史华兹强烈地建议:"应该把学习当做一件有趣的事。"

当代许多教育心理学家都十分重视对学习兴趣的培养。他们认为,当一个学生对于所要学习和记忆的内容有浓厚兴趣的时候,大脑皮层会产生兴奋优势中心,学习和记忆就会更加主动积极,不但不会感到学习是一种负担,相反会饶有趣味,效率很高。理论和实践都证实,兴趣是学习的挚友,是发展记忆力、观察力、创造力等多方面能力的动力。

如果你的孩子满怀兴趣地去学习,那么他会在知识的天空中快乐自由地翱翔,他的学习效率也会大幅度地提高。

建议一:逼男孩学习就是摁着牛头吃草

蒙台梭利认为儿童存在着与生俱来的、不断发展的、无穷的"内在生命力"和"内在智慧潜能"。她认为,教育的首要任务是激发和促进儿童"内在智慧潜能"的发展,及时发现孩子在各个方面的智慧潜能的自发倾向,并及时加以捕捉和诱导,使其得到强化和发展,如果这种倾向被忽略,则可能失去它们再出现的可能性。

发现和测试孩子的智慧潜能,是教育者认识孩子天才趋向的武器。但儿童不是成人进行灌注的容器,也不是可以任意造型的泥塑,教师和父母必须观察和了解儿童的内心世界,从他们智力的本质入手,训练他们认识自然、改造自然的能力,同时提高他们认识自己、改造自己的能力。蒙台梭利提出的观点说明,那些智力出众的人,都是在改造某种状态的同时,不断改造自身、自我发展的人。

然而由于成人不适当的引导或环境的影响,孩子会出现偏差行为,如不整洁、不顺从、怠惰、贪婪、自我中心等,因此蒙台梭利强调环境和成人的重要性,如果我们不能看见孩子的本来面目,将无法协助孩子正常地发展。孩子对学习非常抵触,家长不探寻孩子抵触学习的根源而是一味逼迫他学习,就像摁着牛头吃草,只能让他对学习日益抵触,不会收到良好的效果。

蒙台梭利强调,为了使孩子能得到正常的教育,大人应该细心地直捣孩子的内心深处,探索出他们需要什么,喜爱的又是什么,尤其要研究自己的孩子能接受的是什么。能够了解孩子,才能帮助孩子;能够知道应该如何给、如何爱,才不会由于你给得"多"了,爱得"过"了,反把他逼出问题来。

教育是延续的、需要积累的,同时又是非常个体化的,它必须依赖于父母对男孩的了解,在这个基础上对男孩施行有针对性的个别化的教育。教育没有一个人人可以套用的模式,找不到一把万能的金钥匙,只能一把钥匙开一把锁。

男孩是一个充满着多变性的个体,在自然的体型、行动、认知与精神发展上,都和已经定型的"大人"不同,二者无法站在同一的情况上。大人不能不经细察,就以自己已经定型的标准与头脑,来否定男孩,自作主张地判决男孩的想法和需要。再者,想要了解男孩,就必须多观察,以了解他成长的法则,及时发现他的特长与注意的重心。按照男孩的天性来养育男孩,每位家长都可以成为非常成功的教育家。

我们当然无法以横切树木的方式剖析儿童,更不能将他像小老鼠一样关在实验室里做试验,但是可以经由多方的观察,发现男孩的生长法则,推敲出他的真正需要。然后更进一步地针对发现的结果与孩子的需要,研订出"对症下药"的教育方法,用最适当的安排,满足孩子内心的需要,尊重自然的规律,尊重孩子的天性,按照孩子的天性来施行你的教育策略,让孩子自动地产生"去尝试"的喜悦和大人所谓的"学习意愿"。

建议二：细心父母会发现男孩"逃学"的真相

逃学，在家长和老师看来几乎是"罪不可恕"。刚开始上学的时候，男孩们都兢兢业业，逃学的很少。随着年级的升高，课业日益繁重，慢慢的逃学的现象就多了。那么，男孩们为什么要选择逃学，真的像家长想的那样是越来越贪玩了吗？贪玩的因素不能完全排除，但事实上很多男孩逃学有着更深层次的原因。尤其是那种之前一直"老老实实"的男孩，突然逃学，家长不能武断批评，因为很可能孩子逃学是因为有着他无法排解掉的压力。

男孩面对的压力，一般有来自学习上的、生活中的、社会的压力，其中又以学习上的压力居多。那么应该如何来排解压力呢？首先，家长要帮孩子找出压力的原因。

导致男孩学习上产生压力的因素是多种多样的，比如学过的东西很快就忘，以至于怀疑自己"天生就不是学习的料"；上课时精力不集中，学习的时候则不自觉地陷入"白日梦"中；学过的知识像一堆到处乱放的砖石，无法条理化；考试成绩总是不理想，而"苦心人，天不负"的古训在自己身上却不起作用；听了很多别人的学习经验，看了很多介绍学习方法的书，但是学习效率依然没有提高……

当别人如鱼得水般轻松地在学海中遨游时，你的孩子却总是慢半拍，他担心掉队的压力也就油然而生。如果他真的把压力看成压力，把烦恼当成烦恼，那么，他离掉队的时刻也就不远了。就像有些男孩因为承受不了这种压力，便自暴自弃，终日沉浸在苦恼的深渊，结果成绩如坐滑梯一样，越滑越低。而有些男孩则在压力的推动下，更加积极向上，勤奋刻苦，最终硕果累累。

真正的学习是快乐的，它不仅是指学有所获及学会某事的成就感，而且还指学习过程本身是令人感到快乐的。因此，家长要告诉孩子应确立学习是快乐的信念，应带着喜悦的期盼开始学习，而学习结束时应感到意犹未尽、恋恋不舍。快乐的学习能够使整个学习过程都变得津津有味，充满乐趣。

没有规划，一团乱麻，连自己掌握哪些，没掌握哪些，都不能区分开来，这会导致大量的无效学习，并造成畏难情绪，进而生出种种烦恼。男孩在学习上只有看到自己该学些什么，能学些什么，理出一条脉络来，那才可能做到有规划。

男孩在学习时要把目光盯住那些积极的东西，要能够看到自己的进步，并认为，这就是自己的成功。

此外，男孩绝不能一天到晚泡在书堆里，那样只会让自己头昏脑涨，压力也会更大。

细节91

培养男孩读书要具备的好心态

你的孩子可曾注意到自己对待生活和学习的态度,他是否以一个认真积极的态度做着每一件事?其实,态度有着比能力更强的神奇力量,这是经过科学和实践屡次印证了的真理。从这个意义上说,好态度也是一种本领。

美国哈佛大学罗伯特博士曾做过一次令人瞩目的印证"态度"神奇力量的实验。

他首先选定了三组学生和三只完全一样的老鼠。

他对第一组学生说:这是一只世上最聪明的老鼠,你们要在六周的时间内好好训练它,以便使其能在最短的时间里冲出迷宫。为奖赏它,你们要在终点多备些可口的乳酪。

他对第二组学生说:这是一只很普通的老鼠,它智力平平,经过六周的训练它能否走出迷宫还是个未知数,你们不要抱太高的希望。终点上的乳酪随意你们给多少。

他对第三组的学生说:这是一只反应迟钝的老鼠,经过六周的训练要使它走迷宫简直比登天还难。因此,终点上你们没必要准备乳酪。

经过六周的训练,最终的结果是:

第一只老鼠迅速准确地冲出了迷宫。第二只老鼠虽也通过了迷宫,但时间用得多些。第三只老鼠并未到达终点。

最后,博士说出了谜底:实验用的老鼠同出一窝,没有智力上的高低之分。

同班的同学、同窝的老鼠,实验结果何以如此迥异?关键在于博士的引导使三组学生产生了截然不同的态度。这个实验告诉我们一个深刻的道理:以不同的态度面对相同的实验客体,出现完全不同的结果也是意料之中的事情。

每个男孩都面临着光怪陆离的大千世界和风雨起伏的坎坷人生,其实,大自然从本质上赋予每个人的最初能力是大同小异的。然而,人与人之间存在的差异归根结底就是因为每个人人生态度、学习态度的差异性。

相比较而言,态度胜于能力。男孩的生活态度决定他的人生高度。

如果说,客观条件和智商是成功的一个条件,那么态度就是使男孩更快迈向成功的助推器。很明显,客观条件和智商一旦成型,很难改变,而态度则不同,态度可以靠自己把握。能不能登上成功的山峰取决于男孩对待这座山峰的态度。要让男孩记住,他的脚永远比山还要高。

父母要让孩子明白,每一个人都要以认真负责的人生态度走好每一步,只有这样才能拥有一个与众不同的人生。对待学习也是如此,如果男孩觉得自己智力平平,也没有优越的物质条件,那么他完全没有必要自卑,因为一个好的学习态度会为他赢得很多更高的荣誉和更大的进步,对于那些认真生活和学习的人,无论是老师还是社会上的其他人士,都会另眼相看,这也将是他将来取得更好发展的资本。

建议一：人人都是读书的好材料

不少男孩学习成绩不佳,他们为此灰心沮丧,认为自己不是读书的料。其实并非如此,他们缺少的并不是智商,而是自信。"首先要有自信,然后全力以赴——假如有这种信念,任何事情十有八九都会成功。"这是一句来自于生活实践的名言。

著名心理学家到一所普通的学校听课,班主任问他:"先生,您能不能帮我看看,这些孩子中有没有素质特别好的?"

"当然可以。"心理学家爽快地答应了,然后毫不迟疑地指着一个学生说:"就是你!你是个天才,一定好好学习,不要辜负你的天分。"

被点到的孩子眼睛一亮,兴奋之情溢于言表,飞奔回家告诉父母:"爸爸,妈妈,好消息,心理学家说我是天才!"

母亲听完孩子的话后,欣喜若狂,仿佛孩子一下子变成了天才。从此,这个孩子不断受到同学的美慕、老师的关怀、家长的夸奖,他找到了天才的感觉,成绩不断提高,智力水平也飞速地提升。

一年后,心理学家再次访问该校,问那个孩子的情况怎么样,班主任回答:"好极了!"接着她又向心理学家请教道:"先生,我感到很惊讶,您来之前他只是一个普普通通的学生,可经您一说,马上就变了。请问您的眼力为什么这么好,判断得如此准确?"

心理学家微笑着说:"因为每一个孩子都是天才,他们缺乏他人的鼓励。除了人格以外,人生最大的损失莫过于丧失自信心、失去自信。一旦如此,所有的事情都将不会再有成功的希望和可能,正如一个没有脊梁骨的人永远不可能挺起腰来一样。"

每一个男孩都是天才,家长要帮助男孩树立自信心,让他确信自己是聪明的、是有能力的,相信自己能干好任何事情。家长要教会男孩对生活、学习中遇到的困难和挫折有坚定的信心,让他在心中告诉自己:"我就是天才,我可以战胜一切困难和挫折。"

"尺有所短,寸有所长",男孩要客观地进行自我分析,充分地认识自己的能力、素质和心理特点。找出自己的长处和短处,以己之长,比人之短,激发自己的自信心。

马克思发现自己并不是缪斯的宠儿时,便毅然与诗神告别,焚毁了自己的诗稿。当时,马克思感慨地说:"看了最近写的这些诗,才突然像叫魔杖打了一下似的……一个真正的诗歌王国像遥远的仙宫一样在我面前闪现了一下,而我所创造的一切全部化为灰烬了。"于是,马克思转向研究社会科学,最终同恩格斯一起创立了马克思主义学说,为人类开辟了认识真理的新纪元,作出了跨时代的巨大贡献。

拿破仑小时候很愚笨,学习成绩非常差。在小学和中学的时候,成绩常常是班级后几名,只有数学比较好。据说他终生不能用任何一种外语准确地说或写。更有趣的是,在滑铁卢打败拿破仑的威灵顿公爵,小时候也是一名被称为"笨蛋"的孩子。在学校时,他的学习成绩很糟,甚至连他的母亲也说他是一个"笨蛋"。但是他们都有身体健壮、痴迷军事的优点,如果让他们从事科学研究,可能一事无成,可他们却成为了伟大的军事家。

一旦男孩正确地了解了自己,自信的太阳就会在心中升起,他就会发现,在自信的阳光下,没有什么是做不了的。

有位大学教授在演讲时提出了这样一个问题:"各位,对自己充满信心的请举手!"结果,举手的不到10%。

教授经过调查,发现这些人不自信的原因,是从小到大很少受到肯定。不断地发现自己的优点并加以肯定,有助于自信心的形成和培养。

俄罗斯有一句古老的谚语:"把你的帽子扔进围墙里。"意思是说,当你想翻过一堵很难攀越的围墙时,就把帽子先扔过去,这样你就会想尽办法翻越围墙,一定要把帽子拿回来。人往往就是这样,自信不够的时候,总是给自己一条后退的路,一个逃避的借口。正因为如此,我们常常错过了许多可以"跨越栅栏"的机会。而"把帽子扔过去",就斩断了那似有似无的退路和借口,你只能用自信来鼓励自己,去"背水一战"。

所以,鼓励男孩每天都大声对自己说"我能行,一定行!"要他不论成绩好不好时,都对自己说这句话。在坚定的信念的引导下,他的学习状况必然会得到改观。

建议二:读书随时保持"不满"的心态

男孩生性活泼骄傲,一些男孩确实聪明,老师讲的内容一听就会。也正是因为如此,他们听到一点儿就认为自己学到了全部,不再认真听讲,学习成绩反倒不如学得慢的同学好。

家长在引导男孩学习时,重要的一点是端正他们的学习心态。

一名徒弟跟着一位名师学习技艺,几年之后,徒弟觉得自己的技艺达到炉火纯青的地步,足以自立门户,因此收拾好行囊,准备和大师辞别。

大师得知了这个消息之后问道:"你确定你已经学成了,不需要再学习了吗?"

徒弟指了指自己的脑袋自豪地说:"我这里已经装满了,再也装不下了。"

"喔,是吗?"大师随即拿出一只大碗放在桌上,命徒弟把这只碗装满石头,直到石头在碗中堆出一座小山后,大师问徒弟:"你觉得这只碗装满了吗?""满了。"徒弟很快地回答。

大师于是从屋外抓起一把沙子,撒入石头的细缝里,然后再问一次:"那么现在呢,满了吗?"

徒弟考虑了一会儿,恭恭敬敬地回答道:"满了。"

大师再取了案头上的香灰,倒入那看似再也装不下的碗中,看了看徒弟,然后轻声问:"你觉得它真的满了吗?""真的满了。"徒弟回答道。

大师没有再多说什么,只拿起了桌上的茶壶,慢慢地把茶水倒入碗中,而水竟然一滴也没有溢出来。

徒弟看到这里，总算明白了师父的良苦用心，赶紧跪地认错，诚心诚意地请求大师再次收自己为徒。

"学无止境"，生有涯而知无涯，学习是没有尽头的，除非是自己限制自己。

著名的数学家华罗庚说过："人，活到老，要学到老。"是的，人生是在不断探索中得到升华，从而才会有辉煌出现，像文坛的几位巨匠：冰心、巴金、金庸……他们都深知这个道理，才有如此大的成就，我们熟知的金庸先生更是在80岁高龄之际提笔修改了《射雕英雄传》，使这部经典名作再次遇热，受到众人瞩目。不止他们这样，像国外的著名人士也是在不断学习、不断积累中才创作出许多著名文献的。马克思和恩格斯就是最好的"人证"。他们共同完成的《资本论》使广大读者得到启迪，这是他们耗费毕生心血才完成的，他们就是在不断地努力及探索中完成这一著作的。

在不断求知的过程中，才会使我们真正得到乐趣。波兰著名钢琴家阿瑟·鲁宾斯坦，他3岁时学琴，4岁登台演奏，直到95岁他未曾间断过对艺术的追求。因为他深知学无止境，艺术无止境，不间断的创作会使心灵得到净化，增加其本身的魅力。

意大利艺术大师达·芬奇说："微小的知识使人骄傲，丰富的知识则使人谦虚，所以空心的禾穗总是高傲地举头向天，而充实的禾穗则低头向着大地，向着它们的母亲。"

到了越高境界，越会感到自己的不足，因此，家长应教育男孩要把握生命的每分每秒，好好来弥补这些不足，趁着还小要多多学习。

人外有人，天外有天，巅峰之上，还可以再创巅峰。

细节92

怎样帮助男孩提高学习效率

很多男孩一提到背诵就两腿发抖，"记不住"成了男孩们学习时很难跨越的一个障碍。的确，面对着堆积如山的书本练习题就已经头脑发胀了，这时再去背诵和记忆，大概谁都没有心情了。何况，枯燥的课文，排着队的公式，那么多怎么记得下来？想快速有效地记就更难了。

其实，只要稍稍动动脑筋，这个大难题就可以解决了。

比如地理课就有很多"地理知识记忆法"：

1. 歌谣记忆

在《中国地理》中，许多知识都可编成歌谣来记忆。如中国沿海的14个开放港口城市，从北到南的顺序可记为：

大、秦、天、烟、青；

连云、南、上、宁；

温、福、广、湛、北。

分别代表：大连、秦皇岛、天津、烟台、青岛；连云港、南通、上海、宁波；温州、福州、广州、湛江、北海。人口在400万以上的9个少数民族可记为：满、回、苗、彝、藏、土家、蒙、维、壮。中国的山和河流，也都可编成歌谣来加强记忆。

2. 趣味记忆

地理知识都与学生的生活有紧密的联系。如把《中国地理》的有关内容与旅游结合起来，有极大的兴趣。在《中国铁路》一节中，可用游戏来完成这一兴趣记忆。把每一组定为一个旅游团，完成一条旅游路线。试举一组同学的路线：

甲：我乘火车呼市发，要去北京天安门；

乙：北京站，我上车，去参观济南趵突泉；

丙：济南站，我出发，来到上海外滩上；

丁：上海站，我出发，要到杭州钱塘江；

……

有游戏中，自己选择去向，后边的同学跟着延续下去，做接力旅游。这种记忆形式男孩可在闲暇时间随便玩，是一种良好的记忆方法。

3. 模仿记忆

地理知识中有许多内容要求具有丰富的想象力来认识地理事物的空间、时间。单靠想象理解和记忆较为困难。模仿后再记则容易得多。如《地球的运动》一节中，男孩可以做"三球运动"的演示。男孩可以与好朋友分别充当太阳、地球、月球做旋转运动，其他朋友在旁观察、分析各球的运动轨迹与有关现象。在这个模仿中，"地球"要记住自己绕太阳转一圈用了365日5小时48分46秒，自己自转一圈即360°，需时间23小时56分4秒，"月球"要记住自己绕地球一圈用29天半。这样，较为抽象的概念和枯燥的数字就会被清楚地记下来。

4. 谐音记忆

将记忆内容编制成另一句与之发音相似的话来帮助记忆，其特点是将枯燥无味的内容变得诙谐幽默，记忆深刻。例如在美洲的物产时，我们想象："中美洲各国都有咖啡馆，服务员一律是男士，都围着一条沙质地的领带，人们称他们'围、沙、哥'。"其实是记忆取了3个咖啡生产国家的名称谐音，即代表危地马拉、萨尔瓦多、哥斯达黎加。这样，就非常容易地记住了，又可以想象：中美洲有一种鸟，红红的嘴，每天吃香蕉，会学说话，像内蒙古的八哥鸟。人称"红、八、哥"。其实是洪都拉斯、巴拿马、哥斯达黎加是产香蕉国。

这样的记忆轻松而高效，能帮助男孩牢牢记住所学知识。而且不光是地理，其他功课也可以采取这些记忆方法。事实证明，如果能够掌握一套正确的记忆方法，就能够提高记忆力，使男孩轻轻松松地记住他想要记住的一切知识。所以，不要让记忆继续成为孩子的烦恼，与其埋怨他的记忆力差，不如帮助他认真地去总结一套记忆方法。

建议一：充分利用课堂时间的男孩最轻松

如果在课堂上实行"打假"活动，一定会有很多收获。每节课都会出现一些"身在课堂心在旁"的同学：有的人撑着下巴，眼皮竭力分开，可最后还是抵挡不了阵阵袭来的困意，于是终于进入了梦境，直到被同桌推醒；有的人一本正经地听课，不时地看会老师，不时地瞄一下课本，原来，这本包了封皮的课本其实是一本小说；还有的人眼睛瞪得圆圆的，耳朵也竖起来，仿佛一副专心听讲的样子，但其实他的心早就飞到球场上去了，只要一提问，准保是什么都不知道。除此之外，还有的人课上只顾着埋头记笔记，老师讲课的内容却左耳听右耳出，还有的人一边认真听讲，一边不时地低头记上一笔，他们积极地跟着老师的思路走，积极地回答问题，向老师提出疑问……

事实证明，课上开小差，或不懂得如何运用课堂时间学习的男孩即使课下付出再多，成绩仍然比不上那些课堂上认真听讲的人。

课堂学习占据着学生大部分的学习时间，这就更加要求每一个人都要善于抓住课堂上的每分每秒，专心听讲，这样才能确保高效学习，只有笨拙的人才会舍弃课堂，而费劲心力把时间花在课堂之外。

所以，男孩要想取得好成绩，充分利用课堂时间就显得十分重要了，那么该如何做呢？家长不妨向男孩传授以下几条学习技巧：

1. 课前准备。课前准备一定要做好，比如课前预习和文具的准备等，课前预习，能够保证对知识脉络的掌握，这样就可以轻松地跟着老师的思维走，另外，预习中产生的疑问会迫使男孩更加专心听讲，最终使问题得到解决。而文具的准备是为了避免上课分心，以便提高听课效率。

2. 专心听讲，听老师讲课、听同学发言，并积极思考，这样可以一直集中注意力。

3. 善于观察并发现问题，这样有助于集中注意力。

4. 大胆提问，增加课堂上的互动，促使男孩加深对知识的理解和掌握，其实这也是提高听课效率的一种有效途径。

5. 认真做课堂上老师布置的习题，以检测对知识的掌握程度。

6. 善于记课堂笔记。不能因为要记笔记，就错过了老师的讲解，这样得不偿失，笔记要记书本上没有的，可以趁老师写板书的时候记，听始终是关键。

建议二：死记硬背——男孩学习的大忌

"死记硬背"的学习方法是传统僵化的"填鸭式"教学模式的产物。在教学当中，死记硬背不仅让男孩感受不到学习的乐趣，而且还与素质教育背道而驰。

我们所反对的死记硬背，是指的那些单纯为了应付考试、在所学知识不求甚解或一知半解情况下强行的、生硬的记忆。这些硬背下来的东西虽然一时进入了大脑，但在考试过后可能会忘到九霄云外去，它不仅对男孩们知识的增长没有任何帮助，更会导致男孩思维方式的僵化、刻板，进而影响创新人才的培养。

实际上，记忆力与理解力二者之间的关系是相辅相成的，有的时候很难把二者的关系剥离开。记忆是理解的基础,而深刻地理解又是培养能力的关键。所以说,如果头脑中没有关于某个事物所谓的"死知识",绝不可能形成对这一事物的认识和理解。对于这个问题,有些人动辄就喜欢引用爱因斯坦没有背出音速是多少来说明"死知识"是不必要的。但是我们必须正视的是,爱因斯坦的头脑中,一定储藏了研究领域所必需的知识,或者说是提问者所不可能提及的知识。这就是好比金字塔没有地基,就不会有顶尖,处于顶尖的人有时可能会忘记当初的地基是什么样子。

有没有一种学习方式,不需要死记硬背而记住呢?

通过细心观察就会发现,聪明的人在学习上与大多数人看起来不一样,当多数人将同一种知识反复回顾了几十次的时候,聪明的人仅仅需要回顾一次或两次就足够了。其实他们并不是单纯地依靠记忆来学习,而是在头脑中树立不同的系统,将所有的知识串联起来,通过这样的方式每个知识都在一个链条上有固定的位置,所以就记得比较牢靠,也不容易忘记。是这个原因使一些人看起来一直在轻松如意地学习,但实际上这归功于学习的策略。当大多数人都在努力记忆的时候,聪明的人想着如何在知识间建立联系,这些联系让知识变得容易记忆,所以不需要太多的记忆活动。

如何做到创建知识网脉络呢?这里有几个不错的方法,家长可以教授给男孩使用:

1. 发现事物之间的关联之处。可以将要记忆的知识与已经记住的知识关联起来,使所有的知识都连接在一起。打个比方,可以将复杂的物理方程与现实生活中的例子相关联,将导数作为车上的车速计。

2. 通过图解来理解。可以画一张表示知识之间的图解关系图。将知识转化为图例,是基于时间和地点,作者或是其他不同知识间相类似的地方。

3. "好像……不过……"句式联想法。将一个知识与另外一个知识相关联起来,记录它们之间的不同点,使用这样的模式去理解。比如:孔子与苏格拉底同时诞生,但生活在古代的中国。

4. 通过形象思维。试着将抽象的知识想象成为一种看得见的形式。比如在做电脑编程,可以将一个变量想象成一个罐头,将一个函数想象成一个卷笔刀。

5. 将要记忆的知识尽量简化。可以试着将非常难理解的知识与那些明白易懂的知识相关联,将难以理解记住的知识尽量简化。如果仅仅停留在抽象的层面上,那将只能构建很少的知识联结。

如果是用这样的方法来学习,就可以更早地构建知识的连接点,这样就可以减少记忆量,帮助男孩更快地学习了。

细节93

告诉男孩一些学习技巧

当前,知识更新速度与日俱增,时代对男孩提出越来越严格、越来越多样化的学习要求。单凭"铁杵磨成绣花针""功到自然成"的方式,是无法适应目前的学习的。今日的学习成败,不仅取决于勤奋、刻苦、耐力与花费的时间和精力,更取决于我们的学习方法。

1980年,美国哈佛大学物理系教授、诺贝尔奖得主史蒂文·温伯格对《科技导报》记者说,学生最重要的是拥有用自己最喜欢的方法学习的本领,而非安于接受书本上给你的答案。

事实上,学习成果的好坏,与能否用自己喜欢的方式学习密切相关。哈佛优等生、美国第一位诺贝尔化学奖得主理查兹说过:"最有价值的知识,是关于学习方法的知识。"就像有些运动员一样,他们不一定完全按照书里要求的"正确姿势"来做动作,而是利用最适合自己的姿势去锻炼,最后反而获得了冠军。学习也是一样的,如果男孩只知道循规蹈矩、按部就班地照着那些所谓的"最好的"方法来学习,效果可能会更差。

用男孩自己喜欢的方法学习,是提高学习能力的重要环节。英国有位社会学家曾经调查了几十位哈佛大学毕业的著名人士,发现他们大多认为学习时,最重要的就是用自己最喜欢的方法学习。而法国著名生理学家贝尔纳也深有感触地说:"适合我的方法能使我发挥天赋与才能;而不适合我的方法则可能阻碍才能的发挥。"由此可见,用自己最喜欢的学习方法可以使男孩在知识的密林中,成为手持猎枪的猎人,获得有效的进攻能力和选择猎物的余地。

当男孩试图采用自己不喜欢的学习方法学习时,就好像是在逆风中行走,非常困难。因而,有些男孩就会逃离课堂,还有更多的男孩会感到十分疲倦,还有些男孩甚至觉得自己是个笨拙的学习者。

而当男孩明确了自己最喜欢的学习方法并运用它时,他学习的过程就像在顺风行走,风速加快了他行走的速度。运用他最喜欢的学习方法学习会提高他的脑力,使学习的过程变得非常轻松,效率也会大幅提高。

我们在实际学习中也有所体验,有些男孩喜欢独自一个人阅读,有些男孩则在群体中会学得更好;有些男孩喜欢坐在椅子上学习,有些男孩则喜欢躺在床上或地板上学习。有些男孩喜欢在比较自由的情形下学习,他们不喜欢墨守成规,需要多一些自由选择的机会,如自己决定学什么、从哪儿开始学等。而另一些男孩则喜欢在按部就班的情形下学习,他们需要老师或家长告诉他们每一步该怎么做。

这些学习方法中,哪一个才是最好的呢?答案不是绝对的,只要是他最喜欢、最适应的,就是最好的。学习是个人行为,必须采取自己最喜欢的方法。

因此，家长有必要告诉孩子，在平时的学习中要善于利用自己最喜欢的方法进行学习。如果他喜欢看电影、电视，那就从影像资料中学习；他喜欢看报纸杂志，那就从阅读中学习。但必须牢记有一条：这种办法一定要和他所学的课程有机地联系起来。

建议一：补足学习的短板——男孩不要偏科

你知道那种带铁箍的木桶吗？如果知道，你一定明白，当这只木桶上有一根木板是短的时，它的蓄水量就会受到限制。学习也是同样的道理，这就要求我们在关注孩子学习的过程中只有找出"最短的那块木板"是什么，集中精力和资源去解决这一薄弱环节，学习的整体效能才能明显提高，甚至跃上一个新台阶。

"妨碍我们在学习中发挥潜能的最大天敌往往不是机会不佳，而是我们的恐惧心理。"哈佛大学心理学博士奥尔波特曾经这样说。比如男孩在某门课中有一两次成绩很低，因而对这门课产生了恐惧心理，在恐惧的支配下，逃避学这门课，从而无法发挥自己在这方面的潜能。日久天长，就会造成这门课的成绩越来越差，形成了偏科现象。

很多男孩往往也有一块学习中的"短板"，这严重地影响着他们的学习。因为偏科就意味着他们在知识上产生缺陷，在学科方面出现"跛腿"现象。这样不但会影响整体的学习成绩，而且还会给以后的工作带来很大的不利。偏科还会影响其他学科的学习，因为各门学科是相互联系的，缺少哪一门课都会觉得不协调。正如人缺一只手或一条腿，就会觉得很不方便。

在学习时，每个人身上都有许多潜能，有的人有音乐方面的潜能，有的人有美术方面的潜能。好多男孩往往一听到"写作"就害怕，总是一开始就否定自己，认为自己不是学写作的料，忽视自己的写作潜能。事实上，当他害怕做某事时，并不能代表他就缺乏这方面的才能，而是他解决这方面问题的能力比较弱。

因此，这就要求男孩在学习的过程中，一定要重视学习中的"木桶原理"，缺什么，补什么。也就是强项、弱项一起抓，巩固自己的优势学科，逐步弥补自己的不足，加强对知识的融会贯通。运用"木桶理论"，可以有效地提高学习效率。

美国的高校招生制度有两个显著的特点：一是避免了"一卷定终身"的偶然性，如果想上大学特别是好大学，学生就必须认真对待平时的每一次考试和作业，注重一贯表现；二是在很大程度上避免了学生偏科和片面发展，绝大多数想上大学的学生都必须比较认真地对待每一门课程，并尽可能提高自己的综合素质和发展的全面性与独特性。

建议二：他山之石，可以攻玉——男孩应多借鉴别人的学习经验

徐峰是班里考前十名的学生，但是他对自己现有的成绩不满意：徐峰虽然数理化方面很好，但是语文和英语却明显逊于理科，在全年级的排名仅为第9。

在周四的班会上，大家互相介绍学习经验。班长张东讲述的学习英语、语文的方法给徐峰留下了很深的印象。张东说，学习语言是一个长期的积累过程，需要记忆大量的、琐碎的语言点，所以他有一个专门的英语记录本，记下英语课堂上学过的但是掌握得不

好的单词、词组等，经常翻看，以加深记忆。学习语文中的基础知识时，他也用类似方法。针对语文学习中的重点和难点即写作，他更是认真，不仅摘抄优美的词句、名人名言，还将自己平时看到的一些很新颖、并且预计会用到的材料分类记下来，这样，写起议论文来，就不会内容空洞，言之无物了。

这次学习经验交流会后，大家都认为自己有收获，并且更加乐于交流。效果怎么样呢？还是看看期末考试后徐峰的感想吧。徐峰考了全班第四名，不过最使他开心的是英语和语文成绩提高了很多，他相信自己还会有进步。

《礼记·学记》里有这样一句话：独学而无友，则孤陋而寡闻。意思就是说，自己一个人学习而没有朋友交流讨论，就会孤陋寡闻。学习并不是对知识的占有，而是对知识的运用，当男孩能够和朋友们分享自己的学习经验时，说明他已经能够运用这门知识了。

家长要让孩子明白，今天我们学到的很多知识，都是一代又一代的人前赴后继地研究得来的。就像我们今天的外科手术，在很久以前还不能被人接受，开刀被视为违法的。但人们发现外科手术确实能治疗疾病，于是相互交流经验，总结出各种各样的手术方法，让全球的人都可以分享。试想，如果医生都不愿意把自己的治疗经验分享出来，任何人想要学到东西都必须自己亲自手术，那我们的医疗状况肯定比现在要落后得多！

其实，来自别人的成功经验就像一盏明灯，当你还在漆黑的胡同里独自摸索蹒跚的时候，那盏明灯就是你迅速走出困境、走向光明地带的指引和希望。而这样的明灯其实在很多地方都存在着，只要你善于发现，就离成功更近了一步。

英国著名作家肖伯纳曾说过这样一段话："两个人在一起交换苹果与两个人在一起交换思想完全不一样。两个人交换了苹果，每个人手里还是只有一个苹果；但是两个人交换了思想，每个人同时有了两个人的思想。"这段话精辟地道出了人与人之间交流思想的重要性、互补性。而这也同样适用于人与人之间经验的交流。成功经验的对撞和相互吸收能够让一个人更快地找到通向成功的门径。

但是有的人因为自己总结了一些学习方法，暂时领先他人，就不愿意和同学分享。这样的想法是非常狭隘的。当男孩遇到这样的同学时，要相信，这样的人一定很难有大的作为。而且这种情况下要鼓励男孩主动去感动他，和他分享自己的学习心得，让这样的人因为自己的偏见和短视而感到惭愧。

一个能够成功的人，一定是懂得和他人分享的人。如果你的孩子也梦想成功，而现阶段的自己在努力之后依然没有找到那把开启梦想的钥匙，那么就鼓励他尝试着走出个人狭隘的天地，与同学真诚地交流吧，相信他一定会有意想不到的收获。

细节94

对男孩的分数不要太敏感

做学生的,都知道流传甚久的一句话:"分,分,学生的命根。"在学校里,老师看重的是分数;回到家里,父母问得最多的也是分数;亲朋好友来了,问的还是分数。"最近考试了没有?得了多少分?""这次考试在班上第几名啊?"成绩好的孩子,倒觉得没什么;成绩差一点的,简直就无处藏身。

实际上,现在中国家庭父母对孩子的教育,大都仍处于分数教育。男孩考了高分,父母甚感荣耀。考试分数不仅成为男孩的命根儿而且也成为父母的命根儿。

其实,根据教育专家的理论,对于中小学生而言,两个方面的教育很重要:一个是培养孩子学习的兴趣,一个是教孩子掌握良好的学习方法。做到这两点,孩子的学习成绩自然会好起来。

分数不是衡量男孩能力的唯一标准。考试是检验男孩学习情况的一种手段,它是一项比较单一的检测。这基本上是对孩子学到的书本知识的抽查。

分数永远只是个形式和手段。它不能证明男孩真正学到了多少知识,也不能证明一个男孩的品格与才能如何。它不是衡量孩子聪明与否的唯一标准。

分数也并不能完全真实地反映一个男孩的能力。有很多男孩平时学习特别好,各方面能力也不错,但是一考试就考砸了。还有一些男孩,平时小测验没问题,但是到了升学考试这样的关键时刻,就发挥失常。这就是一个心理素质问题,考试怯场,就无法发挥自己的正常水平。

现在社会上,有很多人并没有很高的文凭,但是他们一样有所成就。不是说文化知识不重要,而是说,我们不能忽略了男孩的全面发展。除了分数,男孩的品德修养、性情习惯以及解决问题的能力,都会影响他的一生。

家庭教育最重要的任务是建筑人格长城,可生活中看人常常是一俊遮百丑,分数高、成绩好的孩子常常被看做是好孩子。事实上,影响终身发展的因素中,分数并不是最重要的,起着制约作用的是品德、品格,是做人的快乐,而不是知识学问。

点点滴滴的影响,将会对人格的健全发展奠定厚实的基础。不少父母过多关心男孩学习,只要考出好成绩,什么要求都答应,什么愿望都满足。品德低下却不被关注,这样的教育理念、方式令人忧虑。

建议一:考场不是战场,不必过分要求男孩

从小学起,一般情况下男孩的学习成绩不如女孩,于是,很多父母就担心男孩的成长会落后于女孩。其实父母是没必要担心这一点的,这是孩子在成长过程的一种规律性

表现。据最新的一项研究发现，造成这种现象的原因主要是因为，男孩子刚上学没有女孩适应学校教育的能力强，等他适应之后。这种情况就会渐渐扭转，特别是到高中时男孩子的优异就会很突出地表现出来。

这主要跟大脑有一定的关系。与女性的大脑相比较，男性的大脑更多地依赖于空间机械刺激，他们天生更容易接受图表、图像和运动物体的刺激，而对课堂上单调的语言刺激，容易产生厌烦、分心和坐立不安。所以，男孩的大脑结构决定了他们天生不能很好地适应强调阅读、写作、复杂的组词造句的教育方法，因此，多数男孩在接受学校教育时的成绩会明显落后于女孩。

那么怎样才能帮助男孩不在小学阶段落后于女生呢，这就需要了解男孩的学习特点，有针对性地进行家庭教育。

1. 用动作学习

男孩在读书学习时，通常会不自觉地用脚打拍子，同时眼睛不时地瞟来瞟去，察看周围事物。这是因为男孩更倾向于创新的学习方式，更善于行动和使用各种工具。毫不疲倦，同时又漫无目的地绕着圈子和小伙伴追逐奔跑时，不要感到惊讶，他们在适合自己的动作中掌握到的知识，和思考所掌握的知识是同等重要的。

2. 用身体沟通

只要认真观察男孩的父母都会发现，一般情况下男孩喜欢通过身体攻击的方式与小伙伴进行彼此沟通。他们互相踢打、推拉或碰撞，从亲密的身体接触中得到快乐。男孩通常借助这些举动来了解人的缺点和力量。所以打闹是男孩子的天性，父母应该适当地允许他们在打闹中去掌握一些文化和娱乐知识。

3. 用视觉获知

男孩的大脑与女孩的大脑对光的体验也不相同，男性对视觉和光线有很强的依赖性，视觉往往是男性获取资讯最为发达的方式。所以，根据男孩子的这种特性，父母应该为男孩子创造一个明亮舒适的读书环境，为他们学习成绩的提高打下基础。

建议二：家长不要以成绩来论英雄

都说迎考就是迎战，就连教室里也贴着"迎战高考"的警语。"考场如战场"本是让男孩们重视考试，而家长和老师们说者无意，他们却听者有心，在内心里形成了巨大的压力。

俗话说："井无压力不出油，人无压力轻飘飘。"但在考试中，压力过大只会被压倒，从此站不起来。

奇怪的是越是不把考试当一回事的男孩，越能考出好成绩；越因为担心考不好寝食难安，到头来也往往就真的吃不到好果子。这到底是什么原因呢？

答案就在于，男孩是怎么看待考试的，即心态决定成败。一场考试又要到来的时候，你的孩子是感到紧张、激动，还是像平常写道作业题一样完全不把它放在心上呢？

要是他觉得紧张，那要想考出好的成绩还真的有点难度。当孩子们面对一场考试时，好的心态是非常重要的。比方说，现在班上有甲和乙两位同学，甲同学平时认真刻苦，考前也做了全面的准备；乙同学刻苦劲头明显不如甲，知识只能算是掌握了个大概，考前就翻翻书看了看重点。试卷发下来，乙同学知道自己学得不是最好，但基本的知识心里有数，于是他认真对待每一道题，完全处于放松的状态，脑子甚至转得比平时还要快，遇到不会的题就先跳过去，合理分配好时间。而甲同学呢，由于太紧张，大概扫一眼认为可能是不会做的题，他就停在了那里，着急得要命，心里又不停地埋怨自己，这样本来能想到的方法这时也想不起来了。考试结果，可想而知。

分数是虚的，能力却是实实在在的，一场场的考试不但帮男孩检验和巩固了平时学习的成果，对他的心理素质也是一个很好的锤炼。知识点就是那些，老师的考题却可以出得千奇百怪。有时候他常常会觉得自己是白复习了一场，那些知识明明都懂了，怎么考试的时候就是想不到呢！其实问题就出在他的心理素质上。这需要更多场考试来磨炼。不要以为考试就是学生的事，会考试对他一生都有益。譬如那四年一届的奥运盛会，一场场的比赛比的不但是运动员的身体素质和动作技术，常常是心理素质的优异决定了最后花落谁家。

考试，只是一种教育手段，无所谓好坏，主要看如何运用。考试的目的也很单纯，一是接受检验和自我检验，二是选拔人才的一个途径。现在许多国家，比如美国和英国也都很重视考试的作用：2002年美国颁布的《中小学教育修正法》首次要求各州必须实行统一考试（3年级以上），并以考试成绩衡量教育质量。英国中小学也实行全国统考，对各校的成绩公布排名，中学生考入名牌大学的竞争激烈程度并不亚于我国。

专家认为，学生素质高低的一个侧面，就是考试成绩是否优秀。男孩应付试卷这种考试，是人生道路上比较简单的一种考试；生活中的考试却要困难得多，也复杂得多。提高学生素质的办法，不能以削弱学生应付考试的能力为代价，更不能把问题归罪于考试。

第十六章
爱读书的男孩不会变坏
——怎样让男孩爱上读书

细节95

激发男孩的阅读兴趣

很多父母担心自己的男孩不爱读书,或者担心他们只读一些漫画类的休闲读物。其实,这个问题出现在于父母没有对男孩进行正确的引导。父母可以启发男孩的阅读兴趣,帮助男孩养成绝佳的读书习惯。以下有七条鼓励和引导男孩读书的建议,可供参考:

1. 给男孩提供一个读书的氛围

建议家长在家里男孩经常走动的地方放个小书柜,里面放些童话故事、科幻故事等,方便男孩随手能拿到。事实上,很多伟人在小的时候都有这样的经历,由于在童年读了几本有影响力的书籍,改变了他们一生的成长方向,甚至造就了他们未来的事业。

2. 和男孩一起读书

如果父母有空余的时间,可以和男孩一起读书,和男孩一起评论书中的内容,这样做的效果会更加理想。如果能经常和孩子聊聊书中的故事,复述书中的故事情节,谈谈读书的心得体会,孩子的生活会变得更加有趣。对于故事书中的情节,假如男孩能够清楚、正确地复述大意,就表明他吸收了书中的内容。

3. 给男孩讲书中的故事

为男孩讲书中的故事,是培养读书兴趣的有效途径。它能凭借故事的魅力强烈地吸引孩子,从而引导孩子寻找乐趣而自觉自愿地去读书。同时,也拉近了父母与孩子的心理距离。

4. 鼓励男孩把他从书中获得的故事讲给父母听

当男孩养成了自觉看书的习惯之后,父母可以请他讲讲书中的故事,并询问故事中的细节。这样做一方面会促使男孩看书更加仔细,也会促使孩子产生一种成功的喜悦,读书的兴趣会更加稳定。

5. 引导男孩从书中寻找他急于想知道的答案

男孩一般有不懂的问题，都会缠着大人问这问那，这时家长可以适时地告诉孩子，他的这个问题在某本书中可以找到很好的解答。平时，家长还可以给孩子讲个好听的故事，讲完之后再告诉男孩，这个故事就在某某书中，相信孩子一定会对书发生兴趣。

6. 帮助男孩选择读物

一般来讲，在选择书籍的时候要先读一读书前或书后的内容提要，从中弄清是否适合孩子的年龄，再看一下目录，内容是否适合孩子，最后还要看一下内容质量如何，再决定是否购买。

7. 指导男孩掌握一些常用的阅读方法

为了让男孩保持持久的阅读兴趣，就必须指导男孩掌握一些常用的阅读方法，例如：精读、略读、跳读、朗读、默读，对于不同体裁的读物还要采取不同的阅读方法。对于经典的读物要精读，对于故事类读物要略读，为了寻找某些文献资料可用跳读。优美的诗歌和散文适用朗读，逻辑性较强的文章适宜默读。

建议一：好父母会培养男孩对书的"饥饿感"

美国物理学家费米从小就特别喜欢读书，对书有一种"饥饿感"，尤其是对物理学方面的书籍。

有一天，费米拿回来两本书，并且告诉姐姐，他要读这两本书。姐姐当时认为那么专业的书，什么波的传播、行星的运动、潮汐的循环，他肯定是看不下去的。

但是出乎意料的是他读得津津有味。邻居家的教授对他姐姐说，这跟他对物理学书籍有种"饥饿感"是有关系的。

有一次，邻居家的教授对他说："我给你出几道题好不好？"

"太好了。"费米跃跃欲试。题目很难，让教授吃惊的是费米全都做对了。

从此之后，费米经常缠着教授要题目，并且从教授那里读到了大量的数学和物理学的书籍。

故事中所讲的"饥饿感"就是一种随时随地的需要。不用刻意地感觉它，因为它是无处不在的。实际上，对于阅读男孩也需要培养一种饥饿的感觉，培养就像饿了要吃饭、特别是见到好吃的东西时的那种"馋"的感觉。从要我阅读，变成我要阅读。这也是帮助男孩扩大阅读面的一种很好的方法。

阅读既是一种求知行为，也是一种享受，在孩子阅读的过程中家长除了需要对真正有害于孩子的书刊进行控制外，就不应该对男孩所读的内容进行人为的约束。从上小学开始孩子会开始形成自己的阅读爱好和兴趣，对此家长应该注意观察和了解，不宜过多地干涉，更不应该按自己的意志强行改变男孩的阅读爱好。

建议二：给男孩一间书房

阅读既是开启孩子心灵智慧的钥匙，也是增长知识的有效方法。从小培养良好的阅读习惯，不仅仅有益于孩童时代的学习进步，更将使个人人生发展终生受益。另外，良好的读书氛围对孩子的成长也很有帮助。

作为家长，首先要明确这样的观点，注意培养孩子的阅读习惯，而且要指导孩子科学读书、读正确的书。对孩子来说，开卷须有益，给孩子营造一个好的读书氛围，会使我们的孩子终生受益。将家里的藏书，或是父亲、祖父遗留下来的藏书保留好，并将它们放在一个房间的书架上。如果有条件，最好给孩子留一间书房，引导他对书的渴求与探索。李嘉诚就受过类似的熏陶：

李嘉诚生活在一个和睦的大家庭里，在这个家庭里，有一个面积虽小但藏书却非常丰富的小书房——那是他家里的小书库，里面集中着他知识渊博、学问深厚的父亲、伯父、叔父以及祖上遗留下来的藏书。

童年时期李嘉诚的大部分时光，就是在这块狭小却辽阔的天地中度过的。当然，这是经过他父亲允许的。

每天放学以后他就像一只勤劳的小蜜蜂，悄悄飞进小书房。他太爱看书了，书就是他全部的世界，书里详细地告诉他许多从来不知道的东西，告诉他为人处世的道理。

他如痴如醉地看书，海阔天空地思考着他的问题，在这里他的全部天赋发挥得淋漓尽致，书使他懂得了许多。

至今他还记得，父亲如何引导他走上读书的道路。一天，父亲领他来到这间书屋，语重心长地对他说："诚儿，这是咱家几代人的书库，你伯父、你叔叔和我都是从这里走出去的。我希望你能认真理解父亲带你来这里的意义，我也知道你能体会为父的深意。"

读书成为他的生命。看书越多，他越觉得自己知识的贫乏，便越是废寝忘食，如饥似渴地学习。李嘉诚78岁的堂兄、退休的老校长李嘉来回忆当年的情景时说："别看嘉诚年龄小，读书却异常刻苦，我看见好多次，他在书房里点着煤油灯读书，很晚很晚都没有去睡。"

是父亲引导他走上了读书的道路，父亲经常陪他在灯下读书，好随时解答他层出不穷的问题，随时给他以精神的鼓舞，随时给他以人格上的激励。

回忆起自己亲爱的父亲，李嘉诚常常动情地说："父亲是我一生中最崇敬的人，父亲无论从知识上，还是从人格上，永远都给我一种鼓舞，一种激励。没有父亲的悉心培养、没有父亲的指导教育，我不可能有今天如此的成就，父亲给予我的，是任何一种东西都无法衡量的。"

一个人是否有读书的习惯，能否体会到"阅读的喜悦"，其人生的深度、广度会有天渊之别。如果你的家中有一屋子书，而你也是爱书之人，相信孩子在耳濡目染下，一定会引起阅读的兴趣，并培养成习惯的。

细节96

帮助男孩又快又好地读书

课堂学习和课外阅读，是一个男孩学习和掌握知识的两条基本途径。有许多知识都是教科书上所没有的，而要扩大他们的知识面、增长见识，只有靠平时多读、多看。课外阅读是他们获取各种知识的"肥沃土壤"，是能够终身受益的"知识银行"。

那么，如何让男孩在有限的时间内通过阅读掌握大量的知识呢？那就需要他们掌握一定的阅读技巧，这样才能养成良好的阅读习惯，丰富他们的知识。

阅读是一个复杂的心理过程，在这个过程中，个人经由耳听、目视、手触、心感和思考，选择、吸收环境中各种资料，加以整理、归类、贮存，以便使用时提取。在这样一个调用全身感觉器官的过程中，要使注意力保持集中、排除外界刺激，实现高效地阅读，就要做到心到、口到、眼到、手到、脑到。下边我们来逐一地解释。

所谓"心到"，就是专心地把书中各个篇章的内容意义读懂，花一番工夫仔细研究分析，例如要用语法来分析句子的结构，要用字典来查阅未见过的字词，要动笔来标出各个地方的天气、特产、人文风情……总之，读书时最重要的就是心到。

所谓"口到"，就是当男孩坐在书桌前看书的时候，不妨让他们开口大声地将文章内容念出来，一方面借此提提精神，另一方面则一字一句地帮助自己将注意力集中在此，从而进入状态。

而口到又可分为朗读与默读两种。朗读多半为的是让精神和注意力集中，或者是为了欣赏文句的优美流畅。还有一种情形，即实在不了解该句子的句义，可以反复念出来以求明了字句间的联系。

默读方面的好处是读书的速度比较快。其实，通常时候，男孩的阅读主要是为了吸收知识，只要理解、看懂就足够了，并不需要一字一句念出声来欣赏或练习语气。默读分为浏览与精读，他们如果能掌握其中的差异与练习方法，这将会大大提高他们的阅读速度，增强他们的阅读能力。

所谓"眼到"，就是在阅读时，眼睛对书中的字要看个分明，不可草率跳过，如果读过之后仍维持在"有看没有到"的境界，代表你"眼到"的工夫培养得不够扎实。

所谓"手到"，就是说要一边读一边画线或做笔记。经过手到的整理工作才有可能融会贯通。

最后，"脑到"更容易被我们理解了，就是阅读的过程要善于思考，把所阅读的东西通过大脑的加工、整理内化成自己的知识，这样才能方便孩子记忆，也更把他们从阅读中获取的信息储存在他们的大脑中，以备将来之用。

总之，男孩在阅读的过程中，只要做到了心到、口到、眼到、手到、脑到，他们读书时的注意力就会大大增加，对抗外界的干扰能力也会增强。这样，他们的阅读速度也会随之加快，阅读能力也会随之增强。

建议一：告诉男孩读书应有计划、有步骤

人的一生可利用的时间是十分短暂的，男孩不仅要学习、生活、娱乐，等等，还要抽出一定的时间来读书。为了能够把原本不多的时间用在读有价值的书籍上，需要帮助男孩制订一份读书计划，最好别让那些毫无用处、杂七杂八的闲书耗掉宝贵的光阴。

在制订读书计划时，应该剔除那些没有任何阅读价值的书籍，把有用的书写在计划中。为增长知识提高素质而读书，最好是选择那些文笔流畅、好看易懂的书。有些书文字晦涩难懂，读起来味同嚼蜡，获得的知识与花费的时间不成正比，这是一种浪费。读通俗易懂的书，花费时间不多，却能有一定收获。

在作出一份对男孩有帮助的读书计划时，除了选好有价值的书籍之外，还要注意几个问题：

第一，与专业学习相结合。结合专业学习选择读物，既可以加深对专业知识的理解，又可以扩大知识面。

第二，结合志趣。志趣是学习的动力，一个人如果在学好系统的基础知识的同时，根据志趣有选择地阅读，逐步积累有关的知识资料，就可能为今后的创造找好最佳的起飞点。世界上许多著名专家学者，离开学校不久，就能有所建树，几乎都和他们在青年时期就注意结合志趣，正确地进行选择阅读有密切的关系。

第三，重视科普读物和新兴学科。一个人只读教科书是远远不够的，必须注意先读反映最新科学成果的读物，包括科普书刊和科幻小说，以开阔视野，提高科学的思维能力和丰富的想象力。在"博览"中，若不重视这方面的涉猎，将来是会吃亏的。少读一本书看起来事小，但严重的是，思维的触角被人为地收缩起来。不正确的阅读战略，有可能使人不知不觉地放弃一个领域，损失了创造一种新知识结构的可能性。

第四，要重视各种文体书籍的阅读。

当然，计划只是男孩阅读的一个指导，并不是一成不变的，可以根据不同时期的阅读情况来调整阅读计划，从而使之更适应男孩的阅读习惯。

建议二：介绍几种速读法给男孩

速读法，是一种从文字中迅速吸收有用信息，提高阅读速度的读书方法。这种方法为美国教育家比尔·科斯比和苏联著名学者奥库兹涅佐夫等人提出，并在实践中得到完善，近年来这种方法在欧美多国推广使用。

当今社会是信息社会，当今时代是知识爆炸的时代。每个人都有读不完的材料，看不完的书报。为了能适应时代的需要，有必要掌握快速阅读的方法。同时为了能够快速提高他们的学习成绩，更有必要养成快速阅读的习惯。那么，怎样才能养成速读的习惯呢？最重要的是掌握速读的方法：

计时阅读法

计时阅读法是速读训练的基本方法。通过计时训练，使思想高度集中，让阅读成为一种快速、高效地摄取、筛选与储存知识信息的过程。训练前选好一段或一篇文章，记下开始阅读的时间，阅读完后，再记下自己所用的时间，然后把阅读材料合上，凭第一遍阅读的理解与记忆，回想所读文章内容或回答有关问题。

总体阅读法

总体阅读是把全文完整地、连贯地作快速阅读。它是各种快速阅读方法的基础。人的大脑有一种特性，在接收信息时具有明显的选择性，在处理信息时能够遵守严格的程序。因此，在阅读训练中如能使自己逐渐形成一个固定的思维程序，对提高阅读速度将起到很大的作用。根据这一"定势"理论，可给自己规定一个阅读的固定程序。每当读一篇课文依次解决四个问题：题目、文章的大意、文章最能打动自己的部分、从文中感受到什么。这四个问题只要在头脑中形成习惯，一看课文就自然循着这些问题去理解，久而久之就会形成阅读的固定思维程序，阅读速度自然就会快起来。

意群注视法

传统的阅读法，是一个字一个字地看，眼睛要作多次不必要的跳动和停顿。所谓意群注视法，就是在阅读时不是一个字一个字、一个词一个词地读，而是把句中相关的词连成一个较大的单位，一组一组地读，而且一边读，一边理解。

细节97

男孩总是爱读"闲书"怎么办

人是需要读一些书的，尤其是在现在富了物质、穷了精神的时代，许多人在生活中迷失了方向，通过读书可以把自己从物欲名利中超脱出来，塑造美好的生活观念。

在日常生活中有很多男孩喜欢看些闲书，他们之间流行各种充满打杀或者是妖魔鬼怪的纯娱乐书籍，并且没有节制地看书成瘾，甚至于荒废功课。这种无益的书籍不仅浪费时间和金钱，而且对男孩做人、做事一点帮助都没有。

这些不良的书籍严重地误导着男孩的价值观，有一位小学老师曾经感叹："现在上语文课，让孩子分析课文很困难，他们现在都缺乏分辨是非善恶的能力，这些孩子，我真的担心他们，以后走入社会该是多么危险。"

只有有益的书籍，才会真正对人有帮助。我们家长在帮助男孩挑选课外读物的时候，可以选择一些著名人物的传记，从中了解他们的事迹并学习他们如何做人。只有阅读有含金量的书，才会让男孩变得耳聪目明起来，更好地面对现在和迎接未来。

教育家称，较早接受阅读熏陶的孩子进入幼儿园时，在阅读准备方面，要比其他没有受过阅读熏陶的孩子提前两年半。然而，孩子们可以从中获得的并不只是学习技巧。给孩子读书，还可以教孩子学会分享和参与，使家庭充满亲情，使孩子时刻感受到父母的关爱。

约瑟夫·艾尔索是从富兰格林·D·罗斯福新政时起，一直到越南战争的这段长时间内美国最具影响力、最有成就的新闻记者之一，27岁时他就开始担任了华盛顿特区一家报刊的专栏作家。他一直珍视着父亲对他的教育。

"我父亲尽管每天都很忙，但他一回到家中，就要在吃晚饭前花上半个小时或更长的时间，为孩子们读书，父亲多年如一日地坚持着，他这样做的最大收获，就是孩子们不断地接受着新的知识。就拿我来说，在这个过程中学习了许多文学名著，自己的知识越来越丰富……我们几个孩子从小就养成了爱读书的习惯，这绝对应该归功于他。"

倘若家长常常抽时间，给自己的男孩读书，会让男孩变得热爱读书、热爱学习。什么时候给孩子读书都可以，但每天最好都安排在同一时段，而且每次至少要读15分钟。父母可以经常带着男孩到图书馆去阅读书籍，还可以给男孩布置一个好的读书环境，让他喜欢上与书为伴的生活。

建议一：家长别老让男孩闷在课本中

许多男孩从小就养成了背课本的习惯，学习的压力，促使他们一门心思地扎进各门功课的复习之中。他们放不下手中的课本，却对课本以外的知识知之甚少，也许平常在学校的时间比较紧张，总是忙于完成老师指定的任务。但是到了假期，就可以让孩子读一些自己感兴趣的"杂书"了，当然也可以读课本，但没必要一心扎进课本堆里。适当翻几本其他领域的书籍，不仅能拓宽男孩的视野，还能让他触类旁通，给他的学习带来灵感。著名华裔科学家李政道曾说："我是学物理的，不过我并不专看物理书，还喜欢看杂七杂八的书。我认为，在年轻的时候，多看一些杂七杂八的书，头脑就能比较灵活。"

我们很难想象一个成天只与教科书打交道的学生，将来会有多大的作为。只有走出自己所学的课本，到书籍的海洋中自由汲取各方面的知识，才有可能得到渊博的知识。

今天，我们每个人都从事一种专业或一门行业，要在自己的岗位上作出成绩，学习一些专业外或行业外的知识是有好处的。我国古代教育学专著《学记》中有两句话："良冶之子，必学为裘；良弓之子，必学为箕。"究竟为什么搞炼铁的要去学习缝制皮革，搞制造弓箭的要去学习做竹器，我们没有考证，但这两句话告诉人们一个道理：一个行业的专家，不能只局限在本行业的范围内，而是要"广博"。

20世纪50年代，当美国的贝尔研究所资助科学家巴丁、萧克莱、布拉顿等人研究半导体时，一般人认为他们的工作对通讯系统没有什么好处，讥笑这个庞大的科学小组是"象牙之塔"，不过是一件漂亮的摆设而已。可是，正是他们制出了世界上第一批半导体晶体管，实现了电子器件的革命，开辟了固体电子学的新学科。巴丁等几位科学家1956年同时荣获了诺贝尔奖。

如果搞无线电的贝尔研究所的科学家们不涉及看来与本行无关的半导体领域，也就只能继续在电子管器件的天地里徘徊。所以，美国科学家泰勒说："具有丰富知识和经验的人，比只有一种知识和经验的人，更容易产生新的联想和独创的见解。"贝弗里奇也说："成功的科学家往往是兴趣广泛的人。他们的独创精神可能来自他们的博学。多样化会使人观点新鲜，而过于长时间钻研一个狭窄的领域则易使人愚钝。"

可见，只把自己闷在课本中，而不广泛猎取其他领域的书籍知识，是很难做到广闻博学并获得一定创新能力的。广闻博学，是出成果的基础。

大多数男孩都愿为学校功课留出相当的时间。但是，在其他领域却缺乏求知精神。假使孩子真是有求知之饥渴，自修之热望，不妨鼓励他跳出课本，广泛阅读一下各方面的书籍，这对他的发展来说是相当有益处的。

建议二：文理科的书都应该读一读

在高中时，孩子们因不同的爱好和追求而选择了理科或文科进行学习。进入大学后，起初理科班的学生会进入更专业的理工类院系学习，而文科生则会进入人文社科类的院系中学习。虽然"术业有专攻",但是大学毕竟是一个学术思想自由开放的地方,再加之当今社会对人才的要求也不仅仅局限于某一个专业的领域中,因此,男孩在阅读的过程中,有必要打破所学专业的局限,尝试吸取其他领域的知识。

这是有目的地使男孩的知识形成一定的知识结构的关键。鲁迅先生说过:"只看一个人的著作,结果不大好的,你就得不到多方面的优点。必须如蜜蜂一样,采过许多花,这才能酿出蜜来,倘若叮在一处,所得就非常有限,枯燥了。"他还说:"专看文学书,也不好的。先前的文学青年,往往厌恶数学、理化、史地、生物学,以为这些都无足轻重,后来,变成连常识也没有,研究文学固然不明白,自己做起文章来也糊涂,所以我希望你们不要放开科学,一味钻在文学里。"鲁迅先生的这些话,即说明读书要文理兼容。

读书要做到文理兼容,宽打基础窄打墙,是较好的方法之一。具体讲,这种方法是将知识基础打得宽博扎实些,涉足多学科知识,走"通才"之路,正是对现代人才的要求。唯有如此,才有独立走向社会获取成功的坚实后盾。

男孩在求学阶段,要广涉群科,坚实基础,文理兼容,这是一个十分重要而现实的问题。进入创造阶段,单有某一专业的知识,必然捉襟见肘,而阅读面广、知识量大的人即显出特有的优势。

欲在任何一个领域中有大的建树,文理兼容是必行之路。例如,科学和艺术看来是相距甚远的领域,可也有许多相通之处。诺贝尔奖获得者格拉索在回答"如何才能造就好的科学家"的提问时,答道:"往往许多物理问题的解答并不在物理范围之内。涉猎多方面的学问可以提供广阔的思路,如多看看小说,有空去逛逛动物园也会有好处,可以帮助提高想象力,这和理解力、记忆力同样重要。假如你未看过大象,你能凭空想象得出这种奇形怪状的东西吗?对世界或人类活动中的事物形象掌握得越多,越有助于抽象思维。"

钱锺书先生是我国当代著名的大学问家。他博古通今、学贯中西,著作甚丰,且洁身自好、淡泊功名。柯灵先生在《促膝闲话锺书君》一文中说:"钱氏的两大精神支柱是渊博和睿智,二者缺一,就不是钱锺书了。"足见学术界对他的推崇。

对学习知识,钱锺书主张"全体大用""亦扫亦包",不依傍一家之言而兼容"异量之美"。就是说,知识面要广,视野要开阔,努力做到博览群书,兼收并蓄,吸取各科知识与各派学说之精华,储存在大脑的"记忆仓库"之中,随用随取,达到"古今赅备,东西融通"之境界。正是本着这种治学原则,他才能取得训诂、辞章、义理同炉共冶,事理、文理、哲理相互阐扬的学术成就。

除了钱锺书外,著名物理学家杨振宁也是"博读"的忠实拥护者。他认为,既然知识是互相渗透和扩展的,掌握知识的方法也应该与此相适应。当男孩专心学习一门课程或潜心钻研一个主题时,如果有意识地把智慧的触角伸向邻近的知识领域,必然别有一番意境。对于那些相关专业的书籍,如果时间和精力允许,不妨拿来读一读,暂时弄不懂也没关系,一些有价值的启示,也许正产生于半通之中。采用渗透性学习方法,会使男孩的视野开阔、思路活跃,大力提高学习的效率。

余秋雨在高雄某大学演讲"青年读些什么书,如何读书"中提到"要把阅读范围延伸到专业之外",他说,阅读专业书籍当然必要,但主要为了今后职业的需要。生命的活力,在于它的弹性。因此在阅读的过程中,男孩不可只沉陷于文科或理科,而应该广泛阅读,文理兼容,只有这样才能更加适应不断发展的多元化社会。

细节98

怎样帮助男孩扩大阅读面

人都是有惰性的,在阅读上也是如此。父母想要男孩扩大他们的阅读面,克服他们阅读的惰性,从而丰富他们的知识,就需要从一种全新的角度来着手。那就是利用外在的条件来扩大他们的阅读,一方面可以帮助他们制定阅读计划,在计划的限定下可以扩充阅读,另一方面就是用积累来促使他们去扩大阅读面。

阅读是一种很私人化的东西,总是在别人的强迫下进行则不会取得很好的效果。如果父母能将男孩阅读的被动性改为主动性,就需要制定一个多层次的阅读计划,这样才能有效地扩大男孩的阅读面。这个多层次的阅读计划分为长期阅读规划、中期阅读计划和每日定额三种。

1. 长期阅读规划

制定长期的阅读规划,就是让男孩把自己一生的时间当做一个整体来规划,在童年、少年、青年、壮年、老年各阶段进行统筹安排。制定长期阅读规划需要考虑以下因素:明确地规定他们自己使用的时间,根据自己的学识、特长、身体状况、家庭条件等,从而制定出较切实可行的规划。

2. 中期阅读计划

长期阅读规划毕竟是粗略的,它只是规定了阅读的大方向、大进度,因此有必要制定较为具体详细的中期读书计划。中期读书计划的时间一般定为一年较适宜,在遵循长期规划的前提下,确定一年的阅读任务:这一年研究的中心和重点是什么?必须读哪些书?达到什么样的要求?一年的读书计划可以按季节和月份的顺序进一步划分,尽可能有明确的目标和具体的任务,不要流于形式。

3. 每日定额

为了保证长期阅读规划和中期阅读计划的落实,每日定额读书是非常重要的,我国古代学者常把这种每日定额读书称做"日课"。

不论是制定长期规划、中期阅读计划,还是制定每日定额,孩子都要脚踏实地,不只求形式,还要留有余地,这个余地不同于一般计划那种回旋的余地,而是经过艰苦奋斗能够达到的余地。这样,他们才能每天都有所进步,有所提高。如果能持之以恒,那么,他们的读书学习最终会见成效的,也会很容易扩大他们的阅读面。

积累也会成为男孩扩大阅读的动力之一。那么父母该如何引导孩子在阅读中积累呢？需要注意以下几个方面：

1. 选准目标，定向积累，防止盲目摘抄

也就是说，要根据自己的实际，今后奋斗的目标，以及某学科的需要等，有目的地进行阅读，然后集中摘录有关的文献资料。在这里，要切忌没有明确目标随意阅读和摘录，纵然摘录本子一大摞，但真正能用得上的却很少，这样既浪费了时间和精力，也会影响摘录的情绪，久而久之，学习收获也甚微。

2. 持之以恒，养成习惯

俗话说："一日一根线，十年织成缎。"阅读和摘录全靠点滴积累。苏联教育家马卡连柯曾说："只有你不断地记，不要由于偷懒、忙碌和忘记而有一日的中断，这样的'记事簿'，才能使你得到益处。"父母要告诉男孩不要因为学习忙、时间紧，就"三天打鱼，两天晒网"，或者只从兴趣出发，高兴则记，扫兴则弃，防止记记停停，知识的积累，就在他们持之以恒的努力之中。

3. 做好分类，便于查找和补充

男孩经常做阅读摘录，时间久了，就会有十几万、二十几万，甚至数百万字的资料。如果这些摘录，不进行科学的分类，就会变成杂乱无章的资料堆。那么怎样进行分类呢？这个问题要因人而异，不能一概而论或者千篇一律。这里主要根据个人的兴趣、学习的内容以及主攻的方向等来确定分类。一般来讲，可先分若干大类，每一大类下，再分若干小类。每一小类再按时间和笔画顺序排列。这样既方便翻阅和查找，又方便今后的整理和补充。这样，每一类实际上就成了一个专题摘录数据库。

4. 做卡片式摘录为宜

通常来说，书本式和卡片式摘录两者中以卡片式摘录为宜。这是因为：卡片式便于分类，便于翻阅，便于补充，便于整理，便于收藏。只有勤于摘录的人，才能成为知识渊博而有所成就的人。我们一定要培养男孩善于阅读、摘录知识重点和精华的好习惯。

建议一：父母多带男孩去图书馆

古今中外，许多伟大的政治家、科学家都与图书馆结下了不解之缘，留下利用图书馆的千古佳话。

伟大导师马克思为了写《资本论》，到英国博物院图书馆广泛查阅资料，在阅览室的地板上留下了"马克思的脚印"，在这样的寒窗苦读当中，《资本论》诞生了。马克思以自己的实际行动实践了他的这句名言："在科学上没有平坦的大道，只有不畏劳苦沿着陡峭山路攀登的人，才有希望到达光辉的顶点。"

图书馆是文献信息中心，是为教学和科学研究服务的学术性机构，也是我们阅读的最佳去处。

要想利用好图书馆，首先应该让男孩知道一些相关的制度规定。

第一,要知道借书还书的手续,尤其是借书。如果是开架的书则好说,请图书管理员用扫描仪把要借的书扫描一下即可。如果不是开架的书,就要在索书条上写清日期、书目和你的姓名、借书证号等,请图书管理员帮你查找。

第二,最好记住各个借阅区的开放和关闭时间。很多部门的开放时间不一致,需要多留意门口的时间说明。弄清各阅览区的开放时间,有助于合理安排自己的日程,不至于做出无用之举。

第三,应该了解自己借书的权限,比如一次最多可以借几本书、馆际互借能借几本、每本书可以借阅的时间等。图书馆借的书一般可以保存一个月,如果需要还可以续借。但如果已经有人预约,你就不能续借了。再比如你得知道哪些阅览室的书不能外借,如果你确有需要就要向图书管理员进行说明,押下自己的证件后方可到复印处复印,但必须马上归还。

第四,爱惜借出的图书,以防破损或丢失。尤其要注意别把借来的书弄丢,否则的话将被处以原书价格十倍以上的罚款。中文书的价格大家都清楚,自然不需多言,如果把外文原版书弄丢了,那么也许就需要准备上千元的人民币来交纳罚金。此外还应按时还书,及时续借。

总之,要在图书馆规定的原则范围内行事。否则可能使你赔上金钱和精力,更严重的是会给你借阅图书、利用信息制造很多的麻烦。

建议二:鼓励男孩阅读报纸杂志,让男孩放眼世界

美国人说,"全世界的财富在美国的口袋里,美国的财富在犹太人的口袋里"。犹太人的历史上有很多令人肃然起敬的名字:达尔文、爱因斯坦、马克思、弗洛伊德、海涅、卓别林、毕加索、门德尔松、大卫·李嘉图、斯皮尔伯格、华尔街的超级富豪摩根、第一个亿万巨富洛克菲勒、股神巴菲特、钢铁大王卡内基……为什么犹太人这样优秀?也许,犹太人与其他民族最大的生活区别不是在宗教信仰上,而是在于他们乐于接受最前沿的事物。

犹太人说,世界上唯有智慧是任何人都抢不走的,只要你活着,智慧就永远跟着你。所以他们把最宝贵的财富智慧代代相传。

俗话说"秀才不出门,便知天下事",我们可以通过书籍、报纸和杂志来了解世界的来龙去脉,阅读消除了古今的差异,缩短了时空的差距,令人增长见识。一个人的生活当中如果没有阅读,其乏味的程度可见一斑。

单从阅读量来说,我国目前的国民阅读水平令人担忧。中国出版科学研究所发布了《2008全国国民阅读与购买倾向抽样调查报告》,报告中说我国的阅读主体是18周岁以下未成年人,他们因为学习,阅读率达到了81.4%,而成年人只有49.3%。成人人均年阅读图书4.72本,这个可怜的数字,还比2007年多0.14本。

超过六成的国民对自己阅读的情况表示不太满意或很不满意,但是大家都有各种各

样的原因：工作太忙没时间读书、没有读书的习惯或不喜欢读书、因看电视而没有时间读书、文化水平有限，读书有困难、找不到感兴趣的书、不知道该读什么……

很多家长牺牲了自己的休息时间来给男孩料理生活，但却从来没有想过通过自己给孩子做一个好榜样。妈妈们每天在琐碎的家务中脱不开身，但想要帮助男孩提高学习的积极性，就需要拿出时间来阅读，做给孩子看。

如果男孩喜欢集邮，可以买一些邮票历史、常识方面的书籍、报刊或者杂志；如果他喜欢玩三国游戏，可以买一些介绍三国故事的读物，来开发男孩的阅读潜能，千万不要以为读书就是读康德、尼采、柏拉图。这只会打击自己和男孩的阅读积极性。

很多人都说自己教育孩子没有什么教育资源，其实图书馆就是最好的资源。图书馆不仅拥有丰富的藏书，更有一群热爱读书的人，他们会为孩子营造出一个爱读书的氛围来，让男孩直观地接触到读书的吸引力。而当男孩能够自主地找书读的时候，家长们也就"解放"了。

细节99

好读书不如会读书

学生时代是人生阅读的大好时机，男孩的兴趣激发他不断地去探寻书中的知识。但是书籍多如星辰，在我们短暂的一生中是无法将它完全读尽、读透的。因此，我们需要引导孩子在热爱读书的同时还应该找到合适的方法，以最高的效率猎取他想要获得的知识。

按照一般的读书习惯，我们往往是逐字逐句地去阅读，但是我国当代的作家秦牧对于阅读则另有他法，他把读书形象地比喻成"牛嚼"和"鲸吞"。什么叫"牛嚼"呢？他说："老牛白日吃草之后，到深夜十一二点，还动着嘴巴，把白天吞咽下去的东西再次'反刍'，嚼烂嚼细。我们对需要精读的东西，也应该这样反复多次，嚼得极细再吞下。有的书，刚开始先大体吞下去，然后分段细细研读体味。这样，再难消化的东西也容易消化了。"这就是"牛嚼"式的精读。

那么什么又叫"鲸吞"呢？他说："鲸类中的庞然大物——须鲸，游动时俨然像一座飘浮的小岛。但它却是以海里的小鱼小虾为主食的。这些小玩意儿怎么能填满它的巨胃？原来，须鲸游起来一直张着大嘴，小鱼小虾随着海水流入它的口中，它把嘴巴一合，海水就从齿缝中哗哗漏掉，而大量的小鱼小虾被筛留下来。如此一大口一大口地吃，整吨整吨的小鱼小虾就进入鲸的胃袋了。人们泛读也应该学习鲸的吃法，一个想要学点知识的人，如果只有精读，没有泛读；如果每天不能'吞食'几万字的话，知识是很难丰富起来的。"

秦牧的方法可以作为我们阅读方法的一个参考，其实，读书的方法还有很多，只是因人而异，各有各的招数，各有各的套路罢了。比如，有人喜欢精读，据说这人读书，读一页撕一页，撕的标准是读完的这一页基本上记住了，他以撕掉书页强迫自己必须记住；而有人喜欢浏览，读得很快，知其大概，但面很广。

对学生来说读书是精深还是广博应视读书的目的而定。

专业书籍应该读之精深；为增长知识提高素质而读的书，只要读其大概就可以了，至多对那些有意义的、重点的语句多读几遍。特别是学理科的男孩读人文书籍，不必在一本书上花太多时间。这段时间读一本，那段时间读一本，久而久之对某一类的知识就知道得多了。文、史、哲、美这类书，靠的是感觉和理解。读完一本哲学书，掩卷而思，很难用几句话概括出自己的收获，但是它已经潜移默化地影响了你的心灵。一些专业性较强的书籍，也不宜花很多时间，因为它不太容易钻进去，如果你没有搞这一专业，钻深了也无用。读一两本知其大概就可以，将来如果需要，再去钻研也来得及。

我们读书大致有以下一些目的：为了掌握某种信息；为了寻找重要的细节；为了解答某个特定的问题；为了评估你正阅读的书籍；为了应用阅读的资料；为了娱乐。针对不同的目的采用不同的阅读方法从而获取自己想要的东西，这才称得上是真正会读书的人。

建议一：告诉男孩会读书的人有所读，有所不读

宋朝开国宰相赵普，被传为"半部《论语》治天下"。他出身贫寒，来自乡间，一生没有好好读过书。因为与赵匡胤年轻时是同学，所以当了宰相。"半部《论语》"是谦虚的话，表示读书不多，只读了半部《论语》。据历史记载，碰到国家大事和重要问题不能解决时，他都要停下来，把今天不能解决的问题搁到明天。有人看到他回去以后，往往在书房里拿出一本书来看。一些人好奇，想知道这个秘密，拿出来一看，就是一部《论语》。其实《论语》中并没有治理国家的具体方法，更没有什么政治技巧，它讲的都是大原则，但赵普却能以"半部《论语》治天下"，可见《论语》一书言简意赅、深入浅出之优点。因此，我们不仅要会读书，而且还要选择好书籍来阅读。

多读书、读好书是对学生最起码的要求。现在各种各样的书籍琳琅满目，令人眼花缭乱、目不暇接，图书馆里的藏书就达几十万或几百万册。虽然学生读书的时间相对充裕，但是人的精力毕竟有限，任何人也不可能达到博览群书的境地。因此应该在最大限度多读书的前提下，尽最大可能地读好书。

我们不仅要选择好书来读，而且还要对书中的知识有选择性地采纳，即所谓取其精华。家长应引导男孩尽量在学好专业课的同时，根据对自己未来职业生涯和人生规划有目的地多涉猎一些感兴趣的领域，使自己的知识成为一个开放的、多元的、精细的系统。

"走不尽天下路，读不尽世间书。"世上有多少本书？谁也说不清。当今时代，各种门类的新知识层出不穷，令人应接不暇。据统计：世界知识的总量，每隔5~10年就要翻一番，而且按几何级数继续增长。1500年前，欧洲一年所印的书，不会超过1000卷，而今我国一年所出的书刊、画报就达40亿册（张）。其实，现实中远远不止这个数目。面对如此浩瀚的知识海洋，男孩怎样才能更迅速、直接地找到对自己有价值的书来阅读

呢？选择经典的书籍将会让他取得事半功倍的效果。

同时，在信息丰富的环境中阅读，男孩还必须具有高度的选择性。庄子曾经说过："吾生也有涯，而知也无涯。以有涯随无涯，殆矣！"虽然庄子的这个论点是消极的，但所提出的问题是值得我们思考的：如何以有限的一生向无限的知识海洋进军？要解决这个问题，在确定阅读的战略时，就要根据男孩的年龄、知识结构、图书资料的条件、所要解决的问题等，确定阅读的主线，并将这条主线用阅读计划的形式，明确表现在一些具体书目上。不仅要根据这条主线来分配阅读精力、安排阅读时间，选择阅读的思维类型，而且更重要的是要根据这条主线组织其他阅读参考材料，做到"有所为，有所不为"，才不会被知识海洋的波涛吞没，而是如鱼得水、应付自如。

建议二：告诉男孩会读书的人专而有恒

书海是无限的，而人生是有限的，这"无限"和"有限"之间的矛盾，可以说是制定阅读战略的客观依据，它要求人们不能忽视"专而有恒"的阅读战略。我国古代学者对这一阅读战略特别重视。孟子有一句名言："博学而详说之，将以反说约也。"这体现了广中求精、博中求专的阅读战略。

男孩要反复啃熟自己感兴趣的经典性书籍，从而造就一定的专业眼光，俗话说，"一经通，百经毕"。著名学才高亨等就把真正"读通"一种重要古籍作为治学之中的第一步。他早年在清华大学研究院读书时，选定《韩非子》一书作为钻研的对象，潜心攻读，这成为他日后研究先秦古籍并取得卓著成绩的重要起点。从研究院毕业后的几十年间，他的阅读研究范围遍及周秦重要古籍，兼治文、史、哲，再从广博的基础上突破一点，于是便取得了成绩。

所谓"专"，也不是仅仅局限在一处，而忘记了吸取多方面的知识。不断地"博"，是学习者一辈子的任务。但是，到了一定的时候，在"博"的同时，要注意"专"。夸美纽斯早就说过："聪明的人不是知道得多的人，而是知道什么是有用处的人。"报纸上报道过一个外国人，到75岁时，获得了第五个博士学位，可谓不简单矣，但没有一点自己的贡献，并不是真正的科学家。皓首穷经，博而不专，终究是无用的。

其次，读书要"专而有恒"，要咬定目标，不达目的，绝不读其他的书，尤其是不相干的书。今后，男孩可能还会涉猎一些其他方面的知识。以读近代史为例，男孩应从现代史中抽出几个特别重要而且你又对它有兴趣的年代作为精读的重点，认真梳理，深入研究。准备工作就是尽可能把那些跟重大事件相关的书都搜寻过来，除此之外的书就不要去管了，再循序渐进，读些可信度比较高的史书、文件、回忆录、文献等，并且相互参照，分析比较。

男孩在涉猎这些重大历史事件时一定要专注，但并不一定硬要把它作为一门学问来研究。当然，男孩要是还有比这更好的学习方法，更能有效地利用自己的宝贵时间，那自然更好了。同样是读书做学问，与其全面撒网、遍地开花、多头并进、八方涉猎，不如选准主题、咬住不放、深入探索、系统梳理，这样更见成效。

读书，能持之以恒、坚持终生，不是一件容易的事。有不少人读到一定的阶段就偃旗息鼓,"紧急刹车",再不愿深化、前进了。

家长要让孩子明白,读书求知如逆水行舟,不奋力前行,就会功亏一篑,被社会淘汰。只有不断勤勉地更新知识、充实自我的人,才有希望向新领域迈进,获取新的成果。

读书贵在专而有恒,要一步一个脚印,一本一本地吞食。虚浮、轻飘、浅尝辄止、做表面文章,或以卖弄学识自耀,或以书装饰门面,都是读不出名堂来的。

细节100

推荐给男孩的必读书

当代著名的学者余秋雨说:"读书最大的理由就是摆脱平庸。"读书给人带来的最大快乐莫过于在一字一句的品味中洗练自己。平庸的人无所事事,是一种被动又功利的谋生态度。如果人不想平庸,最好的方式就是将更多的业余时间用来读书,丰富自己的精神。

古人说:"书犹药也,可以治愚。"多读书,可以帮助男孩树立正确的世界观、人生观、价值观,确立理想的信念,对于摆脱庸俗大有裨益。

人的一生是那样有限,不可能事事经历,所以如果想要获得更多的知识和体验,最快捷的方式就是读书。通过书籍,男孩可以自由地穿越辽阔的时空和漫长的时间,逐渐变得驰骋古今,经天纬地。有选择、有深度和广度地读书会使人充满理性、充满智慧和光芒。

很多父母担心自己的男孩不爱读书,或者担心他们只读一些漫画类的休闲读物。其实,这个问题出现在父母没有对男孩进行正确的引导。父母可以启发男孩的阅读兴趣,帮助男孩养成绝佳的读书习惯。以下有7条鼓励和引导男孩读书的建议,可供参考:

1. 给男孩提供一个读书的气氛

建议家长在家里男孩经常走动的地方放个小书柜,里面放些童话故事、科幻故事等,方便男孩随手能拿到。事实上,很多伟人在小的时候都有这样的经历,由于在童年读了几本有影响力的书籍,改变了他们一生的成长方向,甚至造就了他们未来的事业。

2. 和男孩一起读书

如果父母有空余的时间,可以和男孩一起读书,和男孩一起评论书中的内容,这样做的效果会更加理想。如果能经常和孩子聊聊书中的故事,复述书中的故事情节,谈谈读书的心得体会,孩子的生活会变得更加有趣。对于故事书中的情节,假如男孩能够清楚、正确地复述大意,就表明他吸收了书中的内容。

3. 给男孩讲书中的故事

为男孩讲书中的故事,是培养读书兴趣的有效途径。它能凭借故事的魅力强烈地吸引孩子,从而引导孩子寻找乐趣而自觉自愿地去读书。同时,也拉近了父母与孩子的心理距离。

给孩子讲故事最好是在每天的固定时间进行。形成习惯之后,孩子每天就会期待着这一刻，从而使这一活动成为家庭生活中的一部分。讲故事恰当的时间应该是在睡觉之前，这时基本上没有什么要做的琐事。

4. 鼓励男孩把他从书中获得的故事讲给父母听

当男孩养成了自觉看书的习惯之后，父母可以请他讲讲书中的故事，并询问故事中的细节。这样做一方面会促使男孩看书更加仔细，也会促使孩子产生一种成功的喜悦，读书的兴趣更加稳定。

5. 引导男孩从书中寻找他急于想知道的答案

男孩一般有不懂的问题，都会缠着大人问这问那，这时家长可以适时地告诉孩子，他的这个问题在某本书中可以找到很好的解答。平时，家长还可以给孩子讲个好听的故事，讲完之后再告诉男孩，这个故事就在某某书中，相信孩子一定会对书发生兴趣。

6. 帮助男孩选择读物

一般来讲，在选择书籍的时候要先读一读书前或书后的内容提要，从中弄清是否适合孩子的年龄，再看一下目录，内容是否适合孩子，最后还要看一下内容质量如何，再决定是否购买。

7. 指导男孩掌握一些常用的阅读方法

为了让男孩保持持久的阅读兴趣，就必须要指导男孩掌握一些常用的阅读方法，例如：精读、略读、跳读、朗读、默读，对于不同体裁的读物还要采取不同的阅读方法。对于经典的读物要精读，对于故事类读物要略读，为了寻找某些文献资料可用跳读。优美的诗歌和散文适用朗读，逻辑性较强的文章适宜默读。

建议一：《小王子》：陪伴男孩一生的童话经典

法国是一个浪漫的国家。如果问哪一本书最能展现法兰西式的浪漫，那结果一定让人感到意外——是一本童话书《小王子》。法国人将"20世纪最佳法语图书"的桂冠授予了《小王子》，连《追忆似水年华》这样伟大的现代文学作品都要屈居其后。2006年4月，法国人高调为《小王子》过了60岁大寿。时至今日，它已经被翻译成了160多种语言，销售了8000多万册。

人们为什么喜欢《小王子》，因为孩子在其中看到了一颗玻璃一样纯净的心灵，而成年人则可以从中读到一种人生智慧——可以说，《小王子》是一本可以见证男孩成长为男子汉、一家之主、甚至白发苍苍的老人的书，它就像男孩一生的朋友，教会他什么是爱，什么是美好，什么是友谊，更重要的是教会男孩用不同于成年人的眼光去看待这个世界。可以说，《小王子》不仅是男孩不能错过的读物，也是每个家长应该读一读的书。

《小王子》用诗一般的语言，为我们讲述了一个梦一般美丽的男孩的旅行故事。小王子孩童的眼光澄澈透明，成人世界的虚伪与贪婪在他的目光注视下原形毕露。这部作品中描述了爱的微妙情绪，亦对金钱关系予以了批判、讴歌了真善美。由此我们可以理解，《小王子》为什么能得到法国人深深的爱，为什么能得到无数小读者的追捧。

今天，我们向男孩们推荐《小王子》，希望更多的男孩能从这位英勇的飞行员书写的童话中找寻到爱的真意并受到小王子探索世界的勇气的感染——有多少人敢于离开温馨的家园，走上未知的茫茫旅途？更何况，小王子的家是宇宙中一颗微小的星球，他的征途何止是遥远的地平线，而是广阔的宇宙。

旅途让人成长，小王子的星球之旅，能让男孩们看到成人世界的贪婪与虚伪，看到童真世界的美好与宝贵，体会到生命中最初的惆怅与忧伤。那些在我们看来满脸脏兮兮的、带着游戏后一身臭汗的男孩们，其实他们心中也有自己的音乐和旋律，他们对世界的探求比我们能想象到的要敏感得多。每个男孩都是那兼具勇气与脆弱、身负冒险精神的小勇士，为什么不送他们一本《小王子》，让他们在人生旅途之初能与那有着一头柔软金发的、笑容温纯的男孩结伴而行？

建议二：《爱的教育》：唤醒男孩的爱心

意大利的文学作品，除了薄伽丘的小说《十日谈》、但丁的诗集《神曲》、彼特拉克的十四行诗集《歌集》，还有一本不可不知的，是艾德蒙多·德·亚米契斯的《爱的教育》——即使不知道《十日谈》《神曲》，也得读一读《爱的教育》。无论谁读过之后，都会有心灵被清泉荡涤的感觉。

《爱的教育》被世界各国公认为充满爱心与教育意义的书，1994年，它被列入了国际安徒生奖《青少年必读书目》之中。《爱的教育》的蓝本是亚米契斯的儿子的日记，经由亚米契斯改编成书。文学家夏丏尊先生曾经翻译过这部作品，在翻译《爱的教育》时他这样说："教育之没有情感，没有爱，如同池塘没有水一样。没有水，就不成其池塘，没有爱就没有教育。"此语道出了教育的真谛，亦指出了本书的主旨。

故事是以一个小学男孩的口吻来写的，很贴近孩子们的生活。故事的主人公、小学生安利柯生活在一个幸福的家庭，他是一个非常善良上进的好孩子。安利柯的父亲是一位教育行家，耐心细致地指点安利柯在学习与生活中遇到的种种难题。故事描述了安利柯在学校、在家里的所见所闻，在校内外的所见、所闻和所感，塑造了小石匠、小铁匠、卖炭人的儿子、少年鼓手等渺小却不平凡的人物。

作为一本教育氛围浓郁的小说，《爱的教育》涉及到的教育面很广，一个十几岁男孩在生活中可能遇到的问题，几乎都有提及。当今男孩在为人处世方面是一个弱项，《爱的教育》恰恰尤其偏重此处。另外，男孩应具备的责任感在书中也被浓墨重彩地描绘。